新일본어능력시험

JLPT KING N3 언어지식

김기범 저 _ 신일본어능력시험연구소 공동개발

新일본어능력시험
JLPT KING N3 언어지식

2010년 10월 1일 초판 1쇄 인쇄
2010년 10월 5일 초판 1쇄 발행

지은이 | 김기범 저, 신일본어능력시험연구소 공동개발
펴낸이 | 이종춘
펴낸곳 | Nihongo Factory 성안당
주 소 | 경기도 파주시 교하읍 문발리 출판문화정보산업단지 536-3
전 화 | 031-955-0511
팩 스 | 031-955-0510
등 록 | 1973. 2. 1. 제13-12호
홈페이지 | www.langfac.com / www.cyber.co.kr
수신자부담 전화 | 080-544-0511
내용문의 | 02-3142-0037

ISBN 978-89-315-1768-2 13730
정가 20,000원

이 책을 만든 사람들 ─────────
기획 총괄 | 조병희
홍보 | 박재언
제작 | 구본철

　일본어 시험 중에서 최고 권위와 최대 규모를 자랑하는 일본어능력시험이 2010년부터 새로운 모습으로 탈바꿈하게 되었습니다. '新일본어능력시험' 실시에 앞서 '新일본어능력시험'에 관련된 자료(가이드북)가 공개되었지만, 수험자 입장에서는 '新일본어능력시험'에 대한 정보 부족 등으로 인해 불안할 수밖에 없습니다.

　지피지기백전불태 [知彼知己百戰不殆](상대를 알고 나를 알면 백 번 싸워도 위태롭지 않다는 뜻으로, 상대와 나의 약점 및 강점을 충분히 알고 승산이 있을 때 싸움에 임하면 이길 수 있다는 말)라고 했습니다.

　따라서 새롭게 시행되는 '新일본어능력시험'에 대하여 정확하게 알아둘 필요가 있습니다. 새롭게 바뀌는 '新일본어능력시험'이라고 해서 기존의 일본어능력시험에서 완전히 다르게 바뀌는 것은 아닙니다. 자세한 내용은 공개된 자료 新일본어능력시험 가이드(본서에 수록)를 보면 알 수 있듯이 기존의 틀을 유지하면서, 부분적으로 변경이 되었습니다.

　'新일본어능력시험'이 새롭게 시행되기 때문에, 아무리 확실한 검증 과정을 거친다 하더라도 향후 2~3년 정도는 과도기를 거쳐야 제대로 된 '新일본어능력시험'이 완성될 것으로 생각됩니다. 그렇기 때문에 일반 수험자는 새롭게 시행되는 '新일본어능력시험'에 대한 정보 부족과 불안감으로 올바른 학습 계획을 세울 수가 없게 됩니다.

　본 교재는 공개된 자료('新일본어능력시험' 가이드)를 토대로 철저하게 분석하고 연구하여 만들어진 결과물입니다. 필자는 수험자와 마찬가지로 매년 일본어능력시험을 응시하고 있으며(카페에 매년 일본어능력시험 1급 가답안 공개), 그러한 경험을 바탕으로 수험자의 입장에서 교재를 집필하였습니다.

　본 교재로만 공부를 해도, '新일본어능력시험' 대비(언어지식 : 문자, 어휘, 문법)를 90% 이상 완벽하게 할 수 있도록 집필하였습니다. 부족한 10%는 카페(김기범의 일본어능력시험)를 활용해 주시기 바랍니다.

　첫 단추를 잘못 끼우면 끝까지 고생할 것은 불 보듯 뻔합니다. 꼭 다른 교재와 비교해 보시고 교재를 선택하시기 바라며, 아무쪼록 새롭게 시행되는 '新일본어능력시험'에서 좋은 결실을 맺으시기 바랍니다.

저자 김기범

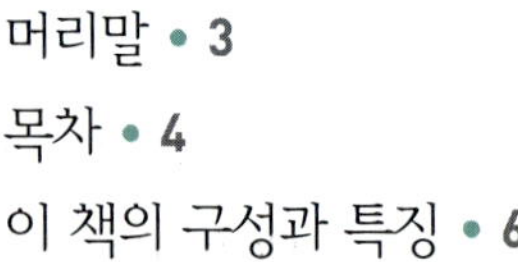 목차

이 책의 구성과 특징

STEP 1　新일본어능력시험 가이드

새로워진 일본어능력시험에 대해 밀도있게 알아보고, 실전에 완벽하게 대비할 수 있도록 한다.

STEP 2　언어지식(문자 · 어휘)

1. 출제 경향 및 대책

2. 기출문제

3. N3 문자 · 어휘 총정리

언어지식(문자 · 어휘) 문제의 출제 경향 및 대책을 익힌 후, 최근 기출문제를 풀어봄으로써 실력 점검을 비롯해 실전 감각을 익혀 둔다. 아울러, N3에서 알아야 할 필수 어휘 및 한자 등을 익혀 둠으로써, 기초 실력을 확실하게 다진다.

STEP 3　언어지식(문법)

1. 출제 경향 및 대책

2. 기출문제

3. N3 문법 총정리

문법과 관련된 문제의 출제 경향 및 대책을 익힌 후, 최근 기출문제를 풀어봄으로써 실력 점검을 비롯해 실전 감각을 익혀 둔다. 아울러 N3에서 알아야 할 필수 문법 사항을 익혀 둠으로써, 기초 실력을 확실하게 다진다.

STEP 4　실전 대비 모의고사 – 고득점 예약

총 3회분의 실전 대비 모의고사를 풀어 보고, 한 문제 한 문제 되짚어봄으로써, 실제 시험에서의 고득점을 예약해 둔다.

제1부

新일본어능력시험 가이드

1. 대상과 목적

새로운 일본어능력시험은 일본어를 모국어로 하지 않는 사람을 대상으로 하며, 일본어를 배우거나 사용하는 폭 넓은 계층의 일본어 능력을 측정하고 인증하는 것을 목적으로 한다.

2. 개정 포인트

일본어능력시험을 새롭게 개정하는 가장 큰 이유는 다음의 네 가지이다.

① 과제 수행을 위한 언어 커뮤니케이션 능력을 측정한다.

새로운 일본어능력시험에서는 일본어에 대한 지식과 함께 실제로 운용할 수 있는 일본어 능력을 중시한다. 따라서 문자, 어휘, 문법과 같은 언어지식과 그 언어지식을 이용하여 커뮤니케이션 상의 과제를 수행하는 능력을 측정한다.

우리는 생활 속에서 다양한 문제에 둘러싸여 있다. 예를 들면, 지도를 보면서 목적지를 찾아간다거나 사용설명서를 읽어야 전자제품을 사용할 수 있는 등, 언어를 필요로 하는 것도 있고 그렇지 않은 것도 있다.

언어가 필요한 과제를 수행하기 위해서는 문자나 발음, 어휘에 관한 지식, 단어를 연결하여 문장을 만드는 문법적 지식 등의 '언어지식'이 필요하다. 또 주어진 과제를 해결하기 위해서는 자신이 가진 언어지식을 실제로 이용하는 능력도 필요하다.

이처럼 '문자·어휘·문법' 등의 언어지식과 그 언어지식을 이용하여 커뮤니케이션 상의 과제를 수행하는 능력을 새로운 일본어능력시험에서는 '과제 수행을 위한 언어 커뮤니케이션 능력'이라고 한다.

② 레벨을 4단계에서 5단계로 늘린다.

새로운 일본어능력시험에서는 과거의 4단계(1급, 2급, 3급, 4급) 레벨이 5단계(N1, N2, N3, N4, N5) 레벨로 늘어난다. 그리고 과거 시험과 새로운 시험의 레벨 비교는 다음 표와 같다.

N1	과거 시험의 1급보다 약간 높은 레벨까지 측정할 수 있도록 했다. 합격 점수는 과거 시험과 거의 같다.
N2	과거 시험의 2급과 거의 비슷한 레벨이다.
N3	과거 시험의 2급과 3급 사이의 레벨이다.
N4	과거 시험의 3급과 거의 같은 레벨이다.
N5	과거 시험의 4급과 거의 같은 레벨이다.

'N'은 'Nihongo(일본어)', 'New(새로운)'를 나타낸다.

③ '득점등화(得点等化)'를 실시한다.

각기 다른 시기에 실시되는 시험에서는 출제되는 문제가 다르기 때문에 아무리 신중하게 문제를 만든다고 하더라도 매 시험마다 난이도가 조금씩 달라질 수 있다. 그래서 새로운 일본어능력시험에서는 '등화(等化)'라는 방법을 이용해, 서로 다른 시기에 실시된 시험의 점수를 비교 분석하여 기준을 정한다. '등화(等化)'는 전 세계의 주요 언어 시험에서 널리 채용되고 있으며, 다음과 같은 이점이 있다.

★ 시험의 난이도에 따라 시험 점수가 영향을 받지 않기 때문에 합격, 불합격의 판정 기준이 일정하고 공평성이 확보된다.

★ 다른 시기에 실시된 시험의 득점을 비교할 수 있으므로, 수험자가 자신의 일본어능력 향상도를 확인하거나 다음 학습 목표를 더욱 쉽게 설정할 수 있다.

예를 들어 아래의 표는 A씨가 어떤 해의 7월과 12월에 N1에 응시했다고 가정하여 발표된 득점표라고 가정하자. 이 두 번의 시험은 7월보다 12월이 더 어려웠다고 한다. 이때, 수치만을 놓고 보면 A씨의 능력에는 변화가 없는 것처럼 보인다. 그런데 등화된 득점을 보면 7월에는 30점, 12월에는 35점으로 나타났다. 즉 난이도가 높았던 12월 시험의 득점이 높게 표시되어 있는 것이다.

이처럼 '득점등화(得点等化)'는 시험의 난이도에 영향을 받지 않고 수험자가 자신의 실력 변화를 확인할 수 있게 된다.

■ A씨의 N1 '청해' 시험 결과

시험 시기	7월	12월
정답 개수	20문항 중 10문항	20문항 중 10문항
등화된 '청해'의 척도 득점	30점	35점

* 표 안의 모든 숫자는 설명을 위한 예로서, 실제 득점과는 다르다.

---

④ '일본어능력시험 Can—do 리스트(가칭)' 제공

새로운 일본어능력시험에서는 각 레벨의 합격자가 일본어를 사용하여 실제로 무엇이 가능한지를 코멘트해 주는 '일본어능력시험 Can—do 리스트(가칭)'를 제공한다. 이 리스트는 합격자 본인과 주변 사람들이 시험 결과를 더욱 구체적으로 이해할 수 있도록 하는 데에 목적이 있다. 다음은 'Can—do 리스트'의 샘플이다.

듣 기	학교나 직장, 공공 장소의 안내방송을 듣고 대략적인 내용을 이해할 수 있다.
말하기	아르바이트나 업무상의 면접 등에서 희망이나 경험을 자세하게 서술할 수 있다.
읽 기	관심이 있는 화제에 관한 신문이나 잡지의 기사를 읽고 내용을 이해할 수 있다.
쓰 기	감사나 사과 등 감정을 전하는 글이나 메일을 쓸 수 있다.

3. 인증 목적

N1, N2, N3, N4, N5 등 각 레벨별 인증 목적은 다음 표와 같다.

레벨	각 레벨의 인증 목적을 '읽기', '듣기'라는 언어행동으로 나타낸다.	
N1	폭넓은 상황에서 사용되는 일본어를 이해할 수 있다.	
	〈읽기〉	• 폭넓은 화제에 대해 기술된 신문의 논설, 평론 등의 논리적으로 약간 복잡한 문장과 추상도가 높은 문장을 읽고 문장의 구조와 내용을 이해할 수 있다. • 다양한 화제와 깊이 있는 내용을 읽고, 이야기의 흐름과 상세한 표현 의도를 이해할 수 있다.
	〈듣기〉	• 폭넓은 장면에서 대화의 주제가 확실하고 일상적인 빠르기로 진행되는 대화나 뉴스, 강의를 듣고 내용의 핵심과 흐름, 등장인물의 관계 및 논리 구성 등을 상세하게 이해하고 요지를 파악할 수 있다.
N2	일상적인 상황에서 사용되는 일본어를 이해할 수 있고, 폭넓은 상황에서 사용되는 일본어를 어느 정도 이해할 수 있다.	
	〈읽기〉	• 폭넓은 화제에 대한 신문과 잡지의 기사·해설 및 평이한 논평 등 요지가 명쾌한 문장을 읽고 문단의 내용을 이해할 수 있다. • 일반적인 화제에 관한 기사를 읽고, 내용의 흐름과 표현 의도를 이해할 수 있다.
	〈듣기〉	• 일상적인 상황은 물론 폭넓은 상황에서 주제가 확실하고 일상적인 빠르기에 근접한 속도로 진행되는 대화와 뉴스를 듣고, 내용의 핵심과 흐름, 등장인물의 관계를 이해하거나 요지를 파악할 수 있다.
N3	일상적인 상황에서 사용되는 일본어를 어느 정도 이해할 수 있다.	
	〈읽기〉	• 일상적인 화제에 대해 기술한 구체적인 내용의 문장을 읽고 이해할 수 있다. • 신문 표제어 등에서 정보의 개요를 포착할 수 있다. • 일상적인 상황을 표현한 난이도가 약간 높은 문장에 대해 바꾸어 표현해 주면 요지를 이해할 수 있다.
	〈듣기〉	• 일상적인 장면에서 중심 논점이 있으며 일상적인 빠르기에 가까운 스피드의 회화를 듣고, 이야기의 구체적인 내용을 등장인물의 관계 등과 함께 거의 이해할 수 있다.
N4	기본적인 일본어를 이해할 수 있다.	
	〈읽기〉	• 기본적인 어휘나 한자로 쓰인 일상생활 중에서도 신변을 화제로 한 문장을 읽고 이해할 수 있다.
	〈듣기〉	• 일상적인 상황에서 일상적인 빠르기보다 다소 느린 속도로 진행되는 대화를 이해할 수 있다.
N5	기본적인 일본어를 어느 정도 이해할 수 있다.	
	〈읽기〉	• 히라가나와 가타카나, 일상생활에서 이용되는 기본적인 한자로 쓰인 정형적인 어구나 문장을 읽고 이해할 수 있다.
	〈듣기〉	• 교실과 신변 등 일상생활 안에서도 자주 접하는 상황에서 천천히 말하는 짧은 회화라면 필요한 정보를 알아들을 수 있다.

4. 시험 과목 및 시험 시간

새로운 일본어능력시험의 시험 과목과 시험 시간은 다음 표와 같다.

레벨	시험 과목 (시험 시간)			비 고
N1	언어지식(문자·어휘·문법)·독해 (110분)		청해 (60분)	시험 과목은 '언어지식(문자·어휘·문법)·독해'와 '청해' 두 과목이다.
N2	언어지식(문자·어휘·문법)·독해 (105분)		청해 (50분)	
N3	언어지식(문자·어휘) (30분)	언어지식(문법)·독해 (70분)	청해 (40분)	
N4	언어지식(문자·어휘) (30분)	언어지식(문법)·독해 (60분)	청해 (35분)	시험 과목은 '언어지식(문자·어휘)', '언어지식(문법)·독해', '청해' 등 세 과목이다.
N5	언어지식(문자·어휘) (25분)	언어지식(문법)·독해 (50분)	청해 (30분)	

N1과 N2의 시험 과목은 〈언어지식(문자·어휘· 문법)·독해〉와 〈청해〉 등 두 과목이고, N3, N4, N5의 시험 과목은 〈언어지식(문자·어휘)〉, 〈언어지식(문법)·독해〉, 〈청해〉 등 세 과목이다.

N3, N4, N5의 과목을 세 과목으로 나눈 것은 이들 레벨에서 출제되는 한자, 어휘, 문법 항목의 수가 적기 때문에, N1, N2처럼 〈언어지식(문자·어휘·문법)·독해〉를 모두 한 과목으로 묶어서 시험을 치르면, 몇몇 문제는 다른 몇몇 문제의 힌트가 될 수 있기 때문이다.

5. 시험의 득점 구분과 범위

새로운 일본어능력시험에서는 시험 결과를 아래의 표와 같이 표시한다. N1, N2, N3의 득점 구분은 '언어지식(문자·어휘·문법)', '독해', '청해' 등 세 가지로 구분하고, N4, N5의 득점구분은 '언어지식(문자·어휘·문법)·독해'와 '청해' 등 두 가지로 구분한다.

레벨	득점 구분	득점 범위
N1	언어지식(문자·어휘·문법) 독해 청해	0~60 0~60 0~60
	종합득점	0~180
N2	언어지식(문자·어휘·문법) 독해 청해	0~60 0~60 0~60
	종합득점	0~180
N3	언어지식(문자·어휘·문법) 독해 청해	0~60 0~60 0~60
	종합득점	0~180
N4	언어지식(문자·어휘·문법)·독해 청해	0~120 0~60
	종합득점	0~180
N5	언어지식(문자·어휘·문법)·독해 청해	0~120 0~60
	종합득점	0~180

N4와 N5에서 '언어지식(문자·어휘·문법)'과 '독해'를 하나로 묶은 것은 일본어 학습의 기초 단계인 N4와 N5에서는 '언어지식'과 '독해' 능력에서 겹치는 부분이 많기 때문에, '독해' 자체만의 득점을 내는 것보다 '언어지식'과 통합하여 득점을 내는 것이 이 레벨의 특징에 맞다고 생각했기 때문이다.

한편, N1, N2, N3에서 '언어지식(문자·어휘·문법)', '독해', '청해'의 종합득점이 차지하는 비율은 1:1:1이다.

N4, N5에서는 '언어지식(문자·어휘·문법)·독해', '청해'의 종합득점이 차지하는 비율은 2:1이다. 또한, '언어지식(문자·어휘·문법)·독해'의 득점은 '언어지식(문자·어휘·문법)'과 '독해'로 나눌 수 없다.

한 가지 더, 새로운 일본어능력시험에서는 모든 레벨에서 '청해'가 차지하는 비율은 과거의 1/4에서 1/3로 높아진다.

6. 합격 · 불합격의 판정 

과거의 시험에서는 종합득점으로 합격, 불합격을 판정하였다. 그러나 새로운 일본어능력시험에서는 종합득점과 각 득점 구분의 기준점으로 합격 · 불합격을 판정한다. 기준점이란 각 득점 구분에서 최소 필요 점수를 뜻한다. 득점 구분 중에서 어느 하나라도 기준점에 미치지 못하는 항목이 있으면 종합득점이 아무리 높아도 불합격이 된다. 새로운 일본어능력시험에서 각 득점 구분을 두는 목적은 학습자의 일본어 능력을 종합적으로 평가하기 위해서이다.

7. 시험 결과의 통지 

다음 표는 N3 '합격 · 불합격 결과 통지서' 샘플의 일부분이다. 물론 실제 서식과 다소 차이가 있을 수 있으므로 참고하기 바란다.

득점 구분별 득점			종합득점
언어지식(문자 · 어휘 · 문법)	독해	청해	
50/60	30/60	40/60	120/180

참고 정보	
문자 · 어휘	문법
A	B

참고 정보의 레벨
A : 아주 잘 함(정답률 67% 이상)
B : 잘 함(정답률 34%~66%)
C : 잘 못 함(정답률 34% 미만)

N1, N2, N3의 참고 정보는 '언어지식(문자 · 어휘 · 문법)'의 '문자 · 어휘'와 '문법'에 대해서 표시한다. 이 참고 정보를 통해 '언어지식'의 '문자 · 어휘'와 '문법'의 수준을 알 수 있다.
N4와 N5의 참고 정보는 '언어지식(문자 · 어휘) · 독해'의 '문자 · 어휘', '문법', '독해'에 대해 표시한다. 단, N1, N2, N3의 '독해'와 모든 레벨의 '청해'에 대해서는 단독으로 척도 득점이 표시되므로, 참고 정보는 별도로 표시하지 않는다.

8. 새로운 일본어능력시험의 구성

새로운 일본어능력시험의 구성은 다음과 같다. 과거의 일본어능력시험과 비교해 살펴보자.

시험과목		대(大)문제	N1	N2	N3	N4	N5
언어지식 · 독해	문자 · 어휘	한자 읽기	◇	◇	◇	◇	◇
		표기	—	◇	◇	◇	◇
		단어 형성	—	◇	—	—	—
		문맥 규정	○	○	○	○	◇
		유의어(대체)	○	○	○	○	○
		용법	○	○	○	○	—
	문법	문장의 문법1(문장형식의 판단)	○	○	○	○	○
		문장의 문법2(문장 구성)	◆	◆	◆	◆	◆
		문장의 문법	◆	◆	◆	◆	◆
	독해	내용 이해(단문)	○	○	○	○	○
		내용 이해(중문)	○	○	○	○	○
		내용 이해(장문)	○	—	○	—	—
		종합 이해	◆	◆	—	—	—
		주장 이해(장문)	◇	◇	—	—	—
		정보 검색	◆	◆	◆	◆	◆
청 해		과제 이해	◇	◇	◇	◇	◇
		포인트 이해	◇	◇	◇	◇	◇
		개요 이해	◇	◇	◇	—	—
		발화 표현	—	—	◆	◆	◆
		즉시 응답	◆	◆	◆	◆	◆
		종합 이해	◇	◇	—	—	—

(주)

◆ : 과거 시험에서는 출제되지 않았지만, 새로운 시험에서는 출제되는 문제 형식.

◇ : 과거 시험에서도 출제되었지만, 새로운 시험에서는 출제 형식에 약간의 변형이 가미된 것.

○ : 과거 시험과 동일한 형식으로 출제되는 것.

— : 해당 레벨에서는 출제되는 않는 것.

9. 새로운 일본어능력시험 대문제(大問題)의 취지

일본어능력시험은 대문제(大問題)와 소문제(小問題)로 나뉘는데, 각 대문제에는 몇 개의 소문제가 딸린다. 이때 대문제는 일본어능력시험에서 측정하고자 하는 어떤 특정 능력을 제시한 것으로, 새로운 일본어능력시험 N3에서는 다음 표와 같은 능력들을 측정 대상으로 삼는다.

시험과목		문제의 구성			
		대문제		소문제 수	취 지
언어지식 (문자·어휘) (30분) · **언어지식** (문법) + **독해** (70분)	문자 · 어휘	한자 읽기	◇	8	한자로 된 단어의 읽는 법을 묻는다.
		표기	◇	6	히라가나로 적힌 단어를 한자로 어떻게 쓰는지를 묻는다.
		문맥 규정	○	11	문맥에 따라 의미적으로 규정된 단어가 무엇인지를 묻는다.
		유의어 대체하기	○	5	출제되는 단어나 표현과 의미적으로 가까운 단어를 묻는다.
		용법	○	5	출제어가 문장 안에서 어떻게 사용되는지를 묻는다.
	문법	문장의 문법1 (문장형식의 판단)	○	13	문장의 내용과 어울리는 문법형식인지 여부를 묻는다.
		문장의 문법2 (문장 구성)	◆	5	문법적으로 바르고 의미가 통하는 문장을 만들 수 있는지를 묻는다.
		문장의 문법	◆	5	문단의 흐름에 맞는 문장인지 여부를 묻는다.
	독해	내용 이해(단문)	○	4	생활·업무 등 다양한 화제도 포함하여 설명문이나 지시문 등 150~200자 정도의 텍스트를 읽고 내용을 이해할 수 있는지를 묻는다.
		내용 이해(중문)	○	6	평론, 해설, 에세이 등 350자 정도의 텍스트를 읽고, 인과관계나 이유 등을 이해할 수 있는지를 묻는다.
		내용 이해(장문)	○	4	해설, 에세이, 소설 등 550자 정도의 텍스트를 읽고 개요나 필자의 생각 등을 이해할 수 있는지를 묻는다.
		정보 검색	◆	2	광고, 팸플릿, 정보지, 비즈니스 문서 등의 정보 소재(600자 정도) 안에서 필요한 정보를 찾아낼 수 있는지를 묻는다.
청 해 (60분)		과제 이해	◇	6	구체적인 과제 해결에 필요한 정보를 듣고, 다음에 무엇을 하는 것이 적당한지 이해할 수 있는지를 묻는다.
		포인트 이해	◇	6	미리 들려주는 내용을 바탕으로 포인트를 요약하여 들을 수 있는지를 묻는다.
		개요 이해	◇	3	텍스트 전체에서 화자의 의도나 주장을 이해할 수 있는지를 묻는다.
		발화 표현	◆	4	그림을 보면서 상황 설명을 듣고, 제시된 상황에 어울리는 적절한 말을 할 수 있는지를 묻는다.
		즉시 응답	◆	9	질문 등의 짧은 발화를 듣고, 적절한 응답을 선택할 수 있는지를 묻는다.

* '소문제 수'는 매회 시험에서 출제되는 문제 수의 표준을 나타낸 것으로, 실제 시험과 다소 차이가 있을 수 있다. 또한 소문제 수는 변경될 수도 있다.

* '독해'에서는 하나의 텍스트(본문)에 대해서 복수의 문제가 있는 경우도 있다.

10. 기타 사항 

① 1년에 2회 실시한다.

7월과 12월에 각각 실시한다. 단, 일부 국가에서는 7월 시험을 실시하지 않는 곳도 있다. 한국은 2회 실시한다. 7월, 12월 초순 일요일에 실시하는 것을 원칙으로 한다.

② 접수

일본 내 응시	일본국제교육지원협회(http://www.jees.or.jp/jlpt)
한국 내 응시	국제교류기금 (http://jlpt.jp 또는 http://www.jlpt.or.kr) 일본어능력시험 서울 실시위원회(서울, 인천, 수원, 안양, 춘천, 천안, 청주, 대전, 전주, 광주) (사)부산 한일문화교류협회(부산, 김해, 대구, 마산, 진주, 울산, 구미, 포항) 제주도 한일친선협회

③ 시험 결과 통지는 다음과 같다.

합불결과 통지서	수험자 전원에게 발행
일본어능력 인증서	합격자에 한해 발행
인증 결과 및 성적에 관한 증명서	희망자에 한해 발행

④ 전년도 문제는 발행하지 않는다.

기존에는 전년도 문제집을 발행했지만, 앞으로는 발행하지 않는다. 단, 2012년에 2010년과 2011년의 문제가 일부 포함된 〈일본어능력시험 예문집〉을 발행할 예정이다.

⑤ 일본 문화와 관련된 문제는 출제되지 않는다.

일본 문화와 직접적인 관련이 있는 문제는 출제되지 않는다. 지문이나 문제에 일본 문화와 관련된 내용이 포함된다 하더라도, 일본 문화를 모른다고 해서 정답을 고를 수 없는 문제는 출제되지 않는다.

⑥ 신체장애가 있는 사람도 응시할 수 있다.

신체장애가 있는 수험자는 원서 접수 시, 〈특별조치 신청서〉를 작성하여 제출하면, 점자 및 확대 문제지 등을 제공받을 수 있고, 청해 시험 면제 등의 혜택을 받을 수 있다.

⑦ 인증서의 유효 기간과 과거 인증서의 유효성

과거의 인증서는 새로운 일본어능력시험 실시 이후에도 그 능력을 그대로 인정한다. 또한 과거의 인증서이든 앞으로 발행될 인증서이든 유효 기간은 없다. 단, 인증서 제출을 요구하는 기관에 따라 기한을 설정하는 경우도 있으므로, 해당 기관의 규정을 살피는 것이 좋다.

제2부

언어지식
(문자 · 어휘)
출제 경향 및 기출 문제

[한자 읽기] 출제 경향 및 기출문제

★★★ 8문항 출제 예상

과거 시험에서는 한 문장 안에서 복수의 한자 읽기를 묻는 경우가 많았지만, 새로운 일본어능력시험에서는 한 문장에서 하나의 단어만 묻는다.

출제 경향(예제)

問題1 ______ のことばの読み方として最もよいものを、1・2・3・4から一つえらびなさい。

1. 山本さんはクラスの代表に選ばれた。
　　① たいひょう　　　② だいひょ　　　③ だいひょう　　　④ たいひょ

2. 3日前から雨が続いている。
　　① ういて　　　② うごいて　　　③ ついて　　　④ つづいて

정답 1 ③　　2 ④

기출문제

2009년 3급 기출문제

とい1　この　(1)池の　まわりには　きれいな　(2)色の　花が　多いです。

(1) 池　　　① とち　　　② いけ　　　③ かわ　　　④ つち
(2) 色　　　① におい　　　② いろ　　　③ あじ　　　④ かたち

とい2　さとうさんと　(3)別れた後、ひとりで　(4)音楽を　聞きに　いきました。

(3) 別れた　　① わかれた　　② われた　　③ これた　　④ こわれた
(4) 音楽　　　① おとがく　　② おとかく　　③ おんがく　　④ おんかく

とい3　(5)去年の　(6)旅行は　ほんとうに　よかった。

(5) 去年　　　　① さくねん　　② さっねん　　③ きょねん　　④ きょうねん
(6) 旅行　　　　① りょうこう　② りょこ　　　③ りょこう　　④ りょうこ

とい4　この　(7)品物は　(8)世界中で　ここにしか　ない。

(7) 品物　　　　① ひんもの　　② しなぶつ　　③ ひんぶつ　　④ しなもの
(8) 世界　　　　① せがい　　　② せかい　　　③ せいがい　　④ せいかい

とい5　あの　(9)工場は　ひろく　する　(10)計画が　ある。

(9) 工場　　　　① こうじょう　② こじょう　　③ こじょ　　　④ こうじょ
(10) 計画　　　　① けいかく　　② けいか　　　③ けいが　　　④ けいがく

とい6　(11)春なのに　(12)暑い　日が　あります。

(11) 春　　　　　① ふゆ　　　　② なつ　　　　③ はる　　　　④ あき
(12) 暑い　　　　① さむい　　　② すずしい　　③ あたたかい　④ あつい

とい7　かばんが　(13)重くて、駅まで　(14)歩くのは　たいへんです。

(13) 重くて　　　① かるくて　　② おもくて　　③ うすくて　　④ あつくて
(14) 歩く　　　　① あるく　　　② つづく　　　③ いく　　　　④ つく

とい8　あの　(15)方は　(16)頭が　いいですね。

(15) 方　　　　　① ほう　　　　② かだ　　　　③ ぼう　　　　④ かた
(16) 頭　　　　　① がお　　　　② あだま　　　③ かお　　　　④ あたま

とい9　わたしは　この　きかいが　どう　(17)動くか　かれに　(18)質問した。

(17) 動くか　　　① はたらくか　② おどろくか　③ ひろくか　　④ うごくか
(18) 質問　　　　① れんらく　　② さくぶん　　③ しつもん　　④ そうだん

とい10　あの　(19)英語の　本は　(20)早く　かえして　ください。

(19) 英語　　　① えいご　　　② ええご　　　③ えんご　　　④ えご
(20) 早く　　　① なるべく　　② はやく　　　③ しばらく　　④ おそく

정답　1 ②　2 ②　3 ①　4 ③　5 ③　6 ③　7 ④　8 ②　9 ①　10 ①
　　　11 ③　12 ④　13 ②　14 ①　15 ④　16 ④　17 ④　18 ③　19 ①　20 ②

2008년 3급 기출문제

とい1　その　(1)黒い　カメラで　(2)写して　ください。

(1) 黒い　　　① しろい　　　② あかい　　　③ あおい　　　④ くろい
(2) 写して　　① しゃして　　② かえして　　③ うつして　　④ とりして

とい2　きのう　(3)薬を　飲みました。

(3) 薬　　　　① くし　　　　② くすり　　　③ くせり　　　④ くさ

とい3　ここは　(4)冬に　(5)強い　(6)風が　ふきます。

(4) 冬　　　　① あき　　　　② はる　　　　③ なつ　　　　④ ふゆ
(5) 強い　　　① つめたい　　② やさしい　　③ つよい　　　④ すごい
(6) 風　　　　① かぜ　　　　② くも　　　　③ あめ　　　　④ ゆき

とい4　けがは　(7)首　(8)以外には　ありません。

(7) 首　　　　① せなか　　　② うで　　　　③ くび　　　　④ おなか
(8) 以外　　　① にがい　　　② いそと　　　③ にそと　　　④ いがい

とい5　(9)今度の　(10)試合は　ぜひ　見たいです。

(9) 今度　　　① いまど　　　② こんどう　　　③ こんど　　　④ いまどう
(10) 試合　　　① じあい　　　② しあい　　　③ じやい　　　④ しやい

とい6　(11)不便な　(12)町ですが、また　あそびに　来て　ください。

(11) 不便　　　① ひびん　　　② ひべん　　　③ ふびん　　　④ ふべん
(12) 町　　　　① まち　　　　② ちょう　　　③ ところ　　　④ みち

とい7　ここは　(13)夜　(14)暗いから、(15)通る　とき　気を　つけましょう。

(13) 夜　　　　① ばん　　　　② よる　　　　③ ぱん　　　　④ や
(14) 暗い　　　① くらい　　　② あふない　　③ あぶない　　④ ぐらい
(15) 通る　　　① わたる　　　② おりる　　　③ とおる　　　④ すぎる

とい8　わたしは　(16)暑さに　(17)弱いです。

(16) 暑さ　　　① あたたかさ　② あつさ　　　③ すずしさ　　④ さむさ
(17) 弱い　　　① ふかい　　　② よわい　　　③ あさい　　　④ わるい

とい9　これから　(18)説明する　ことを、(19)注意して　聞いて　ください。

(18) 説明　　　① せつめ　　　② せちめい　　③ せちめ　　　④ せつめい
(19) 注意　　　① ちゅうい　　② しゅうい　　③ しゅい　　　④ ちゅい

とい10　わたしは　(20)西洋の　ぶんかを　べんきょうして　います。

(20) 西洋　　　① せいよう　　② せよ　　　　③ せいよ　　　④ せよう

정답　1 ④　2 ③　3 ②　4 ④　5 ③　6 ①　7 ③　8 ④　9 ③　10 ②
　　　11 ④　12 ①　13 ②　14 ①　15 ③　16 ②　17 ②　18 ④　19 ①　20 ①

2007년 3급 기출문제

とい1　にもつは　(1)軽いので　ひとりで　(2)持てます。

(1) 軽い	① うすい	② かるい	③ ほそい	④ こまかい
(2) 持てます	① いてます	② たてます	③ まてます	④ もてます

とい2　(3)急いで　(4)出発しないと　おくれますよ。

(3) 急いで	① いそいで	② すぐいで	③ はやいで	④ きゅういで
(4) 出発	① しゅはつ	② しゅぱつ	③ しゅっはつ	④ しゅっぱつ

とい3　あの　人は　(5)声が　よくて　(6)歌が　うまいです。

(5) 声	① こえ	② こい	③ せい	④ せえ
(6) 歌	① おん	② うそ	③ おと	④ うた

とい4　(7)野菜は　(8)味が　いいです。

(7) 野菜	① やさい	② やざい	③ やせい	④ やぜい
(8) 味	① あじ	② いろ	③ かたち	④ におい

とい5　(9)気分が　(10)悪く　なったら　(11)運動を　(12)中止して　ください。

(9) 気分	① きふん	② きぶん	③ きもち	④ きもぢ
(10) 悪く	① いたく	② ひどく	③ わるく	④ おかしく
(11) 運動	① うんてん	② うんでん	③ うんとう	④ うんどう
(12) 中止	① じゅうし	② じゅうと	③ ちゅうし	④ ちゅうと

とい6　(13)産業は　(14)地理と　ふかい　かんけいが　ある。

(13) 産業	① さんきょう	② さんぎょう	③ ざんきょう	④ ざんぎょう
(14) 地理	① ちり	② じり	③ ちいり	④ じいり

とい7　この　むしは　(15)光の　ほうに　(16)進みます。

(15) 光　　　　　① あかり　　　② あかる　　　③ ひかり　　　④ ひかる
(16) 進みます　① こみます　　② ふみます　　③ たのみます　④ すすみます

とい8　(17)短い　時間でしたが　(18)楽しかったです。

(17) 短い　　　　① こわい　　　② うるさい　　③ みじかい　　④ いそがしい
(18) 楽しかった　① うれしかった　　　　　　② たのしかった
　　　　　　　　　③ すばらしかった　　　　　④ よろこばしかった

とい9　たなかさんは　あしたの　(19)昼　(20)着きます。

(19) 昼　　　　　① ごご　　　　② ひる　　　　③ ゆう　　　　④ あさ
(20) 着きます　① おきます　　② すきます　　③ つきます　　④ うきます

정답　1② 　2④ 　3① 　4④ 　5① 　6④ 　7① 　8① 　9② 　10③
　　　11④ 12③ 13② 14① 15③ 16④ 17③ 18② 19② 20③

2009년 12월 2급 기출문제

問1　あの塀は (1)傾いているので近づかないほうがいいですよ。(2)危険です。

(1) 傾いて　① たたいて　　② きずついて　　③ きずいて　　④ かたむいて
(2) 危険　　① きげん　　　② きけん　　　　③ きんけん　　④ きっけん

問2　先日 (3)宿泊したホテルは、(4)設備が良く (5)快適だった。

(3) 宿泊　① しゅくはく　② しゅっぱく　③ しょっぱく　④ しょくはく
(4) 設備　① よび　　　　② せいび　　　③ じゅんび　　④ せつび
(5) 快適　① けつでき　　② かいでき　　③ かいてき　　④ けつてき

問3　この本を読むと、(6)政治 (7)全般についての (8)知識が (9)得られる。

(6) 政治　　　　① せっじ　　　② せいじ　　　③ せっち　　　④ せいち
(7) 全般　　　　① ぜんはい　　② ぜんぱん　　③ ぜんはん　　④ ぜんぱい
(8) 知識　　　　① ちじ　　　　② ちせい　　　③ ちしき　　　④ ちえ
(9) 得られる　　① えられる　　② かたられる　③ のべられる　④ とられる

問4　昨日は (10)担当者がいなかったため、(11)改めて明日訪ねることにした。

(10) 担当者　　① たんとうしゃ　② だんとうしゃ　③ だんどうしゃ　④ たんどうしゃ
(11) 改めて　　① なぐさめて　　② あきらめて　　③ あらためて　　④ たしかめて

問5　あの男は、金を (12)盗んだ (13)疑いで調べられているそうだ。

(12) 盗んだ　　① はさんだ　　② つかんだ　　③ たたんだ　　④ ぬすんだ
(13) 疑い　　　① うたがい　　② たたかい　　③ うかがい　　④ あつかい

問6　田中さんは (14)情報を (15)処理する能力に (16)優れている。

(14) 情報　　　① じょうぼう　② じょうほう　③ じょぼう　　④ じょほう
(15) 処理　　　① しょり　　　② しゅり　　　③ しゅうり　　④ しょうり
(16) 優れて　　① あこがれて　② すぐれて　　③ あふれて　　④ めぐまれて

問7　(17)突然、火山が噴火し、(18)溶岩が流れ出した。

(17) 突然　　　① とうぜん　　② とつねん　　③ とつぜん　　④ とうねん
(18) 溶岩　　　① ゆうせき　　② ゆうがん　　③ ようせき　　④ ようがん

問8　彼女は新しい (19)職場で (20)張り切って働いている。

(19) 職場　　　① しきじょう　② しきば　　　③ しょくば　　④ しょくじょう
(20) 張り切って　① わりきって　② ふりきって　③ なりきって　④ はりきって

정답 1④ 2② 3① 4④ 5③ 6② 7② 8③ 9① 10①
11③ 12④ 13① 14② 15① 16② 17③ 18④ 19③ 20④

問1　この船は、長年 (1)貨物の (2)輸送に使われてきたが、今年その(3)役目を終えることになった。

(1) 貨物　　　① にもつ　　　② こくもつ　　　③ さくもつ　　　④ かもつ

(2) 輸送　　　① うんそう　　② ゆそう　　　　③ てんそう　　　④ りんそう

(3) 役目　　　① やきめ　　　② やくもく　　　③ やくめ　　　　④ やくもく

問2　(4)地震に (5)備え、食料を (6)貯蔵しておかなければならない。

(4) 地震　　　① じじん　　　② ちしん　　　　③ じしん　　　　④ ちじん

(5) 備え　　　① そなえ　　　② むかえ　　　　③ くわえ　　　　④ あたえ

(6) 貯蔵　　　① ちょうそう　② ちょぞう　　　③ ちょうぞう　　④ ちょそう

問3　(7)印刷会社に正社員として (8)雇われることになった。

(7) 印刷　　　① いんしつ　　② いんそつ　　　③ いんさつ　　　④ いんせつ

(8) 雇われる　① やとわれる　② すくわれる　　③ いわわれる　　④ ねがわれる

問4　(9)幼い娘と一緒に、(10)植木に水をやるのを (11)日課にしている。

(9) 幼い　　　① おさない　　② かしこい　　　③ こまかい　　　④ かわいい

(10) 植木　　　① しょくぼく　② うえぎ　　　　③ しょくもく　　④ うえき

(11) 日課　　　① にっき　　　② にっか　　　　③ にちか　　　　④ にちき

問5　最近 (12)出版されたこの (13)著者の本はすべて読みました。

(12) 出版　　　① しゅっはん　　② しゅっへん　　③ しゅっペン　　④ しゅっぱん
(13) 著者　　　① ひっしゃ　　　② ちょしゃ　　　③ ちょっしゃ　　④ ひしゃ

問6　住民たちは (14)協力して、井戸を (15)掘ることにした。

(14) 協力　　　① きょりょく　　② どりょく　　　③ どうりょく　　④ きょうりょく
(15) 掘る　　　① ほる　　　　　② える　　　　　③ さぐる　　　　④ けずる

問7　(16)順調に (17)回復しているので、もうすぐ (18)退院できるでしょう。

(16) 順調　　　① しゅんちょ　　② しゅんちょう　③ じゅんちょう　④ じゅんちょ
(17) 回復　　　① かいふう　　　② かいほく　　　③ かいふく　　　④ かいほう
(18) 退院　　　① たんいん　　　② だいいん　　　③ だんいん　　　④ たいいん

問8　子どものころは、空を見上げて、(19)宇宙のことをいろいろ (20)想像したものです。

(19) 宇宙　　　① うっちょう　　② うちゅう　　　③ うちょう　　　④ うっちゅう
(20) 想像　　　① そうぞう　　　② しょうぞう　　③ そうじょう　　④ しょうじょう

정답　1④　2②　3③　4③　5①　6②　7③　8①　9①　10④
　　　11②　12④　13②　14④　15①　16③　17③　18④　19②　20①

2008년 12월 2급 기출문제

問1　(1)地球温暖化は、私たちにさまざまな影響を (2)与えている。

(1) 地球　　　① じきゅう　　　② ちきゅう　　　③ ちきょう　　　④ じきょう
(2) 与えて　　① あたえて　　　② くわえて　　　③ とらえて　　　④ そなえて

問2 (3)人類の (4)未来のために、資源の (5)再利用を進めるべきだ。

(3) 人類　　　① じんすい　　② にんすう　　③ にんるい　　④ じんるい

(4) 未来　　　① みいらい　　② しょらい　　③ みらい　　　④ しょうらい

(5) 再利用　　① さいりよう　② ざいかつよう ③ ざいりょう　④ さいかつよう

問3　あの人は時間にはとてもきびしく、(6)一秒でも (7)遅刻すると (8)機嫌が悪くなるそうだ。

(6) 一秒　　　① いっぴょう　② いっびょう　③ いちびょう　④ いちぴょう

(7) 遅刻　　　① じこく　　　② ちこく　　　③ じごく　　　④ ちごく

(8) 機嫌　　　① ぎげん　　　② がいげん　　③ きげん　　　④ かいげん

問4　この (9)公害をめぐる (10)裁判では、会社の (11)方針が問われている。

(9)　公害　　　① こうがい　　② ごうがい　　③ ごうかい　　④ こうかい

(10) 裁判　　　① さいだん　　② さいたん　　③ さいはん　　④ さいばん

(11) 方針　　　① かたはり　　② ほうしん　　③ ほうじん　　④ かたばり

問5　(12)皮膚が (13)乾燥しないように、このクリームを (14)塗ってください。

(12) 皮膚　　　① はだ　　　　② かわ　　　　③ ほほ　　　　④ ひふ

(13) 乾燥　　　① かんぞう　　② かんそう　　③ けんそう　　④ けんぞう

(14) 塗って　　① ふって　　　② はって　　　③ ぬって　　　④ とって

問6　この服のデザインは、(15)欧米の (16)流行を (17)参考にしているそうですよ。

(15) 欧米　　　① ようべい　　② ようめい　　③ おうめい　　④ おうべい

(16) 流行　　　① りょうこう　② りゅこう　　③ りゅうこう　④ りょこう

(17) 参考　　　① さんこう　　② さんこ　　　③ せんこう　　④ せんこ

問7 社長からの (18)指示なので (19)悩んだが、この仕事はやはり (20)断ることにした。

(18) 指示　　　① さしず　　　② しじ　　　③ さしじ　　　④ しず

(19) 悩んだ　　① くやんだ　　② あがんだ　　③ うらんだ　　④ なやんだ

(20) 断る　　　① ことわる　　② あきらめる　　③ さける　　④ ぬける

정답　1② 2① 3④ 4③ 5① 6③ 7② 8③ 9① 10④
11② 12④ 13② 14③ 15④ 16③ 17① 18② 19④ 20①

[표기] 출제 경향 및 기출문제

★★★ 6문항 출제 예상

과거 시험에서는 한 문장 안에서 복수의 표기를 묻는 경우가 많았는데, 새로운 일본어능력시험에서는 한 문장에서 하나의 단어만 묻는다.　　　　☞ 한자 쓰기 정리 중심으로 학습할 것!

출제 경향(예제)

問題2　　＿＿＿＿のことばを漢字で書くとき、最もよいものを、1・2・3・4から一つえらびなさい。

1. アルバイトのめんせつは来週の土曜日だ。

① 面接　　　　　② 面投　　　　　③ 両接　　　　　④ 両投

2. 困っているときに、先生にたすけていただきました。

① 助けて　　　② 守けて　　　③ 支けて　　　④ 協けて

정답 1 ①　　2 ①

기출문제

2009년 3급 기출문제

とい1　この　(1)けんきゅうは　とても　いいと　(2)おもいます。

(1) けんきゅう　① 研究　　　　② 研級　　　　③ 研求　　　　④ 研教
(2) おもいます　① 恵います　　② 恩います　　③ 思います　　④ 志います

とい2　かれらは　コンサートが　(3)はじまるのを　(4)まって　いた。

(3) はじます　① 始まる　　　② 進まる　　　③ 初まる　　　④ 発まる
(4) まって　　① 特って　　　② 待って　　　③ 侍って　　　④ 持って

とい3　あの　(5)ことりの　なまえを　(6)しって　いる　人は　(7)こたえて　ください。

(5) ことり　　　　① 小島　　　　② 小鳥　　　　③ 子鳥　　　　④ 子島

(6) しって　　　　① 利って　　　② 短って　　　③ 知って　　　④ 和って

(7) こたえて　　　① 答えて　　　② 舎えて　　　③ 荅えて　　　④ 答えて

とい4　お金が　なくて　こまって　いると、　(8)あねが　(9)かして　くれました。

(8) あね　　　　　① 兄　　　　　② 姉　　　　　③ 弟　　　　　④ 妹

(9) かして　　　　① 貨して　　　② 貸して　　　③ 借して　　　④ 惜して

とい5　あの　店で　(10)うって　いる　(11)ぎゅうにくは　高い。

(10) うって　　　　① 売って　　　② 完って　　　③ 壳って　　　④ 賣って

(11) ぎゅうにく　　① 牛肉　　　　② 午内　　　　③ 牛内　　　　④ 午肉

とい6　これは　いえを　(12)たてるのに　(13)つかう　どうぐです。

(12) たてる　　　　① 建てる　　　② 立てる　　　③ 健てる　　　④ 位てる

(13) つかう　　　　① 住う　　　　② 仕う　　　　③ 使う　　　　④ 作う

とい7　その　(14)ようじが　おわったら、　(15)だいどころに　来て　ください。

(14) ようじ　　　　① 予事　　　　② 予時　　　　③ 用時　　　　④ 用事

(15) だいどころ　　① 怠所　　　　② 大所　　　　③ 太所　　　　④ 台所

30

2008년 3급 기출문제

とい1　　(1)おとうとは　学校の　(2)ちかくに　(3)すんで　います。

(1) おとうと　　　① 弟　　　　　② 兌　　　　　③ 第　　　　　④ 兄

(2) ちかく　　　　① 遠く　　　　② 送く　　　　③ 辺く　　　　④ 近く

(3) すんで　　　　① 従んで　　　② 往んで　　　③ 任んで　　　④ 住んで

とい2　　先生から　(4)ゆうめいな　れきしの　本を　(5)かりた。

(4) ゆうめい　　　① 夕名　　　　② 右名　　　　③ 有名　　　　④ 友名

(5) かりた　　　　① 借りた　　　② 変りた　　　③ 貸りた　　　④ 買りた

とい3　　(6)ふくが　きたないので　(7)あらいました。

(6) ふく　　　　　① 助　　　　　② 股　　　　　③ 服　　　　　④ 胖

(7) あらいました　① 汚いました　② 洗いました　③ 池いました　④ 泡いました

とい4　　わたしは　(8)じてんしゃに　(9)のれます。

(8) じてんしゃ　　① 自軸車　　　② 自輌車　　　③ 自転車　　　④ 自輪車

(9) のれます　　　① 垂れます　　② 乗れます　　③ 乘れます　　④ 乖れます

とい5　　この　(10)もりは　日本で　いちばん　(11)ひろいです。

(10) もり　　　　① 森　　　　　② 材　　　　　③ 林　　　　　④ 禁

(11) ひろい　　　① 古い　　　　② 円い　　　　③ 大い　　　　④ 広い

とい6　　その　ドアは　(12)ひくと　(13)ひらきます。

(12) ひく　　　　① 已く　　　　② 引く　　　　③ 改く　　　　④ 創く

(13) ひらきます　① 開きます　　② 関きます　　③ 閑きます　　④ 閉きます

とい7　わたしは　いけませんので、　(14)かわりに　行く　人を　(15)かんがえます。

(14) かわり　　　　① 找わり　　　② 代わり　　　③ 伐わり　　　④ 玳わり

(15) かんがえます　① 感えます　　② 孝えます　　③ 考えます　　④ 老えます

> 정답　1 ①　2 ④　3 ④　4 ③　5 ①　6 ③　7 ②
> 　　　 8 ③　9 ②　10 ①　11 ④　12 ②　13 ①　14 ②　15 ③

2007년 3급 기출문제

とい1　むかしの　人は　月が　(1)すきで　いろいろな　(2)はなしを　(3)つくった。

(1) すき　　　　　① 妨き　　　　② 好き　　　　③ 奷き　　　　④ 奴き

(2) はなし　　　　① 言　　　　　② 詰　　　　　③ 語　　　　　④ 話

(3) つくった　　　① 作った　　　② 任った　　　③ 昨った　　　④ 旺った

とい2　この　(4)びょういんは　(5)いしゃが　(6)しんせつです。

(4) びょういん　① 症院　　　　② 症員　　　　③ 病院　　　　④ 病員

(5) いしゃ　　　① 匠者　　　　② 医看　　　　③ 匠看　　　　④ 医者

(6) しんせつ　　① 親功　　　　② 親切　　　　③ 新切　　　　④ 新功

とい3　わたしの　(7)かぞくは　さきに　うちへ　(8)かえりました。

(7) かぞく　　　　① 家旅　　　　② 家底　　　　③ 家庭　　　　④ 家族

(8) かえりました　① 仮りました　② 帰りました　③ 返りました　④ 掃りました

とい4　ここには　よく　(9)はたらく　人が　(10)あつまって　います。

(9) はたらく　　　① 働く　　　　② 倒く　　　　③ 勤く　　　　④ 僅く

(10) あつまって　① 集まって　　② 隼つまって　③ 隼まって　　④ 集つまって

とい5　(11)<u>いぬ</u>が　(12)<u>はしって</u>　きた。

(11) いぬ　　　　① 半　　　　② 牛　　　　③ 犬　　　　④ 太
(12) はしって　　① 歩って　　② 足って　　③ 従って　　④ 走って

とい6　わたしは　(13)<u>あね</u>と　(14)<u>おなじ</u>　先生に　えいごを　(15)<u>ならった</u>。

(13) あね　　　　① 妹　　　　② 娘　　　　③ 姉　　　　④ 姑
(14) おなじ　　　① 同じ　　　② 同じ　　　③ 伺じ　　　④ 向じ
(15) ならった　　① 学った　　② 練った　　③ 習った　　④ 勉った

> **정답** 1② 2④ 3① 4③ 5④ 6② 7④
> 8② 9① 10① 11③ 12④ 13③ 14① 15③

2009년 12월 2급 기출문제

問1　お申し込みの (1)<u>さい</u>は、以下の (2)<u>じょうけん</u>をよくお読みください。

(1) さい　　　　　① 際　　　　② 末　　　　③ 折　　　　④ 内
(2) じょうけん　　① 状件　　　② 条権　　　③ 状権　　　④ 条件

問2　(3)<u>そつぎょう</u>を前に自分の (4)<u>しょうらい</u>のことを考えた。

(3) そつぎょう　① 偉業　　② 率業　　③ 卒業　　④ 倅業
(4) しょうらい　① 将来　　② 召来　　③ 招来　　④ 奨来

問3　彼は私の (5)<u>あつかましい</u>願いを引き受けてくれた。

(5) あつかましい　① 熱かましい　② 厚かましい　③ 温かましい　④ 暖かましい

問4　日が (6)<u>くれて</u> (7)<u>あたり</u>は真っ暗になった。

| (6) くれて | ① 募れて | ② 幕れて | ③ 墓れて | ④ 暮れて |
| (7) あたり | ① 巡り | ② 周り | ③ 辺り | ④ 囲り |

問5　(8)<u>ぶっか</u>が<u>上がり</u>、(9)<u>しょうひ</u>に影響が出た。

| (8) ぶっか | ① 物価 | ② 物貨 | ③ 物科 | ④ 物値 |
| (9) しょうひ | ① 消費 | ② 省費 | ③ 省資 | ④ 消資 |

問6　彼は (10)<u>きよう</u>で何でもできるので、(11)<u>たのもしい</u> (12)<u>そんざい</u>だ。

(10) きよう	① 記用	② 器要	③ 記要	④ 器用
(11) たのもしい	① 頼もしい	② 希もしい	③ 信もしい	④ 依もしい
(12) そんざい	① 居在	② 存在	③ 在存	④ 在居

問7　野生の動物は (13)<u>かんかく</u>が (14)<u>するどい</u>。

| (13) かんかく | ① 慣角 | ② 感覚 | ③ 感角 | ④ 慣覚 |
| (14) するどい | ① 鉛い | ② 鋭い | ③ 鈍い | ④ 鉱い |

問8　(15)<u>どうろ</u>を (16)<u>おうだん</u>するときは気をつけよう。

| (15) どうろ | ① 導路 | ② 導渡 | ③ 道路 | ④ 道渡 |
| (16) おうだん | ① 往段 | ② 横断 | ③ 横段 | ④ 往断 |

問9　この機械は、今までのものより (17)<u>ふくざつな</u> (18)<u>こうぞう</u>になっている。

| (17) ふくざつ | ① 復雑 | ② 福雑 | ③ 副雑 | ④ 複雑 |
| (18) こうぞう | ① 構像 | ② 講像 | ③ 講造 | ④ 構造 |

問10 今日は私が (19)しかいを (20)つとめさせていただきます。

(19) しかい 　　 ① 仕会 　　 ② 仕介 　　 ③ 司会 　　 ④ 司介
(20) つろめさせて 　① 勤めさせて 　② 努めさせて 　③ 務めさせて 　④ 勉めさせて

정답　1① 　2④ 　3③ 　4① 　5② 　6④ 　7③ 　8① 　9① 　10④
　　　 11① 12② 13② 14② 15③ 16② 17④ 18④ 19③ 20③

2009년 7월 2급 기출문제

問1　道で (1)さいふを (2)ひろった。

(1) さいふ 　　 ① 材袋 　　 ② 材布 　　 ③ 財布 　　 ④ 材袋
(2) ひろった 　 ① 拾った 　② 捨った 　③ 払った 　④ 授った

問2　このプリントに (3)あやまりがないか、(4)じむしょに行って (5)ちょくせつ聞いてみた。

(3) あやまり 　 ① 限り 　　 ② 誤り 　　 ③ 残り 　　 ④ 余り
(4) じむしょ 　 ① 治務所 　② 事勤所 　③ 治勤所 　④ 事務所
(5) ちょくせつ 　① 直説 　　 ② 直接 　　 ③ 触説 　　 ④ 触接

問3　(6)しょくよくがないようですね。どうしたんですか。

(6) しょくよく 　① 食好 　　 ② 食探 　　 ③ 食求 　　 ④ 食欲

問4　(7)しんやに、階段から落ちて (8)こっせつしてしまった。

(7) しんや 　　 ① 真夜 　　 ② 進夜 　　 ③ 深夜 　　 ④ 寝夜
(8) こっせつ 　 ① 肯切 　　 ② 骨切 　　 ③ 肯折 　　 ④ 骨折

問5 今日は (9)すずしいが、日ざしが強かったので、(10)ぼうしをかぶって行った。

(9) すずしい　　① 凍しい　　　② 涼しい　　　③ 寒しい　　　④ 冷しい
(10) ぼうし　　① 帽支　　　② 冒子　　　③ 帽子　　　④ 冒支

問6 この (11)そうちは、(12)じょうきの (13)いきおいがつよくなると止まります。

(11) そうち　　① 装置　　　② 総池　　　③ 装池　　　④ 総置
(12) じょうき　① 乗気　　　② 暑気　　　③ 蒸気　　　④ 昇気
(13) いきおい　① 慕い　　　② 労い　　　③ 勇い　　　④ 勢い

問7 あの (14)いずみの水には、体によい (15)せいぶんが多く (16)ふくまれている。

(14) いずみ　　① 湖　　　② 泉　　　③ 沓　　　④ 潮
(15) せいぶん　① 成分　　　② 清分　　　③ 正分　　　④ 性分
(16) ふくまれて　① 含まれて　② 組まれて　③ 込まれて　④ 包まれて

問8 (17)ほうりつで (18)きんしされていることは、国によって (19)ことなります。

(17) ほうりつ　① 法立　　　② 放立　　　③ 放律　　　④ 法律
(18) きんし　　① 停止　　　② 禁止　　　③ 制止　　　④ 防止
(19) ことなります　① 反なります　② 違なります　③ 異なります　④ 差なります

問9 今、彼は (20)ぼうえき関係の仕事をしている。

(20) ぼうえき　① 貿易　　　② 賃駅　　　③ 貿駅　　　④ 賃易

정답　1③　2①　3②　4④　5②　6④　7③　8④　9②　10③
11①　12③　13④　14②　15①　16①　17④　18②　19③　20①

問1　おとといの (1)<u>いいんかい</u>で来年度の活動案が (2)<u>しょうにん</u>された。

(1) いいんかい　　① 秀員会　　　② 委員会　　　③ 禿員会　　　④ 季員会
(2) しょうにん　　① 承認　　　　② 丞任　　　　③ 承任　　　　④ 丞認

問2　ゆうべは、(3)<u>は</u>が (4)<u>いたくて</u>ぜんぜん眠れなかった。

(3) は　　　　　　① 鼻　　　　　② 胸　　　　　③ 歯　　　　　④ 腹
(4) いたくて　　　① 痛くて　　　② 病くて　　　③ 疫くて　　　④ 疲くて

問3　(5)<u>こくさい</u> (6)<u>きょうそう</u>に勝つためには価格を下げるほかはないだろう。

(5) こくさい　　　① 国祭　　　　② 国際　　　　③ 国擦　　　　④ 国察
(6) きょうそう　　① 境争　　　　② 境走　　　　③ 競走　　　　④ 競争

問4　先生は (7)<u>いそがしい</u>方なので、電話でご都合を (8)<u>うかがった</u>ほうがいいですよ。

(7) いそがしい　　① 速しい　　　② 難しい　　　③ 忙しい　　　④ 急しい
(8) うかがった　　① 詞った　　　② 伺った　　　③ 訪った　　　④ 仿った

問5　彼の (9)<u>らんぼう</u>な行動に (10)<u>しゅうい</u>の人は困っている。

(9) らんぼう　　　① 舌爆　　　　② 舌暴　　　　③ 乱爆　　　　④ 乱暴
(10) しゅうい　　　① 周囲　　　　② 集居　　　　③ 周居　　　　④ 集囲

問6　彼は、昨日の試合で相手を (11)<u>たおし</u>、世界の (12)<u>ちょうてん</u>に立った。

(11) たおし　　　　① 至し　　　　② 到し　　　　③ 致し　　　　④ 倒し
(12) ちょうてん　　① 超天　　　　② 頂天　　　　③ 頂点　　　　④ 超点

問7　今度の (13)<u>けんしゅう</u>のために海外から先生を (14)<u>まねく</u>ことにした。

(13) けんしゅう　　① 研習　　　　② 研修　　　　③ 検習　　　　④ 検修
(14) まねく　　　　① 紹く　　　　② 召く　　　　③ 招く　　　　④ 詔く

問8　この部分は (15)<u>しょうりゃく</u>したほうが、考えるより (16)<u>めいかく</u>に (17)<u>ひょうげん</u>できるだろう。

(15) しょうりゃく　① 消略　　　　② 消絡　　　　③ 省絡　　　　④ 省略
(16) めいかく　　　① 明確　　　　② 命確　　　　③ 明雑　　　　④ 命雑
(17) ひょうげん　　① 標現　　　　② 標言　　　　③ 表現　　　　④ 表言

問9　この部屋の (18)<u>しつど</u>は (19)<u>つねに</u>一定だ。

(18) しつど　　　　① 湿度　　　　② 清度　　　　③ 汚度　　　　④ 汗度
(19) つねに　　　　① 等に　　　　② 常に　　　　③ 主に　　　　④ 海に

問10 食後に (20)<u>こい</u>コーヒーを飲んだ。

(20) こい　　　　　① 深い　　　　② 香い　　　　③ 苦い　　　　④ 濃い

정답　1② 2① 3③ 4① 5② 6④ 7③ 8② 9④ 10①
　　　11④ 12③ 13② 14③ 15④ 16① 17③ 18① 19② 20④

[문맥 규정] 출제 경향 및 기출문제

★★★ 11문항 출제 예상

과거 시험과 동일한 형식으로, 문맥에 따라 의미적으로 규정된 단어가 무엇인지를 묻는다.

출제 경향(예제)

問題3　(　　　　)に入れるのに最もよいものを、1・2・3・4から一つえらびなさい。

1. (　　　　)寝たので、気持ちがいい。
① すっかり　　　　② ぐっすり　　　　③ はっきり　　　　④ ぴったり

2. ここのパソコンは誰でも使えますが、コピーは(　　　　)です。
① 会費　　　　② 費用　　　　③ 有料　　　　④ 料金

정답　1 ②　　2 ③

기출문제

2009년 3급 기출문제

1. だれが　いちばん　先に　できるか、みんなで　＿＿＿＿＿しませんか。
① きゅうこう　　　　② しょうたい　　　　③ しゅうかん　　　　④ きょうそう

2. わたしの　車は　日本＿＿＿＿＿です。
① いん　　　　② がわ　　　　③ せい　　　　④ だい

3. やさいは　＿＿＿＿＿　きって　ください。
① こまかく　　　　② ぬるく　　　　③ せまく　　　　④ きびしく

4. バスが　ゆっくり　＿＿＿＿＿を　上がって　きた。
① かべ　　　　② いし　　　　③ えだ　　　　④ さか

5. この　ビルの　______から　うみが　見えます。
　① かいがん　　　② おくじょう　　　③ じゅうしょ　　　④ くうこう

6. たのしかった　休みが　あしたで　______　おわります。
　① だんだん　　　② とうとう　　　③ どんどん　　　④ いろいろ

7. ことばは　ぶんかと　ふかい　______が　あると　言われています。
　① はいかん　　　② けいけん　　　③ かんけい　　　④ そんけい

8. 山に　木を______。
　① つけました　　　② とめました　　　③ さげました　　　④ うえました

9. むすめは　そとで　あそぶより、ひとりで　______を　するのが　すきです。
　① プール　　　② ゲーム　　　③ スーツ　　　④ ルール

10. きょうの　おまつりは　たいふうの　ため　______します。
　① ちゅうし　　　② しょうかい　　　③ ちゅうしゃ　　　④ しょうち

정답　1 ④　2 ③　3 ①　4 ④　5 ②　6 ②　7 ③　8 ④　9 ②　10 ①

2008년 3급 기출문제

1. ゆうびんきょくに　______　かえります。
　① やんで　　　② よんで　　　③ よって　　　④ やって

2. かぜで　______が　いたい。
　① のど　　　② こえ　　　③ ひげ　　　④ かみ

3. やすむ　人は　でんわで　わたしに　＿＿＿＿＿して　ください。
　① あんない　　　　② れんらく　　　　③ しょうかい　　　　④ よしゅう

4. この　にくは　＿＿＿＿＿ので　うまく　きれない。
　① めずらしい　　　② うつくしい　　　③ かたい　　　　④ あまい

5. わたしは　日本の　ぶんがくに　＿＿＿＿＿が　あります。
　① けいざい　　　　② きょうみ　　　　③ ねっしん　　　　④ せいじ

6. むずかしい　もんだいでしたが、＿＿＿＿＿　こたえが　わかりました。
　① もうすぐ　　　　② なかなか　　　　③ ちっとも　　　　④ やっと

7. この　へんは　＿＿＿＿＿で　すみやすいですよ。
　① あんぜん　　　　② ふくざつ　　　　③ しんぱい　　　　④ ひつよう

8. べんきょうして　いる　人の　＿＿＿＿＿に　なりますから、しずかに　して　ください。
　① けんか　　　　　② じゃま　　　　　③ だめ　　　　　④ いや

9. えいがの　＿＿＿＿＿を　2まい　かいました。
　① イベント　　　　② サービス　　　　③ ステレオ　　　　④ チケット

10. ここに　おいた　はずなのですが、かぎが　＿＿＿＿＿。
　① おちません　　　② おとしません　　③ みつけません　　④ みつかりません

정답　1③ 2① 3② 4③ 5② 6④ 7① 8② 9④ 10④

2007년 3급 기출문제

1. 日本では　ほとんど　一日中　テレビの　＿＿＿＿が　ある。
   ① きせつ　　　　② ほうりつ　　　　③ ほうそう　　　　④ きそく

2. じこで　あたまを　＿＿＿＿ので、びょういんに　はこばれました。
   ① つつんだ　　　② うった　　　　③ おこした　　　　④ やめた

3. 子どもが　＿＿＿＿を　こわして　しまった。
   ① ぐあい　　　　② やくそく　　　　③ おもちゃ　　　　④ ぶどう

4. さむく　なったので　そろそろ　＿＿＿＿が　ほしいですね。
   ① ゆしゅつ　　　② れいぼう　　　　③ ゆにゅう　　　　④ だんぼう

5. わたしは　やまもとさんに　りょこうの　＿＿＿＿を　もらいました。
   ① おみやげ　　　② おみまい　　　　③ おまつり　　　　④ おいわい

6. この　むらでは　おもに　こめを　＿＿＿＿して　います。
   ① せいさん　　　② けんぶつ　　　　③ たいいん　　　　④ はつおん

7. かれは　きょうは　来ないと　言って　いましたが、＿＿＿＿来ませんでしたね。
   ① すっかり　　　② やっぱり　　　　③ はっきり　　　　④ ゆっくり

8. 日本の　ぶんかに　ついて　＿＿＿＿を　書きました。
   ① ワープロ　　　② チェック　　　　③ パソコン　　　　④ レポート

9. 2に　3を　＿＿＿＿と　5になる。
   ① たす　　　　　② ひく　　　　　③ けす　　　　　④ やく

10. この　としょかんは　7時まで　＿＿＿＿＿する　ことが　できます。

① したく　　　　　② りよう　　　　　③ しょうち　　　　　④ せいかつ

정답 1 ③ 2 ② 3 ③ 4 ④ 5 ① 6 ① 7 ② 8 ④ 9 ① 10 ②

2009년 12월 2급 기출문제

1. 靴の＿＿＿＿＿をしっかり結んでから、ジョギングを始めた。

① つな　　　　　② なわ　　　　　③ いと　　　　　④ ひも

2. その車は制限速度を大きく＿＿＿＿＿して走っていた

① 超過　　　　　② 過剰　　　　　③ 通過　　　　　④ 過失

3. 彼はこの国を作った＿＿＿＿＿な王だ。

① 豪華　　　　　② 高級　　　　　③ 偉大　　　　　④ 上等

4. 友人がピアノの＿＿＿＿＿で優勝した。

① コンサート　　　　② コンクール　　　　③ コンクリート　　　　④ コンセント

5. 長い間しゃがんでいたため、足が＿＿＿＿＿立てなくなった。

① やぶれて　　　　② しびれて　　　　③ つぶれて　　　　④ くずれて

6. ここは世界的に有名な観光地なので、外国人に＿＿＿＿＿機会が多い。

① 達する　　　　　② 関する　　　　　③ 適する　　　　　④ 接する

7. 朝から話し合いを続けているが、なかなか＿＿＿＿＿が出ない。

① 結局　　　　　② 完成　　　　　③ 完了　　　　　④ 結論

8. A「どちらでも好きな方をあげましょう。」

　　B「どちらもすてきだから、______しまって決められません。」

　　① まよって　　　　② えらんで　　　　③ たずねて　　　　④ くらべて

9. この新聞は1______120円で売られている。

　　① 通　　　　　　　② 冊　　　　　　　③ 部　　　　　　　④ 巻

10. ______少しさとうを入れると、もっとおいしくなりますよ。

　　① おおよそ　　　　② たった　　　　　③ ほんの　　　　　④ めっきり

정답 1④ 2① 3④ 4② 5② 6④ 7④ 8① 9③ 10③

2009년 7월 2급 기출문제

1. 練習でうまくできても、試合で実力を______するのはむずかしいものだ。

　　① 発行　　　　　　② 発車　　　　　　③ 発表　　　　　　④ 発揮

2. 和室に布団を______寝る。

　　① かぶせて　　　　② ひっぱって　　　③ しいて　　　　　④ のばして

3. 父は子供のころ______、食べるものに困っていたそうだ。

　　① けわしくて　　　② あやしくて　　　③ まずしくて　　　④ こいしくて

4. このガラスびんの______は2リットルです。

　　① 濃度　　　　　　② 容積　　　　　　③ 水圧　　　　　　④ 重量

5. 海______の道を通って家に帰った。

　　① 沿い　　　　　　② 建て　　　　　　③ 向け　　　　　　④ 付き

6. A「部長、遅くなってすみません。先日の会議のレポートができました。」
　 B「それは______。」
　　① ごくろうさま　　　② えんりょなく　　　③ おまちどおさま　　　④ おきのどくに

7. 緊張していたので、______に話せなかった。
　　① エチケット　　　② スタイル　　　③ アクセント　　　④ スムーズ

8. 夏になると、この山には______と登山客がやって来る。
　　① 別々　　　② 続々　　　③ 点々　　　④ 着々

9. 朝まで寝ないで勉強していたので、授業中に眠くて何度も______が出た。
　　① あくび　　　② せき　　　③ しゃっくり　　　④ くしゃみ

10. 長期にわたって______してきた二国間で、先週、初のトップ会談が行われた。
　　① 対照　　　② 対策　　　③ 対面　　　④ 対立

정답　1④ 2③ 3③ 4② 5① 6① 7④ 8② 9① 10④

2008년 2급 기출문제

1. 朝は時間がないので、新聞の______をながめるだけで、記事は読まない。
　　① 見出し　　　② 見かけ　　　③ 見本　　　④ 見方

2. 今朝は鳥の鳴き声で目が______。
　　① かれた　　　② ほえた　　　③ ふけた　　　④ さめた

3. 電力などの______の供給は、5年後にはこの国にとって大きな問題になるだろう。
　　① アルコール　　　② エネルギー　　　③ カロリー　　　④ ビタミン

4. ______かもしれませんが、大切なことなので、もう一度く繰り返します。

① のろい　　　② にぶい　　　③ くどい　　　④ ゆるい

5. この工芸品はこわれやすいので、______に扱ってください。

① 重要　　　② 重大　　　③ 慎重　　　④ 貴重

6. ______行きたいのなら、一人で行きなさい。

① どうしても　　② くれぐれも　　③ 必ずしも　　④ 少なくとも

7. 明日の試合では、この2つの______が初めて戦うことになっている。

① シリーズ　　② チーム　　③ ゲーム　　④ メンバー

8. あの店は買った物を自宅まで______してくれます。

① 通達　　　② 配達　　　③ 伝達　　　④ 発達

9. サッカー選手に______子どもたちは多い。

① あこがれる　　② おいかける　　③ つきあたる　　④ めぐまれる

10. 今回のレポートは、時間が足りなかったため、______完全なものしか書けなかった。

① 無　　　② 非　　　③ 未　　　④ 不

정답 1 ① 2 ④ 3 ② 4 ③ 5 ③ 6 ① 7 ② 8 ② 9 ① 10 ④

★★★ 5문항 출제 예상

과거 시험과 동일한 형식으로, 출제되는 단어나 표현과 의미적으로 가까운 단어를 묻는다.

출제 경향(예제) 

問題4 ________の言葉に意味が最も近いものを、1・2・3・4から一つえらびなさい。

1. 次々に新しいゲームが作られる。

① だんだん   ② これから   ③ いつでも   ④ どんどん

2. 明日の飛行機の予約を確認してください。

① 変えて   ② 調べて   ③ 行って   ④ 頼んで

정답 1 ④ 2 ②

기출문제 

2009년 3급 기출문제

1　父は　るすです。

　① 父は　出かけて　います。

　② 父は　いそがしいです。

　③ 父は　うちに　います。

　④ 父は　ねて　います。

2　あの　レストランは　いつも　すいて　います。

　① あの　レストランは　いつも　たべものが　おいしいです。

　② あの　レストランは　いつも　てんいんが　しんせつです。

　③ あの　レストランは　いつも　ねだんが　高いです。

　④ あの　レストランは　いつも　きゃくが　少ないです。

3　わたしは　かちょうの　かわりに　かいぎに　いきました。

① わたしと　かちょうは　かいぎに　いきました。

② わたしと　かちょうは　かいぎに　いきませんでした。

③ わたしは　かいぎに　いきましたが、　かちょうは　いきませんでした。

④ わたしは　かいぎに　いきませんでしたが、　かちょうは　いきました。

4　電車の　中で　さわがないで　ください。

① 電車の　中で　ものを　たべないで　ください。

② 電車の　中で　うるさく　しないで　ください。

③ 電車の　中で　たばこを　すわないで　ください。

④ 電車の　中で　きたなく　しないで　ください。

5　とうきょうは　こうつうが　べんりです。

① とうきょうは　スーパーや　デパートが　たくさん　あります。

② とうきょうは　たくさんの　国の　人が　せいかつして　います。

③ とうきょうは　バスや　ちかてつが　たくさん　はしって　います。

④ とうきょうは　駅の　そばに　たくさんの　アパートが　あります。

정답 1① 2④ 3③ 4② 5③

2008년 3급 기출문제

1　やくそくの　時間に　まにあいませんでした。

① やくそくの　時間を　わすれました。

② やくそくの　時間を　かえました。

③ やくそくの　時間に　もどりました。

④ やくそくの　時間に　おくれました。

2　<u>まず　この　しごとを　して　ください。</u>

① いっしょうけんめい　この　しごとを　して　ください。

② はじめに　この　しごとを　して　ください。

③ なるべく　この　しごとを　して　ください。

④ しっかり　この　しごとを　して　ください。

3　<u>そろそろ　しょくじに　しましょう。</u>

① そろそろ　ごはんを　食べましょう。

② そろそろ　しつれいしましょう。

③ そろそろ　おふろに　入りましょう。

④ そろそろ　ねましょう。

4　<u>わたしは　その　人に　あいさつしました。</u>

① わたしは　その　人に「それは　よかったですね。」と言いました。

② わたしは　その　人に「どうぞ　おすわり　ください。」と言いました。

③ わたしは　その　人に「おはようございます。」と言いました。

④ わたしは　その　人に「もう　いっぱい　いかがですか。」と言いました。

5　<u>1ばんの　へや、または　2ばんの　へやに　いって　ください。</u>

① 1ばんの　へやに　いってから、　2ばんの　へやに　いって　ください。

② 1ばんの　へやに　いく　前に、　2ばんの　へやに　いって　ください。

③ 1ばんの　へやか　2ばんの　へやに　いって　ください。

④ 1ばんの　へやと　2ばんの　へやに　いって　ください。

정답　1 ④　2 ②　3 ①　4 ③　5 ③

2007년 3급 기출문제

1　<u>すずきさんは　かならず　来ると　思います。</u>

① すずきさんは　きっと　来ます。

② すずきさんは　たまに　来ます。

③ すずきさんは　まっすぐ　来ます。

④ すずきさんは　ゆっくり　来ます。

2　<u>しょうらいの　けいかくを　みんなで　はなしました。</u>

① いままでの　けいかくを　みんなで　はなしました。

② さいごの　けいかくを　みんなで　はなしました。

③ さいしょの　けいかくを　みんなで　はなしました。

④ これからの　けいかくを　みんなで　はなしました。

3　<u>きのう　やまもとさんを　たずねました。</u>

① きのう　やまもとさんの　しつもんに　こたえました。

② きのう　やまもとさんの　いえに　行きました。

③ きのう　やまもとさんの　しごとを　てつだいました。

④ きのう　やまもとさんの　つごうを　聞きました。

4　<u>わたしは　おがわさんに　あやまりました。</u>

① わたしは　おがわさんに　「おめでとうございます。」と　言いました。

② わたしは　おがわさんに　「それは　いけませんね。」と　言いました。

③ わたしは　おがわさんに　「おかげさまで。」と　言いました。

④ わたしは　おがわさんに　「ごめんなさい。」と　言いました。

5 あした　5時に　来るのは　むりです。

　① あした　5時に　来る　ことに　します。

　② あした　5時に　来なければ　なりません。

　③ あした　5時に　来られません。

　④ あした　5時に　来るように　します。

정답 1① 2④ 3② 4④ 5③

2009년 12월 2급 기출문제

1 この道具にはいろいろな使い道がある。

　① 用途　　　　　② 種類　　　　　③ 形式　　　　　④ 効果

2 この地方に台風が来るのはまれなことです。

　① よくある　　　② ほとんどない　③ 時々ある　　　④ まったくない

3 それは、おもしろいアイデアですね。

　① 案　　　　　　② 型　　　　　　③ 図　　　　　　④ 説

4 この計画の実現には相互の理解が大切だ。

　① われわれ　　　② みなさん　　　③ あいて　　　　④ たがい

5 彼からの手紙を読んで、がっかりした。

　① 満足　　　　　② 心配　　　　　③ 失望　　　　　④ 安心

정답 1① 2② 3① 4④ 5③

2009년 7월 2급 기출문제

1　父はとても<u>頭にきている</u>ようだ。
　　① 驚いている　　　② 悔やんでいる　　　③ 怒っている　　　④ 悲しんでいる

2　その話は<u>単なる</u>うわさですから、信じてはいけません。
　　① むだな　　　② ただの　　　③ うその　　　④ ばかな

3　この内容でよろしければ、<u>サイン</u>をいただけますか。
　　① 許可　　　② 署名　　　③ 承認　　　④ 注文

4　先週の出張を中止したのは<u>やむおえない</u>ことだった。
　　① しかたがない　　　② みっともない　　　③ もったいない　　　④ とんでもない

5　オリンピックが<u>契機</u>となり、スポーツがさかんになった。
　　① ささえ　　　② すくい　　　③ つながり　　　④ きっかけ

정답　1③　2②　3②　4①　5④

2008년 2급 기출문제

1　そんなに<u>わがまま</u>なことばかり言っていたら、まわりの人にきらわれるよ。
　　① 勝手　　　② 粗末　　　③ 余計　　　④ 駄目

2　この村の人は<u>比較的</u>長生きだ。
　　① 特別に　　　② 割合に　　　③ 非常に　　　④ 意外に

3　外から<u>やかましい</u>音が聞こえる。
　　① きれいな　　　② うるさい　　　③ へんな　　　④ よわい

4 オートバイの<u>オイル</u>を買ってきました。

　　① ぶひん　　　　② くうき　　　　③ ざせき　　　　④ あぶら

5 <u>差し支え</u>がなければ、電話番号を教えてください。

　　① 仕方　　　　② 変更　　　　③ 問題　　　　④ 不平

정답　1①　2②　3②　4④　5③

[용법] 출제 경향 및 기출문제

과거 시험과 동일한 형식으로, 출제어가 문장 안에서 어떻게 사용되는지를 묻는다.

출제 경향(예제) 

問題5　つぎのことばの使い方として最もよいものを、1・2・3・4から一つえらびなさい。

1. 今ごろ

① それでは、今ごろテストを始めます。

② 今ごろ東京では桜が咲いているでしょう。

③ 今ごろ現金で支払うことが少なくなった。

④ 今ごろ雨が降りそうな天気だ。

2. かわいがる

① 山田さんは子どもをとてもかわいがっています。

② あの人は親をとてもかわいがっています。

③ 田中さんは、いただいた時計をとてもかわいがっています。

④ あの人は自分の家をとてもかわいがっています。

정답　1 ②　2 ①

기출문제 

2009년 3급 기출문제

1　しかる

①　「もう　だいじょうぶですか。」と　しかられました。

②　「よく　がんばりましたね。」と　しかられました。

③　「もっと　まじめに　やりなさい。」と　しかられました。

④　「いっしょに　しらべましょう。」と　しかられました。

2　はずかしい

① かんたんな　もんだいを　まちがえて、<u>はずかしい</u>です。

② かぞくに　会えなくて、<u>はずかしい</u>です。

③ ピアノが　ひけるように　なって、<u>はずかしい</u>です。

④ 見たい　ばんぐみが　なくて、<u>はずかしい</u>です。

3　きかい

① ざんねんですが、その日は　べつの　<u>きかい</u>が　あります。

② わたしは　日本の　れきしに　<u>きかい</u>が　あります。

③ 両親は　外国へ　いった　<u>きかい</u>が　ありません。

④ 近くに　来る　<u>きかい</u>が　あったら、ぜひ　あそびに　来て　ください。

4　たいてい

① 日よう日は　<u>たいてい</u>　スポーツを　して　います。

② きょうは　<u>たいてい</u>　天気が　よかったです。

③ このごろ　さとうさんには　<u>たいてい</u>　あって　いません。

④ 日本語が　<u>たいてい</u>　上手に　なりましたね。

5　おれい

① 先生が　にゅういん　なさったので、<u>おれい</u>を　もって　いきました。

② プレゼントを　もらったので、<u>おれい</u>を　言いました。

③ 友だちが　来たので　ばんごはんに　<u>おれい</u>を　つくりました。

④ すずきさんに　そつぎょうの　<u>おれい</u>を　あげました。

정답　1③　2①　3④　4①　5②

2008년 3급 기출문제

1　すてる

① おきゃくさんが　来るので、へやを　きれいに　<u>すてて</u>　ください。

② ここに　いらない　ものを　<u>すてて</u>　ください。

③ じゅぎょうで　つかう　本を　かばんに　<u>すてて</u>　ください。

④ ひどい　ことを　言うのは　<u>すてて</u>　ください。

2　ねつ

① <u>ねつ</u>が　あるので、学校を　やすみました。

② この　へやの　<u>ねつ</u>は　どのぐらいですか。

③ この　おちゃは　<u>ねつ</u>が　高すぎて　飲めません。

④ 駅の　ちかくは　人が　たくさん　いて、<u>ねつ</u>が　いっぱいです。

3　いけん

① つかいかたが　よく　わかるように、<u>いけん</u>を　して　ください。

② あの　人から「ありがとう。」と　<u>いけん</u>を　言われました。

③ この　ことばの　<u>いけん</u>を　しらべました。

④ みんなの　前で　わたしの　<u>いけん</u>を　言いました。

4　こしょう

① わたしの　車は　<u>こしょう</u>して　います。

② 田中さんは　せきが　出て　<u>こしょう</u>して　います。

③ きょう　あの　店は　<u>こしょう</u>して　います。

④ この　ふとんは　<u>こしょう</u>して　います。

5 まじめ

① きょうは　まじめな　天気で　空が　きれいです。

② さとうを　入れないで、まじめな　コーヒーを　飲みました。

③ 子どもたちは　先生の　話を　まじめに　聞いて　います。

④ 駅は　この　道を　まじめに　いった　ところに　あります。

정답 1② 2① 3④ 4① 5③

2007년 3급 기출문제

1 すると

① きのうは 天気が よくなかったです。すると、わたしは テニスを しませんでした。

② なんかいも　聞きました。すると、わかりませんでした。

③ ボタンを　おしました。すると、ドアが　あきました。

④ あした　しけんを　します。すると、よく　べんきょうして　ください。

2 げんいん

① 12さいいじょうの　子どもが　この　クラスの　げんいんに　なれます。

② あたらしい　かいしゃで　しごとの　げんいんを　おしえて　もらいました。

③ けいさつは　じこの　げんいんを　しらべて　います。

④ この　木を　げんいんに　して　いすを　つくりましょう。

3 そだてる

① たいせつに　そだてて　いた　花が　さきました。

② この　りょうりは　おいしく　なるまで、よく　そだてました。

③ なんども　なおして　さくぶんを　そだてました。

④ じが　小さくて　見えないので、もう　すこし　そだてて　ください。

4 きびしい

① この　パンは　<u>きびしくて</u>　たべられません。

② わたしは　<u>きびしい</u>　ペンを　つかって　います。

③ この　おちゃは　<u>きびしくて</u>　おいしいです。

④ 社長は　<u>きびしい</u>　人です。

5 よやく

① 月へ　行く　ことは　わたしの　<u>よやくの</u>　ゆめです。

② みんなで　ごはんを　食べるので、　レストランを　<u>よやく</u>しました。

③ 毎日　1時間　勉強すると　母に　<u>よやく</u>しました。

④ 月よう日は　かいものに　行く　<u>よやく</u>です。

정답 1③　2③　3①　4④　5②

1 乗り越す

① ぼんやりしていて、駅を一つ<u>乗り越して</u>しまった。

② 急いでいたので、スピードを上げて前の車を<u>乗り越した</u>。

③ 終点で降りて、そこから別のバスに<u>乗り越した</u>。

④ 空港までの道がこんでいたため、飛行機に<u>乗り越して</u>しまった。

2 節約

① 父に「うるさい」と言われたので、ステレオの音を<u>節約</u>した。

② 「スーパー」というのは、「スーパーマーケット」を<u>節約</u>した言葉です。

③ いつか自分の家が持てるよう、毎月いくらかずつ銀行に<u>節約</u>している。

④ 使っていない部屋のエアコンは止めるようにして、電気代を<u>節約</u>しましょう。

3 ドライブ

① 雨が降っていたので、駅まで息子を<u>ドライブ</u>してやった。

② 家族と海の近くを<u>ドライブ</u>するのが、休日の楽しみだ。

③ オートバイを<u>ドライブ</u>するには、特別な免許が必要だ。

④ 子供のころ、飛行機を<u>ドライブ</u>するのが夢だった。

4 礼儀

① 彼は言葉遣いもていねいだし、とても<u>礼儀</u>な人だ。

② 体育館は入学式の会場に使われるので、すっかり<u>礼儀</u>に飾られている。

③ 恥ずかしい思いをしないように、きちんとした<u>礼儀</u>を身につけたい。

④ 先生と話すときは、もっと<u>礼儀</u>したらどうですか。

5 どっと

① 医者が来るまで、動かないで<u>どっと</u>していなさい。

② 昨日から<u>どっと</u>待っているのだが、まだ返事が来ない。

③ 泣いている子供の涙を、母は<u>どっと</u>ふいてやった。

④ テストが終わると、たまっていた疲れが<u>どっと</u>出た。

정답 1① 2④ 3② 4③ 5④

2009년 7월 2급 기출문제

1 正直

① かくさないで、<u>正直</u>な気持ちを話してほしい。

② あの角を曲がって、10分ほど<u>正直</u>に行ってください。

③ この問題は難しいから、<u>正直</u>な答えがわかりません。

④ 市場ではなく、農家から<u>正直</u>に野菜を買いたい。

2　たしか

① 次の電車に間に合うかどうか、<u>たしか</u>をしてください。

② 引き受けた仕事は、<u>たしか</u>がんばりたい。

③ 田中さんと初めて会ったのは、<u>たしか</u>3年前のことだった。

④ 人から聞いた話なので、<u>たしか</u>はわからない。

3　展開

① 親友に悩みを<u>展開</u>して、気持ちが楽になった。

② あの店のパンは、<u>展開</u>して2時間後に売切れてしまう。

③ 美術館へ古い絵画の<u>展開</u>を見に行った。

④ このドラマは話の<u>展開</u>が単純なのでおもしろくない。

4　散らかる

① 部屋が<u>散らかって</u>いたので、子どもに片付けさせた。

② この花は咲いてから四、五日で<u>散らかる</u>。

③ うっかりコップを倒してしまい、水が<u>散らかった</u>。

④ もう夜も遅いから、<u>散らかって</u>明日また集まろう。

5　分解

① ケーキを買ってきたから、みんなで<u>分解</u>して食べましょう。

② ラジオを<u>分解</u>して、音が出なくなった原因を調べてみた。

③ 図書館の本は分野ごとに<u>分解</u>してならべてあります。

④ この虫は東部から南部にかけて広く<u>分解</u>している。

정답　1① 2③ 3④ 4① 5②

1 感心

① このクラスの学生たちの能力の高さに感心した。

② あの人の上手な英語を感心した。

③ 子どもたちのすばらしいダンスに感心になった。

④ 立派なお寺を感心になった。

2 妥当

① 結婚するなら、なるべく気持ちの妥当な人がいいです。

② あまり変わったものじゃなくて、妥当なものが食べたいですね。

③ これは妥当な集まりなので、スーツでご出席ください。

④ この仕事に対して1万円は妥当な金額だと思いますよ。

3 いまに

① 明日では間に合わないので、いまに掃除してしまってください。

② もう勝負は始まったのだから、いまにやめたいと言っても遅すぎる。

③ 最後のテストが終わったら、いまに覚えていたことを全部忘れた。

④ 毎日休まずけいこをしていれば、いまに上手になるよ。

4 引き返す

① 友だちと10年ぶりに会って、昔のことを引き返した。

② 知人に貸していたお金が結局引き返した。

③ 強風のため、船が港に引き返した。

④ 朝揚げた旗を夕方引き返した。

5 催促

① 外国への興味は、言葉を学ぶ<u>催促</u>の一つになります。

② 商品がなかなか届かないので、<u>催促</u>の電話をかけた。

③ 山下先生に、パーティーへの<u>催促</u>の手紙を書きました。

④ 次の会議の<u>催促</u>の日をもっと早くしましょう。

정답 1① 2④ 3④ 4③ 5②

제3부

언어지식
(문자 · 어휘)
종합 대책

あ

- □ **ああ** 저런, 저렇게
- □ **愛(あい)** 사랑
- □ **あいかわらず** 변함없이, 여전히
- □ **挨拶(あいさつ)** 인사
- □ **愛情(あいじょう)** 애정
- □ **合図(あいず)** 신호
- □ **間(あいだ)** 사이
- □ **相手(あいて)** 상대자, 상대
- □ **青(あお)** 파란색
- □ **赤(あか)** 빨강
- □ **赤(あか)ちゃん** 갓난아기
- □ **赤(あか)ん坊(ぼう)** 갓난아기
- □ **秋(あき)** 가을
- □ **明(あき)らか** 밝음, 분명함
- □ **握手(あくしゅ)** 악수
- □ **朝(あさ)** 아침
- □ **朝御飯(あさごはん)** 아침밥, 아침 식사
- □ **明後日(あさって)** 모레
- □ **朝寝坊(あさねぼう)** 늦잠, 늦잠꾸러기
- □ **足(あし)** 발, 다리
- □ **味(あじ)** 맛
- □ **明日(あした)** 내일
- □ **足元(あしもと)** 발밑
- □ **明日(あす)** 내일, 명일
- □ **汗(あせ)** 땀
- □ **あそこ** 저기, 거기
- □ **遊(あそ)び** 노는 일, 장난, 놀이
- □ **頭(あたま)** 머리
- □ **あたりまえ** 당연, 마땅함
- □ **あちら** 저쪽, 저기
- □ **あっち** 저쪽, 저기
- □ **集(あつ)まり** 모임
- □ **後(あと)** 뒤, 후, 나머지

- □ **あなた** 당신
- □ **兄(あに)** 형, 오빠
- □ **姉(あね)** 누나, 언니
- □ **あの** 저, 그
- □ **余(あま)り** 남은 것, 여분, ~한 나머지, 너무, 지나치게, 그다지

余(あま)りが出(で)る。 여분이 생기다.

五日(いつか)余(あま)り。 닷새 남짓.

悲(かな)しさのあまり。 슬픈 나머지.

あまり勉強(べんきょう)し過(す)ぎる。
지나치게 공부를 하다.

あまりよく知(し)らない。 그다지 잘 모르다.

- □ **雨(あめ)** 비
- □ **飴(あめ)** 엿
- □ **新(あら)た** 새로움
- □ **改(あらた)めて** 다른 기회에, 새삼스럽게

改(あらた)めてお知(し)らせします。
다음 기회에 다시 알려 드리겠습니다.

必要性(ひつようせい)を改(あらた)めて痛感(つうかん)した。
필요성을 새삼 통감했다.

- □ **あれ** 저것(먼 것을 가리키는 말), 어럽쇼 (놀라거나 의외로 여길 때 내는 소리)

あれはいくらですか。
저것은 얼마입니까?

あれ、どうしたんだろう。
저런, 어떻게 된 걸까?

- □ **案(あん)** 안, 예상, 생각

案(あん)を出(だ)す。 안을 내다.

案(あん)のごとく。 생각했던 대로.

- □ **安易(あんい)** 안이
- □ **案外(あんがい)** 뜻밖에도, 예상 외로
- □ **安心(あんしん)** 안심
- □ **安全(あんぜん)** 안전
- □ **あんな** 저런, 그런

あんな人(ひと)。 저런 사람.

- □ **案内(あんない)** 안내

- □ **あんなに** 저렇게, 그토록

あんなに努力(どりょく)したのに。
그토록 노력했는데.

- □ **あんまり** 과도함, 너무함, 너무, 지나치게, 그다지, 별로

あんまりですわ。 너무해요.

あんまり大(おお)きい。 너무 크다.

あんまり甘(あま)くない。
그다지 달지 않다. 그다지 만만하지 않다.

い

- □ **胃(い)** 위
- □ **委員(いいん)** 위원
- □ **医院(いいん)** 의원
- □ **いいえ** 아니오
- □ **家(いえ)** 집
- □ **以下(いか)** 이하
- □ **以外(いがい)** 이외
- □ **いかが** 「どう」보다 정중한 말, 어떠함
- □ **医学(いがく)** 의학
- □ **息(いき)** 숨, 호흡
- □ **意義(いぎ)** 의의
- □ **勢(いきお)い** 기세, 기운, 추세
- □ **いきなり** 갑자기, 느닷없이
- □ **育児(いくじ)** 육아
- □ **幾(いく)つ** 몇, 몇 개, 몇 살

千円(せんえん)でいくつですか。
천 엔에 몇 개입니까?

今年(ことし)いくつになりますか。
올해 몇 살이 됩니까?

- □ **いくら** 몡 얼마, 어느 정도
- □ **いくら ～ても(でも)** 아무리 ~라도(해도)

いくら呼(よ)んでも来(こ)ない。
아무리 불러도 오지 않는다.

- □ **池(いけ)** 연못

□ 意見(いけん) 의견
□ 意向(いこう) 의향
□ 石(いし) 돌
□ 意志(いし) 의지
□ 意思(いし) 의사
□ 医師(いし) 의사
□ 医者(いしゃ) 의사
□ 以上(いじょう) 이상
□ 衣食住(いしょくじゅう) 의식주
□ 椅子(いす) 의자
□ 以前(いぜん) 이전
□ 痛(いた)み 아픔, (과일 등이) 상함
□ 一(いち) 하나, 일
□ 一時(いちじ) 한때, 그 당시, 그때뿐임, 임시, 잠시, 잠깐, 동시, 같은 때
一時日本で生活した。
한때 일본에서 생활했다.
一時の出来心。순간적인 나쁜 마음.
一時お預かりします。
잠시 맡아두겠습니다.
客が一時に押し掛ける。
손님이 일시에 몰려들다.
□ 一度(いちど) 한 번
□ 一度(いちど)に 일시에, 단번에
□ 一日(いちにち) 하루
□ いちばん 가장, 제일, 시험 삼아, 한 번
今年になっていちばん暑い。
올해 들어 가장 덥다.
難しいが、いちばんやってみるか。
어렵지만 시험 삼아[한 번] 해 볼까.
□ 一部(いちぶ) 일부
□ 一流(いちりゅう) 일류
□ いつ 언제
□ 五日(いつか) 5일, 닷새
□ 一昨日(いっさくじつ) 그저께
□ 一緒(いっしょ) 함께 함, 같이 함
□ 一生懸命(いっしょうけんめい) 열심히
□ 五(いつ)つ 다섯, 다섯 개, 다섯 살
□ いつでも 언제라도

□ いつの間(ま)にか 어느덧, 어느 새
□ 一杯(いっぱい) 가득(있는 한도를 다 하는 모양)
場内いっぱいの人。
장내에 가득 찬 사람.
力いっぱい働く。힘껏 일하다.
□ 一般(いっぱん)に 대체로, 일반적으로
□ 一方(いっぽう) 한 방면, 한편(오로지 그 경향뿐임), ~하는 한편
一方通行。일방통행.
どちらか一方。어느 한쪽.
金もうけ一方の学者。
돈벌이만 하는 학자.
仕事をする一方、よく遊びもする。
일을 하는 한편, 놀기도 잘한다.
□ いつまでも 언제까지나, 영원히
□ いつも 언제나, 늘
□ 糸(いと) 실
□ 移動(いどう) 이동
□ 犬(いぬ) 개
□ 以内(いない) 이내
3日以内。3일 이내.
□ 田舎(いなか) 시골, 고향
□ 命(いのち) 목숨, 생명
□ 今(いま) 지금
□ 居間(いま) 거실
□ 今(いま)に 곧, 언젠가, 아직도, 지금도
今に分かる。이제 곧 알게 될 것이다.
今に行方が分からない。
아직도 행방을 알지 못한다.
□ 今(いま)にも 이제 곧, 막
□ 意味(いみ) 의미, 뜻
□ 妹(いもうと) 여동생, 누이동생
□ 依頼(いらい) 의뢰
□ 入口(いりぐち) 입구
□ 医療(いりょう) 의료
□ 色(いろ) 색
□ 色々(いろいろ) 여러 가지
□ 岩(いわ) 바위

□ 祝(いわ)い 축하 (선물)
□ 言(い)わば 말하자면, 비유해서 말한다면
□ いわゆる 소위, 이른바
□ ~員(いん) ~원(사람)
駅員。역원.

う

□ 上(うえ) 위
□ 植木(うえき) 정원수, 분재
□ 受付(うけつけ) 접수, 접수처
□ 受(う)け取(と)り 받음
□ 牛(うし) 소
□ 後(うし)ろ 뒤, 뒤쪽
□ 嘘(うそ) 거짓말, 틀림, 잘못
□ 歌(うた) 노래
□ うち 집
わたしのうち。나의 집.
□ 内(うち) 안, 내부, 사이, 동안
生徒のうちから選ぶ。
학생 중에서 고르다.
戸が内から開かない。
문이 안에서 열리지 않다.
明るいうちに帰る。
어둡기 전에 돌아가다.
□ うっかり 무심코, 깜빡
□ 腕(うで) 팔
□ うどん 우동
□ 馬(うま) 말
□ 生(う)まれ 탄생, 출생
□ 海(うみ) 바다
□ 有無(うむ) 유무
□ 梅(うめ) 매화나무, 매실
□ 裏(うら) 뒤, 뒤쪽, 뒷면
□ 売(う)り上(あ)げ 매상
□ 売(う)り切(き)れ 품절
□ 売(う)り場(ば) 파는 곳, 판매장, 매표소

□ 上着(うわぎ) 겉옷, 내복 위에 입는 옷
□ 噂(うわさ) (세간의) 평판, 소문
□ うん 응(승낙·긍정 등을 표시하는 말)
□ 運(うん) 운
□ 運転手(うんてんしゅ) 운전수
□ 運転(うんてん) 운전
□ 運動(うんどう) 운동

え

□ 絵(え) 그림
□ 永遠(えいえん) 영원
□ 映画(えいが) 영화
□ 永久(えいきゅう) 영구
□ 影響(えいきょう) 영향
□ 営業(えいぎょう) 영업
□ 映画館(えいがかん) 영화관
□ 英語(えいご) 영어
□ 英文(えいぶん) 영문
□ 栄養(えいよう) 영양
□ 英和(えいわ) 영일, 영어와 일본어
□ ええ 네(승낙·긍정 등을 표시하는 말)
□ ええと 저어(말이나 생각이 미처 나지 않아 좀 생각할 때 내는 소리)
□ 笑顔(えがお) 웃는 얼굴, 웃음을 띤 얼굴
□ 駅(えき) 역
□ 枝(えだ) 가지, 갈래
□ 絵(え)の具(ぐ) 그림물감
□ ～円(えん) ～엔(일본의 화폐 단위)
　千円(せんえん)。천 엔.
□ ～園(えん) ～원
　動物園(どうぶつえん) 동물원
□ 延期(えんき) 연기(기간)
□ 演技(えんぎ) 연기(예능)
□ 園芸(えんげい) 원예
□ 演劇(えんげき) 연극
□ 円周(えんしゅう) 원주, 원의 둘레
□ 演習(えんしゅう) 연습

□ 援助(えんじょ) 원조
□ 演説(えんぜつ) 연설
□ 演奏(えんそう) 연주
□ 遠足(えんそく) 소풍
□ 延長(えんちょう) 연장
□ 鉛筆(えんぴつ) 연필
□ 遠慮(えんりょ) 원려(앞일을 헤아리는 깊은 생각), 사양, 거리낌, 물러남
　深謀遠慮(しんぼうえんりょ) 심모원려(깊이 생각해서 먼 장래까지 생각함).
　あまり遠慮(えんりょ)するな。너무 사양하지 말게.
　ここではたばこをご遠慮(えんりょねが)願います。여기에서는 담배를 삼가 바랍니다.
　遠慮(えんりょ)のない仲(なか)。거리낌 없는[허물없는] 사이.
　遠慮(えんりょ)のない批評(ひひょう)。기탄없는 비평.
　もう遅(おそ)いからご遠慮(えんりょ)いたしましょう。이젠 늦었으니 물러나도록 합시다.

お

□ お/ご お/ご＋ます형/한자어＋になる/なさる/くださる 존경을 표현
　ご研究(けんきゅう)になる。연구하시다.
　お招(まね)きなさる。초청하시다.
　お貸(か)しくださる。빌려 주시다.
□ お祝(いわ)い 축하, 축하 선물, 축하 행사
□ 応接間(おうせつま) 응접실
□ 大(おお)きな [연체사] 큰
　大(おお)きな声(こえ)。큰 소리.
□ おい 조카
□ 王(おう) 왕
□ 応援(おうえん) 응원
□ 王様(おうさま) 임금님
□ 王子(おうじ) 왕자
□ 王女(おうじょ) 왕녀, 공주
□ 応接(おうせつ) 응접

□ 応対(おうたい) 응대
□ 横断(おうだん) 횡단
□ 横断歩道(おうだんほどう) 횡단보도
□ 往復(おうふく) 왕복
□ 欧米(おうべい) 구미, 유럽과 미국
□ 大(おお)いに 대단히, 크게, 많이, 실컷
　大(おお)いに貢献(こうけん)する。크게 공헌하다.
　大(おお)いに飲(の)もう。실컷 마시자.
　大(おお)いにけっこう。매우 좋다.
□ 大(おお)きな [연체사] 큰
□ 大勢(おおぜい) 많은 사람, 여럿
□ 大家(おおや) 셋집 주인
□ お母(かあ)さん 어머니
□ おかげ 덕택, 덕분, 은혜
□ おかげさまで 덕분에, 덕택에 ('おかげ'의 공손한 말)
□ お菓子(かし) 과자
□ お金(かね) 돈
□ ～おき (일정한 간격을 두고 일이 거듭됨을 나타냄) ～걸러, 간격
　3分(さんぷん)おきに電車(でんしゃ)が来(く)る。3분 간격으로 전차가 오다.
□ おかまいなく 걱정 마시고
□ お代(か)わり 같은 음식을 다시 더 먹음
□ お気(き)の毒(どく) 안됐음, 가엾음
□ 奥(おく) 깊숙한 곳, 안
□ 億(おく) 억(숫자)
□ 奥(おく)さん/さま (남의 아내의 높임말) 안주인
□ 屋上(おくじょう) 옥상
□ 贈(おく)り物(もの) 선물
□ お子(こ)さん (남의 집 자식을 높여서 부르는 말) 자제분
□ おさきに 먼저
□ お酒(さけ) 술
□ おさら(お皿) 접시
□ 叔父/伯父(おじ) 삼촌, 숙부, 백부
□ お祖父(じい)さん 할아버지
□ 押入(おしい)れ (가재, 침구 등을 넣

어 두는) 벽장

□ 御辞儀(おじぎ) (머리 숙여) 인사함, 사퇴, 사양
お客さんに御辞儀をする。
손님한테 절을 하다.
御辞儀なしにいただきます。
사양 않고 먹겠습니다[받겠습니다].

□ 叔父/伯父/小父(おじ)さん 아저씨

□ おしゃべり 지껄임, 수다스러움, 수다쟁이

□ おしゃれ 멋을 냄, 멋쟁이

□ お嬢(じょう)さん (남의 딸을 높여 부르는 말)아가씨, 따님

□ 恐(おそ)らく 아마, 필시

□ お互(たが)いに 서로, 쌍방

□ お宅(たく) (상대방 집의 높임말) 댁

□ 穏(おだ)やか 온화함, 침착하고 조용함

□ お茶(ちゃ) 차, 엽차

□ 夫(おっと) 남편

□ お釣(つ)り 거스름돈

□ 御手洗(おてあら)い 화장실

□ お出掛(でか)け 외출

□ お手伝(てつだ)いさん 가정부(남의 일을 도우며 일해 주는 사람)

□ 音(おと) (사물 등의) 소리

□ お父(とう)さん/さま 아버지

□ 弟(おとうと)さん (남의 남동생을 높여 부르는 말)남동생

□ 男(おとこ) 남자

□ 男(おとこ)の子(こ) 사내(남자) 아이

□ 男(おとこ)の人(ひと) 남자

□ おととい 그저께

□ おととし 재작년

□ 大人(おとな) 어른, 성인

□ 踊(おど)り 춤, 무용

□ お腹(なか) 배(신체)

□ 同(おな)じ 같음, 동일함

□ 鬼(おに) 귀신

□ お兄(にい)さん 형님, 오빠

□ お姉(ねえ)さん 누님, 언니, 누나

□ 伯母/叔母/小母(おば)さん 아주머니, 숙모, 백모

□ お祖母(ばあ)さん 할머니

□ おはよう 안녕!(아침의 인사말)

□ お弁当(べんとう) 도시락

□ お祭(まつ)り 축제

□ お巡(まわ)りさん 순경

□ お見舞(みま)い 문안, 문병

□ おめでとう 축하[경축]합니다. 「おめでとうございます。」의 준말

□ お土産(みやげ) 선물

□ 思(おも)い切(き)り 체념, 단념, 마음껏, 실컷
思い切りが悪い。 선뜻 단념 못하다.
思い切り走った。 마음껏 달렸다.

□ おもちゃ 장난감

□ 表(おもて) 표면 겉, 앞

□ 主(おも)な 주된

□ 主(おも)に 주로, 대부분

□ 思(おも)わず 엉겁결에, 무의식 중에

□ 親(おや) 어버이, 부모

□ お休(やす)み '寝(ね)る 자다, 休(やす)む 쉬다'의 공손한 표현, 잘 때의 인사말, '休業(きゅうぎょう) 휴업, 欠勤(けっきん)'의 공손한 표현
お休みになる。 주무시다.
お休みなさい。 안녕히 주무세요.
祭日はお休みです。
축제일은 휴일입니다.

□ 泳(およ)ぎ 수영, 헤엄

□ およそ 대강, 대충, 대개, 무릇, 일반적으로, 도무지
今からおよそ千年前。
지금으로부터 약 천 년 전.
およその事情を説明する。
대강의 사정을 설명하다.
およそ人というものは。
일반적으로 사람이라고 하는 것은.
およそ考えられない。
도무지 생각할 수 없는.
およそ意味がない。
도무지 의미가 없다.
およそばかばかしい話だ。
도무지 말 같지 않은 이야기다

□ お礼(れい) 사례, 답례

□ 終(お)わり 끝, 마지막

□ 音楽(おんがく) 음악

□ 恩恵(おんけい) 은혜

□ 温室(おんしつ) 온실

□ 温泉(おんせん) 온천

□ 温帯(おんたい) 온대

□ 温暖(おんだん) 온난

□ 御中(おんちゅう) 귀중(우편물을 받을 단체·회사 등의 이름 아래에 붙이는 말)

□ 温度(おんど) 온도

□ 女(おんな) 여자, 계집

□ 女(おんな)の子(こ) 여자 아이

 다음 주어진 단어의 よみがな와 뜻을 적으시오.

1. 演技(   )　　뜻:
2. お酒(   )　　뜻:
3. 挨拶(   )　　뜻:
4. 温暖(   )　　뜻:
5. 大勢(   )　　뜻:
6. 愛情(   )　　뜻:
7. 音(   )　　뜻:
8. 裏(   )　　뜻:
9. 一昨年(   )　　뜻:
10. 大(   )いに　　뜻:
11. 噂(   )　　뜻:
12. 依頼(   )　　뜻:
13. 欧米(   )　　뜻:
14. 秋(   )　　뜻:
15. 温泉(   )　　뜻:
16. 延期(   )　　뜻:
17. 岩(   )　　뜻:
18. 明(   )らか　　뜻:
19. あいかわらず　　뜻:
20. 往復(   )　　뜻:
21. 上着(   )　　뜻:
22. 恩恵(   )　　뜻:
23. おかげさまで　　뜻:
24. 握手(   )　　뜻:
25. お手洗(   )い　　뜻:
26. 横断歩道(   )　뜻:
27. 有無(   )　　뜻:
28. 音楽(   )　　뜻:
29. 応接(   )　　뜻:
30. 絵(   )の具(   )　뜻:
31. 居間(   )　　뜻:
32. 王女(   )　　뜻:
33. 明後日(   )　　뜻:
34. およそ　　뜻:
35. 応援(   )　　뜻:
36. 夫(   )　　뜻:

37. 売(   )り切(   )れ　뜻:
38. 親(   )　　뜻:
39. 遠慮(   )　　뜻:
40. 朝寝坊(   )　　뜻:
41. 穏(   )やか　　뜻:
42. 枝(   )　　뜻:
43. 贈(   )り物(   )　뜻:
44. 祝(   )い　　뜻:
45. 思(   )わず　　뜻:
46. おい　　뜻:
47. 嘘(   )　　뜻:
48. 相手(   )　　뜻:
49. 鉛筆(   )　　뜻:
50. 笑顔(   )　　뜻:
51. 主(   )に　　뜻:
52. 延長(   )　　뜻:
53. 味(   )　　뜻:
54. 合図(   )　　뜻:
55. 栄養(   )　　뜻:
56. おかまいなく　　뜻:
57. 田舎(   )　　뜻:
58. お見舞(   )い　　뜻:
59. 王子(   )　　뜻:
60. 営業(   )　　뜻:
61. おしゃれ　　뜻:
62. 足元(   )　　뜻:
63. 屋上(   )　　뜻:
64. 受付(   )　　뜻:
65. お巡(   )りさん　　뜻:
66. 影響(   )　　뜻:
67. 奥(   )　　뜻:
68. 汗(   )　　뜻:
69. 御辞儀(   )　　뜻:
70. 遠足(   )　　뜻:
71. 牛(   )　　뜻:
72. お祭(   )り　　뜻:

73. 永久(　　　)　　　뜻:
74. 演奏(　　　)　　　뜻:
75. 押入(　　　)れ　　뜻:
76. 円周(　　　)　　　뜻:
77. 育児(　　　)　　　뜻:
78. 鬼(　　　)　　　　뜻:
79. 援助(　　　)　　　뜻:
80. 売(　　)り上(　　)げ　뜻:
81. いわゆる　　　　　뜻:

82. 演説(　　　)　　　뜻:
83. 永遠(　　　)　　　뜻:
84. 改(　　　)めて　　뜻:
85. 植木(　　　)　　　뜻:
86. お気(　)の毒(　　)に　뜻:
87. 運転手(　　　)　　뜻:
88. 大人(　　　)　　　뜻:
89. 衣食住(　　　)　　뜻:
90. おしゃべり　　　　뜻:

●●● 정답

1. 演技(えんぎ) 연기
2. お酒(さけ) 술
3. 挨拶(あいさつ) 인사
4. 温暖(おんだん) 온난
5. 大勢(おおぜい) 많은 사람, 여럿
6. 愛情(あいじょう) 애정
7. 音(おと) (사물 등의) 소리
8. 裏(うら) 뒤, 뒷면, 뒤쪽
9. 一昨年(おととし) 재작년
10. 大(おお)いに 대단히, 크게, 많이
11. 噂(うわさ) 세간의 평판, 소문
12. 依頼(いらい) 의뢰
13. 欧米(おうべい) 구미, 유럽과 미국
14. 秋(あき) 가을
15. 温泉(おんせん) 온천
16. 延期(えんき) 연기
17. 岩(いわ) 바위
18. 明(あき)らか 밝음, 분명함
19. あいかわらず 변함없이, 여전히
20. 往復(おうふく) 왕복
21. 上着(うわぎ) 겉옷, 내복 위에 입는 옷
22. 恩恵(おんけい) 은혜
23. おかげさまで 'おかげ'의 공손한 말
24. 握手(あくしゅ) 악수
25. お手洗(てあら)い 화장실
26. 横断歩道(おうだんほどう) 횡단보도
27. 有無(うむ) 유무
28. 音楽(おんがく) 음악
29. 応接(おうせつ) 응접
30. 絵(え)の具(ぐ) 그림물감
31. 居間(いま) 거실
32. 王女(おうじょ) 공주
33. 明後日(あさって) 모레

34. およそ 대강, 대충, 대개, 무릇, 일반적으로, 전연, 도무지
35. 応援(おうえん) 응원
36. 夫(おっと) 남편
37. 売(う)り切(き)れ 품절
38. 親(おや) 어버이, 부모
39. 遠慮(えんりょ) 원려(앞일을 헤아리는 깊은 생각), 사양, 겸손, 꺼림, 거리낌, 물러남
40. 朝寝坊(あさねぼう) 늦잠, 늦잠꾸러기
41. 穏(おだ)やか 온화함, 침착하고 조용함
42. 枝(えだ) 가지, 갈래
43. 贈(おく)り物(もの) 선물
44. 祝(いわ)い 축하(선물)
45. 思(おも)わず 엉겁결에, 무의식중에
46. おい 조카
47. 嘘(うそ) 거짓말, 틀림, 잘못
48. 相手(あいて) 상대자, 상대
49. 鉛筆(えんぴつ) 연필
50. 笑顔(えがお) 웃는 얼굴, 웃음을 띤 얼굴
51. 主(おも)に 주로, 대부분
52. 延長(えんちょう) 연장
53. 味(あじ) 맛
54. 合図(あいず) 신호
55. 栄養(えいよう) 영양
56. おかまいなく 걱정 마시고
57. 田舎(いなか) 시골, 고향
58. お見舞(みま)い 문안, 문병
59. 王子(おうじ) 왕자
60. 営業(えいぎょう) 영업
61. おしゃれ 멋을 냄, 멋쟁이
62. 足元(あしもと) 발밑

63. 屋上(おくじょう) 옥상
64. 受付(うけつけ) 접수, 접수처
65. お巡(まわ)りさん 순경
66. 影響(えいきょう) 영향
67. 奥(おく) 깊숙한 곳, 안
68. 汗(あせ) 땀
69. 御辞儀(おじぎ) (머리 숙여) 인사함, 사퇴, 사양
70. 遠足(えんそく) 소풍
71. 牛(うし) 소
72. お祭(まつ)り 축제
73. 永久(えいきゅう) 영구
74. 演奏(えんそう) 연주
75. 押入(おしい)れ (가재, 침구를 넣어 두는) 벽장
76. 円周(えんしゅう) 원주, 원둘레
77. 育児(いくじ) 육아
78. 鬼(おに) 귀신
79. 援助(えんじょ) 원조
80. 売(う)り上(あ)げ 매상
81. いわゆる 소위, 이른바
82. 演説(えんぜつ) 연설
83. 永遠(えいえん) 영원
84. 改(あらた)めて 다른 기회에, 새삼스럽게
85. 植木(うえき) 정원수, 분재
86. お気(き)の毒(どく)に 안됐음, 가엾음
87. 運転手(うんてんしゅ) 운전수
88. 大人(おとな) 어른, 성인
89. 衣食住(いしょくじゅう) 의식주
90. おしゃべり 지껄임, 수다스러움, 그러한 사람

か

- □ ～家(か)　～가(전공분야에 붙어 그 일을 하는 사람을 나타내는 말)
  音楽家。음악가.
  評論家。평론가.
- □ ～階(かい)　～층(건물을 상하로 나눈 단위)
  1階。1층.
- □ ～会(かい)　～회
  同窓会。동창회.
- □ ～回(かい)　～회, ～번
  2回。2회, 두 번.
- □ 会員(かいいん)　회원
- □ 絵画(かいが)　회화
- □ 開会(かいかい)　개회
- □ 海外(かいがい)　해외
- □ 会館(かいかん)　회관
- □ 海岸(かいがん)　해안
- □ 会議(かいぎ)　회의
- □ 会議室(かいぎしつ)　회의실
- □ 会計(かいけい)　회계, 계산, (음식점, 숙박업소 등에서) 셈을 치름, 계산
  会計係り。회계원[경리 담당].
  会計をすませて店を出る。계산을 마치고 가게를 나오다.
- □ 解決(かいけつ)　해결
- □ 会合(かいごう)　회합
- □ 外交(がいこう)　외교
- □ 外国(がいこく)　외국
- □ 外国人(がいこくじん)　외국인
- □ 改札(かいさつ)　개찰
- □ 解散(かいさん)　해산
- □ 開始(かいし)　개시
- □ 会社(かいしゃ)　회사
- □ 外出(がいしゅつ)　외출
- □ 会場(かいじょう)　회장
- □ 海水浴(かいすいよく)　해수욕
- □ 回数(かいすう)　횟수

- □ 回数券(かいすうけん)　회수권
- □ 改正(かいせい)　개정
- □ 快晴(かいせい)　쾌청
- □ 解説(かいせつ)　해설
- □ 改善(かいぜん)　개선
- □ 階段(かいだん)　계단
- □ 快適(かいてき)　쾌적
- □ 回転(かいてん)　회전
- □ 解答(かいとう)　해답
- □ 回答(かいとう)　회답
- □ 外部(がいぶ)　외부
- □ 回復(かいふく)　회복
- □ 開放(かいほう)　개방
- □ 解放(かいほう)　해방
- □ 買(か)い物(もの)　물건을 삼, 쇼핑
- □ 海洋(かいよう)　해양
- □ 会話(かいわ)　회화
- □ 却(かえ)って　도리어, 오히려
- □ 帰(かえ)り　돌아옴, 돌아오는 길
- □ 顔(かお)　얼굴
- □ 家屋(かおく)　가옥
- □ 香(かお)り　향기
- □ 画家(がか)　화가
- □ 価格(かかく)　가격
- □ 化学(かがく)　화학
- □ 科学(かがく)　과학
- □ 鏡(かがみ)　거울
- □ 係(かか)り　담당자
- □ 鍵(かぎ)　열쇠
- □ 書留(かきとめ)　문서, 등기(우편)
- □ 限(かぎ)り　한, 한계. 최후, 마지막. 한도. ～범위 내, ～동안. ～뿐, ～까지, ～만
  限りなく多い。한없이 많다.
  今日を限りと奮戦する。오늘을 마지막으로 여기고 분전하다.
  仕事がある限りは帰らない。일이 있는 동안에는 돌아가지 않는다.
  その場限りの話。그 자리에서만의 이야기.

- □ 申し込みは今月末限り。신청은 이달 말까지.
- □ 家具(かぐ)　가구
- □ 額(がく)　액, 금액, 액수
- □ 確実(かくじつ)　확실
- □ 学者(がくしゃ)　학자
- □ 学習(がくしゅう)　학습
- □ 学術(がくじゅつ)　학술
- □ 学生(がくせい)　학생
- □ 角度(かくど)　각도
- □ 確認(かくにん)　확인
- □ 学年(がくねん)　학년
- □ 学部(がくぶ)　학부
  法学部。법학부.
- □ 格別(かくべつ)　각별
- □ 学問(がくもん)　학문
- □ 学力(がくりょく)　학력
- □ 影(かげ)　그림자, 자취
  障子に影がさす。장지에 그림자가 비치다.
  見る影もない。옛 자취를(모습을) 찾아볼 수가 없다.
  影を隠す。자취를 감추다.
- □ 掛(か)け算(ざん)　곱셈
- □ 可決(かけつ)　가결
- □ ～か月(げつ)　～개월
  3か月。3개월.
- □ 加減(かげん)　가감, 덧셈과 뺄셈. 조절함, 알맞게 함. 알맞은 정도(상태). 건강 상태, 영향(탓)
  加減乗除。가감승제.
  塩を入れて味を加減する。소금을 넣어서 간을 맞추다.
  スピードを加減する。스피드를 조절하다.
  お風呂の加減を見る。목욕물의 온도가 알맞은지를 보다.
  体の加減が良い。몸의 건강 상태가 좋다.

お加減(かげん)はいかがですか。
건강은 어떠십니까?

天気(てんき)の加減(かげん)でひざが痛(いた)む。
날씨 탓으로 무릎이 쑤신다.

- 過去(かこ) 과거
- 傘(かさ) 우산, 양산
- 火災(かさい) 화재
- 火山(かざん) 화산
- 貸(か)し 빌려 줌
- 菓子(かし) 과자
- 家事(かじ) 가사
- 火事(かじ) 화재, 불
- 過失(かしつ) 과실
- 数(かず) 수, 수가 많음
- 風(かぜ) 바람
- 風邪(かぜ) 감기
- 課税(かぜい) 과세
- 家族(かぞく) 가족
- 方(かた) 분. 둘 가운데 한쪽. ~방법, 수단. ~하는 사람, ~의 댁

この方(かた)。이 분.

母方(ははかた)。어머니 쪽. 외가 쪽.

やり方(かた)。하는 방법.

読(よ)み方(かた)。읽는 법.

会計方(かいけいかた)。회계 담당.

山田一郎様方(やまだいちろうさまかた)。야마다 이치로 씨 댁.

- 片仮名(かたかな) 가타카나(일본 고유의 문자)
- 肩(かた) 어깨
- 形(かたち) 모양, 형태
- ~月(がつ) ~월

7月(しちがつ)。7월.

- 片道(かたみち) 편도
- 課長(かちょう) 과장(님)
- 学科(がっか) 학과
- 学会(がっかい) 학회
- がっかり 실망·낙담하는 모양
- 活気(かっき) 활기

- 楽器(がっき) 악기
- 学期(がっき) 학기
- 学級(がっきゅう) 학급
- 格好/恰好(かっこう) 모양, 모습
- 学校(がっこう) 학교
- 活字(かつじ) 활자
- 勝手(かって)に 제멋대로, 제 마음대로
- 活動(かつどう) 활동
- 活躍(かつやく) 활약
- 活用(かつよう) 활용
- 活力(かつりょく) 활력
- 仮定(かてい) 가정
- 課程(かてい) 과정
- 過程(かてい) 과정
- 家庭(かてい) 가정
- 角(かど) 모난 귀퉁이, 길모퉁이
- 仮名(かな) 한자의 일부를 따서 만든 일본의 독특한 음절 문자
- 家内(かない) 가족, (자기의) 마누라, 처
- 必(かなら)ず 반드시, 꼭
- 必(かなら)ずしも (아래에 부정의 말이 따라서) 반드시 ~인 것은 아니다

必(かなら)ずしも成功(せいこう)するとは限(かぎ)らない。
반드시 성공한다고는 할 수 없다.

- かなり 제법, 어지간히, 꽤
- 金(かね) 금속, 돈
- 金持(かねも)ち 부자, 재산가

お金持(かねも)ち。부자, 재산가.

- 可能(かのう) 가능
- 彼女(かのじょ) 그녀, 애인
- かばん 가방
- 過半数(かはんすう) 과반수
- 花瓶(かびん) 꽃병
- 株(かぶ) 주식
- 壁(かべ) 벽
- 我慢(がまん) 참음, 용서함, 봐줌

飲(の)みたい酒(さけ)を我慢(がまん)する。
먹고 싶은 술을 참다.

今度(こんど)だけは我慢(がまん)してやる。
이번만은 봐준다.

- 髪(かみ) 머리(카락)
- 紙(かみ) 종이
- 神様(かみさま) '신'의 높임말
- 髪(かみ)の毛(け) 머리털, 머리카락
- 科目(かもく) 과목
- 貨物(かもつ) 화물
- 火曜(かよう) 화요(일)
- 火曜日(かようび) 화요일
- 空(から) 허공, 아무것도 갖고 있지 않음. 거짓

空(から)の箱(はこ)。빈 상자.

空(から)にする。비우다.

空身(からみ)。(짐 따위를 안 가진) 빈 몸.

空元気(からげんき)。허세(객기).

空(から)の約束(やくそく)をする。빈 약속을 하다.

- 体(からだ) 몸, 신체
- 空(から)っぽ 텅 빔
- 彼(かれ) 그(사람)
- 彼等(かれら) 그들, 그 사람들
- 河/川(かわ) 하천, 강
- ~側(がわ) ~쪽, ~측, ~편

右側(みぎがわ)。오른쪽.

- 皮(かわ) 껍질, 표면
- 革(かわ) 가죽
- 革靴(かわぐつ) 가죽구두[신발]
- 為替(かわせ) 환율
- 代(かわ)りに 대신에
- 感覚(かんかく) 감각
- 観客(かんきゃく) 관객
- 環境(かんきょう) 환경
- 関係(かんけい) 관계
- 歓迎(かんげい) 환영
- 感激(かんげき) 감격
- 観光(かんこう) 관광
- 看護師(かんごし) 간호사
- 関西(かんさい) 관서(京都(きょうと)와 大阪(おおさか)를 중심으로 하는 지방)
- 観察(かんさつ) 관찰

□ 感(かん)じ 감각, 인상, 느낌, 기분
寒くて感じが無くなる。
추워서 감각이 없어지다.

いやな感じ。좋지 않은 인상(느낌).
物足りない感じ。좀 부족한 느낌.
春の感じ。봄 기분.
感じを出す。
기분을 내다. 분위기를 살리다.
文章を一読した感じを述べる。
문장을 일독한 감상을 말하다.

□ 漢字(かんじ) 한자
□ 感謝(かんしゃ) 감사
□ 感情(かんじょう) 감정
□ 感(かん)じる/ずる 느끼다, 감동하다, 반응하다
□ 関心(かんしん) 관심
□ 感心(かんしん) 감탄, 감동, 기특, 탐탁하게 여김, 기가 막힘
感心して話を聞く。
감탄하여 이야기를 듣다.

どうも感心しない。
아무래도 탐탁지 않다.

頭の悪さには感心した。
머리가 나쁜 것에는 기가 막혔다.

幼いのに感心な子だ。
어린데도 기특한 아이다.

□ 完成(かんせい) 완성
□ 間接(かんせつ) 간접
□ 完全(かんぜん) 완전
□ 感想(かんそう) 감상
□ 簡単(かんたん) 간단
□ 関東(かんとう) 관동(東京(とうきょう)를 중심으로 6현으로 이루어진 지방)
□ 感動(かんどう) 감동
□ 乾杯(かんぱい) 건배
□ 看板(かんばん) 간판
□ 看病(かんびょう) 간병
□ 管理(かんり) 관리
□ 完了(かんりょう) 완료

□ 関連(かんれん) 관련
□ 漢和(かんわ) 한화, 중국어와 일본어

き

□ 気(き) 마음, 생각, 느낌
□ 木(き) 나무
□ 黄色(きいろ) 황색, 노란색
□ 議員(ぎいん) 의원
□ 記憶(きおく) 기억
□ 気温(きおん) 기온
□ 機械(きかい) 기계
□ 機会(きかい) 기회
□ 議会(ぎかい) 의회
□ 期間(きかん) 기간
□ 機関(きかん) 기관
□ 機関車(きかんしゃ) 기관차
□ 企業(きぎょう) 기업
□ 器具(きぐ) 기구
□ 危険(きけん) 위험
□ 機嫌(きげん) 기분, 비위, 기분이 좋음 (ご機嫌), 남의 안부
機嫌を損なう。기분을 상하게 하다.
なかなかご機嫌な様子。
매우 기분이 좋으신 모양.
御機嫌斜めだ。
기분이 안 좋으시다. 저기압이다.
ご機嫌伺いの手紙。문안(안부) 편지.
ご機嫌よう。
안녕히 가십시오(작별 인사말).

□ 期限(きげん) 기한
□ 気候(きこう) 기후
□ 記号(きごう) 기호
□ 岸(きし) 물가, 벼랑
□ 記事(きじ) 기사
□ 生地(きじ) 본바탕, 본성, 천, 옷감
生地が出る 본성이 드러나다.
洋服生地 양복감.
□ 汽車(きしゃ) 기차

□ 記者(きしゃ) 기자
□ 技術(ぎじゅつ) 기술
□ 基準(きじゅん) 기준
□ 規準(きじゅん) 규준, 규범이 되는 표준
□ 起床(きしょう) 기상
□ 傷(きず) 상처
□ 季節(きせつ) 계절
□ 基礎(きそ) 기초
□ 規則(きそく) 규칙
□ 北(きた) 북, 북쪽
□ 期待(きたい) 기대
□ 気体(きたい) 기체
□ 帰宅(きたく) 귀가
□ 基地(きち) 기지
□ 貴重(きちょう) 귀중
□ 議長(ぎちょう) 의장
□ きちんと 과부족 없이, 정확히, 깔끔히, 말쑥이, 규칙 바른 모양
きちんと払ってある。
정확히 지불되어 있다.

きちんとした身なり。깔끔한 옷차림.
髪をきちんと手入れする。
머리를 말쑥하게 손질하다.

きちんとした生活。규칙적인 생활.

□ きっかけ 시작, 계기
□ 喫茶(きっさ) 차를 마심, 끽차
□ 喫茶店(きっさてん) 다방
□ 切手(きって) 우표
□ きっと 꼭, 반드시
□ 切符(きっぷ) 표, 차표, 입장권
□ 記入(きにゅう) 기입
□ 絹(きぬ) 명주, 비단, 실크
□ 記念(きねん) 기념
□ 昨日(きのう) 어제
□ 機能(きのう) 기능
□ 気分(きぶん) 기분
□ 基本(きほん) 기본
□ 決(き)まり 정해진 바, 규칙, 결말
□ 君(きみ) (보통 친한 남자끼리 사용하는

이인칭 대명사) 자네, 너

- 気味(きみ) 기미, 경향, 기색
- 義務(ぎむ) 의무
- 気持(きも)ち 마음, 기분, 감정
- 着物(きもの) 옷, 일본 전통의상
- 疑問(ぎもん) 의문
- 客(きゃく) 손님
- 客席(きゃくせき) 객석
- 客間(きゃくま) 응접실
- 九(きゅう) 구, 아홉
- 級(きゅう) 급, 급수
- 旧(きゅう) 그 전의 상태, 본래 상태
- 休暇(きゅうか) 휴가
- 休業(きゅうぎょう) 휴업
- 急(きゅう)に 갑자기
- 急行(きゅうこう) 급행
- 休講(きゅうこう) 휴강
- 休息(きゅうそく) 휴식
- 急速(きゅうそく) 급속
- 牛肉(ぎゅうにく) 소고기
- 牛乳(ぎゅうにゅう) 우유
- 給与(きゅうよ) 급여
- 休養(きゅうよう) 휴양
- 給料(きゅうりょう) 급료
- 今日(きょう) 오늘
- 教育(きょういく) 교육
- 教員(きょういん) 교원
- 強化(きょうか) 강화
- 境界(きょうかい) 경계
- 教会(きょうかい) 교회
- 教科書(きょうかしょ) 교과서
- 教師(きょうし) 교사
- 行事(ぎょうじ) 행사
- 教室(きょうしつ) 교실
- 教授(きょうじゅ) 교수
- 恐縮(きょうしゅく) 남의 호의나 남에게 끼친 폐에 대해 죄송스럽게 여김
- 兄弟(きょうだい) 형제
- 強調(きょうちょう) 강조
- 共通(きょうつう) 공통

- 共同(きょうどう) 공동
- 興味(きょうみ) 흥미
- 教養(きょうよう) 교양
- 協力(きょうりょく) 협력
- 強力(きょうりょく) 강력
- 行列(ぎょうれつ) 행렬
- 許可(きょか) 허가
- 曲(きょく) 곡, 노래
- ～局(きょく) 국
  放送局。방송국.
- 曲線(きょくせん) 곡선
- 巨大(きょだい) 거대
- 去年(きょねん) 작년
- 気楽(きらく) 마음이 편함, 매사에 무사태평함
- 記録(きろく) 기록
- 議論(ぎろん) 논의
- 金(きん) 금
- 銀(ぎん) 은
- 禁煙(きんえん) 금연
- 金額(きんがく) 금액
- 銀行(ぎんこう) 은행
- 禁止(きんし) 금지
- 近所(きんじょ) 근처, 근방
- 近代(きんだい) 근대
- 金曜(きんよう) 금요(일)

く

- 九(く) 구, 아홉
- ～区(く) ～구(행정구역의 하나)
- 句(く) 구(글의 구절)
- 具合(ぐあい) 형편, 상태, (이러이러한) 식, 모양새, 체면
  午後なら具合がよろしいのですが。오후라면 형편이 괜찮겠습니다만.

  いい具合にタクシーが来た。마침 알맞게 택시가 왔다.

  体の具合が悪い。몸 상태가 나쁘다.

こんな具合に作れ。
이런 식으로 만들어라.

断るのは具合が悪い。
거절하기는 거북하다(모양새가 안 좋다).

- 空気(くうき) 공기, 분위기
- 空港(くうこう) 공항
- 空想(くうそう) 공상
- 空中(くうちゅう) 공중(공기 속)
- 草(くさ) 풀, 잡초
- 苦情(くじょう) 괴로운 사정, 고충, 불평, 불만

  苦情を持ち込む。불평을 해 오다.

  苦情を訴える。불만을 호소하다.

- 苦心(くしん) 고심
- 薬(くすり) 약
- 果物(くだもの) 과일
- 下(くだ)り 내려감, 하행
- 口(くち) 입
- 靴(くつ) 신발, 구두
- 苦痛(くつう) 고통
- 靴下(くつした) 양말
- ぐっすり 푹(깊이 잠든 모양)
- 国(くに) 나라, 출신지, 고향
- 首(くび) 목, 고개, 머리
- 工夫(くふう) 궁리, 고안
- 区分(くぶん) 구분
- 区別(くべつ) 구별
- 組(くみ) 조, 세트, 쌍
- 雲(くも) 구름
- 曇(くも)り 흐림, 구름 낌
- 位(くらい) 지위, 계급
- ～くらい/ぐらい ～정도, ～만큼

  猫ぐらいの大きさ。
  고양이 정도의 크기.

  これくらいなら誰でもできる。
  이 정도라면 누구나 할 수 있다.

  彼ぐらいけちな人はいない。
  그 사람만큼 인색한 사람은 없다.

  5分ぐらいかかる。
  5분 정도[가량] 걸린다.

□ 暮(くら)し　생계, 일상생활
□ 車(くるま)　차
□ くれぐれも　부디, 아무쪼록
□ 黒(くろ)　흑, 검은 빛깔
□ 苦労(くろう)　노고, 고생
□ 訓(くん)　훈, 뜻
□ 軍(ぐん)　군
□ ～君(くん)　～군
　　なかむらくん
　　中村君。나카무라 군.

□ 毛(け)　털
　　かみ　け
　　髪の毛。머리카락.
　　け
　　毛のセーター。털 스웨터.
□ 敬意(けいい)　경의
□ 経営(けいえい)　경영
□ 計画(けいかく)　계획
□ 警官(けいかん)　경관, 경찰관
□ 景気(けいき)　경기
□ 契機(けいき)　계기
□ 経験(けいけん)　경험
□ 敬語(けいご)　경어
□ 傾向(けいこう)　경향
□ 警告(けいこく)　경고
□ 経済(けいざい)　경제
□ 警察(けいさつ)　경찰
□ 計算(けいさん)　계산
□ 刑事(けいじ)　형사
□ 形式(けいしき)　형식
□ 芸術(げいじゅつ)　예술
□ 継続(けいぞく)　계속
□ 契約(けいやく)　계약
□ 経由(けいゆ)　경유
□ 形容詞(けいようし)　형용사
□ 形容動詞(けいようどうし)　형용
　　동사
□ 怪我(けが)　상처, 부상

□ 外科(げか)　외과
□ 毛皮(けがわ)　모피, 털가죽
□ 劇(げき)　극, 연극
□ 劇場(げきじょう)　극장
□ 今朝(けさ)　오늘 아침
□ 景色(けしき)　경치, 풍경
□ 消(け)しゴム　지우개
□ 下車(げしゃ)　하차
□ 下宿(げしゅく)　하숙
□ 下旬(げじゅん)　하순
□ 化粧(けしょう)　화장
□ 下水(げすい)　하수
□ 血圧(けつあつ)　혈압
□ 血液(けつえき)　혈액
□ 結果(けっか)　결과
□ 月給(げっきゅう)　월급
□ 結局(けっきょく)　결국
□ 結構(けっこう)　훌륭함, 좋음, (정중하
　　게 사양하는 뜻으로) 이제 됐음, 다행임
　　けっこう　おく　もの
　　結構な贈り物。훌륭한 선물.
　　けっこう　ひとがら
　　結構な人柄。
　　나무랄 데 없는 인품. 그저 무던한 인품.
　　　　けっこう
　　もう結構です。이젠 됐습니다.
　　げんき　けっこう
　　お元気で結構です。
　　건강하셔서 다행입니다.
□ 結婚(けっこん)　결혼
□ 決(けっ)して　(뒤에 부정어를 수반하
　　여) 결코, 절대로
□ 決心(けっしん)　결심
□ 欠席(けっせき)　결석
□ 決定(けってい)　결정
□ 欠点(けってん)　결점
□ 月末(げつまつ)　월말
□ 月曜(げつよう)　월요(일)
□ 月曜日(げつようび)　월요일
□ 結論(けつろん)　결론
□ 気配(けはい)　기미, 낌새
□ 下品(げひん)　하품, 인품이 천함
□ 煙(けむり)　연기

□ けれど　그러나, ～지만, ～는데
　　かお　うつく　　　　　こころ　わる
　　顔は美しいけれど、心は悪い。
　　얼굴은 고우나 마음은 나쁘다.
　　　　　　　あめ　ふ
　　あしたは雨が降るそうですけれ
　　　　　　で　か
　　ど、お出掛けになりますか。
　　내일은 비가 온다는데 가시겠습니까?
　　かね　　　　　　　　　　　　ひま
　　お金はある。けれど暇がない。
　　돈은 있다. 그러나 틈이 없다.
□ けれども　けれど보다 약간 격식 차린
　　말씨
□ 件(けん)　건, 사항, 생긴 일
□ 県(けん)　현(행정구역의 하나)
□ ～軒(けん)　(집을 세는 말) ～채
　　ご けん
　　五軒。다섯 집(채).
□ 原因(げんいん)　원인
□ 喧嘩(けんか)　싸움, 분쟁
□ 見解(けんかい)　견해
□ 限界(げんかい)　한계
□ 見学(けんがく)　견학
□ 玄関(げんかん)　현관
□ 元気(げんき)　원기, 기력
□ 研究(けんきゅう)　연구
□ 研究室(けんきゅうしつ)　연구실
□ 現金(げんきん)　현금
□ 言語(げんご)　언어
□ 健康(けんこう)　건강
□ 検査(けんさ)　검사
□ 現在(げんざい)　현재
□ 原産(げんさん)　원산
□ 原始(げんし)　원시
□ 現実(げんじつ)　현실
□ 研修(けんしゅう)　연수
□ 現象(げんしょう)　현상
□ 現状(げんじょう)　현상(현재의 상태)
□ 建設(けんせつ)　건설
□ 現代(げんだい)　현대
□ 県庁(けんちょう)　현청(도청에 상당
　　함)

□ 限度(げんど) 한도

□ 検討(けんとう) 검토

□ 見当(けんとう) 어림, 예측, 짐작,
~쯤, ~가량, ~정도

病院(びょういん)はおよそこの見当(けんとう)にある。
병원은 대략 이 방향에 있다.

どうも見当(けんとう)がつかない。
아무래도 짐작이 가지 않는다.

彼(かれ)の見当(けんとう)は外(はず)れたらしい。
그의 예상은 빗나간 듯하다.

費用(ひよう)は1万円(いちまんえん)見当(けんとう)。
비용은 만 엔 정도.

□ 現(げん)に 실제로, 지금

現(げん)に私(わたし)の経験(けいけん)した事(こと)だ。
실제로 내가 경험한 일이다.

現(げん)に君(きみ)がそこに居(い)るじゃないか。
지금 자네가 거기 있지 않은가?

□ 現場(げんば) 현장

□ 見物(けんぶつ) 구경

□ 懸命(けんめい) 열심히 함, 결사적으로

□ 権利(けんり) 권리

□ 原理(げんり) 원리

□ 原料(げんりょう) 원료

1.　苦情(　　　)　　뜻:	37.　恐縮(　　　)　　뜻:
2.　去年(　　　)　　뜻:	38.　経由(　　　)　　뜻:
3.　化粧(　　　)　　뜻:	39.　起床(　　　)　　뜻:
4.　感心(　　　)　　뜻:	40.　県庁(　　　)　　뜻:
5.　原料(　　　)　　뜻:	41.　家内(　　　)　　뜻:
6.　空港(　　　)　　뜻:	42.　契約(　　　)　　뜻:
7.　規則(　　　)　　뜻:	43.　絹(　　　)　　뜻:
8.　下車(　　　)　　뜻:	44.　現状(　　　)　　뜻:
9.　客間(　　　)　　뜻:	45.　機嫌(　　　)　　뜻:
10.　権利(　　　)　　뜻:	46.　警察(　　　)　　뜻:
11.　具合(　　　)　　뜻:	47.　教育(　　　)　　뜻:
12.　看護師(　　　)　　뜻:	48.　研修(　　　)　　뜻:
13.　景色(　　　)　　뜻:	49.　生地(　　　)　　뜻:
14.　禁止(　　　)　　뜻:	50.　経済(　　　)　　뜻:
15.　許可(　　　)　　뜻:	51.　価格(　　　)　　뜻:
16.　懸命(　　　)　　뜻:	52.　検査(　　　)　　뜻:
17.　近所(　　　)　　뜻:	53.　切符(　　　)　　뜻:
18.　貨物(　　　)　　뜻:	54.　警告(　　　)　　뜻:
19.　今朝(　　　)　　뜻:	55.　危険(　　　)　　뜻:
20.　見物(　　　)　　뜻:	56.　玄関(　　　)　　뜻:
21.　行列(　　　)　　뜻:	57.　給料(　　　)　　뜻:
22.　毛皮(　　　)　　뜻:	58.　経験(　　　)　　뜻:
23.　花瓶(　　　)　　뜻:	59.　角(　　　)　　뜻:
24.　現場(　　　)　　뜻:	60.　煙(　　　)　　뜻:
25.　疑問(　　　)　　뜻:	61.　喫茶店(　　　)　　뜻:
26.　金額(　　　)　　뜻:	62.　暮(　　　)し　　뜻:
27.　基礎(　　　)　　뜻:	63.　がっかり　　뜻:
28.　現(　　　)に　　뜻:	64.　下品(　　　)　　뜻:
29.　興味(　　　)　　뜻:	65.　牛乳(　　　)　　뜻:
30.　外科(　　　)　　뜻:	66.　曇(　　　)　　뜻:
31.　絵画(　　　)　　뜻:	67.　完了(　　　)　　뜻:
32.　見当(　　　)　　뜻:	68.　気配(　　　)　　뜻:
33.　着物(　　　)　　뜻:	69.　切手(　　　)　　뜻:
34.　怪我(　　　)　　뜻:	70.　ぐっすり　　뜻:
35.　画家(　　　)　　뜻:	71.　禁煙(　　　)　　뜻:
36.　検討(　　　)　　뜻:	72.　期限(　　　)　　뜻:

73. 結婚( )　　　뜻:	82. 急行( )　　　뜻:
74. 片道( )　　　뜻:	83. 果物( )　　　뜻:
75. 靴下( )　　　뜻:	84. 乾杯( )　　　뜻:
76. 休息( )　　　뜻:	85. 血液( )　　　뜻:
77. 結構( )　　　뜻:	86. 気楽( )　　　뜻:
78. 確認( )　　　뜻:	87. 鍵( )　　　뜻:
79. 苦痛( )　　　뜻:	88. 下水( )　　　뜻:
80. 貴重( )　　　뜻:	89. 休暇( )　　　뜻:
81. 月給( )　　　뜻:	90. 苦心( )　　　뜻:

●●● 정 답

어휘 테스트 2

1. 苦情(くじょう) 괴로운 사정, 고충, 불평, 불만
2. 去年(きょねん) 작년
3. 化粧(けしょう) 화장
4. 感心(かんしん) 감탄, 기가 막힘, 어이없음. 기특함, 신통함
5. 原料(げんりょう) 원료
6. 空港(くうこう) 공항
7. 規則(きそく) 규칙
8. 下車(げしゃ) 하차
9. 客間(きゃくま) 응접실
10. 権利(けんり) 권리
11. 具合(ぐあい) 형편, 상태. (이러이러한) 식. 모양새, 체면
12. 看護師(かんごし) 간호사
13. 景色(けしき) 경치
14. 禁止(きんし) 금지
15. 許可(きょか) 허가
16. 懸命(けんめい) 열심히 함, 결사적으로
17. 近所(きんじょ) 근처
18. 貨物(かもつ) 화물
19. 今朝(けさ) 오늘 아침
20. 見物(けんぶつ) 구경
21. 行列(ぎょうれつ) 행렬
22. 毛皮(けがわ) 모피, 털가죽
23. 花瓶(かびん) 화병
24. 現場(げんば) 현장
25. 疑問(ぎもん) 의문
26. 金額(きんがく) 금액
27. 基礎(きそ) 기초
28. 現(げん)に 실제로, 지금
29. 興味(きょうみ) 흥미
30. 外科(げか) 외과

31. 絵画(かいが) 회화
32. 見当(けんとう) (대체적인) 방향. 어림, 예측, 짐작. 〜쯤, 〜가량, 〜정도
33. 着物(きもの) 옷, 일본의 민속 의복
34. 怪我(けが) 상처, 부상
35. 画家(がか) 화가
36. 検討(けんとう) 검토
37. 恐縮(きょうしゅく) 남의 호의나 남에게 끼친 폐에 대해 죄송스럽게 여김
38. 経由(けいゆ) 경유
39. 起床(きしょう) 기상
40. 県庁(けんちょう) 현청(도청에 상당함)
41. 家内(かない) 자신의 아내, 집사람
42. 契約(けいやく) 계약
43. 絹(きぬ) 명주, 실크
44. 現状(げんじょう) 현상(현재의 상태)
45. 機嫌(きげん) 기분, 비위. 기분이 좋음(ご機嫌). 남의 안부
46. 警察(けいさつ) 경찰
47. 教育(きょういく) 교육
48. 研修(けんしゅう) 연수
49. 生地(きじ) 본바탕, 본성. 천, 옷감
50. 経済(けいざい) 경제
51. 価格(かかく) 가격
52. 検査(けんさ) 검사
53. 切符(きっぷ) 표, 차표, 입장권
54. 警告(けいこく) 경고
55. 危険(きけん) 위험
56. 玄関(げんかん) 현관
57. 給料(きゅうりょう) 급료
58. 経験(けいけん) 경험
59. 角(かど) 모서리, 모퉁이
60. 煙(けむり) 연기

61. 喫茶店(きっさてん) 다방
62. 暮(くら)し 생계, 일상생활
63. がっかり 실망·낙담하는 모양
64. 下品(げひん) 하품, 인품이 천함
65. 牛乳(ぎゅうにゅう) 우유
66. 曇(くも)り 흐림
67. 完了(かんりょう) 완료
68. 気配(けはい) 기미, 낌새
69. 切手(きって) 우표
70. ぐっすり 깊이 잠든 모양. 푹
71. 禁煙(きんえん) 금연
72. 期限(きげん) 기한
73. 結婚(けっこん) 결혼
74. 片道(かたみち) 편도
75. 靴下(くつした) 양말
76. 休息(きゅうそく) 휴식
77. 結構(けっこう) 훌륭함, 좋음. (정중하게 사양하는 뜻으로) 이제 됐음. 다행임
78. 確認(かくにん) 확인
79. 苦痛(くつう) 고통
80. 貴重(きちょう) 귀중
81. 月給(げっきゅう) 월급
82. 急行(きゅうこう) 급행
83. 果物(くだもの) 과일
84. 乾杯(かんぱい) 건배
85. 血液(けつえき) 혈액
86. 気楽(きらく) 마음이 편함, 매사에 무사태평함
87. 鍵(かぎ) 자물쇠, 열쇠
88. 下水(げすい) 하수
89. 休暇(きゅうか) 휴가
90. 苦心(くしん) 고심

□ ～個(こ) ～개(사물의 개수를 세는 접미어)
　6個。여섯 개.

□ 子(こ) 자식, 아이
□ 五(ご) 5, 다섯
□ 語(ご) ～어
　日本語 일본어

□ ～御(ご) (한자어의 체언에 붙여서) 존경의 뜻 또는 자기의 행위를 겸손하게 나타내는 말
　ご恩。은혜(존경 의미로).
　ご案内。안내(겸양 의미로).

□ 恋(こい) 사랑, 연애
□ 恋人(こいびと) 연인, 애인
□ こう 이렇게, 이와 같이
□ 工員(こういん) 공원(직공)
□ 幸運(こううん) 행운
□ 公園(こうえん) 공원
□ 講演(こうえん) 강연
□ 効果(こうか) 효과
□ 高価(こうか) 고가, 값이 비쌈
□ 硬貨(こうか) 경화, 금속화폐, 동전
□ 郊外(こうがい) 교외
□ 公害(こうがい) 공해
□ 合格(ごうかく) 합격
□ 交換(こうかん) 교환
□ 講義(こうぎ) 강의
□ 高級(こうきゅう) 고급
□ 公共(こうきょう) 공공
□ 工業(こうぎょう) 공업
□ 航空(こうくう) 항공
□ 光景(こうけい) 광경
□ 工芸(こうげい) 공예
□ 合計(ごうけい) 합계
□ 高校(こうこう) 고교
□ 高校生(こうこうせい) 고교생
□ 広告(こうこく) 광고
□ 交際(こうさい) 교제

□ 交差点(こうさてん) 교차로, 십자로
□ 講師(こうし) 강사
□ 工事(こうじ) 공사
□ 公式(こうしき) 공식
□ 公衆(こうしゅう) 공중
□ 工場(こうじょう) 공장(대규모)
□ 香水(こうすい) 향수
□ 公正(こうせい) 공정
□ 構成(こうせい) 구성
□ 高層(こうそう) 고층
□ 構造(こうぞう) 구조
□ 高速(こうそく) 고속
□ 紅茶(こうちゃ) 홍차
□ 校長(こうちょう) 교장
□ 交通(こうつう) 교통
□ 交通機関(こうつうきかん) 교통기관
□ 校庭(こうてい) 교정
□ 高度(こうど) 고도
□ 高等(こうとう) 고등
□ 行動(こうどう) 행동
□ 講堂(こうどう) 강당
□ 高等学校(こうとうがっこう) 고등학교
□ 交番(こうばん) 파출소
□ 公表(こうひょう) 공표
□ 幸福(こうふく) 행복
□ 公平(こうへい) 공평
□ 候補(こうほ) 후보
□ 公務(こうむ) 공무
□ 公務員(こうむいん) 공무원
□ 項目(こうもく) 항목
□ 紅葉(こうよう) 홍엽, 단풍
□ 合理(ごうり) 합리
□ 交流(こうりゅう) 교류
□ 合流(ごうりゅう) 합류
□ 声(こえ) (목)소리
□ 誤解(ごかい) 오해
□ 語学(ごがく) 어학

□ 呼吸(こきゅう) 호흡
□ 故郷(こきょう) 고향
□ 国王(こくおう) 국왕
□ 国語(こくご) 국어
□ 国際(こくさい) 국제
□ 国籍(こくせき) 국적
□ 黒板(こくばん) 칠판
□ 国民(こくみん) 국민
□ 国立(こくりつ) 국립
□ ご苦労(くろう)さま 수고하셨습니다(님의 수고를 위로하는 말)
□ ここ 여기, 요 ～, 요사이 ～
　ここ2, 3年の間。요사이 2, 3년 사이.
□ 午後(ごご) 오후
□ 九日(ここのか) 9일, 아흐레
□ 九(ここの)つ 아홉, 아홉 개, 아홉 살
□ 心(こころ) 마음, 생각, 정성
□ 腰(こし) 허리
□ 五十音(ごじゅうおん) かなで 쓴 50개의 음
□ ご主人(しゅじん) 주인, 바깥양반
□ 故障(こしょう) 고장
□ 個人(こじん) 개인
□ 午前(ごぜん) 오전
□ ご存(ぞん)じ 알고 계심
□ 答(こた)え 대답, 해답
□ 御馳走(ごちそう) 손님을 향응함, 진수성찬
□ こちら 이쪽, 여기
□ こちらこそ 이쪽이야말로, 저야말로
□ 国家(こっか) 국가
□ 国会(こっかい) 국회
□ こっそり 가만히, 살짝, 몰래
□ こっち 이쪽, 여기, 이리
□ 小包(こづつみ) 소포, 작은 꾸러미
□ 古典(こてん) 고전
□ 事(こと) 일, 것, 사정
□ 琴(こと) 거문고
□ こと 일, 것, 수, 경우, 필요 등
□ ～毎(ごと) ～마다

3分ごとに。3분마다.
月ごとの行事。월례 행사.

□ ～ごと ～째

　　まるごと 통째로

□ 今年(ことし) 올해, 금년
□ 言葉(ことば) 말, 언어
□ 言葉遣(ことばづか)い 말씨
□ 子供(こども) 어린이, 아이
□ 小鳥(ことり) 작은 새
□ 諺(ことわざ) 속담
□ 粉(こな・こ) 가루, 분말, 밀가루
□ この 이～

　　この人 이 사람

□ この間(あいだ) 일전에, 며칠 전에
□ この頃(ごろ) 요사이, 최근
□ 好(この)み 좋아함, 기호, 취향
□ 御飯(ごはん) 밥, 식사의 공손한 말씨
□ 御無沙汰(ごぶさた) 오랫동안 격조함
□ 塵/芥(ごみ) 쓰레기, 먼지
□ 小麦(こむぎ) 소맥, 밀
□ 米(こめ) 쌀
□ 御免(ごめん) 용서・사면의 높임말. 방
　문・사과를 할 때의 인사말. 그만두어 주었
　으면 싶은 일

　御免を請う。용서를 빌다.
　御免下さい。용서하십시오, 실례합니다.
　御免を被る。거절하겠다, 싫다.
　戦争は御免だ。전쟁은 싫다.

□ 御覧(ごらん) 보심
□ これ 이것 (앞서 말한 것이나 문장을 가리키
　는 말)

□ これから 이제부터, 앞으로
□ 頃(ころ) 경, 무렵, 시기, 기회

　去年の春の頃。지난해 봄경.
　頃は八月。때는 8월.
　頃を見計らう。기회를 엿보다.

□ ～頃(ごろ) ～경, ～때, 무렵

朝の7時ごろ。아침 7시경.

□ 今回(こんかい) 이번 회, 이번
□ 今後(こんご) 금후, 이제부터, 앞으로
□ 今月(こんげつ) 이 달, 이번 달
□ 混雑(こんざつ) 혼잡
□ 今週(こんしゅう) 금주, 이번 주
□ 今度(こんど) 이번, 이다음에
□ こんな 이러한, 이와 같은
□ こんなに 이렇게(까지)
□ 困難(こんなん) 곤란
□ 今日(こんにち) 오늘, 오늘날

　今日の世界。오늘날의 세계.
　今日の科学。오늘날의 과학.

□ こんにちは 낮에 하는 인사말
□ こんばんは 저녁에 하는 인사말
□ 婚約(こんやく) 약혼

 さ

□ さあ 어서, 아아, 글쎄
□ ～歳(さい) ～세, ～살

　5歳。다섯 살.

□ 在学(ざいがく) 재학
□ 最近(さいきん) 최근, 요즘
□ 最後(さいご) 최후, 마지막, 맨 뒤
□ 最高(さいこう) 최고
□ 再三(さいさん) 재삼, 여러 번
□ 財産(ざいさん) 재산
□ 祭日(さいじつ) 신사의 제사가 있는 날
□ 最終(さいしゅう) 최종
□ 最初(さいしょ) 최초
□ 最新(さいしん) 최신
□ 最中(さいちゅう) 한창인 때
□ 才能(さいのう) 재능
□ 財布(さいふ) 지갑
□ 材木(ざいもく) 재목
□ 材料(ざいりょう) 재료
□ 幸(さいわ)い 다행
□ 坂(さか) 비탈길, 고개, 언덕

□ 魚(さかな) 생선, 물고기
□ 盛(さか)り 한창(때)
□ 盛(さか)ん 성함, 한창임
□ 先(さき) 앞, 선두, 먼저
□ さきおととい 그끄저께
□ 先程(さきほど) 아까, 조금 전. '先(さ
　き)'보다 격식을 갖춘 표현

□ 作業(さぎょう) 작업
□ 作成(さくせい) 작성
□ 作品(さくひん) 작품
□ 作文(さくぶん) 작문
□ ～冊(さつ) ～권

　4冊。네 권.

□ 作物(さくもつ) 농작물
□ 桜(さくら) 벚나무
□ 酒(さけ) 술
□ 座敷(ざしき) 다다미 방, 잔치 좌석
□ 刺身(さしみ) (생선) 회
□ さすが 역시, 과연, 정말이지
□ 座席(ざせき) 좌석
□ 札(さつ) 지폐
□ 撮影(さつえい) 촬영
□ 雑音(ざつおん) 잡음
□ 作家(さっか) 작가
□ さっき 아까, 조금 전
□ 作曲(さっきょく) 작곡
□ さっさと 빨랑빨랑, 척척(망설이거나 지
　체하지 않는 모양)

□ 雑誌(ざっし) 잡지
□ ざっと 대충, 대강
□ さっぱり 후련한 모양, 산뜻한 모양,
　(부정어가 붙어서) 전혀, 조금도, 형편없는
　모양, 깨끗이, 모조리, 완전히(위에 아무 것
　도 남지 않음 모양)

　さっぱりした身なり。산뜻한 옷차림.
　さっぱりした味。산뜻한[담백한] 맛.
　難しくてさっぱりわからない。
　어려워서 도무지 모르겠다.
　景気はどうもさっぱりです。
　경기는 아주 말이 아닙니다.

昔のことはさっぱり忘れましょう。
옛날 일은 깨끗이 잊읍시다.

□ さて　자, 이제, 막상(하려고 하면), 그런데, 그리고

□ 砂糖(さとう)　설탕

□ 差別(さべつ)　차별

□ 〜様(さま)　〜님(존경, 공손을 나타냄)
山田様。야마다 님.

□ 様々(さまざま)　여러 가지, 가지각색

□ 左右(さゆう)　좌우

□ 皿(さら)　접시

□ 再来月(さらいげつ)　다다음달

□ 再来週(さらいしゅう)　다다음주

□ 再来年(さらいねん)　내후년

□ 更(さら)に　그 위에, 더욱 더, 거듭, (뒤에 부정하는 말이 따라서) 조금도, 도무지
これからは更に難しくなる。
앞으로는 한층 더 어려워진다.

さらに説明します。
거듭 설명하겠습니다.

更に反省の色がない。
도무지 반성의 빛이 없다.

□ 騒(さわ)ぎ　소동, 혼잡

□ さわやか　시원한 모양, 상쾌한 모양

□ 三(さん)　삼, 셋

□ 〜さん　〜씨
藤本さん。후지모토씨.

□ 参加(さんか)　참가

□ 三角(さんかく)　삼각

□ 産業(さんぎょう)　산업

□ 参考(さんこう)　참고

□ 算数(さんすう)　산수

□ 酸性(さんせい)　산성

□ 酸素(さんそ)　산소

□ 産地(さんち)　산지

□ 残念(ざんねん)　분함, 유감스러움, 아쉬움
残念に思う。분하게 생각하다.

お会いできずに残念でした。
만나 뵙지 못하여 유감이었습니다.

雨で中止となって残念だ。
비로 중지하게 되어 유감스럽다.

□ 散歩(さんぽ)　산책

□ 四(し)　4, 넷

□ 〜市(し)　〜시(행정구역의 하나)
横浜市。요코하마시.

□ 氏(し)　씨

□ 詩(し)　시

□ 字(じ)　글자

□ 〜時(じ)　〜시(시간의 단위)
3時。3시.

□ 試合(しあい)　시합

□ しあさって　글피

□ 幸(しあわ)せ　운, 행운, 행복

□ 寺院(じいん)　사원

□ しいんと(する)　쥐 죽은 듯이 조용한

□ 自衛(じえい)　자위

□ 塩(しお)　소금

□ 司会(しかい)　사회

□ 四角(しかく)　사각

□ しかし　그러나, 그렇지만

□ 仕方(しかた)　하는 방법, 수단, 방식

□ しかも　그 위에, 게다가, 더구나, 그럼에도 불구하고, 그런데도
最初で、しかも最期のチャンス。
처음이자 마지막 찬스.

貧乏でしかも病身。
가난하고 더구나 앓는 몸.

注意を受けしかも改めない。
주의를 받았는데도 고치지 않는다.

しかられて、しかも反省しない。
꾸중을 들었는데도 반성하지 않는다.

□ 時間(じかん)　시간

□ 〜時間(じかん)　〜시간
2時間。2시간.

□ 〜式(しき)　〜식
日本式 일본식

□ 四季(しき)　사계, 사철

□ 時期(じき)　시기

□ 直(じき)に　곧, 금방

□ 支給(しきゅう)　지급

□ 至急(しきゅう)　지급, 급히

□ しきりに　자주, 빈번히, 계속적으로, 연달아, 열심히, 몹시
しきりに手紙をよこす。
빈번히 편지를 보내오다.

しきりにベルが鳴る。
계속해서 벨이 울리다.

しきりに欲しがる。
몹시 갖고 싶어하다.

□ 試験(しけん)　시험

□ 資源(しげん)　자원

□ 事件(じけん)　사건

□ 事故(じこ)　사고

□ 時刻(じこく)　시각

□ 仕事(しごと)　일, 직업, 업무

□ 自殺(じさつ)　자살

□ 指示(しじ)　지시

□ 事実(じじつ)　사실

□ 自習(じしゅう)　자습

□ 支出(ししゅつ)　지출

□ 辞書(じしょ)　사전

□ 事情(じじょう)　사정

□ 詩人(しじん)　시인

□ 自身(じしん)　자신

□ 地震(じしん)　지진

□ 静(しず)か　조용한 모양

□ 姿勢(しせい)　자세

□ 自然科学(しぜんかがく)　자연과학

□ 自然(しぜん)に　자연히, 저절로

□ 思想(しそう)　사상

□ 時速(じそく)　시속

□ 子孫(しそん)　자손

□ 下(した)　아래, 밑

□ 舌(した)　혀

□ 死体(したい)　시체

□ 事態(じたい)　사태

□ 時代(じだい) 시대
□ 次第(しだい)に 차차로, 점점
□ 従(したが)って 따라서, 그러므로
□ 下着(したぎ) 속옷, 내의
□ 支度(したく) 준비, 채비
□ 七(しち) 7, 일곱
□ 自治(じち) 자치
□ 質(しつ) 질
□ しっかり 단단히(견고한 모양), 확고히, 견실하게(마음이 긴장되어 있는 모양), 거래 시장이 활기를 띠어 오를 것 같은 모양
  しっかりした建物。견고한 건물.
  しっかり握る。꽉 잡다[쥐다].
  しっかりしろ。기운을 내라. 멍청히 굴지 마라.
  しっかり頑張れ。끝까지 힘을 내라.
  若いがしっかりした人だ。젊지만 견실한 사람이다.
  小じっかり。약간 오름세.
  しっかりに向かう。오름세로 향하다.
□ 実感(じっかん) 실감
□ 失業(しつぎょう) 실업
□ 実験(じっけん) 실험
□ 実現(じつげん) 실현
□ 実行(じっこう) 실행
□ 実際(じっさい) 실제
□ 実施(じっし) 실시
□ 実習(じっしゅう) 실습
□ 実績(じっせき) 실적
□ 湿度(しつど) 습도
□ じっと 꼼짝 않고, 꾹(참고 가만히 있는 모양)
□ 実(じつ)に 실로, 참으로, 아주
□ 実(じつ)は 실은, 사실은
□ 失敗(しっぱい) 실패
□ 実物(じつぶつ) 실물
□ しっぽ 꼬리
□ 失望(しつぼう) 실망
□ 質問(しつもん) 질문

□ 実用(じつよう) 실용
□ 実力(じつりょく) 실력
□ 失礼(しつれい) 실례
□ 実例(じつれい) 실례
□ 失恋(しつれん) 실연
□ 指定(してい) 지정
□ 私鉄(してつ) 사철, 민영 철도
□ 支店(してん) 지점
□ 辞典(じてん) 사전(백과서전 등)
□ 自転車(じてんしゃ) 자전거
□ 指導(しどう) 지도
□ 自動(じどう) 자동
□ 児童(じどう) 아동
□ 自動車(じどうしゃ) 자동차
□ 品(しな) 물건, 등급
□ 品物(しなもの) 물품, 물건
□ 支配(しはい) 지배
□ 芝居(しばい) 연극
□ しばしば 자주, 여러 번, 누차, 종종
□ 芝生(しばふ) 잔디
□ 支払(しはら)い 지불
□ しばらく 잠깐, 오래간만
□ 字引(じびき) 사전(옥편 등)
□ 自分(じぶん) 자기, 자신, 스스로
□ 死亡(しぼう) 사망
□ 資本(しほん) 자본
□ 島(しま) 섬
□ しまい 끝, 마지막. 품절 ↔ 終(お)わり
  本をしまいまで読む。
  책을 끝까지 읽다.
  もう店はしまいだよ。
  이제 가게는 마쳤어.
  彼を怒らしたらおしまいだ。
  그를 화나게 하면 끝장이다.
  白菜は今日はおしまいになりました。배추는 오늘은 다 팔렸습니다.
□ 姉妹(しまい) 자매
□ しまった 아뿔사, 모르는 사이에 저지른 실패(실패하여 몹시 분해할 때 내는 말)
  これはしまった。아뿔싸 큰일났군.

しまったことをした。
아차 하는 실수를 저질렀다.

□ 自慢(じまん) 자만
□ 地味(じみ) 수수함, 검소함
□ しみじみ 절실히, 곰곰이, 차근차근
□ 市民(しみん) 시민
□ 事務(じむ) 사무
□ 事務所(じむしょ) 사무소
□ 氏名(しめい) 성명
□ 地面(じめん) 지면
□ 霜(しも) 서리
□ じゃ/じゃあ 그럼, 그러면
□ 社会(しゃかい) 사회
□ 社会科学(しゃかいかがく) 사회과학
□ 弱点(じゃくてん) 약점
□ 車庫(しゃこ) 차고
□ 写真(しゃしん) 사진
□ 写生(しゃせい) 사생
□ 社説(しゃせつ) 사설
□ 借金(しゃっきん) 차금, 빚
□ 車道(しゃどう) 차도
□ 邪魔(じゃま) 방해, 장애
□ 週(しゅう) 주, 7일간
□ 州(しゅう) 주(행정 구획의 하나)
□ 自由(じゆう) 자유
□ 十(じゅう) 십
□ 周囲(しゅうい) 주위
□ 集会(しゅうかい) 집회
□ 習慣(しゅうかん) 습관
□ ～週間(しゅうかん) ～주간, ～주일
  3週間。3주간.
□ 住居(じゅうきょ) 주거
□ 宗教(しゅうきょう) 종교
□ 集金(しゅうきん) 수금
□ 集合(しゅうごう) 집합
□ 住所(じゅうしょ) 주소
□ 就職(しゅうしょく) 취직
□ 修正(しゅうせい) 수정

□ 重大(じゅうだい) 중대
□ 住宅(じゅうたく) 주택
□ 集団(しゅうだん) 집단
□ 集中(しゅうちゅう) 집중
□ 終点(しゅうてん) 종점
□ 重点(じゅうてん) 중점
□ 柔道(じゅうどう) 유도
□ 収入(しゅうにゅう) 수입
□ 就任(しゅうにん) 취임
□ 十分(じゅうぶん) 충분, 십분
□ 周辺(しゅうへん) 주변
□ 住民(じゅうみん) 주민
□ 重役(じゅうやく) 중역
□ 重要(じゅうよう) 중요
□ 修理(しゅうり) 수리
□ 終了(しゅうりょう) 종료
□ 重量(じゅうりょう) 중량, 무게
□ 重力(じゅうりょく) 중력
□ 主義(しゅぎ) 주의
□ 授業(じゅぎょう) 수업
□ 祝日(しゅくじつ) 축일
□ 縮小(しゅくしょう) 축소
□ 宿題(しゅくだい) 숙제
□ 宿泊(しゅくはく) 숙박
□ 受験(じゅけん) 수험
□ 主語(しゅご) 주어
□ 手術(しゅじゅつ) 수술
□ 首相(しゅしょう) 수상
□ 主人(しゅじん) 남편(아내가 남편을 일컫는 말)
□ 手段(しゅだん) 수단
□ 主張(しゅちょう) 주장
□ 出勤(しゅっきん) 출근
□ 述語(じゅつご) 술어
□ 出場(しゅつじょう) 출장
□ 出身(しゅっしん) 출신
□ 出席(しゅっせき) 출석
□ 出張(しゅっちょう) 출장
□ 出発(しゅっぱつ) 출발
□ 出版(しゅっぱん) 출판

□ 首都(しゅと) 수도
□ 主婦(しゅふ) 주부
□ 趣味(しゅみ) 취미
□ 主役(しゅやく) 주역
□ 主要(しゅよう) 주요
□ 需要(じゅよう) 수요
□ 種類(しゅるい) 종류
□ 受話器(じゅわき) 수화기
□ 順(じゅん) 순서, 차례, 온순함, 온당함
□ 瞬間(しゅんかん) 순간
□ 順々(じゅんじゅん) 차례차례, 차차로, 조금씩
□ 順序(じゅんじょ) 순서
□ 順調(じゅんちょう) 순조
□ 順番(じゅんばん) 순번, 차례
□ 準備(じゅんび) 준비
□ 諸(しょ)〜 제〜, 여러〜
　諸問題(しょもんだい) 제 문제, 여러 문제
□ 使用(しよう) 사용
□ 賞(しょう) 상
□ 小(しょう) 소, 작음
□ 上(じょう) 위, 상급, 훌륭함
□ 〜畳(じょう) 다다미의 수를 세는 말. 〜장
　四畳半(よじょうはん)。다다미 넉 장 반.
□ 消化(しょうか) 소화
□ 紹介(しょうかい) 소개
□ 障害(しょうがい) 장애, 장해, 방해
□ 奨学金(しょうがくきん) 장학금
□ 小学生(しょうがくせい) 초등학생
□ 正月(しょうがつ) 정월, 설
□ 小学校(しょうがっこう) 초등학교
□ しょうがない 어쩔 수 없다
□ 乗客(じょうきゃく) 승객
□ 上級(じょうきゅう) 상급
□ 商業(しょうぎょう) 상업
□ 上京(じょうきょう) 상경
□ 状況(じょうきょう) 상황

□ 消極的(しょうきょくてき) 소극적
□ 賞金(しょうきん) 상금
□ 上下(じょうげ) 상하
□ 条件(じょうけん) 조건
□ 正午(しょうご) 정오
□ 正直(しょうじき) 정직
□ 常識(じょうしき) 상식
□ 商社(しょうしゃ) 상사, 무역상사
□ 乗車(じょうしゃ) 승차
□ 上旬(じょうじゅん) 상순
□ 少女(しょうじょ) 소녀
□ 少々(しょうしょう) 조금, 약간
□ 症状(しょうじょう) 증상
□ 上手(じょうず) 능숙함, 잘함
□ 小数(しょうすう) 소수
□ 小説(しょうせつ) 소설
□ 招待(しょうたい) 초대
□ 状態(じょうたい) 상태
□ 上達(じょうたつ) 기능이 향상됨
□ 冗談(じょうだん) 농담
□ 承知(しょうち) 알아들음, (소망이나 요구를) 들어 줌, 동의, 승낙, 용서
　ご承知の通り。잘 아시는 바와 같이
　その話なら承知しています。
　그 이야기라면 잘 알고 있습니다.
　無理に承知させる。
　억지로 동의하게 하다.
　彼はなかなか承知しない。
　그는 여간해서 승낙하지 않는다.
　嘘をつくと承知しないぞ。
　거짓말하면 용서 않겠다.
□ 商店(しょうてん) 상점
□ 上等(じょうとう) 상등, 고급
□ 商人(しょうにん) 상인
□ 承認(しょうにん) 승인
□ 少年(しょうねん) 소년
□ 勝敗(しょうはい) 승패
□ 商売(しょうばい) 장사, 직업
□ 消費(しょうひ) 소비
□ 賞品(しょうひん) 상품

- 商品(しょうひん) 상품
- 上品(じょうひん) 고상함, 품위가 있음
- 勝負(しょうぶ) 승부
- 丈夫(じょうぶ) 건강함, 견고함, 튼튼함
- 消防(しょうぼう) 소방
- 消防署(しょうぼうしょ) 소방서
- 情報(じょうほう) 정보
- 証明(しょうめい) 증명
- 正面(しょうめん) 정면
- 醤油(しょうゆ) 간장
- 将来(しょうらい) 장래, 미래
- 女王(じょおう) 여왕
- 初級(しょきゅう) 초급
- 助教授(じょきょうじゅ) 조교수
- 職(しょく) 직업, 일자리
- 職業(しょくぎょう) 직업
- 食事(しょくじ) 식사
- 食堂(しょくどう) 식당
- 職場(しょくば) 직장
- 食品(しょくひん) 식품
- 植物(しょくぶつ) 식물
- 食物(しょくもつ) 음식물
- 食欲(しょくよく) 식욕
- 食糧/食料(しょくりょう) 식량
- 食料品(しょくりょうひん) 식료품
- 女史(じょし) 여사
- 助手(じょしゅ) 조수
- 初旬(しょじゅん) 초순
- 徐々(じょじょ)に 서서히, 천천히, 점점

- 女性(じょせい) 여성
- 食器(しょっき) 식기
- 書店(しょてん) 서점
- 書道(しょどう) 서도, 서예
- 初歩(しょほ) 초보
- 署名(しょめい) 서명
- 書物(しょもつ) 책, 도서
- 女優(じょゆう) 여우, 여배우
- 書類(しょるい) 서류
- 知(し)らせ 알림, 통지, 전조, 조짐
- 尻(しり) 엉덩이
- 知合(しりあ)い 아는 사이, 지인
- 私立(しりつ) 사립
- 資料(しりょう) 자료
- 白(しろ) 흰색, 결백, 무죄
  白を着る。 흰 옷을 입다.
  容疑者は白と決まった。
  용의자는 혐의가 없는 것으로 확정됐다.
- 城(しろ) 성
- ～人(じん) ～인, ～사람
  日本人。 일본인.
- 進学(しんがく) 진학
- 新幹線(しんかんせん) 신칸센, 고속열차
- 信号(しんごう) 신호
- 人口(じんこう) 인구
- 人工(じんこう) 인공
- 深刻(しんこく) 심각
- 診察(しんさつ) 진찰

- 人事(じんじ) 인사
- 神社(じんじゃ) 신사
- 心身(しんしん) 심신
- 申請(しんせい) 신청
- 人生(じんせい) 인생
- 親切(しんせつ) 친절
- 身体(しんたい) 신체
- 診断(しんだん) 진단
- 身長(しんちょう) 신장
- 慎重(しんちょう) 신중
- 心配(しんぱい) 걱정, 근심
- 審判(しんぱん) 심판
- 人物(じんぶつ) 인물
- 新聞(しんぶん) 신문
- 人文科学(じんぶんかがく) 인문과학
- 新聞社(しんぶんしゃ) 신문사
- 進歩(しんぽ) 진보
- 人命(じんめい) 인명
- 深夜(しんや) 심야
- 親友(しんゆう) 친우, 친한 벗
- 信用(しんよう) 신용
- 信頼(しんらい) 신뢰
- 心理(しんり) 심리
- 森林(しんりん) 삼림
- 親類(しんるい) 친척, 일가
- 人類(じんるい) 인류
- 神話(しんわ) 신화

1.　就任(　　　)　　　뜻:
2.　小麦(　　　)　　　뜻:
3.　常識(　　　)　　　뜻:
4.　ざっと　　　　　뜻:
5.　人類(　　　)　　　뜻:
6.　収入(　　　)　　　뜻:
7.　小鳥(　　　)　　　뜻:
8.　正直(　　　)　　　뜻:
9.　児童(　　　)　　　뜻:
10.　森林(　　　)　　　뜻:
11.　小包(　　　)　　　뜻:
12.　正月(　　　)　　　뜻:
13.　借金(　　　)　　　뜻:
14.　こっそり　　　　　뜻:
15.　進歩(　　　)　　　뜻:
16.　集合(　　　)　　　뜻:
17.　作業(　　　)　　　뜻:
18.　奨学金(　　　)　　　뜻:
19.　社説(　　　)　　　뜻:
20.　個人(　　　)　　　뜻:
21.　審判(　　　)　　　뜻:
22.　失望(　　　)　　　뜻:
23.　障害(　　　)　　　뜻:
24.　弱点(　　　)　　　뜻:
25.　故障(　　　)　　　뜻:
26.　人口(　　　)　　　뜻:
27.　霜(　　　)　　　뜻:
28.　しきりに　　　　　뜻:
29.　正午(　　　)　　　뜻:
30.　国籍(　　　)　　　뜻:
31.　尻(　　　)　　　뜻:
32.　姉妹(　　　)　　　뜻:
33.　紹介(　　　)　　　뜻:
34.　四季(　　　)　　　뜻:
35.　女優(　　　)　　　뜻:
36.　誤解(　　　)　　　뜻:

37.　受話器(　　　)　　　뜻:
38.　死亡(　　　)　　　뜻:
39.　書物(　　　)　　　뜻:
40.　坂(　　　)　　　뜻:
41.　種類(　　　)　　　뜻:
42.　しっかり　　　　　뜻:
43.　初歩(　　　)　　　뜻:
44.　しみじみ　　　　　뜻:
45.　候補(　　　)　　　뜻:
46.　食料品(　　　)　　　뜻:
47.　交番(　　　)　　　뜻:
48.　地味(　　　)　　　뜻:
49.　上下(　　　)　　　뜻:
50.　しかも　　　　　뜻:
51.　食物(　　　)　　　뜻:
52.　校庭(　　　)　　　뜻:
53.　需要(　　　)　　　뜻:
54.　字引(　　　)　　　뜻:
55.　食堂(　　　)　　　뜻:
56.　香水(　　　)　　　뜻:
57.　趣味(　　　)　　　뜻:
58.　次第(　　　)に　　　뜻:
59.　正面(　　　)　　　뜻:
60.　公衆(　　　)　　　뜻:
61.　首都(　　　)　　　뜻:
62.　試合(　　　)　　　뜻:
63.　情報(　　　)　　　뜻:
64.　芝生(　　　)　　　뜻:
65.　出張(　　　)　　　뜻:
66.　講師(　　　)　　　뜻:
67.　勝負(　　　)　　　뜻:
68.　舌(　　　)　　　뜻:
69.　主人(　　　)　　　뜻:
70.　交差点(　　　)　　　뜻:
71.　上品(　　　)　　　뜻:
72.　祭日(　　　)　　　뜻:

73. 首相( ) 뜻:		82. 宿題( ) 뜻:		
74. 地震( ) 뜻:		83. 芝居( ) 뜻:		
75. 承認( ) 뜻:		84. 冗談( ) 뜻:		
76. 広告( ) 뜻:		85. 硬貨( ) 뜻:		
77. 宿泊( ) 뜻:		86. 祝日( ) 뜻:		
78. 自慢( ) 뜻:		87. しまった 뜻:		
79. 残念( ) 뜻:		88. 招待( ) 뜻:		
80. 承知( ) 뜻:		89. 恋人( ) 뜻:		
81. 航空( ) 뜻:		90. 終了( ) 뜻:		

●●● 정답

어휘 테스트 3

1. 就任(しゅうにん) 취임
2. 小麦(こむぎ) 소맥, 밀
3. 常識(じょうしき) 상식
4. ざっと 대충, 대강
5. 人類(じんるい) 인류
6. 収入(しゅうにゅう) 수입
7. 小鳥(ことり) 작은 새
8. 正直(しょうじき) 정직
9. 児童(じどう) 아동
10. 森林(しんりん) 삼림
11. 小包(こづつみ) 소포, 작은 꾸러미
12. 正月(しょうがつ) 정월, 설
13. 借金(しゃっきん) 차금, 빚
14. こっそり 가만히, 살짝, 몰래
15. 進歩(しんぽ) 진보
16. 集合(しゅうごう) 집합
17. 作業(さぎょう) 작업
18. 奨学金(しょうがくきん) 장학금
19. 社説(しゃせつ) 사설
20. 個人(こじん) 개인
21. 審判(しんぱん) 심판
22. 失望(しつぼう) 실망
23. 障害(しょうがい) 장애, 장해, 방해
24. 弱点(じゃくてん) 약점
25. 故障(こしょう) 고장
26. 人口(じんこう) 인구
27. 霜(しも) 서리
28. しきりに 자주, 빈번히, 계속적으로, 연달아. 열심히, 몹시
29. 正午(しょうご) 정오
30. 国籍(こくせき) 국적
31. 尻(しり) 엉덩이
32. 姉妹(しまい) 자매
33. 紹介(しょうかい) 소개
34. 四季(しき) 사계, 사철
35. 女優(じょゆう) 여우, 여배우
36. 誤解(ごかい) 오해
37. 受話器(じゅわき) 수화기
38. 死亡(しぼう) 사망
39. 書物(しょもつ) 책, 도서
40. 坂(さか) 언덕, 비탈길, 고개
41. 種類(しゅるい) 종류
42. しっかり 견고한 모양[단단히]. 마음이 긴장된 모양[똑똑히].. 생각이나 토대 따위가 견실한 모양[확고히, 견실하게]. 거래 시장이 활기를 띠어 오를 것 같은 모양
43. 初歩(しょほ) 초보
44. しみじみ 절실히, 곰곰이, 차근차근
45. 候補(こうほ) 후보
46. 食料品(しょくりょうひん) 식료품
47. 交番(こうばん) 파출소
48. 地味(じみ) 수수함, 검소함
49. 上下(じょうげ) 상하
50. しかも 그 위에, 게다가, 더구나. 그럼에도 불구하고, 그런데도
51. 食物(しょくもつ) 음식물
52. 校庭(こうてい) 교정
53. 需要(じゅよう) 수요
54. 字引(じびき) 사전(옥편 등)
55. 食堂(しょくどう) 식당
56. 香水(こうすい) 향수
57. 趣味(しゅみ) 취미
58. 次第(しだい)に 차차로, 점점
59. 正面(しょうめん) 정면
60. 公衆(こうしゅう) 공중
61. 首都(しゅと) 수도
62. 試合(しあい) 시합
63. 情報(じょうほう) 정보
64. 芝生(しばふ) 잔디
65. 出張(しゅっちょう) 출장
66. 講師(こうし) 강사
67. 勝負(しょうぶ) 승부
68. 舌(した) 혀
69. 主人(しゅじん) 주인(자기 남편을 일컫는 말)
70. 交差点(こうさてん) 교차점, 십자로
71. 上品(じょうひん) 고상함, 품위가 있음
72. 祭日(さいじつ) 신사의 제사가 있는 날
73. 首相(しゅしょう) 수상
74. 地震(じしん) 지진
75. 承認(しょうにん) 승인
76. 広告(こうこく) 광고
77. 宿泊(しゅくはく) 숙박
78. 自慢(じまん) 자만, 자랑
79. 残念(ざんねん) 분함, 억울함. 유감스러움, 아쉬운 모양
80. 承知(しょうち) 알아들음, (소망이나 요구를) 들어 줌[동의, 승낙]. 용서
81. 航空(こうくう) 항공
82. 宿題(しゅくだい) 숙제
83. 芝居(しばい) 연극
84. 冗談(じょうだん) 농담
85. 硬貨(こうか) 금속화폐, 동전
86. 祝日(しゅくじつ) 축일
87. しまった 실패하여 몹시 분해할 때 내는 말[아뿔싸]. 엉겁결에 저지른 실패
88. 招待(しょうたい) 초대
89. 恋人(こいびと) 연인, 애인
90. 終了(しゅうりょう) 종료

す

- 酢(す)　초, 식초
- 図(ず)　그림, 도형, 도면
- 水泳(すいえい)　수영
- 水産(すいさん)　수산
- 水準(すいじゅん)　수준
- 水素(すいそ)　수소
- 垂直(すいちょく)　수직
- 推定(すいてい)　추정
- 水道(すいどう)　수도
- 水分(すいぶん)　수분
- 随分(ずいぶん)　대단히, 몹시, 부디, 아무쪼록, 너무함, 고약함

ずいぶん暑い日だ。
몹시 더운 날이다.

ずいぶんお大切に。
아무쪼록 몸조심 하시기를.

ずいぶんごきげんよう。부디 안녕히.

ずいぶんな話さ。
너무 심한 이야기인걸.

ずいぶんな仕打だ。지나친 처사다.

- 水平(すいへい)　수평
- 水平線(すいへいせん)　수평선
- 水面(すいめん)　수면
- 水曜(すいよう)　수요(일)
- 水曜日(すいようび)　수요일
- 数学(すうがく)　수학
- 数字(すうじ)　숫자
- 末(すえ)　끝, 마지막
- 末(すえ)っ子(こ)　막내
- 姿(すがた)　모습, 모양
- 好(す)き　좋아함, 호기심
- ～過(す)ぎ　도가 지나침(ます형에 연결)

食べ過ぎ。과식.

- すぐ　곧, 즉시, 바로
- すぐに　곧, 즉시, 곧바로
- 少(すく)なくとも　적어도

- 少(すこ)し　조금, 약간, 좀
- ～ずつ　～씩

机と椅子を一つずつ用意する。
책상과 의자를 하나씩 준비하다.

毎日少しずつ食べる。
매일 조금씩 먹다.

- すっかり　죄다, 모두, 온통, 몽땅

すっかり忘れていた。
까맣게 잊고 있었다.

すっかり話した。몽땅 이야기했다.

- すっきり　산뜻한 모양, 말끔한 모양, 상쾌한 모양
- すっと　(가볍게 빨리 움직이거나 옮기거나 하는 모양) 쑥, 쓱, (지금까지의 불쾌감이 없어져서 시원한 모양) 후련함, 상쾌함, 개운함
- ずっと　훨씬, 매우, 아주, 쭉

ずっと重い。훨씬 무겁다.

ずっと昔のことだ。아주 옛날 일이다.

ずっと待っていた。
쭉 기다리고 있었다.

- すてき　썩 뛰어남, 매우 근사함, 아주 멋짐
- 砂(すな)　모래
- 素直(すなお)　순진함, 순수함
- すなわち　즉, 바꿔 말하면
- 全(すべ)て　전부, 모두, 모조리
- 住(す)まい　주거, 주소
- 隅/角(すみ)　모퉁이, 귀퉁이, 구석
- ～済(ず)み　～끝남

契約済みの貨物。계약이 끝난 화물.

- ずらり　(여럿이 늘어선 모양) 죽
- すり　소매치기
- すると　그러자, 그러면, 그렇다면

せ

- 背(せい)　등, 키, 신장
- ～製(せい)　～제
- 税(ぜい)　세, 세금
- 性格(せいかく)　성격
- 正確(せいかく)　정확

- 生活(せいかつ)　생활
- 税関(ぜいかん)　세관
- 世紀(せいき)　세기
- 請求(せいきゅう)　청구
- 税金(ぜいきん)　세금
- 制限(せいげん)　제한
- 成功(せいこう)　성공
- 制作(せいさく)　제작(예술 작품·방송 프로그램 따위를 만듦)

共同製作 공동제작

テレビ番組の制作。
텔레비전 프로그램의 제작.

- 製作(せいさく)　제작(기계나 기구 등)

製作所 제작소

工作機械を製作する。
공작기계를 제작하다.

- 生産(せいさん)　생산
- 政治(せいじ)　정치
- 正式(せいしき)　정식
- 性質(せいしつ)　성질
- 正常(せいじょう)　정상
- 青少年(せいしょうねん)　청소년
- 精神(せいしん)　정신
- 成人(せいじん)　성인
- 精々(せいぜい)　힘껏 노력하여, 힘 있는 한, 기껏해야, 고작

精々勉強しなさい。
열심히 공부하시오.

精々勉強しておきます。최대한으로 싸게 해 드리겠습니다. ☞ 상인들이 쓰는 말

毎日暮して行くのが精々だ。
그날그날 살아가는 게 고작이다.

- 成績(せいせき)　성적
- 清掃(せいそう)　청소
- 製造(せいぞう)　제조
- 生存(せいぞん)　생존
- 成長(せいちょう)　성장
- 生長(せいちょう)　생장(초목 따위가 자람)
- 生徒(せいと)　학생(중·고등학생)

□ 制度(せいど) 제도
□ 政党(せいとう) 정당
□ 青年(せいねん) 청년
□ 生年月日(せいねんがっぴ) 생년월일
□ 性能(せいのう) 성능
□ 整備(せいび) 정비
□ 製品(せいひん) 제품
□ 政府(せいふ) 정부
□ 生物(せいぶつ) 생물
□ 成分(せいぶん) 성분
□ 性別(せいべつ) 성별
□ 正方形(せいほうけい) 정방형, 정사각형
□ 生命(せいめい) 생명
□ 正門(せいもん) 정문
□ 西洋(せいよう) 서양
□ 整理(せいり) 정리
□ 成立(せいりつ) 성립
□ 西暦(せいれき) 서력, 서기
□ 世界(せかい) 세계
□ 席(せき) 자리, 자석
□ 咳(せき) 기침
□ 責任(せきにん) 책임
□ 石油(せきゆ) 석유
□ 世間(せけん) 세간, 세상
□ 折角(せっかく) 모처럼, 일부러, 애써서
□ 積極的(せっきょくてき) 적극적
□ 接近(せっきん) 접근
□ 設計(せっけい) 설계
□ 石鹸(せっけん) 비누
□ せっせと 열심히, 부지런히
□ 接続(せつぞく) 접속
□ 絶対(ぜったい) 절대
□ 絶対(ぜったい)に 절대로
□ 設備(せつび) 설비
□ 説明(せつめい) 설명
□ 背中(せなか) 등(신체), 뒷면
□ 是非(ぜひ) 아무쪼록, 제발, 꼭
ぜひお会いしたい。 꼭 만나 뵙고 싶다.

ぜひお願いします。
아무쪼록 부탁합니다.

ぜひうかがいます。
꼭 찾아뵙겠습니다.

□ 背広(せびろ) 신사복
□ せめて 적어도, 그런대로
□ 世話(せわ) 도와줌, 폐, 신세
子供の世話をする。 아이를 보살피다.
お世話をかけてすみません。
폐를 끼쳐서 죄송합니다
□ 千(せん) 천(수많음의 비유)
□ 線(せん) 선, 줄, (교통기관의) 노선
□ 全員(ぜんいん) 전원
□ 選挙(せんきょ) 선거
□ 先月(せんげつ) 지난달
□ 前後(ぜんご) 전후, 앞뒤, 나중의 결과
□ 専攻(せんこう) 전공
□ 全国(ぜんこく) 전국
□ 洗剤(せんざい) 세제
□ 先日(せんじつ) 요전(날)
□ 前者(ぜんしゃ) 전자
□ 選手(せんしゅ) 선수
□ 先週(せんしゅう) 지난주
□ 全集(ぜんしゅう) 전집
□ 全身(ぜんしん) 전신, 온몸
□ 前進(ぜんしん) 전진
□ 先生(せんせい) 선생님
□ 全然(ぜんぜん) (부정하는 말을 수반하여) 전연, 전혀
全然知らない。 전혀 알지 못하다.
□ 先々月(せんせんげつ) 지지난달
□ 先々週(せんせんしゅう) 지지난주
□ 先祖(せんぞ) 조상
□ 戦争(せんそう) 전쟁
□ 全体(ぜんたい) 전체
□ 選択(せんたく) 선택
□ 洗濯(せんたく) 세탁
□ 先輩(せんぱい) 선배
□ 全部(ぜんぶ) 전부
□ 扇風機(せんぷうき) 선풍기

□ 洗面(せんめん) 세면
□ 専門(せんもん) 전문
□ 全力(ぜんりょく) 전력
□ 線路(せんろ) 선로, 궤도

そ 

□ そう 그래, 정말(상대방의 말에 긍정)
はい、そうです 예. 그렇습니다.
□ そう 그렇게
□ 象(ぞう) 코끼리
□ 相違(そうい) 서로 다름, 틀림
□ 増加(ぞうか) 증가
□ 増減(ぞうげん) 증감
□ 倉庫(そうこ) 창고
□ 相互(そうご) 상호
□ 創作(そうさく) 창작
□ 掃除(そうじ) 청소
□ そうして 그리고, 그리고 나서
□ 想像(そうぞう) 상상
□ 相続(そうぞく) 상속
□ 相談(そうだん) 상담
□ 相当(そうとう) 상당, 상당히
□ 送別(そうべつ) 송별
□ ～足(そく) ～족, ～켤레(한 벌의 신발이나 양말을 세는 단위)
靴下2足。 양말 두 켤레.
□ 続々(ぞくぞく) 속속, 잇따라
□ 速達(そくたつ) 속달
□ 速力(そくりょく) 속력
□ そこ 거기, 그곳, 그것
□ 底(そこ) 바닥, 밑
□ そこで 그래서, 그런데, 그러면
□ 組織(そしき) 조직
□ 素質(そしつ) 소질
□ そして 그리고
□ 祖先(そせん) 선조, 조상
□ そちら 그쪽, 거기, 그곳
□ 卒業(そつぎょう) 졸업

□ そっち　그쪽, 거기, 그곳

□ そっくり　전부, 몽땅, 그대로, 꼭 닮음, 그대로임, 고스란히

そっくり食(た)べてしまう。
몽땅 먹어치우다.

出(だ)された料理(りょうり)をそっくり残(のこ)した。
나온 요리를 그대로 남겼다.

父親(ちちおや)にそっくりだ。 부친을 꼭 닮았다.

まだそっくりしている。
아직 고스란히 그대로이다.

□ 率直(そっちょく)　솔직

□ そっと　살짝, 가만히, 몰래

□ 外(そと)　밖, 바깥, 겉, 외부

□ その　그

□ その上(うえ)　더구나, 게다가, 또한

□ その内(うち)　가까운 시일 안에, 멀지 않아

□ その頃(ころ)　그 무렵, 그 당시

□ そのため　그 때문에

□ その外(ほか)　그 외

□ そのまま　그대로

□ 側(そば)　곁, 옆
窓(まど)のそば　창문 옆

□ 蕎麦(そば)　메밀국수

□ 祖父(そふ)　조부, 할아버지

□ 祖母(そぼ)　조모, 할머니

□ 粗末(そまつ)　허술하고 나쁨, 변변치 않음(소홀히 다루는 모양)

□ 空(そら)　하늘

□ それ　그것, 거기, 그 곳

□ それから　그 다음에, 그리고, 그 뒤, 그래서 (이야기를 재촉하는 말)

□ それぞれ　각기, 각각

□ それで　그래서, 그런 까닭에

□ それでは　그러면, 그럼

□ それでも　그런데도, 그래도, 그러나

□ それとも　그렇지 않으면, 아니면, 혹은

□ それなのに　그런데도, 그럼에도 불구하고

□ それなら　그렇다면, 그러면

□ それに　그런데도, 그러함에도, 게다가, 더우기

□ それほど　그렇게, 그다지, 그만큼

それほどうれしいか。그렇게 기쁘냐?

それほど美(うつく)しくない。
그다지 예쁘지 않다.

□ そろそろ　슬슬, 이제 슬슬, 이제 곧

□ 損(そん)　손, 손해

□ 損害(そんがい)　손해

□ 尊敬(そんけい)　존경

□ 存在(そんざい)　존재

□ 尊重(そんちょう)　존중

□ そんな　그러한, 그런, 그와 같은

□ そんなに　그렇게(까지)

た

□ 他(た)　다름, 남의 일, 남

□ 大(だい)　큼, 큰

□ 台(だい)　대(물건이나 음식을 그 위에 얹는 것)

□ ～台(だい)　(기계류 등을 셀 때 쓰는 단위) ～대
車(くるま)2台(だい)。 차 두 대.

□ 題(だい)　제, 표제(책의 이름)

□ 第(だい)～　제～(순서를 나타내는 수에 붙이는 말)

□ ～代(だい)　～대금, 값, 시대, 시기. 왕위를 계승한 차례를 세는 말(～대)
食事代(しょくじだい)。식사대[값].
三十代(さんじゅうだい)の男(おとこ)。삼십대의 남자.
古生代(こせいだい)。고생대.
第二代大統領(だいにだいだいとうりょう)。제2대 대통령.

□ 体育(たいいく)　체육

□ 第一(だいいち)　무엇보다도, 우선

□ 退院(たいいん)　퇴원

□ 体温(たいおん)　체온

□ 大会(たいかい)　대회

□ 大学(だいがく)　대학, 대학교

□ 大学生(だいがくせい)　대학생

□ 代金(だいきん)　대금

□ 退屈(たいくつ)　지루함, 무료함

□ 対策(たいさく)　대책

□ 大使(たいし)　대사

□ 大事(だいじ)　큰일(대사), 소중함

□ 大使館(たいしかん)　대사관

□ 大(たい)した　대단함, 엄청남, (뒤에 부정을 수반하여) 이렇다 할 정도의, 특별한
大(たい)した美人(びじん)。대단한 미인.
彼(かれ)の英語(えいご)は大(たい)したものではない。
그이 영어는 별것 아니다.

□ たいして　(뒤에 부정을 수반하여) 그다지, 별로

□ 体重(たいじゅう)　체중

□ 対象(たいしょう)　대상

□ 対照(たいしょう)　대조

□ 大小(だいしょう)　대소

□ 大丈夫(だいじょうぶ)　괜찮음, (부사적으로) 틀림없이, 꼭
そんなに無理(むり)しても大丈夫(だいじょうぶ)かね。
그렇게 무리를 해도 괜찮겠는가.
大丈夫(だいじょうぶ)、成功(せいこう)するよ。
꼭 성공할 걸세.

□ 大臣(だいじん)　대신, 장관

□ 大切(たいせつ)　중요함, 소중함, 조심함

□ 大戦(たいせん)　대전

□ 大体(だいたい)　대강, 거의

□ 大抵(たいてい)　대개, 대부분

□ 態度(たいど)　태도

□ 大統領(だいとうりょう)　대통령

□ 台所(だいどころ)　부엌

□ 大半(たいはん)　태반, 대부분

□ 代表(だいひょう)　대표

□ 大分(だいぶ/だいぶん)　상당히, 어지간히, 꽤

□ 台風(たいふう)　태풍

□ 大部分(だいぶぶん)　대부분

□ 大変(たいへん)　몹시, 대단히, 매우

□ **題名**(だいめい) 제명, 제목
□ **代名詞**(だいめいし) 대명사
□ **太陽**(たいよう) 태양
□ **平**(たい)ら 평평함, 평탄함
□ **代理**(だいり) 대리
□ **対立**(たいりつ) 대립
□ **絶**(た)えず 늘, 끊임없이
□ **だが** 그러나, 그렇지만
□ **互**(たが)い 서로, 교대로
□ **宝**(たから) 보배, 보물
□ **だから** 그러므로, 그러니까, 그래서
□ **宅**(たく) (사는) 집, 댁
□ **沢山**(たくさん) (수나 분량이) 많음, 충분함, 더 필요 없음
たくさん食(た)べる。많이 먹다.
もうたくさんだ。
이것으로 충분하다. 이제 됐다.

□ **竹**(たけ) 대나무, 대
□ **だけど** 그렇지만
□ **確**(たし)か 틀림없음, 믿을 수 있음, 든든함, 단단함, 건전함, 멀쩡함, 정확함
確(たし)かな証拠(しょうこ)。확실한 증거.
確(たし)かな基礎(きそ)。든든한 기초.
彼(かれ)の英語(えいご)は確(たし)かだ。
그의 영어는 정확하다.

□ **多少**(たしょう) 다소, 좀, 약간, 어지간히
□ **ただ** 무료, 공짜
□ **只/唯**(ただ) 보통, 예사, 그냥, 단지, 다만
□ **ただいま** (바로) 지금, 현재, 방금, 이제 막
□ **戦**(たたか)い 싸움
□ **但**(ただ)し 단, 다만, 단지
□ **直**(ただ)ちに 곧, 바로, 직접
□ **畳**(たたみ) 다다미(속에 짚을 넣은 돗자리)
□ **～達**(たち) ～들(사람이나 생물을 나타내는 말에 붙어 복수를 나타냄)
子供達(こどもたち)。아이들.

□ 虫達(むしたち)の音楽会(おんがくかい)。벌레들의 음악회.
□ **立場**(たちば) 발판, 설 곳, 입장, 처지, 관점
□ **たった** 겨우, 단지, 다만, 그저
□ **だって** ～라 해도, ～도 또한, ～에게조차.
하지만, 그래도, 그럴 것이
猿(さる)だって木(き)から落(お)ちるさ。
원숭이도 나무에서 떨어지는 수가 있단 말야.
洋服(ようふく)だって靴(くつ)だって。
양복이건 구두건.
1日(いちにち)だって休(やす)んだことはない。
하루도 쉰 적이 없다.
A : 勉強(べんきょう)しなさい。공부해라.
B : だって眠(ねむ)いんですもの。
하지만 졸린 걸요.
今朝(けさ)は寝坊(ねぼう)をしてしまった。だってゆうべ遅(おそ)かったから。오늘 아침엔 늦잠을 잤다. 그럴 것이 간밤에 늦게 잤으니까.

□ **たっぷり** 듬뿍(충분한 모양), 넉넉(충분하고 여유가 있는 모양)
□ **縦**(たて) 세로
□ **～建**(だ)て ～층. 건물(건물의 양식이나 층수를 나타내는 말)
二階建(にかいだ)て。2층 건물.
□ **建物**(たてもの) 건물, 건축물
□ **例**(たと)え 비유, 비유한 것, 설령(비, 가령) ～하더라도
たとえ雨(あめ)が降(ふ)っても。
설령 비가 온다 할지라도.
□ **例**(たと)えば 예를 들면, 예컨대
□ **棚**(たな) 선반
□ **谷**(たに) 산골짜기, 골
□ **他人**(たにん) 타인, 남
□ **種**(たね) 종자, 씨, (사물의) 원인, 요리의 재료
□ **楽**(たの)しみ 즐거움, 낙, 취미
□ **頼**(たの)み 부탁, 청, 의지, 믿음
□ **たばこ** 담배
□ **度**(たび) 때, 번, 때마다

□ **旅**(たび) 여행
□ **度々**(たびたび) 여러 번, 자주, 몇 번이고
□ **多分**(たぶん) 대개, 아마
□ **食**(た)べ物(もの) 음식물, 먹을 것
□ **玉**(たま) 옥, 구슬, 알, (국수의) 사리
□ **球**(たま) 구형의 것, 공
□ **卵**(たまご) 알, 달걀
□ **偶々**(たまたま) 가끔, 이따금, (마침 그때) 우연히, 때마침
□ **たまに** 가끔, 간혹
□ **為**(ため) 때문에, 위해서
風邪(かぜ)のため会社(かいしゃ)を休(やす)む。
감기 때문에 회사를 쉬다.
失敗(しっぱい)しないためには。
실패를 하지 않기 위해서는.

□ **駄目**(だめ) 소용없음, 효과가 없음, 불가능, 못씀
□ **試**(ため)し 시험, 시도
□ **便**(たよ)り 편의, 편리, 소식, 편지, 단서
□ **誰**(だれ) 누구
□ **誰**(だれ)か 누군가
□ **短**(たん)～ 짧은～, 단～
短時間(たんじかん)。단시간.
□ **段**(だん) 단, 상하의 구획, (일의) 순서, 방법
□ **～団**(だん) ～단(단체, 모임을 나타냄)
青年団(せいねんだん)。청년단.
□ **単位**(たんい) 단위
□ **段階**(だんかい) 단계
□ **短期**(たんき) 단기
□ **単語**(たんご) 단어
□ **男子**(だんし) 남자
□ **単純**(たんじゅん) 단순
□ **短所**(たんしょ) 단점, 결점
□ **誕生**(たんじょう) 탄생
□ **誕生日**(たんじょうび) 생일
□ **たんす** 옷장, 장롱
□ **断水**(だんすい) 단수
□ **単数**(たんすう) 단수, 홀수

□ **男性**(だんせい) 남성
□ **団体**(だんたい) 단체
□ **段々**(だんだん) 차차, 점점

□ **団地**(だんち) 단지
□ **断定**(だんてい) 단정
□ **担当**(たんとう) 담당

□ **単**(たん)**なる** 단순한
□ **単**(たん)**に** 단지, 다만, 그저
□ **暖房**(だんぼう) 난방

어휘 테스트 4(す~た)   다음 주어진 단어의 よみがな와 뜻을 적으시오.

1. 戦争(　　)	뜻:	37. 水泳(　　) 뜻:
2. 大臣(　　)	뜻:	38. 種(　　) 뜻:
3. ずらり	뜻:	39. 石油(　　) 뜻:
4. 暖房(　　)	뜻:	40. そのうち 뜻:
5. 洗剤(　　)	뜻:	41. 制限(　　) 뜻:
6. 対照(　　)	뜻:	42. たまたま 뜻:
7. 隅(　　)	뜻:	43. 世界(　　) 뜻:
8. 担当(　　)	뜻:	44. 成功(　　) 뜻:
9. 選手(　　)	뜻:	45. 率直(　　) 뜻:
10. すなわち	뜻:	46. 政府(　　) 뜻:
11. 大使館(　　)	뜻:	47. 谷(　　) 뜻:
12. 前後(　　)	뜻:	48. すっかり 뜻:
13. だんだん	뜻:	49. そっと 뜻:
14. 素直(　　)	뜻:	50. 生年月日(　　) 뜻:
15. 世話(　　)	뜻:	51. たとえ 뜻:
16. 棚(　　)	뜻:	52. 制作(　　) 뜻:
17. すっきり	뜻:	53. 生徒(　　) 뜻:
18. 短所(　　)	뜻:	54. そっくり 뜻:
19. せめて	뜻:	55. 政党(　　) 뜻:
20. 退屈(　　)	뜻:	56. 縦(　　) 뜻:
21. 姿(　　)	뜻:	57. 清掃(　　) 뜻:
22. たんす	뜻:	58. 素質(　　) 뜻:
23. 少(　　)なくとも	뜻:	59. 砂(　　) 뜻:
24. 損害(　　)	뜻:	60. 立場(　　) 뜻:
25. 背広(　　)	뜻:	61. 正門(　　) 뜻:
26. 推定(　　)	뜻:	62. 想像(　　) 뜻:
27. 駄目(　　)	뜻:	63. 成績(　　) 뜻:
28. そろそろ	뜻:	64. たった 뜻:
29. 末子(　　)	뜻:	65. 絶対(　　) 뜻:
30. 旅(　　)	뜻:	66. 掃除(　　) 뜻:
31. せっせと	뜻:	67. 精々(　　) 뜻:
32. それとも	뜻:	68. 畳(　　) 뜻:
33. 垂直(　　)	뜻:	69. せっけん 뜻:
34. たまに	뜻:	70. 選択(　　) 뜻:
35. 世間(　　)	뜻:	71. 成人(　　) 뜻:
36. 粗末(　　)	뜻:	72. 宝(　　) 뜻:

73. 説明( )	뜻:		82. 西暦( )	뜻:
74. 増減( )	뜻:		83. 正確( )	뜻:
75. 政治( )	뜻:		84. 洗濯( )	뜻:
76. 選挙( )	뜻:		85. 扇風機( )	뜻:
77. 平( )ら	뜻:		86. 大統領( )	뜻:
78. 税金( )	뜻:		87. 請求( )	뜻:
79. 創作( )	뜻:		88. 咳( )	뜻:
80. 先日( )	뜻:		89. たいてい	뜻:
81. 太陽( )	뜻:		90. 素敵( )	뜻:

●●● 정 답

1. 戦争(せんそう) 전쟁
2. 大臣(だいじん) 대신, 장관
3. ずらり 여럿이 늘어선 모양(죽)
4. 暖房(だんぼう) 난방
5. 洗剤(せんざい) 세제
6. 対照(たいしょう) 대조
7. 隅(すみ) 모퉁이, 귀퉁이, 구석
8. 担当(たんとう) 담당
9. 選手(せんしゅ) 선수
10. すなわち 즉, 바꿔 말하면
11. 大使館(たいしかん) 대사관
12. 前後(ぜんご) 전후, 앞뒤, 나중의 결과
13. だんだん 차차, 점점
14. 素直(すなお) 순진함, 순수함
15. 世話(せわ) 도와줌, 보살핌, 폐, 신세
16. 棚(たな) 선반
17. すっきり 산뜻한 모양, 말끔한 모양, 상쾌한 모양
18. 短所(たんしょ) 단점, 결점
19. せめて 적어도, 그런대로
20. 退屈(たいくつ) 지루함, 무료함
21. 姿(すがた) 모습, 모양
22. たんす 옷장, 장롱
23. 少(すく)なくとも 적어도
24. 損害(そんがい) 손해
25. 背広(せびろ) 신사복
26. 推定(すいてい) 추정
27. 駄目(だめ) 소용없음, 효과가 없음, 불가능, 못씀
28. そろそろ 슬슬, 이제 슬슬
29. 末子(すえっこ) 막내
30. 旅(たび) 여행
31. せっせと 열심히, 부지런히
32. それとも 그렇지 않으면, 아니면, 혹은

33. 垂直(すいちょく) 수직
34. たまに 가끔, 간혹
35. 世間(せけん) 세간, 세상
36. 粗末(そまつ) 허술하고 나쁨, 변변치 않음, 소홀히 다루는 모양
37. 水泳(すいえい) 수영
38. 種(たね) 종자, 씨, (사물의) 원인, (요리의) 재료
39. 石油(せきゆ) 석유
40. そのうち 가까운 시일 안에, 멀지 않아
41. 制限(せいげん) 제한
42. たまたま 가끔, 이따금, (마침 그때)우연히, 때마침
43. 世界(せかい) 세계
44. 成功(せいこう) 성공
45. 率直(そっちょく) 솔직
46. 政府(せいふ) 정부
47. 谷(たに) 산골짜기, 골
48. すっかり 죄다, 모두, 온통, 몽땅
49. そっと 살짝, 가만히, 몰래
50. 生年月日(せいねんがっぴ) 생년월일
51. たとえ 설령[비록, 가령] ～하더라도
52. 制作(せいさく) 제작(예술 작품·방송 프로그램 따위를 만듦)
53. 生徒(せいと) 학생(중, 고등학생)
54. そっくり 전부, 몽땅, 그대로, 꼭 닮음, 그대로임, 고스란히
55. 政党(せいとう) 정당
56. 縦(たて) 세로
57. 清掃(せいそう) 청소
58. 素質(そしつ) 소질
59. 砂(すな) 모래
60. 立場(たちば) 발판, 설 곳, 입장, 처지, 관점

61. 正門(せいもん) 정문
62. 想像(そうぞう) 상상
63. 成績(せいせき) 성적
64. たった 겨우, 단지, 다만, 그저
65. 絶対(ぜったい)に 절대로
66. 掃除(そうじ) 청소
67. 精々(せいぜい) 힘껏 노력하여, 힘 있는 한, 기껏해야, 고작
68. 畳(たたみ) 다다미(속에 짚을 넣은 돗자리)
69. せっけん 비누
70. 選択(せんたく) 선택
71. 成人(せいじん) 성인
72. 宝(たから) 보배, 보물
73. 説明(せつめい) 설명
74. 増減(ぞうげん) 증감
75. 政治(せいじ) 정치
76. 選挙(せんきょ) 선거
77. 平(たい)ら 평평함, 평탄함
78. 税金(ぜいきん) 세금
79. 創作(そうさく) 창작
80. 先日(せんじつ) 요전(날)
81. 太陽(たいよう) 태양
82. 西暦(せいれき) 서기, 서력
83. 正確(せいかく) 정확
84. 洗濯(せんたく) 세탁
85. 扇風機(せんぷうき) 선풍기
86. 大統領(だいとうりょう) 대통령
87. 請求(せいきゅう) 청구
88. 咳(せき) 기침
89. たいてい 대개, 대부분
90. 素敵(すてき) 썩 뛰어남, 매우 근사함, 아주 멋짐

ち

- 血(ち) 피
- 地(ち) 땅, 토지, 영토
- 地位(ちい) 지위
- 地域(ちいき) 지역
- 小(ちい)さな [연체사] 작은
- 知恵(ちえ) 지혜
- 地下(ちか) 지하
- 違(ちが)い 틀림, 차이
- 近(ちか)く 가까운 곳, 근처
- 近頃(ちかごろ) 최근, 요사이, 근래
- 地下水(ちかすい) 지하수
- 近々(ちかぢか) 멀지 않아, 일간
- 地下鉄(ちかてつ) 지하철
- 力(ちから) 힘, 능력, 의지, 효력
- 地球(ちきゅう) 지구
- 地区(ちく) 지구
- 遅刻(ちこく) 지각
- 知事(ちじ) 지사
- 知識(ちしき) 지식
- 地質(ちしつ) 지질
- 知人(ちじん) 지인
- 地図(ちず) 지도
- 地帯(ちたい) 지대
- 父(ちち) 아빠, 아버지
- ちっとも (뒤에 부정어가 따름) 조금도, 전혀

  ちっともおもしろくない。
  조금도 재미없다.

  ちっとも勉強(べんきょう)しない。
  전혀 공부하지 않는다.

  ちっともじっとしていない子。
  잠시도 가만히 있지 않는 아이.

- 地点(ちてん) 지점
- 知能(ちのう) 지능
- 地平線(ちへいせん) 지평선
- 地方(ちほう) 지방
- 地名(ちめい) 지명

- 茶(ちゃ) (마시는) 차
- 茶色(ちゃいろ) 갈색
- ~着(ちゃく) ~착, ~벌

  第一着(だいいっちゃく)。제1착.

  冬服一着(ふゆふくいっちゃく)。동복 한 벌.

- 着々(ちゃくちゃく) 착착, 한 걸음 한 걸음
- 茶碗(ちゃわん) 밥공기, 찻잔
- ~ちゃん 친근감을 주는 호칭(さん보다 다정한 호칭)

  猫(ねこ)ちゃん。야옹이(고양이)

- ちゃんと 단정하게, 확실히, 정확하게 (정확하고 틀림없는 모양)
- 中(ちゅう) 한가운데, 가운데, 사이, 중간 속, 안

  大気中(たいきちゅう)。대기 중.

  今月中(こんげつちゅう)。이달 중.

  十中八九(じっちゅうはっく)。십중팔구.

  会議中(かいぎちゅう)。회의 중.

  不幸中(ふこうちゅう)の幸(さいわ)い。불행 중 다행.

  ※ ~中(じゅう)는 그 동안 줄곧, 그 범위 전체에 걸친다는 뜻을 나타냄

  1日中(いちにちじゅう)。하루 종일.

  1年中(いちねんじゅう)。일 년 내내.

  一晩中(ひとばんじゅう)。밤새껏.

  日本中(にほんじゅう)。온 일본.

  世界中(せかいじゅう)。온 세계.

- 注意(ちゅうい) 주의
- 中央(ちゅうおう) 중앙
- 中学(ちゅうがく) 중학(교)
- 中学校(ちゅうがっこう) 중학교
- 中間(ちゅうかん) 중간
- 中古(ちゅうこ) 중고
- 中止(ちゅうし) 중지
- 注射(ちゅうしゃ) 주사
- 駐車場(ちゅうしゃじょう) 주차장
- 中旬(ちゅうじゅん) 중순
- 抽象(ちゅうしょう) 추상

- 昼食(ちゅうしょく) 점심
- 中心(ちゅうしん) 중심
- 中世(ちゅうせい) 중세
- 中性(ちゅうせい) 중성
- 中途(ちゅうと) 중도, 도중
- 中年(ちゅうねん) 중년
- 注目(ちゅうもく) 주목
- 注文(ちゅうもん) 주문
- 長(ちょう)~ 긴~, 장~

  長時間(ちょうじかん)。장시간.

- ~庁(ちょう) ~청(일본 국가 행정 조직법에 의한 외국(外局) 의 하나)

  警視庁(けいしちょう)。경시청.

- ~兆(ちょう) ~조(수의 단위)

  一兆円(いっちょうえん)の予算(よさん) 1조 엔의 예산

- ~町(ちょう) 지방 자치 단체의 하나

  市町村(しちょうそん)。시읍면.

- ~長(ちょう) ~장(조직, 단체 등의 우두머리)

  支店長(してんちょう)。지점장.

- 朝刊(ちょうかん) 조간
- 長期(ちょうき) 장기
- 調査(ちょうさ) 조사
- 調子(ちょうし) 상태, 기색, 태도
- 長所(ちょうしょ) 장점
- 長女(ちょうじょ) 장녀, 맏딸
- 頂上(ちょうじょう) 정상
- 長短(ちょうたん) 장단, 긴 것과 짧은 것, 장점과 단점
- 頂点(ちょうてん) 정점, 꼭대기
- ちょうど 꼭, 정확히, 마침, 알맞게, 방금, 바로, 막

  靴(くつ)がちょうど合(あ)う。구두가 꼭 맞다.

  ちょうど電車(でんしゃ)が来(き)た。
  마침 전차가 왔다.

  ちょうど帰(かえ)ったばかりだ。
  마침 막 돌아온 참이다.

- 長男(ちょうなん) 장남

□ 長方形(ちょうほうけい) 장방형, 직사각형

□ 調味料(ちょうみりょう) 조미료

□ ~丁目(ちょうめ) ~가(街)
二丁目三番地。2가 3번지.

□ 貯金(ちょきん) 저금

□ 直後(ちょくご) 직후

□ 直接(ちょくせつ) 직접

□ 直線(ちょくせん) 직선

□ 直前(ちょくぜん) 직전

□ 直通(ちょくつう) 직통

□ 直流(ちょくりゅう) 직류, 곧은 흐름

□ 著者(ちょしゃ) 저자

□ 直角(ちょっかく) 직각

□ ちょっと 조금, 좀, 약간, 잠깐, 잠시
ちょっと休もう。잠깐 쉬자.
ちょっと驚いた。약간 놀랐다.
ちょっと忘れる。잠시 잊다.

□ 地理(ちり) 지리

□ つい (시간적, 거리적으로) 조금, 바로, 무의식중에, 자신도 모르게, 무심결에

□ 追加(ついか) 추가

□ 一日(ついたち) 초하루, 1일

□ ~(に)ついて ~(에) 관해서, 대해서, ~당
日本文化についての研究。
일본문화에 관한 연구.
伝説について話をする。
전설에 관해서 이야기를 하다.
ひとりについて千円。한 사람당 천 엔

□ ついに 드디어, 마침내, 결국, (부정하는 말에 따라서) 최후까지, 끝끝내, 끝까지

□ ~通(つう) ~통(편지, 문서를 세는 단위), 그 방면에 정통한 사람
履歴書二通。이력서 두 통.
情報通。정보통.

□ 通過(つうか) 통과

□ 通貨(つうか) 통화

□ 通学(つうがく) 통학

□ 通勤(つうきん) 통근

□ 通行(つうこう) 통행

□ 通信(つうしん) 통신

□ 通知(つうち) 통지

□ 通訳(つうやく) 통역

□ 通用(つうよう) 통용

□ 通路(つうろ) 통로

□ ~遣(づか)い (명사에 붙어) ~사용, 씀, 사용법
無駄遣い。헛되이 씀. 낭비.
仮名遣い。가나 표기법.
金遣いが荒い。돈 씀씀이가 헤프다.

□ 疲(つか)れ 피로

□ 月(つき) 달
月と太陽。달과 태양.

□ ~月(つき) ~달
一月 한 달

□ 次(つぎ) 다음

□ 付合(つきあ)い 교제, (교제상의) 의리

□ 突(つ)き当(あ)たり 충돌, 마주침, 막다른 곳

□ 次々(つぎつぎ)に 차례차례, 계속해서

□ 月日(つきひ) 월일, 날짜, 시일, 세월

□ 机(つくえ) 책상

□ 都合(つごう) 다른 일과의 관계, 형편, 사정,

□ 土(つち) 땅, 흙, 토양

□ 続(つづ)き 연결, 계속(하는 부분), (명사와 합해서 접미어적으로) 잇따름, 연속

□ 包(つつ)み 싸는 일, 보따리

□ 務(つと)め 할일, 의무, 직무
親としての務め 부모로서의 도리
納税は国民の務めである。
납세는 국민의 의무이다.

□ 勤(つと)め 근무함, 근무

勤めに出る。근무하러 나가다.
勤めがいやになる。
일이[근무가] 싫어지다.

□ 常(つね)に 늘, 항상, 언제나

□ 妻(つま) 처, 아내, 마누라

□ つまり 결국, 요컨대, 다시 말하면

□ つもり 예정, 작정, ~한 셈

□ 釣(つ)り 거스름돈(=おつり)

□ 連(つ)れ 동행, 동반

□ 手(て) 손, 일손, 방법, 수단

□ で 그러니까, 그래서(=それで)

□ 出会(であ)い 우연히 서로 만남, 마주침

□ 手洗(てあら)い 손을 씻음, 화장실

□ 低(てい)~ 낮음, 저~
低姿勢。저자세.
低気圧。저기압.

□ 提案(ていあん) 제안

□ 定員(ていいん) 정원

□ 低下(ていか) 저하

□ 定期(ていき) 정기

□ 定期券(ていきけん) 정기권

□ 定休日(ていきゅうび) 정기휴일

□ 停止(ていし) 정지

□ 停車(ていしゃ) 정차

□ 提出(ていしゅつ) 제출

□ 停電(ていでん) 정전

□ 程度(ていど) 정도

□ 丁寧(ていねい) 친절함, 정중함, 공손함, 주의 깊고 신중함

□ 出入(でい)り 출입, 수지, 금전의 출납

□ 出入口(でいりぐち) 출입구

□ 停留所(ていりゅうじょ) 정류장

□ 手入(てい)れ 고침, 손질함, 보살핌

□ 手紙(てがみ) 편지

□ ~的(てき) ~적(명사에 붙어 경향, 성질, 상태를 나타냄)

政治的発言。정치적 발언.

宗教的。종교적.

詩的。시적.

徹底的。철저한.

合理的。합리적.

☐ 出来上(できあが)り 완성함, 다 됨

☐ 出来事(できごと) (우발적인) 사건, 일

☐ 適切(てきせつ) 적절

☐ 適度(てきど) 적당한 정도, 알맞은 정도

☐ 適当(てきとう) 적당, 적절

☐ できるだけ 가능한 한, 되도록

☐ 出口(でぐち) 출구

☐ 手首(てくび) 손목

☐ 手頃(てごろ) 알맞음, 적당함

☐ 弟子(でし) 제자

☐ 手品(てじな) 요술, 속임수

☐ ですから 그러니까, 그래서

☐ でたらめ 엉터리, 함부로 함, 되는 대로임

☐ 手帳(てちょう) 수첩

☐ 手伝(てつだ)い 도와줌, 도와주는 사람(가정부)

☐ 手続(てつづ)き 수속, 절차

☐ 鉄道(てつどう) 철도

☐ では 그러면, 그렇다면, 그럼

☐ 手袋(てぶくろ) 장갑

☐ 手間(てま) (일을 하는 데 드는) 수고, 시간

☐ 出迎(でむか)え 마중

☐ ～ても/でも ～일지라도, ～해도
雨が降っても出発する。
비가 오더라도 출발한다.

何度読んでもわからない。
몇 번 읽어도 모르겠다.

☐ 寺(てら) 절

☐ 点(てん) 점, 구두점, (경기의) 득점

☐ ～店(てん) ～점, ～가게
食料品店。식료품점.
洋品店 양품점

☐ 店員(てんいん) 점원

☐ 展開(てんかい) 전개

☐ 天気(てんき) 날씨

☐ 電気(でんき) 전기

☐ 伝記(でんき) 전기

☐ 天気予報(てんきよほう) 일기예보

☐ 天候(てんこう) 기후, 날씨

☐ 伝言(でんごん) 전언

☐ 電子(でんし) 전자

☐ 電車(でんしゃ) 전차, 전철

☐ 点数(てんすう) 점수

☐ 点々(てんてん) 몇 개의 점, 반점(여기저기 흩어져 있는 모양, 물방울이 떨어지는 모양)

☐ 伝統(でんとう) 전통

☐ 電灯(でんとう) 전등, 전깃불

☐ 天然(てんねん) 천연

☐ 天皇(てんのう) 천황

☐ 電波(でんぱ) 전파

☐ 電報(でんぽう) 전보

☐ 展覧会(てんらんかい) 전람회

☐ 電流(でんりゅう) 전류

☐ 電力(でんりょく) 전력

☐ 電話(でんわ) 전화

と

☐ 戸(と) 문짝, 문, 대문

☐ 都(と) 도

☐ ～度(ど) ～도, 정도, 회수
一度も行かない。한 번도 안 가다.
二度あることは三度ある。
두 번 있는 일은 세 번 있다.

☐ 問(と)い 물음, 질문, 문제, 설문

☐ 問合(といあわ)せ 조회, 문의

☐ 党(とう) ～당, 동아리

☐ ～頭(とう) ～두, ～필(동물을 세는 단위)
馬二頭。말 두 필.
牛三頭 소 세 마리

☐ ～等(とう) ～등, 등급

☐ 三等。3등.

☐ ～島(とう) ～도(섬)
無人島。무인도.

☐ どう 어떻게

☐ ～道(どう) ～도, ～길, 도로, ～길[통로], 전문적인 길
鉄道。철도.
茶道。다도.
武道。무도.

☐ 答案(とうあん) 답안

☐ どういたしまして 천만의 말씀(입니다)

☐ 統一(とういつ) 통일

☐ 同一(どういつ) 동일

☐ どうか 제발, 부디, 아무쪼록, 이럭저럭, 어떻게든

☐ 同格(どうかく) 동격

☐ 道具(どうぐ) 도구

☐ 統計(とうけい) 통계

☐ 動作(どうさ) 동작

☐ 東西(とうざい) 동서

☐ 当時(とうじ) 당시

☐ 動詞(どうし) 동사

☐ 同時(どうじ) 동시

☐ 当日(とうじつ) 당일

☐ どうして 어떻게, 어째서, 왜

☐ どうしても (부정어를 수반하여) 아무리 하여도, 무슨 일이 있어도, 꼭

☐ 投書(とうしょ) 투서

☐ 登場(とうじょう) 등장

☐ どうせ 어차피, 어떻든

☐ 当然(とうぜん) 당연

☐ どうぞ 어서, 아무쪼록(권유나 부탁의 말)

☐ どうぞよろしく 아무쪼록 잘(부탁합니다)

☐ 到着(とうちゃく) 도착

☐ とうとう 드디어, 결국, 마침내

☐ 当番(とうばん) 당번

☐ 投票(とうひょう) 투표

☐ 動物(どうぶつ) 동물

- 動物園(どうぶつえん) 동물원
- 当分(とうぶん) 당분간, 잠시 동안
- どうも 도무지, 아무리 해도, 어딘지, 대단히

どうもうまくいかない。
도무지 잘 되지 않는다

どうも話(はなし)がおかしい。
어딘지 이야기가 이상하다.

あしたはどうも雨(あめ)らしい。
내일은 아무래도 비가 올 것 같다.

どうもお世話(せわ)になりました。
대단히 폐가 많았습니다.

- 東洋(とうよう) 동양
- 同様(どうよう) 같은 모양, 같음
- 同僚(どうりょう) 동료
- 道路(どうろ) 도로
- 童話(どうわ) 동화
- 十(とお) 열, 십
- 十日(とおか) 10일, 초열흘
- 遠(とお)く 먼 곳(아득하게 먼 모양), 훨씬, 매우 (차이가 큰 모양)
- 通(とお)り 길
- ～通(どお)り ～로[거리]
銀座通り(ぎんざどおり) 긴자(銀座) 거리
- ～通(とお/どお)り ～종류, 방법
- 都会(とかい) 도회, 도시
- ～時(とき) ～때
ドアを開(あ)けたとき。 문을 열었을 때.
- 時々(ときどき) 가끔, 때때로
- どきどき 두근두근, 울렁울렁
- 毒(どく) 독
- 得意(とくい) 득의, 득의양양(가장 숙련되어 있음), 단골(손님)
- 読書(どくしょ) 독서

- 特色(とくしょく) 특색
- 独身(どくしん) 독신
- 特徴(とくちょう) 특징
- 特長(とくちょう) 특장(특징을 이루는 장점, 특별한 장점)
- 特定(とくてい) 특정
- 独特(どくとく) 독특
- 特(とく)に 특히, 각별히
- 特売(とくばい) 특매(특별판매의 준말)
- 特別(とくべつ) 특별
- 独立(どくりつ) 독립
- 時計(とけい) 시계
- どこ 어디, 어느 곳
- どこか 어딘가(에), 어딘지
- 床(とこ)の間(ま) 일본식 방의 상좌(上座)에 바닥을 한층 높게 만든 곳
- 床屋(とこや) 이발소
- 所(ところ) 곳, 장소, 부분
- ～ところ 막 ～하려는 판, 마침 그 때
- ところが 그랬더니, 그런데, 그러나
- ～どころか ～은커녕
- ところで 그런데, 그것은 그렇다 치고
- 所々(ところどころ) 여기저기
- 登山(とざん) 등산
- 年(とし) 해, 나이, 연령
- 都市(とし) 도시
- 年月(としつき) 연월, 해와 달, 긴 세월
- 図書(としょ) 도서
- 図書館(としょかん) 도서관
- 年寄(としより) 늙은이, 노인
- 都心(としん) 도심, 도심지
- 土地(とち) 토지
- 途中(とちゅう) 도중
- どちら 어느 쪽, 어느 방향, 어느 분
- 特急(とっきゅう) 특급

- とっくに 훨씬 전에
- 突然(とつぜん) 돌연, 갑자기
- どっち 어느 쪽, 어디
- どっと 와, 우르르(여럿이 한꺼번에 내는 소리가 울려 퍼지는 모양), (병 따위가) 갑자기, 덜컥(한 곳에 사람이나 물건이 한꺼번에 밀어 닥치는 모양)
- とても 아무리해도, 도저히, 대단히, 매우
とても出来(でき)ない。 도저히 못 하겠다.

とてもいい。 아주 좋다.

- どなた 어느 분, 누구
- 隣(となり) 이웃, 옆
- とにかく 하여간, 어쨌든, 좌우간
- どの 어떤, 어느
どの人(ひと)。 어느 사람.
- 友(とも) 친구, 벗, 동무, 동료
- ともかく 하여간, 어쨌든, 여하튼
- 友達(ともだち) 친구, 벗, 동무
- 共(とも)に 함께, 같이, 동시에
- 土曜(どよう) 토요(일)
- 土曜日(どようび) 토요일
- 虎(とら) 호랑이
- 鳥(とり) 새, 조류
- 鶏肉(とりにく) 닭고기
- 努力(どりょく) 노력
- どれ 어디, 어디어디(무엇인가 보여 달라고 할 때 쓰는 말)
- どれ 어느 것, 어떤 것
- 泥(どろ) 진흙, 흙, 흙탕물
- 泥棒(どろぼう) 도둑질, 도둑(놈)
- どんどん 자꾸자꾸(잇따르는 모양), 척척(일이 순조롭게 진척되는 모양), 꽝꽝, 둥둥(대포, 북 따위가 잇따라서 울리는 소리)
- どんな 어떠한, 어떤

어휘 테스트 5(ち~と)   다음 주어진 단어의 よみがな와 뜻을 적으시오.

1. 弟子(   )   뜻:
2. つい   뜻:
3. どんどん   뜻:
4. 答案(   )   뜻:
5. 著者(   )   뜻:
6. 特徴(   )   뜻:
7. 手頃(   )   뜻:
8. 戸(   )   뜻:
9. 貯金(   )   뜻:
10. 泥棒(   )   뜻:
11. 包(   )   뜻:
12. 展覧会(   )   뜻:
13. 得意(   )   뜻:
14. 手首(   )   뜻:
15. 電報(   )   뜻:
16. 努力(   )   뜻:
17. 長男(   )   뜻:
18. 天皇(   )   뜻:
19. 毒(   )   뜻:
20. 出口(   )   뜻:
21. 鶏肉(   )   뜻:
22. 電灯(   )   뜻:
23. 長短(   )   뜻:
24. どきどき   뜻:
25. 点々(   )   뜻:
26. 朝刊(   )   뜻:
27. 虎(   )   뜻:
28. 伝言(   )   뜻:
29. 適度(   )   뜻:
30. 都会(   )   뜻:
31. 都合(   )   뜻:
32. ともかく   뜻:
33. 天候(   )   뜻:
34. 出来事(   )   뜻:
35. 童話(   )   뜻:
36. 長所(   )   뜻:
37. どっと   뜻:
38. 出迎(   )え   뜻:
39. 月日(   )   뜻:
40. 同僚(   )   뜻:
41. 手紙(   )   뜻:
42. 突然(   )   뜻:
43. 注文(   )   뜻:
44. 東洋(   )   뜻:
45. 手品(   )   뜻:
46. 突当(   )たり   뜻:
47. とっくに   뜻:
48. 停留所(   )   뜻:
49. 手間(   )   뜻:
50. 投票(   )   뜻:
51. 天気予報(   )   뜻:
52. 駐車場(   )   뜻:
53. 特急(   )   뜻:
54. 天然(   )   뜻:
55. 丁寧(   )   뜻:
56. 当番(   )   뜻:
57. 通訳(   )   뜻:
58. 土地(   )   뜻:
59. 手袋(   )   뜻:
60. 注射(   )   뜻:
61. とうとう   뜻:
62. 定休日(   )   뜻:
63. 年寄(   )   뜻:
64. 手続(   )   뜻:
65. 通勤(   )   뜻:
66. 登場(   )   뜻:
67. 定期券(   )   뜻:
68. 図書館(   )   뜻:
69. 地平線(   )   뜻:
70. 手入(   )れ   뜻:
71. どうせ   뜻:
72. 追加(   )   뜻:

73. 登山(　　　)　　　뜻:
74. 手洗(　　　)　　　뜻:
75. 東西(　　　)　　　뜻:
76. 近頃(　　　)　　　뜻:
77. ところが　　　　뜻:
78. 出会(　　　)い　　뜻:
79. 動作(　　　)　　　뜻:
80. ついに　　　　　뜻:
81. 床屋(　　　)　　　뜻:

82. 釣(　　　)り　　　뜻:
83. 道具(　　　)　　　뜻:
84. 一日(　　　)　　　뜻:
85. 時計(　　　)　　　뜻:
86. 手帳(　　　)　　　뜻:
87. 知恵(　　　)　　　뜻:
88. 独特(　　　)　　　뜻:
89. 妻(　　　)　　　　뜻:
90. でたらめ　　　　뜻:

1. 弟子(でし) 제자
2. つい (시간적, 거리적으로) 조금, 바로, 무의식중에, 자신도 모르게, 무심결에
3. どんどん 자꾸자꾸 (잇따르는 모양), 척척(일이 순조롭게 진척되는 모양)
4. 答案(とうあん) 답안
5. 著者(ちょしゃ) 저자
6. 特徴(とくちょう) 특징
7. 手頃(てごろ) 알맞음, 적당함
8. 戸(と) 문, 대문
9. 貯金(ちょきん) 저금
10. 泥棒(どろぼう) 도둑
11. 包(つつ)み 싸는 일, 보따리
12. 展覧会(てんらんかい) 전람회
13. 得意(とくい) 득의, 득의 양양, 가장 숙련되어 있음, 단골(손님)
14. 手首(てくび) 손목
15. 電報(でんぽう) 전보
16. 努力(どりょく) 노력
17. 長男(ちょうなん) 장남
18. 天皇(てんのう) 천황
19. 毒(どく) 독
20. 出口(でぐち) 출구
21. 鶏肉(とりにく) 닭고기
22. 電灯(でんとう) 전등, 전깃불
23. 長短(ちょうたん) 장단, 긴 것과 짧은 것, 장점과 단점
24. どきどき 두근두근, 울렁울렁
25. 点々(てんてん) 몇 개의 점, 반점, 여기저기 흩어져 있는 모양, 물방울이 떨어지는 모양
26. 朝刊(ちょうかん) 조간
27. 虎(とら) 호랑이
28. 伝言(でんごん) 전언
29. 適度(てきど) 적당한 정도, 알맞은 정도

30. 都会(とかい) 도회, 도시
31. 都合(つごう) 다른 일과의 관계, 형편, 사정
32. ともかく 하여간, 어쨌든, 여하튼
33. 天候(てんこう) 기후, 날씨
34. 出来事(できごと) (우발적인) 사건, 일
35. 童話(どうわ) 동화
36. 長所(ちょうしょ) 장점
37. どっと 여럿이 한꺼번에 내는 소리가 울려 퍼지는 모양, 한 곳에 사람이나 물건이 한꺼번에 밀어 닥치는 모양, 와, 우르르, (병 따위가) 갑자기, 덜컥
38. 出迎(でむか)え 마중
39. 月日(つきひ) 월일, 날짜, 시일, 세월
40. 同僚(どうりょう) 동료
41. 手紙(てがみ) 편지
42. 突然(とつぜん) 돌연, 갑자기
43. 注文(ちゅうもん) 주문
44. 東洋(とうよう) 동양
45. 手品(てじな) 요술, 속임수
46. 突当(つきあ)たり 충돌, 마주침, 막다른 곳
47. とっくに 훨씬 전에
48. 停留所(ていりゅうじょ) 정류장
49. 手間(てま) (일을 하는 데 드는) 수고, 시간
50. 投票(とうひょう) 투표
51. 天気予報(てんきよほう) 일기예보
52. 駐車場(ちゅうしゃじょう) 주차장
53. 特急(とっきゅう) 특급
54. 天然(てんねん) 천연
55. 丁寧(ていねい) 친절함, 정중함, 공손함, 주의 깊고 신중함
56. 当番(とうばん) 당번
57. 通訳(つうやく) 통역

58. 土地(とち) 토지
59. 手袋(てぶくろ) 장갑
60. 注射(ちゅうしゃ) 주사
61. とうとう 드디어, 마침내, 결국
62. 定休日(ていきゅうび) 정기 휴일
63. 年寄(としより) 늙은이, 노인
64. 手続(てつづき) 수속, 절차
65. 通勤(つうきん) 통근
66. 登場(とうじょう) 등장
67. 定期券(ていきけん) 정기권
68. 図書館(としょかん) 도서관
69. 地平線(ちへいせん) 지평선
70. 手入(てい)れ 고침, 손질함, 보살핌
71. どうせ 어차피, 어떻든
72. 追加(ついか) 추가
73. 登山(とざん) 등산
74. 手洗(てあら)い 손을 씻음, 화장실
75. 東西(とうざい) 동서
76. 近頃(ちかごろ) 최근, 요사이, 근래
77. ところが 그랬더니, 그런데, 그러나
78. 出会(であ)い 우연히 서로 만남, 마주침
79. 動作(どうさ) 동작
80. ついに 드디어, 마침내, 결국, (부정하는 말에 따라서)최후까지, 끝끝내, 끝까지
81. 床屋(とこや) 이발소
82. 釣(つ)り 낚시질, 거스름돈,(=おつり)
83. 道具(どうぐ) 도구
84. 一日(ついたち) 초하루
85. 時計(とけい) 시계
86. 手帳(てちょう) 수첩
87. 知恵(ちえ) 지혜
88. 独特(どくとく) 독특
89. 妻(つま) 부인
90. でたらめ 엉터리, 함부로 함, 되는 대로임

な 

- 名(な) 이름, 성명, 평판, 명성, 명예
- 無(な)い 없다
- ～内(ない) ～내, ～안, 속
  教室内では静かに。
  교실 안에서는 조용히.
- 内科(ないか) 내과
- 内線(ないせん) 내선, 구내전화선
- 内容(ないよう) 내용
- なお 역시, 여전히, 아직, 더구나
- 中(なか) 안, 속
- 仲(なか) 사이
- 長(なが)～ 긴(오랜) ～
  長思案。오랜 생각.
  長道中。긴 여로.
- 仲直(なかなお)り 화해
- なかなか 상당히, 꽤, 어지간히, (부정어를 동반하여) 좀처럼 ～않다
- 半(なか)ば 절반, 반(정도), 중반
- 仲間(なかま) 한패, 동료
- 中身/中味(なかみ) 속(에 든 것), 알맹이, 실속
- 眺(なが)め 바라봄, 경치, 풍경
- ～ながら ～그대로, 그대로 전부, ～하면서, ～하지만
  昔ながらの習慣。옛날 그대로의 습관.
  二つながら成功した。두 가지 다 성공했다.
  歩きながら本を読む。걸으면서 책을 읽다.
  おそまつながら。변변치 못하지만.
  知っていながら教えてくれない。알고 있으면서도 가르쳐 주지 않다.
- 仲良(なかよ)し (주로 어린이) 사이가 좋음, 그런 동무
- 流(なが)れ 흐름, 물결, 계통, 혈통
- 無(な)し 없음

- なぜ 왜, 어째서
- なぜなら(ば) 왜냐하면, 그 이유는
- なだらか 완만한 모양, 원활한 모양, 온화한 모양
- 夏(なつ) 여름
- 納得(なっとく) 납득, 이해
- 夏休(なつやす)み 여름 방학(휴가)
- ～等(など) ～등, ～따위
  菓子や茶などを売る店。과자 차 등을 파는 가게.
  金などいらない。돈 따위는 필요없다.
- 七(なな) 7, 일곱
- 七(なな)つ 일곱, 일곱 살
- 何(なに/なん) 무엇
- 何(なに)しろ 어쨌든, 여하튼
- 何々(なになに) 무엇무엇, 뭐 뭐
- 何分(なにぶん) 다소간, 부디, 아무쪼록
- なにも 아무것도, (부사적으로) 별로, 일부러, 특히
- 七日(なのか) 7일간, 초이렛날
- 生(なま) 가공하지 않음, 자연 그대로임, (명사에 붙어서) 불충분함
- 生意気(なまいき) 건방짐, 주제넘음
- 名前(なまえ) 이름
- 波(なみ) 파도, 물결, 굴곡
- 涙(なみだ) 눈물
- なるべく 될 수 있는 한, 가능한 한, 되도록
- 成程(なるほど) (남의 주장을 긍정할 때나 상대방 말에 맞장구를 치며) 정말, 과연
- 何(なん)～ 몇 ～
  何人。몇 사람.
- 南極(なんきょく) 남극
- ～なんて ～라는, ～이라니, ～따위
- 何(なん)で 어째서, 무슨 이유로, 왜
- 何(なん)でも 무엇이든지, 여하튼, 어쩌면
- 何(なん)とか 뭐라고, 어떻게든, 그럭저럭
- なんとなく 왠지 모르게, 어쩐지, 무심히
- なんとも 정말, 참으로, 무엇인지(부정

이 따라서, 대단한 것은 아니라는 뜻을 나타냄)
- 南米(なんべい) 남미, 남아메리카
- 南北(なんぼく) 남북

に 

- 二(に) 2, 둘
- 匂(におい) 냄새, 악취(나쁜 일을 저지른 듯한 기미, 낌새)
- 苦手(にがて) 다루기 어렵고 힘듦, 잘하지 못함, 서투름
- 賑(にぎ)やか 활기참, 번화함 (명랑하게 떠드는 모양)
- 肉(にく) 살, 고기, 육체
- にこにこ 생긋생긋, 싱글벙글
- 西(にし) 서쪽
- ～日(にち) ～일
  ５０日。50일.
- 日(にち) 일, 하루, 나날, 일요일
- 日時(にちじ) 일시, 시일
- 日常(にちじょう) 일상
- 日曜(にちよう) 일요(일)
- 日曜日(にちようび) 일요일
- 日用品(にちようひん) 일용품
- 日課(にっか) 일과
- 日記(にっき) 일기
- 日光(にっこう) 일광, 햇빛
- にっこり 생긋, 방긋
- 日中(にっちゅう) 주간, 낮(해가 있는 동안), 일본과 중국
- 日程(にってい) 일정
- 日本(にっぽん/にほん) 일본
- 荷物(にもつ) 하물, 짐
- 入院(にゅういん) 입원
- 入学(にゅうがく) 입학
- 入社(にゅうしゃ) 입사
- 入場(にゅうじょう) 입장
- 庭(にわ) 정원
- にわか(に) 돌연히, 갑자기
- ～人(にん) ～인(사람 수를 세는 단위)

３人。세 사람. 세 명.

- 人気(にんき) 인기
- 人形(にんぎょう) 인형
- 人間(にんげん) 인간, 사람

ぬ

- 布(ぬの) 직물의 총칭, 삼베와 무명, 헝겊, 천

ね

- ね(え) ～로군(가벼운 감동을 나타내거나 상대에게 동의를 구하거나 다짐하는 데 쓰임), 상대에게 무엇을 권하거나 부탁함을 나타냄
- 根(ね) 뿌리, 근본, 근원
- 値(ね) (사고 파는) 값
- 願(ねが)い 원함, 소원
- 猫(ねこ) 고양이
- ねじ 나사
- 鼠(ねずみ) 쥐
- 値段(ねだん) 값, 가격
- 熱(ねつ) 열, 열의
- 熱心(ねっしん) 열심
- 熱帯(ねったい) 열대
- 熱中(ねっちゅう) 열중
- 寝坊(ねぼう) 늦잠을 잠, 잠꾸러기
- ～年(ねん) ～년
  ４年。4년.
- 年間(ねんかん) 연간
- 年月(ねんげつ) 연월, 세월
- 年中(ねんじゅう) 연중
- ～年生(ねんせい) ～년생(학년을 나타내는 말. 또는 싹이 나고 생장해서 시들 때까지의 사이클)
  一年生 1학년
  六年生 6회 당선 의원
  多年生草本 다년생 초본. 다년생 풀
- 年代(ねんだい) 연대

- 年度(ねんど) 연도
- 年齢(ねんれい) 연령

の

- 野(の) 들, 논밭
- 能(のう) 능함, 재능, 효능
- 農家(のうか) 농가
- 農業(のうぎょう) 농업
- 農産物(のうさんぶつ) 농산물
- 農村(のうそん) 농촌
- 濃度(のうど) 농도
- 農民(のうみん) 농민
- 農薬(のうやく) 농약
- 能率(のうりつ) 능률
- 能力(のうりょく) 능력
- 残(のこ)らず 남김없이, 전부, 모두
- 残(のこ)り 남은 것, 나머지
- 望(のぞ)み 소망, 가망(바라는 마음)
- 後(のち) (시간적으로) 뒤, 후, 미래, 장래
- 喉(のど) 목구멍
- 上(のぼ)り (지방에서 중앙으로) 오름, 올라감, 교외에서 도심지로 향함
- 飲(の)み物(もの) 마실 것, 음료
- 乗換(のりか)え 갈아탐, 환승
- 乗越(のりこ)し 타고 가다 목적지를 지나침
- 乗(の)り物(もの) 탈것, 교통 기관
- のろのろ 느릿느릿, 꾸물꾸물(동작이나 진행이 굼뜬 모양)
- 呑気(のんき) 무사태평, 만사태평
- のんびり 유유히, 한가로이, 태평스럽게

は

- 歯(は) 이
- 葉(は) 잎, 잎사귀
- 場(ば) 장소, 곳, 자리, 때(분위기)
- はあ 네(응답함을 나타냄), 허어(놀람이나 감탄의 기분을 나타냄)
- 場合(ばあい) 경우, 사정

- はい 네, 예
- ～杯(はい) ～잔, ～공기, ～숟가락
  コップ一杯の水。컵 한 잔의 물.
  ご飯二杯。밥 두 공기.
  酒五杯。술 다섯 잔.
  うどん三杯。우동 세 그릇.
- 倍(ばい) 배
- 梅雨(ばいう) 장마
- 俳句(はいく) 일본의 단형 시(5-7-5의 3구 17음으로 됨)
- 拝見(はいけん) 삼가봄
- 灰皿(はいざら) 재떨이
- 歯医者(はいしゃ) 치과 의사
- 配達(はいたつ) 배달
- 売店(ばいてん) 매점
- 売買(ばいばい) 매매
- 俳優(はいゆう) 배우
- 墓(はか) 묘, 무덤
- 馬鹿(ばか) 바보, 멍청이, 어리석음, 어처구니없음
- 葉書(はがき) 엽서
- ～ばかり ～정도, ～가량, ～만
  ９人ばかりの客。9명 정도의 손님.
  １時間ばかり休んだ。1시간쯤 쉬었다.
  甘いものばかり食べた。단 것만 먹었다.
- 博士(はかせ) 박사
- 吐気(はきけ) 구역질
- はきはき 시원시원(기질이 활발하고 똑똑한 모양)
- ～泊(はく) ～박(숙박 일수를 세는 단위)
  二泊三日。2박 3일.
- 拍手(はくしゅ) 박수
- 博物館(はくぶつかん) 박물관
- 箱(はこ) 상자
- はさみ 가위
- 破産(はさん) 파산
- 橋(はし) 다리
- 箸(はし) 젓가락

はしで食(た)べる 젓가락으로 먹다.

□ 始(はじ)まり 시작, 시초, 기원

□ 初(はじ)め 초, 처음, 시초, 시작
年(とし)の初(はじ)め。 연초.
初(はじ)めから気(き)が進(すす)まない。
처음부터 마음이 내키지 않다.

□ 初(はじ)めに 처음에

□ 初(はじ)めて 처음으로, 비로소

□ はじめまして 처음 뵙겠습니다

□ 場所(ばしょ) 장소

□ ～はず (당연히) ～할 리, ～할 터, ～할 것
(일이 당연히 그래야 할 것임을 나타내는 말)

□ 肌(はだ) 피부, 거죽, 표면

□ 裸(はだか) 알몸, 맨몸, 무일푼

□ 肌着(はだぎ) 내의, 속옷

□ 畑(はたけ) 밭, 영역, 전문 분야

□ 果(は)たして 과연, 생각한 바와 같이,
역시, (의문이나 가정 따위의 말을 수반하
여) 예상한 대로, 정말로

□ 二十歳(はたち) 20세, 스무 살

□ 働(はたら)き 움직여서 일을 함, 활동,
회전, 작용, 기능, 효능

□ 八(はち) 8, 여덟

□ ～発(はつ) ～발, 떠남의 뜻, 발신의 뜻
9時発(くじはつ)の列車(れっしゃ)。 9시 발 열차.
ロンドン発(はつ)の外電(がいでん)。 런던발 외신.
5発(ごはつ)。 다섯 발.

□ 発音(はつおん) 발음

□ 二十日(はつか) 20일, 스무날

□ はっきり 똑똑히, 명확히, 분명히

□ 発見(はっけん) 발견

□ 発行(はっこう) 발행

□ 発車(はっしゃ) 발차

□ 発射(はっしゃ) 발사

□ 発想(はっそう) 발상

□ 発達(はったつ) 발달

□ ばったり 푹(갑자기 떨어지거나 쓰러지
는 모양), 딱(뜻밖에 마주치는 모양), 뚝(갑
자기 끊어지거나 막히는 모양)

□ 発展(はってん) 발전

□ 発電(はつでん) 발전

□ 発売(はつばい) 발매

□ 発表(はっぴょう) 발표

□ 発明(はつめい) 발명

□ 派手(はで) 화려함(화려한 모양, 남의
시선을 끌 정도로 심하게 무엇을 하는 모양)

□ 花(はな) 꽃

□ 鼻(はな) 코, 후각

□ 話(はなし) 이야기, 말, 상의, 의논, 소문,
풍문

□ 話(はな)し合(あ)い 의논, 교섭(서로
이야기함)

□ 話中(はなしちゅう) 한창 이야기하
는 중, 면담 중, (전화의) 통화 중

□ 花火(はなび) 불꽃, 폭죽

□ 花見(はなみ) 꽃구경, 꽃놀이

□ 母(はは) 모친, 어머니, 비유적으로 사
물을 산출하는 근원, 모태

□ 幅(はば) 폭, 나비, 넓이, 여유, 여지, 두
가지 사물이나 값의 차이

□ 母親(ははおや) 모친, 어머니

□ 場面(ばめん) 장면, 경우, 처지

□ 早口(はやくち) 말을 빨리 하는 일

□ 林(はやし) 숲 (사물이 많이 모여 있는
상태나 물건)

□ 腹(はら) 배, 복부, (속) 마음

□ 原(はら) 들, 벌판

□ 針(はり) 바늘, (벌 따위의) 침

□ 春(はる) 봄

□ ～半(はん) ～반
二(ふた)つ半(はん)。 두 개 반.

□ 晴(は)れ 하늘이 갬, 날씨가 좋음, 혐의
를 벗음

□ 半(はん) 반, 절반, 기수, 홀수

□ 反(はん)～ 반～(～에 반대되는 것)
反文明(はんぶんめい)への憧(あこが)れ。 반문명에의 동경.
反道徳的(はんどうとくてき)。 반도덕적.

□ 晩(ばん) 저녁 때, 해가 진 뒤, 밤, 시기가
늦음

□ ～番(ばん) ～번(순서, 번호를 세는 단
위)

一番(いちばん)で卒業(そつぎょう)。 일등으로 졸업.

□ 反映(はんえい) 반영

□ 番組(ばんぐみ) (방송) 프로그램

□ 判子(はんこ) 도장

□ 反抗(はんこう) 반항

□ 番号(ばんごう) 번호

□ 晩御飯(ばんごはん) 저녁밥, 저녁
식사

□ 犯罪(はんざい) 범죄

□ 万歳(ばんざい) 만세

□ 判事(はんじ) 판사

□ 反省(はんせい) 반성

□ 反対(はんたい) 반대

□ 判断(はんだん) 판단

□ 番地(ばんち) 번지, 주소

□ 半島(はんとう) 반도

□ 犯人(はんにん) 범인

□ 販売(はんばい) 판매

□ 半分(はんぶん) 반, 절반

□ ～番目(ばんめ) ～번째(순서를 나타내
는 말)
右(みぎ)から三番目(さんばんめ)。 오른쪽에서 세 번째.

ひ

□ 日(ひ) 해, 날

□ 火(ひ) 불

□ 非(ひ)～ 비～(부정을 나타냄)
非科学的(ひかがくてき)。 비과학적.

□ ～費(ひ) ～비(비용)
交通費(こうつうひ) 교통비

□ 日当(ひあ)たり 볕이 듦, 양지

□ 被害(ひがい) 피해

□ 日帰(ひがえ)り 당일치기

□ 比較(ひかく) 비교

□ 比較的(ひかくてき) 비교적

□ 日陰(ひかげ) 응달, 음지

□ 東(ひがし) 동쪽

□ ぴかぴか 반짝반짝, 번쩍번쩍(광택이

나는 모양. 또는 되풀이하여 순간적으로 강렬하게 빛나는 모양)

□ 光(ひかり) 빛, 영예, 영광

□ ～匹(ひき) ～마리(짐승, 물고기, 벌레 따위를 세는 단위)
2匹(にひき)。두 마리.

□ 引(ひ)き算(ざん) 뺄셈, 감산

□ 引出(ひきだ)し 서랍

□ 引分(ひきわ)け 떼어 놓음, 비김(무승부)

□ 髭(ひげ) 수염

□ 悲劇(ひげき) 비극

□ 飛行(ひこう) 비행

□ 飛行機(ひこうき) 비행기

□ 飛行場(ひこうじょう) 비행장

□ 久(ひさ)しぶり 오래간만임

□ 美術館(びじゅつかん) 미술관

□ 非常(ひじょう) 비상, 보통이 아님

□ 非常(ひじょう)に 대단히, 몹시

□ 美人(びじん) 미인

□ 左(ひだり) 왼쪽, 좌측, 술을 좋아함

□ ぴたり 딱(갑자기 그치는 모양), 착(빈틈없이 붙는 모양), 딱, 꼭(잘 맞거나 들어맞는 모양)

□ 筆記(ひっき) 필기

□ びっくり 깜짝 놀람

□ 引(ひ)っ越(こ)し 이사, 이전

□ 必死(ひっし) 필사, 죽기를 각오함, 전력을 다함

□ 筆者(ひっしゃ) 필자

□ ぴったり 꼭, 딱, 꽉(빈틈없이 꼭 맞는 모양), 착, 바싹(착 들러붙는 모양), 딱(꼭 알맞은 모양)

□ 必要(ひつよう) 필요

□ 否定(ひてい) 부정

□ 人(ひと) 사람, 인간, 어른

□ 一(ひと)～ 한～(명사 따위의 앞에 붙임)
一握(ひとにぎ)り。한줌.
一抱(ひとかか)え。한 아름.
一揃(ひとそろ)い。한 벌.
一目会(ひとめあ)いたい。한번[잠시] 만나고 싶다.
一頃(ひところ)。한때.
一苦労(ひとくろう)。상당한 수고.

□ 一(ひと)つ 하나, 한 살, 한 개

□ 一月(ひとつき) 한 달

□ 一通(ひととお)り 대강, 대충

□ 人通(ひとどお)り 사람의 왕래

□ ひとまず 우선, 일단

□ 一休(ひとやす)み 잠깐 쉼

□ 一人(ひとり) 한 사람

□ 独(ひと)り 혼자, 독신

□ 独(ひと)り言(ごと) 혼잣말, 독백

□ ひとりでに 저절로, 자연히

□ 一人一人(ひとりびとり) 한 사람 한 사람, 각자, 한 사람씩(차례로)

□ 日日(ひにち) 날, 기일, 나날, 날이 갈수록

□ 批判(ひはん) 비판

□ 響(ひび)き 울림, 반향, 여운

□ 批評(ひひょう) 비평

□ 皮膚(ひふ) 피부

□ 暇(ひま) 틈, 짬

□ 百(ひゃく) 백

□ 百科事典/百科辞典(ひゃっかじてん) 백과사전

□ 費用(ひよう) 비용

□ 表(ひょう) 표, 도표

□ 美容(びよう) 미용

□ ～秒(びょう) ～초

□ ～病(びょう) ～병
皮膚病(ひふびょう)。피부병.

□ 病院(びょういん) 병원

□ 評価(ひょうか) 평가

□ 病気(びょうき) 병

□ 表現(ひょうげん) 표현

□ 表紙(ひょうし) 표지

□ 表情(ひょうじょう) 표정

□ 評判(ひょうばん) 평판

□ 表面(ひょうめん) 표면

□ 評論(ひょうろん) 평론

□ 平仮名(ひらがな) 히라가나

□ 昼(ひる) 낮, 정오, 점심 식사

□ 昼御飯(ひるごはん) 점심밥, 점심 식사

□ 昼寝(ひるね) 낮잠

□ 昼間(ひるま) 주간, 낮(동안)

□ 昼休(ひるやす)み 점심시간

□ 広(ひろ)さ 넓이

□ 広場(ひろば) 광장, 넓은 장소

□ 広々(ひろびろ) 널찍한 모양

□ 品(ひん) 물건, 상품, (그 사물이나 사람에게 갖추어진) 성질, 품질, 품위

□ 便(びん) 편지, 소식, 나르는 수단

어휘 테스트 6(な〜ひ)　다음 주어진 단어의 よみがな와 뜻을 적으시오.

1. 針(　　　)　　뜻:	37. 年齢(　　　)　　뜻:	
2. 南北(　　　)　　뜻:	38. 日陰(　　　)　　뜻:	
3. 悲劇(　　　)　　뜻:	39. にっこり　　뜻:	
4. のんびり　　뜻:	40. ばったり　　뜻:	
5. 原(　　　)　　뜻:	41. 批評(　　　)　　뜻:	
6. はず　　뜻:	42. 歯(　　　)　　뜻:	
7. 広場(　　　)　　뜻:	43. 吐気(　　　)　　뜻:	
8. 能率(　　　)　　뜻:	44. 日帰(　　　)り　　뜻:	
9. 幅(　　　)　　뜻:	45. 発想(　　　)　　뜻:	
10. 引分(　　　)け　　뜻:	46. 眺(　　　)め　　뜻:	
11. 呑気(　　　)　　뜻:	47. 日日(　　　)　　뜻:	
12. 花見(　　　)　　뜻:	48. 灰皿(　　　)　　뜻:	
13. 評判(　　　)　　뜻:	49. 仲良(　　　)し　　뜻:	
14. 南極(　　　)　　뜻:	50. 被害(　　　)　　뜻:	
15. 橋(　　　)　　뜻:	51. 人間(　　　)　　뜻:	
16. 引(　　)き出(　　)し　뜻:	52. 独(　　)り言(　　)　뜻:	
17. 博物館(　　　)　　뜻:	53. 果(　　)たして　　뜻:	
18. 生意気(　　　)　　뜻:	54. 波(　　　)　　뜻:	
19. 昼間(　　　)　　뜻:	55. 販売(　　　)　　뜻:	
20. のろのろ　　뜻:	56. 博士(　　　)　　뜻:	
21. 花火(　　　)　　뜻:	57. 畑(　　　)　　뜻:	
22. なにしろ　　뜻:	58. 一通(　　　)り　　뜻:	
23. 拍手(　　　)　　뜻:	59. 葉書(　　　)　　뜻:	
24. 美容(　　　)　　뜻:	60. なんとも　　뜻:	
25. 乗越(　　　)し　　뜻:	61. 犯人(　　　)　　뜻:	
26. 納得(　　　)　　뜻:	62. にわか(に)　　뜻:	
27. 光(　　　)　　뜻:	63. 一言(　　　)　　뜻:	
28. 話(　　)し合(　　)い　뜻:	64. 日常(　　　)　　뜻:	
29. なだらか　　뜻:	65. 半島(　　　)　　뜻:	
30. 昼寝(　　　)　　뜻:	66. 荷物(　　　)　　뜻:	
31. はきはき　　뜻:	67. 否定(　　　)　　뜻:	
32. 布(　　　)　　뜻:	68. 墓(　　　)　　뜻:	
33. ぴかぴか　　뜻:	69. 肌着(　　　)　　뜻:	
34. 仲間(　　　)　　뜻:	70. 万歳(　　　)　　뜻:	
35. 皮膚(　　　)　　뜻:	71. 日用品(　　　)　　뜻:	
36. 派手(　　　)　　뜻:	72. ぴったり　　뜻:	

73. 庭(　　　　)　　　뜻:
74. 犯罪(　　　　)　　뜻:
75. 乗換(　　　)え　　뜻:
76. 筆者(　　　　)　　뜻:
77. 人形(　　　　)　　뜻:
78. 裸(　　　　)　　　뜻:
79. にこにこ　　　　뜻:
80. 引(　)っ越(　　)し　뜻:
81. 値段(　　　　)　　뜻:

82. 判子(　　　　)　　뜻:
83. 俳優(　　　　)　　뜻:
84. 農村(　　　　)　　뜻:
85. びっくり　　　　뜻:
86. 肌(　　　　)　　　뜻:
87. 拝見(　　　　)　　뜻:
88. 美人(　　　　)　　뜻:
89. 農薬(　　　　)　　뜻:
90. 番組(　　　　)　　뜻:

1. 針(はり) 바늘, (벌 따위의) 침
2. 南北(なんぼく) 남북
3. 悲劇(ひげき) 비극
4. のんびり 유유히, 한가로이, 태평스럽게
5. 原(はら) 들, 벌판
6. はず 일이 당연히 그래야 할 것임을 나타내는 말, ~할 리, ~할 터, 당연히 ~할 것
7. 広場(ひろば) 광장, 넓은 장소
8. 能率(のうりつ) 능률
9. 幅(はば) 폭, 나비, 넓이, 여유, 여지, 두 가지 사물이나 값의 차이
10. 引分(ひきわ)け 떼어 놓음 比引(무승부)
11. 呑気(のんき) 무사태평, 만사태평
12. 花見(はなみ) 꽃구경
13. 評判(ひょうばん) 평판
14. 南極(なんきょく) 남극
15. 橋(はし) 다리
16. 引(ひ)き出(だ)し 서랍
17. 博物館(はくぶつかん) 박물관
18. 生意気(なまいき) 건방짐, 주제넘음
19. 昼間(ひるま) 낮
20. のろのろ 동작이나 진행이 굼뜬 모양, 느릿느릿, 꾸물꾸물
21. 花火(はなび) 불꽃, 폭죽
22. なにしろ 어쨌든, 여하튼
23. 拍手(はくしゅ) 박수
24. 美容(びよう) 미용
25. 乗越(のりこ)し 타고 가다 목적지를 지나침
26. 納得(なっとく) 납득, 이해
27. 光(ひかり) 빛
28. 話(はな)し合(あ)い 의논, 교섭, 서로 이야기함
29. なだらか 완만한 모양, 원활한 모양, 온화한 모양
30. 昼寝(ひるね) 낮잠

31. はきはき 기질이 활발하고 똑똑한 모양, 시원시원
32. 布(ぬの) 직물의 총칭, 삼베와 무명
33. ぴかぴか 광택이 나는 모양(반짝반짝, 번쩍번쩍), 되풀이하여 순간적으로 강렬하게 빛나는 모양
34. 仲間(なかま) 한패, 동료
35. 皮膚(ひふ) 피부
36. 派手(はで) 화려한 모양, 남의 시선을 끌 정도로 심하게 무엇을 하는 모양
37. 年齢(ねんれい) 연령
38. 日陰(ひかげ) 응달, 음지
39. にっこり 생긋, 방긋
40. ばったり 갑자기 떨어지거나 쓰러지는 모양(뚝), 뜻밖에 마주치는 모양(딱), 갑자기 끊어지거나 막히는 모양(뚝)
41. 批評(ひひょう) 비평
42. 歯(は) 이, 치아
43. 吐気(はきけ) 구역질
44. 日帰(ひがえ)り 당일치기
45. 発想(はっそう) 발상
46. 眺(なが)め 바라봄, 경치, 풍경
47. 日日(ひにち) 날, 기일, 나날, 날이 갈수록
48. 灰皿(はいざら) 재떨이
49. 仲良(なかよ)し (주로 어린이)사이가 좋음, 그런 동무
50. 被害(ひがい) 피해
51. 人間(にんげん) 인간, 사람
52. 独(ひと)り言(ごと) 혼잣말, 독백
53. 果(は)たして 과연, 생각한 바와 같이, 역시, (의문이나 가정 따위의 말을 수반하여)예상한 대로, 정말로
54. 波(なみ) 파도, 물결, 굴곡
55. 販売(はんばい) 판매
56. 博士(はかせ) 박사
57. 畑(はたけ) 밭, 영역, 전문 분야

58. 一通(ひととお)り 대강, 대충
69. 葉書(はがき) 엽서
60. なんとも 정말, 참으로, 무엇인지, (부정이 따라서)대단한 것은 아니라는 뜻을 나타냄
61. 犯人(はんにん) 범인
62. にわか(に) 돌연히, 갑자기
63. 一言(ひとこと) 한 마디
64. 日常(にちじょう) 일상
65. 半島(はんとう) 반도
66. 荷物(にもつ) 화물
67. 否定(ひてい) 부정
68. 墓(はか) 묘, 무덤
69. 肌着(はだぎ) 내의, 속옷
70. 万歳(ばんざい) 만세
71. 日用品(にちようひん) 일용품
72. ぴったり 빈틈없이 꼭 맞는 모양(꼭, 딱, 꽉), 착 들러붙는 모양(착, 바싹), 꼭 알맞은 모양(딱)
73. 庭(にわ) 정원
74. 犯罪(はんざい) 범죄
75. 乗換(のりか)え 갈아탐
76. 筆者(ひっしゃ) 필자
77. 人形(にんぎょう) 인형
78. 裸(はだか) 알몸, 맨몸, 무일푼
79. にこにこ 생긋생긋, 싱글벙글
80. 引(ひ)っ越(こ)し 이사, 이전
81. 値段(ねだん) 가격
82. 判子(はんこ) 도장
83. 俳優(はいゆう) 배우
84. 農村(のうそん) 농촌
85. びっくり 깜짝 놀람
86. 肌(はだ) 피부, 거죽, 표면
87. 拝見(はいけん) 삼가봄
88. 美人(びじん) 미인
89. 農薬(のうやく) 농약
90. 番組(ばんぐみ) 프로그램

ふ

□ 不(ふ) 불, 아니

□ 不(ふ)〜 (명사, 형용동사 어간에 붙어서) 좋지 않음
不景気(ふけいき)。불경기.
不必要(ふひつよう)。불필요.

□ 無(ぶ)〜 (동사, 형용동사 어간에 붙어서) 부정의 뜻을 나타냄
無遠慮(ぶえんりょ)。
사양하지 않음. 제멋대로 행동함.

□ 部(ぶ) 부, 나눈 한 구분

□ 〜部(ぶ) 〜부(책이나 신문을 세는 단위. 또는 단체 조직 구성의 하나)
千部(せんぶ)。천 부.
営業部(えいぎょうぶ)。영업부.

□ 不安(ふあん) 불안

□ 〜風(ふう) 〜풍
日本風(にほんふう)。일본풍.

□ 風景(ふうけい) 풍경, 정경

□ 風船(ふうせん) 풍선

□ 封筒(ふうとう) 봉투

□ 夫婦(ふうふ) 부부

□ 不運(ふうん) 불운

□ 不可(ふか) 옳지 않음, (시험 등의 성적 평가에서) 최하급, 수준 이하로서 불합격의 뜻

□ 武器(ぶき) 무기

□ 不規則(ふきそく) 불규칙

□ 普及(ふきゅう) 보급

□ 付近(ふきん) 부근, 근처

□ 服(ふく) 옷, (특히) 양복

□ 副(ふく)〜 부〜
副委員長(ふくいいんちょう)。부위원장.

□ 服(ふく) 옷

□ 複雑(ふくざつ) 복잡

□ 副詞(ふくし) 부사

□ 複写(ふくしゃ) 복사

□ 復習(ふくしゅう) 복습

□ 複数(ふくすう) 복수

□ 服装(ふくそう) 복장

□ 袋(ふくろ) 주머니, 자루

□ 不幸(ふこう) 불행

□ 夫妻(ふさい) 부처, 부부

□ 無沙汰(ぶさた) 소식을 전하지 않음, 방문이나 편지 왕래가 오랫동안 끊어짐, 격조

□ 武士(ぶし) 무사

□ 無事(ぶじ) 무사, 평온함, 병이 없음(건강함)

□ 不思議(ふしぎ) 불가사의함, 이상함

□ 部首(ぶしゅ) (한자의) 부수

□ 不自由(ふじゆう) 부자유, 자유롭지 못함, 기능이 불완전함

□ 夫人(ふじん) 부인(남의 아내의 높임말)

□ 婦人(ふじん) 부인, 여성

□ 不正(ふせい) 부정

□ 不足(ふそく) 부족

□ 付属(ふぞく) 부속

□ 舞台(ぶたい) 무대

□ 双子(ふたご) 쌍둥이

□ 再(ふたた)び 두 번, 재차, 다시

□ 二(ふた)つ 둘, 두 개, 두 살

□ 二人(ふたり) 두 사람

□ 負担(ふたん) 부담

□ 普段(ふだん) 평상시, 평소

□ 部長(ぶちょう) 부장(님)

□ 〜物(ぶつ) 〜물
刊行物(かんこうぶつ)。간행물.

□ 普通(ふつう) 보통

□ 不通(ふつう) 불통(교통 통신 등이 끊김)

□ 二日(ふつか) 이틀, 2일

□ 物価(ぶっか) 물가

□ 物質(ぶっしつ) 물질

□ ぶつぶつ 중얼중얼(낮은 소리로 무엇인가 중얼거리는 모양), 투덜투덜(불평이나 불만을 늘어놓는 모양)

□ 物理(ぶつり) 물리

□ 筆(ふで) 붓

□ ふと 뜻밖에, 우연히, 문득, 갑자기(잠시)

□ ぶどう 포도

□ 布団(ふとん) 이불, 요

□ 船·舟(ふね) 배
▶ 船:복잡하고 대형, 舟:단순하고 소형

□ 部品(ぶひん) 부품

□ 部分(ぶぶん) 부분

□ 不平(ふへい) 불평

□ 不便(ふべん) 불편

□ 父母(ふぼ) 부모

□ 不満(ふまん) 불만

□ 冬(ふゆ) 겨울

□ 不利(ふり) 불리, 불이익

□ 〜振(ぶ)り (시간의 경과를 나타내는 말에 붙어) 〜만에, 〜모양, 〜방식
話(はな)しぶり。이야기하는 품[말투].
酒(さけ)の飲(の)みぶりがいい。
술 마시는 품이 좋다.
4年(よねん)ぶりの豊作(ほうさく)。4년 만의 풍작.
久(ひさ)しぶりに。오래간만에.
大振(おおぶ)りの体(からだ)。큼직한 몸집.

□ 振(ふ)り仮名(がな) 한자의 읽는 법을 仮名(かな)로 단 것

□ 古(ふる)〜 고〜 (낡음, 헌 것), 낡은〜, 오래된〜, 경험을 쌓은
古新聞(ふるしんぶん)。헌 신문.
古本(ふるほん)。헌 책.
古巣(ふるす)。옛 보금자리. 옛집.
古(ふる)だぬき。능구렁이.

□ 故里/故郷(ふるさと) 고향

□ 風呂(ふろ) 공중목욕탕, 목욕(물), 욕조

□ 風呂敷(ふろしき) 보자기

□ ふわふわ 둥실둥실(가볍게 뜨거나 움직이는 모양), 폭신폭신(마음이 들뜬 모양, 부드럽게 부푼 모양)

□ 〜分(ふん) (시간의 단위) 〜분
5分(ごふん)。5분.

□ 分(ぶん) 분, 비율

□ 文(ぶん) 문, 글자

□ 雰囲気(ふんいき) 분위기

□ 文化(ぶんか) 문화

□ 分解(ぶんかい) 분해

□ 文学(ぶんがく) 문학
□ 文芸(ぶんげい) 문예
□ 文章(ぶんしょう) 문장
□ 噴水(ふんすい) 분수
□ 分析(ぶんせき) 분석
□ 文体(ぶんたい) 문체
□ 文法(ぶんぽう) 문법
□ 文房具(ぶんぼうぐ) 문방구
□ 文明(ぶんめい) 문명
□ 分野(ぶんや) 분야
□ 分量(ぶんりょう) 분량
□ 分類(ぶんるい) 분류

へ

□ 閉会(へいかい) 폐회
□ 平気(へいき) 아무렇지도 않음, 걱정 없음, 태연함
□ 平均(へいきん) 평균
□ 平行(へいこう) 평행
□ 平日(へいじつ) 평일
□ 平凡(へいぼん) 평범
□ 平野(へいや) 평야
□ 平和(へいわ) 평화
□ へそ 배꼽
□ 下手(へた) (솜씨가) 서투름, 서투른 사람
□ 別(べつ) 구별, 차이, 별도, 다름
□ 別(べつ)に (부정어와 함께) 별로, 특별히
□ 別々(べつべつ) 따로따로, 각각
□ 部屋(へや) 방
□ 辺(へん) 근처, 근방(막연하게 장소나 정도를 나타낼 때에도 쓰임)
□ 変(へん) 변화, 보통이 아님, 이상함
□ 変化(へんか) 변화
□ 勉強(べんきょう) 공부
□ 変更(へんこう) 변경
□ 返事(へんじ) 대답, 답장
□ 弁当(べんとう) 도시락
□ 便利(べんり) 편리

ほ

□ ～歩(ほ) ～보, 걸음
一歩二歩。한 발짝 두 발짝
□ ～ぽい ～의 경향[성질]이 있다, ～스럽다, ～스름하다, ～답다
俗っぽい。속되다. 통속적이다.
赤っぽい。불그스름하다.
怒りっぽい。화를 잘 내다.
忘れっぽい。잘 잊다.
水っぽい。물기가 많다. 싱겁다.
□ ～方(ほう) ～편(쪽)
僕より君のほうが悪い。
나보다는 네 편이 나쁘다.
□ 法(ほう) 법
□ 貿易(ぼうえき) 무역
□ 望遠鏡(ぼうえんきょう) 망원경
□ 方言(ほうげん) 방언, 사투리
□ 方向(ほうこう) 방향
□ 報告(ほうこく) 보고
□ 坊(ぼう)さん 중, 스님을 친숙하게 부르는 말
□ 帽子(ぼうし) 모자
□ 防止(ぼうし) 방지
□ 方針(ほうしん) 방침
□ 宝石(ほうせき) 보석
□ 放送(ほうそう) 방송
□ 包装(ほうそう) 포장
□ 法則(ほうそく) 법칙
□ 包帯(ほうたい) 붕대
□ 包丁(ほうちょう) 식칼
□ 方程式(ほうていしき) 방정식
□ 防犯(ぼうはん) 방범
□ 豊富(ほうふ) 풍부
□ 方法(ほうほう) 방법
□ 方面(ほうめん) 방면
□ 訪問(ほうもん) 방문
□ 坊(ぼう)や 아가(남자 아이를 귀엽게 부르는 말), 철부지(철없는 젊은 사나이)

□ 法律(ほうりつ) 법률
□ 外(ほか) 다른 것, (어느 범위) 밖, 외
外の店。다른 가게.
そのほか。그 외에.
社長外3名。사장님 외 세 명.
□ 朗(ほが)らか (성격이) 쾌활한 모양, (날씨가) 쾌청함
□ 僕(ぼく) 나(남자의 자칭)
□ 保険(ほけん) 보험
□ 星(ほし) 별
□ 保証(ほしょう) 보증
□ 保存(ほぞん) 보존
□ 北極(ほっきょく) 북극
□ 坊(ぼう)っちゃん 도련님, 도령, 아드님 (세상 물정에 어두운 남자를 놀리는 투로 일컫는 말)
□ ～程(ほど) ～쯤, ～정도, ～처럼, ～만큼
十日ほど前。열흘쯤 전.
これほどうれしいことはない。
이처럼 기쁜 일은 없다.
きのうほどは寒くない。
어제 만큼은 춥지 않다.
□ 歩道(ほどう) 보도, 인도
□ 仏(ほとけ) 부처, 불상
□ ほとんど 대부분, 대략
□ 骨(ほね) 뼈
□ ほぼ 거의, 대부분
□ 本(ほん) 책, 서적
□ 本(ほん)～ (정식의, 주된) 본～
本建築。본건축.
本通り。주요 통로.
本事件。본사건.
本研究所。본연구소.
□ ～本(ほん) (형태가 긴 물건을 세는 단위) ～자루, ～병 등
ビール二本。맥주 두 병.
□ 本棚(ほんだな) 책장
□ 本当(ほんとう) 진실, 정말, 진짜

□ 本当(ほんとう)に 정말로

□ 本人(ほんにん) 본인

□ ほんの 그저 명색뿐임, 정말 그 정도밖에 못 되는

□ 本部(ほんぶ) 본부

□ 本物(ほんもの) 진짜, 실물, 진품

□ 翻訳(ほんやく) 번역

□ ぼんやり 어렴풋이, 아련히(뚜렷하지 않은 모양) , 멀거니, 멍하니(의식의 상태가 흐린 모양)

□ 本来(ほんらい) 본래

ま

□ 間(ま) 사이, 간격

□ まあ (지금으로서는) 그럭저럭, 자, 뭐, 어 때, 말하자면, 잠시(우선) (자기 또는 상대의 말을 가볍게 제지하거나 무엇을 권거나 할 때 쓰는 말)

□ まあまあ 그럭저럭(상대방의 마음을 달 래거나 촉구할 때 씀) , 그저 그런 정도(불충 분하지만 그 정도로서 만족할 수 있음을 나 타냄)

□ 毎(まい)〜 매〜
毎年。매년.

□ 〜枚(まい) 〜장(얇은 것을 세는 단위)
紙5枚。종이 다섯 장.

□ 毎朝(まいあさ) 매일 아침

□ 毎月(まいげつ)/毎月(まいつき) 매달, 매월

□ 迷子(まいご) 미아, 길 잃은 아이

□ 枚数(まいすう) 매수, 장수

□ 毎度(まいど) 매번, 항상

□ 前(まえ) (공간적인) 앞, (시간적인) 앞, 앞서, (순서상의) 앞, 먼저

□ 〜前(まえ) (명사에 붙어) 〜분, 〜몫
三人前の料理。3인분의 요리.
一人前の男。
(제 구실을 할 수 있는) 어엿한 남자.

□ 幕(まく) 막, 장면

□ 毎週(まいしゅう) 매주

□ 毎日(まいにち) 매일

□ 毎年(まいねん)/毎年(まいとし) 매년, 매해

□ 毎晩(まいばん) 매일 밤

□ 前(まえ) 앞

□ 〜前(まえ) 〜전
3年前の事。3년 전의 일.

□ 負(ま)け 짐, 패배

□ 孫(まご) 손자

□ まごまご 우물쭈물(망설이는 모양)

□ まさか 설마, 아무리 그렇다 하더라도 (보통, 다음에 부정과 추측의 말을 수반하 여, 그런 일은 도저히 있을 수 없거나 할 수 없다는 기분을 나타내는 말)

□ まさに 틀림없이, 정말로, 당연히, 마땅히

□ 真面目(まじめ) 착실함, 성실함

□ 先(ま)ず 우선, 먼저

□ ますます 점점, 더욱 더

□ 又(また) 또한, 게다가

□ 未(ま)だ 아직, 그 외에도, (뒤에 부정이 와서) 아직 〜아니다

□ 又(また)は 또는, 혹은, 그게 아니면

□ 街(まち) 번화한 거리(상가 따위가 밀집 된 곳)

□ 町(まち) 도회(집이 많이 군집하여 있는 곳), 시와 구를 구성하는 작은 구획(한국의 동(洞)에 해당함)

□ 待合室(まちあいしつ) 대합실

□ 間違(まちが)い 틀림, 잘못, 실수, 말 썽(사고)

□ 街角(まちかど) 길모퉁이, 길목

□ 松(まつ) 소나무

□ 真(ま)っ赤(か) 진한 빨강, 새빨간

□ 真(ま)っ暗(くら) 아주 컴컴함, 암흑

□ 真(ま)っ黒(くろ) 새까만, 시커먼

□ 真(ま)っ青(さお) 새파랑

□ 真(ま)っ先(さき) 맨 앞, 맨 먼저

□ 真(ま)っ白(しろ) 새하양

□ 真(ま)っ直(す)ぐ 똑바로, 곧장

□ 全(まった)く 완전히, 아주, 전적으로, 전혀

□ 祭(まつ)り 제사, 축제

□ 窓(まど) 창, 창문

□ 窓口(まどぐち) 창구

□ 〜まま 〜한 채로, 그대로
そのまま。그대로.
見たままを書く。본 그대로를 쓰다.
出掛けたままもどらない。
나간 채 돌아오지 않는다.

□ 豆(まめ) 콩

□ まもなく 이윽고, 곧, 멀지 않아

□ まるで 마치, 꼭, (아래 부정하는 말이 따 라서) 전혀, 전연

□ 回/周(まわ)り 사물의 둘레, 주위, 주 변

□ 回(まわ)り道(みち) 길을 돌아서 감, 또는 그 길

□ 万(まん) 만
万が一 만에 하나

□ 満員(まんいん) 만원

□ 漫画(まんが) 만화

□ 満足(まんぞく) 만족

□ 満点(まんてん) 만점

□ 真(ま)ん中(なか) 한가운데

□ 万年筆(まんねんひつ) 만년필

み

□ 身(み) 몸, 신체, 살, 분수

□ 実(み) 열매, 과실, 알맹이

□ 未(み)〜 미〜, 아직 〜되지 않음
未解決。미해결.
未完成。미완성.

□ 〜み 〜미(정도, 느낌을 나타냄)
甘み。단 정도, 단 느낌.
温かみ。따스함, 따스한 느낌.
ありがたみ。고마움.
軽み。가벼움.

□ 味(み) 〜미, 〜다운 맛(성질로서의 맛)
人間味。인간미.
人情味。인정미.

甘味(あまみ)。단 맛.

辛味(からみ)。매운 맛. 짠맛.

- □ 見送(みおく)り 송별, 배웅
- □ 見掛(みか)け 외관, 겉보기
- □ 見方(みかた) 보는 방법, 견해(생각)
- □ 味方(みかた) 자기 편, 아군
- □ 右(みぎ) 오른쪽, 우측
- □ 見事(みごと) 훌륭함, 멋짐, 뛰어남
- □ みじめ 비참함, 참혹함
- □ 水(みず) 물
- □ 湖(みずうみ) 호수
- □ 自(みずか)ら 스스로, 몸소, 자신이
- □ 水着(みずぎ) 수영복
- □ 店(みせ) 가게
- □ 味噌(みそ) 된장
  味噌汁(みそしる)。된장국.

- □ ～みたい (마치) ～같다, ～비슷하다, 불확실한 단정
  マッチ箱(ばこ)みたいな家(いえ)。성냥갑 같은 집
  君(きみ)みたいなのんき者(もの)はいない。
  자네 같이 태평스런 사람은 없다.
  試験(しけん)に失敗(しっぱい)したみたいだ。
  시험에 실패한 모양이다
- □ 道(みち) 길, 도로
- □ 三日(みっか) 초사흘, 3일
- □ 三(みっ)つ 셋, 세 개, 세 살
- □ 緑(みどり) 녹색, 나무의 새싹, 자연
- □ 皆(みな/みんな) 다, 모두, 모두들
- □ 皆(みな)さん 여러분
- □ 港(みなと) 항구
- □ 南(みなみ) 남, 남쪽
- □ 身分(みぶん) 신분, (약간 비꼬는 투로) 처지, 팔자

- □ 見本(みほん) 견본
- □ 見舞(みまい) 문안, 문병
- □ 未満(みまん) 미만
- □ 耳(みみ) 귀
- □ 土産(みやげ) 여행지에서 가족이나 친지를 위해 선물로 사 가지고 가는 토산물
- □ 妙(みょう) 묘함, 이상함
- □ 明(みょう)～ 명～, 다음～
  明日(みょうにち)。명일.
  明晩(みょうばん)。내일 밤.
- □ 明後日(みょうごにち) 모레
- □ 名字(みょうじ) 성(姓)
- □ 未来(みらい) 미래
- □ 民間(みんかん) 민간
- □ 民主(みんしゅ) 민주

어휘 테스트 7(ふ～み) 다음 주어진 단어의 よみがな와 뜻을 적으시오.

1. 法律(　　　)　　　뜻:
2. ぶつぶつ　　　　뜻:
3. 街角(　　　)　　　뜻:
4. 平凡(　　　)　　　뜻:
5. 民主(　　　)　　　뜻:
6. 豊富(　　　)　　　뜻:
7. ふと　　　　　　뜻:
8. 真(　　)っ青(　　)　뜻:
9. 物価(　　　)　　　뜻:
10. 名字(　　　)　　　뜻:
11. 平均(　　　)　　　뜻:
12. 待合室(　　　)　　뜻:
13. 武器(　　　)　　　뜻:
14. 土産(　　　)　　　뜻:
15. 布団(　　　)　　　뜻:
16. 真面目(　　　)　　뜻:
17. 物価(　　　)　　　뜻:
18. 見本(　　　)　　　뜻:
19. 防犯(　　　)　　　뜻:
20. 普段(　　　)　　　뜻:
21. まごまご　　　　뜻:
22. 包丁(　　　)　　　뜻:
23. 不平(　　　)　　　뜻:
24. 身分(　　　)　　　뜻:
25. 法則(　　　)　　　뜻:
26. 負担(　　　)　　　뜻:
27. 孫(　　　)　　　　뜻:
28. 閉会(　　　)　　　뜻:
29. 港(　　　)　　　　뜻:
30. 放送(　　　)　　　뜻:
31. 父母(　　　)　　　뜻:
32. 毎晩(　　　)　　　뜻:
33. 再(　　)び　　　　뜻:
34. 緑(　　　)　　　　뜻:
35. 宝石(　　　)　　　뜻:
36. 双子(　　　)　　　뜻:

37. 迷子(　　　)　　　뜻:
38. 不利(　　　)　　　뜻:
39. 味噌(　　　)　　　뜻:
40. 防止(　　　)　　　뜻:
41. 舞台(　　　)　　　뜻:
42. まあまあ　　　　뜻:
43. 故里·故郷(　　　)　뜻:
44. 水着(　　　)　　　뜻:
45. 不足(　　　)　　　뜻:
46. ぼんやり　　　　뜻:
47. 平気(　　　)　　　뜻:
48. 湖(　　　)　　　　뜻:
49. 報告(　　　)　　　뜻:
50. 普及(　　　)　　　뜻:
51. 翻訳(　　　)　　　뜻:
52. 婦人(　　　)　　　뜻:
53. 見事(　　　)　　　뜻:
54. 望遠鏡(　　　)　　뜻:
55. 不自由(　　　)　　뜻:
56. 本物(　　　)　　　뜻:
57. 風呂敷(　　　)　　뜻:
58. 味方(　　　)　　　뜻:
59. 貿易(　　　)　　　뜻:
60. 不思議(　　　)　　뜻:
61. 本棚(　　　)　　　뜻:
62. 返事(　　　)　　　뜻:
63. 無事(　　　)　　　뜻:
64. 見送(　　　)　　　뜻:
65. 変更(　　　)　　　뜻:
66. 無沙汰(　　　)　　뜻:
67. 骨(　　　)　　　　뜻:
68. ふわふわ　　　　뜻:
69. 漫画(　　　)　　　뜻:
70. 下手(　　　)　　　뜻:
71. 夫妻(　　　)　　　뜻:
72. ほとんど　　　　뜻:

73. 雰囲気(　　　)　　　뜻:
74. まもなく　　　　뜻:
75. 袋(　　　)　　　뜻:
76. 歩道(　　　)　　　뜻:
77. 分量(　　　)　　　뜻:
78. 豆(　　　)　　　뜻:
79. 文芸(　　　)　　　뜻:
80. 仏(　　　)　　　뜻:
81. 封筒(　　　)　　　뜻:

82. 窓口(　　　)　　　뜻:
83. 文房具(　　　)　　　뜻:
84. 坊(　　　)っちゃん　　　뜻:
85. 文章(　　　)　　　뜻:
86. 真(　　)っ白(　　　)　　　뜻:
87. 風景(　　　)　　　뜻:
88. 北極(　　　)　　　뜻:
89. 平和(　　　)　　　뜻:
90. 夫婦(　　　)　　　뜻:

1. 法律(ほうりつ) 법률
2. ぶつぶつ 낮은 소리로 무엇인가 중얼거리는 모양(중얼중얼), 불평이나 불만을 늘어놓는 모양(투덜투덜)
3. 街角(まちかど) 길모퉁이, 길목
4. 平凡(へいぼん) 평범
5. 民主(みんしゅ) 민주
6. 豊富(ほうふ) 풍부
7. ふと 뜻밖에, 우연히, 문득, 갑자기(잠시)
8. 真(ま)っ青(さお) 새파란
9. 物価(ぶっか) 물가
10. 名字(みょうじ) 성
11. 平均(へいきん) 평균
12. 待合室(まちあいしつ) 대합실
13. 武器(ぶき) 무기
14. 土産(みやげ) 여행지에서 가족이나 친지를 위해 선물로 사가지고 가는 토산물
15. 布団(ふとん) 이부자리, 이불과 요
16. 真面目(まじめ) 진심, 진정, 착실함, 성실함
17. 物価(ぶっか) 물가
18. 見本(みほん) 견본
19. 防犯(ぼうはん) 방범
20. 普段(ふだん) 평상시, 평소
21. まごまご 망설이는 모양(우물쭈물)
22. 包丁(ほうちょう) 식칼
23. 不平(ふへい) 불평
24. 身分(みぶん) 신분, (약간 비꼬는 투로) 처지, 팔자
25. 法則(ほうそく) 법칙
26. 負担(ふたん) 부담
27. 孫(まご) 손자
28. 閉会(へいかい) 폐회
29. 港(みなと) 항구
30. 放送(ほうそう) 방송
31. 父母(ふぼ) 부모
32. 毎晩(まいばん) 매일 밤

33. 再(ふたた)び 두 번, 재차, 다시
34. 緑(みどり) 초록, 자연
35. 宝石(ほうせき) 보석
36. 双子(ふたご) 쌍둥이
37. 迷子(まいご) 미아, 길 잃은 아이
38. 不利(ふり) 불리, 불이익
39. 味噌(みそ) 된장
40. 防止(ぼうし) 방지
41. 舞台(ぶたい) 무대
42. まあまあ 상대방의 마음을 달래거나 촉구할 때 씀(그럭저럭), 불충분하지만 그 정도로서 만족할 수 있음을 나타냄(그저 그런 정도)
43. 故里(ふるさと)·故郷(ふるさと) 고향
44. 水着(みずぎ) 수영복
45. 不足(ふそく) 부족
46. ぼんやり 뚜렷하지 않은 모양, 어렴풋이, 아련히, 의식의 상태가 흐린 모양, 멀거니, 멍하니
47. 平気(へいき) 아무렇지도 않음, 걱정 없음, 태연함
48. 湖(みずうみ) 호수
49. 報告(ほうこく) 보고
50. 普及(ふきゅう) 보급
51. 翻訳(ほんやく) 번역
52. 婦人(ふじん) 부인, 여성
53. 見事(みごと) 훌륭함, 멋짐, 뛰어남
54. 望遠鏡(ぼうえんきょう) 망원경
55. 不自由(ふじゆう) 부자유, 자유롭지 못함, 기능이 불완전함
56. 本物(ほんもの) 진짜, 실물
57. 風呂敷(ふろしき) 보자기
58. 味方(みかた) 자기 편, 아군
59. 貿易(ぼうえき) 무역
60. 不思議(ふしぎ) 불가사의, 이상함
61. 本棚(ほんだな) 책장

62. 返事(へんじ) 대답, 회답
63. 無事(ぶじ) 무사, 평온함, 병이 없음(건강함)
64. 見送(みおく)り 송별, 배웅
65. 変更(へんこう) 변경
66. 無沙汰(ぶさた) 소식을 전하지 않음, 방문이나 편지 왕래가 오랫동안 끊어짐, 격조
67. 骨(ほね) 뼈
68. ふわふわ 가볍게 뜨거나 움직이는 모양(둥실둥실), 마음이 들뜬 모양, 부드럽게 부푼 모양(폭신폭신)
69. 漫画(まんが) 만화
70. 下手(へた) (솜씨가) 서투름, 서투른 사람
71. 夫妻(ふさい) 부처, 부부
72. ほとんど 대부분, 대략
73. 雰囲気(ふんいき) 분위기
74. まもなく 이윽고, 곧, 멀지 않아
75. 袋(ふくろ) 주머니, 자루
76. 歩道(ほどう) 보도, 인도
77. 分量(ぶんりょう) 분량
78. 豆(まめ) 콩
79. 文芸(ぶんげい) 문예
80. 仏(ほとけ) 부처, 불상
81. 封筒(ふうとう) 봉투
82. 窓口(まどぐち) 창구
83. 文房具(ぶんぼうぐ) 문방구
84. 坊(ぼ)っちゃん 도련님, 도령, 아드님, 세상 물정에 어두운 남자를 놀리는 투로 일컫는 말
85. 文章(ぶんしょう) 문장
86. 真(ま)っ白(しろ) 새하양
87. 風景(ふうけい) 풍경, 정경
88. 北極(ほっきょく) 북극
89. 平和(へいわ) 평화
90. 夫婦(ふうふ) 부부

む 

- 無(む) 무, 없음, 헛됨(보람 없음)
- 六日(むいか) 엿새, 6일
- 向(む)かい 마주 봄, 맞은편, 건너편
- 向(む)かえ 마중
- 昔(むかし) 옛날
- 向(む)き 방향, 방면, 경향
- ~向(む)け ~용, ~으로(방향)
  一般向け。일반용.
  子供向けの本。어린이를 위한 책.
  アメリカ向けの輸出。
  미국으로의 수출.
- 無限(むげん) 무한
- 向(む)こう 저쪽, 맞은편, 상대(방)
- 虫(むし) 벌레
- 無視(むし) 무시
- 虫歯(むしば) 충치
- 寧(むし)ろ 차라리, 오히려
- 無数(むすう) 무수
- 息子(むすこ) 아들, 자식
- 息子(むすこ)さん (남의) 아들의 높임말
- 娘(むすめ) 딸, (젊은) 미혼 여성
- 娘(むすめ)さん (남의) 딸의 높임말
- 無駄(むだ) 쓸데없음, 효과나 효력이 없음, 보람 없음, 헛됨
- 夢中(むちゅう) 꿈속, 열중함, 몰두함
- 六(むっ)つ 여섯, 여섯 살, 여섯 개
- 胸(むね) 가슴
- 村(むら) 마을, 촌락
- 無理(むり) 무리, 억지, 곤란
- 無料(むりょう) 무료

め 

- 目(め) 눈, 안목, 시력
- ~目(め) ~째(순서를 셀 때 쓰는 단위)
  3番目の問題。3번째 문제.

- 名(めい)~ 명~, 유명한, 훌륭한
  名監督。명감독.
- ~名(めい) ~명(사람 수를 나타내는 단위)
  一名。한 명.
- 明確(めいかく) 명확
- 名作(めいさく) 명작
- 名刺(めいし) 명함
- 名詞(めいし) 명사
- 名所(めいしょ) 명소
- 名人(めいじん) 명인(그 분야에서 솜씨가 뛰어난 사람)
- 名物(めいぶつ) 명물
- 命令(めいれい) 명령
- 迷惑(めいわく) 귀찮음, 성가심, 폐
- 目上(めうえ) 윗사람, 연장자(지위나 나이가 위임)
- 眼鏡(めがね) 안경
- 目覚(めざ)まし 잠을 깸
- 飯(めし) 밥, 식사
- 目下(めした) 아랫사람, 손아래
- めちゃくちゃ (마구 하는 모양) 엉망진창
- めっきり 뚜렷이, 현저히, 제법(두드러지게 변화하는 모양)
- 滅多(めった)に (부정어와 함께) 거의, 좀처럼
- めまい 현기증
- 面(めん) 면, 얼굴
- 綿(めん) 면, 무명
- 免許(めんきょ) 면허
- 免税(めんぜい) 면세
- 面積(めんせき) 면적
- 面接(めんせつ) 면접
- 面倒(めんどう) 번잡하고 성가심 돌봄, 보살핌

も 

- もう 벌써, 이미, 더, 이 위에 또
  もう終わった。이미 끝났다.
  もう一つ。하나 더.
- 申(もう)し訳(わけ) 변명, 해명
- もうすぐ 이제 곧
- 毛布(もうふ) 모포, 담요
- 木材(もくざい) 목재
- 目次(もくじ) 목차, 차례
- 目的(もくてき) 목적
- 目標(もくひょう) 목표
- 木曜(もくよう) 목요(일)
- 木曜日(もくようび) 목요일
- もし 만약, 만일, 혹시
- 文字(もじ/もんじ) 글자, 문자
- もしかしたら 어쩌면
- もしかすると 어쩌면
- もしも 만약, 만일의 경우
- もしもし 여보세요(전화)
- 餅(もち) 떡
- ~持(も)ち ~가짐, 소유, 지니기에 적합함, ~부담
  大金持ち。큰 부자.
  力持ち。장사.
  男持ちの時計。남성용 시계.
  交通費は自分持ち。
  교통비는 자기 부담.
- 勿論(もちろん) 물론, 말할 것도 없이
- もっと 더, 더욱, 한층
- 最(もっと)も (무엇보다도) 가장
- 尤(もっと)も 지당함, 사리에 맞음, 그렇다고는 하지만, 다만
- 元(もと) 사물의 시작, 기원, 본래, 원인, 원금(본전)
- 本(もと) 시초, 근본, 기본
- 素(もと) 원질, 원료(만물이 생기는 바탕)
- 者(もの) 자, 사람
- 物(もの) 것, 물건

| □ 物音(ものおと) (무슨) 소리 | □ 薬局(やっきょく) 약국 | □ 豊(ゆた)か 풍족함, 풍부함 |

□ 物音(ものおと) (무슨) 소리
□ 物語(ものがたり) 이야기, 전설
□ 物事(ものごと) 일체의 사물
□ 木綿(もめん) 목면, 솜
□ 紅葉(もみじ) 단풍
□ 模様(もよう) 무늬, 모양, 기미
□ 森(もり) 수풀, 삼림
□ 門(もん) 문
□ 〜問(もん) 〜문
3問中2問選択。3문 중 2문 선택.
□ 文句(もんく) 불만, 불평, 이의
□ 問題(もんだい) 문제

□ 〜屋(や) 〜가게(〜집), 그 직업에 종사하는 사람[집]임을 나타냄
魚屋。생선 가게[장수].
米屋。쌀 가게[장수].
花屋。꽃 가게[장수].
□ 八百屋(やおや) 야채 장수, 채소 가게
□ やがて 얼마 안 있어, 멀지 않아, 곧, 이윽고
□ 夜間(やかん) 야간
□ 約(やく)〜 약〜
□ 役(やく) 직무, 직책, 역(할), 구실, 쓸모(도움)
□ 訳(やく) 번역
□ 約束(やくそく) 약속
□ 薬品(やくひん) 약품
□ 役割(やくわり) 역할, 임무(소임)
□ 火傷(やけど) 화상
□ 夜行(やこう) 야행
□ 野菜(やさい) 야채, 채소
□ 休(やす)み 쉼, 휴식, 휴일
□ やたら(に/と) (마구잡이로 하는 모양) 함부로, 무턱대고, 되는 대로
□ 家賃(やちん) 집세
□ 厄介(やっかい) 귀찮음, 성가심, 신세, 시중(돌봄)

□ 薬局(やっきょく) 약국
□ 八(やっ)つ 여덟, 여덟 개, 여덟 살
□ やっと 겨우, 가까스로, 간신히, 고작
□ 屋根(やね) 지붕
□ やはり/やっぱり 역시, 예상과 같이
□ 山(やま) 산
□ やや 약간, 얼마쯤, 좀

□ 湯(ゆ) 뜨거운 물
□ 遊園地(ゆうえんち) 유원지
□ 夕方(ゆうがた) 저녁때, 해질녘
□ 夕刊(ゆうかん) 석간(신문)
□ 友好(ゆうこう) 우호
□ 有効(ゆうこう) 유효
□ 優秀(ゆうしゅう) 우수
□ 優勝(ゆうしょう) 우승
□ 友情(ゆうじょう) 우정
□ 友人(ゆうじん) 친구
□ 郵送(ゆうそう) 우송
□ 有能(ゆうのう) 유능
□ 夕飯(ゆうはん) 저녁밥
□ 郵便(ゆうびん) 우편
□ 郵便局(ゆうびんきょく) 우체국
□ 夕(ゆう)べ 저녁때
□ 有名(ゆうめい) 유명
□ ゆうゆう 느긋함, 충분히 여유가 있음, 끝없이 아득함
□ 有利(ゆうり) 유리
□ 有料(ゆうりょう) 유료
□ 床(ゆか) 마루
□ 浴衣(ゆかた) 목욕을 한 뒤 또는 여름철에 입는 무명 홑옷
□ 雪(ゆき) 눈
□ 行方(ゆくえ) 행방, 갈 곳, 장래
□ 湯気(ゆげ) 김, 수증기
□ 輸血(ゆけつ) 수혈
□ 輸出(ゆしゅつ) 수출
□ 輸送(ゆそう) 수송

□ 豊(ゆた)か 풍족함, 풍부함
□ 油断(ゆだん) 방심, 부주의
□ ゆっくり(と) 천천히, 서서히, 넉넉히, 충분히
□ 輸入(ゆにゅう) 수입
□ 指(ゆび) 손가락, 발가락
□ 指輪(ゆびわ) 반지
□ 夢(ゆめ) 꿈

□ 夜(よ) 밤
□ 用(よう) 용도, 소용, 용무
□ 様(よう) 모양, 형태
□ 用意(ようい) 준비
□ 容易(ようい) 용이함, 손쉬움
□ 八日(ようか) 초여드렛날, 8일
□ 容器(ようき) 용기(그릇)
□ 陽気(ようき) 화려하고 왕성한 모양, 성질이 밝고 쾌활한 모양, 기후, 날씨
□ 要求(ようきゅう) 요구
□ 用語(ようご) 용어
□ 用紙(ようし) 용지
□ 要旨(ようし) 요지
□ 用事(ようじ) 볼일, 용건
□ 幼児(ようじ) 유아
□ 用心(ようじん) 조심, 주의, 경계
□ 様子(ようす) 모양, 징조(김새), 눈치
□ 要(よう)するに 요컨대, 결국, 요약하면
□ 容積(ようせき) 용적
□ 要素(ようそ) 요소
□ 幼稚(ようち) 유치, (나이 등이) 어림, (방법이나 생각 등의) 정도가 미숙함
□ 幼稚園(ようちえん) 유치원
□ 要点(ようてん) 요점
□ 用途(ようと) 용도
□ 曜日(ようび) 요일
□ 洋品店(ようひんてん) 양품점
□ 洋服(ようふく) 양복
□ 漸(ようや)く 겨우, 간신히, 차차, 점점

□ 要領(ようりょう) 요령
□ 予期(よき) 예기
□ よく 곧잘, 자주, 잘, 충분히
よく行(い)く。자주 가다.
よくできる。잘 할 수 있다.
□ 翌(よく)~ 다음~
翌日(よくじつ)。익일.
翌月(よくげつ)。다음달.
翌年(よくねん)。익년, 다음해.
□ 余計(よけい) 물건이 남아돌아감(여분), 더욱, (정도가 지나쳐서) 쓸데없음, 불필요함, 지나침
□ 横(よこ) 옆, 가로, 곁
□ 予算(よさん) 예산
□ 予習(よしゅう) 예습
□ 四日(よっか) 4일, 초나흘
□ 四(よっ)つ 넷, 네 살, 네 째
□ 予定(よてい) 예정
□ 夜中(よなか) 한밤중
□ 世(よ)の中(なか) 세상, 인간 세계, 세간, 속세
□ 予備(よび) 예비
□ 余分(よぶん) 여분, 나머지
□ 予報(よほう) 예보
□ 予防(よぼう) 예방
□ 読(よ)み 읽기
□ 嫁(よめ) 며느리, 신혼 여성, 결혼 상대로서의 여성
□ 予約(よやく) 예약
□ より 보다, 한결, ~에서, (부정을 수반해서) ~수밖에
□ 夜(よる) 밤
□ ~によると ~에 의하면
天気予報(てんきよほう)によると、明日雨(あしたあめ)が降(ふ)るそうだ。
일기예보에 의하면 내일 비가 온다고 한다.
□ 喜/慶(よろこ)び 기쁨, 경사, 축하함
□ (どうぞ)よろしく (잘) 부탁합니다
□ 四(よん) 사, 넷

ら

□ ~等(ら) ~등, ~들, ~따위(복수를 나타내는 말)
子供(こども)ら。아이들.
君(きみ)ら。자네들.
これら。이것들.
□ 来(らい)~ 내~, 다음~
来年度(らいねんど)。내년도.
来学期(らいがっき)。다음 학기.
□ 来月(らいげつ) 다음 달
□ 来週(らいしゅう) 다음 주
□ 来日(らいにち) 내일(외국인이 일본에 옴)
□ 来年(らいねん) 내년
□ 楽(らく) 낙, 편안함, 안락함, 용이함, 쉬움

り

□ 利益(りえき) 이익
□ 理科(りか) 이과
□ 理解(りかい) 이해
□ 利害(りがい) 이해(이익과 손실)
□ 利口(りこう) 영리함, 똑똑함, 요령이 좋음, (생각이나 행동이) 빈틈없음
□ 離婚(りこん) 이혼
□ 理想(りそう) 이상
□ 率(りつ) 율, 비율
□ 立派(りっぱ) 훌륭함, 더 말할 나위 없음
□ 理由(りゆう) 이유
□ ~流(りゅう) ~류
自己流(じこりゅう)。자기류.
日本流(にほんりゅう)。일본식.
□ 留学生(りゅうがくせい) 유학생
□ 流行(りゅうこう) 유행
□ 利用(りよう) 이용
□ 量(りょう) 양
□ 寮(りょう) 기숙사

□ 両(りょう)~ 양~
両国(りょうこく)。양국.
両親(りょうしん)。양친.
□ ~料(りょう) ~료(재료), 대금, 요금, 보수
調味料(ちょうみりょう)。조미료.
手数料(てすうりょう)。수수료.
甘味料(かんみりょう)。감미료.
入場料(にゅうじょうりょう)。입장료.
保険料(ほけんりょう)。보험료.
□ ~領(りょう) ~령(영토)
イギリス領(りょう)。영국령[영토].
□ 両替(りょうがえ) 환전(돈을 바꿈)
□ 両側(りょうがわ) 양측, 양편
□ 料金(りょうきん) 요금
□ 領事(りょうじ) 영사
□ 領収(りょうしゅう) 영수
□ 両親(りょうしん) 양친
□ 両方(りょうほう) 양쪽
□ 料理(りょうり) 요리
□ 旅館(りょかん) 여관
□ ~力(りょく) ~력
経済力(けいざいりょく)。경제력.
理解力(りかいりょく)。이해력.
□ 旅行(りょこう) 여행

る

□ 留守(るす) 부재(외출하고 집에 없음)
□ 留守番(るすばん) 집을 지킴(집안의 사람들이 부재중)

れ

□ 例(れい) 예, 전례(선례), 본보기, 관례, 늘, 언제나(여느)
□ 礼(れい) 예, 예의, 인사(절), 사례
□ 零(れい) 영, 제로

□ 例外(れいがい) 예외
□ 礼儀(れいぎ) 예의
□ 冷静(れいせい) 냉정, 침착
□ 冷蔵庫(れいぞうこ) 냉장고
□ 冷凍(れいとう) 냉동
□ 冷房(れいぼう) 냉방
□ 歴史(れきし) 역사
□ 列(れつ) 열, 행렬(신분이나 지위 따위의
상하 관계의 단계)
□ 列車(れっしゃ) 열차
□ 列島(れっとう) 열도
□ 連合(れんごう) 연합
□ 練習(れんしゅう) 연습
□ 連想(れんそう) 연상
□ 連続(れんぞく) 연속
□ 連絡(れんらく) 연락

ろ

□ 廊下(ろうか) 복도
□ 老人(ろうじん) 노인
□ 労働(ろうどう) 노동
□ 六(ろく) 6, 여섯
□ 録音(ろくおん) 녹음

□ 〜論(ろん) 〜론
歴史論。 역사론.
集合論。 집합론.
□ 論争(ろんそう) 논쟁
□ 論文(ろんぶん) 논문

わ 

□ 輪(わ) 고리, 원형, 바퀴, 테(테두리)
□ 和(わ)〜 일본(식)의〜
和菓子。 일본식 과자.
和服。 일본 옷.
□ 〜羽(わ) 〜마리(새, 토끼를 세는 단위)
5羽のカラス。 다섯 마리의 까마귀.
□ 和英(わえい) 화영 일영 (일본어와 영어)
□ 我(わ)が〜 나의 〜, 우리의 〜
我が家。 내 집. 우리 집.
我が国。 우리 나라.
我が校。 우리 학교.
□ わがまま 제멋대로 굶, 버릇없음, 방자함
□ 若者(わかもの) 젊은이, 청년
□ 別(わか)れ 헤어짐, 이별

□ 訳(わけ) 의미, 뜻, 도리(사리), 원인, 이유
□ わざと 고의로, 일부로
□ わずか (얼마 안 되는 모양)조금, 약간,
불과, 간신히, 겨우
□ 忘(わす)れ物(もの) 물건을 깜빡 잊
고 옴, 잊어버린 물건(분실물)
□ 話題(わだい) 화제
□ 私(わたくし) 나, 저(격식 차린 표현)
□ 私(わたし) 나, 저
□ 和服(わふく) 일본 옷
□ 笑(わら)い 웃음
□ 割合(わりあい) 비율
□ 割合(わりあい)に 비교적
わりあいにはやくできた。
비교적 빨리 되었다.
わりあいにうまく行く。
비교적 잘 되어가다
□ 割(わ)り算(ざん) 나눗셈
□ わり(と/に) 비교적
□ 割引(わりびき) 할인
□ 悪口(わるくち) 욕
□ 我々(われわれ) 우리, 우리들, 그대들,
너희들

어휘 테스트 8(む~마지막)　다음 주어진 단어의 よみがな와 뜻을 적으시오.

1.	やっと	뜻:		37.	留守番(　　)	뜻:
2.	来日(　)	뜻:		38.	野菜(　)	뜻:
3.	物音(　)	뜻:		39.	予習(　)	뜻:
4.	幼児(　)	뜻:		40.	目上(　)	뜻:
5.	餅(　)	뜻:		41.	用意(　)	뜻:
6.	割合(　)	뜻:		42.	火傷(　)	뜻:
7.	屋根(　)	뜻:		43.	利益(　)	뜻:
8.	様子(　)	뜻:		44.	眼鏡(　)	뜻:
9.	文字(　)	뜻:		45.	指輪(　)	뜻:
10.	用心(　)	뜻:		46.	役割(　)	뜻:
11.	やや	뜻:		47.	旅館(　)	뜻:
12.	利口(　)	뜻:		48.	迷惑(　)	뜻:
13.	目次(　)	뜻:		49.	輸入(　)	뜻:
14.	幼稚(　)	뜻:		50.	薬品(　)	뜻:
15.	夕方(　)	뜻:		51.	余計(　)	뜻:
16.	来週(　)	뜻:		52.	名人(　)	뜻:
17.	毛布(　)	뜻:		53.	油断(　)	뜻:
18.	冷静(　)	뜻:		54.	若者(　)	뜻:
19.	歴史(　)	뜻:		55.	両替(　)	뜻:
20.	用事(　)	뜻:		56.	名刺(　)	뜻:
21.	めまい	뜻:		57.	友情(　)	뜻:
22.	利害(　)	뜻:		58.	輸出(　)	뜻:
23.	郵送(　)	뜻:		59.	やがて	뜻:
24.	要旨(　)	뜻:		60.	翌日(　)	뜻:
25.	面倒(　)	뜻:		61.	夢中(　)	뜻:
26.	嫁(　)	뜻:		62.	優秀(　)	뜻:
27.	薬局(　)	뜻:		63.	寮(　)	뜻:
28.	廊下(　)	뜻:		64.	文句(　)	뜻:
29.	免税(　)	뜻:		65.	湯気(　)	뜻:
30.	要求(　)	뜻:		66.	無駄(　)	뜻:
31.	厄介(　)	뜻:		67.	要領(　)	뜻:
32.	予定(　)	뜻:		68.	森(　)	뜻:
33.	めったに	뜻:		69.	行方(　)	뜻:
34.	家賃(　)	뜻:		70.	息子(　)	뜻:
35.	陽気(　)	뜻:		71.	流行(　)	뜻:
36.	めっきり	뜻:		72.	模様(　)	뜻:

73. 浴衣(　　　)　　　뜻:	82. ゆうゆう　　　　　　뜻:
74. むしろ　　　　　뜻:	83. 虫(　　　)　　　뜻:
75. 床(　　　)　　　뜻:	84. 用途(　　　)　　　뜻:
76. 紅葉(　　　)　　　뜻:	85. 悪口(　　　)　　　뜻:
77. 洋服(　　　)　　　뜻:	86. 友好(　　　)　　　뜻:
78. 虫歯(　　　)　　　뜻:	87. 離婚(　　　)　　　뜻:
79. 有効(　　　)　　　뜻:	88. 無限(　　　)　　　뜻:
80. 立派(　　　)　　　뜻:	89. 夕(　　　)べ　　　뜻:
81. 木綿(　　　)　　　뜻:	90. 夕刊(　　　)　　　뜻:

●●● 정 답　　　　　　　　　　　　　　　　　　

1. やっと 겨우, 가까스로, 간신히, 고작
2. 来日(らいにち) 내일, 외국인이 일본에 옴
3. 物音(ものおと) (무슨) 소리
4. 幼児(ようじ) 유아
5. 餅(もち) 떡
6. 割合(わりあい) 비율
7. 屋根(やね) 지붕
8. 様子(ようす) 모양, 징조(낌새), 눈치
9. 文字(もじ·もんじ) 글자, 문자
10. 用心(ようじん) 조심, 주의, 경계
11. やや 약간, 얼마쯤, 좀
12. 利口(りこう) 영리함, 똑똑함, 요령이 좋음, (생각이나 행동이) 빈틈없음
13. 目次(もくじ) 목차, 차례
14. 幼稚(ようち) 유치, (나이 등이) 어림, (방법이나 생각 등의) 정도가 미숙함
15. 夕方(ゆうがた) 저녁 때, 해질녘
16. 来週(らいしゅう) 다음주
17. 毛布(もうふ) 모포, 담요
18. 冷静(れいせい) 냉정, 침착
19. 歴史(れきし) 역사
20. 用事(ようじ) 볼일, 용건
21. めまい 현기증
22. 利害(りがい) 이해(이익과 손실)
23. 郵送(ゆうそう) 우송
24. 要旨(ようし) 요지
25. 面倒(めんどう) 번잡하고 성가심, 돌봄, 보살핌
26. 嫁(よめ) 며느리, 신혼 여성, 결혼 상대로서의 여성
27. 薬局(やっきょく) 약국
28. 廊下(ろうか) 복도
29. 免税(めんぜい) 면세
30. 要求(ようきゅう) 요구
31. 厄介(やっかい) 귀찮음, 성가심, 신세, 시중(돌봄)
32. 予定(よてい) 예정
33. めったに (부정어와 함께) 거의, 좀처럼
34. 家賃(やちん) 집세
35. 陽気(ようき) 화려하고 왕성한 모양, 성질이 밝고 쾌활한 모양, 기후, 날씨
36. めっきり 두드러지게 변화하는 모양, 뚜렷이, 현저히, 제법
37. 留守番(るすばん) 집안 사람들이 부재중인 집을 지킴
38. 野菜(やさい) 야채
39. 予習(よしゅう) 예습
40. 目上(めうえ) 지위나 나이가 위임, 윗사람, 연장자
41. 用意(ようい) 준비
42. 火傷(やけど) 화상
43. 利益(りえき) 이익
44. 眼鏡(めがね) 안경
45. 指輪(ゆびわ) 반지
46. 役割(やくわり) 역할, 임무(소임)
47. 旅館(りょかん) 여관
48. 迷惑(めいわく) 귀찮음, 성가심, 폐
49. 輸入(ゆにゅう) 수입
50. 薬品(やくひん) 약품
51. 余計(よけい) 물건이 남아돌아감(여분), 더욱, (정도가 지나쳐서) 쓸데없음, 불필요함, 지나침
52. 名人(めいじん) 명인, 그 분야에서 솜씨가 뛰어난 사람
53. 油断(ゆだん) 방심, 부주의
54. 若者(わかもの) 젊은이, 청년
55. 両替(りょうがえ) 환전, 돈을 바꿈
56. 名刺(めいし) 명함
57. 友情(ゆうじょう) 우정
58. 輸出(ゆしゅつ) 수출
59. やがて 얼마 안 있어, 멀지 않아, 곧, 이옥고
60. 翌日(よくじつ) 익일, 다음날
61. 夢中(むちゅう) 꿈속, 열중함, 몰두함
62. 優秀(ゆうしゅう) 우수
63. 寮(りょう) 기숙사
64. 文句(もんく) 문구, 불평, 이의
65. 湯気(ゆげ) 김, 수증기
66. 無駄(むだ) 쓸데없음, 효과나 효력이 없음, 보람·없음, 헛됨
67. 要領(ようりょう) 요령
68. 森(もり) 수풀, 삼림
69. 行方(ゆくえ) 행방, 갈 곳, 장래
70. 息子(むすこ) 자식
71. 流行(りゅうこう) 유행
72. 模様(もよう) 무늬, 모양, 기미
73. 浴衣(ゆかた) 목욕을 한 뒤 또는 여름철에 입는 무명 홑옷
74. むしろ 차라리, 오히려
75. 床(ゆか) 마루
76. 紅葉(もみじ) 단풍
77. 洋服(ようふく) 양복
78. 虫歯(むしば) 충치
79. 有効(ゆうこう) 유효
80. 立派(りっぱ) 훌륭함, 더 말할 나위 없음
81. 木綿(もめん) 목면, 솜
82. ゆうゆう 느긋한 모양, 충분히 여유가 있는 모양, 끝없이 아득한 모양
83. 虫(むし) 벌레
84. 用途(ようと) 용도
85. 悪口(わるくち) 욕
86. 友好(ゆうこう) 우호
87. 離婚(りこん) 이혼
88. 無限(むげん) 무한
89. 夕(ゆう)べ 저녁
90. 夕刊(ゆうかん) 석간

어휘 테스트 9(あ〜そ)　다음 주어진 단어의 よみがな와 뜻을 적으시오.

1. 失恋( )　뜻:	37. 戦争( )　뜻:
2. 会員( )　뜻:	38. 課税( )　뜻:
3. 女史( )　뜻:	39. 寺院( )　뜻:
4. 公共( )　뜻:	40. 瞬間( )　뜻:
5. 尊敬( )　뜻:	41. 演奏( )　뜻:
6. しっぽ　뜻:	42. 参考( )　뜻:
7. 温室( )　뜻:	43. せっけん　뜻:
8. 職場( )　뜻:	44. 巨大( )　뜻:
9. 郊外( )　뜻:	45. 再来週( )　뜻:
10. 祖先( )　뜻:	46. 主婦( )　뜻:
11. 湿度( )　뜻:	47. 園芸( )　뜻:
12. 歓迎( )　뜻:	48. 正方形( )　뜻:
13. 女王( )　뜻:	49. さて　뜻:
14. 現在( )　뜻:	50. 営業( )　뜻:
15. 組織( )　뜻:	51. 出身( )　뜻:
16. 自治( )　뜻:	52. 教養( )　뜻:
17. 鬼( )　뜻:	53. 成績( )　뜻:
18. 醤油( )　뜻:	54. 撮影( )　뜻:
19. 検査( )　뜻:	55. 火災( )　뜻:
20. 続々( )　뜻:	56. 重役( )　뜻:
21. 事情( )　뜻:	57. 教会( )　뜻:
22. 革靴( )　뜻:	58. 請求( )　뜻:
23. 丈夫( )　뜻:	59. 刺身( )　뜻:
24. 見解( )　뜻:	60. いつのまにか　뜻:
25. 指示( )　뜻:	61. 集中( )　뜻:
26. 相互( )　뜻:	62. 休講( )　뜻:
27. 横断( )　뜻:	63. 財産( )　뜻:
28. 至急( )　뜻:	64. 生活( )　뜻:
29. 上等( )　뜻:	65. 書留( )　뜻:
30. 壁( )　뜻:	66. 婚約( )　뜻:
31. 血圧( )　뜻:	67. 車庫( )　뜻:
32. 象( )　뜻:	68. 売( )り上( )げ　뜻:
33. 王女( )　뜻:	69. ずっと　뜻:
34. しいんと　뜻:	70. 義務( )　뜻:
35. 消極的( )　뜻:	71. 米( )　뜻:
36. 芸術( )　뜻:	72. 柔道( )　뜻:

73. 椅子(　　　)　　뜻:	82. 講堂(　　　)　　뜻:
74. 午後(　　　)　　뜻:	83. 芝生(　　　)　　뜻:
75. 水平線(　　　　)　뜻:	84. 黄色(　　　)　　뜻:
76. 傷(　　　)　　뜻:	85. 人事(　　　)　　뜻:
77. 国際(　　　)　　뜻:	86. 解放(　　　)　　뜻:
78. 字引(　　　)　　뜻:	87. 紅茶(　　　)　　뜻:
79. 池(　　　)　　뜻:	88. 初旬(　　　)　　뜻:
80. 親類(　　　)　　뜻:	89. 育児(　　　)　　뜻:
81. 合図(　　　)　　뜻:	90. 交際(　　　)　　뜻:

1. 失恋(しつれん) 실연
2. 会員(かいいん) 회원
3. 女史(じょし) 여사
4. 公共(こうきょう) 공공
5. 尊敬(そんけい) 존경
6. しっぽ 꼬리
7. 温室(おんしつ) 온실
8. 職場(しょくば) 직장
9. 郊外(こうがい) 교외
10. 祖先(そせん) 선조, 조상
11. 湿度(しつど) 습도
12. 歓迎(かんげい) 환영
13. 女王(じょおう) 여왕
14. 現在(げんざい) 현재
15. 組織(そしき) 조직
16. 自治(じち) 자치
17. 鬼(おに) 귀신
18. 醤油(しょうゆ) 간장
19. 検査(けんさ) 검사
20. 続々(ぞくぞく) 속속, 잇따라
21. 事情(じじょう) 사정
22. 革靴(かわぐつ) 가죽 구두[신]
23. 丈夫(じょうぶ) 건강, 견고, 튼튼함
24. 見解(けんかい) 견해
25. 指示(しじ) 지시
26. 相互(そうご) 상호
27. 横断(おうだん) 횡단
28. 至急(しきゅう) 지급, 급히
29. 上等(じょうとう) 고급
30. 壁(かべ) 벽
31. 血圧(けつあつ) 혈압

32. 象(ぞう) 코끼리
33. 王女(おうじょ) 공주
34. しいんと(する) 쥐 죽은 듯이 조용한
35. 消極的(しょうきょくてき) 소극적
36. 芸術(げいじゅつ) 예술
37. 戦争(せんそう) 전쟁
38. 課税(かぜい) 과세
39. 寺院(じいん) 사원
40. 瞬間(しゅんかん) 순간
41. 演奏(えんそう) 연주
42. 参考(さんこう) 참고
43. せっけん 비누
44. 巨大(きょだい) 거대
45. 再来週(さらいしゅう) 다 다음주
46. 主婦(しゅふ) 주부
47. 園芸(えんげい) 원예
48. 正方形(せいほうけい) 정방형, 정사각형
49. さて 자, 이제, 막상(하려고 하면), 그런데, 그리고
50. 営業(えいぎょう) 영업
51. 出身(しゅっしん) 출신
52. 教養(きょうよう) 교양
53. 成績(せいせき) 성적
54. 撮影(さつえい) 촬영
55. 火災(かさい) 화재
56. 重役(じゅうやく) 중역
57. 教会(きょうかい) 교회
58. 請求(せいきゅう) 청구
59. 刺身(さしみ) 회
60. いつのまにか 어느덧, 어느새

61. 集中(しゅうちゅう) 집중
62. 休講(きゅうこう) 휴강
63. 財産(ざいさん) 재산
64. 生活(せいかつ) 생활
65. 書留(かきとめ) 문서, 등기
66. 婚約(こんやく) 약혼
67. 車庫(しゃこ) 차고
68. 売(う)り上(あ)げ 매상
69. ずっと 훨씬, 매우 아주, 쭉
70. 義務(ぎむ) 의무
71. 米(こめ) 쌀
72. 柔道(じゅうどう) 유도
73. 椅子(いす) 의자
74. 午後(ごご) 오후
75. 水平線(すいへいせん) 수평선
76. 傷(きず) 상처
77. 国際(こくさい) 국제
78. 字引(じびき) 사전(옥편 등)
79. 池(いけ) 연못
80. 親類(しんるい) 친척, 일가
81. 合図(あいず) 신호
82. 講堂(こうどう) 강당
83. 芝生(しばふ) 잔디
84. 黄色(きいろ) 노란색
85. 人事(じんじ) 인사
86. 解放(かいほう) 해방
87. 紅茶(こうちゃ) 홍차
88. 初旬(しょじゅん) 초순
89. 育児(いくじ) 육아
90. 交際(こうさい) 교제

어휘 테스트 10(た~마지막)　다음 주어진 단어의 よみがな와 뜻을 적으시오.

1. 机(　　　)　뜻:
2. なお　뜻:
3. 文法(　　)　뜻:
4. 通貨(　　)　뜻:
5. 葉書(　　)　뜻:
6. 泥(　　　)　뜻:
7. 故里·故郷(　　　)　뜻:
8. 列島(　　)　뜻:
9. 場合(　　)　뜻:
10. 要領(　　)　뜻:
11. 虫歯(　　)　뜻:
12. 頂上(　　)　뜻:
13. 破産(　　)　뜻:
14. 土地(　　)　뜻:
15. ふと　뜻:
16. 市町村(　　　)　뜻:
17. 葉(　　)　뜻:
18. ところが　뜻:
19. 見掛(　　)け　뜻:
20. 昼食(　　)　뜻:
21. 肌(　　)　뜻:
22. 特売(　　)　뜻:
23. 負担(　　)　뜻:
24. 中古(　　)　뜻:
25. のんびり　뜻:
26. 毒(　　　)　뜻:
27. 真(　　)っ赤(　　)　뜻:
28. 日本中(　　　)　뜻:
29. 行方(　　)　뜻:
30. 同様(　　)　뜻:
31. まごまご　뜻:
32. 着々(　　)　뜻:
33. 農業(　　)　뜻:
34. とうとう　뜻:
35. 夫人(　　)　뜻:
36. 地方(　　)　뜻:
37. 花火(　　)　뜻:
38. 動詞(　　)　뜻:
39. 我々(　　)　뜻:
40. 遅刻(　　)　뜻:
41. 林(　　　)　뜻:
42. 問合(　　)せ　뜻:
43. 猫(　　　)　뜻:
44. たとえ　뜻:
45. 電波(　　)　뜻:
46. 服装(　　)　뜻:
47. 断水(　　)　뜻:
48. 伝統(　　)　뜻:
49. ほぼ　뜻:
50. 卵(　　　)　뜻:
51. 番号(　　)　뜻:
52. 点々(　　)　뜻:
53. 入社(　　)　뜻:
54. 種(　　　)　뜻:
55. 保存(　　)　뜻:
56. 伝言(　　)　뜻:
57. 日陰(　　)　뜻:
58. 棚(　　　)　뜻:
59. でたらめ　뜻:
60. 風船(　　)　뜻:
61. 手品(　　)　뜻:
62. 日課(　　)　뜻:
63. たっぷり　뜻:
64. 方法(　　)　뜻:
65. 弟子(　　)　뜻:
66. 引(　)き算(　　　)　뜻:
67. たった　뜻:
68. 適当(　　)　뜻:
69. 宝石(　　)　뜻:
70. 出来事(　　　)　뜻:
71. 日時(　　)　뜻:
72. 平(　　　)ら　뜻:

73.	免許( )	뜻:	82.	停電( )	뜻:
74.	手紙( )	뜻:	83.	人通( )り	뜻:
75.	左( )	뜻:	84.	大切( )	뜻:
76.	文句( )	뜻:	85.	閉会( )	뜻:
77.	変更( )	뜻:	86.	連( )れ	뜻:
78.	停留所( )	뜻:	87.	南米( )	뜻:
79.	匂( )い	뜻:	88.	対象( )	뜻:
80.	だいたい	뜻:	89.	ひとりでに	뜻:
81.	表面( )	뜻:	90.	涙( )	뜻:

●●● 정답

어휘 테스트 10

1. 机(つくえ) 책상
2. なお 역시, 여전히, 아직, 더구나
3. 文法(ぶんぽう) 문법
4. 通貨(つうか) 통화
5. 葉書(はがき) 엽서
6. 泥(どろ) 진흙, 흙, 흙탕물
7. 故里(ふるさと)·故郷(ふるさと) 고향
8. 列島(れっとう) 열도
9. 場合(ばあい) 경우, 사정, 때
10. 要領(ようりょう) 요령
11. 虫歯(むしば) 충치
12. 頂上(ちょうじょう) 정상
13. 破産(はさん) 파산
14. 土地(とち) 토지
15. ふと 뜻밖에, 우연히, 문득, 갑자기(잠시)
16. 市町村(しちょうそん) 시읍면
17. 葉(は) 잎
18. ところが 그랬더니, 그런데, 그러나
19. 見掛(みか)け 외관, 겉보기
20. 昼食(ちゅうしょく) 점심
21. 肌(はだ) 피부, 거죽, 표면
22. 特売(とくばい) 특매
23. 負担(ふたん) 부담
24. 中古(ちゅうこ) 중고
25. のんびり 유유히, 한가로이, 태평스럽게
26. 毒(どく) 독
27. 真(ま)っ赤(か) 진한 빨강, 새빨간
28. 日本中(にほんじゅう) 온 일본
29. 行方(ゆくえ) 행방, 갈 곳, 장래
30. 同様(どうよう) 같은 모양, 같음
31. まごまご 망설이는 모양(우물쭈물)
32. 着々(ちゃくちゃく) 착착, 한 걸음 한 걸음

33. 農業(のうぎょう) 농업
34. とうとう 드디어, 마침내, 결국
35. 夫人(ふじん) 부인(남의 아내의 경칭)
36. 地方(ちほう) 지방
37. 花火(はなび) 불꽃, 폭죽
38. 動詞(どうし) 동사
39. 我々(われわれ) 우리, 우리들, 그대들, 너희들
40. 遅刻(ちこく) 지각
41. 林(はやし) 숲, 사물이 많이 모여 있는 상태나 물건
42. 問合(といあわ)せ 조회, 문의
43. 猫(ねこ) 고양이
44. たとえ 설령[비록·가령] 〜하더라도
45. 電波(でんぱ) 전파
46. 服装(ふくそう) 복장
47. 断水(だんすい) 단수
48. 伝統(でんとう) 전통
49. ほぼ 거의, 대부분
50. 卵(たまご) 달걀
51. 番号(ばんごう) 번호
52. 点々(てんてん) 몇 개의 점, 반점, 여기저기 흩어져 있는 모양, 물방울이 떨어지는 모양
53. 入社(にゅうしゃ) 입사
54. 種(たね) 종자, 씨, (사물의) 원인, (요리의) 재료
55. 保存(ほぞん) 보존
56. 伝言(でんごん) 전언
57. 日陰(ひかげ) 응달, 음지
58. 棚(たな) 선반
59. でたらめ 엉터리, 함부로 함, 되는 대로임
60. 風船(ふうせん) 풍선

61. 手品(てじな) 요술, 속임수
62. 日課(にっか) 일과
63. たっぷり 충분한 모양, 듬뿍, 충분하고 여유가 있는 모양, 넉넉히
64. 方法(ほうほう) 방법
65. 弟子(でし) 제자
66. 引(ひ)き算(ざん) 뺄셈, 감산
67. たった 겨우, 단지, 다만, 그저
68. 適当(てきとう) 적당
69. 宝石(ほうせき) 보석
70. 出来事(できごと) (우발적인) 사건, 일
71. 日時(にちじ) 일시, 시일
72. 平(たい)ら 평평함, 평탄함
73. 免許(めんきょ) 면허
74. 手紙(てがみ) 편지
75. 左(ひだり) 왼 쪽, 왼 편
76. 文句(もんく) 문구, 불평, 이의
77. 変更(へんこう) 변경
78. 停留所(ていりゅうじょ) 정류소
79. 匂(にお)い 냄새, 악취, 나쁜 일을 저지른 듯한 기미, 김새
80. だいたい 대강, 거의
81. 表面(ひょうめん) 표면
82. 停電(ていでん) 정전
83. 人通(ひとどお)り 사람의 왕래
84. 大切(たいせつ) 중요, 소중, 조심
85. 閉会(へいかい) 폐회
86. 連(つ)れ 동행, 동반
87. 南米(なんべい) 남미, 남아메리카
88. 対象(たいしょう) 대상
89. ひとりでに 저절로, 자연히
90. 涙(なみだ) 눈물

어휘 테스트 11(전체)

1. 株( ) 뜻:	37. およそ 뜻:
2. 港( ) 뜻:	38. 八日( ) 뜻:
3. 下宿( ) 뜻:	39. なかなか 뜻:
4. 明後日( ) 뜻:	40. 具合( ) 뜻:
5. 和服( ) 뜻:	41. お土産( ) 뜻:
6. 発見( ) 뜻:	42. 不通( ) 뜻:
7. 鞄( ) 뜻:	43. ゆうゆう 뜻:
8. 敬語( ) 뜻:	44. おそらく 뜻:
9. へそ 뜻:	45. 反抗( ) 뜻:
10. わずか 뜻:	46. 気楽( ) 뜻:
11. 仮名( ) 뜻:	47. 申( )し訳( ) 뜻:
12. 全( )く 뜻:	48. 八百屋( ) 뜻:
13. 苦労( ) 뜻:	49. 双子( ) 뜻:
14. 橋( ) 뜻:	50. 強力( ) 뜻:
15. 活躍( ) 뜻:	51. 援助( ) 뜻:
16. 録音( ) 뜻:	52. 読書( ) 뜻:
17. 平気( ) 뜻:	53. 紅葉( ) 뜻:
18. 家事( ) 뜻:	54. 飯( ) 뜻:
19. くれぐれも 뜻:	55. 興味( ) 뜻:
20. 寝坊( ) 뜻:	56. 枝( ) 뜻:
21. 手数料( ) 뜻:	57. 武士( ) 뜻:
22. 物語( ) 뜻:	58. 交差点( ) 뜻:
23. 加減( ) 뜻:	59. 運転( ) 뜻:
24. 雲( ) 뜻:	60. 時々( ) 뜻:
25. 分析( ) 뜻:	61. 教師( ) 뜻:
26. 幼児( ) 뜻:	62. 目下( ) 뜻:
27. 科学( ) 뜻:	63. 硬貨( ) 뜻:
28. 最( )も 뜻:	64. 複写( ) 뜻:
29. 果物( ) 뜻:	65. 受( )け取( )り 뜻:
30. 振( )り仮名( ) 뜻:	66. 牛肉( ) 뜻:
31. 改正( ) 뜻:	67. 答案( ) 뜻:
32. 陽気( ) 뜻:	68. 現金( ) 뜻:
33. 庭( ) 뜻:	69. 名所( ) 뜻:
34. 音楽( ) 뜻:	70. いわゆる 뜻:
35. 空気( ) 뜻:	71. 規準( ) 뜻:
36. 真( )っ青( ) 뜻:	72. 広場( ) 뜻:

121

73. 煙(   )   뜻:
74. 意義(   )   뜻:
75. ほぼ   뜻:
76. 機械(   )   뜻:
77. 手帳(   )   뜻:
78. 化粧(   )   뜻:
79. 飴(   )   뜻:
80. 包装(   )   뜻:
81. 感心(   )   뜻:

82. 東(   )   뜻:
83. 契約(   )   뜻:
84. 村(   )   뜻:
85. 感激(   )   뜻:
86. 茶碗(   )   뜻:
87. 欠席(   )   뜻:
88. 娘(   )   뜻:
89. 革(   )   뜻:
90. 方針(   )   뜻:

●●● 정 답

1. 株(かぶ) 주식
2. 港(みなと) 항구
3. 下宿(げしゅく) 하숙
4. 明後日(あさって) 모레
5. 和服(わふく) 일본 옷
6. 発見(はっけん) 발견
7. 鞄(かばん) 가방
8. 敬語(けいご) 경어
9. へそ 배꼽
10. わずか 얼마 안 되는 모양, 조금, 약간, 불과, 간신히, 겨우
11. 仮名(かな) 한자의 일부를 따서 만든 일본의 독특한 음절 문자
12. 全(まった)く 완전히, 아주, 전적으로, 전혀
13. 苦労(くろう) 노고, 고생
14. 橋(はし) 다리, 교량
15. 活躍(かつやく) 활약
16. 録音(ろくおん) 녹음
17. 平気(へいき) 아무렇지도 않음, 걱정 없음, 태연함
18. 家事(かじ) 가사
19. くれぐれも 부디, 아무쪼록
20. 寝坊(ねぼう) 늦잠을 잠, 잠꾸러기
21. 手数料(てすうりょう) 수수료
22. 物語(ものがたり) 이야기, 전설
23. 加減(かげん) 가감— 덧셈과 뺄셈. 조절함, 알맞게 함. 알맞은 정도[상태]. 건강 상태, 영향
24. 雲(くも) 구름
25. 分析(ぶんせき)분석
26. 幼児(ようじ) 유아
27. 科学(かがく) 과학
28. 最(もっと)も (무엇보다도) 가장
29. 果物(くだもの) 과일

30. 振(ふ)り仮名(がな) 한자의 읽는 법을 仮名(かな)로 단 것
31. 改正(かいせい) 개정
32. 陽気(ようき) 화려하고 왕성한 모양, 성질이 밝고 쾌활한 모양, 기후, 날씨
33. 庭(にわ) 정원
34. 音楽(おんがく) 음악
35. 空気(くうき) 공기, 분위기
36. 真(ま)っ青(さお) 새파란
37. およそ 대강, 대충, 대개. 무릇, 일반적으로. 전연, 도무지
38. 八日(ようか) 여드레, 8일
39. なかなか 상당히, 꽤, 어지간히, 좀처럼 ~않다
40. 具合(ぐあい) 형편, 상태. (이러이러한) 식. 모양새, 체면
41. お土産(みやげ) 선물
42. 不通(ふつう) 불통(교통 통신 등이 끊김)
43. ゆうゆう 누긋한 모양, 충분히 여유가 있는 모양, 끝없이 아득한 모양
44. おそらく 아마, 필시
45. 反抗(はんこう) 반항
46. 気楽(きらく) 마음이 편함, 매사에 무사태평함
47. 申(もう)し訳(わけ) 변명, 해명
48. 八百屋(やおや) 야채가게[장수]
49. 双子(ふたご) 쌍동이
50. 強力(きょうりょく) 강력
51. 援助(えんじょ) 원조
52. 読書(どくしょ) 독서
53. 紅葉(もみじ·こうよう) 단풍
54. 飯(めし) 밥, 식사
55. 興味(きょうみ) 흥미
56. 枝(えだ) 가지, 갈래
57. 武士(ぶし) 무사

58. 交差点(こうさてん) 교차점, 십자로
59. 運転(うんてん) 운전
60. 時々(ときどき) 때때로, 가끔
61. 教師(きょうし) 교사
62. 目下(めした) 아랫사람, 손아래
63. 硬貨(こうか) 금속화폐, 동전
64. 複写(ふくしゃ) 복사
65. 受(う)け取(と)り 받음
66. 牛肉(ぎゅうにく) 소고기
67. 答案(とうあん) 답안
68. 現金(げんきん) 현금
69. 名所(めいしょ) 명소
70. いわゆる 소위, 이른바
71. 規準(きじゅん) 규범이 되는 표준
72. 広場(ひろば) 광장, 넓은 장소
73. 煙(けむり) 연기
74. 意義(いぎ) 의의
75. ほぼ 거의, 대부분, 거의
76. 機械(きかい) 기계
77. 手帳(てちょう) 수첩
78. 化粧(けしょう) 화장
79. 飴(あめ) 엿
80. 包装(ほうそう) 포장
81. 感心(かんしん) 감탄, 기가 막힘, 어이없음. 기특함, 신통함
82. 東(ひがし) 동쪽
83. 契約(けいやく) 계약
84. 村(むら) 마을
85. 感激(かんげき) 감격
86. 茶碗(ちゃわん) 찻잔, 사기로 된 컵, 밥공기
87. 欠席(けっせき) 결석
88. 娘(むすめ) 딸
89. 革(かわ) 가죽
90. 方針(ほうしん) 방침

인사 표현 정리

(どうも)ありがとうございます·ました。 (대단히) 감사합니다, 고맙습니다.

いただきます。 잘 먹겠습니다.

いらっしゃい(ませ)。 어서 오십시오.

(では)おげんきで。 (그럼) 건강하세요.

おねがいします。 부탁합니다.

おはようございます。 안녕하세요(아침인사).

おやすみなさい。 안녕히 계십시오, 안녕히 주무세요.

ごちそうさま(でした)。 잘 먹었습니다.

こちらこそ。 이쪽이야 말로.

ごめんください。 (남의 집을 방문) 실례합니다.

ごめんなさい。 죄송합니다, 미안 합니다(사과할 때).

こんにちは。 안녕하세요(점심 인사)

こんばんは。 안녕하세요(저녁 인사)

さよなら/さようなら。 안녕(헤어질 때)

しつれいしました。 실례했습니다.

しつれいします。 실례합니다.

すみません。 죄송합니다(미안합니다), 감사합니다.

では、また。 그럼, 또.

(いいえ)どういたしまして。 (아니오) 천만에요.

はじめまして。 처음 뵙겠습니다.

(どうぞ、)よろしく。 (아무쪼록) 잘 부탁드립니다.

いってらっしゃい。 잘 다녀오세요.

いってまいります。 다녀오겠습니다.

おかえりなさい。 어서 오세요(귀가했을 때).

おかげさまで。 덕분에.

おだいじに。 몸 조리 잘 하세요.

おまたせいました。 (오래) 기다리셨습니다.

おめでとうございます。 축하합니다.

かしこまりました。 분부대로 하겠습니다, 알겠습니다.

それはいけませんね。 그것 안됐군요.

ただいま。 다녀왔습니다(귀가했을 때).

よく、いらっしゃいました。 잘, 오셨습니다.

ありがとう。 고마워요.

いってきます。 다녀오겠습니다.

おかえり。 어서 오세요(귀가했을 때).

おかけください。 앉으십시오, 앉아 주십시오.

おかまいなく。 꺼려하지 마시고, 괘념 마시고.

おきのどくに。 가엾어라, 불쌍해라.

おげんきですか。 건강하세요.

おじゃまします。 실례합니다(방문할 때).

おはよう。 안녕(아침인사).

おめでとう。 축하해요.

おやすみ。 안녕히(주무세요, 계세요).

おせわになりました。 신세 많이 졌습니다.

おまちください。 기다려 주십시오.

おまちどおさま。 오래 기다리셨습니다.

ごえんりょなく。 사양하지 마시고.

ごくろうさま。 수고하셨습니다.

ごぞんじですか。 아십니까?

ごらんなさい。 보세요.

もうおいとまいたします。 이제 가야겠습니다.

□ **青(あお)い** 푸르다, 파랗다, (얼굴빛) 창백하다, 덜 익다, 풋되다, 미숙하다

青い空。 푸른 하늘.

青い野菜。 녹색 채소.

青い顔色。 창백한 얼굴 빛.

青い実。 풋 열매.

青いことを言う。 풋내 나는 소리를 하다.

□ **赤(あか)い** 붉다, 빨갛다, (사상이) 공산주의적이다

顔が赤くなる。 얼굴이 빨개지다.

彼は赤い。 그는 빨갱이다.

赤い国。 공산국.

□ **明(あか)るい** 밝다, 환하다, 명랑하다, 공명하다, 떳떳하다, 유망하다, ~에 밝다

月が明るい。 달이 밝다.

性格が明るい。 성격이 밝다.

明るい選挙。 공명한 선거.

彼の前途は明るい。 그의 전도는 밝다.

文学に明るい人。 문학에 정통한 사람.

東京の地理に明るい。 도쿄의 지리에 밝다.

□ **浅(あさ)い** 얕다, 깊지 않다, 엷다, 옅다, (정도가) 덜하다, 오래지 않다

浅い海。 얕은 바다.

色が浅い。 색이 옅다

経験が浅い。 경험이 적다.

浅い考え。 얕은 소견.

歴史が浅い。 역사가 짧다.

□ **暖(あたた)かい** (날씨 등이) 따뜻하다, 경제사정이 좋다, 따스한 느낌이다 ⇔ **寒(さむ)い**

暖かい部屋。 따뜻한 방.

暖かい地方。 따뜻한 지방.

今日は懐が暖かい。 오늘은 호주머니[경제] 사정이 좋다.

暖かい色調の壁紙。 따뜻한 색조의 벽지.

□ **温(あたた)かい** (부분이나 마음으로 느끼는 감각) 따뜻하다, (물건이나 음식 등이) 따뜻하다, 다정하다, 정답다 ⇔ **冷(つめ)たい**

温かいご飯。 따뜻한 밥.

温かくもてなす。 따뜻이 환대하다.

温かく微笑みながら迎え入れる。 정답게 미소지으며 맞아들이다.

温かい眼差し。 정겨운 눈길.

□ **新(あたら)しい** 새 것이나, 새롭다, 현대적이다, 싱싱하다, 바뀐 지 얼마 되지 않다

新しい靴。 새 구두.

別に新しい事もない。 별로 새로운 일도 없다.

新しい感覚のデザイン。 새로운[현대적인] 감각의 디자인.

新しい野菜と魚。 싱싱한 채소와 생선.

新しい規則。 (개정된)새 규칙.

新しく来た先生。 새로 온 선생님.

□ **暑(あつ)い** 덥다

暑い天気。 더운 날씨.

今日は大変暑い。 오늘은 매우 덥다.

□ **熱(あつ)い** 뜨겁다, 열정적이다, 열렬하다

湯が熱い。 목욕물이 뜨겁다.

熱い涙。 뜨거운 눈물.

文学に熱い思い。 문학에의 뜨거운 애정.

□ **厚(あつ)い** 두껍다, 두텁다, 독실하다

厚い本。 두꺼운 책.

厚い情け。 두터운 정.

厚く感謝する。 진심으로 감사하다.

信仰が厚い。 신앙이 두텁다.

□ **危(あぶ)ない** 위험하다, 위태롭다, 불확실하다, 미덥지 않다, 불안하다

命が危ない。 목숨이 위태롭다.

不況で会社が危ない。 불황으로 회사가 위태하다.

明日の天気は危ない。 내일 날씨는 불안하다.

当選は危ない。 당선은 불확실하다.

彼の話は危ないものだ。 그의 이야기는 미덥지 못하다.

☐ **甘(あま)い**　달다, 싱겁다, 짜지 않다, 달콤하다, 엄하지 않다, 무르다, 느슨하다, 헐겁다, (칼날 등이) 무디다, (주식 값이) 내림세이다

甘(あま)い味(あじ)がする。 단맛이 나다.

甘(あま)い味噌汁(みそしる)。 싱거운 된장국.

甘(あま)いメロディー。 달콤한 멜로디.

子供(こども)に甘(あま)い。 아이에게 엄하지 않다.

人(ひと)が甘(あま)い。 사람이 아무지지 못하다.

栓(せん)が甘(あま)い。 마개가 헐렁하다.

刀(かたな)の切(き)れ味(あじ)が甘(あま)い。 칼이 잘 들지 않다.

☐ **荒(あら)い**　움직임이 크고 격렬하다, 성격이나 언동이 거칠다, 난폭하고 절도가 없다

波(なみ)が荒(あら)い。 파도가 거칠다.

呼吸(こきゅう)が荒(あら)い。 호흡이 거칠다.

気性(きしょう)の荒(あら)い人(ひと)。 성품이 난폭한 사람.

言葉(ことば)が荒(あら)い。 말이 거칠다.

金遣(かねづか)いが荒(あら)い。 씀씀이가 헤프다.

人使(ひとづか)いが荒(あら)い。 사람 다루기가 거칠다.

☐ **ありがたい**　감사하다, 자기에게 유리하여 기쁘다, 다행스럽다, 반갑다, 달갑다, 거룩하다

親切(しんせつ)にしてくれてありがたい。 친절하게 해 주어서 고맙다.

ありがたいことに誰(だれ)にも見付(みつ)からなかった。 다행스럽게도 아무에게도 들키지 않았다.

ありがたくないお客様(きゃくさま)だ。 달갑지 않은 손님이다.

ありがたい仏様(ほとけさま)。 거룩하신 부처님.

☐ **いい/よい**　좋다, (반어적으로) '나쁘다'의 뜻을 나타냄

いい天気(てんき)だ。 좋은 날씨이다.

もういいかい。 이제 됐니?

酒(さけ)はもういい。 술은 이제 그만.

いい迷惑(めいわく)だ。 달갑지 않다.

いい年(とし)して。 나잇살이나 먹은 주제에

いい気味(きみ)だ。 고소하다, 잘 됐다.

☐ **いけない**　나쁘다, 바람직하지 않다, 딱하다(금지·불가), 안됐다(결점[고장]), 가망 없다, 못쓰게 되다, ～해야 하다, 술을 못하다

いけない子(こ)。 나쁜(못된) 아이.

いけない事(こと)だらけだ。 좋지 않은 일투성이이다.

奥(おく)さんがご病気(びょうき)とはいけないね。 부인이 병환이라니 큰일이군.

胃(い)がいけない。 위가 나쁘다.

いたずらをしてはいけない。 장난치면 안 된다.

窓(まど)を開(あ)けてはいけない。 창문을 열어서는 안 된다.

あの傘(かさ)はもういけない。 저 우산은 이제 못 쓴다.

あの男(おとこ)はずるくていけない。 저 남자는 교활해서 못쓴다.

私(わたし)はちっともいけないんです。 저는 술을 통 못합니다.

☐ **忙(いそが)しい**　바쁘다, 부산하다, 수선스럽다

忙(いそが)しい毎日(まいにち)。 바쁜 나날.

局面(きょくめん)が急(きゅう)に忙(いそが)しくなった。 국면이 갑자기 이상해졌다.

☐ **痛(いた)い**　아프다, 뼈아프다, 뜨끔하다

頭(あたま)が痛(いた)い。 머리가 아프다.

この失敗(しっぱい)は痛(いた)い。 이 실패는 뼈아프다.

これは痛(いた)い。 이건 낭패다.

☐ **薄(うす)い**　얇다, 산뜻하다, 담백하다, 연하다, 적다, 박하다

薄(うす)い紙(かみ)。 얇은 종이.

薄(うす)い赤色(あかいろ)。 연한 빨강.

塩(しお)で薄(うす)く味(あじ)をつける。 소금으로 싱겁게 간을 하다.

興味(きょうみ)の薄(うす)い話(はなし)。 흥미가 적은 이야기.

人情(にんじょう)が薄(うす)い。 인정이 박하다.

☐ **美(うつく)しい**　아름답다, 훌륭하다

美(うつく)しい花(はな)。 아름다운 꽃.

美(うつく)しい行為(こうい)。 훌륭한 행위.

美(うつく)しい友情(ゆうじょう)。 아름다운[흐뭇한] 우정.

☐ **うまい**　맛있다, 실력이 뛰어나다, (자기에게) 편리하다, 바람직하다, 인간관계, 특히 남녀의 사이가 좋다

うまい料理(りょうり)。 맛있는 요리.

なかなかスキーがうまい。 꽤나 스키 솜씨가 뛰어나다.

何(なに)かうまい仕事(しごと)はないかね。 뭐 돈벌이가 될 만한 일은 없을까.

うますぎる話(はなし)には気(き)をつけよ。 너무 달콤한 말에는 조심해라.

彼女(かのじょ)とはうまくやっている。 그녀와는 잘 사귀고 있다.

☐ **うらやましい**　부럽다, 샘이 나다

羨(うらや)ましいと思(おも)わない。 부럽다고 생각하지 않다.

贅沢(ぜいたく)な生活(せいかつ)が羨(うらや)ましい。 사치스러운[호화스런] 생활이 부럽다.

□ **うるさい** 시끄럽다, 잔소리가 많다, 번거롭다, 귀찮다, 까다롭다

うるさくて眠れない。시끄러워 잘 수가 없다.

うるさい先生。잔소리 많은 선생님.

手続きがうるさい。절차가 번거롭다.

うるさくつきまとう。귀찮게 따라다니다.

料理にうるさい人。요리에 까다로운 사람.

□ **嬉(うれ)しい** 기쁘다, 반갑다, 고맙다, 감사하다

会えて嬉しい。만날 수 있어서 기쁘다[반갑다].

合格して嬉しい。합격해서 기쁘다.

お手紙嬉しく拝見しました。편지는 고맙게 받아 보았습니다.

嬉しいことを言ってくれた。고마운 이야기를 해 주었다.

□ **偉(えら)い** 훌륭하다, 장하다, 기특하다, 신분이 높다, 큰일이다,
의외로 중대하다, 대단하다, 심하다, 괴롭다, 뜻밖이다, 난처하다

偉い学者。훌륭한 학자.

親に小遣いをあげるなんて偉い。
부모에게 용돈을 드린다니 기특하다.

会社の偉い人。회사의 높은 분.

偉いことになった。큰일났다.

偉い事件。중대한 사건.

偉い経験をした。대단한 경험을 했다.

偉い寒さ。대단한 추위.

力仕事は偉い。막일은 고되다.

偉いところを見られた。난처한 장면을 들켰다.

□ **おいしい** 맛있다, 맛좋다

おいしいお菓子。맛있는 과자.

魚のおいしい店。생선 맛이 좋은 음식점.

□ **幼(おさな)い** 어리다, 유치하다(미숙하다)

幼い子供。어린 아이.

やり方が幼い。방법이 유치하다.

□ **惜(お)しい** 아깝다, 애석하다, 분하다

捨てるには惜しい。버리기에는 아깝다.

別れが惜しい。이별이 아쉽다.

惜しいことをした。분하게 되었다.

□ **多(おお)い** 많다

悩みの多い人生。고민이 많은 인생.

多くの人が来る。많은 사람이 오다.

⇒ 多い人が来る。(×)

多くの本がある。많은 책이 있다.

⇒ 多い本がある。(×)

□ **大(おお)きい** 크다, (정도가) 심하다, 연장(年長)이다, 허세부리다,
과장하다, 중요[중대]하다, 값어치가 있다, 마음이 넓다

穴が大きい。구멍이 크다.

大きい事業。큰 사업.

声が大きい。소리가 크다.

被害が大きい。피해가 크다[심하다].

二つ大きい兄。두 살 위의 형.

話が大きい。이야기가 거창하다.

大きいことを言う。큰소리치다(허풍을 떨다).

これは我が社にとって大きい問題だ。
이것은 우리 회사로서는 중대한 문제다.

人物が大きい。사람 됨됨이가 크다.

□ **おかしい** 우습다, 이상하다, 의심스럽다, 적절치 못하다

おかしい話で笑わせる。우스운 이야기로 웃기다.

使い方がおかしいんじゃないかね。
사용 방법이 잘못된 것 아냐?

あの二人はどうもおかしい。
저 두 사람은 아무래도 좀 의심스럽다.

式にジーンズとはおかしい。식에 청바지라니 어울리지 않다.

□ **遅(おそ)い** 느리다, 더디다(↔速い), 늦다, 늦어지다(↔早い)

テンポが遅い。템포가 느리다.

仕事が遅い。일이 더디다.

今年の桜は遅いようだ。올해의 벚꽃은 늦게 피는 것 같다.

夜遅く来る。밤늦게 오다.

朝遅く起きる。아침 늦게 일어나다.

電車は5分遅く着いた。전철은 5분 늦게 도착했다.

□ **大人(おとな)しい** 온순하다, 얌전하다, 수수하다, 고분고분하다

大人しい子。얌전한 아이.

大人しい模様。수수한 무늬.

彼女は大人しく従った。그녀는 고분고분 따랐다.

□ **おめでたい** 경사스럽다('めでたい'의 공손한 표현), (좀) 모자라
다, 어리숙하다

おめでたい祭日。경사스러운 축제일.

彼には少しおめでたいところがある。
그에게는 약간 어수룩한 데가 있다.

□ **重(おも)い** 중량이 있다, 중대하다, 중요하다, (정도가) 심하다, (병이) 위중하다, (신분이나 지위 등이) 높다, 중요하다, 후련하지 않다, 침착하다, 진중하다

重いかばん。무거운 가방.

責務は大変重い。책무는 매우 중대하다.

重い税。무거운 세금.

友人の病気が重い。친구의 병이 위중하다.

重い地位。높은[중요한] 지위.

気が重い。우울하다.

重い態度。진중한 태도.

□ **おもしろい** 우습다, 재미있다, 즐겁다, 흥겹다, 흥미 있다, 마음이 끌리다, (예상대로 잘되어) 바람직스럽다, 좋다

おもしろい顔をしている。우스꽝스런 얼굴을 하고 있다.

パーティーはおもしろかった。파티는 흥겨웠다.

会社へ行ってもおもしろくない。
회사에 나가도 즐겁지가 않다.

なかなかおもしろい論文。꽤 흥미 있는 논문.

経営の状態はおもしろくない。
경영 상태가 바람직스럽지 않다.

□ **固(かた)い** 굳다(↔ゆるい 느슨하다, 헐겁다)

固い信念。굳은 신념.

□ **堅(かた)い** 견고하다(↔もろい 부서지기 쉽다)

口が堅い。입이 무겁다. ↔ 口が軽い。입이 가볍다.

＊口が重い。과묵하다. 말수가 적다.

□ **硬(かた)い** 딱딱하다(↔やわらかい 연하다)

硬い文章。딱딱한 문장.

□ **悲(かな)しい** 슬프다, 애처롭다, 구슬프다

父に死なれて悲しい。아버지를 여의어 슬프다.

悲しいほど美しい声。구슬프도록 아름다운 목소리.

□ **辛(から)い** 맵다, 얼얼하다, 짜다, (술맛 등이) 독하다, 쓰다, 가혹하다, 박하다, 괴롭다

辛いカレー。매운 카레

塩が入りすぎて辛い。소금이 너무 들어가서 짜다.

辛い酒。쓴 술.

点が辛い。점수가 짜다[박하다].

辛い目を見る。어려움을 겪다. 괴로운 일을 당하다.

□ **軽(かる)い** 무게가 적다, 경쾌하다, (언행 등이) 경솔하다, 대단하지 않다, 대수롭지 않다, 수월하다, 손쉽다, 맛이 담백하다

荷物が軽い。짐이 가볍다.

身も軽く、心も軽い。몸도 가볍고 마음도 가볍다.

口が軽い。입이 가볍다.

責任が軽い。책임이 가볍다.

軽く勝つ。손쉽게 이기다.

味が軽い。맛이 산뜻하다.

□ **かわいい** 귀엽다, 사랑스럽다, 예쁘장스럽다, 작아서 예쁘다

かわいい子犬。귀여운 강아지.

かわいいことを言う。기특한 소리를 한다. 귀여운 소리를 한다.

かわいい名前。예쁘장스러운 이름.

□ **黄色(きいろ)い** 노랗다, 미숙하다, (여자나 어린애 등의 목소리가) 새되다

黄色い花。노란 꽃.

くちばしが黄色い。부리가 노랗다(어리고 경험이 적음의 비유).

黄色い声をあげる。새된 소리를 지르다.

□ **汚(きたな)い** 더럽다, 불결하다, 천하다, 추잡하다, 비겁하다, 비열하다, 욕심이 많다, 인색하다, 속이 검다, 부정하다

机の上が汚い。책상 위가 지저분하다.

汚い言葉を使う。천한 말씨를 쓰다.

その手は汚いぞ。그 방법은 비열해.

あいつは金に汚い。저 녀석은 돈에 인색하다[욕심이 많다].

金のためにはずいぶん汚いこともする。
돈을 위해서는 꽤나 나쁜 짓도 한다.

□ **きつい** (정도가) 심하다, 강하다, 헐렁헐렁하지 않다(빡빡하다), 엄격하다

きつい仕事。고된 일.

きつい寒さ。혹한.

きつい顔。강인한 얼굴.

きつい子供だ。다부진 아이다.

靴がきつい。구두가 꼭 끼다.

日程がきつい。일정이 빡빡하다.

きつく叱る。엄하게 꾸짖다.

きつい目付き。엄한 눈매.

□ 厳(きび)しい　엄하다, 험준하다, 냉엄하다, 심하다, 호되다, 혹독
하다, 힘겹다
厳しい表情。엄한 표정.
前途が厳しい。앞길이 험난하다.
厳しい国際情勢。냉엄한 국제정세.
厳しい暑さ。혹독한 더위.
生活が厳しい。생활이 힘겹다.

□ 臭(くさ)い　고약한 냄새가 나다, 수상하다, ~의 냄새가 나다, ~같
다, ~처럼 느껴지다, 정도가 심하다
どこかで臭いにおいがする。어디선가 구린내가 난다.
どうもあいつが臭い。아무래도 저 녀석이 수상쩍다.
魚くさい。비린내가 난다.
役人くさい。관리 티가 나다.
馬鹿くさい。어처구니없다.
面倒くさい。몹시 성가시다.

□ 悔(くや)しい　분하다, 억울하다, 유감스럽다, 후회스럽다
あんな奴に馬鹿にされて悔しい。
저런 녀석에게 멸시당해서 분하다.

あそこで決心しなかったことが悔しい。
거기서 결심하지 않았던 것이 후회스럽다.

□ 苦(くる)しい　고통스럽다, 답답하다, 괴롭다, 난처하다, 난감하다,
힘겹다, 고되다, 곤란하다, 궁색하다, 거북하다, 구차하다, ~하기 싫다,
어렵다, 거북하다
息が苦しい。숨이 답답하다.
苦しい気持ち。괴로운 심정.
苦しい立場に置かれる。난처한 입장에 놓이다.
苦しい仕事。힘겨운 일.
苦しい予算。궁색한 예산.
苦しい生活。궁색한 생활.
苦しい弁解。구차한 변명.
息苦しい。숨이 막히다.
聞き苦しい。듣기 거북하다.
見苦しい。보기 흉하다.

苦(くる)しい & 辛(つら)い

苦しいは 일반적인 고통의 상황에 사용,
辛いは 정신적인 고통에 사용하는 경우가 많다.

苦しい立場。난처한 입장.　☞ 꼼짝할 수 없는 상황.
辛い立場。괴로운 입장.　☞ 곤란한 정신 상황을 나타냄.

가계가 어렵다.
家計が苦しい。(○) / 家計が辛い。(×)

□ 詳(くわ)しい　상세하다, 자세하다, 자세히 알고 있다, 정통하다
詳しい解説。자세한 해설.
詳しい地図。상세한 지도.
法律に詳しい。법률에 정통하다.
この辺の地理に詳しい。이 근방의 지리에 밝다.

□ 暗(くら)い　어둡다, 캄캄하다, (색깔 등이) 칙칙하다, 떳떳하지 못
하다, 암담하다, 희망이 없다, (마음이나 표정 등이) 우울하다, 침울하
다, 세상 물정에 어둡다
暗くて本が読めない。어두워서 책을 읽을 수 없다.
暗い色。어두운 색깔.
彼には暗い過去がある。그에게는 떳떳하지 못한 과거가 있다.
暗い政治。어두운 정치.
彼の性格は暗い。그의 성격은 음침하다.
世事に暗い。세상 물정에 어둡다.
この辺りの地理に暗い。이 근처의 지리에 어둡다.

□ 黒(くろ)い　검다, 범죄의 혐의가 짙다, 부정 등의 느낌이 있다, 좋지
않다
黒い髪。검은 머리.
黒い砂糖。흑설탕.
アリバイの点からは黒い。알리바이로 봐서는 혐의가 짙다.
腹が黒い。뱃속이 검다.
黒い死の影。검은 죽음의 그림자.

□ 濃(こ)い　(맛, 냄새, 농도 등이) 진하다, 촘촘하다, 확률이 높다, 사
이가 좋다
味が濃い。맛이 진하다.
濃い霧。짙은 안개.
ひげの濃い人。수염이 많은 사람.
敗色が濃い。패색이 짙다.
血は水より濃い。피는 물보다 진하다.

□ 恋(こい)しい　그립다
恋しい人。그리운 사람.
故郷が恋しい。고향이 그립다.

□ **細(こま)かい** 잘다, 자세하다, 상세하다, 꼼꼼하다, 세심하다, 사소하다, 하찮다, 돈에 대하여 까다롭다, 타산적이다, (금액이) 작다

細かい砂。 잔모래.

細かい事情。 자세한 사정.

細かい注意を払う。 세심한 주의를 하다.

細かい事にまで口を出す。 하찮은 일에까지 참견하다.

金に細かい男。 타산적인 남자.

細かい金がない。 잔돈이 없다.

千円札を細かくする。 천 엔 권을 잔돈으로 바꾸다.

□ **怖·恐(こわ)い** 무섭다, 위험하다, 격렬하다, 험악하다

こわくて大声をあげる。 무서워서 큰 소리를 지르다.

車が多くてこわい道。 차량 통행이 많아서 위험한 길.

こわい声。 격한 목소리.

こわい目付き。 험악한 눈매.

□ **寂(さび)しい** 쓸쓸하다, 한적하다, 적적하다, 허전하다, 서운하다, 내용이 빈약하다

寂しい村。 쓸쓸한 마을.

寂しい毎日を送る。 외로운 나날을 보내다.

彼女と寂しく別れた。 그녀와 서운하게 헤어졌다.

寂しい食事。 초라한 식사.

□ **寒(さむ)い** 춥다, 오싹하다, 서늘하다, 가난하다, 부족하다, (お~ 형태로 사용) 한심하다, 빈약하다

寒い冬。 추운 겨울.

背筋が寒くなるような出来事。 등골이 오싹해지는 듯한 사건.

懐が寒い。 가진 돈이 얼마 되지 않다.

お寒い文化行政。 빈약한 문화행정.

お寒い設備。 한심한 설비.

□ **塩辛(しおから)い** 짜다

塩辛い味。 짠맛.

塩辛味噌汁。 짠 된장국.

□ **四角(しかく)い** 네모지다, 딱딱하다, 격식을 차려 흐트러짐이 없다

四角い顔。 네모진 얼굴.

四角いことを言う。 융통성 없이 딱딱한 말을 하다.

□ **仕方(しかた)ない** 할 수 없다, 하는 수 없다, 틀려먹다, 쓸모없다, 참을 수 없다, 견딜 수 없다

謝るより仕方なかった。 사죄하는 수밖에 도리가 없었다.

怠けてばかりいて仕方ない奴だ。 게으름만 부리고 못쓸 녀석이다.

彼女に会いたくて仕方ない。 여자 친구가 보고 싶어서 죽겠다.

□ **親(した)しい** 친하다, (혈연이) 가깝다, 낯익다, 익숙하다, (부사적으로) 친히, 몸소, (부사적으로) 눈앞에, 목전에

親しい間柄。 친한 사이.

親しい親類。 가까운 친척.

目に親しい歳末の眺め。 눈에 익은 연말의 광경.

親しく手に取ってご覧になる。 친히 손에 들고 보시다.

親しくこの目で見た。 직접 이 눈으로 보았다.

□ **白(しろ)い** 희다, 결백하다, 무죄다

雪のように白い肌。 눈같이 흰 피부.

白いか黒いかまだわからない。 죄가 없는지 있는지 아직 알 수 없다.

□ **少(すく)ない** 적다, 어리다, 나이가 적다

分量が少ない。 분량이 적다.

年が少ない子供。 나이가 어린 아이.

□ **すごい** 무섭다, 무시무시하다, 굉장하다, 대단하다, (정도가) 심하다, (부사적으로 써서) 대단히, 무척

すごい顔をした男。 무서운 얼굴을 한 남자.

すごい美人。 굉장한 미인.

すごいけちだ。 지독한 구두쇠다.

すごく真面目になる。 대단히 진지해지다.

□ **涼(すず)しい** 시원하다, 서늘하다, 산뜻하다, (잘못했으면서도) 태연하게 모르는 체하다

涼しい秋の風。 시원한 가을 바람.

涼しい柄の着物。 무늬가 산뜻한 기모노.

涼しい顔。 나하고는 관계없다는 얼굴. 모른 체하는 얼굴.

□ **酸(す)っぱい** 시다, 시큼하다

酸っぱい味。 신 맛.

ご飯が酸っぱくなる。 밥이 쉬다.

口が酸っぱくなるほど言い聞かせる。 입에 신물이 나도록 타이르다.

□ **素晴(すば)らしい** 훌륭하다, 굉장하다, 멋지다, (부사적으로) 대단히, 몹시, 매우

素晴らしい景色。 멋진 경치.

彼の演奏は素晴らしかった。그의 연주는 훌륭했다.

素晴らしく暑い。몹시 덥다.

素晴らしく大きい家。굉장히 큰 집.

□ **すまない** (사고, 감사, 부탁의 뜻으로) 미안하다

本当にすまないことをした。정말 미안하게 됐다.

すまないけれど、水を一杯ちょうだいな。
미안하지만, 물 한 잔 주시오.

いつも何かと気を使ってもらってすまない。
언제나 여러 모로 신경을 쓰게 해서 미안하다.

□ **狭(せま)い** 좁다

狭い部屋。좁은 방.

視野の狭い人。시야가 좁은 사람.

肩身が狭い。(세상에 대해) 떳떳하지 못하다. 주눅이 들다.

□ **高(たか)い** (위치가) 위쪽이다, (키가) 크다, (신분이나 지위가) 상위이다, (능력이) 뛰어나다, (품위나 품격이) 훌륭하다, 수치가 크다, (목소리나 소리가) 크다, 유명하다, (값이) 비싸다

高い山。높은 산.

背が高い。키가 크다

社会的地位が高い。사회적 지위가 높다.

彼を高く買っている。그를 높이 평가하고 있다.

格調の高い作品。격조 높은 작품.

生活水準が高い。생활수준이 높다.

波が高い。파도가 높다.

高い声で話す。큰 소리로 말하다.

評判が高い。평판이 높다.

値段が高い。가격이 비싸다

□ **正(ただ)しい** (모양 등이) 바르다, 곧다, (몸가짐, 언행, 판단 등이) 옳다, 바르다

形や向きが正しい。모양이나 방향이 바르다.

正しい姿勢。바른 자세.

正しい意見。올바른 의견.

礼儀作法が正しい。예의범절이 바르다.

正しい内容。맞는 내용.

□ **楽(たの)しい** 즐겁다

楽しい音楽。즐거운 음악.

旅の楽しい思い出。여행의 즐거운 추억.

□ **頼(たの)もしい** 믿음직하다, 기대할 만하다, 장래가 촉망되다

若いが、なかなか頼もしい。젊지만 아주 믿음직하다.

将来が頼もしい。장래가 촉망되다.

□ **堪(たま)らない** 견딜 수 없다, 참을 수 없다, 뭐라고 할 수 없을 정도로 좋다

この暑さでは堪らない。이 더위에는 견딜 수 없다.

彼に会いたくて堪らない。그가 보고 싶어서 못 견디겠다.

仕事の後の一杯の酒は堪らない。
일을 한 후의 한 잔 술은 아주 그만이다.

□ **小(ちい)さい** (면적이나 체적이) 크지 않다, (수량이나 정도가) 적다, (소리나 음성이) 약하다, 나이가 어리다, (금전의 단위가) 소액이다, (규모가) 작다, (마음이나 도량이) 좁다

小さく切る。작게 자르다.

被害が小さい。피해가 적다.

小さい声。작은 목소리.

千円を小さくする。천 엔을 잔돈으로 바꾸다.

小さく始める。소규모로 시작하다.

気が小さい。소심하다.

□ **近(ちか)い** 거리나 시간이 짧다, 친근하다, 혈연이 멀지 않다, (성질, 상태, 내용 등이) 비슷하다, 거의 같다, (수치나 수량이) 비슷하다

近い距離。가까운 거리.

彼とは近い関係にある。그와는 친근한 관계에 있다.

近い親戚。가까운 친척.

不可能に近い。불가능에 가깝다.

かれこれ、2年近く前のことです。
그럭저럭 2년쯤 전의 일입니다.

□ **違(ちが)いない** 틀림없다, 확실하다, 정말이다, 바로 그렇다

きっとそうに違いない。꼭 그러함에 틀림이 없다.

違いない、僕が悪かった。그래, 내가 잘못했다.

□ **力強(ちからづよ)い** 마음 든든하다, 힘차다

彼が居るので力強い。그가 있어서 마음 든든하다.

力強い行進。힘찬 행진.

□ **つまらない** 하찮다, 시시하다, 보람이 없다, 소용없다, 흥미가 일지 않다, 재미가 없다, 우습다, 어이없다, 사소하다, 같잖다

ほんのつまらないものですがどうぞ召し上がってください。보잘것없는 것이지만 좀 드십시오.

つまらないおせっかい。부질없는 간섭.

つまらない試合。재미없는 경기.

外の人に取られちゃつまらない。
다른 사람에게 빼앗기면 우스운 꼴이 된다.

つまらないミスで２点取られた。 사소한 실수로 2점 빼앗겼다.

□ 冷(つめ)たい　차갑다, 냉담하다, 매정하다

冷たい飲み物。찬 음료.

冷たい態度。냉담한 태도.

冷たい人。매정한 사람.

□ 強(つよ)い　힘이 세다, 꿋꿋하다, 견고하다, 단단하다, 엄하다, (정도가) 심하다, 튼튼하다, 건강하다, ~을 잘 견디어 내다[이겨내다]

力が強い。힘이 세다.

強い心。강한 마음.

帯を強く結ぶ。허리띠를 세게[단단하게] 매다.

強くしかる。엄히 꾸짖다.

風が強く吹く。바람이 세게 불다.

強い体を作る。튼튼한 몸을 만들다.

不況に強い会社。불황에 강한 회사.

酒に強い。술에 강하다. 술을 잘 마시다.

暑さに強い。더위에 강하다.

□ 辛(つら)い　괴롭다, 고통스럽다, 모질다(냉혹하다), 혹독하다

生きるのが辛い。사는 것이 괴롭다.

咳が出て辛い。기침이 나서 고통스럽다.

辛い仕打ち。혹독한 처사.

辛く当たる。심하게 대하다.

□ 遠(とお)い　(공간적인) 거리가 많이 떨어져 있다. (시간적인) 간격이 많이 떨어져 있다. 추상적으로 차이가 크다. 혈연관계가 멀다. 접촉 관계가 적다, 소원하다, 친근하지 않다, 보거나 하거나 하는 일이 드물다, 관련이 별로 없다, 잘 들리지 않다

駅から遠い。역에서 멀다.

遠い昔の話。먼 옛날이야기.

今の気持ちとはやや遠い。지금의 마음과는 좀 거리가 멀다.

遠い親戚。먼 친척.

二人の間は遠くなった。두 사람 사이는 멀어졌다.

彼には遠く及ばない。그에게는 멀리 미치지 못한다.

遠い間柄。먼[친하지 않은] 사이.

こんなことはもう私から遠くなってしまった。
이런 일은 이제 나로부터 멀어지고 말았다.

人情に遠い科学者だ。인정과는 거리가 먼 과학자다.

電話が遠い。전화가 안 들리다.

耳が遠い。귀가 멀다.

□ とんでもない　터무니없다, 어처구니가 없다, 천만에요

とんでもない値段。터무니없는 값.

あの人が学者だなんてとんでもない。
저 사람이 학자라니 당치도 않다.

お礼をいただくなんてとんでもないことです。
사례를 받다니 천만의 말씀입니다.

とんでもない、僕は無実だ。천만에, 나는 무고하다.

□ 長(なが)い　(공간적으로) 길다, (시간적으로) 길다, 오래다, 길이 멀다

長い文章。긴 문장.

長い歴史。오랜 역사.

長い旅路。머나먼 여로[여행길].

□ 懐(なつ)かしい　그립다

昔が懐かしい。옛날이 그립다.

懐かしい故郷の景色。그리운 고향의 경치.

□ 苦(にが)い　쓰다, 싫다, 언짢다, 괴롭다, 쓰라리다

苦い薬。쓴 약.

苦い顔。언짢은 얼굴.

苦い思いをする。괴로운 경험을 하다.

苦い経験。쓰라린 경험.

□ 憎(にく)い　밉다, (반어적으로) 얄밉도록 훌륭하다, 기특하다

犯人が憎い。범인이 밉다.

憎い奴。미운 놈.

なかなか憎い振る舞いだ。아주 얄미울 정도로 의젓한 태도이다.

□ ～にくい　～하기 어렵다

読みにくい本。읽기 어려운 책.

発音しにくい。발음하기 어렵다.

□ 温(ぬる)い　미지근하다

お茶が温くなった。차가 미지근해졌다.

風呂が温い。목욕물이 미지근하다.

□ 眠(ねむ)い　졸리다, 졸음이 오다, 자고 싶다

眠くなる講義。졸음이 오는 강의.

眠いのを我慢して聞いている。
졸음이 오는 것을 참고 듣고 있다.

□ 馬鹿(ばか)らしい　어리석다. 어처구니가 없다. 바보스럽다
馬鹿らしい話はやめなさい。시시한 이야기는 그만두시오.
コーヒー一杯に千円も払うなんて馬鹿らしい。
커피 한 잔에 1000엔이나 치르다니 어처구니없다.

□ 激(はげ)しい　심하다. 세차다. 격렬하다
激しい痛み。심한 통증.
風が激しい。바람이 세차다.
激しい反対。격렬한 반대.

□ 恥(は)ずかしい　부끄럽다. 창피하다. 수줍다. 겸연쩍다
恥ずかしい行為。부끄러운 행위.
人前に出るのは恥ずかしい。남 앞에 나서기가 겸연쩍다.
少女は恥ずかしそうにうつむいた。
소녀는 수줍은 듯이 고개를 숙였다.

□ 速(はや)い　동작이나 과정 등의 속도가 빠르다
速い汽車。빠른 기차.
速く走る。빨리 달리다.
速く反応する。빨리 반응한다.

□ 早(はや)い　(시간이나 시각이) 이르다. 빠르다. 손쉽다. 훨씬 이전
이다. ~하자마자
早く起きる。일찍 일어나다.
結婚はまだ早い。결혼하기에는 아직 이르다.
手紙を書くより会ったほうが早い。
편지를 쓰기보다 만나는 것이 손쉽다.
早いころに気が付いていた。훨씬 전에 알아차리고 있었다.
席に着くが早いか発言を求める。
자리에 앉자마자 발언을 요구하다.

□ 低(ひく)い　높이가 낮다. (지위나 신분이) 높지 않다. 정도가 높지
않다. 얕다. 저음이다. 능력이 모자라다
背が低い。키가 작다.
身分が低い。신분이 낮다.
血圧が低い。혈압이 낮다.
低いがよい声だ。낮지만 좋은 목소리다.
技術が低い。기술이 낮다.

□ ひどい　잔인하다. 참혹하다. 지독하다. 혹독하다. 심하다. 형편없다
ひどい目に遭う。참혹한 꼴을 당하다.

ひどい寒さ。혹독한[지독한] 추위.
ひどく嫌う。몹시 싫어하다.
ひどい成績。형편없는 성적.

□ 広(ひろ)い　면적이나 폭이 크다. 널리 트여 있다. 미치는 범위가 크
다. 너그럽다
広い海。넓은 바다.
眺望が広い。조망이 넓다.
学問の広い人。학문이 넓은 사람.
心の広い人。마음이 넓은 사람.

□ 深(ふか)い　깊다. 얕지 않다. 감정이나 생각이 깊다. 정도가 크다.
깊다. 관계가 밀접하다. 깊다. 짙다. 한창이다. 뚜렷하다
深い森。깊은 숲.
深い興味を持つ。깊은 흥미를 가지다.
深い眠り。깊은 잠.
深い仲。깊은 사이.
深い色合い。짙은 색조.
春も深い。봄도 깊었다[한창이다].
彫りの深い顔。윤곽이 뚜렷한 얼굴.

□ 相応(ふさわ)しい　어울리다
彼に相応しい奥さん。그에게 어울리는 부인.
彼には商売が一番相応しい。
그에게는 장사가 제일 어울린다.

□ 貧(まず)しい　가난하다. 빈약하다. 부족하다
暮らしが貧しい。살림이 가난하다.
貧しい家に生まれる。가난한 집에 태어나다.
内容の貧しい論文。내용이 빈약한 논문.
貧しい知識。빈약한 지식.

□ 真(ま)っ白(しろ)い　새하얗다
真っ白い雲。새하얀 구름.
真っ白い歯。새하얀 이.

□ 眩(まぶ)しい　눈부시다
眩しいほど白い雪。눈부실 정도로 하얀 눈.
太陽が眩しかった。태양이 눈부셨다.

□ 太(ふと)い　굵다. 강하다. 담차다. 뻔뻔스럽다. 발칙하다
太い足。굵은 다리.

押しの太い交渉。강력히 밀어붙이는 교섭.

太い事をする。뻔뻔스런 짓을 하다.

太い奴だ。뻔뻔스러운 녀석이다.

□ 古(ふる)い　오래되다, 낡다, 긴 세월이 지나 있다, 옛날식이다, 시대에 뒤져 있다

古い建物。낡은 건물.

それは古い日の事であった。그것은 옛날의 일이었다.

考え方が古い。사고방식이 고리타분하다.

その手はもう古い。그 수는 이제 낡았다.

□ 欲(ほ)しい　갖고 싶다, ～하기 바란다, ～해 주었으면 싶다

何も欲しくない。아무것도 갖고 싶지 않다.

静かにしてほしい。조용히 해 주었으면 좋겠다.

はっきり言ってほしい。확실히 말해 주기 바란다.

□ 細(ほそ)い　가늘다, (폭이) 좁다, (양이) 적다, (힘이) 약하다, (소리가) 작다

細い糸。가는 실.

細い道。좁은 길.

食が細い。먹는 양이 적다.

ランプの火を細くする。램프의 불을 가늘게[약하게] 하다.

消え入りそうな細い声で話す。
꺼져 들어가는 듯한 가는 소리로 말하다.

□ まずい　맛이 없다, 서투르다, 못생기다, 거북하다, 난처하다

まずくて食べられない。맛이 없어서 먹을 수 없다.

まずい演技。서투른 연기.

まずい顔。못생긴 얼굴.

先生に知られるとまずい。선생님에게 알려지면 난처하다.

それはまずい事になった。그것 참 난처하게 되었다.

□ 円·丸(まる)い　둥글다, 모나지 않고 온후하다, 원만하다, 원활하다

まるい地球。둥근 지구.

まるい感じの人柄。온화한 느낌을 주는 인품.

仲に立ってまるく収める。중간에서 원만하게 수습하다.

□ 短(みじか)い　(길이가) 짧다, (시간이) 짧다, 성질이 급하다, 조급하다

短いスカート。짧은 스커트.

冬は日が短くなる。겨울은 낮이 짧아진다.

気の短い人。성급한 사람.

□ 蒸(む)し暑(あつ)い　무덥다

蒸し暑い夏の夜。무더운 여름 밤.

今日は蒸し暑くてやりきれない。
오늘은 무더워서 견디기 힘들다.

□ 難(むずか)しい　알기 어렵다, 복잡하다, 해결하기 어렵다, 힘들다, 쉽지 않다, 병이 악화되다, 회복이 어렵다, 까다롭다, (기분이) 언짢다, 번거롭다

難しい問題。어려운 문제.

難しい事態。복잡한 사태.

優勝は難しくなる。우승은 힘들게 되다.

難しい病気。중한 병.

食べ物に難しい。음식에 까다롭다.

難しい顔をしている。언짢은 얼굴을 하고 있다.

難しい手続きが必要である。번거로운 수속이 필요하다.

□ 目覚(めざ)ましい　눈부시다, 놀랍다

目覚ましい発展。눈부신 발전.

目覚ましい活躍。눈부신 활약.

□ 珍(めずら)しい　드물다, 희귀하다, 별나다

珍しい切手。희귀한 우표.

珍しい事件。별난 사건.

彼が早起きするなんて珍しいことだ。
그가 일찍 일어나다니 희한한 일이다.

□ めでたい　경사스럽다(축하할 만하다), 평가나 평판 등이 좋다, (모든 일이) 순조롭다, 호인이다, 어수룩하다

おめでたいことが続く。경사가 잇따르다.

合格して何よりもめでたい。합격해서 무엇보다도 경사스럽다.

社長の覚えがめでたい。사장이 좋게 보고 있다.

めでたく終わる。순조롭게 끝나다.

おめでたい考え。어수룩한 생각.

おめでたい人。어수룩한 사람.

□ 面倒(めんどう)くさい　아주 귀찮다, 몹시 성가시다

辞書を引くのは面倒くさい。사전을 찾기가 몹시 귀찮다.

面倒くさいことをいうな。성가신 소리 말아라.

□ 申(もう)し訳(わけ)ない　변명할 여지가 없다, 미안하다

まったく申し訳ない。정말로 미안하다.

申し訳なく思っております。 미안하게 생각하고 있습니다.

□ 勿体無(もったいな)い 과분하다, (함부로 써서) 아깝다, 불경스럽다, 죄스럽다

もったいないお言葉。 과분한 말씀.

待っている時間がもったいない。 기다리고 있는 시간이 아깝다.

仏様を疎かにするとはもったいない。 부처님을 소홀히 하다니 죄스럽다.

□ 易(やさ)しい 쉽다, 용이하다

易しく説明する。 쉽게 설명하다.

問題が易しい。 문제가 쉽다.

□ 優(やさ)しい 우아하다, 온화하다, 부드럽다, 상냥하다, 친절하고 다정하다

優しい姿。 우아한 모습.

優しい目付き。 온화한 눈길.

優しい心の持主。 상냥한 마음을 가진 사람.

□ 安(やす)い 값이 싸다, 편안하다, 평온하다, 가볍다, 경솔하다

物価が安い。 물가가 싸다.

心を安くお持ちなさい。 마음을 편안하게 가지십시오.

安く引き受ける。 가볍게[경솔하게] 떠맡다.

安く見られる。 가볍게[하찮게] 여겨지다.

□ 易(やす)い 쉽다, 용이하다, ~하기 쉽다

他人を責めるのは易い事だ。 남을 책망하기는 쉬운 일이다.

飲みやすい薬。 먹기 좋은 약.

間違いやすい。 틀리기 쉽다.

□ 柔(やわ)らかい 부드럽다, 포근하다, 따지지 않다

柔らかい餅。 말랑한 떡.

柔らかい体。 유연한 몸.

柔らかい説き方。 순순한 설득 방법.

□ 良(よ)い 좋다, 효과 있다, (신분이나 값이) 높다, 적당하다, 충분하다, 상당하다, 이롭다

頭がよい。 머리가 좋다.

よく効く薬。 잘 듣는 약.

身分のよい人。 신분이 높은 사람.

よいところへ来た。 마침 잘 왔다.

よく注意する。 십분 주의하다.

よい年をしてなんだ。 나잇살이나 먹고서 무슨 꼴이냐.

体によい。 몸에 이롭다.

□ よろしい 'よい(좋다)'의 공손한 표현, 적당하다, 적절하다, (승낙할 때의 표현) 좋다

帰ってもよろしい。 돌아가도 좋다.

ちょうどよろしい。 아주 알맞다[적절하다].

よろしい、やりましょう。 좋습니다. 합시다.

□ 弱(よわ)い 강하지 않다, 연하고 무르다, (소리 등이) 희미하다, 능숙하지 않다, 견디는 힘이 세지 못하다, 튼튼하지 못하다

視力が弱い。 시력이 약하다.

蚊の弱い声。 가냘픈 모기 소리.

英語に弱い。 영어에 약하다.

酒に弱い。 술에 약하다.

弱い体。 약한 몸.

□ 若(わか)い 젊다, 손아래이다, 젊게 보이다, 미숙하다, 설익다, (번호나 숫자가) 다른 것에 비해서 0에 가깝다, 수가 적다

若い人。 젊은 사람.

僕より三つ若い。 나보다 세 살 어리다.

年の割りに若く見える。 나이보다는 젊어 보이다.

考え方がまだ若い。 사고방식이 아직 어리다.

若い番号。 빠른 번호.

数字の若い方。 숫자가 적은 쪽.

□ 悪(わる)い 옳지 않다, 못되다, 좋지 않다, 잘못하다, (보기) 싫다, 실례가 되다, 미안하다, 아프다

頭が悪い。 머리가 나쁘다.

僕が悪かった。 내가 나빴어[잘못했어].

悪い人に出合った。 보기 싫은 사람을 만났다.

何かお礼をしないと悪いよ。 무엇인가 답례를 하지 않으면 실례가 돼요.

あの人に悪い。 저 사람에게 미안하다.

どこか悪いのか。 어디 아픈가?

□ **新(あら)た** 새로움, 생생함
人生の新たな出発。 인생의 새로운 출발.
新たな感動を呼ぶ。 생생한 감동을 부르다.

□ **安全(あんぜん)** 안전 ☞ 주로 명사로 사용되지만 な형용사로도 사용
交通安全。 교통안전.
安全な遊び場。 안전한 놀이터.

□ **嫌・厭(いや)** 싫음, 바라지 않음, 좋아하지[하고 싶지] 않음, 불쾌함
嫌な人。 싫은 사람.
時にはパーティーに出るのも嫌ではありません。
때로는 파티에 나가는 것도 싫지는 않습니다.
嫌な顔をする。 불쾌한 표정을 짓다.
周りの人に嫌なことを言う。 주위 사람에게 불쾌한 말을 하다.

□ **いろいろ** 여러 가지, 갖가지
いろいろな物を買う。 여러 가지 물건을 사다.
いろいろお世話になりました。 여러 모로 신세 졌습니다.

□ **穏(おだ)やか** 평온함, 차분함, 조용함, (부정 형태로) 온당하지 못하다
穏やかな海。 잔잔한 바다.
穏やかに話す。 차분하게 말하다.
穏やかでないことを言う。 불온한 말을 하다.

□ **同(おな)じ** 같음, 동일함, (「同じなら」의 형태로) 어차피, 이왕에
同じ会社。 같은 회사.
長さは同じだ。 길이는 같다.
同じことなら海へ行こう。 이왕이면 바다로 가자.
同じ働くなら楽な仕事がいい。
어차피 일할 바에는 편한 일이 좋다.

□ **快適(かいてき)** 쾌적
快適な温度。 쾌적한 온도.
快適な旅行。 쾌적한 여행.

□ **勝手(かって)** 제멋대로 함, 자기 좋을 대로 함
勝手な奴。 건방진 녀석.
勝手にしろ、僕は関係しない。
멋대로 해라, 나는 상관하지 않는다.

□ **器用(きよう)** 손재주가 있음, 솜씨가 좋음, 요령이 좋음, 약삭빠름, 순순히 하는 모양
手先が器用な人。 손재주가 있는 사람.
世の中を器用に泳ぐ。 세상을 요령 좋게 헤쳐 나가다.
器用に快く受け入れる。 순순히 기분 좋게 받아들이다.

□ **嫌(きら)い** 싫음, 싫어함, 꺼림
大嫌いな人。 몹시 싫어하는 사람.
嫌いな学科が多い。 싫은 학과가 많다.

□ **気楽(きらく)** 홀가분함, 한가함, 무사태평함
気楽に暮らす。 홀가분하게 지내다.
気楽な人だ。 속 편한 사람이다.
気楽なことを言う。 한가한 소리를 하다.

□ **きれい** 예쁨, 아름다움, 청결함, 깨끗함, 흠이 없음, 남김 없음, 완전함
きれいな人。 예쁜 사람.
空気がきれいだ。 공기가 맑다[깨끗하다].
きれいな選挙。 깨끗한 선거.
きれいに食べてしまう。 말끔히 먹어 치우다.
きれいに忘れる。 깨끗이 잊다.

□ **結構(けっこう)** 훌륭함, 좋음, 충분함, 만족스러움, 다행임. (부사로) 꽤, 제법, 상당히
結構な贈り物。 훌륭한 선물.
もう結構です。 이제 충분합니다.
お元気で結構です。 건강하셔서 다행입니다.
結構おいしい。 꽤 맛있다.
結構役に立つ。 상당히 쓸모 있다.

□ **下品(げひん)** 천함, 품위가 없음
下品な人。 천한 사람.
下品な言葉づかい。 상스러운 말씨.

□ **元気(げんき)** 기운, 기력, 건강한 모양, 활발함
元気を出す。 기운을 내다.
お元気ですか。 안녕하십니까?
元気な子供。 활발한 아이.

□ 細(こま)やか 자상함, 세밀함, 짙은 모양, 아기자기한 모양, 정이 두터운 모양

細やかに説明する。 자세히 설명하다.

細やかに化粧する。 짙게 화장을 하다.

細やかな愛情。 두터운 애정.

□ 盛(さか)ん 번성함, 번창함, 왕성함, 열렬함, 성함, 유행함, 빈번함

工業が盛んだ。 공업이 번성하다.

食欲が盛んだ。 식욕이 왕성하다.

雨が盛んに降る。 비가 세차게 오다.

野球が盛んだ。 야구가 한창 유행하고 있다.

盛んに話しかける。 자꾸 말을 걸다.

□ 残念(ざんねん) 유감스러움, 아쉬움, 분함, 억울함

残念なことに。 유감스럽게도.

残念ながらやめます。 유감스러우나 그만둡니다.

残念に思う。 분하게 생각한다.

□ 邪魔(じゃま) 방해, 장애, 훼방. (남의 집을) 방문하다, 찾아뵙다

仕事の邪魔をする。 일을 방해하다.

近いうちにお邪魔します。 가까운 시일 안에 찾아뵙겠습니다.

□ 上手(じょうず) 하는 일이 능숙함, 솜씨가 좋음, 듣기 좋은 발림소리를 잘함.

絵が上手だ。 그림을 잘 그린다.

好きこそ物の上手なれ。 좋아하면 자연히 능숙해진다.

お上手を言う。 발림소리를 하다.

□ 上等(じょうとう) 뛰어남, 훌륭함

これで上等だ。 이것이면 훌륭하다.

８０点取れば上等だ。 80점 맞으면 훌륭하다.

□ 上品(じょうひん) 품위가 있음, 고상함

上品な婦人。 품위 있는 부인.

上品に笑う。 고상하게 웃다.

□ 自由(じゆう) 자유 ☞ 주로 명사로 사용되지만 な형용사로도 사용

自由意志。 자유의사.

表現の自由。 표현의 자유.

英語を自由に話す。 영어를 자유로이 말하다.

□ 丈夫(じょうぶ) 건강함, 튼튼함, 단단함

丈夫そうな子。 건강해 보이는 아이.

丈夫な靴下。 튼튼한 양말.

気を丈夫に持つ。 마음을 단단히 먹다.

□ 親切(しんせつ) 친절(함)

親切な態度。 친절한 태도.

親切に案内してくれた。 친절하게 안내해 주었다.

□ 心配(しんぱい) 근심스러움, 걱정스러움, 염려스러움, 배려, 돌보아 줌.

試験の結果が心配だ。 시험 결과가 걱정스럽다.

彼は食事の心配までしてくれた。
그는 식사 배려까지 해 주었다.

適当な家を心配してほしい。 적당한 집을 물색해 주시오.

□ 好(す)き 좋아함, 마음 내키는 대로임, 제멋대로 함

好きな人。 좋아하는 사람.

大好き。 매우 좋아함.

好きなようにしたまえ。 마음대로 하렴.

好きな事を言う。 제멋대로 말하다.

□ 素直(すなお) 순진함, 순순함, 고분고분함

素直な子。 순진한 아이.

好意を素直に受ける。 호의를 순수하게 받아들이다.

忠告を素直に聞く。 충고를 고분고분히 듣다.

□ 速(すみや)か 빠름, 신속함

速かな解決。 신속한 해결.

速かに返答する。 재빨리 대답하다.

□ 相当(そうとう) 꽤, 제법, 상당함

相当に寒い。 제법 춥다.

相当な成功。 상당한 성공.

□ 大事(だいじ) 소중함, 중요함

大事に扱う。 소중히 다루다.

大事な用件。 중요한 용건.

□ 大丈夫(だいじょうぶ) 괜찮음, 걱정 없음, 틀림없음, 확실함

体はもう大丈夫ですか。 몸은 이제 괜찮습니까?

彼なら大丈夫、上手にやるよ。 그러면 틀림없다. 잘 할 것이다.

□ 大好(だいす)き 매우 좋아하는 모양

大好きな曲。 아주 좋아하는 곡.

甘い物は大好きだ。 단 것은 아주 좋아한다.

□ **大切**(たいせつ) 중요함, 귀중함, 소중함, 소중하게 다루거나 아끼는 모양
健康ほど大切なものは無い。 건강만큼 소중한 것은 없다.
水を大切に使う。 물을 아껴 쓰다.

□ **大変**(たいへん) 대단함, 굉장함, 엄청남. 힘듦, 고생스러움
大変な雪になる。 큰 눈으로 변하다.
この仕事はなかなか大変だ。 이 일은 몹시 힘이 든다.

□ **確**(たし)**か** 확실함, 틀림없음, 정확함, 든든함, 단단함, 안전함, 멀쩡함
確かな事実。 틀림없는 사실.
この時計は確かですか。 이 시계는 정확합니까?
確かな基礎。 든든한 기초.
確かな方法。 안전한 방법.
気は確かだ。 정신은 멀쩡하다.

□ **駄目**(だめ) 허사임, 소용없음. 좋지 않음, 못쓰게 됨. 불가능함, 가망이 없음. 해서는 안 됨
努力をしたが駄目だった。 노력을 하였으나 허사였다.
雨で試合が駄目になった。 비로 시합은 못하게 되었다.
病人は駄目だと分かっていた。
환자는 가망이 없음을 알고 있었다.

たばこを吸っては駄目だ。 담배를 피워서는 안 된다.

□ **丁寧**(ていねい) 친절함, 정중함, 공손함. 주의 깊고 세심함, 공들임
丁寧な挨拶。 공손한 인사.
丁寧な返事を書く。 정중한 답장을 쓰다.
丁寧な仕事。 주의 깊게 하는 일.

□ **適切**(てきせつ) 적절함
適切に表現する。 적절히 표현하다.
適切な批判。 적절한 비판.

□ **適当**(てきとう) 적합함, 적절함, 알맞음. 대강대강 함, 대충 해 버림
適当な結婚相手。 적당한 결혼 상대.
適当な運動。 적당한 운동.
適当なことを言う。 적당히 얼버무려 말하다.
面倒なので適当に返事をする。 귀찮아서 적당히 대답하다.

□ **手頃**(てごろ) (크기 등이) 알맞음, (능력이나 조건에) 적합함
手頃の石。 손에 쥐기에 알맞은 돌.
手頃な値段。 적당한 가격.

□ **特別**(とくべつ) 특별 ☞ 주로 명사로 사용되지만 な형용사로도 사용
特別休暇。 특별휴가.
特別な関係。 특별한 관계.

□ **得意**(とくい) 바라는 대로 되어 흐뭇함, 우쭐거리는 모양, 숙달되어 있음, 자신이 있음
得意な気分。 흐뭇한 기분.
得意になって歌っている。 신이 나서 노래 부르고 있다.
英語が得意だ。 영어를 잘 한다.

□ **苦手**(にがて) 다루기 어렵고 싫은 상대, 잘하지 못함, 서투름
あいつはどうも苦手だ。 저 녀석은 어쩐지 대하기가 벅차다.
英語は苦手だ。 영어는 골칫거리다[서투르다].

□ **賑**(にぎ)**やか** 번화함, 활기참. 떠들썩함, 명랑하게 떠드는 모양
賑やかな祭り。 활기찬 축제.
彼がいると実に賑やかだ。 그가 있으면 정말 떠들썩하다.

□ **熱心**(ねっしん) 열심임
仕事に熱心な人。 일에 열심인 사람.
熱心に働く。 열심히 일하다.

□ **筈**(はず) 당연히 ~일 터이다. (그럴 예정임을 나타냄) ~할 것, (과거에 있었던 일을 확인하는 뜻을 나타냄) ~했을 터, (부정 형태로) ~리 없다
彼はもう着いているはずだ。 그는 이미 도착했을 것이다.
事業はうまく行くはずだ。 사업은 잘될 것이다.
そう言っておいたはずだ。 그렇게 말해 두었을 것이다.
そんなはずはない。 그럴 리가 없다.

□ **必要**(ひつよう) 필요
必要は発明の母。 필요는 발명의 어머니.
必要な手段を取る。 필요한 수단을 쓰다.

□ **暇**(ひま) 한가한 모양
暇な職場。 한가한 직장.
暇になる。 한가해지다.

□ **複雑**(ふくざつ) 복잡
複雑な仕事。 복잡한 일.
複雑な事情がある。 복잡한 사정이 있다.

□ **不便**(ふべん) 불편
不便を感じる。 불편을 느끼다.

交通の不便な田舎。교통이 불편한 시골.

□ 下手(へた) (솜씨가) 서투름, 서투른 사람, 어설픔, 섣부름

下手な字を書く。서투른 글씨를 쓰다.

下手な学者よりも知識がある。어설픈 학자보다 지식이 있다.

□ 変(へん) 보통과 다름, 이상함. 예상 밖임, 엉뚱함

変な話。이상한 이야기.

事件が変な方向に発展した。
사건은 엉뚱한 방향으로 발전하였다.

□ 便利(べんり) 편리함

便利な道具。편리한 도구.

使うに便利だ。사용하기에 편리하다.

□ 真面目(まじめ) 진지함, 진실임. 성실함, 착실함

真面目な話。진지한 이야기.

真面目に仕事をする。성실하게 일을 하다.

□ 無駄(むだ) 보람이 없음, 쓸데없음, 헛됨

無駄に終わる。보람 없이 끝나다.

金を無駄に使う。돈을 낭비하다[헛되이 쓰다].

やってみたが無駄だった。해 보았으나 허사였다.

□ 有名(ゆうめい) 유명 ☞ 주로 명사로 사용되지만 な형용사로도 사용

有名になる。유명해지다.

有名な作家。유명한 작가.

□ 楽(らく) 편안함, 안락함. 수월함, 쉬움, 용이함

楽な姿勢。편안한 자세.

注射をして痛みが楽になる。주사를 맞아 통증이 누그러지다.

楽な問題。쉬운 문제.

□ 立派(りっぱ) 훌륭함, 더 말할 나위 없음, 충분함

立派な食事。훌륭한 식사.

立派な成績。뛰어난 성적.

立派な理由。충분한 이유.

立派な大人だ。어엿한 어른이다.

□ わがまま 제멋대로 굶, 버릇없음

わがまま勝手にする。제멋대로 굴다.

わがままなことを言う。
남의 생각은 하지 않고 제멋대로 말을 하다.

い형용사 반대어 익혀 두기

□ 高^{たか}い	비싸다	↔	安^{やす}い	싸다
□ 高^{たか}い	높다, (키가) 크다	↔	低^{ひく}い	낮다, (키가) 작다
□ 熱^{あつ}い	뜨겁다	↔	冷^{つめ}たい	차다
□ 暑^{あつ}い	덥다	↔	寒^{さむ}い	춥다
□ 厚^{あつ}い	두껍다	↔	薄^{うす}い	얇다
□ 濃^こい	짙다, 진하다	↔	薄^{うす}い	묽다, 연하다
		↔	淡^{あわ}い	담백하다
		↔	水^{みず}っぽい	수분이 많다, 묽다, 싱겁다
□ 早^{はや}い	(시간) 이르다, 빠르다	↔	遅^{おそ}い	늦다, 느리다
□ 速^{はや}い	(속도, 동작) 빠르다	↔	遅^{おそ}い	더디다, 느리다
□ 易^{やさ}しい	쉽다	↔	難^{むずか}しい	어렵다
□ 優^{やさ}しい	상냥하다, 친절하다	↔	怖^{こわ}い	무섭다
□ 深^{ふか}い	깊다	↔	浅^{あさ}い	얕다
□ 明^{あか}るい	밝다	↔	暗^{くら}い	어둡다
□ 黒^{くろ}い	검다	↔	白^{しろ}い	희다
□ 暖^{あたた}かい	따뜻하다	↔	涼^{すず}しい	시원하다
□ 新^{あたら}しい	새롭다	↔	古^{ふる}い	오래되다
□ 嬉^{うれ}しい	기쁘다	↔	悲^{かな}しい	슬프다
□ 楽^{たの}しい	즐겁다	↔	苦^{くる}しい	괴롭다
□ 多^{おお}い	많다	↔	少^{すく}ない	적다
□ 大^{おお}きい	크다	↔	小^{ちい}さい	작다
□ 重^{おも}い	무겁다	↔	軽^{かる}い	가볍다
□ おいしい	맛있다	↔	まずい	맛없다
□ 軟^{やわ}らかい	부드럽다	↔	固^{かた}い	단단하다
□ 強^{つよ}い	강하다	↔	弱^{よわ}い	약하다
□ 広^{ひろ}い	넓다	↔	狭^{せま}い	좁다
□ 太^{ふと}い	굵다, 뚱뚱하다	↔	細^{ほそ}い	가늘다, 날씬하다
□ 細^{こま}かい	잘다, 미세하다	↔	粗^{あら}い	거칠다
□ 近^{ちか}い	가깝다	↔	遠^{とお}い	멀다
□ 長^{なが}い	길다	↔	短^{みじか}い	짧다
□ よい/いい	좋다	↔	悪^{わる}い	나쁘다

□ 静かだ　조용하다, 고요하다　↔　賑やかだ　번화하다, 활기차다
□ 好きだ　좋아하다　↔　嫌いだ　싫어하다
□ 便利だ　편리하다　↔　不便だ　불편하다
□ 楽だ　편안하다　↔　不便だ　불편하다
□ 上手だ　잘하다　↔　下手だ　못하다
□ 得意だ　잘하다(특기다)　↔　苦手だ　못하다
□ 派手だ　화려하다　↔　地味だ　수수하다

맛을 나타내는 형용사 익혀 두기

□ 甘い　달다
□ うまい　맛있다, 잘하다
□ おいしい　맛있다
□ まずい　맛없다, 재미없다
□ 辛い　맵다
□ 甘辛い　맛이 짙어 달고도 짭짤하다
□ 苦い　쓰다
□ ほろ苦い　씁쓰레하다, 씁쌀하다
□ 渋い　떫다
□ 酸っぱい　시다
□ 甘酸っぱい　달콤새콤하다
□ しょっぱい　짜다

□ 塩辛い　짜다
□ 生臭い　비린내가 나다
□ 香ばしい(芳ばしい)　향기롭다, 구수하다
□ 濃い　짙다, 진하다
□ 脂っこい　기름기가 많고 느끼하다
□ 水っぽい　수분이 많다, 묽다, 싱겁다
□ 淡い　담백하다
□ 薄い　묽다, 연하다
□ まろやかな味　순한 맛, 부드러운 맛
□ こってりした味　진한 맛(담박하지 않고 짙은 맛)
□ あっさりした味　산뜻한 맛(얕은 맛)
□ さっぱりした味　산뜻한 맛(담박한 맛)

[필수 동사] 종합 대책

あ行

□ **愛(あい)する** 사랑하다, 몹시 좋아하다, 좋아하다
子を愛する。 자식을 사랑하다.
酒を愛する。 술을 좋아하다.

□ **合図(あいず)する** 신호하다
目で合図する。 눈으로 신호하다.

□ **合(あ)う** 맞다, 일치하다, 어울리다, 알맞다, 조화되다, 합치다, 서로 ~하다
靴が足に合う。 구두가 발에 맞다.
服に合わないネクタイ。 옷에 어울리지 않는 넥타이.
二つの川が合う。 두 강이 만나다.
話し合う。 이야기를 주고받다[나누다].

□ **あう(会う)** 만나다
友達と会う。 친구를 만나다.

□ **上(あ)がる** 오르다, (비가) 그치다, 흥분하다, 다 ~하다, 「行(い)く 가다」, 「訪(たず)ねる 방문하다」의 겸양어, 「食(た)べる 먹다」, 「飲(の)む 마시다」, 「吸(す)う」의 존경어
階段を上がってくる。 계단을 올라오다.
雨が上がる。 비가 그치다.
大勢の前なのであがってしまった。 많은 사람들 앞이라서 흥분해 버렸다.
明日はおじゃまにあがります。 내일 찾아뵙겠습니다.
たばこをあがる。 담배를 피우시다.
お酒をおあがりください。 술을 드십시오.

□ **あく(開く)** 열리다, 구멍이 뚫리다
窓が東に開いている。 창문이 동쪽으로 나 있다.
店が開いている。 가게가 영업을 하고 있다.
目を開く。 눈을 뜨다.

□ **空(あ)く** (시간이) 나다, (공간이) 비다, 나다, 공석이 되다
時間が空く。 시간이 나다.
席がたくさん空いている。 자리가 많이 비어 있다.
課長の席が空く。 과장 자리가 비다.

□ **開(あ)ける** 열다, 책을 펴다, 눈을 뜨다
店を開ける。 가게를 열다.
目を開ける。 눈을 뜨다.

□ **空(あ)ける** 비우다, (구멍을) 뚫다, 틈[시간을] 내다
家を空ける。 집을 비우다.
穴を空ける。 구멍을 뚫다.
日曜日は空けておきましょう。 일요일은 (시간을) 내겠습니다.

□ **あげる** (상대방에게) 주다, 드리다
友達にあげた本。 친구에게 준 책.

□ **(～て)あげる** (～해) 주다, ～여 주다[드리다]
説明してあげる。 설명해 주다.

□ **上(あ)げる** (낮은 곳에서 높은 곳으로) 움직이다, (지위, 정도, 자격, 가치, 값을) 높이다, (성과, 수익을) 거두다, 얻다, 끝내다, 「やる 주다」의 공손어, 겸양어
箱を棚に上げる。 상자를 선반 위에 얹다.
顔を上げる。 얼굴을 들다.
声を上げる。 소리를 지르다.
スピードを上げる。 스피드[속도]를 내다.
利益を上げる。 이익을 올리다.
値段を上げる。 값을 올리다.
仕事を上げる。 일을 끝내다.
先生にプレゼントを上げる。 선생님께 선물을 주다[드리다].
読んであげましょう。 읽어 드리죠.

□ **あさねぼうする(朝寝坊する)** 늦잠 자다

□ **味(あじ)わう** (음식의) 맛을 보다, 체험하다, 감상하다, 음미하다
塩加減はどうかと味わう。 간이 어떠한지 맛을 보다.
人生の苦しみを味わった人。 인생의 괴로움을 맛본 사람.
酒を味わう。 술을 음미하다.
名曲を味わう。 명곡을 감상하다.

□ **預(あず)かる** 맡다, 보관하다, (책임, 결정을) 맡다[떠맡다], (공개, 결정을) 보류해 두다
貴重品を預かる。 귀중품을 보관하다.
多くの生命を預かる。 숱한 생명을 책임지다.
問題を議長が預かる。 문제를 의장이 떠맡다.
辞表は預かっておく。 사표는 보류해 두겠다.

□ **預(あず)ける** 맡기다

荷物を預ける。 짐을 맡기다.

この事件の解決は先生に預ける。
이 사건의 해결은 선생님에게 일임한다.

勝負を預ける。 승부의 판정을 맡기다.

□ **遊(あそ)ぶ** 놀이를 하다, 놀아나다, 활용되지 않고 있다. (~に遊
(あそ)ぶ의 형태로) 유람하다, 유학하다

野球をして遊ぶ。 야구를 하며 놀다.

若いときずいぶん遊んだものだ。
젊어서는 꽤나 놀아났었지(방탕했었지).

遊んでいる金が少しある。 놀고 있는 돈이 조금 있다.

日光に遊ぶ。 日光를 유람하다.

東京大学に遊ぶ。 東京大学에 유학하다.

□ **温(あたた)まる/暖(あたた)まる** 따뜻해지다, 마음이 훈훈
해지다, (주머니가) 두둑해지다

風呂に入って温まる。 목욕을 해서 따뜻해지다.

心の暖まる小説。 마음이 훈훈해지는 소설.

ふところが暖まる。 주머니가 두둑해지다.

□ **温(あたた)める/暖(あたた)める** 따뜻하게 하다, (새가 알
을) 품다, 간직하다, (출전을 하지 않은 후보 선수가) 벤치를 지키다, 슬
쩍 착복하다

酒を温めて飲む。 술을 데워서 마시다.

卵を温める。 알을 품다.

心の中に温めておく。 마음속에 고이 간직해 두다.

補欠選手がベンチを温める。 후보 선수가 벤치를 지키다.

落し物を温める。 습득물을 슬쩍 삼키다.

□ **扱(あつか)う** 다루다, 취급하다, 중재하다, 대접하다

機械を扱う。 기계를 다루다.

販売を扱う。 판매를 담당하다.

けんかを扱う。 싸움을 중재하다.

客を大切に扱う。 손님을 정중히 대접하다.

□ **集(あつ)まる** 모이다(자동사), 집중하다

都市に集まる。 도시에 모여들다

視線が集まる。 시선이 쏠리다.

□ **集(あつ)める** 모으다(타동사)

切手を集める。 우표를 모으다.

視線を集める。 시선을 모으다.

□ **浴(あ)びる** 뒤집어쓰다, (흠뻑) 쬐다, 받다

シャワーを浴びる。 샤워를 하다.

朝日を浴びる。 아침 햇살을 쬐다.

非難を浴びる。 비난을 받다.

□ **謝(あやま)る** 사죄하다, 사과하다, 손들다, 사절하다

あっさり謝る。 깨끗이 사과하다.

そんな難しい仕事は謝るよ。 그런 어려운 일은 사양하겠네.

□ **洗(あら)う** 씻다, (물결이) 밀려왔다 밀려갔다 하다, (자세히 들춰)
조사하다

食器を洗う。 식기를 씻다.

岸辺を洗う波音。 해변을 철썩거리는 파도소리.

身元を洗う。 신원을 철저히[자세히] 조사하다.

□ **争(あらそ)う** 다투다, 경쟁하다, (争(あらそ)われない의 형태로)
숨길 수 없다, 어쩔 수 없다

兄弟が争う。 형제가 싸우다.

決勝で彼と争うことになった。
결승에서 그와 경쟁하게 되었다.

年は争われない。 나이는 숨길 수 없다.

血は争われない。 피는 어쩔 수 없다.

□ **表(あらわ)す** 표하다, 나타내다, 증명하다, 발휘하다

敬意を表す。 경의를 표하다.

悲しみを表す。 슬픔을 나타내다.

腕前を表す。 수완을 발휘하다.

□ **現(あらわ)す** 나타내다, 드러내다, 널리 알리다 (顕(あらわ)す로
쓰기도 함)

姿を現す。 모습을 나타내다.

名を現・顕す。 이름을 널리 알리다. 유명해지다.

頭角を現わす・顕す。 두각을 드러내다.

□ **有(あ)る** 있다, (무게·넓이·높이·거리가 얼마만큼) 되다

面白い話がある。 재미나는 이야기가 있다.

妻がある。 아내가 있다.

試験がある。 시험이 있다.

６０階もあるビル。 60층이나 되는 빌딩.

駅まで2キロある。 역까지 2킬로미터 된다.

※사람, 동물의 존재는 일반적으로 いる 동사를 사용한다. 그러나 사람의
　경우, 가족·친구 등의 유무와 소유의 의미로 ある가 사용되기도 한다.

彼女は子供があります。 그녀는 아이가 있습니다.

□ **在(あ)る** 존재하다, 살아있다, 위치하다, (~にある의 형태로) ~에 달려있다
賛成する人がある。 찬성하는 사람이 있다.
神はあるのか。 신은 있는가(존재하는가)?
東京の南にある。 東京의 남쪽에 있다.
責任は彼にある。 책임은 그에게 있다.

□ **歩(ある)く** 걷다, 산책하다, (여기저기 돌아다니며) ~하다
急いで歩く。 급히 걷다.
あちこち売り歩く。 여기저기 팔며 다니다.
見て歩く。 보고 다니다.

□ **合(あ)わせる** 맞추다, 맞게 하다, 어울리게 하다, 합주하다, 여미다
答えを合わせる。 답을 맞추다.
ラジオのダイアルを合わせる。 라디오 다이얼을 맞추다.
服を靴に合わせる。 옷을 구두에 맞추다.
琴と笛を合わせる。 거문고와 피리를 맞추다[합주하다].
襟を合わせる。 옷깃을 여미다.

□ **言(い)い出(だ)す** 말을 꺼내다, 말을 시작하다
それを言い出したのは彼だ。
그것을 말하기 시작한 것은 그 사람이다.

□ **言(い)いつける** 명령하다, 고자질하다, 일러바치다, 늘 말하다
子供に買物を言いつける。 아이에게 물건을 사오라고 시키다.
先生に言いつける。 선생님에게 일러바치다.
小言を言いつけている。 늘 잔소리를 하고 있다.

□ **言(い)う** 말하다, 이야기하다
もう一度言ってください。 다시 한 번 말해 주시오.

□ **生(い)きる** 살다, 생존하다
これは生きるか死ぬかの問題だ。
이것은 사느냐 죽느냐의 문제다.

□ **(~て)いく** ~해 가다, ~고 가다
この研究は卒業後も続けていくつもりです。
이 연구는 졸업 후에도 계속해 갈 생각입니다.

□ **行(い)く/行(ゆ)く** 가다
映画を見に行く。 영화를 보러 가다.

□ **いじめる** 괴롭히다, 못살게 굴다
弟をいじめる。 동생을 괴롭히다.
動物をいじめてはいけない。 동물을 학대해서는 안 된다.

□ **急(いそ)ぐ** 서두르다
急いで書く。 급히 쓰다.
道を急ぐ。 길을 재촉하다.

□ **致(いた)す** 가져오다, 야기하다, 보내다, 다하다, 애쓰다, 「する 하다」의 겸양어
人を死に致す。 남을 죽음에 이르게 하다(죽게 하다).
書を致す。 편지를 보내다.
力を致す。 힘을 다하다.
私が致します。 제가 하겠습니다.

□ **いただく** 「もらう」의 겸사말, 받다, 「飲(の)む 마시다/食(た)べる 먹다」의 겸사말.
先生にお土産をいただきました。
선생님한테서 선물을 받았습니다.
もう十分いただきました。 벌써 충분히 먹었습니다.

□ **祈(いの)る** 빌다, 기원하다
神に祈る。 신에게 빌다.

□ **いらっしゃる**
① 「行(い)く 가다」의 높임말. 가시다
どちらへいらっしゃいますか。 어디에 가십니까?
② 「来(く)る 오다」의 높임말. 오시다
どちらからいらっしゃいましたか。 어디에서 오셨습니까?
③ 「居(い)る 있다」의 높임말. 계시다
どちらにいらっしゃいますか。 어디에 계십니까?

□ **居(い)る** (사람이나 동물이) 있다, 존재하다
部屋の中に誰かいますか。 방 안에 누군가가 있습니까?

□ **要(い)る** 필요하다 ▶ 1그룹 활용
返事は要りません。 회답은 필요 없습니다.

□ **入(い)れる** 넣다, 들어가게 하다, 개입하다, 참견하다, (차를) 내다, 달이다, (전기를) 작동시키다, 켜다
手に入れる。 손에 넣다.
横から口を入れる。 옆에서 말참견하다.
お茶を入れる。 차를 끓이다.
スイッチを入れる。 스위치를 켜다.

□ **祝(いわ)う** 축하하다, 축하의 선물을 하다, 행운을 기원하다
合格を祝う。 합격을 축하하다.
知人の栄転に鯛を祝う。 친지의 영전에 도미를 보내어 축하하다.
門出を祝う。 새 출발을 축복하다.

□ 植(う)える　심다. 끼워 넣다. 주입하다. 배양하다. 접종하다
庭(にわ)に木(き)を植(う)える。 마당에 나무를 심다.
活字(かつじ)を植(う)える。 활자를 심다. 식자(植字)하다
倫理観(りんりかん)を植(う)える。 윤리관을 주입하다.
菌(きん)を植(う)える。 균을 배양하다.

□ 伺(うかが)う　「聞(き)く 듣다. 尋(たず)ねる 묻다. 訪(たず)ねる
방문하다」의 겸양어
先生(せんせい)から伺(うかが)う。 선생님께 삼가듣다.
先生(せんせい)に伺(うかが)う。 선생님께 여쭙다.
お宅(たく)に伺(うかが)う。 댁으로 찾아뵙다.

□ 受(う)ける　받다. 받아들이다. (피해를) 입다. (시험을) 치르다. 향하
다. 호평을 받다. 인기를 얻다
ボールを受(う)ける。 공을 받다.
相談(そうだん)を受(う)ける。 상담을 받다.
受(う)けられない話(はなし)。 받아들일 수 없는 이야기.
真(ま)に受(う)ける。 곧이듣다.
試験(しけん)を受(う)ける。 시험을 치르다.
母(はは)の受(う)けたショック。 어머니가 받은 충격.
南(みなみ)を受(う)けて建(た)てられた家(いえ)。 남향으로 세워진 집.
大衆(たいしゅう)に受(う)ける。 대중에게서 호평을 받다.
大(おお)いに受(う)けた。 크게 호평을 받았다.

□ 動(うご)かす　움직이다. 옮기다
電車(でんしゃ)を動(うご)かす。 전차를 움직이다.
大金(たいきん)を動(うご)かす。 큰돈을 움직이다.
心(こころ)を動(うご)かす。 마음을 움직이다(감동시키다).
椅子(いす)を前(まえ)に動(うご)かす。 의자를 앞으로 옮기다.

□ 動(うご)く　움직이다. 작동하다. 흔들리다. 행동하다. 변하다
雲(くも)が動(うご)く。 구름이 움직이다.
電車(でんしゃ)が動(うご)く。 전철이 움직이다.
友人(ゆうじん)のために動(うご)く。 친구를 위해 활동하다.
世(よ)の中(なか)が動(うご)く。 세상이 변하다.

□ 歌(うた)う　노래 부르다. (새가) 지저귀다
歌(うた)を歌(うた)う。 노래를 부르다.
鳥(とり)が歌(うた)う。 새가 지저귀다.

□ 疑(うたが)う　의심하다
目(め)を疑(うたが)う。 (잘못 본 것이 아닌가) 눈을 의심하다.
疑(うたが)う余地(よち)がない。 의심할 여지가 없다.
犯人(はんにん)と疑(うたが)われる。 범인이라고 의심받다.

□ 打(う)ち合(あ)わせる　미리 의논하다. 협의하다. 맞부딪치다
日程(にってい)を打(う)ち合(あ)わせておく。 일정을 미리 의논해 두다.
石(いし)に鉄(てつ)を打(う)ち合(あ)わせる。 돌에 쇠를 맞부딪치다.

□ 打(う)ち消(け)す　부정하다
報道(ほうどう)を打(う)ち消(け)す。 보도를 부인하다.
うわさを打(う)ち消(け)す。 소문을 부인하다.

□ 打(う)つ　치다. 때리다. (주사를) 놓다. (감동, 자극을) 주다. (장기, 바
둑을) 두다. 부딪치다. (재료를 쳐서) 만들다. (수단, 방법을) 쓰다
ヒットを打(う)つ。 히트를 치다.
ほおを打(う)つ。 뺨을 때리다.
注射(ちゅうしゃ)を打(う)つ。 주사를 놓다.
胸(むね)を打(う)つ話(はなし)。 심금을 울리는 이야기.
碁(ご)を打(う)つ。 바둑을 두다.
倒(たお)れて頭(あたま)を打(う)つ。 넘어져서 머리를 부딪치다.
そばを打(う)つ。 메밀국수를 손으로 밀다.
ストを打(う)つ。 파업을 하다.
打(う)つ手(て)がない。 손쓸 방법이 없다.

□ 写(うつ)す　(문서, 그림 등을) 베끼다. 복사하다. 그리다. 묘사하다.
(사진을) 찍다
コピー機(き)で文書(ぶんしょ)を写(うつ)した。 복사기로 문서를 복사했다.
ノートに山(やま)を写(うつ)す。 노트에 산을 그리다.
記念写真(きねんしゃしん)を写(うつ)す。 기념사진을 찍다.

□ 移(うつ)す　(다른 장소로) 옮기다. (직장, 직무, 관할을) 옮기다. (관
심의 대상을) 돌리다. 전염시키다. (일을 다음 단계로) 옮기다
家(いえ)を移(うつ)す。 집을 옮기다. 이사하다.
職場(しょくば)を東京(とうきょう)に移(うつ)す。 직장을 東京로 옮기다.
視線(しせん)を移(うつ)して外(そと)を見(み)る。 시선을 옮겨 바깥을 보다.
風邪(かぜ)を人(ひと)に移(うつ)す。 감기를 남에게 옮기다.
計画(けいかく)を実行(じっこう)に移(うつ)す。 계획을 실행으로 옮기다.

□ 写(うつ)る　찍히다
暗(くら)くてもよく写(うつ)るカメラ。 어두워도 잘 찍히는 카메라.

□ 移(うつ)る　이동하다, 변하다, 바뀌다, (시간이) 흐르다, (빛깔, 냄새가) 옮다, (병이) 옮다
家が東京に移る。집이 東京로 옮겨지다.
関心が移る。관심이 다른 데로 옮아가다.
風俗が移る。풍속이 변하다.
時が移る。시간이 흐르다. 시대가 바뀌다.
薬のにおいが移る。약 냄새가 옮다(스며들다).
病気が移る。병이 옮다(전염되다).

□ 生(う)まれる　태어나다, 새로 생기다, 발생하다
生れて初めて見る。태어나서 처음 보다.
新しい会社が生れる。새 회사가 생기다.
やっと利益が生まれた。간신히 이익이 발생했다.

□ 売(う)る　팔다
家を売る。집을 팔다.

□ 売(う)り切(き)れる　다 팔리다, 매진되다
1日で売り切れた。하루에 다 팔렸다.

□ 売(う)れる　팔리다, 널리 알려지다, 시집가다
飛ぶように売れる商品。날개 돋친 듯이 팔리는 상품.
売れている作家。널리 알려져 있는[인기가 있는] 작가.
末の娘もようやく売れた。막내딸도 겨우 시집갔다.

□ 選(えら)ぶ　고르다, 뽑다, 택하다
品を選ぶ。물건을 고르다.
委員に選ばれる。위원으로 뽑히다.
日を選ぶ。날짜를 택하다. 택일하다.

□ 得(え)る　얻다, 획득하다
利益を得る。이익을 얻다.
志を得る。뜻을 이루다.
信頼を得る。신뢰를 얻다.
資格を得る。자격을 얻다.

□ 遠慮(えんりょ)する　사양하다, 삼가다
あまり遠慮するな。너무 사양하지 마라.
たばこを遠慮する。담배를 삼가다.

□ おいでになる　오시다, 가시다, 계시다
どちらへおいでになりますか。어디에 가십니까?
どちらからおいでになりましたか。어디에서 오셨습니까?

どちらにおいでになりますか。어디에 계십니까?

□ 追(お)う　쫓다, 뒤쫓다, 몰다, 쫓기다, 내쫓다
先生のあとを追う。선생님의 뒤를 따르다.
流行を追う。유행을 따르다.
犯人を追う。범인을 뒤쫓아 가다.
牛を追う。소를 몰다.
生活に追われる。생활에 쫓기다.
公職を追われる。공직에서 추방당하다.

□ 終(お)える　끝내다, 끝마치다
仕事を終える。일을 끝내다.
学校を終える。학교를 마치다(졸업하다).

□ 起(お)きる　일어나다, 일어서다, 기상하다, 깨어 있다, 자지 않고 있다, 생기다, 발생하다
目覚ましが鳴っても起きない。
자명종이 울려도 일어나지 않는다.
転んでも、ただは起きない。
자빠져도 거저는 안 일어선다(지독히 타산적이다).
夫が帰宅するまで起きて待つ。
남편이 돌아올 때까지 자지 않고 기다리다.
事件が起きる。사건이 발생하다.

□ 置(お)く　두다, 놓다, 설치하다, 남겨 놓다, 전당잡히다, 간격을 두다, 마음에 두다
本を机の上に置く。책을 책상 위에 두다
苦しい立場に置かれる。괴로운 처지에 놓이다.
県に保健所を置く。현에 보건소를 두다.
子供を置いて家出する。아이를 남겨 놓고 가출하다.
着物を質に置く。옷을 전당잡히다.
一軒置いた隣。한 집 걸러 있는 이웃.
一行置いて書く。한 행 띄우고 쓰다.
信用の置けない人だった。신용할 수 없는 사람이었다.

□ 送(お)く る　보내다, 안내하다, 배웅하다, 떠나보내다, 세월을 보내다, 좇히다, 갚다
小包を送る。소포를 보내다.
声援を送る。성원을 보내다.
私がお宅までお送りいたします。
제가 댁까지 모셔다 드리겠습니다.
空港で人を送る。공항에서 사람을 떠나보내다.

いたずらに月日を送る。헛되이 세월을 보내다.

順にひざを送る。차례대로 무릎을 이동하여 좁혀 앉다.

恩を送る。은혜를 갚다. 은혜에 보답하다.

□ 遅(おく)れる **(일정한 시간보다) 늦다, (예정보다) 더디다, 못하다 [뒤지다], (시계가) 늦다**

5分遅れて現れる。5분 늦게 나타나다.

結婚が遅れた。결혼이 늦어졌다.

流行に遅れる。유행에 뒤지다.

この時計は毎日5分ずつ遅れる。
이 시계는 매일 5분씩 늦는다.

□ 起(お)こす **일으키다, 깨우다, (밭을) 일구다, 떼어내다, 젖히다, (일을) 시작하다, (자연현상, 사회현상, 생리현상, 감정, 욕정을) 일으키다**

老人を助け起こす。노인을 부축해 일으키다.

妻を起こす。아내를 깨우다.

畑を起こす。밭을 일구다.

芝を起こす。잔디를 떼어내다.

カードを起こす。카드를 젖히다.

事業を起こす。사업을 일으키다[시작하다].

腹痛を起こす。복통을 일으키다.

事件を起こす。사건을 일으키다.

やる気を起こす。의욕을 일으키다.

やけを起こす。자포자기하다.

□ 行(おこな)う **행동하다, 실시하다, 실행하다, 거행하다, 취급하다, 처리하다**

指示どおりに行った。지시대로 행동했다.

研究を行う。연구를 실시하다.

テストを行う。시험을 실시하다.

卒業式を行う。졸업식을 거행하다.

事務を行う。사무를 처리하다.

□ 起(お)こる **발생하다, 시작되다, 기인하다, 기원을 두다, 비롯하다, (감정, 욕망이) 생기다, 솟아오르다**

地震が起こる。지진이 발생하다.

戦争が起こる。전쟁이 시작되다.

争いは誤解から起こる。싸움은 오해 때문에 일어난다.

この儀式は江戸時代に起こった。
이 의식은 에도(江戸)시대에 비롯되었다.

好奇心が起こる。호기심이 생기다.

雲がわき起こる。구름이 피어오르다.

□ 怒(おこ)る **성내다, 화내다, 꾸짖다, 나무라다**

かんかんに怒る。노발대발하다.

人にだまされて怒る。남에게 속아서 성내다.

ひどく怒られた。몹시 꾸지람을 들었다.

□ 教(おし)える **가르치다, (자신이 아는 것을) 알리다, 훈계하다**

英語を教える。영어를 가르치다.

名前を教える。이름을 알려주다.

生き方を教える。살아가는 법을 가르쳐 주다.

身を以て教える。몸소 가르치다.

□ 押(お)す **밀다, 누르다, 납작하게 펴서 붙이다, 억지로 ～하다, 압도하다, 다짐하다**

ドアを押して開ける。문을 밀어서 열다.

上から押す。위에서 누르다.

判子を押す。도장을 찍다.

金箔を押す。금박을 입히다.

病気を押して出掛ける。병을 무릅쓰고 외출하다.

押しっぱなしの試合。일방적으로 우세한 시합.

念を押す。다짐하다.

駄目を押す。다짐하다. 못을[쐐기를] 박다.

□ 教(おそ)わる **배우다, 가르침을 받다**

家庭教師に英語を教わる。가정교사에게 영어를 배우다.

□ 落(お)ち着(つ)く **자리 잡다, 가라앉다, 안정되다, 정착되다, (의견이 접근하여) 해결을 보다, (색조가) 조화롭고 야하지 않다**

東京に落ち着く。東京에 자리 잡다.

騒ぎが落ち着く。소란이 가라앉다.

相場が落ち着いた。시세가 안정되었다.

落ち着いて行動する。차분하게 행동하다.

計画を変更することで話が落ち着く。
계획을 변경하기로 이야기가 해결되다[결말나다].

落ち着いた色のネクタイ。차분한 색깔의 넥타이.

落ち着いた服装をする。점잖은 복장을 하다.

□ 落(お)ちる **떨어지다, (눈, 비가) 내리다, 무너지다, 지다, 비치다, 빠지다, 지워지다, 누락되다, 타락하다, (기준보다) 낮아지다, 빠져들다, 함락되다, (어음이) 결제되다, 납득하다, 이해되다**

株価が落ちる。주가가 하락하다.

雨が落ちてきた。비가 오기 시작했다.

火事で屋根が落ちた。화재로 지붕이 내려앉았다.

星は消え月も落ちた。별은 사라지고 달도 졌다.

夕空は水の上に落ちていた。
저녁 하늘은 물 위에 그림자를 던지고 있었다.

色が落ちる。색이 지워지다.

ページが落ちている本。페이지가 누락되어 있는 책.

彼も落ちるところまで落ちた。그도 타락할 대로 타락했다.

体力が落ちる。체력이 약해지다.

能率が落ちる。능률이 저하되다.

店は人の手に落ちた。가게는 남의 손에 넘어갔다.

今月の１０日に手形が落ちる。
이번 달 10일에 어음이 결제된다.

腑に落ちない。납득이 안 가다.

□ **おっしゃる** 말씀하시다, 「言(い)う 말하다」의 존경어

私にできることがありましたらおっしゃってください。
제가 도와드릴 일이 있으면 말씀해 주십시오

□ **落(お)とす** 떨어뜨리다, (달려 있는 것을) 떨다, 흘리다, 비추다, 제거하다, 벗기다, 잃다, 빠뜨리다, 분실하다, 잃어버리다, 빼다, 제외하다, 낙방시키다, 전락시키다, 나쁘게 말하다, 함락시키다, 도살하다, 기가 죽다, (나쁜 상태에) 빠뜨리다, (경매에서) 낙찰되다, 처리하다, 결제하다

地面に落とす。땅에 떨어뜨리다.

首を落として反省をしていた。
고개를 떨어뜨리고 반성하고 있었다.

木々はすっかり葉を落とした。
나무들은 남김없이 잎을 떨어 버렸다.

涙を落とす。눈물을 흘리다.

明るい光を落としていた。밝은 빛을 비추고 있었다.

顔の汚れを落とす。얼굴의 더러움을 벗기다.

化粧を落とす。화장을 지우다.

命を落とす。목숨을 잃다.

名簿から名前を落とした。명부에서 이름을 빠뜨렸다.

バスの中で金を落としてしまった。
버스 안에서 돈을 잃어버리고 말았다.

会員から落とす。회원에서 빼다.

成績の悪い学生は落とす。성적이 나쁜 학생은 낙제시키다.

質を落とす。품질을 떨어뜨리다.

やくざの仲間に身を落とした。깡패의 한 패거리로 전락했다.

大勢の前で人を落とすような話ぶり。
많은 사람들 앞에서 남을 얕보는 듯한 말투.

城を落とす。성을 함락시키다.

鶏を落とす。닭을 잡다.

気が落とす。낙심하다.

わなに落とす。함정에 빠뜨리다.

トンネル工事に入札して落とす。
터널 공사에 입찰하여 낙찰되다.

費用を伝票で落とす。비용을 전표로 처리하다.

□ **踊(おど)る** 춤추다
ワルツを踊る。왈츠를 추다.

□ **驚(おどろ)かす** 놀라게 하다
鳥の声に驚かされる。새 소리에 놀라다.

□ **驚(おどろ)く** 놀라다, 경악하다
驚くべき事件。놀랄 만한 사건.

大きな音に驚く。큰 소리에 놀라다.

驚くなかれ、百万部を売りつくした。
놀라지 마라, 백만 부를 모두 팔았다.

□ **覚(おぼ)える** (자연히) 느끼다, 기억하다, 익히다
疲れを覚える。피로를 느끼다.

よく覚えている。잘 기억하고 있다.

使い方を覚える。사용법을 익히다.

□ **思(おも)い出(だ)す** 생각해 내다, 상기하다, 생각나다
忘れていたことを思い出す。잊고 있었던 일을 상기하다.

用事を思い出したので帰ります。
볼일이 생각나서 돌아가겠습니다.

□ **思(おも)う** 생각하다, 예상하다, 느끼다, 원하다, 소망하다, 회상하다, 사랑하다, 그리워하다

思ったことを言う。생각한 것을 말하다.

彼が勝つだろうと思う。그가 이길 것이라고 예상한다.

嬉しく思う。기쁘게 생각하다.

思う存分いっぱい食べた。소원대로 잔뜩 먹었다.

昔を思う。옛날을 생각하다.

子を思う親心。자식을 사랑하는 어버이의 마음.

▶ 考(かんが)える ⇒ 객관적, 지적인 경우에 사용

▶ 思(おも)う ⇒ 감정적, 의지적, 주관적인 경우에 사용

□ 泳(およ)ぐ　헤엄치다. (세상을) 헤어 나가다. 처세하다. (틈바구니를) 헤집고 나가다
海で泳ぐ。바다에서 헤엄치다.
政界を泳ぎ回る。정계를 헤어 나가다.
世の中を泳ぐ。세상을 헤엄쳐 나가다.
人込みの中を泳ぐ。인파를 헤치고 나아가다.

□ 降(お)りる　(탈것, 역에서) 내리다. (지위, 직책에서) 물러나다. 그만두다
船から降りる。배에서 내리다.
部長を降りる。부장 직책에서 물러나다.

□ 下(お)りる　(아래로) 내리다. 내려오다. 내려가다. (이슬, 서리가) 내리다. (관청 등으로부터 결정, 지시가) 나오다. (지위, 직책을) 물러나다. 그만두다
階段を下りる。계단을 내려오다[내려가다].
しもが下りた朝。서리가 내린 아침.
許可が下りる。허가가 나오다.
会長の席を下りる。회장 직책을 물러나다.

□ 居(お)る　있다. 「いる 있다」의 겸양어
明日は家におります。내일은 집에 있겠습니다.

□ 折(お)る　접다. 굽히다. 꺾다. 부러뜨리다
紙を折る。종이를 접다.
腰を折る。허리를 굽히다. 인사하다.
我を折る。자기의 주장을 굽히다. 양보하다.
木の枝を折る。나뭇가지를 꺾다.

□ 折(お)れる　접히다. 꺾이다. 부러지다. 구부러지다. 힘들다. 애먹다
厚すぎて二つに折れない。너무 두꺼워서 둘로 접히지 않다.
木の枝が折れる。나뭇가지가 꺾이다.
我が折れる。고집이 꺾이다.
川の左に折れて流れる。강의 왼쪽으로 구부러져 흐르다.
相手が折れて出る。상대편이 양보하여 나오다.
骨が折れる仕事。힘든 일.

□ 降(お)ろす　(아래로) 내려뜨리다. (탈것에서) 내려놓다. 물러나게[그만두게] 하다
旗を降ろす。기를 내리다.
乗客を降ろす。승객을 내려주다.
荷を降ろす。짐을 내려놓다.
主役から降ろす。주역을 그만두게 하다.

□ 下(お)ろす　(아래로) 내려뜨리다. (아래로) 뻗어 내리다. 밀어 깎다. (가지를) 치다. 낙태시키다. (돈을) 꺼내다. 어육을 베어 가르다. 새 것을 쓰기 시작하다. (부담을) 덜다. 물러나게 하다. 그만두게 하다
上げた手を下ろす。올린 손을 내리다.
看板を下ろす。간판을 내리다(떼다).
木が根を下ろす。나무가 뿌리를 내리다.
髪を下ろす。삭발하다.
枝を下ろす。가지를 치다.
子供を下ろす。아이를 떼다. 낙태시키다.
貯金を下ろす。저금을 인출하다.
魚を三枚に下ろす。생선을 세 부분(양쪽 살과 뼈)으로 가르다.
新しい靴を下ろす。새 구두를 처음으로 신다.
肩の荷を下ろす。어깨의 짐을 내리다. 부담스러운 일을 면하다.
主役から下ろされる。주역에서 물러나게 되다.

□ 終(お)わる　끝나다. 마치다. 끝마치다
授業が終わる。수업이 끝나다.
失敗に終わる。실패로 끝나다.
机上の空論に終わる。탁상공론으로 끝나다.
飲み終わる。술을 다 마시다.
これで私の講演を終わります。
이것으로 저의 강연을 끝마치겠습니다.
これで放送を終わります。이것으로 방송을 끝마치겠습니다.

□ ます형＋終(お)わる　다 ~하다. 끝나다
本を読み終わる。책을 다 읽다.

か行

□ 買(か)う　구입하다. (원한을) 자초하다. 초래하다. (높이) 평가하다
土地を買う。토지를 사다.
人の恨みを買う。남의 원한을 사다.
憎しみを買う。미움을 사다.
けんかを買って出る。싸움을 사서 하다. 싸움을 맡고 나서다.
彼の努力を買う。그의 노력을 높이 평가하다.
才能を買う。재능을 인정하다.

□ **返(かえ)す** (빌린 것을) 돌려주다, (원래의 상태로) 되돌리다, 되돌려 놓다, 갚다

お金(かね)を返(かえ)す。 빌린 돈을 돌려주다.

もとの形(かたち)に返(かえ)す。 원래의 모습으로 되돌려 놓다.

使(つか)ったものをもとの所(ところ)に返(かえ)す。
사용한 물건을 제자리에 되돌려 놓다.

恩(おん)を返(かえ)す。 은혜를 갚다.

言(い)い返(かえ)す。 말을 되받아 하다. 되쏘아 붙이다.

礼(れい)を返(かえ)す。 답례하다.

□ **帰(かえ)す** 돌려보내다

生徒(せいと)たちを家(いえ)に帰(かえ)す。 학생들을 집으로 돌려보내다.

子供(こども)を一人(ひとり)で帰(かえ)してはいけない。
아이를 혼자 돌아가게 해서는 안 된다.

□ **帰(かえ)る** 돌아가다[돌아오다]　▶ 1그룹 활용

家(いえ)に帰(かえ)る。 집으로 돌아가다.

訪問客(ほうもんきゃく)が帰(かえ)った。 방문객이 돌아갔다.

□ **変(か)える** 바꾸다, 변경시키다, (장소를) 옮기다

顔色(かおいろ)を変(か)える。 안색을 바꾸다.

予定(よてい)を変(か)える。 예정을 바꾸다.

位置(いち)を変(か)える。 위치를 바꾸다.

□ **代(か)える** 대신하다

書面(しょめん)をもって挨拶(あいさつ)に代(か)える。 서면으로써 인사를 대신하다.

部長(ぶちょう)に代(か)えて課長(かちょう)を派遣(はけん)する。
부장을 대리하여 과장을 파견하다.

□ **替(か)える・換(か)える** 바꾸다, 교환하다, 갈다

物(もの)を金(かね)にかえる。 물건을 돈으로 바꾸다.

職業(しょくぎょう)をかえる。 직업을 바꾸다.

親切(しんせつ)は金(かね)にかえられない。 친절은 돈으로 바꿀 수 없다.

命(いのち)にはかえられない。 목숨과는 바꿀 수 없다.

畳(たたみ)の表(おもて)をかえる。 다다미 겉을 갈다.

□ **掛(か)かる** 걸리다, 매달리다, 걸려들다, 마음에 걸리다, 소요되다, 끼치다, 걸려오다, 덤비다, 공격하다, 가해지다, 상연[상영]하다, 무게가 나가다, 부과되다, 착수하다

壁(かべ)に掛(か)かっている。 벽에 걸려 있다.

鳥(とり)が網(あみ)に掛(か)かる。 새가 그물에 걸려들다.

気(き)にかかる。 마음에 걸리다. 걱정되다.

時間(じかん)と金(かね)が掛(か)かる仕事(しごと)。 시간과 돈이 드는 일.

迷惑(めいわく)が掛(か)かる。 폐가 되다. 누를 끼치다.

電話(でんわ)が掛(か)かる。 전화가 걸려오다.

一度(いちど)に掛(か)かって行(い)く。 한꺼번에 덤벼들다.

芝居(しばい)が掛(か)かる。 연극이 상연되다.

3キロ掛(か)かる。 (무게가) 3킬로그램 나가다.

税金(ぜいきん)が掛(か)かる。 세금이 부과되다.

著述(ちょじゅつ)に掛(か)かる。 저술을 시작하다.

□ **書(か)く** 쓰다, 적다

漢字(かんじ)で書(か)く。 한자로 쓰다.

日記(にっき)を書(か)く。 일기를 쓰다.

□ **掛(か)ける** 걸다, 걸리게 하다, (말을) 붙이다, 얹다, 세우다, 놓다, 걸터앉다, 잠그다, 채우다, 마음을 쓰다, 뿌리다, 치다, 몸에 걸치다, 씌우다, (희망을) 걸다, (폐, 영향을) 끼치다, (돈, 시간, 수고를) 들이다, 가입하다, 곱하다, (작용을) 가하다, (도구, 기계를) 작동시키다, 부과하다

帽子(ぼうし)を壁(かべ)に掛(か)ける。 모자를 벽에 걸다.

看板(かんばん)を掛(か)ける。 간판을 내걸다.

肩(かた)に手(て)を掛(か)ける。 어깨에 손을 얹다.

わなを掛(か)ける。 덫을 놓다.

かぎを掛(か)ける。 자물쇠를 잠그다.

心(こころ)に掛(か)ける。 유념하다.

エプロンを掛(か)ける。 앞치마를 두르다.

カバーを掛(か)ける。 커버[덮개]를 씌우다.

望(のぞ)みを掛(か)ける。 희망을 걸다.

人(ひと)に迷惑(めいわく)を掛(か)ける。 남에게 폐를 끼치다.

時間(じかん)を掛(か)ける。 시간을 들이다.

火災保険(かさいほけん)に掛(か)ける。 화재보험에 들다.

2(に)に2(に)を掛(か)ける。 2에 2를 곱하다.

圧力(あつりょく)を掛(か)ける。 압력을 가하다.

ブレーキを掛(か)ける。 브레이크를 걸다.

税金(ぜいきん)を掛(か)ける。 세금을 부과하다.

□ **飾(かざ)る** 장식하다, 꾸미다, 빛내다, 진열하다

花(はな)で飾(かざ)る。 꽃으로 장식하다.

有終(ゆうしゅう)の美(び)を飾(かざ)る。 유종의 미를 거두다.

商品(しょうひん)を飾(かざ)る。 상품을 진열하다.

□ 貸(か)す　빌려 주다, 꾸어 주다
金を貸す。돈을 꾸어 주다.

家を貸してもらう。집을 빌리다.

□ 数(かぞ)える　(수를) 세다, 열거하다
人数を数える。인원수를 세다.

罪状を数える。죄상을 열거하다.

□ 片付(かたづ)く　정돈[정리]되다, 처리되다, 시집가다
机の上が片付く。책상 위가 정돈되다.

事件が片付く。사건이 해결되다.

宿題が片付く。숙제가 끝나다.

娘が片付く。딸이 시집가다.

□ 片付(かたづ)ける　정돈[정리]하다, 결말을 내다, 방해자를 처치
하다, 시집보내다
部屋を片付ける。방을 치우다.

仕事を片付ける。일을 결말짓다.

ボスを片付ける。두목을 처치했다.

娘を片付ける。딸을 시집보내다.

□ 語(かた)る　말하다, 이야기하다
語って聞かせる。이야기하여 들려주다.

彼の目が本心を語っていた。그의 눈이 본심을 말하고 있었다.

□ 勝(か)つ　이기다, 극복하다, 앞서다, 획득하다, (다른 것보다) 더 ～
하다
戦いに勝つ。싸움에 이기다.

誘惑に勝つ。유혹을 이겨내다.

根性では彼の方が勝っている。
근성으로는 그가 더 앞서 있다.

競馬で勝った金。경마에서 딴 돈.

赤みの勝った色。붉은 빛이 더 나는 색깔.

理性の勝った人。이성이 강한 사람.

□ 被(かぶ)る　(모자를) 쓰다, (피해, 누명을) 뒤집어쓰다, (연극이) 끝
나다
帽子を被る。모자를 쓰다.

人の罪を被る。남의 죄를 뒤집어쓰다.

頭から水を被る。머리에 물을 뒤집어쓰다.

芝居が被る。연극이 끝나다.

□ 構(かま)う　상관하다, 관계하다, 돌보다, 마음을 쓰다, (상대하여)
놀리다
たばこを吸っても構いませんか。
담배를 피워도 상관없겠습니까?

子供に構わぬ母親。아이를 돌보지 않는 어머니.

服装を少しも構わない。복장을 조금도 신경 쓰지 않는다.

誰も構う者がない。아무도 상대해 주는 사람이 없다.

犬を構う。개를 놀리다.

□ かまいません　상관없습니다, 괜찮습니다
たばこを吸ってもかまいませんか。
담배를 피워도 괜찮겠습니까?

□ 噛(か)む　(깨)물다, 씹다, 맞물리다, 세차게 부딪치다
犬に噛まれる。개에게 물리다.

よく噛んで食べる。잘 씹어서 먹다.

うまく噛んだ歯車。꼭 맞물린 톱니바퀴.

岩を噛む波。바위를 세차게 때리는 파도.

□ 通(かよ)う　다니다, 왕래하다, 통하다, 통하는 점이 있다
会社に通う。회사에 다니다.

心の通う友。마음이 통하는 벗.

空気のよく通う場所。공기가 잘 통하는 장소.

性格にどこか通うものがある。
성격에 어딘지 비슷한 구석이 있다.

□ 借(か)りる　빌리다
本を借りる。책을 빌리다.

力を借りる。힘을 빌리다.

この席を借りて一言します。
이 자리를 빌려 한 마디 하겠습니다.

□ ～がる　～하게 여기다, ～싶어하다, ～체하다
うれしがる。기뻐하다.

行きたがる。가고 싶어하다.

強がる。센 체하다.

□ 可愛(かわい)がる　귀여워하다, 애지중지하다, 따끔한 맛을 보
여 주다
孫を可愛がる。손자를 귀여워하다.

可愛がってやるから外へ出ろ。
따끔한 맛을 보여 줄 테니 밖으로 나와.

□ **乾(かわ)かす** 말리다, 건조시키다
洗濯物を乾かす。 빨래를 말리다.

□ **乾(かわ)く** 마르다, 건조하다, 메마르다
乾いた砂。 건조한 모래.
乾いた感性。 메말라 버린 감성.
乾いた文体。 윤기가 없는 문체.

□ **代(か)わる** 대신하다, 대표하다
父に代わって出席する。 아버지를 대신해서 출석하다.

□ **替(か)わる・換(か)わる** 바뀌다, 교체되다
長官がかわる。 장관이 바뀌다.

□ **変(か)わる** 변화하다, 틀리다, 다르다, 색다르다
声が変わる。 목소리가 변하다.
動物と変わるところがない。 동물과 다를 바가 없다.
変わった話。 색다른 이야기.
あの人は変わっている。 저 사람은 별나다[괴짜다].

□ **考(かんが)える** 생각하다, 고안하다
結婚問題を考える。 결혼문제를 생각하다.
両親の気持ちを考える。 부모의 심정을 헤아리다.
きばつな方法を考えた。 기발한 방법을 고안해 냈다.

考(かんが)える ⇒ 객관적, 지적인 경우에 사용
思(おも)う ⇒ 감정적, 의지적, 주관적인 경우에 사용

□ **頑張(がんば)る** 힘쓰다, 힘내다, 분발하다
試験に受かるようがんばる。
시험에 합격할 수 있도록 끝까지 노력하다.

□ **消(き)える** 꺼지다, 사라지다, 지워지다, 가시다, 풀리다
火が消える。 불이 꺼지다.
姿か消える。 모습이 사라지다.
足跡が消える。 발자국이 지워지다.
音が消える。 소리가 들리지 않게 되다.
暑さが消える。 더위가 가시다.

□ **聞(き)く** 듣다, 알아듣다, 받아들이다, 묻다, (냄새를) 맡다, (술을) 맛보다
ラジオを聞く。 라디오를 듣다.
友人の忠告を聞く。 친구의 충고를 받아들이다.
交番で道を聞く。 파출소에서 길을 묻다.
香りを聞く。 향기를 맡다.

酒を聞く。 술을 맛보다[시음하다].

□ **聞(き)こえる** 들리다, (보통 부정형으로) 이해[납득]하다, 세상에 알려져 있다
皮肉に聞こえる。 비꼬는 것으로 들리다.
そりや聞こえません。 그것은 이해[납득]할 수 없습니다.
世に聞こえた人。 세상에 널리 알려진 사람.
音に聞こえた名人。 세상에 알려진 명인.

□ **着(き)せる** (옷을) 입히다, (죄, 책임을) 남에게 전가하다, (은혜를) 베풀다
子供に服を着せる。 아이에게 옷을 입히다.
金を着せた指輪。 금을 입힌 반지.
ぬれぎぬを着せる。 누명을 씌우다.
恩を着せるような態度を取る。
은혜를 베풀어주는 듯한 태도를 취하다.

□ **気付(きづ)く** 눈치 채다, 깨닫다, (실신 상태에서) 정신이 들다
自分の欠点に気付く。 자신의 결점을 깨닫다.
気付いたときは病院だった。 정신이 들었을 때는 병원이었다.

□ **決(き)まる** 정해지다, 결정되다, (씨름에서 승부의) 판결이 나다, 반드시 ~이다
予定が決まる。 예정이 정해지다.
ストライクが真中に決まる。
스트라이크가 한복판으로 들어가다.
勝つに決まっている。 반드시 이기게 되어 있다.

□ **決(き)める** 정하다, 결정하다, 작정하다, 매듭짓다
予算を決める。 예산을 결정하다.
彼女と結婚することに決める。
그녀와 결혼하기로 작정하다.
話を決める。 이야기를 매듭짓다.

□ **嫌(きら)う** 싫어하다, 꺼리다, 피하다
甘い物を嫌う。 단것을 싫어하다.
この楽器は湿気を嫌う。 이 악기는 습기를 탄다.
夜爪切るのを嫌う。 밤에 손톱 깎는 일을 꺼리다.

□ **着(き)る** (옷을) 입다, 뒤집어쓰다, (은혜를) 입다
コートを着る。 코트를 입다.
罪を着る。 죄를 뒤집어쓰다.
恩に着る。 은혜를 입다.

□ 切(き)る　베다, 자르다, 끊다, 중단하다, 작성하다, 끊다, 끄다,
(핸들을) 틀다, 꺾다, (수분을) 빼다, 밑돌다, 두드러진 행동을 하다
　▶ 1그룹 활용
大根を切る。무를 자르다.

身を切るような寒さ。살을 에는 듯한 추위.

縁を切る。인연을 끊다.

言葉を切る。말을 중단하다.

スタートを切る。스타트를 끊다.

小切手を切る。수표를 끊다.

ラジオのスイッチを切る。라디오의 스위치를 끄다.

右にハンドルを切る。오른쪽으로 핸들을 꺾다.

野菜の水を切る。채소의 물기를 빼다.

株価が100円を切切る。주가가 100엔을 밑돌다.

見栄を切る。허세를 부리다.

白を切る。시치미를 떼다.

啖呵を切る。쏘아붙이다. 큰소리를 치다.

札びらを切る。지폐를 아낌없이 쓰다.

仁義を切る。(깡패들이) 의례적으로 첫인사를 나누다.

□ 切(き)れる　베이다, 끊어지다, 떨어지다, 해지다, (기한이) 다 되다,
예리하다
指先が切れる。손끝이 베이다.

手の切れるような札。손이 베일 것 같이 빳빳한 지폐.

電話が切れる。전화가 끊어지다.

砂糖が切れる。설탕이 다 떨어지다.

靴下が切れる。양말이 달아 해지다.

契約の期間が切れる。계약 기간이 끝나다.

よく切れる刀。잘 드는[잘리는] 칼.

なかなか切れる男。상당히 유능한[재치 있는] 남자.

□ ください(下さい)　(～해) 주십시오
後でご連絡ください。나중에 연락 주십시오.

写真を見せてください。사진을 보여 주십시오.

□ 下(くだ)さる　주시다
先生の下さった本。선생님이 주신 책.

鉛筆を一本下さい。연필 한 자루 주십시오.

□ くたびれる　지치다[피곤하다], (오래 써서) 낡다
長旅をしてすっかり草臥れる。긴 여행을 해서 몹시 지치다.

待ちくたびれる。기다림에 지치다.

くたびれた服。낡아빠진 옷.

□ 下(くだ)る　내려가다, 내려오다, (명령, 판정이) 내려지다, (지방으
로, 아래쪽으로) 가다, 물러나다, 내놓다, 설사하다, 항복하다, 투항하다,
(어떤 기준량의) 이하가 되다, 못하다, 뒤지다
坂を下る。비탈을 내려가다.

天から下る。하늘에서 내려오다.

命令が下る。명령이 내려지다

故郷に下る。고향에 내려가다.

世が下る。후세로 내려가다. 후세가 되다.

野に下る。하야(下野)하다. (권력, 벼슬에서) 물러나다.

腹が下る。설사가 나다.

敵に下る。적에게 항복하다.

死者は10人を下らない。사망자는 10명 이하가 아니다.

品が下る。물건[품질]이 떨어진다.

□ 組(く)む　끼다, 꼬다, 짜다
腕を組む。팔짱을 끼다.

足を組む。다리를 꼬다.

膝を組む。책상다리를 하다.

手を組む。손을 (깍지 껴서) 잡다. 서로 협력하다.

肩を組む。어깨동무하다.

ひもを組む。끈을 꼬다.

スケジュールを組む。스케줄을 짜다.

□ 曇(くも)る　흐리다, 흐려지다, (마음이) 우울해지다, 울먹이는 소리
로 되다
どんよりと曇った空。잔뜩 찌푸린 하늘.

湯気で鏡が曇る。수증기로 거울이 흐려지다.

顔が曇る。얼굴이 흐려지다. 표정이 어두워지다.

声が曇る。목소리가 울먹거린다. 울먹이며 말하다.

□ 暮(く)らす　하루를 보내다, 세월을 보내다, 살아가다
一日中本を読んで暮す。하루 종일 책을 읽으면서 날을 보내다.

毎日を幸せに暮す。매일을 행복하게 살다.

安月給では暮していけない。싼 월급으로는 살아갈 수 없다.

□ 比(くら)べる　비교하다, 대조하다, 경쟁하다
例年に比べて寒い。예년에 비해서 춥다.
翻訳を原文と比べる。번역을 원문과 대조하다.
料理の腕前を比べる。요리 솜씨를 겨루다.

□ 来(く)る　오다, 다가오다, 일어나다, 생기다
手紙が来る。편지가 오다.
春が来る。봄이 오다.
過労から来る病気。과로에서 오는 병.
不注意からきた事故。부주의에서 생긴 사고.

□ くれる　주다
父がくれた時計。아버지가 준 시계.
友達が妹にくれた本。친구가 여동생에게 준 책.
目もくれない。거들떠보지도 않다.

□ 暮(く)れる　(한 해가) 저물다, (계절이) 끝나다, 어찌할 바를 모르다
日がとっぷり暮れる。해가 완전히 지다.
年が暮れる。한 해가 저물다.
涙に暮れる。눈물로 지새다.
途方に暮れる。어찌할 바를 모르다.
思案に暮れる。(어찌할 바를 몰라) 생각에 잠기다.

□ 消(け)す　끄다, 없애다, 감추다
火を消す。불을 끄다.
字を消す。글자를 지우다.
毒を消す。독을 없애다.
姿を消す。모습을 감추다.
うわさを消す。소문이 퍼지지 않게 막다.
肝を消す。(간이 떨어질 만큼) 깜짝 놀라다.

□ ～ございます　～ある(있다), ～である(이다)의 공손한 표현. ～있습니다
こちらにたくさんございます。이쪽에 많이 있습니다.

□ 答(こた)える　대답하다
先生の質問に答える。선생님의 질문에 대답하다.

□ 異(こと)なる　다르다, 같지 않다
性格が異なる。성격이 다르다.

□ 断(ことわ)る　거절하다, 미리 양해를 얻다
援助を断る。원조를 거절하다.

一言も断らずに。한 마디 양해도 구하지 않고.
断っておくが。미리 말해 두겠는데.

□ 好(この)む　좋아하다, 바라다
読書を好む。독서를 좋아하다.
議論は好むところだ。논의는 바라는 바이다.

□ 困(こま)る　곤란하다, 난처하다
返事に困る。답변하기에 어려움을 겪다.
食うに困る。먹고 살기가 곤란하다.
人に見られたら困る手紙。남이 보게 되면 난처한 편지.

□ 込(こ)む・混(こ)む　혼잡하다, 복잡하다, 정교하다, 안으로 들어가다, 안에 넣다, 어떤 상태가 그대로 계속하다, 완전히 그런 상태가 되다, 철저히 하다
込んだ電車。붐비는 전철.
手の込んだ仕事。복잡한 일. 공이 많이 드는 일.
飛び込む。뛰어들다. 날아들다.
積み込む。싣다. 쌓아올리다
座り込む。계속 앉아 있다. 농성하다.
冷え込む。매우 추워지다.
教え込む。철저히 가르치다.

□ 込(こ)める　속에 넣다, (정성을) 들이다, 포함하다, 집중하다, 온통 자욱이 끼다
弾丸を込める。탄알을 속에 넣다.
祈りを込める。기도를 드리다.
税を込めて5万円。세금을 포함하여 5만 엔.
思いを目に込める。애정을 눈에 담다.
霧が込める。안개가 자욱이 끼다.

□ 御覧(ごらん)になる　보시다

□ 壊(こわ)す　부수다, 고장 내다, (약속, 계획을) 망치다, (큰돈을) 헐다
建物を壊す。건물을 부수다.
腹を壊す。배탈이 나다.
話を壊す。이야기를 망치다.
1万円札を千円札に壊す。1만 엔짜리 지폐를 천 엔짜리 지폐로 헐다.

□ 壊(こわ)れる　깨지다, 고장 나다
コップが壊れる。컵이 깨지다.
雰囲気が壊れる。분위기가 깨지다.
カメラが壊れる。사진기가 고장나다.

□ **探(さが)す・捜(さが)す** 찾다
落し物を探す。 잃은 물건을 찾다.
人を捜す。 사람을 찾다.

捜(さが)す ⇒ 안 보이게 된 것을 찾는 경우

探(さが)す ⇒ 손에 넣고 싶은 것을 찾는 경우

□ **下(さ)がる** 내리다, 떨어지다, 수그러지다, 늘어지다, 흘러내리다, 뒤로 물러나다, (관청이나 윗사람에게서 허가가) 나오다, 때가 흐르다[지나다]
熱が下がる。 열이 내리다.
物価が下がる。 물가가 떨어지다.
頭が下がる。 머리가 수그러지다.
髪の毛が長くて下がっていた。
머리카락이 길어서 늘어져 있었다.
ズボンが下がる。 바지가 흘러내리다.
学校を下がる。 퇴학하다. 하교하다.
一歩下がる。 한 걸음 물러서다.
旅券が下がる。 여권이 나오다.
時代が下がる。 시대가 흐르다.

□ **咲(さ)く** (꽃이) 피다
梅の花が咲く。 매화꽃이 피다.

□ **下(さ)げる** (위치, 값을) 내리다, (가치, 정도, 지위를) 낮추다, 숙이다, (뒤쪽으로) 옮기다, (맡긴 것을) 찾다
値段を下げる。 값을 내리다.
品質を下げる。 품질을 떨어뜨리다.
声を下げる。 목소리를 낮추다.
頭を下げる。 머리를 숙이다. 인사하다. 사과하다.
お膳を下げる。 상을 물리다.
後ろへ下げる。 뒤쪽으로 물리다.
貯金を下げる。 저금을 찾다.

□ **差(さ)し上(あ)げる** 들어 올리다, 드리다, 바치다
目よりも高く差し上げる。 눈보다도 높이 들어 올리다.
この本をあなたに差し上げます。
이 책을 당신에게 드리겠습니다.

□ **差(さ)す** 나타나다, (조수, 밀물이) 밀려오다, 꺼림칙하다, 씌다, 스며들다, (우산을) 쓰다, (춤을 출 때) 손을 앞으로 뻗다

眠気が差す。 졸음이 오다.
潮が差してきた。 조수개[밀물이] 밀려왔다.
気が差す。 마음이 꺼리다[켕기다].
魔が差す。 마가 끼다. 귀신이 씌다.
井戸に汚水が差す。 우물에 오수가 스며들다.
傘を差す。 우산을 쓰다.
差す手引く手。 내미는 손과 오그리는 손. 춤추는 손놀림.

□ **指(さ)す** 가리키다, 지적하다, 지명하다, (그 쪽을) 향하다, (장기·바둑을) 두다
時計の針が正午を指した。 시계바늘이 정오를 가리켰다
彼を犯人に指している。 그를 범인으로 지목하고 있다
東を指して飛んで行く。 동쪽을 향해 날아가다
将棋を指す。 장기를 두다

□ **冷(さ)ます** 식히다, 깨다
お湯を冷ます。 뜨거운 물을 식히다.
興を冷ます。 흥을 깨다.

□ **覚(さ)ます** 깨우다, 깨다, 깨우치다, 각성시키다
雨の音に目を覚ます。 빗소리에 잠을 깨다.
酔いを覚ます。 술을 깨게 하다.
悪の道に迷っているのを覚ましてやる。
악의 길에서 방황하고 있는 것을 깨우쳐 주다.

□ **冷(さ)める** 식다
お茶が冷める。 차가 식다.
興が冷める。 흥이 식다(깨지다).

□ **覚(さ)める** 깨다, 눈이 뜨이다, 제정신이 들다
眠りから覚める。 잠이[잠에서] 깨다.
麻酔から覚める。 마취에서 깨어나다.
酔が覚める。 취기가 깨다.
覚めた目で世の中を見る。 제정신이 든 눈으로 세상을 보다.

□ **去(さ)る** 떠나다, 경과하다, 사라지다, (시간적, 공간적으로) 떨어지다, 멀리하다
故郷を去る。 고향을 떠나다.
世を去る。 세상을 떠나다. 죽다.
冬が去る。 겨울이 지나가다.
痛みが去る。 아픔[통증]이 사라지다.

今を去ること10年。지금으로부터 10년 전.

妻を去る。아내를 버리다.

□ 騒(さわ)ぐ 떠들다, 소란 피우다, 허둥대다, 화제가 되다, 술자리를 벌이고 흥청망청 놀다

子供たちが騒ぐ。아이들이 떠들다.

反対派が騒ぐ。반대파가 소란 피우다.

胸が騒ぐ。가슴이 두근거리다.

昔はずいぶん騒がれたものだ。옛날에는 꽤 화제가 됐었다.

酔って騒ぐ。취해서 흥청망청 놀다.

□ 触(さわ)る 손대다, 만지다, 관계를 갖다

絵に触ってはいけない。그림에 손대서는 안 된다.

寄ると触るとその話だ。모였다 하면 그 이야기이다.

□ 叱(しか)る 꾸짖다, 야단치다

遅刻して叱られた。지각하여 야단맞았다.

□ 敷(し)く 밑에 펴다, 깔고 앉다

布団を敷く。이불을 깔다.

亭主を尻に敷く。남편을 깔고 뭉개다.

□ 死(し)ぬ 죽다

彼女が死んでから1年になる。
그녀가 죽은 지 1년이 되다.

□ 支払(しはら)う 지불하다, 지급하다

代金を支払う。대금을 지급하다.

□ 縛(しば)る 묶다, 매다, 속박하다, 체포하다

手足を縛られる。손발이 묶이다.

ハンカチで傷口を縛る。손수건으로 상처를 매다.

時間に縛られる。시간에 얽매이다.

金で自由を縛る。돈으로 자유를 구속하다.

犯人を縛る。범인을 잡다.

□ しまう 끝나다, 끝내다, 치우다, 간수하다, 넣다, 몹시 ~하다, 완전히 ~해 버리다

店は6時にしまう。가게는 6시에 끝난다.

仕事をしまう。일을 끝내다.

店をしまう。가게를 닫다. 폐업[폐점]하다.

道具をしまう。도구를 치우다.

箱にしまう。상자에 넣다.

忘れてしまった。잊어버렸다.

あきれてしまう。매우 질려 버리다. 몹시 어안이 벙벙해지다.

慌ててしまう。완전히 당황해 버리다.

□ 閉(し)まる 닫히다, 잠그다

ドアが閉まる。문이 닫히다.

銀行が閉まる。은행이 닫히다. 은행 업무가 종료되다.

□ 締(し)める 매다, 죄다, (틀어서) 잠그다, 단속하다, 절약하다, 청산하다, 합계하다, 닫다, (일의 매듭이 지어진 것을 축하하며) 모두 함께 손뼉 치다

ネクタイを締める。넥타이를 매다.

水道の栓を締める。수도꼭지를 잠그다.

社員をもっと締める必要がある。
사원을 더욱 엄하게 단속할 필요가 있다.

家計を締める。가계를 절약[긴축]하다.

締めていくらだね? 모두 합해서 얼마인가?

使ったら、ふたを締めてください。
사용하고 나면 뚜껑을 닫아 주십시오.

契約の成立を祝って手を締めた。
계약의 성립을 축하하며 일제히 손뼉을 쳤다.

□ 占(し)める 차지하다, 얻다, (전체 속에서) 중요한 위치[비율을]를 가지다

机が部屋の半分を占める。책상이 방의 반을 차지하다

勝ちを占める。승리를 얻다

重要なポストを占める。중요한 자리를 차지하다

□ しゃべる 재잘거리다, (다른 사람에게) 말하다, 수다 떨다

▶ 1그룹 활용

教室でしゃべってはいけない。
교실에서 재잘거려서는 안 된다.

うっかりしゃべってしまった。무심코 말해 버렸다.

よくしゃべる女だ。수다스러운 여자다.

□ 知(し)らせる 알리다, 통보하다

電話で知らせる。전화로 알리다.

検査結果を知らせる。검사결과를 알리다.

□ 調(しら)べる 조사하다, 검토하다, 찾다, 심문하다, 수사하다, 타다[연주하다], 조율하다

事故の原因を調べる。사고의 원인을 조사하다.

辞書で調べる。사전에서 찾다.

犯罪を調べる。범죄를 수사하다.

□ 琴を調べる。거문고를 타다.

ピアノの調子を調べる。 피아노의 음률을 조율하다.

□ 知(し)る 인식하다, 분간하다, 이해하다, 기억하다, 경험하다, 안면이 있다, 관계하다 ▶ 1그룹 활용

事件を知っている。 사건을 알고 있다.

使い方を知っている。 사용법을 알고 있다.

一を聞いて十を知る。 하나를 듣고 열을 안다.

彼の過去のことを知っている。 그의 과거를 알고 있다.

苦労を知らない。 고생을 모르다.

知らない人。 모르는 사람.

私の知ったことではない。 내가 알 바 아니다.

□ 吸(す)う (공기를) 들이마시다, (국물, 죽 등의 유동식을) 마시다, (담배를) 피우다

空気を吸う。 공기를 들이마시다.

汁を吸う。 국물을 마시다.

湿気を吸う。 습기를 흡수하다.

たばこを吸う。 담배를 피우다.

□ 過(す)ぎる 통과하다, (시간, 기한이) 지나다, 끝나다, 과분하다, 더 좋다, ～에 불과하다, 지나치다, 도를 넘다

駅を過ぎる。 역을 통과하다.

冬が過ぎて春になる。 겨울이 지나고 봄이 되다.

夏休みが過ぎた。 여름 방학이 끝났다.

これに過ぎた光栄はありません。 이에 더한 영광은 없습니다.

健康に過ぎるものはない。 건강보다 더 좋은 것은 없다.

小学生に過ぎない子供。 초등학생에 불과한 어린이.

冗談が過ぎる。 농담이 지나치다.

食い過ぎる。 너무 먹다. 과식하다.

□ ます형/형용사 어간 + すぎる 너무 ～하다, 도가 지나치다

美しすぎる。 지나치게 아름답다.

働きすぎて病気になる。 과로로 병이 나다.

□ 空(す)く ① (속이) 비다, 공간이 생기다 ② 공복이 되다 ③ 손이 비다, 짬이 나다, 여가가 생기다

道路が空く。 길이 텅텅 비다.

空いた電車。 텅 빈 전철.

お腹が空く。 배가 고프다.

手が空く。 손이 비다(틈이 나다).

□ 過(す)ごす (시간을) 보내다, 지내다, 도를 넘치다

楽しい一時を過ごす。 즐거운 한 때를 보내다.

その日を何とか過ごす。 그날그날을 이럭저럭 지내다.

酒を過ごす。 과음하다.

□ 進(す す)む 나아가다, 발달하다, 나아지다, 승급하다, (시계가) 빠르다, 진학하다, 진출하다, 왕성해지다, 더해지다, 악화되다, 마음이 내키다

行列が進む。 행렬이 나아가다.

文明が進む。 문명이 발달하다.

工事が進む。 공사가 진척되다.

課長から部長に進んだ。 과장에서 부장으로 승진했다.

時計が2分ほど進む。 시계가 2분 정도 빠르다.

大学に進む。 대학에 진학하다.

食欲が進まない。 식욕이 나지 않다.

病気が進む。 병이 악화되다.

進まぬ顔。 내키지 않는 얼굴.

気が進まない。 마음이 내키지 않다.

□ 進(す す)める (앞으로) 나아가게 하다, 진척시키다, 진보시키다, 진행하다, 증진시키다, (시계를) 빨리 가게하다

兵を国境まで進めた。 병사를 국경까지 전진시켰다.

工事を進める。 공사를 진척시키다.

文化を進める。 문화를 향상시키다.

会議を進める。 회의를 진행하다.

食欲を進める酒。 식욕을 돋우는 술.

時計を5分進めておいた。 시계를 5분 빨리 가게 해 놓았다.

□ 勧(す す)める 권하다, 권장하다, 권유하다

酒を勧める。 술을 권하다.

読書を勧める。 독서를 권장하다.

加入を勧める。 가입을 권유하다.

□ 捨(す)てる・棄(す)てる 버리다, 돌보지 않다, 포기하다, 관심을 끊다, 쓰고 나서 버리다

ごみを棄てる。 쓰레기를 버리다.

家族をすてる。 가족을 버리다.

このまますててはおけない問題だ。
이대로 내버려 둘 수는 없는 문제다.

試合をすてるほかなかった。 경기를 포기할 수밖에 없었다.

世をすてる。 속세를 등지다. 중이 되다.

読み捨てる。 읽고 버리다.

聞き捨てる。 듣고서 흘려버리다.

□ 滑(すべ)る 미끄러지다, 시험에 떨어지다, 무심코[나도 모르게] 입을 잘못 놀리다 ▶ 1그룹 활용

足が滑って怪我をした。 발이 미끄러져 다쳤다.

手が滑って皿を落とした。 손이 미끄러져 접시를 떨어뜨렸다.

氷の上をスケートで滑る。 얼음 위를 스케이트로 지치다.

入学試験に滑る。 입학시험에 떨어지다.

やたらに口を滑らせてはいけない。
함부로 입을 놀려서는 안 된다.

□ 済(す)ます 끝내다, (다른 것으로) 때우다, (그냥) 넘기다, 해결하다

仕事を済ます。 일을 끝내다.

食事をパンとコーヒーで済ます。 식사는 빵과 커피로 때우다.

笑って済ます。 웃고 넘겨 버리다.

事件を金で済ます。 사건을 돈으로 해결하다.

□ 住(す)む 살다, 거처하다

この町に住んで5年になる。 이 동네에 산 지 5년이 된다.

□ 済(す)む (일이) 완료되다, 해결되다, 결말이 나다, 만족하다, 마음이 풀리다, (그럭저럭) 해결되다, 도리를 다하다

試験が済む。 시험이 끝나다.

金で済む問題ではない。 돈으로 해결될 문제가 아니다.

気が済むまで殴ってくれ。 마음이 풀릴 때까지 때려 줘.

君のを借りないで済みそうだ。
자네 것을 빌리지 않아도 될 것 같다.

それで子供に済むと思うか。
그것으로 아이에게 도리를 다했다고 생각하는가?

□ する ① (어떤 현상이) 일어나다, 무엇이 느껴지다 ② (금액을 나타내는 말에 붙어) 값이 나가다 ③ (시간을 나타내는 말에 붙어) 시간이 경과하다

音がする。 소리가 나다.

においがする。 냄새가 나다.

酸っぱい味がする。 시큼한 맛이 나다.

楽しい気がする。 즐거운 기분이 들다.

千円する雑誌。 값이 천 엔 하는 잡지.

あと1時間すると来るだろう。
이제 한 시간 있으면 올 것이다.

□ 座(すわ)る 앉다, (지위, 자리를) 이어받다, (단단히) 자리 잡다, 좌초하다

座ってする職業。 앉아서 하는 직업.

社長の椅子に座る。 사장님 의자에 앉다.

赤ん坊の首が座る。 갓난아기가 목을 가누게 되다.

舟が座る。 배가 좌초되다.

□ 育(そだ)つ 자라다, 성장하다

健康に育つ。 건강하게 자라다.

一人前の男に育つ。 제구실을 할 수 있는 남자로 자라다.

□ 育(そだ)てる 키우다, 기르다, 양육하다

子供を育てる。 아이를 기르다.

弟子を育てる。 제자를 기르다.

民主主義の芽を育てる。 민주주의의 싹을 키우다.

□ 存(ぞん)じる·存(ぞん)ずる 「知(し)る 알다, 思(おも)う 생각하다」의 겸양어

お名前は存じております。 성함은 알고 있습니다.

光栄に存じます。 영광으로 생각합니다.

た行

□ 倒(たお)す 넘어뜨리다, 죽이다, 무너뜨리다, 떼어먹다

花瓶を倒す。 꽃병을 쓰러뜨리다.

熊を銃で倒す。 곰을 총으로 죽이다[잡다].

政府を倒す。 정부를 무너뜨리다.

借金を倒す。 빚을 떼어먹다.

□ 倒(たお)れる 쓰러지다, 무너지다, 망하다, 도산하다, (병이 나서) 몸져눕다

子供が倒れる。 아이가 넘어지다.

政府が倒れる。 정부가 쓰러지다.

借金で会社が倒れる。 빚으로 회사가 쓰러지다.

不景気で店が倒れる。 불경기로 가게가 쓰러지다.

過労で倒れる。 과로로 쓰러지다.

□ 高(たか)める 높이다

品質を高める。 품질을 높이다.

声を高める。 목소리를 높이다.

□ 確(たし)かめる　확실히 하다, 확인하다
意向(いこう)を確(たし)かめる。의향을 확인하다.
真意(しんい)を確(たし)かめる。진의를 확인하다.

□ 足(た)す　① 더하다, 보태다 ② (모자라는 것을) 채우다, 더 넣다
1に1を足(た)すと2になる。1에 1을 더하면 2가 된다.
もう千円(せんえん)足(た)せば、もっとよい物(もの)が買(か)える。
천 엔만 더 보태면 더 좋은 물건을 살 수 있다.
ストーブに石油(せきゆ)を足(た)す。스토브에 석유를 더 넣다.
スープに塩(しお)を足(た)す。수프에 소금을 더 넣다.

□ 出(だ)す　① (안에서 밖으로) 내다, 꺼내다, 내놓다 ② (앞으로) 내밀다 ③ (분비물, 액체를) 흘리다, 나오게 하다 ④ (편지, 신호 등을) 보내다, 부치다 ⑤ 내다, 제출하다
男(おとこ)の子(こ)たちを外(そと)に出(だ)す。남자 아이들을 밖으로 내보내다.
汽車(きしゃ)の窓(まど)から首(くび)を出(だ)すと危(あぶ)ない。
기차의 창문에서 머리를 내밀면 위험하다.
汗(あせ)を出(だ)す。땀을 흘리다.
両親(りょうしん)に手紙(てがみ)を出(だ)す。부모님께 편지를 부치다.
レポートを出(だ)す。리포트를 제출하다.

□ ます형 ＋ ～出(だ)す　～하기 시작하다
読(よ)み出(だ)す。읽기 시작하다.
書(か)き出(だ)す。쓰기 시작하다.
雨(あめ)が降(ふ)り出(だ)す。비가 내리기 시작하다.

□ 助(たす)かる　살아나다, (부담, 노력, 고통 등이 줄어들어) 도움이 되다
命(いのち)が助(たす)かる。목숨이 살아나다.
危(あや)うく助(たす)かる。가까스로 살아나다.
よく働(はたら)いてくれるので助(たす)かる。일을 잘해 주어서 도움이 된다.
物価(ぶっか)が安(やす)くて助(たす)かる。물가가 싸서 도움이 된다.

□ 助(たす)ける　구조하다, 돕다, (소화를) 촉진하다
命(いのち)を助(たす)ける。목숨을 살리다.
父(ちち)の仕事(しごと)を助(たす)ける。아버지의 일을 돕다.
消化(しょうか)を助(たす)ける。소화를 촉진하다.

□ 訪(たず)ねる　방문하다
先生(せんせい)の家(いえ)を訪(たず)ねる。선생님 집을 방문하다.

□ 尋(たず)ねる　묻다, 탐구하다, 찾다, 캐다
安否(あんぴ)を尋(たず)ねる。안부를 묻다.

日本語(にほんご)の源流(げんりゅう)を尋(たず)ねる。일본어의 원류를 탐구하다.
母(はは)を尋(たず)ねて3千里(さんぜんり)。엄마 찾아 3만 리.

□ 立(た)つ　일어나다, 서다
居(い)ても立(た)ってもいられない。
앉아 있지도 서 있지도 못하다. 안절부절 못하다.
まだ立(た)って歩(ある)くことができない。
아직 서서 걸을 수 없다.

□ 経(た)つ　(시간, 때가) 지나다, 경과하다
ここに移(うつ)り住(す)んでから5年(ごねん)経(た)った。
이곳으로 이사해 산 지 5년이 지났다.

□ 立(た)てる　세우다, 내다, 일으키다, 꽂다, 돋게 하다, (소용, 도움이) 되게 하다, 마구 ～해 대다
柱(はしら)を立(た)てる。기둥을 세우다.
計画(けいかく)を立(た)てる。계획을 세우다.
面目(めんもく)を立(た)てる。면목을 세우다[유지하다].
泡(あわ)を立(た)てる。거품을 내다.
腹(はら)を立(た)てる。화를 내다.
風波(ふうは)を立(た)てる。풍파를 일으키다.
花(はな)を立(た)てる。꽃을 꽂다.
とげを立(た)てる。가시를 돋게 하다.
役(やく)に立(た)てる。도움이 되게 하다.
呼(よ)び立(た)てる。마구 불러대다.
書(か)き立(た)てる。(신문, 잡지 등에서) 계속적으로 써 대다.

□ 建(た)てる　(건물, 동상, 나라를) 세우다
家(いえ)を建(た)てる。집을 짓다.
学校(がっこう)を建(た)てる。학교를 세우다.

□ 例(たと)える　예를 들다, 비유하다
美人(びじん)を花(はな)に例(たと)える。미인을 꽃에 비유하다.
うさぎとかめの話(はなし)に例(たと)えて説明(せつめい)する。
토끼와 거북이 이야기를 예로 들어 설명하다.

□ 楽(たの)しむ　즐기다, 기뻐하다
人生(じんせい)を楽(たの)しむ。인생을 즐기다.
孫(まご)の成長(せいちょう)を楽(たの)しむ。손자의 성장을 기뻐하다.

□ 頼(たの)む　부탁하다, 일을 맡기다, 믿다, 의지하다
頭(あたま)を下(さ)げて頼(たの)む。머리를 숙여 부탁하다.
留守(るす)を頼(たの)む。집 봐주기를 부탁하다[맡기다].

力を頼む。 힘을 믿다.

頼むに足らず。 그리 믿을 바가 못 되다.

□ 食(た)べる **먹다, 생활하다**
ご飯を食べる。 밥을 먹다.
月給で食べる。 월급으로 생활하다.

□ 試(ため)す **시험하다, (실제로) 해 보다**
性能を試す。 성능을 시험해 보다.

□ 頼(たよ)る **의지하다, 믿다, 연고를 찾아가다**
地図に頼って山に登る。 지도를 의지해서 산에 오르다.
知人を頼って職を求める。 지인을 연줄로 해서 직업을 구하다.

□ 足(た)りる **충분하다, 충족되다, (충분히) ~할 가치가 있다**
一人で足りる。 혼자서 충분하다.
用が足りる。 쓰기에 부족함이 없다.
信頼するに足りる。 신뢰하기에 족하다. 족히 신뢰할 만하다.

□ 足(た)る **충분하다, 만족하다**
賞するに足る。 칭찬할 만하다.
論ずるに足らん。 족히 논할 거리가 못 된다.
足ることを知れ。 만족할 줄을 알아라.

□ 違(ちが)う **다르다, 틀리다, 어긋나다, 비정상이 되다, 교차하다, 엇갈리다**
意見が違う。 의견이 다르다.
君の答えは違っている。 너의 답은 틀렸다.
首の筋が違う。 목의 힘줄이 접질리다.
気が違う。 정신이 돌다.
行き違う。 길이 어긋나다.
すれ違う。 스쳐 지나가다.

□ 近付(ちかづ)く **가까이 가다, 다가오다, 친해지다, 닮아가다**
現場に近づく。 현장에 접근하다.
あの男には近づかない方がいい。
저 남자와는 가까이 하지 않는 것이 좋다.
だいぶ本物に近づいてきた。 제법 진짜와 비슷해졌다.

□ 近付(ちかづ)ける **가까이 하다, 비슷하게 하다**
本に目を近づける。 책에 눈을 가까이 대다.
本物に近づける。 진짜에 가깝게 하다.

□ 近寄(ちかよ)る **가까이 다가가다, 가까이 하다**
近寄って見る。 다가가서 보다.

社長に近寄る。 사장에게 접근하다.

□ 散(ち)らかす **흩뜨리다, 어지르다**
部屋を散らかす。 방을 어지르다.

□ 散(ち)らかる **흩어지다, 어질러지다**
部屋が散らかっている。 방이 어질러져 있다.

□ 散(ち)らす **흩뜨리다, 분산시키다, (불꽃을) 튀기다, 여기저기 뿌리다[퍼뜨리다], 산만하게 하다, 어지르다, 거칠게[마구] ~해 대다**
風が花を散らす。 바람이 꽃을 흩뜨리다.
兵を散らす。 병사를 분산시키다.
花火を散らす。 불꽃을 튀기다.
びらを散らす。 전단을 뿌리다.
うわさを散らす。 소문을 여기저기 퍼뜨리다.
気を散らす。 주의를[정신을] 산만하게 하다.
部屋を散らさないように。 방을 어지르지 않도록.
読み散らす。 (닥치는 대로) 마구 읽다.
食い散らす。 막 먹어대다.
怒鳴り散らす。 고함을 쳐대다.
踏み散らす。 마구 밟아대다.
投げ散らす。 함부로 던지다.
当たり散らす。 마구 화풀이하다.
悪口を言い散らす。 욕을 거칠게 해 대다.

□ 散(ち)る **(꽃이) 지다, 흩어지다, 산만해지다, 퍼지다, 번지다, 걷히다, 가라앉다, 가시다, (비유적으로) 깨끗이 죽다 ▶ 1그룹 활용**
花が散る。 꽃이 지다.
紙くずが散っている。 휴지가 흩어져 있다.
気が散る。 마음이 산란해지다.
うわさが村中に散る。 소문이 온 동네에 퍼지다.
このインクは散りやすい。 이 잉크는 번지기 쉽다.
霧が散り始める。 안개가 걷히기 시작하다.
痛みが散る。 통증[아픔]이 가라앉다.
花と散る。 꽃처럼 지다. 벚꽃이 지듯 깨끗하게 전사하다.

□ 使(つか)う **사용하다, 소비하다, 부리다, 써서 ~하다, 먹다**
ペンを使う。 펜을 사용하다.
頭を使う。 머리를 쓰다.
お金を使う。 돈을 쓰다.

人を使う。사람을 부리다.

湯を使う。목욕하다.

弁当を使う。도시락을 먹다.

□ 捕(つか)まえる 붙잡다, 붙들다

犯人を捕まえる。범인을 붙잡다.

勉強している人間を捕まえて酒を飲ませるなんて。
공부하고 있는 사람을 붙잡고 술을 먹인다니.

□ 捕(つか)まる 붙잡히다

犯人が捕まる。범인이 붙잡히다.

□ 疲(つか)れる 지치다, 피로해지다, (오래 사용해서) 약해지다, 낡아지다

旅に疲れる。여행으로 지치다.

疲れた洋服。낡은 옷.

□ 突(つ)く 찌르다, 치다, (도장을) 찍다, (지팡이를) 짚다, (턱을) 괴다, 다 떨어지다

針で指を突く。바늘로 손가락을 찌르다.

鼻を突く匂い。코를 찌르는 냄새.

弱点を突く。약점을 찌르다.

球を突く。당구공을 치다.

判を突く。도장을 찍다.

杖を突く。지팡이를 짚다.

ほおづえを突く。턱을 괴다.

底を突く。바닥을 치다. 바닥이 나다. 바닥시세가 되다.

□ 着(つ)く 도착하다, 닿다, 자리를 잡다[앉다]

荷物が着く。짐이 도착하다.

頭が天井に着く。머리가 천장에 닿다.

席に着く。자리에 앉다.

食卓に着く。식탁에 앉다.

□ 就(つ)く (잠자리에) 들다, 오르다, 출발하다, 종사하다, 취임하다, 취업하다, 착수하다, 편이 되다, 끼다

床に就く。잠자리에 들다.

社長の座に就く。사장 자리에 오르다.

帰途に就く。귀로에 오르다.

緒に就く。(일이) 본래 궤도에 오르다.

教職に就く。교직에 종사하다.

仕事に就く。일에 착수하다.

強い方に就く。강한 쪽에 붙다.

塀に就いて曲がる。담을 끼고[따라] 돌다.

□ 付(つ)く 붙다, 묻다, 끼다, 생기다[나다], (지식, 교양, 기술이) 자기 것이 되다, (일이) 손에 잡히다, 뒤따르다, 켜지다, 자국이 나다, 기입[기재]되다, (정신을) 차리다, (물이) 들다, 매듭을 짓다, (감각기관에) 느껴지다

リボンの付いた帽子。리본이 달린 모자.

汚れが手に付く。더러움이 손에 묻다.

錆が付く。녹이 슬다.

実力が付く。실력이 붙다[생기다].

利子が付く。이자가 붙다.

肉が付く。살이 붙다[오르다].

板に付く。어색하지 않다. 제격이다.

仕事が手に付く。일이 손에 잡히다.

子供に付いて行く。아이를 따라가다.

火が付く。불이 붙다. 사건의 발단이 되다.

傷が付く。상처가 나다.

帳簿に付いている。장부에 기재되어 있다.

気が付く。몰랐던 것을 알아차리다. 제 정신이 들다.

色が付く。색이 들다. 물이 들다.

話に落ちが付く。이야기에 결말이 나다.

けりが付く。끝장이 나다.

鼻(はな)に付く。고약한 냄새가 나다. 신물이 나다. 싫증나다.

□ つく 불이 켜지다

電灯がつく。전등이 켜지다.

□ 作(つく)る 제작하다, 조직하다, 마련하다, 짓다, 재배하다, 기르다, 육성하다, 출판하다, 작성하다, 장만하다, 요리를 하다, (아이를) 낳다, 화장하다, (거짓으로) 지어내다, 이루다[꾸미다]

木で机を作る。나무로 책상을 만들다.

会社を作る。회사를 만들다.

きっかけを作る。계기를 만들다(마련하다).

列を作る。열[행렬]을 짓다.

流行を作る。유행을 만들다.

野菜を作る。야채를 재배하다.

よい習慣を作る。좋은 습관을 기르다.

書類を作る。서류를 작성하다.

財産を作る。 재산을 만들다.

夕食を作る。 저녁밥을 만들다.

子供を作る。 아이를 낳다.

顔を作る。 얼굴을 다듬다. 화장하다

話を作る。 이야기를 (거짓으로) 지어내다.

家庭を作る。 가정을 이루다[꾸미다].

□ 付(つ)ける 접촉시키다, 부착시키다, 바르다, 묻히다, 자국을 남기다, 내다, (일기를) 쓰다, 착용하다, 곁들이다, 뒤따르다, 주목하다, 한패로 만들다, 북돋우다, 켜다, 이름 짓다, 취하다, 매기다, 어떤 조건을 달다, 익히다, 매듭을 짓다, (편지를) 부치다, 늘 ~하다(격렬한 동작을 나타냄)

折れた骨を付ける。 부러진 뼈를 접합시키다.

ドアに鍵を付ける。 문에 자물쇠를 달다.

パンにバターを付ける。 빵에 버터를 바르다.

印を付ける。 표시를 하다[붙이다].

ペンキで色を付ける。 페인트로 색을 내다.

日記を付ける。 일기를 쓰다.

ネックレスを付ける。 목걸이를 하다.

雑誌に付録を付ける。 잡지에 부록을 곁들이다.

犯人を付ける。 범인을 뒤쫓다.

目を付ける。 주목하다.

味方に付ける。 자기편으로 만들다.

元気を付ける。 기운을 북돋우다.

ガスを付ける。 가스를 켜다.

名前を付ける。 이름을 짓다[붙이다].

連絡を付ける。 연락을 취하다.

点数を付ける。 점수를 매기다.

クレームを付ける。 클레임을 걸다.

始末を付ける。 (일의) 매듭을 짓다.

身に付ける。 몸에 익히다.

恋文を付ける。 연애편지를 보내다.

歩き付けている道。 늘 걷는 길.

打ち付ける。 세게 박다[부딪치다].

□ 着(つ)ける 갖다 붙이다, 닿게 하다, (자리에) 앉히다, (몸에) 걸치다

車を玄関に着ける。 차를 현관에 대다.

手を地面に着ける。 손을 지면에 대다.

席に着ける。 착석시키다.

洋服を着けた人。 옷을 입은 사람.

□ 浸(つ)ける (물에) 담그다

水に浸ける。 물에 담그다.

□ 漬(つ)ける (김치를) 담그다

キムチを漬ける。 김치를 담그다.

□ 点(つ)ける 켜다

火を点ける。 불을 붙이다.

ラジオを点ける。 라디오를 켜다.

□ 伝(つた)える 전하다, 전달하다

真実を伝える。 진실을 알리다.

奥様によろしくお伝えください。 부인에게 안부 전해 주십시오

財産を孫に伝える。 재산을 자손에게 물려주다.

仏教を日本に伝える。 불교를 일본에 전파하다.

極意を伝える。 비법을 전수하다.

熱を伝える。 열을 전달하다.

□ 伝(つた)わる 전해 내려오다, 전도되다, 전달되다, 알려지다, 전래되다, 따라서 가다

古くから伝わる民話。 예로부터 전해 내려오는 민화.

電流が伝わる。 전류가 전도되다.

ニュースが伝わる。 뉴스가 전해지다[알려지다].

大陸から伝わる。 대륙에서 전래되다.

川を伝わって行く。 강을 따라서 가다.

□ 続(つづ)く 계속되다, 잇따르다, 이어지다, 연결되다, 뒤따르다, 버금가다, 다음가다

雨が3日も続く。 비가 3일이나 계속되다.

事件が続く。 사건이 잇따르다.

金が続かなくて事業中止だ。 돈이 달려서[마련되지 않아서] 사업 중단이다.

5ページから8ページへ続く。 5페이지에서 8페이지로 이어지다.

前の人に続いて降りる。 앞사람을 뒤따라 내리다.

アメリカに続く経済大国。 미국에 버금가는 경제대국.

□ 続(つづ)ける 계속하다, 잇다, 연결하다

仕事を続ける。 일을 계속하다.

歌い続ける。계속 노래하다.

□ 包(つつ)む **싸다, 둘러싸다, 에워싸다, 감추다, 숨기다, (돈을) 봉투에 넣어 주다**

ふろしきで包む。보자기로 싸다.

熱気に包まれた会場。열기에 둘러싸인 회장.

胸に包んで話さない。가슴속에 숨기고 말하지 않다.

結婚祝いに2万円包んだ。
결혼 축의금으로 2만 엔을 봉투에 넣어 주었다.

□ 努(つと)める **노력하다, 힘쓰다**

研究に努める。연구에 힘쓰다.

□ 勤(つと)める **근무하다, 종사하다**

会社に勤める。회사에 근무하다.

□ 務(つと)める **임무를 맡다, 역할을 다하다**

議長を務める。의장을 맡다.

主役を務める。주역을 맡아 하다.

□ 潰(つぶ)す **찌그러뜨리다, 파산시키다, (체면을) 잃다, (시간을) 허비하다, 놀라다, (틈, 시간을) 메우다[때우다]**

箱を踏んで潰す。상자를 밟아 찌그러뜨리다.

計画的に会社を潰す。계획적으로 회사를 파산시키다.

父親の顔を潰す。아버지의 체면을 손상시키다.

貴重な時間を潰す。귀중한 시간을 허비하다.

肝を潰す。몹시 놀라다. 혼비백산하다.

穴を潰す。구멍을 메우다.

暇を潰す。시간을 보내다(때우다). 시간을 허비하다.

□ 潰(つぶ)れる **찌그러지다, 도산하다, 망가지다, 못 쓰게 되다, 손상되다, 놀라다, 낭비되다, 잃게 되다, 메워지다**

箱が潰れる。상자가 찌부러지다.

会社が潰れる。회사가 도산하다.

声が潰れる。목소리가 쉬다.

私の顔が潰れた。나의 체면이 손상되었다.

肝が潰れる。몹시 놀라다. 혼비백산하다.

チャンスが潰れる。기회를 잃다.

穴が潰れる。구멍이 메워지다.

□ 詰(つ)まる **가득 차다, 막히다, 줄어들다, 궁해지다**

仕事が詰まっている。일이 밀려 있다.

下水が詰まる。하수도가 막히다.

日が詰まる。해가 짧아지다. 기일이 다가오다.

生活が詰まる。생활이 궁색해지다.

□ 積(つ)む **쌓다, 싣다**

経験を積む。경험을 쌓다.

箱を高く積む。상자를 높이 쌓다.

船に荷物を積む。배에 짐을 싣다.

□ 詰(つ)める **채우다, 채워 넣다, (사이를) 좁히다, 틀어막다, (소리, 숨을) 죽이다, 꾸준히 계속하다, 줄이다, 절약하다, 매듭짓다, (일터에 출근하여) 대기하다, 꾸준히 ~하다, 철저히 ~하다**

箱に菓子を詰める。상자에 과자를 채워 넣다.

席を詰めて座る。자리를 좁혀서 앉다.

穴を詰める。구멍을 틀어막다.

息を詰める。숨을 죽이다.

一日中詰めて働く。하루 종일 계속해서 일하다.

ズボンのたけを詰める。바지의 길이를 줄이다.

暮らしを詰める。생활비를 절약하다.

話を詰める。이야기를 매듭짓다.

朝から本部に詰める。아침부터 본부에서 대기하다.

働き詰める。꾸준히 일하다.

追い詰める。막다른 데까지 몰아넣다.

□ 積(つ)もる **쌓이다, (많은) 세월이 지나다, 어림[견적]하다, 헤아리다, 추측하다**

雪が積もる。눈이 쌓이다.

月日が積もる。많은 세월이 지나가다.

安く積もっても3万円の品。
싸게 쳐도 3만 엔은 되는 물건.

人の心を積もる。남의 마음을 헤아리다.

□ 釣(つ)る **낚다, 꾀다, 유혹하다**

エビでタイを釣る。
새우로 도미를 낚다[적은 밑천으로 큰 것을 얻다].

宣伝に釣られた。선전에 낚였다.

□ 連(つ)れる **데리고 가(오)다, 동반하다**

娘を連れて出掛ける。딸을 데리고 나가다.

連れ去る。데리고 가버리다.

□ 出会(であ)う・出合(であ)う **우연히 만나다, 마주치다, (색, 맛이) 잘 어울리다**

山道で熊に出会う。산길에서 우연히 곰을 만나다.

道でばったり旧友に出会った。 길에서 옛 친구와 딱 마주쳤다.

色がよく出合う。 색이 잘 어울리다.

□ 出掛(でか)ける 외출하다, 나가다, 나가려고 하다

散歩に出掛ける。 산책하러 나가다.

出掛けるところへ客が来た。 나가려고 하는데 손님이 왔다.

□ 出来上(できあ)がる (물건이) 완성되다, 천성이 그렇게 되어 있다, 거나하게 취하다

あと一息で出来上がる。 이제 한 고비만 넘기면 다 된다.

彼は几帳面に出来上がっている。
그는 천성이 꼼꼼하다.

あの人はもう出来上がっている。
저 사람은 벌써 거나하게 취해 있다.

□ 出来(でき)る (일, 무엇이) 생기다, 생성되다, 성립되다, 일어나다, 발생하다, 수중에 들어오다, 만들어지다, 완성되다, 할 수 있다, 잘하다, 출중하다, (증권거래소에서) 매매가 성립되다

男の子が出来た。 사내아이가 태어났다.

新しい政党が出来る。 새로운 정당이 생기다.

用事が出来る。 볼일이 생기다.

金が出来たら飲みに行こう。 돈이 생기면 술 마시러 가자.

木で出来た机。 나무로 된 책상.

宿題が出来た。 숙제가 다 됐다.

彼なら出来る。 그 사람이라면 할 수 있다.

3か国語が出来る。 3개 국어를 할 줄 안다.

出来た男。 훌륭한 남자.

株の取引が出来る。 주식의 매매 거래가 성립되다.

□ 手伝(てつだ)う 돕다, 거들다

家事を手伝う。 가사를 거들다.

先生の研究を手伝う。 선생님의 연구를 돕다.

□ 出迎(でむか)える 마중 나가다

父を駅に出迎える。 역에 아버지를 마중 나가다.

□ 出(で)る 나가다, 팔리다, 출석하다, 참가하다, 졸업하다, 다다르다, 나서다, 나아가다, 출판되다, 나다, 솟아 나오다, 일다, 태도를 보이다, 넘쳐흐르다, 초과하다, 넘다, 나타나다, 생기다, 비롯되다, 받다, 얻다, 우러나다

庭に出る。 뜰로 나가다.

よく出る品。 잘 팔리는 물건.

会社に出る。 회사에 나가다.

旅行に出る。 여행을 떠나다.

大学を出る。 대학을 나오다(졸업하다).

右に行けば駅に出る。 오른쪽으로 가면 역에 이른다.

選挙に出る。 선거에 출마하다.

一歩前に出る。 한 걸음 앞으로 나오다.

新聞に出る。 신문에 나다.

腹が出る。 배가 나오다.

火が出る。 불이 나다.

彼がどう出るか見ものだ。 그가 어떻게 나올지가 볼 만하다.

涙が出る。 눈물이 나오다.

3人を出るかもしれない。 세 사람을 넘을지도 모른다.

落し物が出た。 분실물이 나왔다.

やる気が出る。 할 마음이 나다.

お暇が出る。 휴가를 얻다. 해고당하다.

よく茶が出る。 차 맛이 잘 우러나다.

□ 問(と)う 묻다, 밝혀 따지다, 문제 삼다

賛否を問う。 찬부를 묻다.

責任を問う。 책임을 묻다.

性別を問わない。 성별을 문제 삼지 않다.

年齢を問わず出願出来る。 연령을 불문하고 출원할 수 있다.

□ 通(とお)す 통하게 하다, (손님을) 안으로 들이다, 통과시키다, 꿰다, 조리를 세우다, (주장, 고집을) 관철하다, 끝까지 계속하다, 전체를 훑어보다

町まで鉄道を通す。 시내까지 철도를 놓다.

客を応接間に通す。 손님을 응접실로 안내하다.

車を通す。 차를 통과시키다.

針に糸を通す。 바늘에 실을 꿰다.

筋を通して話せ。 조리를 세워 이야기해라.

独身で通す。 계속 독신으로 지내다.

書類にざっと目を通す。 서류를 대충 훑어보다.

□ 通(とお)り掛(か)かる (우연히 그 곳을) 지나가다, 마침 지나가다

通り掛かった船に救助される。
마침 지나가는 배에 구조되다.

□ 通(とお)り過(す)ぎる 지나쳐 가다, 통과하다

夕立が通り過ぎる。 소나기가 지나가다.

□ 通(とお)る　通과하다, 개통하다, 곧게 뻗어 있다, 조리가 서다, 실내에 들어가다, 꿰어지다, 통과되다, 합격하다, 통용되다, (널리) 알려지다, 소리가 멀리까지 잘 들리다

電話が通る。전화가 개통[개설]되다.

鼻筋の通った面長の顔立ち。콧날이 선 갸름한 얼굴.

筋の通った発言。조리가 선 발언.

奥までお通りください。안으로 들어오십시오.

糸が針穴に通る。실이 바늘구멍에 꿰어지다.

論文が通る。논문이 통과되다.

会場の隅々まで通る声。
회장 안 구석구석까지 잘 들리는 목소리.

□ 溶(と)かす　(물에) 녹이다

薬を水の中で溶かす。약을 물에 풀다.

□ 溶(と)く　(액체 따위에 섞어서) 풀다

卵を溶く。달걀을 풀다.

小麦粉を水で溶く。밀가루를 물에 개다.

□ 解(と)く　(매듭을) 풀다, 봉한 것을 뜯다, 벗다, 흐트러진 것을 정돈하다, 감정의 응어리를 없애다, 해제하다, 답을 내다, 해석하다

帯を解く。허리띠를 풀다.

旅装を解く。여장을 풀다.

封を解く。개봉하다.

もつれた糸を解く。헝클어진 실을 풀다.

誤解を解く。오해를 풀다.

契約を解く。계약을 해제[해약]하다.

方程式を解く。방정식을 풀다.

□ 溶(と)ける　녹다

砂糖が水に溶ける。설탕이 물에 녹다.

□ 解(と)ける　풀어지다, 해소되다, 해제되다, 해직되다, (문제, 의문이) 풀리다

靴ひもが解ける。구두 끈이 풀리다.

誤解が解ける。오해가 풀리다.

制限が解ける。제한이 풀리다.

役目が解ける。직책이 해제되다.

謎が解ける。수수께끼가 풀리다.

□ 届(とど)く　도달하다, (소원이) 이루어지다, (상대를 위하는 마음이) 세세한 곳까지 미치다

声が届く。목소리가 미치다.

手紙が届く。편지가 닿다.

願いが届く。소원이 이루어지다.

世話が届く。세세한 곳까지 보살피다.

注意がよく届く。주의가 두루 잘 미치다.

□ 届(とど)ける　보내 주다, (관청 등에) 신고하다

荷物を届ける。짐을 보내 주다.

市役所に届ける。시청에 신고하다.

□ 留(とど)まる　(한곳에서) 움직이지 않다, 머물다, 뒤에 남다, 멈추다, (범위 내에) 그치다　ⓟ 留(と)まる

国に留まる。고국[고향]에 머물다.

時間は留まることなく進む。
시간은 멈추지 않고 지나간다.

海外に留まる。해외에 머무르다.

現地に留まる。현지에 남대[묵다].

涙が留まらない。눈물이 멈춰지지 않는다.

叫ぶだけに留まる。외치는 것만으로 그치다.

□ 飛(と)ばす　날리다, 빨리 몰다, 튀기다, 급히 파견하다, 건너뛰다, (무책임한 말을) 내뱉다

風船を飛ばす。풍선을 날리다.

全速力で車を飛ばす。전속력으로 차를 몰다.

自動車が泥水を飛ばす。자동차가 흙탕물을 튀기다.

記者を事故現場に飛ばす。
기자를 사고현장으로 급히 파견하다.

分からないところを飛ばして読む。
모르는 곳을 건너뛰고 읽다.

冗談を飛ばす。농담을 지껄이다.

やじを飛ばす。야유를 퍼붓다.

デマを飛ばす。유언비어를 퍼뜨리다.

□ 飛(と)び込(こ)む　뛰어들다

海に飛び込む。바다에 뛰어들다.

□ 飛(と)び出(だ)す　뛰어나가다[뛰어나오다], 튀어나오다, (별안간, 갑자기) 나타나다, 급히 거기에서 나오다

部屋から飛び出す。방에서 뛰어나가다.

床に釘が飛び出している。마루에 못이 튀어나와 있다.

子供が路地から飛び出す。아이가 골목에서 툭 뛰어나오다.

組織を飛び出す。조직에서 뛰쳐나오다.

□ **飛(と)ぶ** (하늘을) 날다, 날아가다[날아오다], 흩날리다, 급히 달려가다[달려오다], (소문이) 퍼지다, 건너뛰다, 튀다

鳥が空を飛ぶ。새가 하늘을 날다.

ハワイに飛ぶ。하와이로 날아가다.

木の葉が飛ぶ。나뭇잎이 흩날리다.

飛んで帰る。급히 돌아가다[돌아오다].

噂が飛ぶ。소문이 퍼지다.

ページが飛ぶ。페이지가 빠지다.

泥が飛ぶ。흙탕물이 튀다.

□ **止(とま)る** 멈추다, (통하던 것이) 끊어지다

笑いが止まらない。웃음이 멎지 않다.

時計が止まる。시계가 서다.

ガスが止まる。가스가 끊어지다.

□ **留(と)まる** 머물다, 고정되다, (새가) 앉다, 쉬다, (눈, 귀에) 띄다, 들어오다, (인상, 감각이) 뒤에까지 남다 ⓐ 留(とど)まる

日本に一週間留まる。일본에 1주일간 머물다.

鉄板はボルトで留まっている。
철판은 볼트로 고정되어 있다.

鳥が木の枝に留まる。새가 나뭇가지에 앉다.

耳に留まる。귀에 들어오다[들리다].

目に留まる。눈에 띄다.

いつまでも心に留まる。언제까지나 마음에 남다.

□ **泊(と)まる** 묵다, 숙박하다, 정박하다

旅館に泊まる。여관에 묵다.

港に泊まる。항구에 정박하다.

□ **止(と)める** 멈추다, (가스, 수도의) 공급을 끊다, (가스, 수도를) 잠그다, 막다, 말리다, 단념시키다

車を止める。차를 멈추다.

ガスを止める。가스의 공급을 끊다. 가스를 잠그다.

電気を止める。전기 공급을 멈추다. 전기를 끄다.

通行を止める。통행을 막다.

けんかを止める。싸움을 말리다.

受験を止める。시험을 못 치르게 하다.

□ **留(と)める** 만류하다, 고정시키다, 꽂다, (마음에) 두다[새기다]

出発を無理に留める。출발을 무리하게 막다.

辞職を留める。사직을 말리다.

ボタンを留める。단추를 채우다.

髪をピンで留める。머리를 핀으로 꽂다.

心に留める。마음에 새기다.

目に留める。눈여겨보다.

気に留めない。개의치 않다.

□ **泊(と)める** 숙박시키다, 정박시키다

旅行者を泊める。여행자를 재우다.

船を港に泊める。배를 부두에 정박시키다.

□ **取(と)り替(か)える** 바꾸다, 교환하다

材料を取り替える。재료를 바꾸다.

靴の底を取り替える。구두창을 갈다.

□ **取(と)り消(け)す** 취소하다

発言を取り消す。발언을 취소하다.

□ **取(と)り出(だ)す** 꺼내다, 끄집어내다

袋から菓子を取り出す。봉투에서 과자를 꺼내다.

□ **取(と)る** 잡다, 취하다, 받다, 벗다, 빼앗다, 하다, 맡다, 받아들이다, 맞추다, 구독하다, (사위, 며느리를) 맞다, 죽이다, 주문하다, (자격을) 따다, 나누어 담다, 징수하다.

手に取って見る。손에 들고 보다.

取るに足りない。취할 바가 못 되다. 하찮다.

名を捨てて実を取る。명예를 버리고 실리를 취하다.

注文を取る。주문을 받다.

眼鏡を取る。안경을 벗다.

泥棒が金を取る。도둑이 돈을 훔치다.

ノートを取る。노트를 하다. 필기하다.

明日の席を取る。내일 좌석을 예약하다[잡아 두다].

責任を取る。책임을 지다.

悪意に取る。악의로 받아들이다.

機嫌を取る。비위를 맞추다.

新聞を取る。신문을 받아 보다.

嫁を取る。며느리를 맞다. 장가들다.

命を取る。목숨을 빼앗다. 죽이다.

蕎麦を取る。메밀국수를 주문하다.

免許を取る。면허를 따다[취득하다].

おかずを小皿に取る。 반찬을 작은 접시에 덜어 담다.

罰金を取る。 벌금을 징수하다.

□ 撮(と)る　(사진을) 찍다
写真を撮る。 사진을 찍다.

□ 取(と)れる　떨어지다, 없어지다, (균형, 조화가) 잡히다, (시간이) 걸리다, 수확되다, 받아들여지다, 해석되다
ボタンが取れてしまった。 단추가 떨어져 버렸다.

熱が取れる。 열이 없어지다.

釣り合いが取れる。 균형이 잘 잡혀 있다.

手間の取れる仕事。 시간이 걸리는 일.

米がたくさん取れる。 쌀이 많이 수확되다.

この文は反対の意味にも取れる。
이 글은 반대의 뜻으로도 해석된다.

な行

□ 直(なお)す　고치다, 정정하다, 수선·수리하다, 바꾸다, 회복하다, 돌이키다, 번역하다, 환산하다, 다시 ~하다
文章を直す。 문장을 고치다.

服装を直す。 복장을 고치다.

壊れた時計を直す。 고장난 시계를 고치다.

計画を直す。 계획을 바꾸다.

二人の仲を直す。 두 사람의 사이를 회복시키다.

日本語を英語に直す。 일본어를 영어로 번역하다.

ドルを円に直す。 달러를 엔으로 환산하다.

□ 治(なお)る　(병이) 낫다, 고쳐지다, 치유되다
病気が治る。 병이 낫다.

□ 直(なお)る　(물건이) 고쳐지다, 수선[수리]되다, 회복[복구]되다, 바꾸어[옮겨] 앉다
文章が直る。 문장이 고쳐지다.

壊れた道が直る。 무너진 길이 고쳐지다.

相場が直る。 시세가 회복되다.

一等席へ直る。 1등석으로 옮겨 앉다.

□ 治(なお)る　치료되다, 낫다
病気が治る。 병이 낫다.

□ 流(なが)す　흘리다, 휩쓸려가다, 씻어내다, (없었던 것으로) 잊어버리다, (소문을) 퍼뜨리다, 유배시키다, (안마사, 악사, 택시가) 손님을 찾아 돌아다니다, 유산시키다, 몰래 넘겨주다
血を流す。 피를 흘리다.

雪崩に流される。 눈사태에 휩쓸려가다.

背中を流す。 등을 씻어내다.

過去のことを水に流す。 과거의 일을 없었던 것으로 하다.

デマを流す。 유언비어를 퍼뜨리다.

離れ島に流す。 외딴 섬으로 유배시키다.

流している車を拾う。 손님을 찾아 돌아다니고 있는 차를 잡다.

胎児を流す。 태아를 유산시키다.

秘密のデータを流す。 비밀 데이터[자료]를 몰래 넘겨주다.

□ 眺(なが)める　물끄러미 보다, 전망[조망]하다, 방관하다
父の写真を眺める。 아버지의 사진을 바라보다.

気色を眺める。 경치를 바라보다(조망하다).

眺めてばかりいないで、少しは手伝え。
보고만 있지 말고 좀 거들어라.

□ 流(なが)れる　흐르다, 흘러가다, 떠내려가다, 경과하다, 흘러가다, 퍼지다, 흘러나오다, 들려오다, 벗어나다, 떠돌아다니다, 유랑하다, 치우치다, 중지되다, 취소되다, 유산되다, (순조롭게) 진행되다
汗が流れる。 땀이 흐르다.

橋が流れる。 다리가 떠내려가다.

10年という歳月が流れた。 10년이라는 세월이 흘렀다.

噂が流れる。 소문이 퍼지다.

隣からピアノの音が流れてくる。
이웃에서 피아노 소리가 흘러나오다.

ボールは大きく右に流れた。 공은 크게 오른쪽으로 벗어났다.

諸国を流れ歩く。 여러 지방(여러 나라)을 떠돌아 다니다.

人間は楽な方に流れるものだ。
인간은 편한 쪽으로 치우치는 법이다.

雨のために試合が流れた。 비 때문에 시합이 중지되었다.

お腹の子が流れる。 뱃속의 아이가 유산되다.

作業がスムーズに流れている。
작업이 순조롭게 진행되고 있다.

□ 鳴(な)く　(새, 벌레, 짐승이) 울다
秋の夜に虫が鳴いている。 가을밤에 벌레가 울고 있다.

□ 泣(な)く (사람이) 울다, 고생하다, 시달리다, (무리나 손해를) 참다, (손해를 각오하고) 값을 할인하다, 명실상부하지 않다

泣く子は育つ。 아이는 울면서 자란다.

一円を笑う者は一円に泣く。
1엔을 깔보는 사람은 1엔에 운다[쓰라린 경험을 하게 된다].

ここは一つ泣いてもらおう。
이번에는 한 번 (손해 본 셈치고) 참아 주게.

今度は私の方で泣きましょう。
이번엔 제가 손해 보지요[참겠소].

看板が泣く。 간판이 울다. 명성에 걸맞지 않다.

□ 無(な)くす 없애다, 잃다

交通事故を無くす。 교통사고를 없애다.

財産を無くす。 재산을 잃다.

□ 亡(な)くす 잃다, 여의다

両親を亡くす。 양친을 잃다.

□ 無(な)くなる 없어지다, 보이지 않게 되다, 다 떨어지다

帽子が無くなる。 모자가 없어지다.

財布の金が無くなる。 지갑의 돈이 다 떨어지다.

□ 亡(な)くなる 죽다, 「死(し)ぬ 죽다」의 공손어, 완곡한 표현

恩師が亡くなりました。 은사가 죽었습니다(돌아가셨습니다).

□ 投(な)げる 던지다, (이야기를) 제공하다, (씨름, 유도에서) 상대방을 쓰러뜨리다, 버리다, 투신하다, 포기하다, 단념하다, 쏟다, 건성으로 하다, (상품, 주식을) 투매하다, 싸게 팔다

ボールを投げる。 공을 던지다.

話題を投げる。 화제를 던지다.

腕をつかんで投げる。 팔을 잡고 메치다.

ごみを川に投げると罰せられる。
쓰레기를 강에 버리면 처벌 받는다.

政界に身を投げる。 정계에 투신하다.

匙を投げる。 숟가락을 던지다[포기하다]. (의사가 이 환자는 살릴 수 없다고 단념하여 조제용 약 숟가락을 내던진다는 뜻임)

月が光を投げている。 달이 빛을 비추고 있다.

役者が舞台を投げている。 배우가 무대를 소홀히 하고 있다.

株を投げる。 주식을 투매하다.

□ なさる 하시다, 「する 하다」의 존경어

テニスをなさる。 테니스를 하시다.

お休みなさる。 쉬시다. 주무시다

□ 悩(なや)む 고민하다, 번민하다, 시달리다, 고생하다

恋に悩む。 사랑에 번민하다.

神経痛に悩む。 신경통으로 고생하다.

□ 習(なら)う 연습하다, 익히다, 배우다

先生に習う。 선생님에게 배우다.

テープで歌を習う。 테이프로 노래를 연습하다.

習うより慣れろ。 남에게 배우기보다 스스로 익혀라.

□ 鳴(な)らす 울리다, 소리 내다, (명성, 평판을) 떨치다, 강하게 주장하다, 책망하다

鐘を鳴らす。 종을 울리다.

一時は鳴らしたものだ。 한때는 날리기도 했다.

人の非を鳴らす。 남의 잘못을 책망하다.

不平を鳴らす。 투덜거리다.

□ 並(なら)ぶ 늘어서다, 병행하다, 견주다, 필적하다, (두 개의 뛰어난 것이) 동시에 존재하다

店が並ぶ。 가게가 늘어서다.

並んで走る。 나란히 달리다.

彼に並ぶ者がない。 그에게 견줄 자가 없다.

才色並び備わる。 재색을 아울러 갖추다.

□ 並(なら)べる 늘어놓다, 나란히 하다, 열거하다

一列に並べる。 한 줄로 늘어놓다(세우다).

肩を並べる。 어깨를 나란히 하다. 필적하다.

証拠を並べる。 증거를 열거하다.

□ 成(な)る (행위의 결과로) 되다, 이루어지다, ~로 되다, 성취되다

為せば成る。 하면 된다.

国会は二院より成っている。 국회는 양원으로 되어 있다.

願いが成る。 소원이 이루어지다.

□ 鳴(な)る 울리다, 소리 나다, 널리 알려지다

鐘が鳴る。 종이 울리다.

温厚をもって鳴る金子君。 온후한 성품으로 알려진 金子군.

□ 慣(な)れる 익숙해지다, 길들다, 습관이 되다

新しい仕事に慣れる。 새로운 일에 익숙해지다.

靴が足に慣れる。 구두가 발에 길들다.

パン食に慣れる。 빵 식사가 습관이 되다.

□ 似合(にあ)う　어울리다, 조화되다
洋服が似合う。양복이 어울리다.

こちらのが一層よく似合う。이쪽 것이 한층 더 잘 어울리다.

□ 逃(に)がす　놓아주다, 놓치다
かごの鳥を逃がす。새장의 새를 놓아주다.

逃がした魚は大きい。놓친 물고기는 더 크게 느껴진다.

□ 握(にぎ)る　(주먹을) 쥐다, (손으로) 쥐다, 잡다, (사람의 마음이나 비밀, 약점을) 쥐다, 잡다, 수중에 넣다, 자기 것으로 만들다, 주먹밥을 만들다 ▶ 1그룹 활용
こぶしを握る。주먹을 쥐다.

ハンドルを握る。핸들을 잡다.

弱みを握られる。약점을 잡히다.

実権を握る。실권을 잡다.

もう一つ握りましょうか。하나 더 만들어 드릴까요?

□ 逃(に)げる　도망치다, 회피하다, (경마, 경기에서) 따라잡히기 전에 이기다
慌てて逃げる。당황해서 도망치다.

いやな仕事を逃げる。싫은 일을 피하다(거절하다).

ゴールまで逃げる。골까지 달아나다.

□ 似(に)る　닮다, 비슷하다
父に似ている。아버지를 닮았다.

似た話を聞いたことがある。비슷한 이야기를 들은 적이 있다.

□ 抜(ぬ)く　뽑다, 골라내다, (불필요한 것을) 없애다, 훔치다, 줄이다, 거르다, 대상에 넣지 않다, 앞지르다, 함락시키다, 끝까지 ～하다, 몹시 ～하다
髪の毛を抜く。머리카락을 뽑다.

カードを抜く。카드를 골라 뽑다.

草を抜く。잡초를 뽑다.

人の財布を抜く。남의 지갑을 빼내다.

手を抜く。일을 겉날리다[빼먹다].

名簿から抜く。명부에서 빼다.

前の車を抜く。앞차를 앞지르다.

城を抜く。성을 함락시키다.

走り抜く。끝까지 달리다.

困り抜く。몹시 난처하다.

□ 脱(ぬ)ぐ　벗다
服を脱ぐ。옷을 벗다.

一肌脱ぐ。(남을 위해) 발 벗고 나서다.

□ 抜(ぬ)ける　빠지다, 누락하다, 없어지다, 사라지다, 줄어들다, 빠져나가다, 함락되다, 몰래 도망치다
歯が抜ける。이가 빠지다.

名簿に名前が抜けている。명부에 이름이 누락되어 있다.

気が抜ける。기운[맥]이 빠지다.

部員が3名抜けた。부원이 3명 줄어들었다.

トンネルを抜ける。터널을 빠져나가다.

間が抜ける。얼이 빠지다.

城が抜ける。성이 함락되다.

島を抜ける。섬을 몰래 도망치다.

□ 盗(ぬす)む　훔치다, 속이다, 남의 작품을 도작(盗作)하다, 표절하다
財布を盗む。지갑을 훔치다.

人の目を盗む。남의 눈을 속이다.

人の論文を盗む。남의 논문을 표절하다.

□ 濡(ぬ)らす　적시다
手を水に濡らす。손을 물에 적시다.

□ 塗(ぬ)る　칠하다, 화장을 하다, (죄, 책임을) 덮어씌우다
ペンキを塗る。페인트를 칠하다.

おしろいを塗る。분을 바르다.

人に罪を塗る。남에게 죄를 덮어씌우다.

□ 濡(ぬ)れる　젖다
雨に濡れる。비에 젖다.

びっしょり濡れる。흠뻑 젖다.

□ 願(ねが)う　바라다, 원하다, 기원하다, 빌다
援助を願う。원조를 바라다.

無事を願う。무사하기를 빌다.

家内安全を願う。집안의 안녕을 빌다.

□ 熱(ねっ)する　뜨겁게 하다, 뜨거워지다, 열중하다, 흥분하다
鉄を熱する。쇠를 달구다.

熱しやすい金属。쉽게 달구어지는 금속.

討論が熱する。토론이 열기를 띠다.

□ **眠(ねむ)る** 잠자다, 죽다, (능력, 가치가) 활용되지 않고 있다

ぐっすり眠る。 푹 잠들다.

地下に眠る友。 지하에 잠든 친구.

銀行に眠っている金。 은행에 잠자고 있는 돈.

□ **寝(ね)る** 잠자다, 드러눕다, 숙박하다, 몸져눕다, (자본, 상품이) 놀다, 묵다

5時間寝る。 5시간 자다.

寝ながら雑誌を読む。 드러누워서 잡지를 읽다.

今夜はここに寝る。 오늘밤은 여기에서 묵는다.

金が寝ているとはもったいない。
돈이 묵고 있다니 아깝다.

□ **残(のこ)す** 남기다, 후세에 전하다, 돈을 모으다, 여유를 만들다, (씨름에서) 견디어내다

食べ物を残す。 음식을 남기다.

名を残す。 이름을 남기다.

財産を残す。 재산을 남기다.

かろうじて残す。 겨우 버티어내다[견디어내다].

□ **残(のこ)る** 남다, 여분이 있다, 후세에 전해지다, (씨름에서) 버티다

雪が残っている。 눈이 남아 있다.

不満が残る。 불만이 남다.

歴史に残る。 역사에 남다.

土俵際でよく残った。
씨름판의 경계에서 위태로운 지경을 잘 버티었다.

□ **乗(の)せる** 태우다, 속여 넘기다, 가락에 맞추다, 가입시키다, 참가시키다

人を汽車に乗せる。 사람을 기차에 태우다.

彼にうまく乗せられた。 그에게 감쪽같이 속았다.

リズムに乗せる。 리듬에 맞추다.

一口乗せてくれ。 한몫 끼워 줘.

□ **載(の)せる** (위에) 놓다[얹다], 싣다, 게재하다, 기록하다

本を机に載せる。 책을 책상 위에 얹다.

論文を雑誌に載せる。 논문을 잡지에 싣다.

□ **除(のぞ)く** 제거하다, 없애다, 제외하다, 죽이다

不安を除く。 불안을 없애다.

未経験者を除く。 미경험자를 제외하다.

邪魔者を除く。 방해자를 죽이다.

□ **望(のぞ)む** 바라다, 희망하다, 바라다보다, 조망하다, 따르다, 흠모하다

平和な社会を望む。 평화로운 사회를 바라다.

大空を望む。 넓은 하늘을 바라다보다.

その徳を望む。 그 덕을 흠모하다.

□ **述(の)べる** 말하다, 진술하다, 기술하다

意見を述べる。 의견을 진술하다.

次のように述べている。 다음과 같이 서술하고 있다.

□ **登(のぼ)る** (높은 곳으로) 오르다, 올라가다

山に登る。 산에 오르다.

演壇に登る。 연단에 오르다.

□ **上(のぼ)る** 오르다, 올라가다, 상경하다, ～에 달하다, ～에 오르다

北へ上る。 북상하다.

川を上る。 강을 올라가다.

都に上る。 서울로 올라가다[상경하다].

死者が千人にも上る。 사망자가 1,000명이나 된다.

話題に上る。 화제에 오르다.

人の口に上る。 구설수에 오르다.

□ **飲(の)む** 마시다, 삼키다, (약을) 먹다

水を飲む。 물을 마시다.

薬を飲む。 약을 먹다.

□ **乗(の)り換(か)える** 갈아타다, (다른 것과) 바꾸어 가지다

電車からバスに乗り換える。 전차에서 버스로 갈아타다.

利回りのいい株に乗り換える。
이윤이 좋은 주식으로 바꾸어 사다.

□ **乗(の)る** 타다, 오르다, 속다, 맞다, 어울리다, 실리다, 타다, 참여하다, 잘 묻다, (기름이) 오르다, 기회를 타다, 여세를 몰다, 마음이 내키다

バスに乗る。 버스를 타다.

猫がひざの上に乗る。 고양이가 무릎 위에 올라앉다.

口車に乗る。 감언이설에 넘어가다.

リズムに乗って踊る。 리듬에 맞추어 춤을 추다.

風に乗って聞こえてくる。 바람결에 들려오다.

相談に乗る。 상담에 응하다.

インクが乗る。 잉크가 잘 묻다.

脂が乗った魚。 기름이 오른 생선.

好調の波に乗る。 호조의 기회를 타다.

この仕事はあまり気が乗らない。
이 일은 그다지 마음이 내키지 않는다.

□ 載(の)る　놓이다, 얹히다, (신문, 잡지에) 실리다
机の上に載っている本。 책상 위에 놓여 있는 책.

彼の論文が雑誌に載った。 그의 논문이 잡지에 실렸다.

は行

□ 拝見(はいけん)する　삼가 보다
お手紙を拝見しました。
주신 편지를 잘 받아 보았습니다.

□ 入(はい)る　(밖에서) 들어오다, 참가하다, 들어가다, 자기의 소유가 되다, 접어들다, 섞이다, (부류에) 속하다, 넘어가다, 지다, 가해지다, 설치되다, 수용되다, 지각되다, 생기다 ▶ 1그룹 활용
汽車が入る。 기차가 (역에) 들어오다.

仲間に入る。 한패가 되다.

手に入る。 손에 들어오다.

冬に入る。 겨울에 접어들다.

砂糖が入る。 설탕이 들어가다.

人も哺乳類に入る。 사람도 포유류에 속한다.

月は西の山に入った。 달은 서산으로 졌다.

先生の手が入った作文。 선생님이 손질한 작문.

ガスが入る。 가스가 들어가다.

6万人は入る球場。 6만 명은 수용할 수 있는 구장.

頭に入る。 머리에 들어오다.

ひびが入る。 금이 가다.

□ 量(はか)る・測(はか)る　(무게, 길이, 깊이, 넓이를) 재다, 달다, 측정하다
目方をはかる。 무게를 달다.

□ 計(はか)る　상의하다, 헤아리다, 세다, 계획하다
兄に計る。 형과 의논하다.

真意を計りかねる。 진의를 알 길이 없다.

時間を計る。 시간을 재다.

実現を計る。 실현을 꾀하다.

□ 履(は)く　신다, (하의 등을 발부터 넣어) 입다
ズボンをはく。 바지를 입다.

スカートをはく。 치마를 입다.

靴をはく。 신발을 신다.

□ 運(はこ)ぶ　운반하다, 옮기다, 진행[진척]시키다, 진행[진척]되다
机を次の部屋に運ぶ。 책상을 다음 방으로 옮기다.

足を運ぶ。 발길을 옮기다. 몸소 가다.

段取りをつけて仕事を運ぶ。
계획을 정해 놓고 일을 추진시키다.

工事が順調に運ぶ。 공사가 순조로이 진척되다.

□ 始(はじ)まる　시작되다
授業が始まる。 수업이 시작되다.

国会が始まる。 국회가 시작되다.

□ 始(はじ)める　시작하다, (늘 하던 버릇을) 또 시작하다, ~하기 시작하다
勉強を始める。 공부를 시작하다.

ほら始めるぞ、いつもの小言。
또 시작이다. 늘 하는 그 잔소리다.

本を読み始める。 책을 읽기 시작하다.

□ 外(はず)す　떼다, 벗다, 빗나가게 하다, (자리를) 뜨다, 실패하다, (~에서) 제외하다
看板を外す。 간판을 떼다.

眼鏡を外す。 안경을 벗다.

ボタンを外す。 단추를 풀다.

質問を外す。 질문을 피하다.

席を外す。 자리를 뜨다.

チャンスを外す。 기회를 놓치다.

試験を外す。 시험에 실패하다.

予定から外す。 예정에서 제외하다.

□ 外(はず)れる　풀어지다, 빗나가다, 벗어나다, 어긋나다, 제외되다, 누락되다
ボタンが外れる。 단추가 풀어지다.

天気予報が外れた。 일기예보가 빗나갔다.

市街を外れる。 시내를 벗어나다.

規格を外れる。 규격에 어긋나다.

メンバーから外れる。 멤버에서 제외되다.

□ 働(はたら)く　일하다, 활동하다, 작용하다, 효과를 내다, 효험이 나타나다, 활용하다, 나쁜 짓을 하다
工場で働く。 공장에서 일하다.

頭が働く。머리가 잘 돌아가다.

重力が働く。중력이 작용하다.

薬が働く。약이 효험을 나타내다.

5段に働く動詞。5단으로 활용하는 동사.

盗みを働く。도둑질을 하다.

□ 話(はな)し合(あ)う 서로 이야기하다

親と話し合って決める。부모와 의논해서 정하다.

□ 話(はな)す 말하다, (더불어) 상의하다

英語で話す。영어로 말하다.

話すに足りる。더불어 이야기할 만하다.

□ 払(はら)い込(こ)む 불입하다, 납부하다

税金を払い込む。세금을 납부하다.

銀行の窓口に払い込む。은행 창구에 불입하다.

□ 払(はら)い戻(もど)す 환불하다, (저금을 예금자에게) 되돌려
지불하다

運賃を払い戻してもらう。운임을 되돌려 받다.

銀行で払い戻す。은행에서 예금을 내주다.

□ 払(はら)う 제거하다, 없애버리다, (먼지를) 털다, 물리치다, 쫓아버
리다, 지불하다, 치르다, 팔아 버리다, (세력이) 두루 미치다, 위압하다,
퇴거하다, (마음을) 기울이다, 나타내다

ふたを払う。뚜껑을 떼어 버리다.

ほこりを払う。먼지를 털다.

悪魔を払う。악마를 물리치다.

勘定を払う。계산을 치르다.

犠牲を払う。희생을 치르다.

古新聞を払う。오래된 신문을 팔아 버리다.

辺りを払う。주위를 위압하다.

宿を払う。숙소를 퇴거하다.

注意を払う。주의를 기울이다.

敬意を払う。경의를 표하다.

□ 張(は)る 덮이다, 깔리다, 뻗치다, 부풀다, 긴장하다, 결리다, 도가
지나치다, 값이 비싸다, 뻗다, 펴다, 깔다, 붙이다, (액체를) 가득 채우다,
당당하게 보이도록 하다, (소리를) 높이다, (감정을) 강하게 하다, 벌이
다, 마련하다, 몸을 돌보지 않다, 지키다, 망을 보다, 강하게 ~하다

湖に氷が張った。호수에 얼음이 얼었다.

根が張る。뿌리가 뻗다.

腹が張る。배가 탱탱해지다.

気が張る仕事。마음이 긴장되는 일.

肩が張る。어깨가 뻐근해지다.

値段が張る。값이 비싸다.

木が根を張る。나무가 뿌리를 뻗다.

ロープを張る。로프를 치다.

床にタイルを張る。바닥에 타일을 깔다.

切手を張る。우표를 붙이다. (보통은 貼(は)る로 씀)

田んぼに水を張る。논에 물을 채우다.

胸を張って答える。가슴을 펴고 당당하게 대답하다.

声を張って助けを求める。큰 소리로 외쳐 구조를 요청하다.

意地を張る。고집을 부리다.

見栄を張る。허세를 부리다.

店を張る。가게를 차리다.

体を張る。몸을 내던져 행동하다.

容疑者を張る。용의자를 감시하다.

言い張る。우겨대다.

□ 貼(は)る 붙이다, 바르다

切手を貼る。우표를 붙이다.

□ 晴(は)れる 맑다[개다], (걱정, 근심, 괴로움이) 사라지다, (의심, 혐
의가) 풀리다

空が晴れる。하늘이 개다.

心が晴れる。마음이 명랑해지다.

疑いが晴れる。의심[혐의]가 풀리다.

罪が晴れる。죄가 벗겨지다.

□ 反(はん)する 반하다, 위반되다, 거역하다, 거스르다

予想に反した結果。예상에 반한 결과.

契約に反した行為。계약에 위배된 행위.

親に反する。부모를 거역하다.

□ 冷(ひ)える 차가워지다, 식다, 쌀쌀해지다, (애정, 열의가 식어) 냉
담해지다

お茶が冷えてしまった。차가 식어 버렸다.

夜になって急に冷えてきた。밤이 되어 갑자기 쌀쌀해졌다.

愛情が冷える。애정이 식다.

熱意が冷えてしまった。열의가 식어 버렸다.

□ 光(ひか)る　빛나다, 아름답게 빛나다, 돋보이다, 뛰어나다

星が光る。별이 빛나다.

野山に新緑が光る。산야에 신록이 빛나다.

一段と光る作品。한층 빛나는[뛰어난] 작품.

中でも彼女の存在が光る。
그 중에서도 그녀의 존재가 돋보이다.

□ 引(ひ)く　(끌어)당기다, (활을) 쏘다, 손가락으로 당기다, 손님을 끌어들이다, (손을 잡아) 이끌다, (마음, 이목을) 끌다, 감기 들다, 뽑다, 인용하다, 끌어들이다, 빼다, (사전을) 찾다, (뒷맛, 영향을) 남기다, 오므리다, 선을 긋다, 들이쉬다, 이어받다, 바르다, 물러나다, 손을 떼다, 빠지다, 가라앉다, 뜸해지다, 은퇴하다, 그만두다

椅子を引く。의자를 끌어당기다.

弓を引く。활시위를 당기다.

ピストルの引き金を引く。권총의 방아쇠를 당기다.

店先で客を引く。가게 앞에서 손님을 끌다.

子供の手を引く。아이의 손을 끌다.

人の心を引く。남의 마음을 끌다.

気を引く。주의를[마음을] 끌다.

風邪を引く。감기에 걸리다. 감기가 들다.

くじを引く。제비를 뽑다.

例えを引く。예를 인용하다. 예를 들다.

電話線を引く。전화선을 끌다[가설하다].

7から5を引く。7에서 5를 빼다.

難しい言葉を辞書で引く。어려운 말을 사전에서 찾다.

後を引く。
끝난 다음에도 그 여파가 남다. 먹고 나서도 입맛이 당기다.

差す手引く手。내미는 손 오므리는 손. 춤추는 손놀림.

線を引く。선을 긋다.

息を引く。숨을 들이쉬다.

系統を引く。계통을 이어받다.

機械に油を引く。기계에 기름을 바르다.

引くに引けない。물러나려야 물러날 수 없다.

プロジェクトから手を引く。프로젝트에서 손을 떼다.

水が引く。물이 빠지다.

熱が引く。열이 내리다.

客足が引く。손님의 발길이 뜸해지다. 손님이 줄다.

会社を引く。회사를 그만두다. 퇴사하다.

□ 弾(ひ)く　(악기를) 치다, 연주하다

ピアノを弾く。피아노를 치다.

□ びっくりする　깜짝 놀라다

びっくりするほど美しくなった。
깜짝 놀랄 정도로 아름다워졌다.

□ 引(ひ)っ越(こ)す　이사하다

郊外に引っ越す。교외로 이사하다.

□ 冷(ひ)やす　차게 하다, 식히다, 기분을 가라앉히다, (간담이) 서늘해지다

すいかをよく冷やして食べる。
수박을 제대로 차게 해서 먹다.

頭を冷やして考える。머리를 식히고 생각하다.

肝を冷やす。간담이 서늘해지다. 몹시 놀라다.

□ 開(ひら)く　열리다, 펴지다, 개화하다, 차이가 나다, 끝이 펴지다, 열다, (눈을) 뜨다, (입을) 벌리다, 터놓다, 열어 놓다, 열다, 개최하다, 새로 시작하다, 개척하다

ドアが開く。문이 열리다.

傘が開く。우산이 펴지다.

花が開く。꽃이 피다.

差が開く。차이가 벌어지다.

開いた枝。펴진 나뭇가지.

口を開く。입을 열다. 말을 시작하다.

目を開く。눈을 뜨다.

心を開く。마음을 열어 놓다.

国会を開く。국회를 열다.

音楽会を開く。음악회를 열다.

荒地を開く。황무지를 개간하다.

運命を開く。운명을 개척하다.

□ 拾(ひろ)う　줍다, (예기치 않은 것을) 얻다, 골라내다, (위험에서) 간신히 건지다, 등용하다, (차를 세워) 타다[태우다]

財布を拾う。지갑을 줍다.

勝ちを拾う。(예상 밖의) 승리를 거두다.

活字を拾う。활자를 골라내다.

命を拾う。(간신히) 목숨을 건지다.

有力者に拾われる。유력자에게 발탁되다.

タクシーを拾う。택시를 잡아타다.

客を拾う。손님을 태우다.

□ **広(ひろ)がる**　넓어지다, 퍼지다, 번지다, 확대되다, 펼쳐지다, 전개되다, 벌어지다

道幅が広がる。길[도로]의 폭이 넓어지다.

噂が広がる。소문이 퍼지다.

伝染病が広がる。전염병이 번지다.

事業が広がる。사업이 확대되다.

素晴らしい景色が眼下に広がる。
멋진 경치가 눈 아래에 펼쳐지다.

スカートが広がる。스커트가 벌어지다.

□ **広(ひろ)げる**　넓히다, 확장하다, (끝이) 벌어지게 하다, 펼치다, 늘어놓다

道を広げる。길을 넓히다.

事業を広げる。사업을 확장하다.

四方に枝を広げていた。사방으로 가지를 뻗고 있었다.

本を広げる。책을 펼치다.

新聞を広げて読む。신문을 펼쳐 읽다.

部屋いっぱいに本を広げる。온 방안에 책을 늘어놓다.

□ **広(ひろ)める**　넓히다, 보급시키다, 널리 알리다, 선전하다, (명성을) 널리 알리다

知識を広める。지식을 넓히다.

学問を世に広める。학문을 세상에 널리 보급시키다.

新製品を世に広める。신제품을 세상에 선전하다.

名を広める。이름을 떨치다.

□ **増(ふ)える**　(인원, 물량, 수효가) 증가하다

荷物が増える。짐이 늘다.

人口が増える。인구가 늘다.

□ **深(ふか)まる**　깊어지다

秋が深まる。가을이 깊어지다.

知識が深まる。지식이 깊어지다.

友情が深まる。우정이 두터워지다.

□ **吹(ふ)く**　불다, 뿜다, 솟아나다, (표면에 곰팡이가) 피다[생기다], 싹트다, (바람이) 날리다, 입으로 불다, (피리를) 불다, 내뿜다, 싹틔우다, 광석을 녹여 금속을 분리하다, 주조하다, 허풍을 떨다, (값을) 비싸게 부르다

風が吹く。바람이 불다.

ごはんが吹いている。밥이 끓어 김을 뿜고 있다.

壁にかびが吹く。벽에 곰팡이가 피다.

芽が吹く。싹이 트다.

木の葉を吹く風。나뭇잎을 날리는 바람.

ほこりを吹く。먼지를 입으로 불다.

ハーモニカを吹く。하모니카를 불다.

火山が火を吹く。화산이 불을 뿜다.

新芽を吹く。새싹을 틔우다.

柿が粉を吹く。감에 분이 돋다.

銅を吹く。(광석에서) 구리를 분리하다.

鐘を吹く。종을 주조하다.

ほらを吹く。허풍을 떨다.

無知な客に高く吹く。값을 모르는 손님에게 비싸게 부르다.

□ **拭(ふ)く**　닦다

汗を拭く。땀을 닦다.

床を拭く。마루를 닦다.

□ **含(ふく)む**　포함하다, 머금다, (마음속에) 품다, 함축하다, 내포하다, 띠다

税金を含む。세금을 포함하다.

水を口に含む。물을 입에 머금다.

恨みを含む。원한을 품다.

深い意味を含む。깊은 뜻을 지니다[내포하다].

笑みを含む。웃음을 띠다.

□ **含(ふく)める**　포함시키다, 포함하다, 타이르다, 납득시키다, 입에 물리다

彼らの名もリストに含めた。
그들의 이름도 리스트에 포함시켰다.

噛んで含めるように教える。알아듣도록 자상히 가르치다.

赤ん坊に乳を含める。갓난아기에게 젖을 물리다.

□ **ぶつかる**　부딪치다, 충돌하다, 부닥치다, 맞붙다, 마주치다, 겹치다, 합쳐지다

岩にぶつかって散る波。바위에 부딪쳐서 흩어지는 파도.

強敵とぶつかる。강적과 맞붙다.

駅で旧友とばったりぶつかった。
역에서 옛 친구와 딱 마주쳤다.

祝日が日曜日とぶつかる。축일이 일요일과 겹치다.

本流と支流がぶつかる。본류와 지류가 합쳐진다.

□ ぶつける　부딪다, 던져서 맞히다, 맞부딪치다, 대전시키다, 마구 발산하다

頭を戸にぶつける。머리를 문에 부딪다.

犬に石をぶつける。개에게 돌을 던지다.

一回戦でぶつけてみる。1회전에서 맞부딪쳐 보다.

怒りをぶつける。분노를 터뜨리다.

不満をぶつける。불만을 터뜨리다.

□ 太(ふと)る　뚱뚱해지다, 살찌다

まるまると太った子供。토실토실 살찐 아이.

芋が太る。고구마가 통통해지다.

□ 踏(ふ)む　밟다

ペダルを踏む。페달을 밟다.

足を踏まれる。발을 밟히다.

□ 増(ふ)やす　(인원, 물량, 수효를) 늘리다

人数を増やす。인원수를 늘리다.

□ 降(ふ)る　(비, 눈, 서리가) 내리다, (사물이) 닥치다, 몰려오다

雪が降る。눈이 내리다.

霜が降る。서리가 내리다.

不幸が身に降る。불행이 몸에 닥치다.

□ 振(ふ)る　흔들다, 휘두르다, 뿌리다, 흔들어서 던지다, 잃다, 날리다, 거절하다, 퇴짜 놓다, 할당하다, 매기다, 토를 달다, (어음, 수표를) 발행하다, 방향을 돌리다

手を振る。손을 흔들다.

バットを大振りに振る。배트를 크게 휘두르다.

魚に塩を振る。생선에 소금을 뿌리다.

さいころを振る。주사위를 흔들어 던지다.

百万円を棒に振る。100만 엔을 날리다.

恋人に振られる。연인에게 차이다.

仮名を振る。仮名를 달다.

手形を振る。어음을 발행하다.

進路を北に振る。진로를 북쪽으로 돌리다.

□ 震(ふる)える　흔들리다, 떨리다, 두려워하다

爆音で窓ガラスが震える。폭음으로 창유리가 흔들리다.

寒くて震える。추워서 떨리다.

権力に震える。권력을 두려워하다.

□ 触(ふ)れる　접촉하다, 닿다, 눈에 띄다, 귀에 들리다, (어떤 시기나 사물을) 만나다, 언급하다, 저촉되다, 위반되다, 부딪히다, (심한) 타격을 입다, 거슬리다, 느끼다, 대다, 만지다, 널리 일반에게 알리다

軽く触れる。가볍게 닿다.

妻の目に触れぬうちにしまう。아내 눈에 띄기 전에 치우다.

事に触れて意中を示す。기회가 있을 때마다 의중을 밝히다.

この点には触れないことにする。
이 점에는 언급하지 않기로 한다.

法に触れる。법에 저촉되다.

雷に触れる。벼락을 맞다.

怒りに触れる。노여움을 사다.

心に触れる。마음에 느끼다.

機械に手を触れるな。기계에 손을 대지 마라.

世間に触れて歩く。세상에 널리 알리고 다니다.

□ 減(へ)らす　줄이다, 감하다

予算を減らす。예산을 줄이다.

肉を減らして野菜を食べるといい。
육류를 줄이고 야채를 먹으면 좋다.

□ 減(へ)る　줄다, 허기지다, 배고프다, 닳다, 기가 꺾이다, 주눅 들다

▶ 1그룹 활용

数量が減る。수량이 줄다.

腹が減る。배가 고프다.

靴のかかとが減る。구두 굽이 닳다.

口の減らない奴だ。
(주눅 들지 않고) 억지를 둘러대는 녀석이다.

□ 褒(ほ)める　칭찬하다

誰も褒める人がない。아무도 칭찬하는 사람이 없다.

□ 翻訳(ほんやく)する　번역하다

ま行

□ 参(まい)る　「行(い)く 가다, 来(く)る 오다」의 겸양어, 지다[패하다], 항복하다, 질리다, 맥을 못 추다, 참배하다, 약해지다, 정신을 빼앗기다, 홀딱 반하다, 죽다

行って参ります。다녀오겠습니다.

まもなく電車が参ります。곧 전철이 옵니다.

一本参った。한 판 졌다.

物価の高いのには参った。 물가가 비싼 데는 질렸다.

墓に参る。 묘에 참배하다. 성묘하다.

体が少しずつ参っていく。 몸이 조금씩 약해져 간다.

君は彼女に参っているな。 자네는 그녀에게 홀딱 반했군.

病気でとうとう参ってしまった。 병으로 드디어 죽고 말았다.

□ 曲(ま)がる 구부러지다, 방향을 바꾸다, 돌다, 비뚤어지다, 기울어지다, (성질, 생각이) 비뚤어지다

腰の曲がった人。 허리가 구부러진 사람.

角を曲がる。 모퉁이를 돌다.

ネクタイが曲がっている。 넥타이가 비뚤어져 있다.

根性が曲がっている。 근성이 비뚤어져 있다.

□ 負(ま)ける 지다, 패하다, (피부가) 약하다, 양보하다, 봐주다, 견디지 못하다, 값을 깎아주다, 덤으로 주다

選挙に負ける。 선거에 지다[패하다].

剃刀に負ける。 면도 독이 오르다.

今日のところは負けておく。 오늘 일은 양보해 두다.

暑さに負ける。 더위에 지다. 더위를 타다. 더위 먹다.

百円負ける。 100엔 깎아주다.

鉛筆一本お負けします。 연필 한 자루를 덤으로 드립니다.

□ 曲(ま)げる 구부리다, 굽히다, (주의, 생각을) 굽히다, 왜곡하다, 전당잡히다

腰を曲げる。 허리를 구부리다.

主張を曲げる。 주장을 굽히다.

事実を曲げて伝える。 사실을 왜곡하여 전하다.

洋服を曲げる。 옷을 전당잡히다.

□ 増(ま)す 커지다, 많아지다, 더욱 ~해지다, 많게 하다, 더하다

人口が増す。 인구가 늘다.

前にも増して寂しくなった。 전보다도 더욱 쓸쓸해졌다.

速さを増す。 속력을 더하다.

□ 間違(まちが)える ① 잘못하다, 틀리게 하다 ② 잘못 알다, 착각을 하다

答えを間違える。 답을 틀리게 하다.

部屋を間違える。 방을 잘못 알다.

泥棒と間違える。 도둑으로 착각을 하다.

□ 待(ま)つ 기다리다, 기대하다

電車を待つ。 전차를 기다리다.

君の努力に待つところが大きい。 자네 노력에 기대하는 바가 크다.

□ 学(まな)ぶ 익히다, 공부하다, (경험해 봐서) 알다

運転を学ぶ。 운전을 배우다.

医学を学ぶ。 의학을 배우다.

社会に出ると学ぶところが多い。 사회에 나오면 배우는 바가 많다.

□ 間(ま)に合(あ)う 시간에 대다, 급한 대로 쓸 수 있다, 충분하다

汽車に間に合う。 기차 시간에 대다.

千円あれば間に合う。 천 엔 있으면 급한 대로 쓸 수 있다.

今は間に合っている。 지금은 충분하다.

□ 守(まも)る 지키다, 보호하다, 유지하다, (눈을 떼지 않고) 지켜보다

約束を守る。 약속을 지키다.

健康を守る。 건강을 지키다[유지하다].

岡本の顔を守りながら尋ねた。 岡本의 얼굴을 지켜보면서 물었다.

□ 回(まわ)す 돌리다, 회전시키다, 두르다, 차례로 돌리다, (필요한 장소로) 보내다, 손을 쓰다, 돈을 굴리다

ダイヤルを回す。 다이얼을 돌리다.

ハンドルを回す。 핸들을 돌리다.

垣根を回した邸宅。 울타리를 둘러친 저택.

杯を回す。 술잔을 돌리다.

伝票を経理に回す。 전표를 경리에게 보내다.

事前に手を回しておく。 사전에 손을 써 두다.

金を回す。 돈을 굴리다.

□ 回(まわ)る 돌다, 회전하다, 차례로 돌다, 우회하다, 들르다, 방향을[자리를] 바꾸다, 고루 돌아가다, 퍼지다, 이익이 생기다, 잘 움직이다, (시각이) 좀 지나다, ~하며 돌아다니다

月が地球を回る。 달이 지구를 회전하다.

各国を回る。 각국을 돌아다니다.

急がば回れ。 바쁠수록 돌아서 가라[질러가는 길이 먼 길].

帰りに床屋へ回る。 돌아오는 길에 이발소에 들르다.

風が東に回る。 바람이 동쪽으로 방향을 바꾸다.

酔いが回る。 취기가 돌다.

儲けが一割に回る。 이익이 1할 생기다.

知恵が回る。 머리가 잘 돌다. 영리하다.

もう5時を回った。벌써 5시가 지났다.

歩き回る。걸어 다니다.

持ち回る。들고 다니다.

□ 見上(みあ)げる　우러러 보다, 올려다보다, 감탄하다

空を見上げる。하늘을 올려다보다.

見上げたものだ。훌륭핸[장한] 일이다.

□ 見(み)える　눈에 보이다[비치다], 볼 수 있다, ～처럼 보이다[느껴지다], 「来(く)る 오다」의 존경어

海が見える。바다가 보이다.

猫は夜でも目が見える。고양이는 밤에도 눈이 보인다.

目が見えなくなる。눈이 보이지 않게 되다.

彼は金持ちに見える。그는 부자처럼 보인다.

先生が見えた。선생님이 오셨다.

□ 見送(みおく)る　배웅하다, 가는 것을 바라보다, (보기만 하고) 그냥 보내다, 보류하다, 미루다, 죽을 때까지 돌보다, 장송하다

駅まで父を見送る。역까지 아버지를 배웅하다.

後ろの姿を見送る。뒷모습을 바라보다.

ボールを見送る。볼을 (치지 않고) 그냥 보내다.

電車を見送る。전철을 (타지 않고) 그냥 보내다.

採用を見送る。채용을 보류하다.

母を最期まで見送る。어머니를 임종 때까지 돌보다.

亡き兄を見送る。죽은 형을 장사지내다.

□ 磨(みが)く　닦다, 갈다, 수련하다, 연마하다, (손질하여) 아름답게 하다

靴を磨く。구두를 닦다.

歯を磨く。이를 닦다.

腕を磨く。솜씨를 연마하다.

肌を磨く。피부를 손질하여 아름답게 하다.

□ 見(み)せる　보이다, 보여 주다, 알게 하다, (겉으로) 드러내다, 보이게 하다, 겪게 하다, 진찰하게 하다, ～해 보이다[보이겠다]

親に写真を見せる。부모에게 사진을 보여 주다.

目にものを見せる。똑똑히 알게 하다.

教室に姿を見せる。교실에 모습을 나타내다.

絵に興味を見せる。그림에 흥미를 나타내다.

美しく見せる。아름답게 보이게 하다.

痛い目を見せる。뜨끔한 맛을 겪게 하다.

傷口を医者に見せる。상처를 의사에게 보이다.

頷いて見せる。고개를 끄덕여 보이다.

きっと優勝して見せる。반드시 우승해 보이겠다.

□ 見付(みつ)かる　들키다, 발각되다, (찾던 것을) 찾게 되다

先生に見付かる。선생님에게 들키다.

本が見付からない。책이 발견되지 않다.

□ 見付(みつ)ける　찾아내다, 발견하다, (자주 봐서) 눈에 익다

仕事を見付ける。일을 찾아내다.

あまり見付けない顔だ。그다지 눈에 익지 않은 얼굴이다.

□ 認(みと)める　인지하다, 보다, (보고 확실하다고) 판단하다, 인정하다, 시인하다, 받아들이다, 높이 평가하다

異常を認める。이상을 인지하다.

彼を犯人と認める。그를 범인으로 인정하다.

入学を認める。입학을 받아들이다.

世に認められない作家。세상에서 인정을 받지 못하는 작가.

□ 見(み)る　보다, 구경하다, 관람하다, 읽다, 살펴보다, 관찰하여 판단하다, (감각으로) 파악하다, 당하다, 겪다, 돌보다, 보살피다, 평가하다, 간주하다, ～로 생각하다

テレビを見る。텔레비전을 보다.

展覧会を見る。전람회를 관람하다.

答案を見る。답안을 살펴보다.

手相を見る。손금을 보다.

味を見る。맛을 보다.

痛い目を見る。뜨끔한 맛을 보다.

ばかを見る。바보 같은 꼴을 당하다.

面倒を見る。보살피다. 돌보다.

人生を甘く見る。인생을 쉽게 보다.

一口飲んでみる。한 모금 마셔 보다.

□ 診(み)る　진찰하다

患者を診る。환자를 진찰하다.

□ 向(む)かう　면하다, 마주보다, 향해가다, 다가오다, (바람을) 안고 가다, 맞서다, 대항하다, (경향, 추세를) 보이다

正面に向かって座る。정면을 향해 앉다.

向かって左側。마주 보아 왼쪽.

ゴールに向かって走る。골을 향해 달리다.

年末に向かう。연말이 다가오다.

風に向かう。 바람을 안고 가다.

敵に向かう。 적과 맞서다.

病気は快方に向かっている。 병은 차도를 보이고 있다.

□ 向(む)く (얼굴을) 돌리다, 면하다, 향하다, 가리키다, 내키다, 기울다, 나아지다, 적합하다, 어울리다

右を向く。 오른쪽을 보다.

そっぽを向く。 딴 데를 보다. 외면하다.

南に向いた家。 남쪽을 향한 집.

磁石の針は北を向く。 자석의 바늘은 북쪽을 가리킨다.

気が向いたら行きます。 마음이 내키면 가겠습니다.

病気が快方に向く。 병이 차도가 있다.

女性に向く職業。 여성에게 적합한 직업.

料理屋に向いた家。 요리집에 어울리는 집.

□ 向(む)ける (방향을) 돌리다, 돌려쓰다, 충당하다, (마음을) 쏟다, 기울이다, 보내다, 파견하다

目を向ける。 눈을 돌리다.

ロンドンに向けて出発した。 런던을 향하여 출발했다.

連休を旅行に向ける。 연휴를 여행으로 돌리다.

注意を向ける。 주의를 기울이다.

代理の者を向ける。 대리인을 보내다[파견하다].

□ 目指(めざ)す 지향하다, 목표로 하다

頂上を目指して登る。 정상을 향하여 오르다.

大学を目指して勉強する。 대학을 목표로 공부하다.

□ 召(め)し上(あ)がる 드시다. 「食(た)べる 먹다, 飲(の)む 마시다」의 존경어

何を召し上がりますか。 무엇을 드시겠습니까?

□ 目立(めだ)つ 눈에 띄다, 두드러지다

目立つ服装。 눈에 띄는 복장.

彼はあまり目立たない存在だ。 그는 그다지 두드러진 존재가 아니다.

□ 申(もう)し上(あ)げる 말씀 올리다, 「言(い)う 말하다」의 겸양어A

皆様にご案内申し上げます。 여러분께 안내 말씀 드립니다.

＊ 겸양어A : 보어를 높임으로써 주어를 보어보다 상대적으로 낮게 하는 표현 방식.

□ 申(もう)し込(こ)む 신청하다, 말하다

試合を申し込む。 시합을 신청하다.

苦情を申し込む。 불평을 말하다.

抗議を申し込む。 항의의 뜻을 표시하다.

□ 申(もう)す 「言(い)う 말하다」의 겸양어B

私は杉原と申します。 저는 스기하라라고 합니다.

＊ 겸양어B : 주어를 낮춤으로써 듣는 사람을 높이는 표현 방식.

□ 持(も)つ (손에) 쥐다, 들다, 몸에 지니다, 휴대하다, 소유하다, 마음에 품다, 맡다, 담당하다, (성질, 속성을) 지니다, 부담하다, 개최하다, 관계하다, (상태가) 오래 가다

かばんを持つ。 가방을 들다.

しっかり持つ。 꽉 쥐다.

貴重品をお持ちでしたらお預かりします。 귀중품을 가지고 계시면 보관하겠습니다.

家を持つ。 집을 소유하다.

希望を持つ。 희망을 품다(가지다).

新入生の組を持つ。 신입생 반을 담당하다.

魅力を持つ。 매력을 지니다.

学資は国で持つ。 학자금은 나라에서 부담한다.

会合を持つ。 회합을 가지다.

関係を持つ。 관계를 가지다.

この好天気は長く持つまい。 이처럼 좋은 날씨는 오래가지 않을 것이야.

これで一週間は持つだろう。 이것으로 1주일은 버틸 테지.

□ 戻(もど)す (원래 자리, 상태로) 되돌리다, 토하다

白紙に戻す。 백지로 돌리다.

借りた金を戻す。 빌린 돈을 갚다.

飲み過ぎて戻してしまう。 과음해서 토해 버리다.

□ 戻(もど)る 되돌아오다, 되돌아가다

席に戻る。 자리에 되돌아가다(오다).

実家へ戻る。 친정으로 돌아가다(오다).

□ 貰(もら)う 받다, 얻다, 옮기다, 전염되다, 떠맡다, 인수하다, (승부에서) 이기다, (집으로) 맞이하다, 사다

手紙をもらう。 편지를 받다.

風邪をもらう。 감기가 전염되다.

身柄をもらい受ける。 신병을 인수하다.

この勝負はもらった。 이 승부는 내가 이겼다.

嫁をもらう。 아내[며느리]를 맞아들이다.

このネクタイをもらおう。 이 넥타이를 사겠소.

□ **焼(や)く** 태우다, 굽다, 그을리다, 애태우다, (사진을) 인화하다, 달구다, 애를 쓰다, 질투하다

ごみを焼く。 쓰레기를 태우다.

魚を焼く。 생선을 굽다.

海辺で背中を焼く。 해변에서 등을 그을리다.

恋に胸を焼く。 사랑으로 가슴을 태우다.

火箸を真っ赤に焼く。 부젓가락을 새빨갛게 달구다.

手を焼く。 애먹다.

世話を焼く。 여러 모로 애를 쓰다.

焼くのもほどほどにしろ。 질투하는 것도 정도껏 해라.

□ **役(やく)に立(た)つ** 도움이 되다

役に立つ道具。 도움이 되는 도구.

□ **焼(や)ける** 타다, 구워지다

家が焼ける。 집이 불타다.

よく焼けた魚。 잘 구워진 생선.

□ **休(やす)む** 활동을 멈추다, 휴식하다, 쉬다, 자다, 결석[결근]하다, (학교, 직장이 정기적으로) 놀다

工場は作業を休んでいる。 공장은 작업을 쉬고 있다.

休む暇もない。 쉴 사이도 없다.

主人はもう休んでいます。 남편은 벌써 잠자리에 들었습니다.

会社を休む。 회사를 쉬다.

二日続いて休む。 이틀 계속해서 놀다.

□ **痩(や)せる** 여위다, 살이 빠지다, (땅이) 메마르게 되다

病気で痩せる。 병으로 수척해지다.

痩せ薬。 살이 빠지는 약.

痩せた土地。 메마른 땅.

□ **止(や)む** 그치다, 멎다, 그만두다

雨が止む。 비가 그치다.

政府はテロ行為が止むことを期待している。 정부는 테러 행위가 그칠 것을 기대하고 있다.

□ **止(や)める** 그만두다, 끊다

話を止める。 이야기를 중지하다.

たばこを止める。 담배를 끊다.

□ **辞(や)める** (직장, 일자리를) 그만두다, 사직하다

会社を辞める。 회사를 그만두다.

□ **やる** ① 보내다 ② 주다 ③ 하다, 행하다 ④ 생활하다

子供を大学へやる。 아이를 대학에 보내다.

花に水をやる。 꽃에 물을 주다.

お金をやる。 돈을 주다.

勉強をよくやる。 공부를 잘 하다.

野球をやろう。 야구를 하자.

月20万円でやる。 월 20만 엔으로 살아가다.

□ **許(ゆる)す** 허락하다, 허용하다, 허가하다, 늦추다, 터놓다, 용서하다, 면제하다, 제멋대로 하게 하다, 인정하다

時間の許す限り。 시간이 허락하는 한.

営業を許す。 영업을 허가하다.

気を許す。 방심하다.

子供のいたずらを許す。 아이의 장난을 용서하다.

税を許す。 세금을 면제하다.

本塁打を許す。 홈런을 허용하다.

自他共に許す。 자타가 공인하다[인정하다].

□ **揺(ゆ)れる** 흔들리다

心が揺れる。 마음이 흔들리다.

風で木の枝が揺れる。 바람에 나뭇가지가 흔들리다

□ **汚(よご)す** 더럽히다, (나물을) 무치다

着物を泥で汚す。 옷을 흙탕으로 더럽히다.

味噌で汚す。 된장으로 무치다.

□ **汚(よご)れる** 더러워지다

着物が汚れる。 옷이 더러워지다.

汚れた金。 부정한 돈.

□ **止(よ)す** 중지하다, 그만두다

今日の仕事はこれで止そう。 오늘 일은 이만 하자.

□ **呼(よ)び出(だ)す** 호출하다, 불러내다

電話で呼び出す。 전화로 불러내다.

□ **呼(よ)ぶ** 소리 내어 부르다, 불러서 오게 하다, 초대하다, 일컫다, 불러 모으다, 불러일으키다, 유발하다

名前を呼ぶ。 이름을 부르다.

医者を呼ぶ。 의사를 부르다.

夕食に呼ぶ。 저녁 식사에 초대하다.

音楽の父と呼ばれる。 음악의 아버지로 일컬어지다.

人気を呼ぶ。 인기를 끌다.

火事を呼ぶ。 화재를 일으키다.

□ 読(よ)む 소리 내어 읽다, 보고 이해하다, 알아차리다, 간파하다

手紙を読む。 편지를 읽다.

グラフを読む。 그래프를 읽다.

人の心を読む。 남의 심중을 읽대[들여다보다].

□ 寄(よ)る 접근하다, 다가서다, 모이다, 많아지다, 비키다, 들르다, (생각이) 미치다, 치우치다, 밀리다

近くに寄って見る。 가까이 가서 보다.

三人寄れば文殊の知恵。 세 사람이 모이면 문수보살의 지혜.

年が寄る。 나이가 들다.

道路の右側に寄る。 도로의 오른쪽으로 비키다.

帰りに寄る。 돌아오는 길에 들르다.

思いも寄らない出来事が起こる。 생각지도 않은 일이 일어나다.

駅から西に寄ったところに山がある。 역에서 서쪽이 되는 곳에 산이 있다.

波が寄る。 파도가 밀리다.

□ 喜(よろこ)ぶ 기뻐하다, 달갑게 받아들이다

合格を喜ぶ。 합격을 기뻐하다.

忠告を喜ばない。 충고를 달갑게 여기지 않다.

わ

□ 沸(わ)かす 데우다, 끓이다, (금속을) 녹이다, 열광시키다, 흥분시키다

風呂を沸かす。 목욕물을 데우다.

お湯を沸かす。 물을 끓이다.

鉄を沸かす。 철을 녹이다.

観衆を沸かす。 관중을 열광시키다.

□ 分(わ)かる 판명되다, 판단[이해]할 수 있다, 잘 헤아리다

犯人が分かる。 범인이 판명되다.

味の分かる人。 맛을 아는 사람.

分からないことを言う人だ。 답답한 소리를 하는 사람이다.

□ 分(わ)かれる 갈라지다, 갈리다, 분기하다, 구별되다

党が二つに分かれる。 당이 둘로 갈라지다.

本線から分かれる。 본선에서 갈라지다.

勝負が分かれる。 승부가 판가름 나다.

□ 別(わか)れる 갈라서다, 이별하다, 작별하다, 사별하다

夫婦が別れる。 부부가 헤어지다.

さようならと言って別れる。 안녕이라고 하고 작별하다.

幼い時母に別れた。 어렸을 때 어머니와 사별했다.

□ 沸(わ)く 끓다, (금속이) 녹다, 열광하다

湯が沸く。 물이 끓다.

鉄が沸く。 철이 녹다.

ホームランで観衆がが沸く。 홈런으로 관중이 열광하다.

□ 分(わ)ける 나누다, 헤치다, 분류하다, 구분하다, 분배하다, 말리다, 중재하다, 비긴 것으로 하다, 조리 있게 하다, 「売(う)る 팔다」의 완곡한 표현

いくつに分けるか。 몇 개로 나누느냐?

人込みの中を分けていく。 군중 속을 헤치고 나아가다.

大きさによって分ける。 크기에 따라 분류하다.

利益を分ける。 이익을 분배하다.

けんかを分ける。 싸움을 말리다.

勝負を分ける。 무승부로 판가름하다.

事を分けて話した。 조리 있게 차근차근 이야기했다.

分けてくださいませんか。 팔아 주시지 않겠습니까?

□ 忘(わす)れる 잊어버리다, 망각하다, (열중하여) 깨닫지 못하다, (물건을) 잊고 오다, (해야 할 것을) 하지 않고 있다. (품은 생각을) 잊어버리다

恩を忘れる。 은혜를 잊다.

我を忘れる。 (열중한 나머지) 자기를 잊다.

教科書を忘れて来る。 교과서를 잊고 오다.

宿題を忘れる。 숙제를 잊다.

初心を忘れず。 처음 먹은 마음을 잊지 않고.

□ 渡(わた)す 건네다, 걸치다, 놓다, (넘겨)주다

犯人を警察に渡す。 범인을 경찰에 넘기다.

川に橋を渡す。 강에 다리를 놓다.

政権を渡す。 정권을 넘겨주다.

□ **渡(わた)る** 건너다, 건너오다, 지나가다, 통과하다, 살아가다, (다른 사람에게) 넘어가다, 인도되다, 고루 돌아가다, 철저하게 ～하다, 널리 미치다

川(かわ)を渡(わた)る。강을 건너다.

仏教(ぶっきょう)が渡(わた)ってきた。불교가 건너왔다.

月(つき)が空(そら)を渡(わた)る。달이 하늘을 지나가다.

世(よ)を渡(わた)る。세상을 살아가다.

家(いえ)が人手(ひとで)に渡(わた)る。집이 남의 손에 넘어가다.

印刷物(いんさつぶつ)が全員(ぜんいん)に渡(わた)る。인쇄물이 전원에게 고루 돌아가다.

鳴(な)り渡(わた)る。울려 퍼지다.

行(ゆ)き渡(わた)る。널리 미치다[퍼지다].

□ **笑(わら)う** 웃다, (꽃 봉우리가 열려) 방긋거리다, 비웃다, 빈정거리다, 우습게 여기다, (해지거나 익어서) 터지다

笑(わら)ってごまかす。웃어 속여 넘기다. 웃으며 얼버무리다.

花(はな)が笑(わら)う。꽃이 방긋거리다.

陰(かげ)で笑(わら)う。뒤에서 웃다[빈정거리다].

人(ひと)の失敗(しっぱい)を笑(わら)う。남의 실패를 비웃다.

縫(ぬ)い目(め)が笑(わら)う。솔기가 터지다.

□ **割(わ)る** 쪼개다, 깨다, 분배하다, 나눗셈을 하다, 끼어들다, 벌리다, 열다, 털어놓다, 타다, 묽게 하다, (수량에) 못 미치다, (시세가 단위 이하로) 떨어지다, 할인하다

りんごを二(ふた)つに割(わ)る。사과를 둘로 쪼개다.

皿(さら)を落(お)として割(わ)る。접시를 떨어뜨려 깨다.

6人(ろくにん)に割(わ)る。여섯 사람에게 분배하다.

8(はち)を2(に)に割(わ)る。8을 2로 나누다.

人込(ひとご)みの中(なか)に割(わ)って入(はい)る。
사람들의 틈바구니를 헤치고 들어가다.

口(くち)を割(わ)る。입을 열다. 자백하다.

腹(はら)を割(わ)って話(はな)す。속마음을 털어놓고 말하다.

酒(さけ)に水(みず)を割(わ)る。술에 물을 타다.

過半数(かはんすう)を割(わ)る。과반수를 밑돌다.

相場(そうば)が千円(せんえん)の大台(おおだい)を割(わ)る。
시세가 1,000엔대 이하로 떨어지다.

手形(てがた)を割(わ)る。어음을 할인하다.

□ **割(わ)れる** 깨지다, 쪼개지다, 터지다, (교섭이) 성공 못하다, 갈라지다, 분산되다, 나누어지다, (몰랐던 것을) 알게 되다, 드러나다

ガラスが割(わ)れる。유리가 깨지다.

額(ひたい)が割(わ)れる。이마가 터지다.

談判(だんぱん)が割(わ)れる。담판이 깨지다.

地面(じめん)が割(わ)れる。지면이 갈라지다.

票(ひょう)が割(わ)れる。표가 분산되다[갈리다].

6は2で割(わ)れる。6은 2로 나누어진다.

秘密(ひみつ)が割(わ)れる。비밀이 드러나다.

반드시 알아두어야 할 자동사·타동사

공식 ①	자동사	~あ단 + る
	타동사	~え단 + る

上がる 오르다
上げる 올리다

集まる 모이다
集める 모으다

暖まる 따뜻해지다
暖める 따뜻하게 하다

当たる 맞다
当てる 맞히다

高まる 높아지다
高める 높게 하다, 높이다

たまる 모이다
ためる 모으다

捕まる 붙잡히다
捕まえる 붙잡다

伝わる 전해지다
伝える 전하다

当てはまる 적용되다
当てはめる 적용시키다

改まる 개선되다, 변경되다
改める 개선하다, 변경하다

炒まる 기름에 볶아지다
炒める 기름에 볶다

薄まる 엷어지다
薄める 엷게 하다

埋まる 메워지다
埋める 메우다, 묻다

植わる 심어지다
植える 심다

終わる 끝나다
終える 끝내다

変わる 바뀌다
変える 바꾸다

かかる 걸리다
かける 걸다

重なる 포개지다, 겹치다
重ねる 포개다, 거듭하다

固まる 단단해지다
固める 단단히 하다

決まる 정해지다, 결정되다
決める 정하다, 결정하다

下がる 내려가다, 내리다
下げる 낮추다, 내리다

定まる 정해지다, 결정되다
定める 정하다, 결정하다

仕上がる 마무리되다, 완성되다
仕上げる 마무리하다, 일을 끝내다

静まる 가라앉다, 안정되다
静める 가라앉히다, 진정시키다

閉まる 닫히다
閉める 닫다

締まる 단단히 매어지다
締める 단단히 매다

染<ruby>そ</ruby>まる 물들다

染<ruby>そ</ruby>める 물들이다

儲<ruby>もう</ruby>かる 벌이가 되다

儲<ruby>もう</ruby>ける 벌다

弱<ruby>よわ</ruby>まる 약해지다, 수그러지다

弱<ruby>よわ</ruby>める 약하게 하다, 약화시키다

助<ruby>たす</ruby>かる 살아나다, 도움이 되다

助<ruby>たす</ruby>ける 살리다, 돕다

繋<ruby>つな</ruby>がる 이어지다, 연결되다

繋<ruby>つな</ruby>げる 잇다, 묶다, 연결하다

詰<ruby>つ</ruby>まる 가득 차다, 막히다

詰<ruby>つ</ruby>める 채우다, (통하지 않게) 막다

遠<ruby>とお</ruby>ざかる 멀어지다, 소원해지다

遠<ruby>とお</ruby>ざける 멀리하다, 소외하다

止<ruby>と</ruby>まる 멎다, (통하던 것이) 끊어지다

止<ruby>と</ruby>める 세우다, 끊다

始<ruby>はじ</ruby>まる 시작되다

始<ruby>はじ</ruby>める 시작하다

はまる 꼭 끼이다, 속아 넘어가다

はめる 끼우다, 속여 넘기다

早<ruby>はや</ruby>まる 빨라지다, 서두르다

早<ruby>はや</ruby>める 예정보다 이르게 하다

引<ruby>ひ</ruby>っ掛<ruby>か</ruby>かる 걸리다, 연루되다

引<ruby>ひ</ruby>っ掛<ruby>か</ruby>ける 걸다, 걸려들게 하다

広<ruby>ひろ</ruby>がる 넓어지다, 넓은 범위에 미치다

広<ruby>ひろ</ruby>げる 펴다, 넓히다

ぶつかる 부딪히다, 충돌하다

ぶつける 부딪다, 맞부딪치다

ぶらさがる 축 늘어지다, 매달리다

ぶらさげる 축 늘어뜨리다, 매달다

曲<ruby>ま</ruby>がる 구부러지다, 돌다 , 굽다

曲<ruby>ま</ruby>げる 구부리다, 왜곡하다, 굽히다

混<ruby>ま</ruby>ざる/混<ruby>ま</ruby>じる 섞이다, 혼합되다

混<ruby>ま</ruby>ぜる 섞다, 혼합하다

まとまる 하나로 정리되다

まとめる 하나로 정리하다

丸<ruby>まる</ruby>まる 둥글게 되다

丸<ruby>まる</ruby>める 둥글게 하다

見<ruby>み</ruby>つかる 발견되다, 찾게 되다

見<ruby>み</ruby>つける 발견하다, 찾다

공식 ②	자동사	～う단
	타동사	～え단 + す

隠<ruby>かく</ruby>れる 숨다

隠<ruby>かく</ruby>す 숨기다, 감추다

崩<ruby>くず</ruby>れる 무너지다, 흐트러지다

崩<ruby>くず</ruby>す 무너뜨리다, 흐트러뜨리다

こぼれる 넘쳐흐르다, 새어 나오다

こぼす 흘리다, 엎지르다

壊<ruby>こわ</ruby>れる 부서지다, 깨지다, 고장나다

壊<ruby>こわ</ruby>す 부수다, 깨뜨리다, 고장내다

倒<ruby>たお</ruby>れる 쓰러지다, 넘어지다

倒<ruby>たお</ruby>す 쓰러뜨리다, 넘어뜨리다

潰<ruby>つぶ</ruby>れる 찌그러지다, 부서지다

潰<ruby>つぶ</ruby>す 찌그러뜨리다, 부수다

流れる 흐르다, 흘러가다

流す 흘리다, 흘려 보내다

外れる 빠지다, 풀어지다, 벗어나다

外す 떼다, 끄르다, 풀다

乱れる 흐트러지다, 혼란해지다

乱す 흐트러뜨리다, 어지럽히다

汚れる 더러워지다

汚す 더럽히다

写る 찍히다, 박히다

写す 베끼다, 복사하다

裏返る 뒤집히다, 배반하다

裏返す 뒤집다

返る (원래 상태로) 돌아가다, (원래 위치로) 되돌아오다

返す (빌린 것을) 돌려주다, (원래 상태로) 되돌리다, 되돌려 놓다

帰る 돌아오다, 돌아가다

帰す 돌려보내다, 돌아가게[돌아오게] 하다

転がる 구르다, 넘어지다

転がす 굴리다, 넘어뜨리다

散らかる 흐트러지다, 널리다

散らかす 흐트러뜨리다, 어지르다

覆る 뒤집히다, 전복되다

覆す 뒤집다, 전복시키다

治る (병이) 낫다, 치유되다

治す (병을) 고치다, 치료하다

直る 고쳐지다, 수리되다

直す 고치다, 수리하다

残る 남다

残す 남기다

ひっくりかえる 뒤바뀌다, 뒤집히다, 넘어지다

ひっくりかえす 뒤집다, 뒤엎다, 넘어뜨리다

回る 축을 중심으로 스스로 돌다, 주위를 돌며 움직이다

回す 돌리다, 회전시키다, 방향을 바꾸다

戻る 되돌아가다, 되돌아오다

戻す 되돌리다, 돌려주다

荒れる 거칠어지다, 황폐해지다

荒らす 황폐하게 하다, 망가뜨리다

遅れる 늦다, 지각하다

遅らす 늦추다, 늦게 하다

枯れる 마르다, 시들다

枯らす 시들게 하다, (식물 등을) 말리다

焦げる 눋다, 타다

焦がす 그을리다, 눋게 하다, 애태우다

冷める 식다

冷ます 식히다

溶ける 녹다

溶かす 녹이다

潰れる 찌그러지다, 부서지다

潰す 찌그러뜨리다, 부수다

逃げる 도망치다, 물러나다

逃がす 놓아주다, 놓치다

濡れる 젖다

濡らす 적시다

生える (수염, 초목 등이) 나다, 자라다

生やす 기르다, 자라게 하다

はげる 머리가 벗어지다

はがす 벗기다, 떼다

□ ガム 껌	□ コース 코스
□ ガムテープ 포장용 테이프(질긴 종이에 점착액을 바른 테이프)	□ コーチ 코치
□ カムバック 컴백	□ コート 코트, 외투, 경기장
□ カメラ 카메라	□ コード 코드
□ カメラマン 카메라맨	□ コーナー 코너
□ カラー 컬러	□ コーヒー 커피
□ ガラス 유리	□ コーラス 코러스
□ カルテ 카르테(진료 기록 카드)	□ ゴール 골
□ カレー 카레	□ コック 마개, 요리사
□ ガレージ 차고	□ コップ 컵
□ カンニング 컨닝	□ コピー 복사
□ カロリー 칼로리	□ コマーシャル 광고 방송
□ カレンダー 달력	□ コミュニケーション 의사소통
□ ギター 기타(악기)	□ ゴム 고무
□ キャッチ 캐치	□ コメント 코멘트
□ キャプテン 캡틴, 주장	□ コレクション 콜렉션, 수집
□ キャリア 캐리어, 경력	□ コンクール 콩쿠르, 경연대회
□ ギャング 갱, 강도	□ コンクリート 콘크리트
□ キャンセル 계약의 취소, 해약	□ コンサート 콘서트
□ キャンパス 캠퍼스, 대학교 교정	□ コンセント 콘센트
□ キャンプ 캠프	□ コンタクト 접촉, 연락
□ キロ(グラム/メートル) 킬로(그램/미터)	□ コンタクトレンズ 콘택트 렌즈
□ クイズ 퀴즈	□ コンテスト 콘테스트
□ クーラー 에어컨	□ コントラスト 대조
□ クラシック 클래식	□ コントロール 컨트롤
□ グラス 유리잔	□ コンパス 컴퍼스
□ クラブ 클럽	□ コンピューター 컴퓨터
□ グラフ 그래프	□ サイクル 사이클
□ グランド 그랜드, 대형의	□ サイズ 사이즈
□ クリーニング 세탁	□ サイレン 사이렌
□ クリーム 크림	□ サイン 사인
□ クリスマス 크리스마스	□ サークル 서클, 동아리, 동호회
□ グループ 그룹	□ サービス 서비스
□ グレー 회색	□ サラダ 샐러드
□ クレーン 크레인, 기중기	□ サラリーマン 샐러리맨
□ ケーキ 케이크	□ サンキュー Thank you
□ ケース 케이스	□ サンタクロース 산타 클로스
□ ゲーム 게임	□ サンドイッチ 샌드위치
□ ゲスト 게스트, 초대 손님	□ サンプル 샘플

□ シーズン 시즌
□ シーツ 시트, 깔개, 좌석
□ シート 시트, 자리
□ ジーパン 청바지
□ ジーンズ 청바지
□ ジェット機(き) 제트기
□ システム 시스템
□ シック 멋짐, 세련됨
□ シナリオ 시나리오
□ ジャーナリスト 저널리스트
□ ジャズ 재즈
□ シャツ 셔츠
□ シャッター 셔터
□ ジャム 잼
□ シャワー 샤워
□ ジャンパー 점퍼, 잠바
□ ジャンプ 점프
□ ジャンボ 점보
□ ジャンル 장르
□ ジュース 주스
□ ショー 쇼
□ ショック 쇼크, 충격
□ ショップ 가게, 상점
□ シリーズ 시리즈
□ スイッチ 스위치
□ スーツ 양복
□ スーツケース 여행용 소형 가방
□ スーパー(マーケット) 슈퍼(마켓)
□ スープ 수프
□ スカーフ 스카프
□ スキー 스키
□ スクール 학교
□ スケート 스케이트
□ スケジュール 스케줄
□ スター 스타
□ スタート 출발
□ スタイル 스타일
□ スタジオ 스튜디오
□ スタンド 스탠드

□ スチーム 스팀, 증기
□ スチュワーデス 스튜어디스
□ ステージ 무대
□ ステレオ 스테레오
□ スト 파업(ストライキ의 준말)
□ ストーブ 스토브, 난로
□ ストッキング 스타킹
□ ストップ 스톱, 정지
□ ストライキ 파업
□ ストレス 스트레스
□ ストロー 빨대
□ ストロボ 스트로보(촬영할 때 쓰는 플래시 장치)
□ スピーカー 스피커
□ スピーチ 스피치, 연설
□ スピード 스피드, 속도
□ スプーン 스푼
□ スプリング 스프링
□ スペース 스페이스
□ スポーツ 스포츠
□ スポーツカー 스포츠 카
□ ズボン 양복바지
□ スマート 영리한
□ スライド 슬라이드
□ スラックス 슬랙스(여성용 좁은 바지)
□ スリッパ 슬리퍼
□ セール 세일
□ セクション 섹션(분할된 부분)
□ セックス 섹스
□ セット 세트
□ ゼミ 세미나
□ セメント 시멘트
□ ゼリー 젤리
□ セレモニー 의식, 의례
□ ゼロ 제로, 영
□ センス 센스
□ センター 센터
□ ソース 소스, 근원, 출처
□ ソックス 양말
□ ソファー 소파

□ ソフト 소프트, 부드러움	□ テープ 테이프
□ ソロ 솔로, 독주	□ テーブル 테이블
□ ダース 다스(12개로 한 조를 이루는 것)	□ テープレコーダー 테이프 레코더
□ タイトル 타이틀	□ テーマ 테마, 주제
□ タイピスト 타이피스트	□ テキスト 텍스트, 교과서
□ タイプ 타이프	□ デコレーション 데코레이션, 장식
□ タイプライター 타이프라이터	□ デザート 디저트
□ タイマー 타이머, 계시원	□ デザイン 디자인
□ タイミング 타이밍	□ テスト 테스트
□ タイム 타임, 시간, 일시, 시합 중지	□ デッサン 데생, 소묘
□ タイムリー 때맞춤, 시기 적절함	□ テニス 테니스
□ タイヤ 타이어	□ テニスコート 테니스 코트
□ ダイヤ 열차 운행시간표	□ デパート 백화점
□ ダイヤ(モンド) 다이아(몬드)	□ デモ 데모
□ ダイヤル 다이얼	□ デモンストレーション 데모 시위
□ タイル 타일	□ テレックス 텔렉스, 가입자 전신
□ ダウン 다운	□ テレビ TV
□ タオル 타올, 수건	□ テント 텐트
□ ダブル 더블	□ テンポ 템포
□ ダム 댐	□ トーン 톤, 음색, 음조, 색조
□ タレント 탤런트	□ ドア 문
□ タワー 타워	□ トイレ 화장실
□ ダンス 댄스, 춤	□ トップ 톱
□ ダンプ 덤프, 트럭	□ ドライ 드라이, 무미건조
□ チーズ 치즈	□ ドライクリーニング 드라이 클리닝
□ チーム 팀	□ ドライバー 드라이버
□ チームワーク 팀워크	□ ドライブ 드라이브
□ チェック 체크(check), 수표, 표를 대조하여 검사함	□ ドライブイン 드라이브인(차에 탄 채로 들어갈 수 있는 식당, 영화관)
□ チェックアウト 체크아웃(check out), 호텔 등에서 요금을 정산하고 나옴	□ トラック 트럭
□ チェックイン 체크인(check in), 숙박 수속을 함, 공항의 카운터에서 탑승 수속을 함	□ トラブル 트러블
□ チェンジ 체인지	□ ドラマ 드라마
□ チャイム 초인종	□ トランジスター 트랜지스터
□ チャンス 기회	□ トランプ 트럼프
□ チャンネル 채널	□ ドリル 드릴, 천공기, 반복 연습
□ チョーク 분필	□ トレーニング 트레이닝
□ ティッシュペーパー 티슈 페이퍼, 휴지	□ ドレス 드레스
□ データ 데이터	□ トン 톤
□ デート 데이트	□ トンネル 터널
	□ ナイター 야간 경기

□ ナイフ 나이프	□ バランス 밸런스, 균형
□ ナイロン 나일론	□ バン 밴, 화물차
□ ナプキン 냅킨	□ パン 빵
□ ナンセンス 넌센스	□ ハンガー 행거, 옷걸이
□ ナンバー 넘버, 번호	□ ハンカチ 손수건
□ ニュアンス 뉘앙스	□ パンク 펑크
□ ニュー 뉴, 새로움	□ ハンサム 잘생김
□ ニュース 뉴스	□ パンツ 바지
□ ネガ (ネガティブの준말) 부정적, 소극적	□ ハンドバッグ 핸드백
□ ネクタイ 넥타이	□ ハンドル 핸들
□ ネックレス 목걸이	□ ハンバーグ 햄버거
□ ノイローゼ 노이로제	□ ピアノ 피아노
□ ノート 노트	□ ビール 맥주
□ ノック 노크	□ ビールス 바이러스
□ バー 바	□ ピクニック 피크닉
□ パーセント 퍼센트	□ ピストル 권총
□ パーティー 파티	□ ビタミン 비타민
□ パート 파트, 부분	□ ビジネス 비즈니스
□ パートタイム 파트타임	□ ビデオ 비디오
□ バイオリン 바이올린	□ ビニール 비닐
□ ハイキング 하이킹	□ ビル/ビルディング 빌딩
□ バイバイ 바이바이, 안녕	□ ピン 핀, 바늘
□ パイプ 파이프	□ ピンク 핑크, 분홍색
□ パイロット 파일럿, 조종사	□ ヒント 힌트
□ バケツ 물통	□ ファイト 파이팅, 투지
□ パジャマ 파자마, 잠옷	□ ファイル 파일
□ バス 버스	□ ファスナー 지퍼
□ バス 목욕, 욕실	□ ファン 팬, 환풍기
□ パスポート 여권	□ フィルター 필터
□ パソコン PC	□ フィルム 필름
□ バター 버터	□ ブーツ 부츠, 장화
□ パターン 패턴	□ ブーム 붐
□ パチンコ 빠칭코, 슬롯머신	□ プール 수영장
□ バッグ 백, 가방	□ フェリー 페리
□ バッジ 배지	□ フォーク 포크
□ バッテリー 배터리	□ フォーム 폼, 모양, 형태, 형식
□ バット 배트	□ ブザー 버저(전자석을 이용해서 진동판의 진동으로 저음을 내는 장치)
□ パトカー 경찰 순찰차	□ フライパン 프라이팬
□ パパ 아빠	□ ブラウス 블라우스

□ ブラシ 브러쉬, 솔
□ プラス 플러스
□ プラスチック 플라스틱
□ プラットホーム 플랫폼, 승강장
□ プラン 플랜, 계획
□ フリー 프리, 자유, 무료
□ プリント 프린트, 출력
□ ブルー 블루, 파랑
□ ブレーキ 브레이크, 제동 장치
□ プロ 프로
□ ブローチ 브로치
□ プログラム 프로그램
□ フロント 프론트, 정면, 호텔 등의 정면, 현관의 접수대
□ ペア 페어, 쌍
□ ページ 페이지
□ ベース 베이스, 기본
□ ベスト 베스트, 최선
□ ベストセラー 베스트셀러
□ ベッド 침대
□ ベテラン 베테랑
□ ヘビースモーカー 골초
□ ヘリコプター 헬리콥터
□ ベル 벨, 초인종
□ ベルト 벨트
□ ペン 펜
□ ペンキ 페인트
□ ベンチ 벤치
□ ボイコット 보이콧, 불매동맹(노동자가 단결하여 작업을 거부함)
□ ポイント 포인트
□ ボーイ 보이, 소년, 웨이터
□ ホース 호스
□ ポーズ 포즈, 자세
□ ボート 보트
□ ボーナス 보너스
□ ホーム 홈, 가정
□ ホール 홀, 회관, 구멍
□ ボール 볼, 공
□ ボールペン 볼펜
□ ポケット 호주머니

□ ポジション 포지션
□ ポスター 포스터
□ ポスト 우체통, 지위, 직위
□ ボタン 버튼, 단추
□ ポット 포트, 항아리, 보온병
□ ホテル 호텔
□ ボルト 나사, 볼트(전압의 단위)
□ ポンプ 펌프
□ マーク 마크
□ マーケット 시장, 판로
□ マイ my
□ マイク 마이크
□ マイクロホン 마이크로폰
□ マイナス 마이너스
□ マスク 마스크
□ マスコミ 매스컴
□ マスター 마스터
□ マッサージ 마사지
□ マッチ 성냥
□ マフラー 머플러
□ ママ 엄마
□ マラソン 마라톤
□ マンション 맨숀
□ ミシン 미싱, 재봉틀
□ ミス 미스, 실수, 잘못
□ ミス 미스, 미혼 여성
□ ミスプリント 미스프린트
□ ミセス 미세스, 기혼 여성
□ ミュージック 뮤직, 음악
□ ミリメートル 밀리미터
□ ミルク 밀크, 우유
□ ムード 무드, 분위기
□ メーカー 메이커
□ メーター 자동 계기
□ メートル 미터
□ メール/ eメール/ Eメール 이메일
□ メッセージ 메시지
□ メディア 미디어
□ メニュー 메뉴

□ メモ　메모
□ メロディー　멜로디
□ メンバー　멤버, 회원
□ モーター　모터
□ モーテル　모텔
□ モダン　모던, 현대적인
□ モデル　모델
□ モニター　모니터
□ モノレール　모노레일
□ ヤング　영, 젊은이
□ ユーモア　유머
□ ユニーク　유니크, 독특함
□ ユニホーム　유니폼, 제복
□ ヨーロッパ　유럽
□ ヨット　요트
□ ライター　라이터
□ ライス　라이스, 밥
□ ライト　빛
□ ライバル　라이벌
□ ラケット　라켓
□ ラジオ　라디오
□ ラジカセ　라디오와 카세트테이프 레코더와 짜 맞춘 복합 상품의 총칭
□ ラッシュアワー　러시아워(가장 붐비는 시간)
□ ラベル　라벨, 상표
□ ランチ　런치, 점심
□ ランニング　경주
□ ランプ　램프
□ リード　리드
□ リズム　리듬
□ リットル　리터

□ リボン　리본
□ ルーズ　칠칠치 못함, 헐렁함
□ ルール　룰, 규칙
□ レース　레이스, 경주
□ レインコート　레인코트, 비옷
□ レギュラー　레귤러, 정규, 일반
□ レクリエーション　레크리에이션
□ レコード　레코드
□ レシート　영수증(receipt), 특히 레지스터로 금액 등을 찍은 것
□ レジャー　레저, 여가
□ レストラン　레스토랑
□ レッスン　레슨, 개인 교습
□ レディー　레이디, 숙녀
□ レバー　레버, 손잡이
□ レベル　레벨
□ レポート/リポート　리포트
□ レンジ　레인지
□ レンズ　렌즈
□ レンタカー　렌터카
□ レントゲン　X선 사진
□ ロープ　로프, 밧줄
□ ロープウェー　케이블카
□ ローマ字(じ)　로마자, 알파벳
□ ロケット　로켓
□ ロッカー　개인 소지품을 넣어 두는 자물쇠 있는 작은 사물함
□ ロビー　로비
□ ロマンチック　로맨틱, 낭만적
□ ワイシャツ　와이셔츠
□ ワイン　와인, 포도주
□ ワット　와트(전압의 단위)
□ ワンピース　원피스

| 夫 사내(남편) 부 | 음 ふう·ふ·ぶ | 夫婦(ふうふ) 부부　農夫(のうふ) 농부　夫妻(ふさい) 부부 |
| | 훈 おっと | 夫(おっと) 남편 |

| 安 편안 안 | 음 あん | 安全(あんぜん) 안전　安心(あんしん) 안심 |
| | 훈 やすい | 安(やす)い (값이) 싸다, (마음이) 편하다, 경솔하다
安(やす)らぐ 편안해지다, 평온해지다　安売(やすう)り 싸게 팖, 염가 판매 |

| 以 써 이 | 음 い | 以上(いじょう) 이상　以心伝心(いしんでんしん) 이심전심 |
| | 훈 もって | 以(もっ)て 〜을 써서, 〜로써, 〜으로 |

| 医 의원 의 | 음 い | 医学(いがく) 의학　医療(いりょう) 의료　女医(じょい) 여의사 |
| | 훈 いやす | 医(いや)す[癒(いや)す] (상처, 병 따위를) 고치다, (고민 따위를) 풀다 |

| 意 뜻 의 | 음 い | 意見(いけん) 의견　意図(いと) 의도　意義(いぎ) 의의 |
| | 훈 ― | |

| 一 한 일 | 음 いち·いつ | 一回(いっかい) 1회　一流(いちりゅう) 일류　唯一(ゆいいつ) 유일 |
| | 훈 ひと·ひとつ | ひと 한 〜, 하나　一(ひと)つ 하나, 한 개, 첫째 |

| 員 인원 원 | 음 いん | 定員(ていいん) 정원　満員(まんいん) 만원
公務員(こうむいん) 공무원 |
| | 훈 ― | |

| 院 집 원 | 음 いん | 病院(びょういん) 병원　院長(いんちょう) 원장
大学院(だいがくいん) 대학원 |
| | 훈 ― | |

飲 마실 음

음 いん	飲酒(いんしゅ) 음주	
훈 のむ	飲(の)む 마시다, 먹다, 삼키다　飲(の)み物(もの) 마실 것, 음료 飲(の)み代(しろ) 술값	

右 오른 우

음 う・ゆう	右翼(うよく) 우익　左右(さゆう) 좌우
훈 みぎ	右(みぎ) 오른쪽, 우측, 우익　右側通行(みぎがわつうこう) 우측통행

雨 비 우

음 う	雨天(うてん) 우천　雨季(うき) 우계
훈 あめ・あま	雨(あめ・あま) 비, 우천　雨戸(あまど) 덧문

運 옮길 운

음 うん	運転(うんてん) 운전　運営(うんえい) 운영 運行(うんこう) 운행
훈 はこぶ	運(はこ)ぶ 운반하다, 나르다, 진척시키다

英 꽃부리 영

음 えい	英語(えいご) 영어　英才(えいさい) 영재 英雄(えいゆう) 영웅
훈 一	

映 비칠 영

음 えい	映画(えいが) 영화　映像(えいぞう) 영상　反映(はんえい) 반영
훈 うつす・うつる・はえる	映(うつ)す 비추다, 투영하다, 상영하다 映(うつ)る (모양, 모습, 그림자 등이) 반사나 투영에 의하여 다른 것 위에 나타나다 映(は)える (빛을 받아) 빛나다, 비치다, 잘 어울리다, 한결 돋보이다

駅 역 역

음 えき	駅員(えきいん) 역원　駅前(えきまえ) 역전 最寄(もよ)りの駅(えき) 가까운 역
훈 一	

円 둥근 원

음 えん	円満(えんまん) 원만　円心(えんしん) 원심　円形(えんけい) 원형
훈 まるい・まろやか	円(まる)い 둥글다, 모나지 않고 온후하다　円(まろ)やか 둥긋함, (맛 등이) 순함

屋 집 옥

음 おく	家屋(かおく) 가옥
훈 や	～屋(や) 그 직업에 종사하는 사람[집], 그 일을 전문적으로 하는 사람 屋台(やたい) 포장마차　質屋(しちや) 전당포

| 音
소리 음 | 음 おん・いん | 音楽(おんがく) 음악　騒音(そうおん) 소음 |
| | 훈 おと・ね | 音(おと) 소리, 음　音(ね) 음 , 소리　音色(ねいろ) 음색 |

| 下
아래 하 | 음 か・げ
훈 した | 下半身(かはんしん) 하반신
下(した) 어떤 면이나 기준보다 낮은 쪽, 낮은 장소나 위치, 아래, 밑, 지위나 정도가 낮음
靴下(くつした) 양말　下働(したばたら)き 남 밑에서 일함 |
| | しも
おりる
さがる
さげる
くだる
くださる | 下(しも) (강의) 아래쪽, 하류, (장소의) 아래
下(お)りる 내리다, 내려오다, 내려가다
下(さ)がる (기온, 열 등이) 내리다, 내려가다, (값, 정도, 지위, 성적, 솜씨 등이) 떨어지다
下(さ)げる (위치를) 낮추다, (정도, 질을) 떨어뜨리다
下(くだ)る 내려가다, 관직을 그만두고 민간인이 되다
下(くだ)さる (윗사람이 아랫사람에게) 주시다, 내리시다 |

| 火
불 화 | 음 か | 火災(かさい) 화재　火力(かりょく) 화력 |
| | 훈 ひ・び | 火(ひ) 불꽃, 불길, 지펴 놓은 불　花火(はなび) 불꽃 |

| 何
어찌 하 | 음 か
훈 なに・なん | 何(なに・なん) 이름, 실체를 알 수 없는 사물을 가리킴, 무엇, 어떤 것 무슨 일
何時(なんじ) 몇 시　何(なに)から何(なに)まで 이것저것 모두, 하나에서 열까지 |

| 花
꽃 화 | 음 か | 開花(かいか) 개화　花瓶(かびん) 꽃병 |
| | 훈 はな | 花(はな) 꽃　生(い)け花(ばな) 꽃꽂이 |

| 夏
여름 하 | 음 か・げ | 夏季(かき) 하계　夏至(げし) 하지 |
| | 훈 なつ | 夏(なつ) 여름　真夏(まなつ) 한여름 |

| 家
집 가 | 음 か・け
훈 いえ・うち・や | 家庭(かてい) 가정　画家(がか) 화가
家(いえ) 집, 주택, 가정, 가족　家(うち) 자기 집, 자기 가정
〜家(や) 그 일을 전문으로 하는 사람임　家賃(やちん) 집세 |

| 歌
노래 가 | 음 か | 歌手(かしゅ) 가수　歌謡(かよう) 가요　流行歌(りゅうこうか) 유행가 |
| | 훈 うた・うたう | 歌(うた) 노래　歌(うた)う 노래하다 |

| 画 | 음 が・かく | 漫画(まんが) 만화 企画(きかく) 기획 画期的(かっきてき) 획기적 |
| | 훈 え | 画(え) 그림, 영상, 화면 |

그림 **화** / 그을 **획**

| 会 | 음 かい・え | 会見(かいけん) 회견 再会(さいかい) 재회
会釈(えしゃく) 가볍게 인사함 |
| | 훈 あう | 会(あ)う 만나다, 대면하다 |

모일 **회**

| 海 | 음 かい | 海洋(かいよう) 해양 海岸(かいがん) 해안 |
| | 훈 うみ | 海(うみ) 바다 海辺(うみべ) 해변, 바닷가 |

바다 **해**

| 界 | 음 かい | 限界(げんかい) 한계 経済界(けいざいかい) 경제계
境界線(きょうかいせん) 경계선 |
| | 훈 さかい | 界(さかい)[境(さかい)] 경계, 갈림길, 기로 |

지경 **계**

| 開 | 음 かい | 公開(こうかい) 공개 開会(かいかい) 개회 開閉(かいへい) 개폐 |
| | 훈 あく・ひらく | 開(あ)く 열리다, (가게의 문을) 열다, 개점하다
開(ひら)く (닫혔던 것이) 열리다, 펴지다, 벌어지다 |

열 **개**

| 外 | 음 がい・げ | 外交(がいこう) 외교 外科(げか) 외과 |
| | 훈 そと・ほか・
はずす | 外(そと) 바깥, 외부, 집 밖 外(ほか) 외부, 딴것, 딴곳
もっての外(ほか) 당치도 않음 外(はず)す 떼다, 떼어 내다, 끄르다 |

바깥 **외**

| 学 | 음 がく | 学生(がくせい) 학생 学習(がくしゅう) 학습 哲学(てつがく) 철학 |
| | 훈 まなぶ | 学(まな)ぶ 배우다, 익히다 |

배울 **학**

| 楽 | 음 がく・らく | 楽天的(らくてんてき) 낙천적 音楽(おんがく) 음악
楽譜(がくふ) 악보 |
| | 훈 たのしい・たのしむ | 楽(たの)しい 즐겁다, 재미있다 楽(たの)しむ 즐기다, 즐겁게 지내다 |

즐길 **락** / 풍유 **악** / 좋아할 **요**

| 間 | 음 かん・げん | 期間(きかん) 기간 間隔(かんかく) 간격 人間(にんげん) 인간 |
| | 훈 あいだ・ま・
あい | 間(あいだ) 간격, 거리, 동안, 사이 間(ま) 사이, 간격, 틈, 짬
間(あい) 사이, 틈, 틈새 |

사이 **간**

<table>
<tr><td>漢
나라 한</td><td>음 かん

훈 ―</td><td>漢字(かんじ) 한자　痴漢(ちかん) 치한　漢方薬(かんぽうやく) 한약</td></tr>
<tr><td>館
집 관</td><td>음 かん

훈 やかた</td><td>旅館(りょかん) 여관　映画館(えいがかん) 영화관
大使館(たいしかん) 대사관
館(やかた) 귀인의 저택, 숙소, 귀인에 대한 높임말</td></tr>
<tr><td>気
기운 기</td><td>음 き・け

훈 ―</td><td>空気(くうき) 공기　気色(けしき) 기색　血(ち)の気(け) 핏기</td></tr>
<tr><td>起
일어날 기</td><td>음 き

훈 おきる・おこす
おこる</td><td>起床(きしょう) 기상　起用(きよう) 기용
起承転結(きしょうてんけつ) 기승전결
起(お)きる 일어나다, 기상하다　起(お)こす 일으키다, (잠을) 깨우다
起(お)こる 일어나다, 발생하다</td></tr>
<tr><td>帰
돌아올 귀</td><td>음 き
훈 かえる・かえす</td><td>帰国(きこく) 귀국　帰省(きせい) 귀성　復帰(ふっき) 복귀
帰(かえ)る 돌아가다, 돌아오다
帰(かえ)す 돌려보내다, 돌아가게[돌아오게] 하다</td></tr>
<tr><td>九
아홉 구</td><td>음 きゅう・く
훈 ここの・ここのか
ここのつ</td><td>九月(くがつ) 9월　十中八九(じっちゅうはっく) 십중팔구
九(ここの) 아홉　九日(ここのか) 9일　九(ここの)つ 아홉, 아홉 살</td></tr>
<tr><td>休
쉴 휴</td><td>음 きゅう

훈 やすむ・やすめる</td><td>休暇(きゅうか) 휴가　連休(れんきゅう) 연휴
休憩(きゅうけい) 휴게, 휴식
休(やす)む 쉬다, 휴식하다, 결석하다　休(やす)める 쉬게 하다, 휴식시키다</td></tr>
<tr><td>究
궁구할 구</td><td>음 きゅう

훈 きわめる</td><td>研究(けんきゅう) 연구　究明(きゅうめい) 구명
究極(きゅうきょく) 궁극
究(きわ)める 끝까지 가다, 깊이 연구하다</td></tr>
<tr><td>急
급할 급</td><td>음 きゅう

훈 いそぐ・せく</td><td>急行(きゅうこう) 급행　急死(きゅうし) 급사
至急(しきゅう) 지급(급히)
急(いそ)ぐ 서두르다, 조급히 굴다　急(せ)く 조급히 굴다, (숨이) 가빠지다</td></tr>
</table>

| 牛
소 **우** | 음 ぎゅう・
ぎっ・ご | 牛乳(ぎゅうにゅう) 우유　牛肉(ぎゅうにく) 쇠고기
牛丼(ぎゅうどん) 쇠고기덮밥 |
| | 훈 うし | 牛(うし) 소 |

| 去
갈 **거** | 음 きょ・こ | 除去(じょきょ) 제거　去年(きょねん) 작년　過去(かこ) 과거 |
| | 훈 さる | 去(さ)る 지나다, 지나가다 |

| 魚
물고기 **어** | 음 ぎょ | 金魚(きんぎょ) 금붕어　人魚(にんぎょ) 인어 |
| | 훈 うお・さかな | 魚(うお) 물고기　魚(さかな) 생선, 물고기　焼(や)き魚(ざかな) 생선구이 |

| 京
서울 **경** | 음 きょう・けい | 上京(じょうきょう) 상경　帰京(ききょう) 귀경
京阪(けいはん) 京都(교토)와 大阪(오사카) |
| | 훈 — | |

| 強
굳셀 **강** | 음 きょう・ごう | 勉強(べんきょう) 공부　強豪(きょうごう) 강호　強盗(ごうとう) 강도 |
| | 훈 つよい・しいる | 強(つよ)い 세다, 강하다　強(し)いる 억지로 시키다, 강요하다 |

| 教
가르칠 **교** | 음 きょう | 教育(きょういく) 교육　教養(きょうよう) 교양
宗教(しゅうきょう) 종교 |
| | 훈 おしえる・おそわる | 教(おし)える 가르치다　教(おそ)わる 배우다, 가르침을 받다 |

| 業
업 **업** | 음 ぎょう・ごう | 企業(きぎょう) 기업　職業(しょくぎょう) 직업　営業(えいぎょう) 영업 |
| | 훈 わざ | 業(わざ) 짓, 소행, 일, 직업 |

| 近
가까울 **근** | 음 きん | 近所(きんじょ) 근처　最近(さいきん) 최근 |
| | 훈 ちかい
ちかしい | 近(ちか)い 가깝다　近道(ちかみち) 지름길
近(ちか)しい 가깝게 지내다, 친하다, 친밀하다 |

| 金
쇠 **금** | 음 きん・こん | 金額(きんがく) 금액　借金(しゃっきん) 차금, 빚　黄金(おうごん) 황금 |
| | 훈 かね・かな | 金(かね) 금속, 돈, 금전, 화폐　金(かな) 쇠붙이 |

| 銀
은 **은** | 음 ぎん | 銀行(ぎんこう) 은행　銀貨(ぎんか) 은화　銀箔(ぎんぱく) 은박 |
| | 훈 しろがね | 銀(しろがね) 은, 은화 |

| 空
하늘(빌) **공** | 음 くう | 空港(くうこう) 공항　空間(くうかん) 공간 |
| | 훈 そら・あく・から | 空(そら) 하늘　空(あ)く (시간이) 나다, (공간이) 비다
空(あ)き地(ち) 공지, 빈터　空(から) (속이) 빔, 아무것도 지니지 않음 |

| 兄
형 **형** | 음 けい・きょう | 父兄(ふけい) 부형　兄弟(きょうだい) 형제 |
| | 훈 あに | 兄(あに) 형, 오빠　兄貴(あにき) 형의 경칭 |

| 計
셈할(꾀할) **계** | 음 けい | 計画(けいかく) 계획　合計(ごうけい) 합계
温度計(おんどけい) 온도계 |
| | 훈 はからう
はかる | 計(はか)らう 처리하다, 조처하다, 의논하다
計(はか)る (무게를) 달다, (길이, 양을) 재다, 어림잡다 |

| 月
달 **월** | 음 げつ・がつ | 月光(げっこう) 월광　月給(げっきゅう) 월급 |
| | 훈 つき | 月(つき) 달　三日月(みかづき) 초승달 |

| 犬
개 **견** | 음 けん | 愛犬(あいけん) 애견　犬猿(けんえん) 견원 |
| | 훈 いぬ | 犬(いぬ) 개　子犬(こいぬ) 강아지 |

| 見
볼 **견** | 음 けん・げん | 見物(けんぶつ) 구경 |
| | 훈 みる・みえる・みせる | 見(み)る 보다　見本(みほん) 견본
見(み)える 보이다　見(み)せる 보여주다 |

| 建
세울 **건** | 음 けん・こん | 建築(けんちく) 건축　建設(けんせつ) 건설 |
| | 훈 たてる・たつ | 建(た)てる (건물, 동상, 나라 따위를) 세우다, 짓다
建前・立前(たてまえ) 방침, 원칙
建(た)つ (건물, 동상, 나라 따위가) 서다, 세워지다 |

| 研
갈 **연** | 음 けん | 研修(けんしゅう) 연수　研究(けんきゅう) 연구
研学(けんがく) 학문을 연구함 |
| | 훈 とぐ
みがく | 研(と)ぐ 갈다, (곡식을) 씻다
研(みが)く 닦다, 광을 내다, (학문이나 기능을) 수련하다, 연마하다 |

| 験
시험할 **험** | 음 けん・げん | 試験(しけん) 시험 経験(けいけん) 경험 実験(じっけん) 실험 |
| | 훈 ためす | 験(ため)す 시험해 보다 |

| 元
으뜸 **원** | 음 げん・がん | 元素(げんそ) 원소 元日(がんじつ) 설날 元来(がんらい) 원래 |
| | 훈 もと | 元(もと) 원래, 처음 , 시작, 원인, 원금 |

| 言
말씀 **언** | 음 げん・ごん | 言語(げんご) 언어 方言(ほうげん) 방언 遺言(ゆいごん) 유언 |
| | 훈 いう・こと | 言(い)う 말하다 言(こと) 말, 이야기 |

| 古
옛 **고** | 음 こ | 古跡(こせき) 고적 古風(こふう) 고풍 中古(ちゅうこ) 중고 |
| | 훈 ふるい | 古(ふる)い 낡다, 오래되다 |

| 五
다섯 **오** | 음 ご | 五輪(ごりん) 오륜 五大洋(ごたいよう) 오대양 |
| | 훈 いつ・いつか・いつつ | 五(いつ) 다섯 五日(いつか) 5일 五(いつ)つ 다섯, 다섯 살 |

| 午
낮 **오** | 음 ご | 午前(ごぜん) 오전 午後(ごご) 오후 正午(しょうご) 정오 |
| | 훈 うま | 午(うま) 십이지의 일곱째, 방위로는 남쪽임. |

| 後
뒤 **후** | 음 ご・こう | 後進(こうしん) 후진 後日(ごじつ) 후일
前後左右(ぜんごさゆう) 전후좌우 |
| | 훈 のち・うしろ
あと | 後(のち) (시간적으로) 후, 뒤, 다음, 나중 後(うし)ろ 뒤, 뒤쪽, 등
後(あと) (공간적) 뒤쪽, (시간적) 뒤, 나중 |

| 語
말씀 **어** | 음 ご | 語学(ごがく) 어학 語彙(ごい) 어휘 |
| | 훈 かたる
かたらう | 語(かた)る 말하다, 이야기하다 物語(ものがたり) 이야기
語(かた)らう 말을 주고받다, 같이 이야기하다 |

| 口
입 **구** | 음 こう・く | 人口(じんこう) 인구 |
| | 훈 くち | 口(くち) 입 窓口(まどぐち) 창구 出口(でぐち) 출구 |

| 工 | 음 こう·く·ぐ | 工芸(こうげい) 공예　工事(こうじ) 공사　大工(だいく) 목수 |
| 장인 **공** | 훈 ー | |

| 広 | 음 こう | 広告(こうこく) 광고　広報(こうほう) 홍보 |
| 넓을 **광** | 훈 ひろい·ひろげる | 広(ひろ)い 넓다　広場(ひろば) 광장　広(ひろ)げる 넓히다, 확장하다 |

| 考 | 음 こう | 思考(しこう) 사고　参考(さんこう) 참고　考古学(こうこがく) 고고학 |
| 생각할 **고** | 훈 かんがえる | 考(かんが)える 생각하다, 고려하다 |

| 行 | 음 こう·ぎょう·あん | 徐行(じょこう) 서행　行事(ぎょうじ) 행사 |
| 다닐 **행** | 훈 いく·ゆく | 行(い)く 가다 ·行方不明(ゆくえふめい) 행방불명 |

| 校 | 음 こう·きょう | 登校(とうこう) 등교　校長(こうちょう) 교장
校舎(こうしゃ) 교사(학교 건물) |
| 학교 **교** | 훈 ー | |

| 高 | 음 こう | 高層(こうそう) 고층　高低(こうてい) 고저 |
| 높을 **고** | 훈 たかい
たかまる | 高(たか)い 높다, (위치가) 위쪽이다, (키가) 크다　高値(たかね) 값이 비쌈
高(たか)まる 높아지다, 오르다, 고조되다 |

| 国 | 음 こく·ごく | 国籍(こくせき) 국적　国交(こっこう) 국교　天国(てんごく) 천국 |
| 나라 **국** | 훈 くに | 国(くに) 나라, 국가, 고장, 지방 |

| 黒 | 음 こく | 黒板(こくばん) 흑판[칠판] |
| 검을 **흑** | 훈 くろ·くろい | 黒(くろ) 검정, 검은 빛깔　黒字(くろじ) 흑자　黒(くろ)ビール 흑맥주
黒(くろ)い 검다 |

今	음 こん·きん	今日(きょう) 오늘　古今(ここん) 고금
이제 **금**	훈 いま	今(いま) 지금, 이제, 현재, 오늘날
	특	今朝(けさ) 오늘 아침　今夜(こんや) 오늘 밤

| 左
왼 **좌** | 음 さ | 左右(さゆう) 좌우　左遷(させん) 좌천 |
| | 훈 ひだり | 左(ひだり) 왼쪽, 좌, 좌측, (정치, 사상의) 좌익, 좌파
左利(ひだりき)き 왼손잡이 |

| 作
지을 **작** | 음 さく・さ | 作物(さくもつ) 작물　作用(さよう) 작용　発作(ほっさ) 발작 |
| | 훈 つくる | 作(つく)る 만들다 |

| 三
석 **삼** | 음 さん | 三流(さんりゅう) 삼류 |
| | 훈 み・みつ
みっか・みっつ | 三(み) 셋　三(み)つ 셋, 세살　三日(みっか) 사흘
三日坊主(みっかぼうず) 작심삼일　三(みっ)つ 셋, 세 살 |

| 山
뫼 **산** | 음 さん・ざん | 山河(さんが) 산하　登山(とざん) 등산　高山(こうざん) 고산 |
| | 훈 やま | 山(やま) 산 |

| 子
아들 **자** | 음 し・す | 子女(しじょ) 자녀　菓子(かし) 과자 |
| | 훈 こ | 子(こ) 자식, 아이　子供(こども) 어린이 |

| 止
그칠 **지** | 음 し | 中止(ちゅうし) 중지　禁止(きんし) 금지
廃止(はいし) 폐지 |
| | 훈 とまる
やめる・よす | 止(と)まる 멎다, 멈추다, (통하던 것이) 끊어지다　止(や)める 그만두다, 끊다, 중지하다
止(よ)す 그만두다, 중지하다 |

| 仕
벼슬할 **사** | 음 し・じ | 奉仕(ほうし) 봉사　仕事(しごと) 일　給仕(きゅうじ) 급사 |
| | 훈 つかえる
つかまつる | 仕(つか)える 섬기다, 모시다, 시중들다
仕(つかまつ)る 받들어 모시다, ('하다'의 경사말) 행하다 |

| 四
넉 **사** | 음 し | 四方(しほう) 사방　四季(しき) 사계
四捨五入(ししゃごにゅう) 사사오입, 반올림 |
| | 훈 よ・よつ・よん | 四(よ) 넷　四(よ)つ 넷, 네 살　四(よん) 사, 넷 |

| 死
죽을 **사** | 음 し | 死亡(しぼう) 사망　必死(ひっし) 필사　死刑(しけい) 사형 |
| | 훈 しぬ | 死(し)ぬ 죽다 |

私 사사로울 **사**

- 음 し — 私有(しゆう) 사유　私立(しりつ) 사립　私生活(しせいかつ) 사생활
- 훈 わたくし・わたし — 私(わたくし) 저, 나, わたし보다 공손한 말　私(わたし) 저, 나

使 하여금 **사**

- 음 し — 労使(ろうし) 노사　駆使(くし) 구사
- 훈 つかう — 使(つか)う 쓰다, 사용하다　使(つか)い捨(す)て 한 번 쓰고 버림, 일회용

始 비로소 **시**

- 음 し — 始終(しじゅう) 시종　開始(かいし) 개시　年末年始(ねんまつねんし) 연말연시
- 훈 はじまる・はじめる — 始(はじ)まる 시작되다　始(はじ)める 시작하다

姉 누이 **자**

- 음 し — 姉妹(しまい) 자매
- 훈 あね — 姉(あね) 언니, 누이　姉御(あねご) 언니, 누님　姉貴(あねき) 姉(あね)의 존경어

思 생각할 **사**

- 음 し — 思想(しそう) 사상　意思(いし) 의사
- 훈 おもう・おぼしい — 思(おも)う 생각하다　思(おも)い遣(や)り 남을 헤아리는 마음　思(おぼ)しい ~처럼 보이다, 생각되다

紙 종이 **지**

- 음 し — 白紙(はくし) 백지　紙幣(しへい) 지폐
- 훈 かみ — 紙(かみ) 종이　紙屑(かみくず) 휴지

試 시험할 **시**

- 음 し — 入試(にゅうし) 입시　試合(しあい) 시합　試行錯誤(しこうさくご) 시행착오
- 훈 こころみる・ためす — 試(こころ)みる 시도해 보다, 시험해 보다　試(ため)す 시험해 보다

字 글자 **자**

- 음 じ — 文字(もじ) 문자　活字(かつじ) 활자　字引(じびき) 사전(옥편)
- 훈 あざ — 字(あざ) 한국의 '동'이나 '리' 밑의 아랫마을 또는 윗마을 정도의 행정구획

自 스스로 **자**

- 음 じ・し — 自由(じゆう) 자유　自供(じきょう) 자백　自画自賛(じがじさん) 자화자찬
- 훈 みずから・おのずから — 自(みずか)ら 자기 자신, 스스로, 몸소　自(おの)ずから 저절로, 자연히, 몸소

事 일 **사**

- 음 じ — 事件(じけん) 사건　無事(ぶじ) 무사
- 훈 こと — 事(こと) 세상에서 일어나는 사건, 현상, 일, 추상적인 것을 가리키는 말
- つかえる — 事柄(ことがら) 일의 형편, 사항, 사정　事(つか)える 섬기다, 모시다, 시중들다

持 가질 **지**

- 음 じ — 持参(じさん) 지참　維持(いじ) 유지
- 훈 もつ — 持(も)つ (손에) 들다, 지속하다, 지탱하다　持(も)ち主(ぬし) 소유자, 임자

時 때 **시**

- 음 じ — 時代(じだい) 시대　臨時(りんじ) 임시
　時々刻々(じじこっこく) 시시각각
- 훈 とき — 時(とき) 때, 시간

七 일곱 **칠**

- 음 しち — 七五三(しちごさん) 어린이의 성장을 축하하는 행사
　七夕(たなばた・しちせき) 칠석(제)
- 훈 なな・なのか・ななつ — 七(なな) 일곱　七日(なのか) 7일　七(なな)つ 일곱, 일곱 살

室 집(방) **실**

- 음 しつ — 教室(きょうしつ) 교실　皇室(こうしつ) 황실　寝室(しんしつ) 침실
- 훈 むろ — 室(むろ) 산허리 등에 판 암굴, 외기를 막고 온도를 일정하게 유지되도록 한 방

質 바탕 **질**

- 음 しつ・しち・ち — 質問(しつもん) 질문　質素(しっそ) 검소함　資質(ししつ) 자질
- 훈 たち・ただす — 質(たち) 사람의 타고난 성질, (물건의) 성질
　質(ただ)す (모르는 점을 밝히기 위해) 묻다, 질문하다

写 베낄 **사**

- 음 しゃ — 写真(しゃしん) 사진　写本(しゃほん) 사본　描写(びょうしゃ) 묘사
- 훈 うつす・うつる — 写(うつ)す (문서, 그림 등을) 베끼다, 묘사하다
　写(うつ)る (사진에) 찍히다, 박히다

社 모일 **사**

- 음 しゃ・じゃ — 社説(しゃせつ) 사설　商社(しょうしゃ) 상사　神社(じんじゃ) 신사
- 훈 やしろ — 社(やしろ) 신을 모신 건물, 신사

車 수레 **차 / 거**

- 음 しゃ — 車庫(しゃこ) 차고　乗車(じょうしゃ) 승차　自転車(じてんしゃ) 자전거
- 훈 くるま — 車(くるま) 차, 차바퀴

| 者
사람 **자** | 음 しゃ・じゃ | 医者(いしゃ) 의사　筆者(ひっしゃ) 필자　患者(かんじゃ) 환자 |
| | 훈 もの | 者(もの) 상대를 깔보거나 격식을 차려서 말할 때 씀, 사람, 자 |

| 借
빌릴 **차** | 음 しゃく・しゃ | 借金(しゃっきん) 차금, 빚　借款(しゃっかん) 차관 |
| | 훈 かりる | 借(か)りる 빌리다　借賃(かりちん) 차임, 임차료 |

| 手
손 **수** | 음 しゅ | 握手(あくしゅ) 악수 |
| | 훈 て | 手(て) 손　手柄(てがら) 공적　手続(てつづ)き 절차, 수속 |

| 主
주인 **주** | 음 しゅ・しゅう | 主人(しゅじん) 주인, 남편　主役(しゅやく) 주역　主張(しゅちょう) 주장 |
| | 훈 おも・ぬし・
あるじ | 主(おも) 주됨, 주요함　主(ぬし) 주인, 소유자
主(あるじ) 가장, 상점의 주인, (물건의) 임자 |

| 秋
가을 **추** | 음 しゅう | 秋季(しゅうき) 추계　春秋(しゅんしゅう) 춘추
春夏秋冬(しゅんかしゅうとう) 춘하추동 |
| | 훈 あき | 秋(あき) 가을 |

| 終
마칠 **종** | 음 しゅう | 終点(しゅうてん) 종점　終日(しゅうじつ) 종일　臨終(りんしゅう) 임종 |
| | 훈 おわる・おえる | 終(お)わる 끝나다　終(お)える 끝내다, 끝마치다 |

| 習
익힐 **습** | 음 しゅう | 習慣(しゅうかん) 습관　習性(しゅうせい) 습성　復習(ふくしゅう) 복습 |
| | 훈 ならう・ならわす | 習(なら)う 배우다, 익히다　習(なら)わす 배우게 하다, 익히게 하다, 공부시키다 |

| 週
주일 **주** | 음 しゅう | 週末(しゅうまつ) 주말　毎週(まいしゅう) 매주
週刊誌(しゅうかんし) 주간지 |
| | 훈 ― | |

| 集
모을 **집** | 음 しゅう | 集金(しゅうきん) 집금, 수금　集会(しゅうかい) 집회 |
| | 훈 あつまる・つどう | 集(あつ)まる 모이다, 모여들다　集(つど)う 모이다, 회합하다
集(つど)い 모임, 회합 |

| 十
열 **십** | 음 じゅう・じっ | 十字架(じゅうじか) 십자가　十八番(じゅうはちばん) 십팔번, 장기
十人十色(じゅうにんといろ) 십인십색, 각양각색 |
| | 훈 と・とお | 十(と) 열, 십　十(とお) 열, 십, 열 살 |

| 住
살 **주** | 음 じゅう | 住所(じゅうしょ) 주소　住宅(じゅうたく) 주택　移住(いじゅう) 이주 |
| | 훈 すむ・すまう | 住(す)む 살다, 거주하다　住(す)まう (한곳에) 살다
住(す)まい 삶, 거주함, 사는 곳 |

| 重
무거울 **중** | 음 じゅう・ちょう | 重要(じゅうよう) 중요　重傷(じゅうしょう) 중상　貴重(きちょう) 귀중 |
| | 훈 おもい・かさねる・え | 重(おも)い 무겁다　重(かさ)ねる 겹치다, 포개다, 반복하다　重(え) 겹 |

| 出
날 **출** | 음 しゅつ・すい | 出席(しゅっせき) 출석　出版(しゅっぱん) 출판 |
| | 훈 だす・でる | 出(だ)す (안에서 밖으로) 내다, 꺼내다, (앞으로) 내밀다　出(で)る 나가다, 나오다
出口(でぐち) 출구 |

| 春
봄 **춘** | 음 しゅん | 立春(りっしゅん) 입춘　青春(せいしゅん) 청춘 |
| | 훈 はる | 春(はる) 봄　春雨(はるさめ) 봄비 |

| 書
글 **서** | 음 しょ | 書類(しょるい) 서류　書物(しょもつ) 책, 서적 |
| | 훈 かく・ふみ | 書(か)く 쓰다　書留(かきとめ) 등기 우편
書(ふみ) 서한, 편지, 책 |

| 女
여자(계집) **녀** | 음 じょ・にょ
にょう | 女子(じょし) 여자　女王(じょおう) 여왕
女房(にょうぼう) 마누라, 아내 |
| | 훈 おんな・め | 女(おんな) 여자, 여성, 계집　女(め) 여자, 여성, 아내 |

| 小
작을 **소** | 음 しょう | 小説(しょうせつ) 소설　小児科(しょうにか) 소아과 |
| | 훈 ちいさい・こ・お | 小(ちい)さい 작다　小(こ) (모양이) 작은, (수량, 정도가) 작은
小遣(こづか)い 용돈　小(お) 잔, 작은, 조그마한 |

| 少
적을(젊을) **소** | 음 しょう | 少女(しょうじょ) 소녀　少量(しょうりょう) 소량
減少(げんしょう) 감소 |
| | 훈 すくない・すこし | 少(すく)ない 적다　少(すこ)し 조금, 좀, 약간 |

| 上
위 **상** | 음 じょう・しょう | 上達(じょうたつ) 숙달 |
| | 훈 あがる・うえ・
うわ・かみ | 上(あ)がる 오르다, 올라가다　上(うえ) 위　上着(うわぎ) 겉옷, 윗옷
上(かみ) 위, 상류　上半期(かみはんき) 상반기 |

| 場
마당 **장** | 음 じょう | 会場(かいじょう) 회장　登場(とうじょう) 등장 |
| | 훈 ば | 場(ば) 곳, 장소, 자리, 상황, 분위기　場所(ばしょ) 장소 |

| 色
색(빛) **색** | 음 しょく・しき | 特色(とくしょく) 특색　景色(けしき) 경치 |
| | 훈 いろ | 色(いろ) 색　色紙(いろがみ) 색종이 |

| 食
먹을 **식** | 음 しょく・じき | 食堂(しょくどう) 식당　食中毒(しょくちゅうどく) 식중독 |
| | 훈 たべる・くう
くらう | 食(た)べる 먹다　食(た)べ頃(ごろ) 제철
食(く)う 먹다, 食(た)べる보다 거친 말
食(く)らう (좋지 않은 일을) 받다, 당하다, 입다 |

| 心
마음 **심** | 음 しん | 心配(しんぱい) 걱정　感心(かんしん) 감탄 |
| | 훈 こころ | 心(こころ) 마음　心構(こころがま)え 마음의 준비 · 각오 |

| 真
참 **진** | 음 しん | 真実(しんじつ) 진실 |
| | 훈 ま・まこと | 真(ま) 정말, 진실, 참다운, 진실한　真似(まね) 흉내
真面目(まじめ) 진지 · 착실함　真(まこと) 참, 진실, 진심, 정성 |

| 新
새로울 **신** | 음 しん | 新聞(しんぶん) 신문　最新(さいしん) 최신　革新(かくしん) 혁신 |
| | 훈 あたらしい
あら・あらた | 新(あたら)しい 새롭다　新(あら) 새로운, 아직 쓰지 않은
新(あら)た 새로움, 생생함 |

| 親
친할 **친** | 음 しん | 親切(しんせつ) 친절　両親(りょうしん) 양친
親子(おやこ) 어버이와 자식 |
| | 훈 おや・したしい | 親(おや) 어버이, 부모　親(した)しい 친하다, (혈연관계가) 가깝다 |

| 人
사람 **인** | 음 じん・にん | 人生(じんせい) 인생　人形(にんぎょう) 인형 |
| | 훈 ひと | 人(ひと) 사람, 인간, 인류, 어른　人柄(ひとがら) 인품 |

図 그림 도
- 음 ず・と | 図書館(としょかん) 도서관　意図(いと) 의도　地図(ちず) 지도
- 훈 はかる | 図(はか)る 생각하다, 목적하다, 노리다, 꾀하다

水 물 수
- 음 すい | 水道(すいどう) 수도　地下水(ちかすい) 지하수
- 훈 みず | 水(みず) 물　水虫(みずむし) 무좀

世 인간 세
- 음 せ・せい | 世界(せかい) 세계　世代(せだい) 세대
- 훈 よ | 世(よ) 세상, 세간, 시대　世(よ)の中(なか) 세상, 세간

正 바를 정
- 음 せい・しょう | 正門(せいもん) 정문　正午(しょうご) 정오　正面(しょうめん) 정면
- 훈 ただしい・ただす　まさしく | 正(ただ)しい 바르다, 곧다　正(ただ)す 바로잡다, 고치다　正(まさ)しく 바로, 틀림없이, 확실히

生 낳을 생
- 음 せい・しょう・き | 生徒(せいと) 중·고등학생　生涯(しょうがい) 생애, 평생　生地(きじ) 본바탕, 옷감
- 훈 いきる・うまれる　なま | 生(い)きる 살다　生(う)まれる 태어나다　生(なま) 익히지 않음, 날것, 미숙함

西 서녘 서
- 음 せい・さい | 西洋(せいよう) 서양　西部(せいぶ) 서부　西国(さいごく) 서쪽 나라, 서쪽 지방
- 훈 にし | 西(にし) 서, 서쪽

青 푸를 청
- 음 せい | 青年(せいねん) 청년　青少年(せいしょうねん) 청소년
- 훈 あお・あおい | 青(あお) 파랑, 청색, 초록　青空(あおぞら) 창공, 푸른 하늘　青(あお)い 푸르다, 파랗다, 청색이다, 초록색이다

課 부과할 과
- 음 か | 課税(かぜい) 과세　課題(かだい) 과제　日課(にっか) 일과
- 훈 ―

税 세금 세
- 음 ぜい | 税金(ぜいきん) 세금　所得税(しょとくぜい) 소득세　税込(ぜいこ)み 세금이 포함됨
- 훈 ―

| 階
계단 **계** | 음 かい

훈 ― | 階段(かいだん) 계단　階級(かいきゅう) 계급　二階(にかい) 2층 |

| 段
층계 **단** | 음 だん

훈 ― | 段階(だんかい) 단계　手段(しゅだん) 수단
段取(だんど)り 일의 순서, 절차 |

| 消
끌 **소** | 음 しょう

훈 きえる・けす | 消費(しょうひ) 소비　消防署(しょうぼうしょ) 소방서
消(き)える 사라지다, 없어지다, 지워지다, 느껴지지 않게 되다, (불이) 꺼지다
消(け)す 끄다, 지우다, 없애다, 제거하다, 감추다, 죽이다　消(け)しゴム 지우개 |

| 了
마칠 **료** | 음 りょう

훈 ― | 終了(しゅうりょう) 종료　修了(しゅうりょう) 수료
了解(りょうかい) 사물의 의미, 이유 등을 잘 이해함, 깨달아 알아냄 |

| 例
법칙 **례** | 음 れい

훈 たとえる | 例年(れいねん) 예년, 여느 해　例外(れいがい) 예외
例(たと)えば 예를 들면, 예컨대　例(たと)える 예를 들다, 비유하다 |

| 戦
싸울 **전** | 음 せん
훈 いくさ・たたかう | 戦争(せんそう) 전쟁　観戦(かんせん) 관전　決戦(けっせん) 결전
戦(いくさ) 전쟁, 싸움, 전투
戦(たたか)う 싸우다, 다투다, 투쟁하다, 승부를 겨루다, 경쟁하다 |

| 争
다툴 **쟁** | 음 そう

훈 あらそう | 競争(きょうそう) 결쟁　論争(ろんそう) 논쟁　争点(そうてん) 쟁점
争(あらそ)う 겨루다, 경쟁하다, 싸우다 |

| 夕
저녁 **석** | 음 せき

훈 ゆう | 朝夕(ちょうせき) 조석
夕(ゆう) 저녁　夕方(ゆうがた) 해질녘, 저녁때　夕刊(ゆうかん) 석간 |

| 赤
붉을 **적** | 음 せき・しゃく
훈 あか・あかい | 赤十字(せきじゅうじ) 적십자
赤(あか) 빨강, 적색　赤信号(あかしんごう) 적신호　赤字(あかじ) 적자
赤(あか)い 붉다, 빨갛다 |

| 切
끊을 **절** / 모두 **체** | 음 せつ・さい | 親切(しんせつ) 친절 |
| | 훈 きる・きれる | 切(き)る 베다, 자르다, (관계를) 끊다　切符(きっぷ) 표　切手(きって) 우표
切(き)れる 베이다, 끊어지다 |

| 千
일천 **천** | 음 せん | 千円(せんえん) 천 엔　千客万来(せんきゃくばんらい) 천객만래 |
| | 훈 ち | 千(ち) 천, 다수　千葉(ちば) 지바(지명) |

| 川
내 **천** | 음 せん | 河川(かせん) 하천 |
| | 훈 かわ | 川(かわ) 강, 내, 시내, 하천　川辺(かわべ) 강변, 물가
川魚(かわうお) 민물고기 |

| 先
앞(먼저) **선** | 음 せん | 先輩(せんぱい) 선배　先端技術(せんたんぎじゅつ) 첨단기술 |
| | 훈 さき・まず | 先(さき) 끝, 앞, 선두　行(ゆ)き先(さき) 갈 곳, 행선지　先(ま)ず 우선 |

| 前
앞 **전** | 음 ぜん・せん | 午前(ごぜん) 오전　前後(ぜんご) 전후 |
| | 훈 まえ | 前(まえ) 앞, 정면, 전　前払(まえばら)い 선불 |

| 早
이를 **조** | 음 そう・さっ | 早退(そうたい) 조퇴　早速(さっそく) 즉시, 당장 |
| | 훈 はやい・はやめる | 早(はや)い 빠르다　早口(はやくち) 말이 빠름
早(はや)める 서두르다, (시각, 시기를) 앞당기다 |

| 走
달릴 **주** | 음 そう | 走行(そうこう) 주행　競走(きょうそう) 경주　逃走(とうそう) 도주 |
| | 훈 はしる | 走(はし)る 달리다 |

| 送
보낼 **송** | 음 そう | 郵送(ゆうそう) 우송　輸送(ゆそう) 수송
送別会(そうべつかい) 송별회 |
| | 훈 おくる | 送(おく)る (물건을) 부치다, 보내다 |

| 足
발 **족** | 음 そく | 遠足(えんそく) 소풍　足袋(たび) 일본식 버선 |
| | 훈 あし・たす
たりる | 足(あし) 다리, 발　足踏(あしぶ)み 제자리걸음, 답보　足(た)す 더하다, 보태다
足(た)りる 충분하다, 족하다 |

| 族
겨레 **족** | 음 ぞく
훈 やから | 家族(かぞく) 가족　親族(しんぞく) 친족, 친척　王族(おうぞく) 왕족

族(やから) 혈족, 일족, 무리, 패거리 |

| 多
많을 **다** | 음 た
훈 おおい | 多数(たすう) 다수　多忙(たぼう) 다망

多(おお)い 많다　多(おお)かれ少(すく)なかれ 많든 적든 |

| 体
몸 **체** | 음 たい・てい
훈 からだ | 体重(たいじゅう) 체중　体操(たいそう) 체조
体裁(ていさい) 외관, 체면
体(からだ) 몸, 신체, 육체 |

| 大
큰 **대** | 음 たい・だい
훈 おお・おおきい | 大海(たいかい) 대해　大地(だいち) 대지

大(おお) 큰, 넓은, 많은　大幅(おおはば) 대폭　大(おお)きい 크다 |

| 代
대신할 **대** | 음 だい・たい
훈 かわる・よ
しろ | 代表(だいひょう) 대표　時代(じだい) 시대　交代(こうたい) 교대
代(か)わる 대신하다　代(よ) 한 통치자의 치세
代(しろ) 재료가 되는 것, 무엇을 하기 위한 부분이나 장소 |

| 台
대 **대** | 음 だい・たい
훈 ー | 灯台(とうだい) 등대　台所(だいどころ) 부엌
台風(たいふう) 태풍 |

| 題
제목 **제** | 음 だい
훈 ー | 課題(かだい) 과제　題目(だいもく) 제목　出題(しゅつだい) 출제 |

| 男
남자(사내) **남** | 음 だん・なん
훈 おとこ・お | 男子(だんし) 남자　男女(だんじょ) 남녀　長男(ちょうなん) 장남
男(おとこ) 사나이, 남자, 대장부　男(お) 남자, 사나이, 남편 |

| 地
땅 **지** | 음 ち・じ
훈 ー | 地域(ちいき) 지역　地震(じしん) 지진　意地(いじ) 고집, 근성 |

| 知
알 **지** | 음 ち | 知識(ちしき) 지식　知恵(ちえ) 지혜 |
| | 훈 しる | 知(し)る 알다　知合(しりあ)い 서로 앎, 아는 사이 |

| 茶
차 **차/다** | 음 ちゃ・さ | 茶色(ちゃいろ) 갈색　茶道(さどう) 다도　茶飯事(さはんじ) 다반사 |
| | 훈 ― | |

| 着
붙을 **착** | 음 ちゃく | 到着(とうちゃく) 도착　着実(ちゃくじつ) 착실 |
| | 훈 きる・つく
つける | 着(き)る (옷을) 입다, (죄 등을) 뒤집어쓰다　着物(きもの) 옷, 일본 옷
着(つ)く 닿다, 도착하다, 접촉하다
着(つ)ける 대다, (자리 등에) 앉히다, (몸에) 걸치다 |

| 中
가운데 **중** | 음 ちゅう | 中央(ちゅうおう) 중앙　中堅(ちゅうけん) 중견 |
| | 훈 なか | 中(なか) 안, 속, 중앙　中身(なかみ) 알맹이, 내용물 |

| 注
물댈 **주** | 음 ちゅう | 注意(ちゅうい) 주의　注文(ちゅうもん) 주문　注射(ちゅうしゃ) 주사 |
| | 훈 そそぐ・さす
つぐ | 注(そそ)ぐ 흘러들다, (비, 눈이) 내리다, 쏟아지다　注(さ)す 더 붓다, 첨가하다
注(つ)ぐ 붓다, 따르다, 쏟다 |

| 昼
낮 **주** | 음 ちゅう | 昼夜(ちゅうや) 주야　昼食(ちゅうしょく) 점심식사 |
| | 훈 ひる | 昼(ひる) 낮, 정오, 한낮　昼寝(ひるね) 낮잠 |

| 町
밭두둑 **정** | 음 ちょう | 市町村(しちょうそん) 시읍면 |
| | 훈 まち | 町(まち) 시가(지), 시내, 지방 자치 단체의 하나(우리나라의 '읍'의 크기와 비슷)
町角(まちかど) 길모퉁이　町中(まちなか) 시내, 번화가 |

| 長
길 **장** | 음 ちょう | 長所(ちょうしょ) 장점　延長(えんちょう) 연장 |
| | 훈 ながい | 長(なが)い 길다, 오래다　長生(ながい)き 장수 |

| 鳥
새 **조** | 음 ちょう | 鳥類(ちょうるい) 조류　一石二鳥(いっせきにちょう) 일석이조 |
| | 훈 とり | 鳥(とり) 새, 닭류　小鳥(ことり) 작은 새 |

| 朝
아침 **조** | 음 ちょう | 朝食(ちょうしょく) 조식　朝礼(ちょうれい) 조례 |
| | 훈 あさ | 朝(あさ) 아침, 오전　朝日(あさひ) 아침 해 |

| 通
통할 **통** | 음 つう・つ | 通勤(つうきん) 통근　通訳(つうやく) 통역
通夜(つや) 죽은 사람의 유해를 지키며 밤을 샘 |
| | 훈 とおる・とおす
かよう | 通(とお)る 지나다, 통과하다　通(とお)す 통하게 하다, 통과시키다
通(かよ)う 다니다, 왕래하다 |

| 弟
아우 **제** | 음 てい・で・だい | 師弟(してい) 사제　弟子(でし) 제자　兄弟(きょうだい) 형제 |
| | 훈 おとうと | 弟(おとうと) 남동생, 아우 |

| 天
하늘 **천** | 음 てん | 雨天(うてん) 우천　天丼(てんどん) 튀김덮밥 |
| | 훈 あめ・あま | 天(あめ・あま) 하늘, 하늘의 신이 사는 곳　天(あま)の川(がわ) 은하수 |

| 店
가게 **점** | 음 てん | 店舗(てんぽ) 점포　売店(ばいてん) 매점 |
| | 훈 みせ・たな | 店(みせ) 가게, 상점　店開(みせびら)き 개업, 개점
店(たな) 상점, 가게, (예스러운 말로) 셋집 |

| 転
구를 **전** | 음 てん | 転勤(てんきん) 전근　回転(かいてん) 회전　転換(てんかん) 전환 |
| | 훈 ころがる・ころぶ | 転(ころ)がる 구르다　転(ころ)ぶ 구르다, 넘어지다 |

田 밭 **전**	음 でん	田園(でんえん) 전원
	훈 た	田(た) 논　田植(たう)え 모내기
	특	田舎(いなか) 시골, 지방, 고향

| 電
번개 **전** | 음 でん | 電報(でんぽう) 전보　祝電(しゅくでん) 축전
電卓(でんたく) (탁상용) 전자식계산기 |
| | 훈 — | |

土 흙 **토**	음 ど・と	土台(どだい) 토대　土地(とち) 토지
	훈 つち	土(つち) 땅, 흙
	특	土産(みやげ) 여행지 등에서 사오는 선물

| 度
법도 **도** | 음 ど・と・たく | 温度(おんど) 온도　度胸(どきょう) 담력, 배짱　支度(したく) 채비, 준비 |
| | 훈 ― | |

| 冬
겨울 **동** | 음 とう | 冬季(とうき) 동계　冬至(とうじ) 동지 |
| | 훈 ふゆ | 冬(ふゆ) 겨울　冬将軍(ふゆしょうぐん) 동장군 |

| 東
동녘 **동** | 음 とう・どう | 東洋(とうよう) 동양　北東(ほくとう) 북동
東奔西走(とうほんせいそう) 동분서주 |
| | 훈 ひがし・あずま | 東(ひがし) 동, 동쪽　東(あずま) 일본 동부 지방의 옛 이름 |

| 答
대답할 **답** | 음 とう・どう | 答案(とうあん) 답안　解答(かいとう) 해답　問答(もんどう) 문답 |
| | 훈 こたえる | 答(こた)える 대답하다 |

| 同
한가지 **동** | 음 どう | 同意(どうい) 동의　同様(どうよう) 같음, 다름 없음 |
| | 훈 おなじ・おない | 同(おな)じ 동일함　同(おな)い年(どし) 동갑 |

| 動
움직일 **동** | 음 どう | 動物(どうぶつ) 동물　動機(どうき) 동기　暴動(ぼうどう) 폭동 |
| | 훈 うごく・うごかす | 動(うご)く 움직이다, 이동하다
動(うご)かす 움직이다, (위치를) 옮기다, 흔들다 |

| 堂
집 **당** | 음 どう | 食堂(しょくどう) 식당　講堂(こうどう) 강당　殿堂(でんどう) 전당 |
| | 훈 ― | |

| 道
길 **도** | 음 どう・とう | 道路(どうろ) 도로　報道(ほうどう) 보도 |
| | 훈 みち | 道(みち) 길, 도로　道順(みちじゅん) 가는 순서 |

| 特
특별할 **특** | 음 とく | 特別(とくべつ) 특별　特急(とっきゅう) 특급
特(とく)ダネ (신문 기사의) 특종 |
| | 훈 ― | |

| 読
읽을 **독** | 음 どく・とく・とう | 読書(どくしょ) 독서　読者(どくしゃ) 독자　句読点(くとうてん) 구두점 |
| | 훈 よむ | 読(よ)む 읽다 |

| 南
남녘 **남** | 음 なん・な | 南極(なんきょく) 남극　南部(なんぶ) 남부 |
| | 훈 みなみ | 南(みなみ) 남, 남쪽　南半球(みなみはんきゅう) 남반구 |

二 두 **이**	음 に・じ	二重(にじゅう) 이중　二枚目(にまいめ) 미남자
	훈 ふた・ふたつ	二(ふた) 둘　二(ふた)つ 둘, 두 개, 두 살
	特	二十日(はつか) 20일

| 肉
고기 **육** | 음 にく | 肉声(にくせい) 육성　肉眼(にくがん) 육안
筋肉(きんにく) 근육 |
| | 훈 ― | |

| 日
날 **일** | 음 にち・じつ | 日記(にっき) 일기　日常(にちじょう) 일상 |
| | 훈 ひ・か | 日(ひ) 해, 태양, 햇빛, 햇살　日向(ひなた) 양달, 양지
日(か) 날수 및 날짜를 세는 말 |

| 入
들 **입** | 음 にゅう・にっ | 入社(にゅうしゃ) 입사　入学(にゅうがく) 입학 |
| | 훈 いる・いれる
はいる | 入(い)る 들어가다, 들다, (어떤 경지에) 이르다　入(い)れる 넣다, 들어가게 하다
入(い)れ物(もの) 그릇, 용기　入(はい)る 들다, 들어가다, 들어오다 |

| 年
해 **년** | 음 ねん | 年齢(ねんれい) 연령　年中(ねんじゅう) 연중, 언제나 |
| | 훈 とし | 年(とし) 해, 나이, 연령　年寄(としより) 노인 |

| 売
팔 **매** | 음 ばい | 販売(はんばい) 판매　売買(ばいばい) 매매 |
| | 훈 うる・うれる | 売(う)る 팔다, 세상에 널리 알리다　売上(うりあ)げ 매상
売(う)れる 팔리다, 널리 알려지다 |

| 買
살 **매** | 음 ばい | 購買(こうばい) 구매　買収(ばいしゅう) 매수 |
| | 훈 かう | 買(か)う 사다, 구입하다　買(か)い物(もの) 쇼핑, 장보기 |

白 흰 **백**

- **음** はく・びゃく
- **훈** しら・しらける / しろい

白衣(はくい) 백의　紅白(こうはく) 홍백
白(しら) 흰, 꾸밈이 없음　白髪(しらが) 백발
白(しら)ける 색이 희어지다, 바래다, 흥이 깨져 어색한 분위기가 되다
白(しろ)い 희다, 결백하다, 무죄다

八 여덟 **팔**

- **음** はち
- **훈** や・やつ・ようか / やっつ

七転八起(しちてんはっき) 칠전팔기
八(や) 팔, 여덟　八百屋(やおや) 채소 가게　八(やつ) 여덟, 여덟 살
八日(ようか) 8일　八(やっ)つ 여덟, 여덟 개

発 필 **발**

- **음** はつ・ぼつ
- **훈** あばく・たつ

発売(はつばい) 발매　発達(はったつ) 발달　出発(しゅっぱつ) 출발
発(あば)く 폭로하다, 들추어내다, 헤치다, 파내다　発(た)つ 출발하다, 떠나다

半 반 **반**

- **음** はん
- **훈** なかば

半島(はんとう) 반도　半額(はんがく) 반액
半導体(はんどうたい) 반도체
半(なか)ば 절반, 반 정도, 복판, 중앙

飯 밥 **반**

- **음** はん
- **훈** めし・いい

飯店(はんてん) 반점, 식당　炊飯(すいはん) 취반(밥을 지음)
赤飯(せきはん) 찹쌀 팥밥
飯(めし) 밥, 식사, 끼니　飯(いい) 밥

百 일백 **백**

- **음** ひゃく
- **훈** もも
- **特** 百合(ゆり) 백합

百万(ひゃくまん) 백만　百貨店(ひゃっかてん) 백화점
百(もも) 백, 수가 많음

病 병들 **병**

- **음** びょう
- **훈** やまい・やむ

病気(びょうき) 병　病人(びょうにん) 병자　仮病(けびょう) 꾀병
病(やまい) 병, 나쁜 버릇　病(や)む 앓다, 병들다

品 품수 **품**

- **음** ひん
- **훈** しな

品種(ひんしゅ) 품종　品格(ひんかく) 품격
品(しな) 물건, 품질　品定(しなさだ)め 품평

不 아니 **불 / 부**

- **음** ふ・ぶ
- **훈** 一

不足(ふそく) 부족　不思議(ふしぎ) 불가사의
不器用(ぶきよう) 손재주가 없음

父 아버지(아비) **부**	음 ふ	父子(ふし) 부자　師父(しふ) 사부
	훈 ちち	父(ちち) 아버지, 부친　父(ちち)の日(ひ) 아버지의 날
風 바람 **풍**	음 ふう·ふ	風景(ふうけい) 풍경　風呂(ふろ) 목욕, 목욕탕
	훈 かぜ·かざ	風(かぜ·かざ) 바람　風邪(かぜ) 감기
服 옷 **복**	음 ふく	衣服(いふく) 의복　洋服(ようふく) 양복, 옷 服装(ふくそう) 복장
	훈 ―	
物 물건 **물**	음 ぶつ·もつ	物価(ぶっか) 물가　書物(しょもつ) 책, 도서
	훈 もの	物(もの) 물건, 물품, 것　物差(ものさ)し 자
分 나눌 **분**	음 ぶん·ふん·ぶ	分量(ぶんりょう) 분량　分別(ぶんべつ) 분별 分別(ふんべつ) 분별, 지각
	훈 わかる わかれる	分(わ)かる 알다, 이해할 수 있다, 판명되다 分(わか)れる 갈리다, 분리되다, 구별되다
文 글월 **문**	음 ぶん·もん	文学(ぶんがく) 문학　文庫(ぶんこ) 문고 文無(もんな)し 무일푼, 빈털터리
	훈 ふみ·あや	文(ふみ) 문서, 책　文(あや) 무늬, (말, 글 등의) 표현상의 기교
聞 들을 **문**	음 ぶん·もん	新聞(しんぶん) 신문　伝聞(でんぶん) 전문　聞(き)き手(て) 듣는 사람
	훈 きく·きこえる	聞(き)く 듣다　聞(き)こえる 들리다
別 다를 **별**	음 べつ	区別(くべつ) 구별　別居(べっきょ) 별거
	훈 わかれる わかつ	別(わか)れる 헤어지다, 이별하다　別(わか)れ話(ばなし) 이별 이야기 別(わか)つ 나누다, 가르다, 인연을 끊다
勉 힘쓸 **면**	음 べん	勉強(べんきょう) 공부　勤勉(きんべん) 근면　勉学(べんがく) 면학
	훈 つとめる	勉(つと)める 노력하다, 힘쓰다

| 步
걸음 **보** | 음 ほ・ぽ・ぶ・ふ | 步道(ほどう) 보도　散步(さんぽ) 산책
步合(ぶあい) 어떤 수량[금액]에 대한 다른 수량[금액]의 비율, 수수료 |
| | 훈 あるく・あゆむ | 步(ある)く 걷다, 걸어가다　步(あゆ)む 걷다, (비유적으로)거쳐 오다, 지나다 |

| 母
어미 **모** | 음 ぼ | 母性(ぼせい) 모성　母校(ぼこう) 모교 |
| | 훈 はは | 母(はは) 모친, 어머니　母親(ははおや) 모친, 어머니 |

| 方
모 **방** | 음 ほう | 方法(ほうほう) 방법　方角(ほうがく) 방위, 방향 |
| | 훈 かた | 方(かた) 방법, 방향, 쪽　使(つか)い方(かた) 사용법 |

| 北
북녘 **북** / 달아날 **배** | 음 ほく・ぼく | 北国(ほっこく) 북국　敗北(はいぼく) 패배 |
| | 훈 きた | 北(きた) 북, 북쪽　北半球(きたはんきゅう) 북반구 |

| 木
나무 **목** | 음 ぼく・もく | 木材(もくざい) 목재　土木(どぼく) 토목 |
| | 훈 き・こ | 木(き・こ) 나무　木陰(こかげ) 나무 밑, 나무 그늘 |

| 本
근본 **본** | 음 ほん | 基本(きほん) 기본　資本(しほん) 자본　本気(ほんき) 본심, 진심 |
| | 훈 もと | 本(もと) 시초, 근본, 나무의 줄기 |

| 每
매양 **매** | 음 まい | 毎日(まいにち) 매일　毎晩(まいばん) 매일 밤　毎度(まいど) 매번 |
| | 훈 ごと | ～毎(ごと) ～마다 |

| 妹
손아래누이 **매** | 음 まい | 姉妹(しまい) 자매　実妹(じつまい) 친누이동생
義妹(ぎまい) 의매(처제, 손아래 올케 등) |
| | 훈 いもうと | 妹(いもうと) 여동생, 누이동생 |

| 万
일만 **만** | 음 まん・ばん | 万一(まんいち) 만일　万国(ばんこく) 만국
万有引力(ばんゆういんりょく) 만유인력 |
| | 훈 よろず | 万(よろず) 만, 수나 종류가 매우 많음 , 모든 일[것] |

| 味
맛 **미** | 음 み | 味覚(みかく) 미각　吟味(ぎんみ) 음미　味方(みかた) 자기편, 아군 |
| | 훈 あじ | 味(あじ) 맛 |

| 名
이름 **명** | 음 めい・みょう | 名物(めいぶつ) 명물　名字(みょうじ) 성씨, 성 |
| | 훈 な | 名(な) 이름, 명칭　名前(なまえ) 이름 |

| 明
밝을 **명** | 음 めい・みょう
훈 あかるい・あける | 明朗(めいろう) 명랑　明瞭(めいりょう) 명료
明(あか)るい 밝다, 환하다, 명랑하다
明(あ)ける (날이) 밝다, (날이) 새다, 새해가 되다
明(あ)け方(がた) 새벽녘 |

| 目
눈 **목** | 음 もく・ぼく | 科目(かもく) 과목　種目(しゅもく) 종목 |
| | 훈 め・ま | 目(め/ま) 눈　目安(めやす) 표준, 목표 |

| 問
물을 **문** | 음 もん | 訪問(ほうもん) 방문　拷問(ごうもん) 고문 |
| | 훈 とう | 問(と)う 묻다, 문제 삼다　問合(といあ)わせ 조회, 문의 |

| 夜
밤 **야** | 음 や | 夜間(やかん) 야간　徹夜(てつや) 철야 |
| | 훈 よ・よる | 夜(よ・よる) 밤　夜中(よなか) 한밤중 |

| 野
들 **야** | 음 や | 野菜(やさい) 야채　野党(やとう) 야당 |
| | 훈 の | 野(の) 들, 들판, 논밭　野原(のはら) 들, 들판 |

| 友
벗 **우** | 음 ゆう | 友情(ゆうじょう) 우정　友好(ゆうこう) 우호 |
| | 훈 とも | 友(とも) 벗, 친구, 동료　友達(ともだち) 친구 |

| 有
있을 **유** | 음 ゆう・う | 有力(ゆうりょく) 유력　有無(うむ) 유무
有頂天(うちょうてん) 기뻐서 어찌할 줄 모름 |
| | 훈 ある | 有(あ)る 있다 |

| 用
쓸 **용** | 음 よう | 作用(さよう) 작용　用事(ようじ) 볼일, 용건　用心(ようじん) 조심, 주의 |
| | 훈 もちいる | 用(もち)いる 사용하다, 이용하다, 신경을 쓰다, 채용하다 |

| 洋
큰바다 **양** | 음 よう | 大洋(たいよう) 대양　洋式(ようしき) 양식, 서양식
太平洋(たいへいよう) 태평양 |
| | 훈 ― | |

| 曜
비칠 **요** | 음 よう | 曜日(ようび) 요일　金曜日(きんようび) 금요일
土曜日(どようび) 토요일 |
| | 훈 ― | |

| 来
올 **래** | 음 らい | 来客(らいきゃく) 내객　将来(しょうらい) 장래
来日(らいにち) 내일, 일본에 찾아옴 |
| | 훈 くる·きたる
きたす | 来(く)る 오다　来(きた)る 오다, 다가오다
来(き)たす 오게 하다, 초래하다, 일으키다 |

| 理
다스릴 **리** | 음 り | 理由(りゆう) 이유　処理(しょり) 처리　理屈(りくつ) 이치, 억지 이론 |
| | 훈 ことわり | 理(ことわり) 도리, 조리, 사리, 이유, 당연한 일 |

| 立
설 **립** | 음 りつ·りゅう | 国立(こくりつ) 국립　立証(りっしょう) 입증 |
| | 훈 たつ·たてる | 立場(たちば) 입장　立(た)つ 일어서다, 서다, 나서다
立(た)てる 세우다, 내다, 나게 하다 |

| 旅
나그네 **려** | 음 りょ | 旅費(りょひ) 여비　旅券(りょけん) 여권 |
| | 훈 たび | 旅(たび) 여행　旅先(たびさき) 여행지 |

| 料
헤아릴 **료** | 음 りょう | 無料(むりょう) 무료　料金(りょうきん) 요금　燃料(ねんりょう) 연료 |
| | 훈 ― | |

| 力
힘 **력** | 음 りょく·りき | 能力(のうりょく) 능력　努力(どりょく) 노력　力説(りきせつ) 역설 |
| | 훈 ちから | 力(ちから) 힘, 체력, 능력, 실력 |

六 여섯 **륙**	음 ろく・りく 훈 む・むい・ むいか・むっつ	六面体(ろくめんたい) 육면체　六角(ろっかく) 육각 六(む・むい) 육, 여섯　六日(むいか) 6일 六(むっ)つ 여섯, 여섯 살, 여섯 개, 여섯 째
話 말씀 **화**	음 わ 훈 はなす・はなし	話題(わだい) 화제　逸話(いつわ) 일화 話(はな)す 이야기하다, 말하다, 상의(의논)하다 話(はなし) 이야기, 말, 상의, 의논, 교섭, 소문, 풍문 昔話(むかしばなし) 옛날이야기
暗 어두울 **암**	음 あん 훈 くらい	明暗(めいあん) 명암　暗算(あんざん) 암산 暗(くら)い 어둡다, 우울하다, 음침하다, 물정·사정을 잘 모르다, 칙칙하다 暗闇(くらやみ) 어둠
引 당길 **인**	음 いん 훈 ひく・ひける	引退(いんたい) 은퇴　牽引(けんいん) 견인 引(ひ)く 끌다, 당기다, 인용하다, (사전을) 찾다 引分(ひきわ)け 무승부, 비김 引(ひ)ける (일이 끝나서) 파하다, 열등감이 들다
遠 멀 **원**	음 えん・おん 훈 とおい	遠足(えんそく) 소풍　永遠(えいえん) 영원 遠慮(えんりょ) 사양함, 삼감, 거절함 遠(とお)い (거리가) 멀다, (시간의 간격이) 멀다, (혈연이) 멀다, 의식·감각이 흐릿하다
回 돌아올 **회**	음 かい・え 훈 まわる・まわす	回復(かいふく) 회복　回収(かいしゅう) 회수　挽回(ばんかい) 만회 回(まわ)る 돌다, 회전하다, (시각이) 좀 지나다 回(まわ)す 회전시키다, 차례로 돌리다, 전환시키다
寒 찰 **한**	음 かん 훈 さむい	寒帯(かんたい) 한대　酷寒(こっかん) 혹한　悪寒(おかん) 오한, 한기 寒(さむ)い 춥다, 차다, 오싹하다, 가난하다, 빈약하다
顔 얼굴 **안**	음 がん 훈 かお	童顔(どうがん) 동안 顔(かお) 얼굴, 낯, 체면, 면목　笑顔(えがお) 웃는 얼굴 顔付(かおつ)き 용모, 표정
区 구역 **구**	음 く 훈 ー	区域(くいき) 구역　区別(くべつ) 구별 区役所(くやくしょ) 구청

軽	음 けい	軽率(けいそつ) 경솔　軽蔑(けいべつ) 경멸
가벼울 **경**	훈 かるい	軽(かる)い 가볍다　手軽(てがる) 손쉬운 모양
	かろやか	軽(かろ)やか 발랄하고 경쾌함

県	음 けん	県庁(けんちょう) 현청　群県(ぐんけん) 군현
고을 **현**		県知事(けんちじ) 현지사
	훈 ー	

光	음 こう	光景(こうけい) 광경　観光(かんこう) 관광　光栄(こうえい) 영광
빛 **광**	훈 ひかる・ひかり	光(ひか)る 빛나다, 빛을 내다, 비치다, (인물이나 재능 등이) 뛰어나다
		光(ひかり) 환한 빛, 광, 윤

好	음 こう	好調(こうちょう) 호조　良好(りょうこう) 양호
좋아할 **호**		好(す)き好(ず)き 각자의 기호
	훈 このむ・すく	好(この)む 좋아하다, 즐기다　好(す)く 좋아하다　好(よ)い 좋다, 적당하다
	よい・いい	好(い)い 좋다

合	음 ごう・かつ・がつ	合格(ごうかく) 합격　合併(がっぺい) 합병
합할 **합**	훈 あう・あわせる	合(あ)う 합쳐지다, 만나다, 맞다　合図(あいず) 신호
		合(あわ)せる 맞추다, 합주하다, 합치다

採	음 さい	採集(さいしゅう) 채집　採取(さいしゅ) 채취　伐採(ばっさい) 벌채
캘 **채**	훈 とる	採(と)る 뽑다, 채택하다, 비교하여 낮게 보다, 빼내다, (원료, 재료로) 만들어 내다

産	음 さん	産地(さんち) 산지　資産(しさん) 자산
낳을 **산**		妊産婦(にんさんぷ) 임산부
	훈 うむ・うまれる	産(う)む 낳다, 만들어 내다　産(う)まれる 태어나다, 생기다
	うぶ	産(うぶ) (명사 앞에 연결) 갓 낳은 때의

市	음 し	都市(とし) 도시　株式市場(かぶしきしじょう) 주식시장
시장 **시**	훈 いち	市(いち) 시장, 장, 거리, 시가　市場(いちば) 시장

弱	음 じゃく	弱点(じゃくてん) 약점　貧弱(ひんじゃく) 빈약
약할 **약**	훈 よわい	弱(よわ)い 모자라다, 약하다
	よわまる	弱音(よわね) 힘없는 소리, 나약한 말
		弱(よわ)まる 약해지다, 수그러지다

| 首
머리 **수** | 음 しゅ | 首相(しゅしょう) 수상　党首(とうしゅ) 당수 |
| | 훈 くび | 首(くび) 목, 목에서부터 위의 부분, 해고, 면직
首飾(くびかざ)り 목걸이 |

| 所
바 **소** | 음 しょ | 名所(めいしょ) 명소　所得(しょとく) 소득 |
| | 훈 ところ | 所(ところ) 곳, 장소, 고장, 부분, 경우, 형편, 즈음
所嫌(ところきら)わず 아무데나 |

| 暑
더울 **서** | 음 しょ | 暑中見舞(しょちゅうみまい) 서중 문안
暑気中(しょきあた)り 더위 먹음
暑気払(しょきばら)い 피서 |
| | 훈 あつい | 暑(あつ)い 덥다 |

| 乗
탈 **승** | 음 じょう | 乗客(じょうきゃく) 승객　便乗(びんじょう) 편승 |
| | 훈 のせる·のる | 乗(の)せる 태우다, 싣다, 올리다, 계략을 쓰다　乗(の)る 타다, 오르다, 기회를 타다, 여세를 몰다, 우쭐해지다　相乗(あいの)り 합승 |

| 進
나아갈 **진** | 음 しん·じん | 進学(しんがく) 진학　昇進(しょうしん) 승진
精進(しょうじん) 정진 |
| | 훈 すすむ
すすめる | 進(すす)む 나아가다, 증진하다, 승급하다, (시계 등이) 빠르다
進(すす)める 앞으로 나아가게 하다, 진척[진보]시키다, 진행하다 |

| 森
빽빽할 **삼** | 음 しん | 森林(しんりん) 삼림　森厳(しんげん) 삼엄
森閑(しんかん) 매우 고요함 |
| | 훈 もり | 森(もり) 수풀, 삼림 |

| 声
소리 **성** | 음 せい·しょう | 声援(せいえん) 성원　銃声(じゅうせい) 총성 |
| | 훈 こえ | 声(こえ) (목)소리　大声(おおごえ) 큰소리 |

| 説
말씀 **설** | 음 せつ·ぜつ
ぜい | 小説(しょうせつ) 소설　演説(えんぜつ) 연설　遊説(ゆうぜい) 유세 |
| | 훈 とく | 説(と)く 말하다, 설득하다, 설명하다 |

| 洗
씻을 **세** | 음 せん | 洗濯(せんたく) 세탁　洗練(せんれん) 세련 |
| | 훈 あらう | 洗(あら)う 씻다, 세탁하다　洗(あら)い物(もの) 빨랫감 |

村 마을 촌	음 そん	農村(のうそん) 농촌　漁村(ぎょそん) 어촌
	훈 むら	村(むら) 마을, 촌락, 시골, 행정 구역으로서 郡(군)의 하부 단위 村人(むらびと) 마을 사람

太 클 태	음 たい・た	太陽(たいよう) 태양　太鼓(たいこ) 북
	훈 ふとい・ふとる	太(ふと)い 굵다, 크다, 넉살좋다, 뻔뻔스럽다 太(ふと)る 살찌다　太(ふと)っ腹(ぱら) 배짱[도량]이 큼

短 짧을 단	음 たん	短縮(たんしゅく) 단축　短所(たんしょ) 단점 短気(たんき) 성미가 급함
	훈 みじかい	短(みじか)い 짧다, 키가 작다, 모자라다, 성미가 조급하다

池 못 지	음 ち	乾電池(かんでんち) 건전지　貯水池(ちょすいち) 저수지
	훈 いけ	池(いけ) 연못　堀池(ほりいけ) 땅을 파서 만든 연못

低 낮을 저	음 てい	高低(こうてい) 고저　低下(ていか) 저하　低気圧(ていきあつ) 저기압
	훈 ひくい・ひくめる	低(ひく)い 낮다, 작다, (높이, 길이, 키 등이) 짧다, 얕다 低(ひく)める 낮추다, 낮게 하다

都 도읍 도	음 と・つ	都会(とかい) 도회, 도시　都立(とりつ) 도립　都合(つごう) 형편, 사정
	훈 みやこ	都(みやこ) 서울, 수도, 도읍지, (그 지방의) 인구가 많고 번화한 중심적인 도시

頭 머리 두	음 とう・ず・と	先頭(せんとう) 선두　頭脳(ずのう) 두뇌
	훈 あたま・かしら	頭(あたま) 머리, 두발, 두뇌, 인원수 頭(かしら) 머리, 두목, 제일 위나 처음에 있음 頭文字(かしらもじ) 머리글자

働 일할 동	음 どう	労働(ろうどう) 노동　稼働率(かどうりつ) 가동률
	훈 はたらく	働(はたら)く 일을 하다, 활동하다, 움직이다, 작용하다 共働(ともばたら)き 맞벌이

便 편할(소식) 편/용변 변	음 べん・びん	方便(ほうべん) 방편　郵便(ゆうびん) 우편　便箋(びんせん) 편지지
	훈 たより	便(たよ)り 편의, 편리, 소식, 편지

| 民
백성 **민** | 음 みん | 国民(こくみん) 국민　民衆(みんしゅう) 민중
民主主義(みんしゅしゅぎ) 민주주의 |
| | 훈 たみ | 民(たみ) 백성, 국민, 인민 |

| 門
문 **문** | 음 もん | 名門(めいもん) 명문　門限(もんげん) 폐문[귀가] 시간 |
| | 훈 かど | 門(かど) 문, 집 앞, 집안, 일족
門松(かどまつ) 새해에 문 앞에 세우는 소나무 장식 |

| 薬
약 **약** | 음 やく | 薬品(やくひん) 약품　農薬(のうやく) 농약 |
| | 훈 くすり | 薬(くすり) 약, 병 치료제, 유익, 도움　薬指(くすりゆび) 약지, 무명지 |

| 林
수풀 **림** | 음 りん | 林業(りんぎょう) 임업　林野(りんや) 임야　林檎(りんご) 사과 |
| | 훈 はやし | 林(はやし) 숲 |

| 要
구할 **요** | 음 よう | 要求(ようきゅう) 요구　要領(ようりょう) 요령　需要(じゅよう) 수요 |
| | 훈 いる・かなめ | 要(い)る 필요하다　要(かなめ) 요점, 요소, 급소 |

| 材
재목 **재** | 음 ざい | 材料(ざいりょう) 재료　材質(ざいしつ) 재질　人材(じんざい) 인재 |
| | 훈 ― | |

| 部
무리 **부** | 음 ぶ | 部品(ぶひん) 부품　本部(ほんぶ) 본부 |
| | 훈 べ・へ | 部(べ・へ) 옛날, 대씨족의 지배 하에서 생산 노동력에 종사하던 집단
部屋(へや) 방 |

| 末
끝 **말** | 음 まつ | 末端(まったん) 말단, 맨 끝　粗末(そまつ) 변변치 않음 |
| | 훈 すえ | 末(すえ) 끝, 선단, 말단, 아래, 하류　末(すえ)っ子(こ) 막내 |

| 才
재주 **재** | 음 さい | 才能(さいのう) 재능　天才(てんさい) 천재　英才(えいさい) 영재 |
| | 훈 ― | |

| 異
다를 **이** | 음 い | 異常(いじょう) 이상　驚異(きょうい) 경이　異彩(いさい) 이채 |
| | 훈 こと・ことなる | 異(こと) 다름　異(こと)なる 같지 않다, 다르다 |

| 酒
술 **주** | 음 しゅ | 飲酒(いんしゅ) 음주 |
| | 훈 さけ・さか | 酒(さけ・さか) 술　酒樽(さかだる) 술통
酒屋(さかや) 술집, 주류 판매점 |

| 失
잃을 **실** | 음 しつ | 失業(しつぎょう) 실업　失格(しっかく) 실격　紛失(ふんしつ) 분실 |
| | 훈 うしなう・うせる | 失(うしな)う 잃다　失(う)せる 없어지다, 사라지다, 죽다 |

| 必
반드시 **필** | 음 ひつ | 必要(ひつよう) 필요　必死(ひっし) 필사
必見(ひっけん) 필견, 꼭 보아야 함 |
| | 훈 かならず | 必(かなら)ず 반드시, 꼭, 틀림없이 |

| 悪
나쁠 **악** / 미워할 **오** | 음 あく・お | 悪夢(あくむ) 악몽　悪戦苦闘(あくせんくとう) 악전고투 |
| | 훈 わるい | 悪(わる)い 나쁘다, 못되다, 좋지 않다, 잘못하다, (보기) 싫다, 실례가 되다, 미안하다
悪口(わるくち) 욕, 험담 |

한자 읽기 요령

우리말 초성과 일본어와의 관계

1. 초성이 ㄱ, ㅋ, ㅇ, ㅎ일 때는 か行이나 が行

기초(基礎) : きそ 　　쾌적(快適) : かいてき

완성(完成) : かんせい　　해안(海岸) : かいがん

2. 초성이 ㄴ, ㄷ, ㅌ일 때는 な行이나 た行

국내(国内) : こくない　　대학(大学) : だいがく

통행(通行) : つうこう

3. 초성이 ㅁ, ㅂ, ㅍ일 때는 は行이나 ま行

문명(文明) : ぶんめい　　미래(未來) : みらい

배경(背景) : はいけい　　빈핍(貧乏) : びんぼう

4. 초성이 ㅅ, ㅈ, ㅊ일 때는 さ行이나 た行

시간(時間) : じかん　　지점(支店) : してん

진찰(診察) : しんさつ

5. 초성이 ㅇ(ㄹ)일 때는 ら行

이상(理想) : りそう　　이혼(離婚) : りこん

우리말 종성과 일본어와의 관계

1. 종성이 ㄹ일 때 つ 또는 ち

비밀(秘密) : ひみつ　　일상(日常) : にちじょう

참고 촉음(っ)은 か·さ·た·ぱ行 앞에서 온다.

물가(物価) : ぶっか　　밀실(密室) : みっしつ

발달(発達) : はったつ　　돌파(突破) : とっぱ

2. 종성이 ㄱ일 때 く, き, 촉음화

학생(学生) : がくせい　　혈액(血液) : けつえき

학회(学会) : がっかい

3. 종성이 ㅂ일 때 つ, 촉음화, う

국립(国立) : こくりつ　　잡지(雑誌) : ざっし

합의(合意) : ごうい

4. 종성이 ㄴ일 때 ん

선생(先生) : せんせい

5. 종성이 ㅁ일 때 ん

지점(支店) : してん

6. 종성이 ㅇ일 때 い、う

동물(動物) : どうぶつ　　성공(成功) : せいこう

[한자 쓰기] 종합 대책

모양이 비슷한 한자 

象 코끼리 **상**	음 しょう・ぞう	現象(げんしょう) 현상　象徴(しょうちょう) 상징　象牙(ぞうげ) 상아
	훈 かたどる	象(かたど)る 모방하다, 닮게 하다
像 모양 **상**	음 ぞう	現像(げんぞう) (필름을) 현상　想像(そうぞう) 상상　仏像(ぶつぞう) 불상
	훈 ―	

仕 섬길 **사**	음 し・じ	仕事(しごと) 일　仕送(しおくり) 생활비나 학비를 보내 줌 仕方(しかた) 하는 방법, 방식
	훈 つかえる つかまつる	仕(つか)える 시중들다, 섬기다, 봉사하다 仕(つかまつ)る 「する, 行(おこな)う, してあげる, 仕(つか)える」의 겸양어
任 맡길 **임**	음 にん	任命(にんめい) 임명　任務(にんむ) 임무　責任(せきにん) 책임
	훈 まかせる まかす	任(まか)せる 맡기다, 위임하다　任(まか)す 맡기다

罰 벌줄 **벌**	음 ばつ・ばち	罰金(ばっきん) 벌금　処罰(しょばつ) 처벌　罰当(ばちあ)たり 천벌을 받음
	훈 ―	
罪 허물 **죄**	음 ざい	罪質(ざいしつ) 죄질　犯罪(はんざい) 범죄
	훈 つみ	罪(つみ) 죄, 책임, 잘못, 못할 짓　罪(つみ)する 벌을 주다, 처벌하다

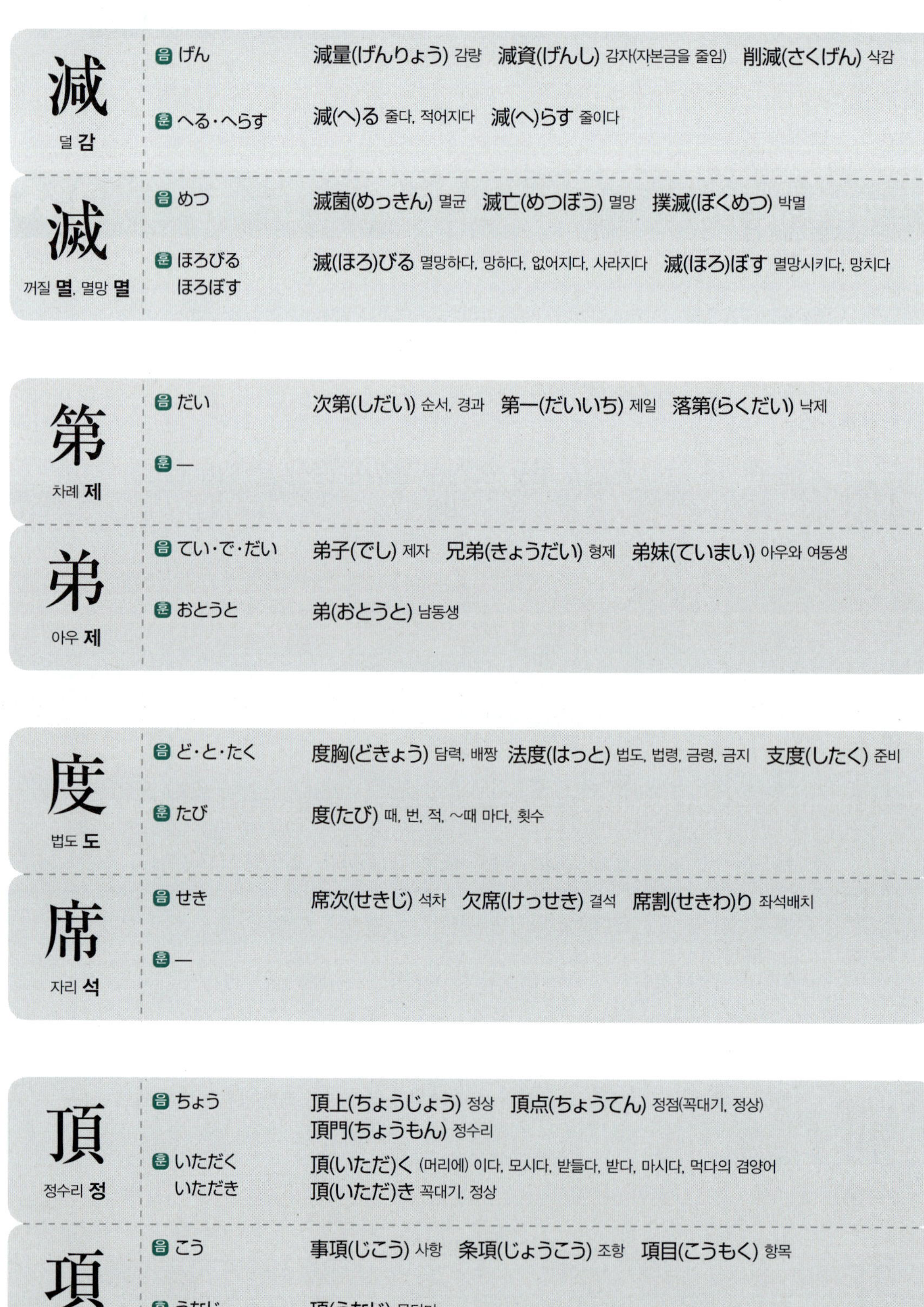

| 減
덜 **감** | 음 げん | 減量(げんりょう) 감량　減資(げんし) 감자(자본금을 줄임)　削減(さくげん) 삭감 |
| | 훈 へる・へらす | 減(へ)る 줄다, 적어지다　減(へ)らす 줄이다 |

| 滅
꺼질 **멸**, 멸망 **멸** | 음 めつ | 滅菌(めっきん) 멸균　滅亡(めつぼう) 멸망　撲滅(ぼくめつ) 박멸 |
| | 훈 ほろびる
ほろぼす | 滅(ほろ)びる 멸망하다, 망하다, 없어지다, 사라지다　滅(ほろ)ぼす 멸망시키다, 망치다 |

| 第
차례 **제** | 음 だい | 次第(しだい) 순서, 경과　第一(だいいち) 제일　落第(らくだい) 낙제 |
| | 훈 — | |

| 弟
아우 **제** | 음 てい・で・だい | 弟子(でし) 제자　兄弟(きょうだい) 형제　弟妹(ていまい) 아우와 여동생 |
| | 훈 おとうと | 弟(おとうと) 남동생 |

| 度
법도 **도** | 음 ど・と・たく | 度胸(どきょう) 담력, 배짱　法度(はっと) 법도, 법령, 금령, 금지　支度(したく) 준비 |
| | 훈 たび | 度(たび) 때, 번, 적, ～때 마다, 횟수 |

| 席
자리 **석** | 음 せき | 席次(せきじ) 석차　欠席(けっせき) 결석　席割(せきわ)り 좌석배치 |
| | 훈 — | |

| 頂
정수리 **정** | 음 ちょう | 頂上(ちょうじょう) 정상　頂点(ちょうてん) 정점(꼭대기, 정상)
頂門(ちょうもん) 정수리 |
| | 훈 いただく
いただき | 頂(いただ)く (머리에) 이다, 모시다, 받들다, 받다, 마시다, 먹다의 겸양어
頂(いただ)き 꼭대기, 정상 |

| 項
항목 **항** | 음 こう | 事項(じこう) 사항　条項(じょうこう) 조항　項目(こうもく) 항목 |
| | 훈 うなじ | 項(うなじ) 목덜미 |

季 계절 **계**	음 き	季節(きせつ) 계절　四季(しき) 사계절　雨季(うき) 우기, 우계
	훈 —	
委 맡길 **위**	음 い	委託(いたく) 위탁　委任(いにん) 위임　委員(いいん) 위원
	훈 ゆだねる	委(ゆだ)ねる 맡기다, 바치다

楽 노래 **악**, 즐길 **낙(락)**, 좋아할 **요**	음 がく・らく	音楽(おんがく) 음악　楽器(がっき) 악기　楽天的(らくてんてき) 낙천적
	훈 たのしむ たのしい	楽(たの)しむ 즐기다, 기뻐하다, 좋아하다　楽(たの)しい 즐겁다
薬 약 **약**	음 やく	薬品(やくひん) 약품　毒薬(どくやく) 독약　農薬(のうやく) 농약
	훈 くすり	薬(くすり) 약

以 써 **이**	음 い	以来(いらい) 이래　以降(いこう) 이후　以心伝心(いしんでんしん) 이심전심
	훈 —	
似 닮을 **사**	음 じ	類似(るいじ) 유사　真似(まね) 흉내
	훈 に・にる	似合(にあ)う 어울리다, 잘 맞다　似(に)る 닮다, 비슷하다

札 편지 **찰**	음 さつ	改札口(かいさつぐち) 개찰구　札束(さつたば) 지폐 다발, 돈 뭉치
	훈 ふだ	札(ふだ) 표찰, 표, 푯말, 입장권, 부적, (화투 등의) 패　名札(なふだ) 명찰
礼 예도 **례(예)**	음 れい・らい	失礼(しつれい) 실례　無礼(ぶれい) 무례　礼儀(れいぎ) 예의
	훈 —	

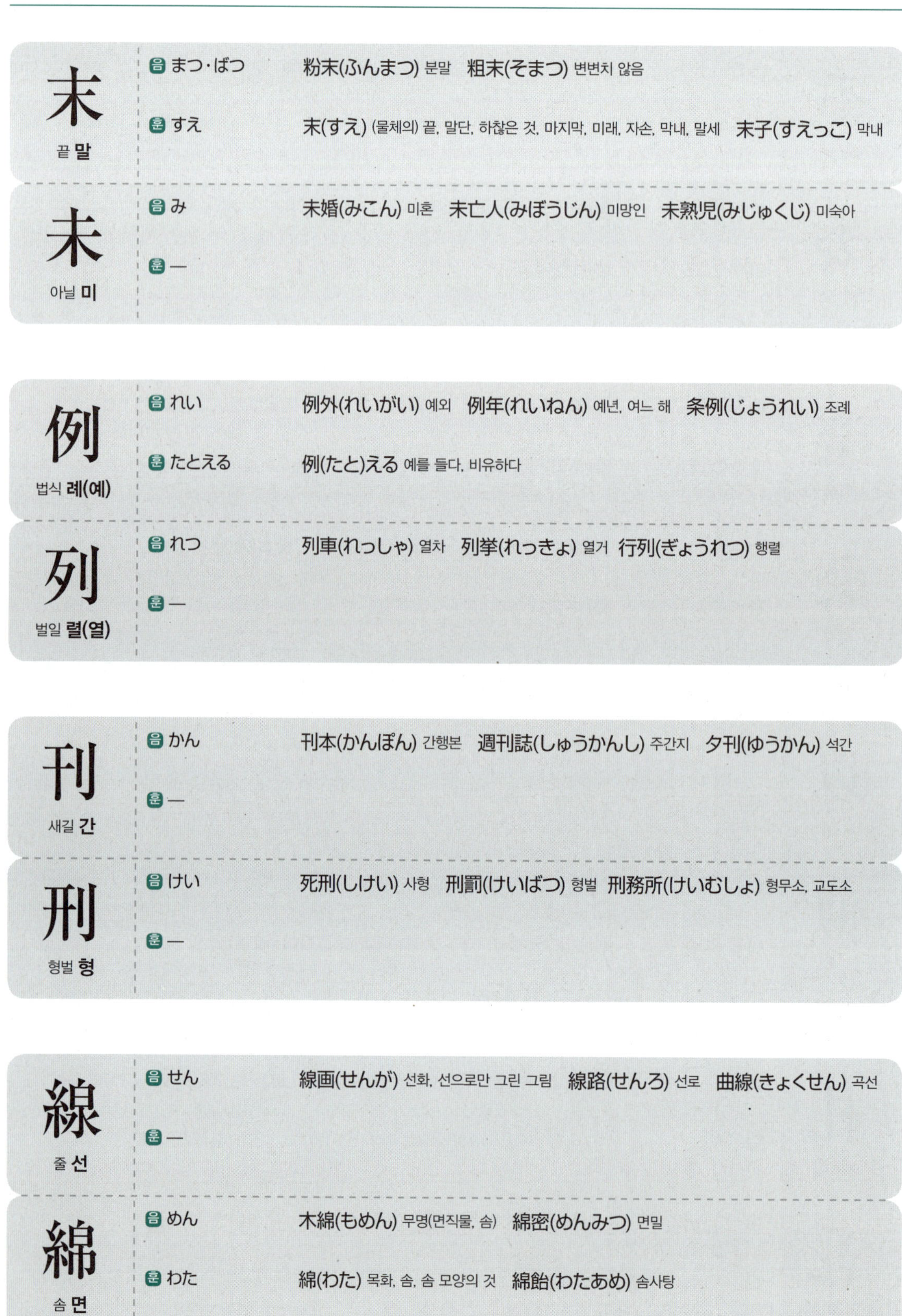

末 끝 **말**

- 음 まつ・ばつ　粉末(ふんまつ) 분말　粗末(そまつ) 변변치 않음
- 훈 すえ　末(すえ) (물체의) 끝, 말단, 하찮은 것, 마지막, 미래, 자손, 막내, 말세　末子(すえっこ) 막내

未 아닐 **미**

- 음 み　未婚(みこん) 미혼　未亡人(みぼうじん) 미망인　未熟児(みじゅくじ) 미숙아
- 훈 ―

例 법식 **례(예)**

- 음 れい　例外(れいがい) 예외　例年(れいねん) 예년, 여느 해　条例(じょうれい) 조례
- 훈 たとえる　例(たと)える 예를 들다, 비유하다

列 벌일 **렬(열)**

- 음 れつ　列車(れっしゃ) 열차　列挙(れっきょ) 열거　行列(ぎょうれつ) 행렬
- 훈 ―

刊 새길 **간**

- 음 かん　刊本(かんぽん) 간행본　週刊誌(しゅうかんし) 주간지　夕刊(ゆうかん) 석간
- 훈 ―

刑 형벌 **형**

- 음 けい　死刑(しけい) 사형　刑罰(けいばつ) 형벌　刑務所(けいむしょ) 형무소, 교도소
- 훈 ―

線 줄 **선**

- 음 せん　線画(せんが) 선화, 선으로만 그린 그림　線路(せんろ) 선로　曲線(きょくせん) 곡선
- 훈 ―

綿 솜 **면**

- 음 めん　木綿(もめん) 무명(면직물, 솜)　綿密(めんみつ) 면밀
- 훈 わた　綿(わた) 목화, 솜, 솜 모양의 것　綿飴(わたあめ) 솜사탕

微 작을 **미**	음 び・み 훈 ―	微塵(みじん) 미진(작은 먼지)　微妙(びみょう) 미묘 顕微鏡(けんびきょう) 현미경
徴 부를 **징**	음 ちょう 훈 ―	象徴(しょうちょう) 상징　特徴(とくちょう) 특징　徴収(ちょうしゅう) 징수

奮 떨칠 **분**	음 ふん 훈 ふるう	奮起(ふんき) 분기　奮発(ふんぱつ) 분발, 큰마음 먹고 돈을 냄 奮闘(ふんとう) 분투 奮(ふる)う 용기를 내다
奪 빼앗을 **탈**	음 だつ 훈 うばう	奪取(だっしゅ) 탈취　強奪(ごうだつ) 강탈　略奪(りゃくだつ) 약탈 奪(うば)う 빼앗다, (마음, 눈 등을) 사로잡다, 끌다

鈍 무딜 **둔**	음 どん 훈 にぶい・にぶる 　のろい	鈍感(どんかん) 둔감(감각·느낌이 둔함) 鈍(にぶ)い 무디다, 둔하다, 굼뜨다, 느리다, (빛, 감각 등이) 희미하다 鈍(にぶ)る 무디어지다, 둔해지다 鈍(のろ)い (머리가) 무디다, 둔하다, (동작이) 느리다
純 순수할 **순**	음 じゅん 훈 ―	純粋(じゅんすい) 순수　純情(じゅんじょう) 순정　純朴(じゅんぼく) 순박

遣 보낼 **견**	음 けん 훈 つかう 　つかわす 　やり	派遣(はけん) 파견 遣(つか)う 쓰다, 사용하다　遣(つか)わす 보내다, 파견하다, 내리다, 주다, ~해 주다 遣(や)り取(と)り (물건이나 말을) 주고받음　遣(や)り口(くち) 방법, 수법
遺 남길 **유**	음 い・ゆい 훈 ―	遺伝子(いでんし) 유전자　遺言(いごん・ゆいごん) 유언　遺跡(いせき) 유적

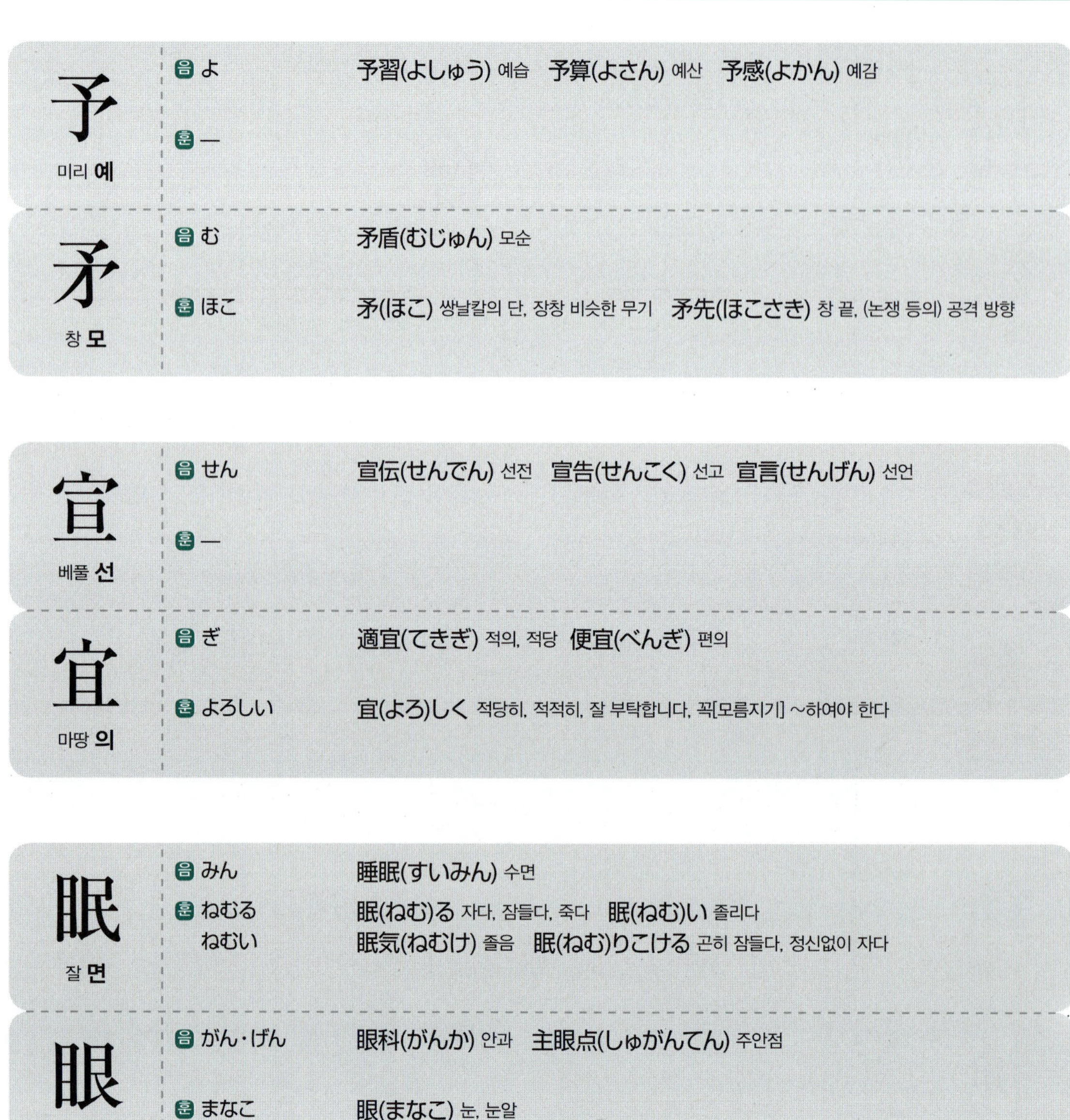

予
미리 예
음 よ
予習(よしゅう) 예습　予算(よさん) 예산　予感(よかん) 예감
훈 ―

矛
창 모
음 む
矛盾(むじゅん) 모순
훈 ほこ
矛(ほこ) 쌍날칼의 단, 장창 비슷한 무기　矛先(ほこさき) 창 끝, (논쟁 등의) 공격 방향

宣
베풀 선
음 せん
宣伝(せんでん) 선전　宣告(せんこく) 선고　宣言(せんげん) 선언
훈 ―

宜
마땅 의
음 ぎ
適宜(てきぎ) 적의, 적당　便宜(べんぎ) 편의
훈 よろしい
宜(よろ)しく 적당히, 적적히, 잘 부탁합니다, 꼭[모름지기] ~하여야 한다

眠
잘 면
음 みん
睡眠(すいみん) 수면
훈 ねむる
ねむい
眠(ねむ)る 자다, 잠들다, 죽다　眠(ねむ)い 졸리다
眠気(ねむけ) 졸음　眠(ねむ)りこける 곤히 잠들다, 정신없이 자다

眼
눈 안
음 がん・げん
眼科(がんか) 안과　主眼点(しゅがんてん) 주안점
훈 まなこ
め
眼(まなこ) 눈, 눈알
眼鏡(めがね) 안경

持 가질 **지**	음 じ 훈 もつ	支持(しじ) 지지　持病(じびょう) 지병 持(も)つ 지속하다, 지탱하다, 견디다, 쥐다, 들다, 가지다, (떠)맡다, 담당하다 持(も)ち主(ぬし) 소유주, 소유자, 임자
待 기다릴 **대**	음 たい 훈 まつ	待遇(たいぐう) 대우　待機(たいき) 대기 待(ま)つ 기다리다, 기대하다, 필요하다　待合室(まちあいしつ) 대합실
特 특별할 **특**	음 とく 훈 ─	特許(とっきょ) 특허　特急(とっきゅう) 특급 特種(とくだね)・特(とく)ダネ (신문기사의) 특종

追 쫓을 **추**	음 つい 훈 おう	追跡(ついせき) 추적　追及(ついきゅう) 추급, 추궁 追(お)う 따르다, 뒤쫓아 가다, 추구하다, 몰다, 쫓다, (순서에) 따르다, 내쫓다 追(お)い越(こ)す 앞지르다, 추월하다
迫 닥칠 **박**, 핍박할 **박**	음 はく 훈 せまる	迫力(はくりょく) 박력　迫害(はくがい) 박해　切迫(せっぱく) 절박 迫(せま)る (어떤 시각이) 다가오다, 다가서다, (어떤 상태에)직면하다, (간격, 폭이) 좁아지다, 다급해지다, 몹시 독촉하다
拍 칠 **박**	음 はく・ひょう 훈 ─	拍手(はくしゅ) 박수　拍車(はくしゃ) 박차 拍子(ひょうし) 박자, 장단, 가락, ～순간에, ～바람에

抑 누를 **억**	음 よく 훈 おさえる	抑圧(よくあつ) 억압　抑制(よくせい) 억제　抑留(よくりゅう) 억류 抑(おさ)える 억제하다, 막다, 진정시키다, (감정을) 억제하다
迎 맞이할 **영**	음 げい 훈 むかえる	歓迎(かんげい) 환영　迎撃(げいげき) 요격 迎(むか)える (사람, 시기 등을) 맞다, 맞이하다, (가족의 일원으로) 맞아들이다, 초청하다, 모시다, 영합하다　迎(むか)え酒(ざけ) 해장술
仰 우러를 **앙**	음 ぎょう・こう 훈 あおぐ 　おおせ	信仰(しんこう) 신앙　仰天(ぎょうてん) 매우 놀람 仰(あお)ぐ 우러러보다, 윗사람으로 모시다, 가르침 등을 청하다, 단숨에 마시다 仰向(あおむ)く 위를 향하다[보다]　仰(おお)せ 분부, 말씀

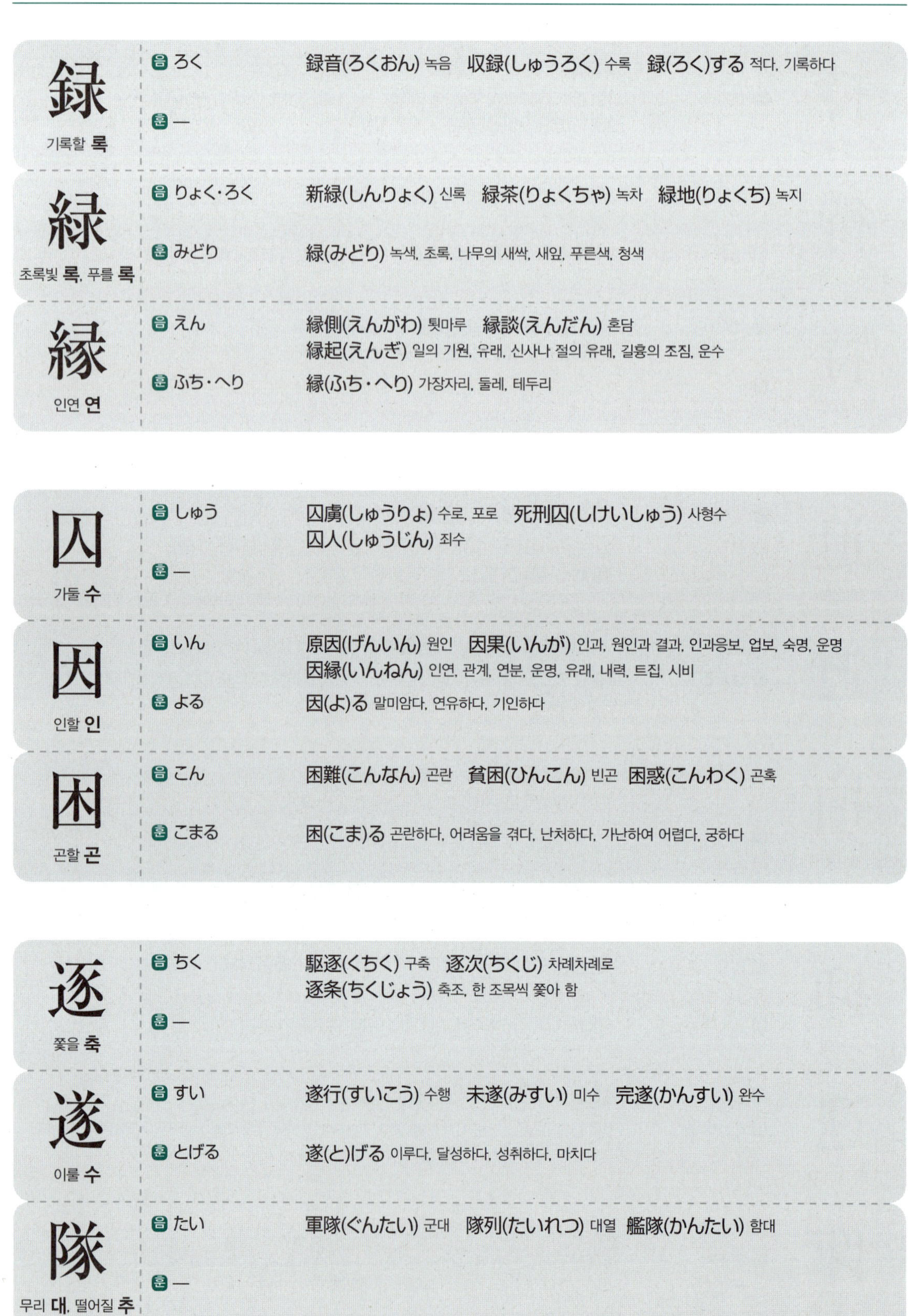

録
기록할 **록**

음 ろく　録音(ろくおん) 녹음　収録(しゅうろく) 수록　録(ろく)する 적다, 기록하다
훈 ―

緑
초록빛 **록**, 푸를 **록**

음 りょく・ろく　新緑(しんりょく) 신록　緑茶(りょくちゃ) 녹차　緑地(りょくち) 녹지
훈 みどり　緑(みどり) 녹색, 초록, 나무의 새싹, 새잎, 푸른색, 청색

縁
인연 **연**

음 えん　縁側(えんがわ) 툇마루　縁談(えんだん) 혼담
　　　縁起(えんぎ) 일의 기원, 유래, 신사나 절의 유래, 길흉의 조짐, 운수
훈 ふち・へり　縁(ふち・へり) 가장자리, 둘레, 테두리

囚
가둘 **수**

음 しゅう　囚虜(しゅうりょ) 수로, 포로　死刑囚(しけいしゅう) 사형수
　　　　囚人(しゅうじん) 죄수
훈 ―

因
인할 **인**

음 いん　原因(げんいん) 원인　因果(いんが) 인과, 원인과 결과, 인과응보, 업보, 숙명, 운명
　　　因縁(いんねん) 인연, 관계, 연분, 운명, 유래, 내력, 트집, 시비
훈 よる　因(よ)る 말미암다, 연유하다, 기인하다

困
곤할 **곤**

음 こん　困難(こんなん) 곤란　貧困(ひんこん) 빈곤　困惑(こんわく) 곤혹
훈 こまる　困(こま)る 곤란하다, 어려움을 겪다, 난처하다, 가난하여 어렵다, 궁하다

逐
쫓을 **축**

음 ちく　駆逐(くちく) 구축　逐次(ちくじ) 차례차례로
　　　逐条(ちくじょう) 축조, 한 조목씩 쫓아 함
훈 ―

遂
이룰 **수**

음 すい　遂行(すいこう) 수행　未遂(みすい) 미수　完遂(かんすい) 완수
훈 とげる　遂(と)げる 이루다, 달성하다, 성취하다, 마치다

隊
무리 **대**, 떨어질 **추**

음 たい　軍隊(ぐんたい) 군대　隊列(たいれつ) 대열　艦隊(かんたい) 함대
훈 ―

織
짤 **직**, 기치 **치**

| 음 | しょく・しき | 組織(そしき) 조직　織機(しょっき) 직기, 베틀　織女星(しょくじょせい) 직녀성 |
| 훈 | おる | 織(お)る (피륙 등을) 짜다, 엮어내다, 섞어서 만들어내다 |

識
알 **식**, 적을 **지**

| 음 | しき | 常識(じょうしき) 상식　面識(めんしき) 면식　識別(しきべつ) 식별 |
| 훈 | ― | |

職
직분 **직**

| 음 | しょく | 就職(しゅうしょく) 취직　職場(しょくば) 직장, 근무처　職業(しょくぎょう) 직업 |
| 훈 | ― | |

資
재물 **자**

| 음 | し | 資格(しかく) 자격　資源(しげん) 자원　資(し)する 이바지하다, 도움이 되다 |
| 훈 | ― | |

貨
재물 **화**

| 음 | か | 通貨(つうか) 통화　貨幣(かへい) 화폐　貨物(かもつ) 화물 |
| 훈 | ― | |

賃
품삯 **임**

| 음 | ちん | 賃金(ちんぎん) 임금　運賃(うんちん) 운임　賃上(ちんあ)げ 임금 인상 |
| 훈 | ― | |

貸
빌릴 **대**

| 음 | たい | 賃貸(ちんたい) 임대　貸(か)し切(き)り 대절, 전세　貸(かし)ビル 임대 빌딩 |
| 훈 | かす | 貸(か)す 빌려 주다, 도와주다, 조력하다 |

施	음 し・せ	施設(しせつ) 시설　実施(じっし) 실시　施行(しこう) 시행
베풀 **시**, 옮길 **이**	훈 ほどこす	施(ほどこ)す 베풀다, 주다, (수단, 방법을) 쓰다, (장식, 가공 등을) 가하다, 덧붙이다, (면목 등을) 세우다, 널리 드러내다

旋	음 せん	斡旋(あっせん) 알선　旋回(せんかい) 선회 旋風(せんぷう) 선풍, 회오리바람, 돌발적으로 발생하여 사회에 큰 영향을 끼칠 만한 사건, 또는 그로 인한 혼란 상태
돌 **선**	훈 ー	

旅	음 りょ	旅館(りょかん) 여관　旅費(りょひ) 여비　旅路(たびじ) 여로, 여행길
나그네 **려(여)**	훈 たび	旅(たび) 여행

族	음 ぞく	家族(かぞく) 가족　貴族(きぞく) 귀족　水族館(すいぞくかん) 수족관
겨레 **족**, 풍류가락 **주**	훈 ー	

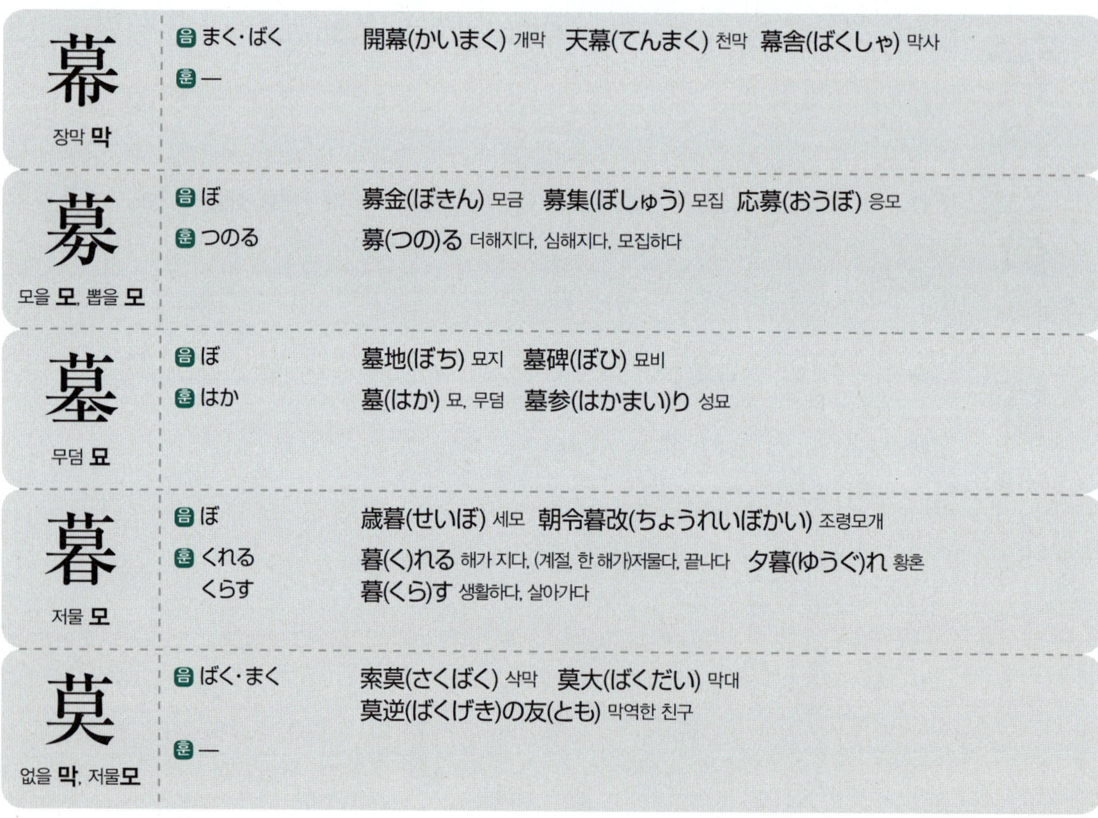

幕	음 まく・ばく	開幕(かいまく) 개막　天幕(てんまく) 천막　幕舎(ばくしゃ) 막사
장막 **막**	훈 ー	

募	음 ぼ	募金(ぼきん) 모금　募集(ぼしゅう) 모집　応募(おうぼ) 응모
모을 **모**, 뽑을 **모**	훈 つのる	募(つの)る 더해지다, 심해지다, 모집하다

墓	음 ぼ	墓地(ぼち) 묘지　墓碑(ぼひ) 묘비
무덤 **묘**	훈 はか	墓(はか) 묘, 무덤　墓参(はかまい)り 성묘

暮	음 ぼ	歳暮(せいぼ) 세모　朝令暮改(ちょうれいぼかい) 조령모개
저물 **모**	훈 くれる / くらす	暮(く)れる 해가 지다, (계절, 한 해가)저물다, 끝나다　夕暮(ゆうぐ)れ 황혼 暮(くら)す 생활하다, 살아가다

莫	음 ばく・まく	索莫(さくばく) 삭막　莫大(ばくだい) 막대 莫逆(ばくげき)の友(とも) 막역한 친구
없을 **막**, 저물 **모**	훈 ー	

읽기가 같고 모양이 비슷한 한자

農 농사 **농**
- 음 のう — 農耕(のうこう) 농경　農業(のうぎょう) 농업　小作農(こさくのう) 소작농
- 훈 ―

濃 짙을 **농**
- 음 のう — 濃度(のうど) 농도　濃厚(のうこう) 농후　濃縮(のうしゅく) 농축
- 훈 こい — 濃(こ)い 짙다, (빛깔, 맛 등이) 진하다, (밀도가) 촘촘하다, (확률이) 높다, 관계가 밀접하다

係 맬 **계**
- 음 けい — 関係(かんけい) 관계
- 훈 かかる — 係(かか)る 관계되다
- かかり — 係(かか)り 담당, 담당자, 어떤 어구의 작용이 다른 어구에 미치는[걸리는] 일
- かかわり — 係員(かかりいん) 담당자　係(かか)わり 관계, 연관

系 이어맬 **계**
- 음 けい — 系統(けいとう) 계통　系列(けいれつ) 계열　太陽系(たいようけい) 태양계
- 훈 ―

険 험할 **험**
- 음 けん — 保険(ほけん) 보험　険悪(けんあく) 험악　冒険(ぼうけん) 모험
- 훈 けわしい — 険(けわ)しい 가파르다, 험하다, 험난하다, 험상궂다, 험악하다

検 검사할 **검**
- 음 けん — 検事(けんじ) 검사　検討(けんとう) 검토　地検(ちけん) 지검
- 훈 ―

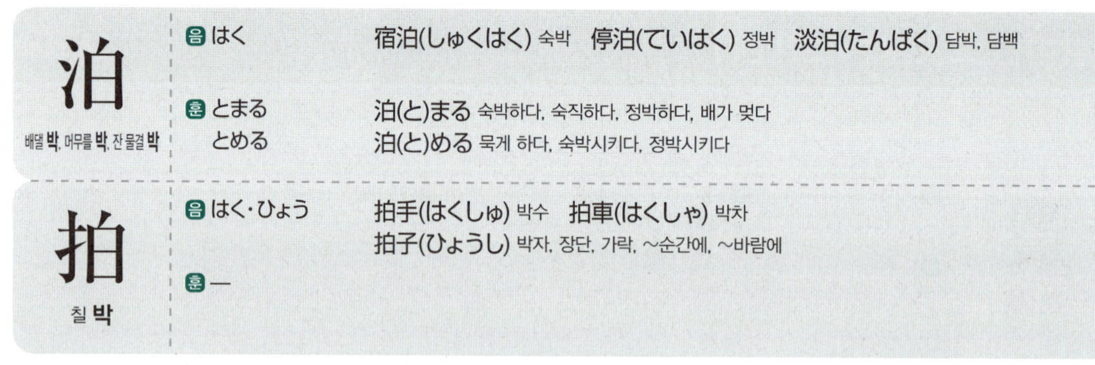

泊 배댈 **박**, 머무를 **박**, 잔물결 **박**	음 はく	宿泊(しゅくはく) 숙박　停泊(ていはく) 정박　淡泊(たんぱく) 담박, 담백	
	훈 とまる とめる	泊(と)まる 숙박하다, 숙직하다, 정박하다, 배가 멎다 泊(と)める 묵게 하다, 숙박시키다, 정박시키다	

拍 칠 **박**	음 はく・ひょう	拍手(はくしゅ) 박수　拍車(はくしゃ) 박차 拍子(ひょうし) 박자, 장단, 가락, ~순간에, ~바람에
	훈 ―	

精 정할 **정**	음 せい・しょう	精算(せいさん) 정산　精度(せいど) 정도, 정밀도　精進(しょうじん) 정진
	훈 ―	

請 청할 **청**	음 せい・しん	請求(せいきゅう) 청구　申請(しんせい) 신청
	훈 こう・うける	請(こ)う 청하다, 바라다, 빌다, 기원하다 請(う)ける (돈을 치르고) 돌려 받다, 도급 맡다, 떠맡다 請負(うけおい) 청부, 도급

健 굳셀 **건**	음 けん	健康(けんこう) 건강　健保(けんぽ) 건강 보험　健全(けんぜん) 건전
	훈 すこやか	健(すこ)やか 튼튼함, 건강함, 건전함

建 세울 **건**	음 けん・こん	建築(けんちく) 건축　建立(こんりゅう) 건립
	훈 たてる・たつ	建(た)てる (건물을)짓다, 세우다, 건립하다 建(た)つ 건립되다　建物(たてもの) 건물

珠 구슬 **주**	음 しゅ	真珠(しんじゅ) 진주　珠玉(しゅぎょく) 주옥　念珠(ねんじゅ) 염주
	훈 ―	

殊 다를 **수**	음 しゅ	特殊(とくしゅ) 특수
	훈 殊(こと)	殊(こと)に 특별히, 유난히　殊更(ことさら) 일부러, 고의로, 특별히, 유난히, 새삼스럽게

| 績
길쌈할 **적** | 음 せき | 成績(せいせき) 성적　実績(じっせき) 실적　業績(ぎょうせき) 업적 |
| | 훈 ― | |

| 積
쌓을 **적** | 음 せき | 面積(めんせき) 면적　堆積(たいせき) 퇴적　積極的(せっきょくてき) 적극적 |
| | 훈 つむ・つもる | 積(つ)む 물건을 쌓다, 거듭하다, 싣다
積(つ)もる 쌓이다, 많아지다, 세월이 지나다, 어림잡다, 추측하다, 헤아리다 |

| 張
베풀 **장** | 음 ちょう | 誇張(こちょう) 과장　一張羅(いっちょうら) 단벌 옷 |
| | 훈 はる | 張(は)る (온 면이) 덮이다, 뻗다, (터질 듯이) 부풀다, 긴장하다, 어떤 감정을 강하게 밀고 나가다, 망보다, (손바닥으로)
때리다　張(は)り切(き)る 팽팽하게 땅기다, 힘이 넘치다, 긴장하다 |

| 帳
장막 **장** | 음 ちょう | 手帳(てちょう) 수첩　通帳(つうちょう) 통장
蚊帳(かちょう) 모기장 |
| | 훈 ― | |

| 紛
어지러워질 **분** | 음 ふん | 紛失(ふんしつ) 분실　紛争(ふんそう) 분쟁　紛糾(ふんきゅう) 분규 |
| | 훈 まぎれる・まぎらす・まぎらわす・まぎらわしい | 紛(まぎ)れる 분간 못하게 되다, 헷갈리다　紛(まぎ)らす 얼버무리다
紛(まぎ)らわす 「紛(まぎ)らす」의 힘줌말　紛(まぎ)らわしい 헷갈리기 쉽다 |

| 粉
가루 **분** | 음 ふん | 粉末(ふんまつ) 분말　粉骨砕身(ふんこつさいしん) 분골쇄신 |
| | 훈 こ・こな | 粉(こ) 가루, ~분　粉(こな) 가루　粉々(こなごな) 산산조각 |

| 爆
불 터질 **폭**, 지질 **박** | 음 ばく | 爆弾(ばくだん) 폭탄　爆竹(ばくちく) 폭죽　原爆(げんばく) 원폭 |
| | 훈 ― | |

| 暴
사나울 **폭(포)** | 음 ぼう・ばく | 暴露(ばくろ) 폭로　暴力(ぼうりょく) 폭력　暴騰(ぼうとう) 폭등 |
| | 훈 あばく
あばれる | 暴(あば)く 폭로하다, 들추어내다, 파헤치다
暴(あば)れる 날뛰다, 난폭하게 굴다, 대담하게 행동하다 |

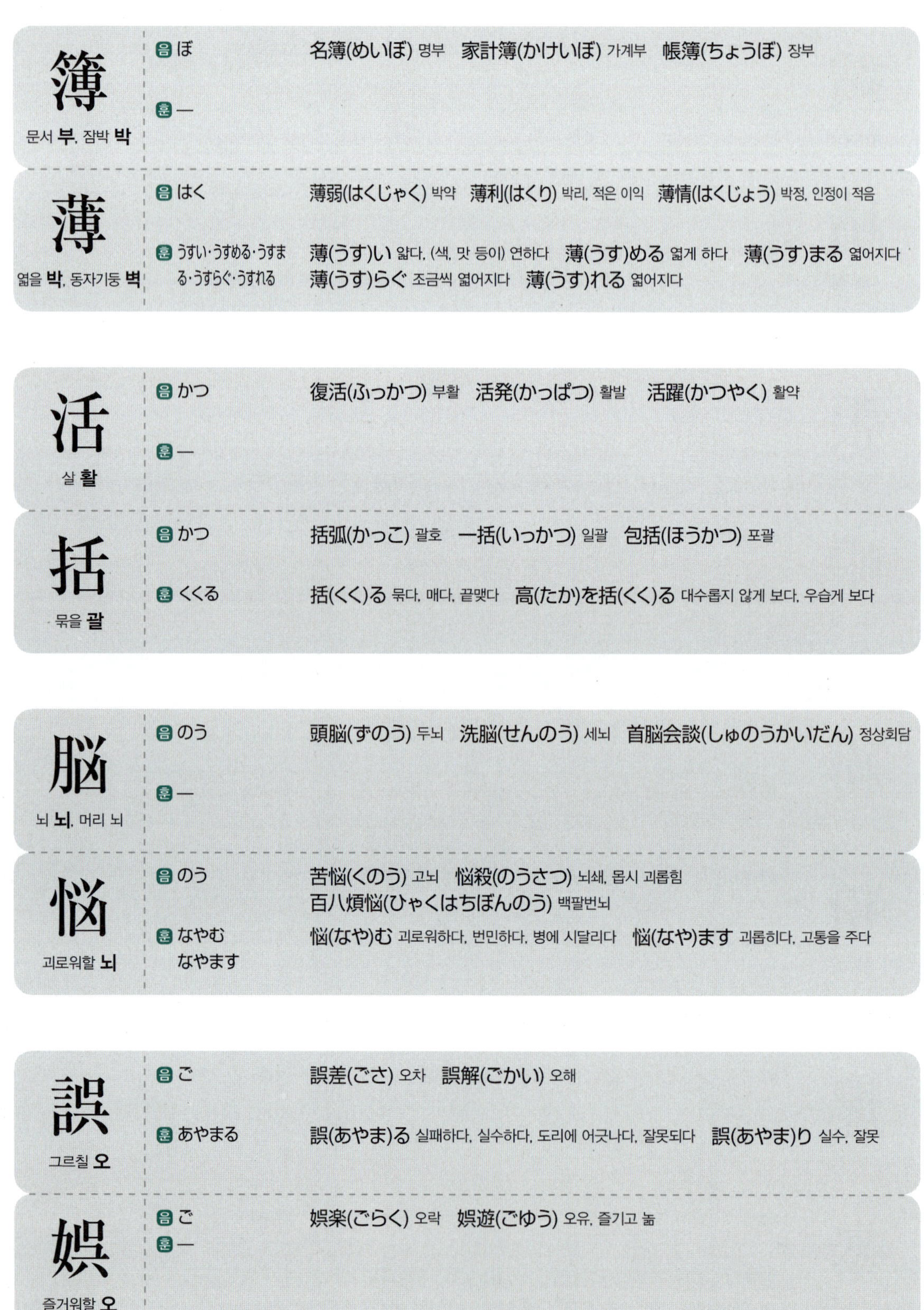

| 簿 문서 **부**, 잠박 **박** | 음 ぼ | 名簿(めいぼ) 명부 家計簿(かけいぼ) 가계부 帳簿(ちょうぼ) 장부 |
| | 훈 ― | |

| 薄 엷을 **박**, 동자기둥 **벽** | 음 はく | 薄弱(はくじゃく) 박약 薄利(はくり) 박리, 적은 이익 薄情(はくじょう) 박정, 인정이 적음 |
| | 훈 うすい・うすめる・うすまる・うすらぐ・うすれる | 薄(うす)い 얇다. (색, 맛 등이) 연하다 薄(うす)める 엷게 하다 薄(うす)まる 엷어지다
薄(うす)らぐ 조금씩 엷어지다 薄(うす)れる 엷어지다 |

| 活 살 **활** | 음 かつ | 復活(ふっかつ) 부활 活発(かっぱつ) 활발 活躍(かつやく) 활약 |
| | 훈 ― | |

| 括 묶을 **괄** | 음 かつ | 括弧(かっこ) 괄호 一括(いっかつ) 일괄 包括(ほうかつ) 포괄 |
| | 훈 くくる | 括(くく)る 묶다, 매다, 끝맺다 高(たか)を括(くく)る 대수롭지 않게 보다, 우습게 보다 |

| 脳 뇌 **뇌**, 머리 뇌 | 음 のう | 頭脳(ずのう) 두뇌 洗脳(せんのう) 세뇌 首脳会談(しゅのうかいだん) 정상회담 |
| | 훈 ― | |

| 悩 괴로워할 **뇌** | 음 のう | 苦悩(くのう) 고뇌 悩殺(のうさつ) 뇌쇄, 몹시 괴롭힘
百八煩悩(ひゃくはちぼんのう) 백팔번뇌 |
| | 훈 なやむ なやます | 悩(なや)む 괴로워하다, 번민하다, 병에 시달리다 悩(なや)ます 괴롭히다, 고통을 주다 |

| 誤 그르칠 **오** | 음 ご | 誤差(ごさ) 오차 誤解(ごかい) 오해 |
| | 훈 あやまる | 誤(あやま)る 실패하다, 실수하다, 도리에 어긋나다, 잘못되다 誤(あやま)り 실수, 잘못 |

| 娯 즐거워할 **오** | 음 ご | 娯楽(ごらく) 오락 娯遊(ごゆう) 오유, 즐기고 놂 |
| | 훈 ― | |

到　이를 도

- 음 とう
- 到着(とうちゃく) 도착　殺到(さっとう) 쇄도
- 用意周到(よういしゅうとう) 용의주도
- 훈 ―

倒　넘어질 도

- 음 とう
- 倒産(とうさん) 도산　罵倒(ばとう) 매도
- 主客転倒(しゅかくてんとう) 주객전도
- 훈 たおれる / たおす
- 倒(たお)れる 넘어지다, 전복되다, 도산하다, 몸져눕다, 죽다
- 倒(たお)す 넘어뜨리다, 전복하다, 죽이다, (빚을) 떼어먹다

還　돌아올 환, 돌 선

- 음 かん
- 還暦(かんれき) 환갑　還元(かんげん) 환원　送還(そうかん) 송환
- 훈 ―

環　고리 환

- 음 かん
- 環境(かんきょう) 환경　循環(じゅんかん) 순환　一環(いっかん) 일환
- 훈 ―

率　비율 율, 거느릴 솔, 우두머리 수

- 음 そつ・りつ・すい
- 統率(とうそつ) 통솔　率直(そっちょく) 솔직　能率(のうりつ) 능률
- 훈 ひきいる
- 率(ひき)いる 거느리다, 인솔하다, 통솔하다

卒　마칠 졸

- 음 そつ
- 卒業(そつぎょう) 졸업　卒倒(そっとう) 졸도　兵卒(へいそつ) 병졸
- 훈 ―

徹　통할 철

- 음 てつ
- 徹夜(てつや) 철야　徹底(てってい) 철저　徹頭徹尾(てっとうてつび) 철두철미
- 훈 ―

撤　거둘 철

- 음 てつ
- 撤去(てっきょ) 철거　撤回(てっかい) 철회　撤廃(てっぱい) 철폐
- 훈 ―

<table>
<tr><td rowspan="2">畜
짐승 축</td><td>음 ちく</td><td>畜産(ちくさん) 축산　家畜(かちく) 가축　畜産業(ちくさんぎょう) 축산업</td></tr>
<tr><td>훈 ―</td><td></td></tr>
<tr><td rowspan="2">蓄
모을 축</td><td>음 ちく</td><td>蓄積(ちくせき) 축적　貯蓄(ちょちく) 저축　蓄電池(ちくでんち) 축전지</td></tr>
<tr><td>훈 たくわえる</td><td>蓄(たくわ)える 모아 두다, 비축하다, (수염, 머리 등을) 기르다, (체력, 지식 등을) 기르다, 쌓다</td></tr>
</table>

<table>
<tr><td rowspan="2">察
살필 찰</td><td>음 さつ</td><td>視察(しさつ) 시찰　洞察(どうさつ) 통찰　察知(さっち) 찰지, 헤아려서 앎</td></tr>
<tr><td>훈 ―</td><td></td></tr>
<tr><td rowspan="3">擦
문지를 찰</td><td>음 さつ</td><td>摩擦(まさつ) 마찰　擦過傷(さっかしょう) 찰과상</td></tr>
<tr><td>훈 する</td><td>擦(す)る 문지르다, 비비다, 갈다, 으깨다, 짓이기다, 빻다　擦(す)り剥(む)く 찰과상을 입다</td></tr>
<tr><td>すれる</td><td>擦(す)れる 마주 스치다, 맞닿다, 스쳐서 닳다, 교활하다</td></tr>
</table>

<table>
<tr><td rowspan="2">慨
슬퍼할 개</td><td>음 がい</td><td>憤慨(ふんがい) 분개　慨嘆(がいたん) 개탄
慨然(がいぜん) 개연, 분개하는 모양, 분발하는 모양</td></tr>
<tr><td>훈 ―</td><td></td></tr>
<tr><td rowspan="2">概
대개 개</td><td>음 がい</td><td>概説(がいせつ) 개설　概念(がいねん) 개념　概論(がいろん) 개론</td></tr>
<tr><td>훈 ―</td><td></td></tr>
</table>

<table>
<tr><td rowspan="2">噴
뿜을 분</td><td>음 ふん</td><td>噴水(ふんすい) 분수　噴出(ふんしゅつ) 분출　噴火口(ふんかこう) 분화구</td></tr>
<tr><td>훈 ふく</td><td>噴(ふ)く (기체, 액체 등을) 뿜다</td></tr>
<tr><td rowspan="2">憤
분할 분</td><td>음 ふん</td><td>憤慨(ふんがい) 분개　憤然(ふんぜん) 분연함, 몹시 화를 내는 모양
奮闘(ふんとう) 분투</td></tr>
<tr><td>훈 いきどおる</td><td>憤(いきどお)る 성내다, 분개하다</td></tr>
</table>

裁 옷 마를 **재**
- 음 さい — 裁判(さいばん) 재판　裁縫(さいほう) 재봉　体裁(ていさい) 체재(외관, 체면)
- 훈 たつ / さばく — 裁(た)つ 옷감을 마르다, 재단하다　裁(さば)く 심판하다, 재판하다, 판가름하다

栽 심을 **재**
- 음 さい — 栽培(さいばい) 재배　盆栽(ぼんさい) 분재
　　　　前栽(せんざい) 정원의 초목, 푸성귀, 야채
- 훈 ―

神 귀신 **신**
- 음 しん・じん — 神秘(しんぴ) 신비　神社(じんじゃ) 신사, 일본 황실의 선조・신 등을 모신 곳
- 훈 かみ — 神(かみ) 신, 하느님　神業(かみわざ) 신기, 기막힌 재간

紳 띠 **신**
- 음 しん — 紳士(しんし) 신사　紳士的(しんしてき) 신사적
　　　　紳士協約(しんしきょうやく) 신사협약
- 훈 ―

除 덜 **제**
- 음 じょ・じ — 除外(じょがい) 제외　削除(さくじょ) 삭제　掃除(そうじ) 청소
- 훈 のぞく — 除(のぞ)く 없애다, 제거하다, 빼다, 죽이다

徐 천천할 **서**
- 음 じょ — 徐行(じょこう) 서행　徐々(じょじょ)に 서서히, 천천히, 차차, 조금씩
- 훈 ―

愉 즐거울 **유**
- 음 ゆ — 愉快(ゆかい) 유쾌　愉悦(ゆえつ) 유열, 즐거워하고 기뻐함
　　　愉楽(ゆらく) 유락, 기쁘고 즐거움
- 훈 ―

輸 보낼 **수**
- 음 ゆ — 輸入(ゆにゅう) 수입　輸血(ゆけつ) 수혈　輸送(ゆそう) 수송
- 훈 ―

版 판목 **판**	음 はん	出版(しゅっぱん) 출판　版画(はんが) 판화　海賊版(かいぞくばん) 해적판
	훈 —	
板 널빤지 **판**	음 はん·ばん	掲示板(けいじばん) 게시판　黒板(こくばん) 흑판, 칠판　合板(ごうはん) 합판
	훈 いた	板(いた) 판자, 널(빤지), 무대

殖 번성할 **식**	음 しょく	繁殖(はんしょく) 번식 殖産(しょくさん) 식산, 생산물을 늘림, 재산을 늘림
	훈 ふえる ふやす	殖(ふ)える 늘다, 늘어나다 殖(ふ)やす 늘리다, 불리다
植 심을 **식**	음 しょく	植物(しょくぶつ) 식물　植民地(しょくみんち) 식민지 移植(いしょく) 이식
	훈 うえる うわる	植(う)える (나무 등을) 심다, (사상 등을) 불어 넣다 植木鉢(うえきばち) 화분　植(う)わる 심어지다

遇 만날 **우**	음 ぐう	待遇(たいぐう) 대우　遭遇(そうぐう) 조우　遇(ぐう)する 대우하다, 대접하다
	훈 —	
偶 짝 **우**	음 ぐう	偶然(ぐうぜん) 우연　偶数(ぐうすう) 우수, 짝수　偶発(ぐうはつ) 우발
	훈 たまたま	偶々(たまたま) 마침, 우연히

彩 채색 **채**	음 さい	色彩(しきさい) 색채　異彩(いさい) 이채
	훈 いろどる	彩(いろど)る 색칠하다, 채색하다, 화장하다　彩(いろど)り 채색, 배색, 꾸밈, 정취, 재미
採 캘 **채**, 풍채 **채**	음 さい	採決(さいけつ) 채결　伐採(ばっさい) 벌채　採集(さいしゅう) 채집
	훈 とる	採(と)る 채집하다, 채용하다, 쓰다, 두다

制 절제할 제
- 음 せい
- 훈 ―

制約(せいやく) 제약　制限(せいげん) 제한　制裁(せいさい) 제재

製 지을 제
- 음 せい
- 훈 ―

製造(せいぞう) 제조　製鉄(せいてつ) 제철　青銅製(せいどうせい) 청동제

義 옳을 의
- 음 ぎ
- 훈 ―

講義(こうぎ) 강의　正義(せいぎ) 정의　義務教育(ぎむきょういく) 의무교육

議 의논할 의
- 음 ぎ
- 훈 ―

審議(しんぎ) 심의　議論(ぎろん) 토론, 논의
国会議員(こっかいぎいん) 국회의원

票 표 표
- 음 ひょう
- 훈 ―

投票(とうひょう) 투표　伝票(でんぴょう) 전표
票読(ひょうよ)み (선거에서) 지지표의 예상

標 표할 표
- 음 ひょう
- 훈 ―

標識(ひょうしき) 표지　標示(ひょうじ) 표시　目標(もくひょう) 목표

漂 떠돌 표
- 음 ひょう
- 훈 ただよう

漂流(ひょうりゅう) 표류, 바다를 떠돎, 정처 없이 방랑함
漂白剤(ひょうはくざい) 표백제　漂泊(ひょうはく) 표박, 표류함, 정처 없이 떠돌아다님
漂(ただよ)う 떠다니다, 떠돌다, 방황하다, 헤매다, 감돌다

| 求
구할 **구** | 음 きゅう | 請求(せいきゅう) 청구　求人(きゅうじん) 구인 |
| | 훈 もとめる | 求(もと)める 구하다, 찾다, 바라다, 요구[요청]하다, 사다, 구입하다
求(もと)めて 일부러, 자진하여 |

| 救
구원할 **구** | 음 きゅう | 救援(きゅうえん) 구원　救命(きゅうめい) 구명
救世(きゅうせい・くせ・ぐせ) 구세, 괴로움에 시달리는 중생을 구함 |
| | 훈 すくう | 救(すく)う 구하다, 돕다, 덜어 주다, 선도하다 |

| 球
공 **구** | 음 きゅう | 地球(ちきゅう) 지구　球技(きゅうぎ) 구기　球場(きゅうじょう) 구장 |
| | 훈 たま | 球(たま) 공, 전구 |

| 寮
동관 **료(요)** | 음 りょう | 寮(りょう) 기숙사　寮舎(りょうしゃ) 기숙사　寮生(りょうせい) 기숙생 |
| | 훈 ― | |

| 療
병 고칠 **료(요)** | 음 りょう | 治療(ちりょう) 치료　診療(しんりょう) 진료　療養(りょうよう) 요양 |
| | 훈 ― | |

| 僚
동료 **료(요)** | 음 りょう | 同僚(どうりょう) 동료　官僚(かんりょう) 관료　閣僚(かくりょう) 각료 |
| | 훈 ― | |

| 緯
씨 **위** | 음 い | 緯度(いど) 위도　経緯(けいい) 경위
緯線(いせん) 위선, 위도선 |
| | 훈 ― | |

| 偉
클 **위** | 음 い | 偉大(いだい) 위대　偉業(いぎょう) 위업 |
| | 훈 えらい | 偉(えら)い 훌륭하다, 장하다, 지위가 높다, 큰일이다, 심하다, 대단하다, 엉뚱하다, 난처하다
偉物(えらぶつ) 훌륭한 사람, 수완가 |

| 違
어긋날 **위** | 음 い | 相違(そうい) 상위(다름, 틀림)　違反(いはん) 위반　違和感(いわかん) 위화감 |
| | 훈 ちがう
ちがえる | 違(ちが)う 다르다, 틀리다, 교차하다, 엇갈리다
違(ちが)える 달리하다, 틀리게 하다, 엇갈리게 하다 |

| 性 | 음 せい・しょう | 性格(せいかく) 성격　慢性(まんせい) 만성　根性(こんじょう) 근성 |
| 성품 **성** | 훈 ― | |

| 姓 | 음 せい・じょう | 姓名(せいめい) 성명　同姓(どうせい) 동성
旧姓(きゅうせい) 구성, (결혼, 양자 관계로 성이 바뀌기 전의) 본성 |
| 성 **성** | 훈 ― | |

| 牲 | 음 せい | 犠牲(ぎせい) 희생　三牲(さんせい) (소, 양, 돼지) 세 가지 공물 |
| 희생 **생** | 훈 ― | |

捕	음 ほ	逮捕(たいほ) 체포　捕虜(ほりょ) 포로　捕鯨船(ほげいせん) 포경선
	훈 とらえる・とらわれる・とる・つかまえる・つかまる	捕(とら)える 잡다, 파악하다　捕(と)らわれる 붙잡히다　捕(と)る 잡다, 포획하다 捕(つか)まえる 잡다, 붙잡다, 꽉 잡다, 파악하다　捕(つか)まる (범인 등이) 잡히다
잡을 **포**		

| 補 | 음 ほ | 補償(ほしょう) 보상　補充(ほじゅう) 보충　補強(ほきょう) 보강 |
| 기울 **보**, 도울 **보** | 훈 おぎなう | 補(おぎな)う 보충하다 |

| 舗 | 음 ほ | 舗装(ほそう) (도로의) 포장 ☞ 包装(ほうそう) (선물의) 포장
店舗(てんぽ) 점포　老舗(ろうほ) 노포, 대대로 이어오는 점포 |
| 가게 **포**, 펼 **포** | 훈 ― | |

| 購 | 음 こう | 購買(こうばい) 구매　購入(こうにゅう) 구입　購読(こうどく) 구독 |
| 살 **구** | 훈 ― | |

| 講 | 음 こう | 講堂(こうどう) 강당　講座(こうざ) 강좌　講和条約(こうわじょうやく) 강화조약 |
| 익힐 **강** | 훈 ― | |

構	음 こう	構想(こうそう) 구상　構内(こうない) 구내　構図(こうず) 구도
	훈 かまえる かまう	構(かま)える 차리다, 꾸미다, 태세를 갖추다, 준비하다 構(かま)う 상관하다, 개의하다, 마음을 쓰다
얽을 **구**, 읠 **강**		

則

법 **칙**, 곧 **즉**

- 음 そく ／ 規則(きそく) 규칙　反則(はんそく) 반칙
- 훈 のっとる ／ 則(のっと)る 기준으로 삼고 따르다, 본뜨다

測

헤아릴 **측**

- 음 そく ／ 観測(かんそく) 관측　予測(よそく) 예측　測量(そくりょう) 측량
- 훈 はかる ／ 測(はか)る (무게, 길이, 양을) 재다, 어림잡다, 예측하다, 짐작하다

側

곁 **측**

- 음 そく ／ 側面(そくめん) 측면　側近(そっきん) 측근
- 훈 かわ ／ 側(かわ) 곁, 옆, 주위, 둘레, 편, 쪽, 방면
- そばめる ／ 側(そば)める 옆으로 밀어붙이다, (옆으로) 돌리다, 외면하다

的

과녁 **적**

- 음 てき ／ 目的(もくてき) 목적　的確(てきかく) 적확, 정확
- 훈 まと ／ 的(まと) 과녁, 표적, 대상, 목표　的外(まとはず)れ 요점에서 벗어남

摘

딸 **적**

- 음 てき ／ 指摘(してき) 지적　摘発(てきはつ) 적발　摘出(てきしゅつ) 적출, (수술 등으로) 나쁜 부분을 끄집어냄, 도려냄, 골라냄, 가려냄, 들추어냄, 밝혀 냄
- 훈 つむ ／ 摘(つ)む (손끝으로) 따다, 뜯다, (가위 등으로) 가지런히 깎다

敵

대적할 **적**

- 음 てき ／ 匹敵(ひってき) 필적　無敵(むてき) 무적
- 훈 かたき ／ 敵(かたき) 원수, (경쟁) 상대, 적수　敵討(かたきう)ち 원수를 갚음, 복수

適

맞을 **적**

- 음 てき ／ 快適(かいてき) 쾌적　適応(てきおう) 적응　悠々自適(ゆうゆうじてき) 유유자적
- 훈 ―

滴

물방울 **적**

- 음 てき ／ 水滴(すいてき) 물방울　点滴(てんてき) 점적
- 훈 しずく ／ 滴(しずく) 물방울　滴(したた)る 방울져 떨어지다, (싱싱함이)철철 넘치다
- したたる ／ 滴(したた)り 물방울이 떨어짐, 그 물방울

方 모 **방**, 괴물 **망**	음 ほう	方式(ほうしき) 방식　方針(ほうしん) 방침　方便(ほうべん) 방편, 수단, 방법	
	훈 かた	方(かた) 분, 님, 소속을 나타냄, 편, 측, 무렵, 때, 녘, 대체의 정도, 쯤, 가량	

放 놓을 **방**	음 ほう	放棄(ほうき) 포기　放漫(ほうまん) 방만　放牧(ほうぼく) 방목
	훈 はなす・はなつ はなれる	放(はな)す (잡고 있던 것을) 놓다　放(はな)つ (내)던지다, 집어치우다 放(はな)れる (잡혀 있던 것이) 놓이다

訪 찾을 **방**	음 ほう	訪問(ほうもん) 방문　探訪(たんぼう) 탐방　訪客(ほうきゃく) 방문객
	훈 おとずれる たずねる	訪(おとず)れる 방문하다, 찾아오다, 닥쳐오다 訪(たず)ねる 묻다, 찾다

防 막을 **방**	음 ぼう	防犯(ぼうはん) 방범　防衛(ぼうえい) 방위　堤防(ていぼう) 제방
	훈 ふせぐ	防(ふせ)ぐ 막다, 방어하다, 방지하다

妨 방해할 **방**	음 ぼう	妨害(ぼうがい) 방해
	훈 さまたげる	妨(さまた)げる 방해하다, 지장을 주다

紡 길쌈 **방**	음 ぼう	紡績(ぼうせき) 방적　紡錘(ぼうすい) 방추, 물레의 가락 紡糸(ぼうし) 방사, 섬유에서 실을 뽑음
	훈 つむぐ	紡(つむ)ぐ 실을 잣다

肪 기름 방	음 ぼう	脂肪(しぼう) 지방
	훈 ―	

欧 토할 **구**

음 おう

欧米(おうべい) 구미　欧風(おうふう) 유럽풍　欧州(おうしゅう) 유럽

훈 ―

殴 때릴 **구**

음 おう

殴打(おうだ) 구타

훈 なぐる

殴(なぐ)る (세게) 때리다, 치다, 아무렇게나 ～하다
殴(なぐ)り書(が)き 갈겨씀, 난필, 갈겨쓴 글씨

幅 폭 **폭**, 행전 **핍**

음 ふく

増幅(ぞうふく) 증폭

훈 はば

幅(はば) 폭, 너비, 나비, (값, 음성 등의) 고저의 차이, 여지, 여유　幅跳(はばと)び 넓이뛰기
大幅(おおはば) 대폭(큰 폭)

副 버금 **부**, 쪼갤 **복**

음 ふく

副詞(ふくし) 부사　副作用(ふくさよう) 부작용　副業(ふくぎょう) 부업

훈 ―

随 따를 **수**

음 ずい

随筆(ずいひつ) 수필　随一(ずいいち) 제일, 첫째　随員(ずいいん) 수행원

훈 ―

惰 게으를 **타**

음 だ

惰性(だせい) 타성(지금까지의 습관)　惰弱(だじゃく) 나약
惰気(だき) 게으른 마음

훈 ―

署 관청 **서**

음 しょ

部署(ぶしょ) 부서　署名(しょめい) 서명　消防署(しょうぼうしょ) 소방서

훈 ―

暑 더울 **서**

음 しょ

暑気(しょき) 여름 더위　暑気払(しょきばら)い 더위를 떨쳐 버림
酷暑(こくしょ) 혹서, 폭염

훈 あつい

暑(あつ)い 덥다

讓
사양할 **양**

- 음 じょう — 讓歩(じょうほ) 양보　移讓(いじょう) 이양　謙讓語(けんじょうご) 겸양어
- 훈 ゆずる — 讓(ゆず)る 물려주다, 양도하다, 팔아넘기다, 양보하다, 뒤로 미루다

嬢
계집애 **양**

- 음 じょう — お嬢(じょう)さん 아가씨　老嬢(ろうじょう) 혼기를 넘긴 독신 여성　愛嬢(あいじょう) 귀여운 딸
- 훈 —

幣
화폐 **폐**, 두를 **잡**

- 음 へい — 紙幣(しへい) 지폐　貨幣(かへい) 화폐　幣帛(へいはく) 신전에 바치는 공물
- 훈 —

弊
해질 **폐**, 폐단 **폐**, 닦을 **별**

- 음 へい — 弊害(へいがい) 폐해　疲弊(ひへい) 피폐　弊社(へいしゃ) 폐사, 자기 회사의 겸사말
- 훈 —

験
시험할 **험**

- 음 けん・げん — 試験(しけん) 시험　経験(けいけん) 경험　効験(こうけん) 효험
- 훈 —

駅
역참 **역**, 정거장 **역**

- 음 えき — 駅員(えきいん) 역원　駅馬車(えきばしゃ) 역마차　駅弁大学(えきべんだいがく) 지방 신설 대학을 비꼬는 말
- 훈 —

願
원할 **원**

- 음 がん — 願書(がんしょ) 원서(입학원서)　志願(しがん) 지원　念願(ねんがん) 염원
- 훈 ねがう — 願(ねが)う 원하다, 바라다, 기원하다, 빌다, (관청 등에)청원하다

原
근원 **원**

- 음 げん — 原書(げんしょ) 원서(특히, 양서를 가리킴)　原則(げんそく) 원칙　原稿(げんこう) 원고
- 훈 はら — 原(はら) 들, 벌판

穏 평온할 **온**	음 おん	穏和(おんわ) 온화　穏健(おんけん) 온건　平穏(へいおん) 평온
	훈 おだやか	穏(おだ)やか 온화함
隠 숨길 **은**, 숨을 **은**	음 いん	隠居(いんきょ) 은거　隠遁生活(いんとんせいかつ) 은둔생활 隠(かく)れん坊(ぼう) 숨바꼭질
	훈 かくす かくれる	隠(かく)す 감추다, 비밀로 하다　隠(かく)れる 숨다, 드러내지 않다, (귀인이) 돌아가시다

技 재주 **기**	음 ぎ	技術(ぎじゅつ) 기술　演技(えんぎ) 연기　技能(ぎのう) 기능
	훈 わざ	技(わざ) 기술, 기예, (유도, 검도 등에서) 승패를 결정짓는 일정한 수
枝 가지 **지**	음 し	枝打(えだう)ち 가지치기　枝豆(えだまめ) 가지째 꺾은 풋콩, 또는 꼬투리째 삶은 것
	훈 えだ	枝(えだ) 가지

堪 견딜 **감**	음 かん	堪忍(かんにん) 참음, 견딤, 화를 참고 용서함, 남의 과실을 용서함 堪忍袋(かんにんぶくろ) 참고 견디는 도량
	훈 たえる	堪(た)える 견디다, 참다, (외부로부터의 작용을) 견디어 내다, 담당하다, ~할 만하다
勘 헤아릴 **감**	음 かん	勘弁(かんべん) 용서함　勘定(かんじょう) 셈, 계산, 대금 지급, 예상, (부기에서) 계정 勘違(かんちが)い 착각, 오해
	훈 ―	

網 그물 **망**	음 もう	漁網(ぎょもう) 어망　網羅(もうら) 망라
	훈 あみ	網(あみ) 그물　編針(あみばり) 그물바늘
綱 벼리 **강**	음 こう	綱要(こうよう) 강요, 기초가 되는 가장 중요한 점[부분]
	훈 つな	綱(つな) 밧줄, 로프, 의지하는 것[곳]　綱渡(つなわた)り 줄타기, 위험한 짓, 모험 横綱(よこづな) 천하장사

| 飲
마실 **음** | 음 いん | 飲酒(いんしゅ) 음주 |
| | 훈 のむ | 飲(の)む 마시다, (강물, 파도 따위가) 휩쓸다, 집어삼키다, 꾹 참다, 받아들이다, 수용하다
飲(の)み代(しろ) 술값　湯飲(ゆのみ) ⁽작은⁾ 찻잔 |

| 飯
밥 **반** | 음 はん | 茶飯事(さはんじ) 다반사　赤飯(せきはん) 팥을 넣은 찰밥 |
| | 훈 めし | 飯(めし) 밥　飯粒(めしつぶ) 밥알 |

[필수 부사] 종합 대책

부사는 용언(동사, 형용사)를 수식하여 그 문장의 의미를 명확하게 하거나 정도 및 상태 등을 나타낸다.

유도부사(진술부사) 

유도부사는 뒤에 이어지는 내용을 미리 알려주는 기능을 갖고 있으며, 술어에 어떤 진술을 요구하느냐에 따라 부정·추량(추측)·비유 등을 수반하는 표현이 이어진다.

① 단정(강조) 표현 동반하는 부사

- いやしくも 적어도
- 必ず 반드시, 꼭
- きっと 꼭
- さすが(に) 정말이지, 역시
- 絶対に 절대, 절대로
- たしか 확실히, 분명히
- つまり 결국, 요컨대
- もちろん 물론
- 最も 가장, 무엇보다도
- やはり 역시, 결국

② 긍정과 부정을 모두 동반할 수 있는 부사

※긍정문과 부정문에서 의미가 다른 것

- あまり
  긍정문 (너무, 지나치게)
  あまり勉強し過ぎる。 지나치게 공부를 하다.

  부정문(그다지)
  あまり違わない。 그다지 다르지 않다.
  あまりよく知らない。 그다지 잘 모르다.

- 一向(に)
  긍정문(매우, 아주)
  一向平気だ。 아주 태연하다, 아무렇지도 않다.
  一向にご無沙汰しています。
  매우 격조하였습니다.

부정문(조금도, 전혀)
一向に勉強しない。 도무지 공부하지 않는다.
一向に気が付かない。 전혀 깨닫지 못하다.

- さっぱり

긍정문(후련한 모양, 산뜻한 모양, 남김없이, 깨끗이)

さっぱりした味。 담백한 맛.
さっぱりとした性格。 깔끔한 성격.
きれいさっぱりと平らげた。
깨끗이 먹어 치웠다.

부정문(전혀, 전연, 조금도)

さっぱりわかりない。 전혀 모르겠다.
さっぱり食べない。 전연 안 먹는다.

- 更に

긍정문(그 위에, 더욱더, 거듭, 다시 한 번)
雨が更に激しく降る。 비가 더욱 세차게 오다
更に勧める。 다시 한 번 권하다.

부정문(조금도, 도무지)
更に反省の色がない。 도무지 반성의 빛이 없다.
思い残すことが更にない。 미련은 조금도 없다.

断じて

긍정문(단호히, 꼭, 반드시)

断じて勝つ。 반드시 이긴다.

断じて遣り遂げる。 단연코 완수하다.

부정문(결코, 단연코)

断じて行かぬ。 결코 가지 않는다.

断じて許さない。 단연코 용서 않다.

ちょっと

긍정문(좀, 약간, 잠시, 어지간히, 꽤)

もうちょっと右。 좀 더 오른쪽.

ちょっとした傷。 경미한 상처.

ちょとお待ち下さい。 잠시 기다려 주십시오.

ちょっと重い病気。 꽤 중한 병.

부정문(좀처럼, 쉽사리, 여간해서는)

ちょっと見当もつかない。
쉽사리 짐작도 할 수 없다.

そんなことになるとはちょっと考えられな
い。 일이 그렇게 되리라고는 좀처럼 생각할 수 없다.

ついに

긍정문(드디어, 마침내, 결국)

ついに完成を見た。 드디어 완성을 봤다.

부정문(최후까지, 끝끝내, 끝까지)

ついに現れなかった。 끝내 나타나지 않았다.

ついに口を利かなかった。
끝끝내 말을 하지 않았다.

どうも

긍정문(정말, 참으로, 매우)

どうもありがとうございます。 참으로 고맙습니다.

どうもすみません。 정말 미안합니다.

どうも失礼しました。 매우 실례했습니다.

부정문(아무래도, 도무지)

彼の言うことはどうも嘘らしい。
그가 말하는 것은 아무래도 거짓말 같다.

どうもうまくいかない。 도무지 잘 안 된다.

とても

긍정문(대단히, 매우, 몹시)

とてもきれいだ。 아주 예쁘다.

とてもいい。 대단히 좋다.

부정문(아무리 해도, 도저히)

とても出来ない。 도저히 못 하겠다.

とても駄目だ。 아무리 해도 안 된다.

てんで

긍정문(아주, 대단히)

てんで大きい。 아주 크다.

부정문(전혀, 아예)

てんで駄目だ。 아예 틀렸다.

彼のやり方はてんでなっていない。
그의 하는 짓은 전연 돼 먹지 않았다.

□ とんと

긍정문(완전히)

とんと忘れた。 까맣게 잊어버렸다.

부정문(조금도, 전혀, 도무지)

とんと美味しくない。 조금도 맛이 없다.

とんと存じません。 전혀 모릅니다.

□ なかなか

긍정문(상당히, 꽤, 어지간히)

なかなか面白い。 꽤 재미있다.

なかなか遠い。 상당히 멀다.

부정문(좀처럼, 그리 간단히는)

なかなかうまくいかない。 좀처럼 잘되지 않는다.

時間がなくてなかなか友達に会えない。
시간이 없어서 좀처럼 친구를 만날 수 없다.

□ 何とも

긍정문(정말, 참으로, 아무튼)

何とも大変な事になった。 정말 큰일이 되었다.

何とも閉口した。 정말이지 난처했다.

부정문(뭐라고, 무엇인지, 대단한 것은 아니다)

僕からは何とも言えない。
나로서는 뭐라고 말할 수 없다.

何とも説明がつかない。
뭐라고 설명을 할 수 없다.

転んだが、何ともなかった。
넘어졌지만, 별일은 없었다.

□ 丸で

긍정문(마치, 꼭)

まるで猿のような顔。 꼭 원숭이 같은 얼굴.

まるで夢のようだ。 마치 꿈과 같다.

부정문(전혀, 전연, 통)

まるで違う。 전혀 다르다.

まるで知らなかった。 전연 몰랐다.

※긍정문과 부정문에서 의미가 같은 부사

□ 一概に 일률적으로, 하나같이, 일괄적으로

긍정문 一概に信じる。 무조건 믿다.

부정문 一概には言えぬが。
일률적으로는 말할 수 없으나.

□ 未だに 아직껏, 아직까지도, 현재까지도

긍정문 未だに独身だ。 아직까지도 독신이다.

부정문 未だに病気がよくならない。
아직까지도 병이 쾌차하지 않다.

□ 絶対(に) 절대, 절대로

긍정문 絶対出席する。 반드시 출석하다.

부정문 絶対あり得ない。 절대로 있을 수 없다.

□ 全く 완전히, 전혀

긍정문 全く忘れていた。 완전히 잊고 있었다.

부정문 英語は全く出来ない。 영어는 전혀 못한다.

③ **부정(금지) 표현을 동반하는 부사**

□ 一切 일절

□ 必ずしも 반드시

□ から(っ)きし 전혀, 통

□ 決して 결코

□ さらさら 결코, 조금도

□ 少しも 조금도, 전혀

□ 全然 전연, 전혀

□ 大して 그다지, 별로

□ ちっとも 조금도
□ 到底(とうてい) 도저히
□ 二度(にど)と 결코, 다시는
□ 別(べつ)に 별로, 특별히
□ まさか 설마, 아무리 그렇다고 하더라도
□ まる(っ)きり 전연, 전혀, 아주
□ 滅多(めった)に 거의, 좀처럼
□ 夢(ゆめ)にも 꿈에도
□ 碌(ろく)に 제대로, 변변히

④ 의문(반어적) 표현을 동반하는 부사

□ いかに 어떻게
□ いったい 도대체
□ どう 어떻게
□ どうして 어떻게, 어째서, 왜
□ どれほど 얼마만큼, 얼마나
□ なぜ 왜, 어째서
□ なにゆえ 왜, 어째서, 무엇 때문에
□ なんで 어째서, 무슨 이유로, 왜
□ はたして 예상한 대로, 말 그대로, 정말로

⑤ 가정 표현을 동반하는 부사

□ いかに 아무리
□ いったん 일단
□ 仮(かり)に 만일, 만약
□ たとえ 설령, 설사, 가령
□ ひょっとすると 어쩌면, 혹시
□ 万一(まんいち) 만일, 만에 하나
□ もし(も) 만약, 만일
□ もしか(すると) 어쩌면

⑥ 추량 표현을 동반하는 부사

□ あるいは 어쩌면, 혹시
□ 恐(おそ)らく 아마, 어쩌면, 필시
□ 必(かなら)ずや 필시, 반드시
□ さぞ(かし) 추측컨대, 필시, 틀림없이
□ 多分(たぶん) 대개, 아마
□ まさか 설마, 아무리 그렇다 하더라도
□ よもや 설마

⑦ 비유(양태) 표현을 동반하는 부사

□ あたかも 마치, 흡사
□ いかにも 정말이지, 자못
□ 今(いま)にも 당장에라도, 지금이라도
□ さながら 마치, 흡사
□ さも 정말, 참으로, 자못
□ ちょうど 꼭, 마치
□ どうやら 어쩐지, 아무래도
□ まるで 마치

⑧ 희망 표현을 동반하는 부사

□ くれぐれも 부디, 아무쪼록
□ 是非(ぜひ) 꼭, 반드시
□ どうか 부디, 아무쪼록
□ どうしても 무슨 일이 있어도, 꼭
□ どうぞ 아무쪼록, 부디, 어서
□ なにとぞ 제발, 부디, 아무쪼록
□ なんとか 어떻게든

양태(상태)부사 

양태부사는 동사를 수식하여 동작과 작용의 상태를 한정하여 구체적으로 나타낸다. 사람이나 동물 또는 사물의 소리를 흉내내는 의성어와 그 모습을 나타내는 의태어도 포함된다.

- □ いきなり 갑자기, 느닷없이
- □ うまく 솜씨 좋게, 잘
- □ さすが(に) 역시, 정말이지, 과연
- □ しっかり 단단히, 꼭, 확고히
- □ 暫く 잠시, 잠깐
- □ すっかり 완전히, 모두
- □ すべて 전부, 모두
- □ 折角 모처럼, 일부러, 애써서
- □ 大変 몹시, 매우, 대단히
- □ 時々 가끔, 때때로
- □ 突然 돌연, 갑자기
- □ のんびり 한가로이, 태평스럽게
- □ 再び 두 번, 재차, 다시
- □ 益々 점점, 더욱 더
- □ やがて 멀지 않아, 이윽고, 곧
- □ やはり 역시
- □ わざわざ 일부러

- □ いつも 항상, 늘, 언제나
- □ かえって 도리어, 오히려, 반대로
- □ 早速 즉시
- □ じっと 꼼짝 않고, 가만히
- □ 直ぐ 곧, 즉시, 바로
- □ 既に 이미, 벌써
- □ せいぜい 기껏, 겨우
- □ そっと 살짝, 가만히, 몰래
- □ 確かに 확실히
- □ 特に 특히, 각별히
- □ とりわけ 특히, 그중에서도
- □ はっきり 분명히, 확실히
- □ ふと 문득, 갑자기
- □ 寧ろ 차라리, 오히려
- □ やっと 겨우, 간신히
- □ ゆっくり 천천히, 넉넉히, 충분히

의성어/의태어

- **うとうと** 조는 모양–꾸벅꾸벅

- **うろうろ** ① 목적도 없이 이리저리 헤매는 모양–어슬렁어슬렁 ② 당황하여 갈피를 못 잡는 모양–허둥지둥

- **がちがち** ① 단단한 물건이 잇따라 부딪는 소리–딱딱 ② 융통성과 여유가 없는 모양–외곬으로

- **ぐずぐず** ① 결단이나 행동이 느린 모양–꾸물꾸물, 우물쭈물 ② 분명하게 말하지 않고 혼잣말로 푸념하는 모양–투덜투덜
  ③ 코가 막혔을 때의 소리나 모양–킁킁

- **くどくど** 같은 말을 지겹도록 되풀이하는 모양–장황하게, 지겹게, 구구절절

- **くらくら** ① 현기증이 나는 모양–아찔아찔, 어질어질 ② 물이 마구 끓는 모양–펄펄, 버글버글 ③ 질투나 분노 등으로 속이 끓
  어오르는 모양–부글부글

- **ぐらぐら** ① 몹시 흔들리는 모양–흔들흔들 ② 물이 마구 끓는 모양–펄펄, 부글부글

- **こつこつ** ① 단단한 물건끼리 연방 부딪는 소리–똑똑 ② 꾸준히 노력함

- **ごろごろ** ① 그리 작지 않은 것이 굴러가는 모양–데굴데굴 ② 아무 일도 하지 않고 날을 보내는 모양–빈둥빈둥, 빈들빈들 ③
  여기저기 지천으로 흔한 모양–얼마든지 ④ 천둥이 울리는 소리–우르르

- **ざぶざぶ** 물을 요란스레 요동시키는 소리–철벅철벅, 점벙점벙

- **しくしく** ① 코를 훌쩍이며 힘없이 우는 모양–훌쩍훌쩍 ② 끊임없이 찌르듯 아픈 모양–콕콕

- **じめじめ** 불쾌하도록 습기나 수분이 많은 모양–구질구질, 눅눅히, 축축이

- **じゃぶじゃぶ** 물을 휘젓거나 물이 괸 곳을 걸을 때 나는 소리– 철벙철벙, 철벅철벅

- **しょぼしょぼ** ① 가랑비가 조금씩 오는 모양–보슬보슬, 부슬부슬 ② 가랑비에 젖은 모양–촉촉이 ③ 노쇠하여 기운이 약해
  진 모양

- **じりじり** ① 어떤 목표나 상태를 향해 조금씩 나아가는 모양–한발 한발 ② 태양 등이 내리쬐는 모양–쨍쨍, 이글이글

- **すらすら** 거침없이 순조롭게 진행되는 모양–줄줄, 술술, 척척

- **とくとく** ① 좁은 아가리에서 액체가 흘러나오는 모양이나 소리–콸콸 ② 득의양양한 모양

- **ねばねば** 끈끈하거나 차져서 잘 들러붙는 모양–끈적끈적

- **にこにこ** 생글생글, 싱글벙글

- **ひしひし** ① 계속해서 바싹 다가오거나 사무치게 느껴지는 모양–바싹바싹, 오싹오싹 ② 물건이 삐걱거리는 소리–삐걱삐걱

- **ぴちゃぴちゃ** ① 물속을 걷는 소리–철벅철벅 ② 물이 튀기거나 부딪치는 소리–철썩철썩 ③ 손바닥으로 잇달아 가볍게 치
  는 소리–찰싹찰싹 ④ 소리 내어 음식을 마시거나 먹는 모양–홀짝홀짝

- **ぴりぴり** ① 바늘에 찔린 듯이 아픈 모양–따끔따끔 ② 몹시 매운 느낌–얼얼 ③ 신경이 과민해진 모양 ④ 가늘게 떠는 모
  양–바르르

- **ぴんぴん** ① 세차게 튀는 모양–팔딱팔딱, 펄쩍펄쩍 ② 건강하여 원기가 넘치는 모양–팔팔, 정정 ③ 몹시 두통이 나는 모
  양–지끈지끈, 욱신욱신 ④ 상대편의 심정이 강하게 느껴지는 모양–짜릿하게

- **ぶつぶつ** ① 작은 소리로 연해 말하는 모양–중얼중얼 ② 불평과 불만이나 잔소리를 하는 모양–투덜투덜 ③ 거품을 일으키
  며 끓어오르는 모양–펄펄, 부글부글 ④ 두드러기 같은 것이 많이 돋는 모양–도톨도톨

- **ふらふら** ① 휘청휘청, 비틀비틀 ② 생각 없이 나돌아 다니는 모양–어정어정 ③ 마음이 흔들리는 모양–흔들흔들, 갈팡질팡
  ④ 앞뒤 생각 없이 행동하는 모양–얼떨결에, 무심코

□ **ぶらぶら** ① 매달려서 흔들리는 모양–흔들흔들, 대롱대롱 ③ 지향 없이 거니는 모양–어슬렁어슬렁 ③ 하는 일 없이 놀고 지내는 모양–빈들빈들, 빈둥빈둥

□ **ぶるぶる** 떠는 모양–벌벌, 와들와들, 덜덜

□ **ぷんぷん** ① 몹시 화가 난 모양 ② 냄새가 코를 찌르는 모양

□ **ぺらぺら** ① 외국어를 유창하게 지껄이는 모양–술술, 줄줄 ② 경솔하게 지껄여대는 모양–나불나불 ③ 판자 종이 천 등이 얇고 빈약한 모양–흐르르 ④ 종잇장 등을 잇달아 넘기는 소리–펄렁펄렁, 팔락팔락

□ **ぽたぽた** 물이나 땀 등이 방울져 계속 떨어지는 모양–똑똑

□ **よちよち** ① 어린애가 걷는 모양–아장아장 ② 쇠약한 사람이 걷는 모양–비실비실

□ **よろよろ** 비틀거리거나 휘청거리는 모양–비틀비틀

정도부사 

정도부사는 용언(동사, 형용사)을 수식하여 그 성질과 상태의 정도를 상세하게 나타내며, 다른 부사를 수식하거나 '시간, 장소, 방향, 수량' 등을 나타내는 명사를 수식하기도 한다.

□ **かなり** 제법, 어지간히, 꽤

□ **少^{すこ}し** 조금, 약간

□ **大層^{たいそう}** 매우, 몹시, 대단히

□ **大変^{たいへん}** 몹시, 매우

□ **多少^{たしょう}** 좀, 약간, 어지간히, 꽤

□ **たった** 단지, 겨우, 그저

□ **殆^{ほと}んど** 대부분, 거의

□ **もっと** 더, 더욱, 한층

□ **僅^{わず}か(に)** 조금, 약간, 불과, 간신히, 겨우

□ **随分^{ずいぶん}** 대단히, 몹시

□ **ずっと** 훨씬, 아주, 쭉

□ **大分^{だいぶ}** 상당히, 어지간히, 꽤

□ **沢山^{たくさん}** 많음, 충분함

□ **只^{ただ}・唯^{ただ}** 다만, 단지, 오로지

□ **非常^{ひじょう}に** 대단히, 매우

□ **もう** 벌써, 이미, 더, 곧

□ **漸^{ようや}く** 겨우, 간신히, 차차, 점차

※ 혼동하기 쉬운 부사 비교

始めに & 初めて

□ 始めに 처음으로(순서상), 맨 처음

始めに醤油を入れて、それから胡椒を入れてください。 처음에 간장을 넣고 그다음에 후추를 넣어 주십시오.

始めにドイツへ行って、そのあと色々な国へ行くつもりです。

처음에 독일로 가고 그 후에 여러 나라에 갈 생각입니다.

□ 初めて 비로소, 처음으로(경험상)

病気になって初めて健康のありがたさがわかる。 병이 나서 비로소 건강의 고마움을 알다.

初めてにしてはよく出来だ。 첫 솜씨치고는 잘 됐다.

大体 & 大抵

□ 大体 완전·사실·기준에 가까운 80%의 상태. 부정표현에는 잘 사용하지 않음. 거의(정도), 대략, 대강, 대체로

事件は大体片付いた。 사건은 대강 처리되었다.

レポートは大体終わった。 리포트는 대략 끝났다.

□ 大抵 상태/행위 전체를 차지하는, 일어나는 경우의 수/확률이 높음. 거의(빈도), 대략, 거의 대부분, 대개

大抵の人は何か趣味を持っている。 대개의 사람은 무언가 취미를 갖고 있다.

昼は大抵外で食べる。 점심은 대개 밖에서 먹는다.

そっと & こっそり

□ そっと 소리를 내지 않고 남이 모르게 행동하는 모양. 살짝, 가만히, 몰래

遅刻して教室にそっと入る。 지각해서 교실에 몰래 들어가다.

怒っているらしい、しばらくそっとしておこう。 화난 것 같아, 잠시 가만히 두자.

□ こっそり 남에게 들키지 않게 숨기거나 숨기듯이 행동하는 모양. 살짝, 가만히, 몰래

こっそり人の物を盗む。 몰래 남의 물건을 훔치다.

こっそり学校を休んではだめよ。 몰래 학교를 쉬면 안 돼.

意外 & 案外

□ **意外** 예상하고 있었던 것과 결과가 완전히 다른 경우. 의외로, 뜻밖에

意外にも驚かない。 뜻밖에도 놀라지 않는다.

意外なところで会いました。 뜻밖의 장소에서 만났습니다.

□ **案外** 예상하고 있었던 것과 결과가 빗나갔을 경우. 뜻밖에도, 예상외로, 의외로

案外驚かない。 의외로 놀라지 않는다.

安いのに、案外きれなホテルだった。 저렴한데도, 예상외로 깨끗한 호텔이었다.

むしろ & かえって

□ **むしろ** 두 가지를 비교해서 어느 한 쪽이 더 정도가 높다는 의미. 차라리, 오히려

名よりも寧ろ実を選ぶ。 명분보다 오히려 실리를 택하다.

必要でよりも寧ろ好きでやっているのです。 필요해서라기보다는 오히려 좋아서 하는 것입니다.

生きて恥をさらすくらいなら寧ろ死んだ方がましだ。 살아서 수치를 드러낼 정도라면 차라리 죽는 편이 낫다.

□ **かえって** 어떤 행위를 하면 당연히 어느 결과가 일어난다고 예상되는 경우에 의도·예상과는 반대의 결과가 생기는 경우에 사용. 도리어, 오히려, 반대로

儲かるどころかかえって大損だ。 벌기는커녕 도리어 큰 손해다.

色々失敗したことが、かえっていい勉強になった。 여러 가지 실패한 것이, 오히려 좋은 공부가 되었다.

手伝いに行ったつもりが、かえって邪魔になってしまった。 도와주러 간 것이, 도리어 방해가 되고 말았다.

せめて & 少なくとも

□ **せめて** 불충분하지만 최소한 이 정도는 되었으면 좋겠다는 의미로 의지, 희망 표현이 이어진다. 하다못해, 적어도

せめて論語ぐらいは読まねばなるまい。 적어도 논어 정도는 읽어야 할 거야.

夏はせめて一週間ぐらい休みがほしい。 여름에는 적어도 일주일 정도 휴가를 원한다.

せめてあと3日あれば、もうちょっといい作品が出せるのだが。

적어도 앞으로 3일 있으면, 좀 더 좋은 작품을 낼 수 있건만.

□ **少なくとも** 양이나 질이 최소한이라도 이 정도라는 의미. 적어도

駅まで歩くと、少なくとも15分はかかる。 역가지 걸으면, 적어도 15분은 걸린다.

少なくとも参加者は千人は越すだろう。 적어도 참가자는 천 명은 넘겠지.

少なくとも試験の日くらい早く起きよう。 적어도 시험 날 정도는 일찍 일어나자.

うきうき & わくわく

☐ **うきうき** 신바람이 나서 몸도 마음도 들뜬 모양. 룰루랄라

家族でうきうきと花見に出かける。 가족끼리 룰루랄라 꽃놀이 하러 나가다.

お祭りで、子供たちはうきうきしている。 축제로 아이들이 들떠 있다.

サンバのリズムを聞くと思わず体がうきうきする。 삼바 리듬을 들으면 나도 모르게 몸이 신바람 난다.

☐ **わくわく** 기쁨·기대·걱정 따위로 가슴이 설레는 모양. 울렁울렁, 두근두근

胸をわくわくさせて知らせを待つ。 가슴을 두근거리며 통지를 기다리다.

わくわくしながら発表を待つ。 두근두근 하면서 발표를 기다리다.

嬉しくて胸がわくわくする。 기뻐서 가슴이 울렁울렁하다.

つい & うっかり & 思わず

☐ **つい** 무의식중에 행하는 행위, 분위기에 휩쓸려 본능적·습관적으로 해 버림. 무심결에, 자신도 모르게, 그만

甘いものを見ると、つい食べたくなる。 단 것을 보면, 그만 먹고 싶어진다.

言うつもりはなかったのに、つい言ってしまった。 말할 생각이 아니었는데, 그만 말하고 말았다

禁煙しているのに、ついポケットに手をやってたばこを探してしまう。

금연하고 있는데, 무심결에 주머니에 손을 넣어 담배를 찾고 만다.

☐ **うっかり** 멍해 있어서, 방심하거나 부주의로 인해 해서는 안 되는 것을 함. 무심코, 멍청히, 깜박

うっかりコップを落として割ってしまった。 무심코 컵을 떨어뜨려서 깨고 말았다.

答案用紙にうっかり名前を書くのを忘れてしまった。 답안용지에 깜박 이름을 쓰는 것을 잊고 말았다.

うっかりほかの人の傘を持って帰ってしまった。 무심코 다른 사람의 우산을 가지고 돌아오고 말았다.

☐ **思わず** 그 순간에 자연적으로 생겨난 감정과 조건 반사적인 1회 한정의 행위. 엉겁결에, 뜻하지 않게, 무의식중에, 나도 모르게

悔しくて、思わず涙が出た。 분해서, 나도 모르게 눈물이 났다.

素晴らしい歌声に思わず拍手した。 훌륭한 노랫소리에 나도 모르게 박수쳤다.

韓国のチームが逆転優勝をしたので、テレビの前で思わず立ち上がった。

한국 팀이 역전 우승을 했기 때문에, 텔레비전 앞에서 나도 모르게 일어섰다.

□ **いっそう** 무엇인가 별도의 조건·상황·변화가 더해져서 정도가 심해지고 높아짐. 한층 더, 더욱더

より一層苦しくなる。 더 한층 괴로워지다.

末っ子だけに一層可愛い。 막내인 만큼 더욱 더 귀엽다.

今後も一層努力します。 앞으로도 한층 더 노력하겠습니다.

□ **なお**
① 같은 종류의 다른 것과 비교해서 그것보다 정도가 위이다. 한층, 더욱 ⇒ 「一層」, 「さらに」, 「もっと」, 「そのうえ」와 비슷한 의미

この方がなお良い。 이쪽이 더 한층 좋다.

あなたが来てくれれば、なお都合が良い。 당신이 와 주면, 더욱 상황이 좋다.

② 여전히 같은 상태가 계속 되고 있다. 여전히, 아직 ⇒ 「まだ」, 「相変わらず」, 「今もなお」와 비슷한 의미

今でもなお貧乏だ。 지금도 여전히 가난하다.

期日はなお 2 週間ある。 기일은 아직 2주일이 남아 있다.

③ 전후가 대립적인 의미를 갖는다. ⇒ 「かえって」와 비슷한 의미가 됨

手術をしてなお悪くなった。 수술을 해서 오히려 더 나빠졌다.

反対されると、なおやってみたくなる。 반대를 하게 되면, 오히려 해 보고 싶어진다.

④ 접속사로 부언할 때 사용. 더욱이, 더구나, 덧붙여 말하면, 또한

先日はお世話様でした。なお、結構なお土産まで頂戴しまして。

일전에는 폐를 끼쳤습니다. 더구나 좋은 선물까지 주셔서.

参加希望者は葉書で申し込んでください。なお、希望者多数の場合は、先着順とさせていただきます。 참가 희망자는 엽서로 신청해 주십시오. 덧붙여 말씀드리면, 희망자 다수의 경우에는 선착순으로 하도록 하겠습니다.

□ **さらに**
① 정도가 심해짐을 나타냄. 더 한층, 보다 더, 더욱더

これから更に難しくなる。 앞으로는 한층 더 어려워진다.

風は更に強くなってきた。 바람은 더욱더 강해졌다.

② 한 번 더 반복하거나 새로 추가함을 나타냄. 거듭, 다시금, 새로이, 또 한 번

更に交渉するつもりです。 다시금 교섭할 생각입니다.

更に申し込まないといけない。 다시 신청하지 않으면 안 된다.

③ (부정어와 함께) 조금도, 전혀, 도무지, 두 번 다시

更にない絶好のチャンス。 다시없는 절호의 기회.

気にする様子は更にない。 걱정하는 기색은 추호도 없다.

④ 「更にも言わず」 되풀이 말할 필요도 없다.

[필수 접속사] 종합 대책

1. 순접 접속사 

① 원인, 이유 – 귀결

□ **かくて(かくして, こうして)** 이리하여, 그리하여.
  ☞ 역사를 설명하는 문장 등, 딱딱한 문장체(서면체) 표현에 사용.
  • かくて二人は結ばれた。이리하여 두 사람은 맺어졌다.
  • かくて30年の歳月が過ぎ去った。
    이리하여 30년이란 세월이 흘러갔다.

□ **したがって** 따라서, 그러므로. ☞ 문장체(서면체)적인 딱딱한 표현.
  • 本人は何も言わなかった。したがって僕も黙っていたんだ。본인은 아무 말도 하지 않았다. 그런 까닭으로 나도 잠자코 있었던 거야.
  • 戦争に敗れた。したがって青年は再建のために大いに努力しなければならない。
    전쟁에 패하였다. 따라서 청년은 재건을 위하여 크게 노력하지 않으면 안 된다.

□ **そこで** 그래서, 그런 까닭으로. ☞ 격식을 차린 약간 딱딱한 표현.
  • ひどく疲れた。そこで早く寝た。
    몹시 피곤했다. 그래서 일찍 잤다.
  • ノックをしたが返事がない。そこで裏へ回ってみた。
    노크를 했지만 대답이 없다. 그래서 뒤편으로 돌아가 보았다.

□ **そのために(そのため)** 그 때문에
  • ゆうべ近所で火事があった。そのために、騒がしくて眠れなかった。
    어젯밤 근처에서 화재가 있었다. 그 때문에, 소란스러워서 잠들 수가 없었다.
  • 忙しくて徹夜が続いたらしい。そのため入院することになったそうだ。
    바빠서 철야가 계속된 것 같다. 그 때문에 입원하게 되었다고 한다.

□ **それだから** 그러므로, 그러니까
  • それだから私の言った通りにしなさい。그러니까 내가 말한 대로 하시오.
  • それだからあの人には言わない方がいいと言ったのに。그러니까 저 사람에게는 말하지 않는 게 좋다고 했건만.

□ **それで(で)** 그러므로, 그래서, 그렇기 때문에
  ☞ 회화체(구어체)적인 표현.
  • 金がなかった。それで仕方なく友達にお金を借りた。돈이 없었다. 그래서 하는 수 없이 친구에게 돈을 빌렸다.
  • それで彼は来られなかった。그래서 그는 오지 못했다.

□ **それゆえに(それゆえ, ゆえに)** 그러므로, 그런 까닭에
  ☞ 문어체(문장체)적이고 격식을 차린 딱딱한 표현으로 주로 수학이나 철학 등의 논문에 사용되는 경우가 많음.
  • それ故にその件に対しては。그러므로 그 건에 대해서는.
  • 我思う。故に、我あり。나는 생각한다. 고로 나는 존재한다.

□ **だから** 그러므로, 그러니까, 그래서
  ☞ 뒤의 문장에는 사실을 서술하는 문장이 이어질 뿐만 아니라, 추량, 의뢰, 권유 등 다양한 형태의 문장이 이어짐.
  • だからどうだと言うのだ。그래서 어쨌다는 거야?
  • 彼はうそをつく。だから、信用できない。
    그는 거짓말을 한다. 그래서 신용할 수가 없다.

□ **よって** 따라서, 그러므로
  • 因って彼の有罪が確定した。
    그러므로 그의 유죄가 확정되었다.
  • 起立多数、因って本案は可決されました。
    일어선 분이 많으므로 본안은 가결되었습니다.

원인, 이유 – 귀결 접속사 비교 설명

「だから」는 문장 뒤에 사실, 말하는 사람의 판단, 명령, 의뢰, 의지 등 다양한 표현을 서술할 수 있다.
「それで, そのため」는 문장 뒤에 오는 것은 사실이고, 판단이나 명령, 의뢰, 의지 등은 사용할 수 없다.
• 踏切で事故があった。(○ だから / ○ それで / ○ そのために)、学校に遅刻してしまった。
  건널목에서 사고가 있었다. 그래서 학교에 지각하고 말았다.
• 時間がありません。(○ だから / × それで / × そのために)、急いでください。
  시간이 없습니다. 그러니까 서둘러 주십시오.

□ **さらば** 그러면, 그렇다면

- さらば申しましょう。그러면 말씀드리지요.

- さらばこちらも負けてはおられない。
  그렇다면 이쪽도 지고 있을 순 없다.

□ **すると** 그러자, 그랬더니, 그러면, 그렇다면

- 扉が開いた。すると、若い男が中からあらわれた。
  문이 열렸다. 그러자 젊은 남자가 안에서 나타났다.

- そうか、するとだまされた訳だね。
  그래? 그러면 속은 셈이군.

□ **そうすると** 그러자, 그렇게 하면 ☞ 회화체(구어체)적인 표현.

- ビルのまわりを回ってみた。そうすると、ひとつだけ電気のついている窓があった。
  빌딩 주변을 돌아봤다. 그러자 하나만 전기가 켜져 있는 창문이 있었다.

- A : パスポートはおととし取りました。
  여권은 재작년에 했습니다.

  B : そうすると、来年はまだ大丈夫ですね。
  그렇다면 내년은 아직 괜찮겠군요.

□ **そうしたら** 그랬더니, 그렇게 하면, 그러한즉

  ☞ 딱딱하지 않은 표현.

- そうしたら事態がますます悪化した。
  그랬더니 사태는 더욱더 악화되었다.

- そうしたらどうなる。그렇게 하면 어떻게 되지.

□ **それでは(それじゃ, では, じゃ)** 그럼, 그러면, 그렇다면

  ☞ 「それでは」는 약간 딱딱하고 격식을 차린 표현. 「それじゃ, じゃ」는 딱딱하지 않은 회화체(구어체)적인 표현

- それではこれから始めます。그럼 이제부터 시작하겠습니다.

- それではこう考えればいいわけだ。
  그러면 이렇게 생각하면 되겠다.

□ **それなら(だったら)** 그러면, 그렇다면, 그럼

  ☞ 「だったら」는 회화체(구어체)적인 표현

- それならお断りします。그렇다면 사양하겠습니다.

- それならこれで失礼します。그럼 이만 실례합니다.

「すると, それなら, それでは」는 상대가 말한 것을 받아서, '그렇다면, 그러한 경우에는'의 의미로 사용할 수 있다.
「それなら, それでは」는 문장 뒤에 말하는 사람의 판단, 명령, 의지 등 다양한 표현이 올 수 있다.
「すると」는 문장 뒤에 명령이나 의지 등은 사용할 수 없다.

- A : 受付は8日までです。접수는 8일까지입니다.

  B : (○ すると / ○ それなら / ○ それでは)、あと1週間ありますね。그럼. 앞으로 일주일 남았네요.

- A : 受付は8日までですよ。접수는 8일까지예요.

  B : (× すると / ○ それなら / ○ それでは)、すぐ手続きします。그럼. 바로 절차를 밟겠습니다.

---

2. 이유진술 접속사 

□ **だって** 그럴 것이, 하기는, 하지만

  ☞ 약간 올라가는 형태의 인토네이션.

- A : なぜ遅刻したの。왜 지각했니?

  B : だってストライキで電車が来ないんですもの。
  하지만 그럴 수밖에 없는 것이 파업으로 전차가 오지 않아서요."

- A : 勉強しなさい。공부해라.

  B : だって眠いんですもの。하지만 졸린 걸요.

□ **というのは** 라고 하는 것은, 왜냐하면(회화체적)

  ☞ 「なぜなら」는 명확한 인과관계가 있는 경우에 사용하고, 문장체(서면체)적인 표현.
  「というのは」는 사정을 부가적으로 설명하는 경우라면, 꼭 확실한 인과관계가 없더라도 사용할 수 있음. 회화체(구어체)적인 표현.

- 私は会に参加しなかった。というのは、どこで会があるのかがわからなかったからだ。
  나는 모임에 참가하지 않았다. 왜냐하면(라고 하는 것은), 어디에서 모임이 있는지를 몰랐기 때문이다.

- 明日はちょっと都合が悪いんです。というのは、東京に出かけることになっているのですから。
  내일은 좀 사정이 좋지 않습니다. 왜냐하면(라고 하는 것은), 도쿄에 외출하기로 되어 있기 때문에.

□ **なぜかというと** 왜냐하면
> ☞ 문말(文末)에 「~からだ」형태를 취하는 것이 보통이지만, 「~ためだ」로 되는 경우도 있다. 자연현상의 원인이나 판단의 이유를 서술하는 경우에 사용되는 경우가 많음.

- A : 宇宙に行くとどうして物が落ちないのですか。
  우주에 가면 어째서 물건이 떨어지지 않는 것입니까?

  B : なぜかというと、地球の引力が働かなくなるからです。

  왜냐하면 지구의 인력이 작용하지 않게 되기 때문입니다.

- 彼が犯人であるはずがない。なぜかというと、その時彼は私と一緒にいたから。

  그가 범인일 리가 없다. 왜냐하면, 그 때 그는 나와 함께 있었기 때문에.

□ **なぜなら(なぜならば)** 왜냐하면
> ☞ 공식적인 장면에서의 회화체(구어체)적인 표현이고, 약간 문장체(서면체)적인 표현.

- なぜなら彼が嫌いだからだ。 왜냐하면 그가 싫기 때문이다.
- あの二人は兄弟かも知れない。なぜならとてもよく似ているから。

  저 두 사람은 형제일지도 모른다. 왜냐하면 아주 많이 닮았으니까.

이유진술 접속사 비교설명 ●●●●●●

「というのは」는 사정을 부가적으로 설명하는 경우라면, 꼭 확실한 인과관계가 없더라도 사용할 수 있다.
「なぜなら」는 명확한 인과관계가 있는 경우에 사용할 수 있다.

- 申し訳ありませんが、来週お休みをいただけないでしょうか。(○ というのは / × なぜなら)、国から母が突然訪ねてくることになったんです。

  죄송합니다만, 다음 주 휴가를 얻을 수 있을까요? 왜냐하면(라고 하는 것은), 고향에서 어머니가 갑자기 찾아오게 되었습니다.

---

3. 역접 접속사

□ **が** 그러나, 하지만, 그런데
> ☞ 전반과 후반의 내용이 대립하거나, 전반의 내용으로부터 예상되어진 결과와 반대의 것이 후반에 서술되기도 한다.

- 顔は美しい。が、心は曲がっている。
  얼굴은 곱다. 그런데 마음은 비뚤어졌다.

- 私は彼を信じていた。が、彼は私の期待を裏切った。 나는 그를 믿고 있었다. 그런데 그는 내 기대를 배신하였다.

□ **けれども(けれど)** 그렇지만, 그러나, 하지만
> ☞ 「けれでも」는 공손한 형태에 이어지면, 회의 등의 공식적인 장소에서도 사용.
> 「けれど」는 약간 회화체(구어체)적이지만, 딱딱하지 않은 문장에서도 사용.

- この本は難しい。けれども面白い本だ。
  이 책은 어렵다. 그러나 재미있는 책이다.

- これは非常に便利なものです。けれども、少し値段が高すぎます。

  이건 매우 편리한 물건입니다. 하지만, 좀 값이 비쌉니다.

□ **しかし** 그러나, 하지만
> ☞ 「しかし、けれども、が、だが、ところが」는 반대되는 사항을 객관적으로 이끌어갈 때 사용.
> 「しかし、ところが」는 논리적인 문장에 사용.
> 「ところが」는 의외성을 강조하는 의미도 있음.
> 「が」는 가벼운 느낌으로 사용됨.

- 愛している。しかし別れよう。
  사랑하고 있다. 그러자 헤어지자.

- 約束の時間になった。しかし、彼は来なかった。
  약속 시간이 되었다. 그러나 그는 오지 않았다.

□ **しかしながら** 그렇지만, 그렇기는 하지만, 그러나
> ☞ 「しかし」와 같은 의미지만, 보다 문장체(서면체)적이고 격식을 갖춘 회화나 문장에 사용. 논리적으로 조리 있게 전개하는 문장에 자주 사용.

- 彼の計画は思いつきとしては素晴らしいと思います。しかしながら、実現は不可能です。

  그의 계획은 즉흥적인 착상치고는 훌륭하다고 생각합니다. 그러나 실현은 불가능합니다.

- 彼女のしたことは法律の上では決して許されない。しかしながら、人道的には同情の余地が十分ある。

  그녀가 한 짓은 법률상으로는 결코 용서받을 수 없다. 그러나 인도적으로는 동정의 여지가 충분이 있다.

□ **それなのに(しかるに)** 그런데도, 그럼에도 불구하고

☞ 「それなのに」는 회화체(구어체)적인 표현.
「しかるに」는 문장체(서면체)적인 표현.

● 十分手当をしました。それなのにこの子は死んでしまいました。

충분히 치료를 했습니다. 그런데도 이 아이는 죽고 말았습니다.

● 収入は十分ある。それなのにいつも赤字だ。

수입은 충분히 있다. 그런데도 언제나 적자다.

□ **だけど** 그렇지만, 그러나

☞ 앞에서 서술한 것으로부터 예상되는 것과 반대의 내용이 계속되는 것을 나타냄. 딱딱한 문장 등에서는 보통 사용하지 않음.

● 1時間待った。だけど、彼は現れなかった。

1시간 기다렸다. 그렇지만 그는 나타나지 않았다.

● 山田さんの言いたいことはわかる。だけど、決まったことは変えられない。

야마다 씨가 하고 싶은 말은 이해한다. 그렇지만 결정된 것은 바꿀 수가 없다.

□ **でも** 그래도, 그렇더라도, 그럴지라도

☞ 「しかし」보다 딱딱하지 않은 표현이고, 약간 회화적(구어체적)인 표현.

● でも私に話してくれればよかったのに。그렇더라도 내게 말해 줬으면 좋았을 텐데.

● でも昇進は悪くない。그대도 승진은 나쁘지 않다.

□ **ところが** 그런데, 그러나, 그랬더니

☞ 상대의 기대나 예상과 현실이 다른 것을 나타내는 용법.

● 夕立が降った。ところが少しも涼しくならない。

소나기가 왔다. 그런데 조금도 서늘해지지 않는다.

● 新聞は軽く扱っていたようだね。ところがこれは大事件なんだ。

신문에서는 가볍게 취급하고 있었던 모양인데. 그러나 이것은 대사건이다.

□ **とはいうものの** 그것은 그렇지만, 그러나

☞ 앞의 내용으로부터 예상된 것과 다른 사태가 계속되는 것을 나타냄.

● 大学時代は英文学専攻だった。とはいうものの、英語はほとんどしゃべれない。

대학 시절에는 영문학 전공이었다. 그러나 영어는 거의 말하지 못한다.

● 車庫付き家も買ったし、すっかり結婚の準備は整っている。とはいうものの、肝心の結婚相手がまだ見つかっていないのが悩みだ。

차고가 달린 집도 구입했고, 완전히 결혼 준비는 갖추어져 있다. 그러나 중요한 결혼 상대가 아직 발견되지 않고 있는 것이 고민이다.

□ **とはいえ** 그렇다 하더라도, 그렇지만

☞ 앞의 내용으로부터 기대, 예상된 것과 결과가 다른 경우에 사용.

● とはいえ、彼は偉人に違いない。

그렇지만 그는 위인임에 틀림없다.

● 春も近い。とはいえまだ寒い。

봄도 가깝다. 그러나 아직 춥다.

□ **にもかかわらず** 그런데도, 그럼에도 불구하고

☞ 뒷부분에는 당연하게 예측할 수 있는 것과 다른 사태를 나타내는 표현이 이어짐.

● 僕は彼を避難した。にもかかわらず彼は親切にしてくれた。

나는 그를 비난했다. 그런데도 그는 친절히 대해 주었다.

● 何度も注意した。にもかかわらず彼は聞かないで失敗した。

몇 번이나 주의를 주었다. 그런데도 그는 듣지 않고 실패했다.

역접 접속사 비교설명 ●●●●●

「が, けれども, けれど, しかし, しかしながら, だが, だけど, でも」 등은 문장 속에서 상반되는 내용이나 대비적인 내용으로서 나열하는 경우에 사용. 문장 뒤에 사실 외에 말하는 사람의 판단, 명령, 의지 등 다양한 표현이 올 수 있다.

「それなのに」는 문장 앞부분에서 예상되는 것과 다른 뒷부분이 성립되는 것에 대한 놀라움, 불만 등이 표현됨. 문장 뒤에 오는 것은 기본적인 사실에 한정되고, 말하는 사람의 판단, 명령, 의지 등의 표현은 할 수 없다.

● 一所懸命勉強した。(○ けれども / ○ それなのに)、試験に合格できなかった。

아주 열심히 공부했다. (그렇지만/그런데도) 시험에 합격하지 못했다.〈사실〉

● 一所懸命勉強した。(○ けれども / × それなのに)、合格できないだろう。

아주 열심히 공부했다. (그렇지만), 합격하지 못하겠지.〈판단〉

● 一所懸命勉強した。(○ けれども / × それなのに)、もうやめよう。

아주 열심히 공부했다. (그렇지만), 이제 그만 둬야지.〈의지〉

4. 나열, 첨가 접속사

□ **おまけに** 게다가, 그 위에, 뿐만 아니라
  ☞ 딱딱하지 않은 회화체(구어체)적인 표현.

- おまけに雨まで降り出した。게다가 비까지 오기 시작했다.
- 彼は英語が出来る。おまけにフランス語も上手だ。
  그는 영어를 할 줄 안다. 게다가 불어도 잘 한다.

□ **および** 및, 또
  ☞ 문장체(서면체)적인 표현.

- 生徒および父兄。학생 및 부형.
- 父としておよびひとりの男として。
  아버지로서 또한 한 사람의 사나이로서.

□ **かつ** 또, 게다가, 또한
  ☞ 문장체(서면체)적인 표현.

- 迅速かつ正確。신속하고도 정확함.
- 必要にしてかつ十分な条件。필요하고도 충분한 조건.

□ **さらに** 그 위에, 게다가
  ☞ 문장체(서면체)적인 표현이지만, 공손한 회화체(구어체)적인 표현에
    도 사용.

- 夕飯を食べて、さらにラーメンを食べる。
  저녁을 먹고, 그 위에 라면을 먹는다.
- 彼は道を教えてくれただけでなく、さらに、その場所
  まで連れて行ってくれた。
  그는 길을 가르쳐 주었을 뿐만 아니라, 게다가 그 장소까지 데려가
  주었다.

□ **しかも** 그 위에, 게다가, 더구나, 그런데도, 그럼에도 불구하고
  ☞ 한 가지 사항에 대하여 동일한 경향의 조건을 덧붙여져 가는 표현.

- 安くて、しかも栄養のある食べ物。
  값싸고 게다가 영양분이 많은 음식.
- 注意を受けて、しかも改めない。
  주의를 받는데도 고치지 않는다.

□ **そして** 그리고
  ☞ 문장체(서면체)적인 표현.

- 大学を卒業した。そして翌年結婚した。
  〈계기(繼起) : 시간의 추이와 관계함〉 대학을 졸업했다. 그리고 다음
  해 결혼했다.
- お土産は小さくて、そして軽いものがいい。
  〈나열 : 시간과 관계없음〉 선물은 작고, 그리고 가벼운 것이 좋다.

□ **そのうえ** 게다가, 그 위에
  ☞ 비슷한 것을 더해가는 표현.

- 天気もいいし、そのうえ風も涼しい。
  날씨도 좋고, 게다가 바람도 시원하다.
- きれいで、そのうえ気立ていい。
  예쁘고, 게다가 마음씨도 곱다.

□ **それから** 그리고, 그 다음에, 게다가
  ☞ 회화체(구어체)적인 표현.

- まずケーキを食べ、それからコーヒーを飲んだ。
  먼저 케이크를 먹고, 그 다음에 커피를 마셨다.
- コーヒー三つ、それから紅茶二つください。
  커피를 셋. 그리고 홍차를 둘 주세요.

□ **それどころか** 그렇기는커녕
  ☞ 상대의 예상보다 훨씬 정도가 심함을 말할 때 사용.

- それどころか、自分が危い。그렇기는커녕 자신이 위험하
  다.
- A : 彼、最近結婚したらしいね。그 사람. 최근에 결혼했다
  며.
  B : それどころか、もう赤ん坊が生まれたそうだよ。
  그렇기는커녕, 벌써 아기가 태어났대.

□ **それに** 게다가, 그러함에도, 그런데도
  ☞ 「そのうえ」、「しかも」와 바꿔 표현할 수 있고, 딱딱하지 않은 회화체
    (구어체)적인 표현.

- 頭が痛い。それに風邪気味だ。
  머리가 아프다. 게다가 감기 기운도 있다.
- 病気なんでしょう。それに出かけたりしていいの?
  병이 난거죠. 그런데도 나다녀도 괜찮아요?

□ **そればかりか** 그것뿐만 아니라
  ☞ 처음 부분에 정도가 가벼운 것에 대해서 서술하고, 다음에 그것보
    다 더욱 정도가 높은 것에도 이른다고 하는 표현에 사용.

- 鈴木さんは英語が話せる。そればかりか韓国語もフ
  ランス語も話せる。
  스즈키 씨는 영어를 말할 수 있다. 그것뿐만 아니라 한국어도 불어
  도 말할 수 있다.
- 日本の私立高校には、たいてい制服がある。それば
  かりか靴やかばんまで決まっているという学校が多
  い。일본의 사립 고교에는 대개 교복이 있다. 그것뿐만 아니라 구
  두와 가방까지 정해져 있다고 하는 학교가 많다.

□ **ならびに** 및, 또한

☞ 문어체(서면체)적인 표현. 인사 등의 약간 딱딱한 회화체(구어체)로
사용되기도 함.

- 賞状、賞杯ならびに賞金を授与する。
  상장, 상배 및 상금을 수여하다.

- 用紙に住所、氏名ならびに生年月日を記入してくだ
  さい。용지에 주소, 성명 및 생년월일을 기입하여 주십시오.

□ **また** 또한, 게다가

☞ 먼저 서술한 내용에 관계해서, 더욱 더 설명이나 다른 내용을 덧붙
일 때에 사용.

- 山また山。산 너머 또 산(첩첩산중).

- 外交官でもあり、また詩人でもある。
  외교관이기도 하고, 또 시인이기도 하다.

나열, 첨가 접속사 비교 설명　●●●●●●

「それから」는 회화에서 말하려다가 잠시 잊은 것을 나중에
덧붙이는 경우에 사용.

- 宿題は以上です。……あ、（○それから /？そし
  て /？それに）、次の試験は金曜日に行います。
  숙제는 이상입니다. ……아, 그리고, 다음 시험은 금요일에 실시합니다.

「また」는 한 가지의 물건이나 내용에 관하여 다른 정보를 덧
붙이는 경우에 사용되지만, 명사를 추가시키는 경우에는 사용
할 수 없다.

- 担当は山田さん、（○そして /○それから /○
  それに /× また）田中さん、この二人です。
  담당은 야마다 씨, 그리고 다나카 씨, 이 두 사람입니다.

「そればかりか」는 단순히 덧붙이는 표현이기 때문에, 상대방
의 예상과 반대되는 내용을 나타내는 경우에는 사용할 수 없
고「それどころか」를 사용해야 된다.

- A : ダイエットして、少しは痩せた？
  다이어트해서, 좀 살 빠졌어?

- B :（× そればかりか /○ それどころか）、3キロ太
  ってしまったよ。
  그렇기는커녕, 3킬로그램이나 살찌고 말았어.

□ **あるいは** 혹은, 또는

☞ 일상적인 회화체(구어체)적인 표현에서는,「〜か〜」를 자주 사용.

- 牛あるいは馬。소 또는 말.

- 明日あるいは明後日には伺います。
  내일 아니면 모레에는 찾아뵙겠습니다.

□ **それとも** 그렇지 않으면, 혹은, 또는

☞ 상대방에게 지시를 하는 경우에는 사용할 수 없다.

- 黒それとも青のインクで書いてください。(×)

- 黒か青のインクで書いてください。(○)
  검정이나 파란 잉크로 써 주십시오.

- 山へ行こうか、それとも海にしましょうか。
  산에 갈까, 아니면 바다로 갈까?

- 勉強をするか、それとも遊ぶか。
  공부를 하겠는가, 아니면 놀겠는가?

□ **ないし(は)** 내지, 또는, 혹은

☞ 「ないしは」는「ないし」의 힘줌말.

- 定員は9名ないし10名。정원은 9명 내지 10명.

- 家庭ないし学校での教育。가정 또는 학교에서의 교육.

□ **または** 혹은, 또는, 그게 아니면

☞ 문장체(서면체)적인 표현으로 지시하는 경우에 자주 사용.

- 18日までに到着するように郵送するか、または、持
  参してください。
  18일까지 도착하도록 우송하든가, 또는 지참하여 주십시오.

- 特急列車または航空機が利用できる。
  특급 열차 또는 항공기를 이용할 수 있다.

□ **もしくは** 혹은, 또는, 그렇지 않으면

☞ 법령문에서는「若しくは」를「又は」보다 하위의 결합에 사용.

- A又はB若しくはC。A 또는 B 아니면 C. ☞ A를 B나 C에 병렬.

- A若しくはB又はC。A 혹은 B 또는 C. ☞ A나 B를 C에 병렬.

- A, B又はC。A B 또는 C. ☞ A, B, C를 동렬(同列)에 늘어놓음.

- 御用の節は私かもしくは代理人に。
  볼일이 있으실 때에는 저나 또는 대리인에게.

- 国電もしくは地下鉄が便利です。
  국철 전차 또는 지하철이 편리합니다.

「あるいは, ないしは, もしくは」는「または」와 거의 같은 의미로 사용할 수 있지만, 선택지가 셋 이상일 경우에는 선택지 앞에「または」를 사용해야 된다.

- 18日までに到着するように郵送するか、（○ あるいは / ○ ないしは / ○ もしくは / ○ または）持参してください。

  18일까지 도착하도록 우송하든가, 또는, 지참하여 주십시오.

- ボールペン、万年筆、（× あるいは / × ないしは / × もしくは / ○ または）鉛筆で書いてください。볼펜, 만년필 또는 연필로 써 주십시오.

6. 대비 접속사 

☐ **一方** 한편, 다른 한편에서는
- ☞ 문장이나 절의 앞에 사용하여, 앞의 문장에서 서술된 내용과 대립되는 내용이 다음에 이어지는 것을 나타냄.

- よく売れた。一方、仕入れも順調である。
  잘 팔렸다. 한편, 매입도 순조롭다.

- 日本では子供を産まない女性が増えている。一方アメリカでは、結婚しなくても子供はほしいという女性が増えている。

  일본에서는 아이를 낳지 않는 여성이 늘고 있다. 한편 미국에서는, 결혼하지 않아도 아이는 갖고 싶다고 하는 여성이 늘고 있다.

☐ **逆に/反対に** 반대로, 역으로
- ☞ 두 가지 내용이 상반되는 경우에 사용.

- 父は酒が一滴も飲めない。（逆に・反対に）母はとても酒に強い。

  아버지는 술을 한 방울도 못 마신다. 반대로 어머니는 아주 술에 강하다.

- 彼は泥棒に飛びかかったが、（逆に・反対に）やられてしまった。

  그는 도둑에 덤벼들었지만, 역으로 당하고 말았다.

「逆に/反対に」는 상반되는 경우에만 사용할 수 있다.

- よく売れた。（× 逆に / × 反対に / ○ 一方）、仕入れも順調である。

  잘 팔렸다. 한편, 매입도 순조롭다.

7. 화제 전환 접속사 

☐ **さて** 그런데, 그건 그렇고
- ☞ 약간 정색한(격식을 차린) 표현.

- さて、君のあれはどうなったかな。
  그런데 자네의 그건 어떻게 됐지.

- さて、例の件ですが。그건 그렇고, 그 건에 대해서입니다만.

☐ **さらば** 그러면, 그렇다면
- ☞ 문장체(서면체)인 표현.

- さらば申しましょう。그러면 말씀드리지요.

- さらばこちらも負けるわけにはいかない。
  그렇다면 이쪽도 질 수는 없다.

☐ **そこで** 그런데, 한데, 그러면
- ☞ 장소가 아니라 어떤 상황 아래에서의 판단을 서술하는 경우에 사용.

- そこで、これから本論に入る。
  그러면, 이제부터 본론으로 들어간다.

- もう時間がない。そこで結論を急ごう。
  이제 시간이 없다. 그러면 결론을 서두르자.

☐ **それでは(それじゃ, では, じゃ)** 그럼, 그러면, 그렇다면
- ☞「それでは」는 약간 딱딱하고 격식을 차린 표현,「それじゃ, じゃ」는 딱딱하지 않은 회화체(구어체)인 표현

- それではこれから会議を開きます。
  그럼, 지금부터 회의를 시작하겠습니다.

- それでは私も賛成します。그렇다면 저도 찬성하겠습니다.

☐ **それなら(だったら)** 그러면, 그렇다면, 그럼
- ☞「だったら」는 회화체(구어체)인 표현

- それなら話は簡単だ。그렇다면 이야기는 간단하다.

- それならこれで失礼します。그럼 이만 실례합니다.

□ **それはさておき** 그것은 어쨌든, 그것은 하여간, 그것은 그렇다 치고 ☞ 전혀 다른 화제로 바뀜을 나타내는 말.

- それはさておき、来月は期末試験ですね。時間割を発表します。

  그것은 어쨌든, 다음 달은 기말시험이지요, 시간표를 발표하겠습니다.

- それはさておき、この問題についてまず話そう。

  그건 그렇다 치고, 이 문제에 대해 먼저 이야기하자.

□ **それはそうと** 그것은 그렇다 치고 ☞ 화제를 바꾸거나 문득 생각났을 때 쓰는 말.

- それはそうと、先日お願いした件はどうなりましたか。

  그건 그렇다 치고, 일전에 부탁드린 것은 어찌 되었습니까?

- それはそうと、彼は最近どうしている？

  그것은 그렇고, 그는 최근에 어떻게 지내지?

□ **ときに** 그런데 ☞ 약간 문장체(서면체)적인 표현.

- 時に、今何時ですか。그런데, 지금 몇 시입니까?

- それは大変でしたね。時にあの件はどうなっていますか。정말 큰일이었군요. 그런데 그 건은 어떻게 되었습니까?

□ **ところで** 그런데, 그것은 그렇다 치고 ☞ 지금까지의 화제와 다른 것으로 화제를 변경하거나, 지금의 화제에 관련되는 것을 덧붙이거나 대비시켜 서술하는 경우에 사용.

- どころで、どこで食事をしましょうか。

  그런데, 어디서 식사를 할까요?

- ところで、あの件はどうなりましたか。

  그런데, 그 건은 어떻게 되었습니까?

화제 전환 접속사 비교설명 ● ● ● ● ● ●

「さて」는 지금까지의 자신의 이야기를 중단하고, 다른 화제로 전환.

「ところで」는 상대방과의 대화 도중에 무엇인가가 생각이 나서, 자신이 관심을 갖는 화제로 전환.

- これで今日のニュースは終わります。（○ さて / × ところで）、明日の天気ですが。

  이것으로 오늘의 뉴스는 끝마치겠습니다. 그런데, 내일 날씨입니다만.

- A：やっと夏休みだね。（× さて / ○ ところで）、今年の夏休みはどうするの。

  이젠 여름방학이군. 그런데, 이번 여름방학은 어떻게 할거야?

- B：卒論の資料を集めるつもりだ。

  졸업 논문 자료를 수집할 예정이다.

8. 부연설명(다른 말로 바꿔 말함, 예시) 접속사

□ **いわば** 말하자면, 비유해서 말한다면 ☞ 어떤 내용을 알기 쉽게 설명하기 위해, 비유적으로 예시하는 것에 사용. 일반적으로 이미지하기 쉬우며 잘 알려진 것이나 내용을 나타내는 명사나 동사가 사용됨. 문장체(서면체)적인 표현.

- 自然は、言わば人類の母だ。

  자연은, 이를테면 인류의 어머니이다.

- 私にとって東京は言わば第二の故郷だ。

  나에게 있어서 도쿄는 말하자면 제2의 고향이다.

□ **いわゆる** 소위, 이른바, 흔히 말하는 ☞ 어떤 내용을 알기 쉽게 설명하기 위해, 일반적으로 사용되고 있는 말을 꺼낼 때 사용.

- これがいわゆるハイビジョンだ。

  이것이 이른바 하이비전이다.

- その感情がいわゆる恋というやつだ。

  그 감정이 소위 사랑이라는 것이다.

□ **すなわち** 즉, 곧, 단적으로 말하면 ☞ 학술 논문이나 강의, 강연 등 딱딱한 문장체(서면체)적인 표현에 사용. 회화체(구어체)적인 표현에는 「つまり」를 주로 사용.

- これが即ち政治というものだ。

  이것이 바로 정치라는 것이다.

- 議会は二院、即ち参議院と衆議院から成る。

  의회는 양원, 즉 참의원과 중의원으로 구성된다.

□ **それで** 그래서(다음 이야기를 재촉하는 말), 그런데(화제를 바꿀 때 쓰는 말) ☞ 회화체(구어체)적인 표현.

- それでどうしましたか。그래서 어떻게 했습니까?

- それで実はお願いがあるのですが。

  그런데 실은 부탁이 있습니다만.

□ **例(たと)えば** 예를 들면, 예컨대 ☞ 앞에서 서술한 것을 구체적인 예를 들어서 나타내는 경우에 사용.

- 好きな花、例えばひまわり。좋아하는 꽃, 예컨대 해바라기.

- 体に害のあるものは、例えばたばこなど。

  몸에 해로운 것은, 이를테면 담배 따위.

□ **つまり** 즉, 결국, 요컨대 ☞ 회화체(구어체)적인 표현.

- それは神、つまり絶対者だ。그것은 신, 즉 절대자다.

- つまりどうすればいいのか。결국 어떻게 하면 좋은가?

□ **要(よう)するに** 요컨대, 결국 ☞ 문장체(서면체)적인 표현.
- 要するに何を言いたいのか。
  요컨대 무슨 말을 하고 싶은가?
- 要するに彼は日和見主義者だ。 요컨대 그는 기회주의자다.

부연설명(다른 말로 바꿔 말함, 예시) 접속사 비교설명

「言わば」는 물건이나 내용을 비유를 통해서 단적으로 설명하는 경우에 사용되며 보통 문장 뒤에 비유의 표현인 「ようだ」를 동반한다.
「いわゆる」는 어떤 내용을 알기 쉽게 설명하기 위해, 일반적으로 사용되는 말을 꺼낼 때 사용.
- 辞書とは、(○ いわば / × いわゆる) 心に栄養を与えるものだ。
  사전이라고 하는 것은, 말하자면 마음에 영양을 주는 것이다.

9. 보충 접속사

□ **なお** 덧붙여 말하면, 또한, 더욱이
- ☞ 게시나 통지, 알림, 논문의 주석 등 문장체(서면체)적인 표현에 주로 사용.
- なお申し添えますと。 덧붙여 말씀드리면.
- なお、詳細はのちほどご連絡いたします。
  또한, 상세한 점은 나중에 연락드리겠습니다.

□ **ただ** 단, 단지, 다만
- ☞ 앞에서 서술한 것을 보충하거나, 그 밖의 조건, 예외 등을 서술할 때에 사용. 회화체(구어체)적인 표현.
- いい子だよ。ただわがままなのが欠点だが。
  좋은 아이지. 다만 멋대로 구는 것이 흠이지만.
- そりゃ面白いよ。ただ少々危険だがね。
  그거야 재미있지. 다만 좀 위험하기는 하지만.

□ **ただし** 단, 다만
- ☞ 앞에서 서술한 것에 대해서, 그것에 관한 상세한 주의사항이나 예외를 나타낼 때에 사용.
- 明日は臨時休校。但し教職員は出勤する事。
  내일은 임시 휴교. 단, 교직원은 출근할 것.
- 入場料は百円、但し子供は半額。
  입장료는 백 엔, 단 어린이는 반액.

□ **もっとも** 단, 다만, 그렇다고는 하지만, 하긴
- ☞ 앞 문장의 내용에 대해서, 부분적으로 정정하는 경우에 사용.
- 運動は健康のために必要だ。もっともやり過ぎるのも問題があるようだ。
  운동은 건강을 위해 필요하다. 하지만 지나치게 하는 것도 문제가 있는 것 같다.
- もっとも例外が無いわけではない。
  하긴 예외가 없는 것은 아니다.

□ **ちなみに** 덧붙여서 말하면, 이와 관련하여
- ☞ 문장체(서면체)적인 표현에 사용하거나 딱딱한 회화체(구어체)적인 표현(뉴스, 회의)에 사용.
- 因みに言えば。 이와 관련하여 말하면.
- 因みに、我が校の優勝はこれで4回目である。
  덧붙여서 말하면 우리학교의 우승은 이번으로 4회째이다.

보충 접속사 비교설명

「ただ」는 그것 이외에는 없다고 하는 한정을 나타냄. 「だけ, のみ, ばかり」등과 함께 사용되는 경우가 많음.
「ただし」는 앞에서 서술한 것에 대해서, 그것에 관한 상세한 주의사항이나 예외를 나타냄.
- 部下は (○ ただ / × ただし) 命令に従うのみだ。 부하는 다만 명령에 따를 뿐이다.
- 診療時間は夜7時まで。(× ただ / ○ ただし)、急患はこの限りではない。
  진료시간은 밤 7시까지. 단, 응급 환자는 이에 한정하지 않는다.

주로 신체 관용구를 중심으로 출제되는데, 앞으로는 일상생활에서 사용되는 관용구도 출제될 것으로 예상된다.

- 気が合う　마음[기분]이 맞다
- 気がある　마음이 있다. 관심이 있다
- 気が多い　변덕스럽다
  - ▶ 気が置けない間柄　허물없는 사이
    - ▶ 최근에는 '방심할 수 없다'의 의미로 잘못 사용되는 경우가 많음
- 気が重い　마음이 무겁다
- 気が利く　눈치가 빠르다. 생각이 세심한 데까지 잘 미치다
  - ▶ 気が利いた服装　멋이 있는 복장
  - ▶ 若いのによく気が利く
    젊은데도 자잘한 곳까지 신경을 쓰다.
- 気がつく　깨닫다. 생각이 나다
  - ▶ 彼は私が髪形を変えたのに気が付かないようだ。
    그는 내가 머리 스타일을 바꾸었는데도 눈치를 체지 못하는 것 같다.
  - ▶ あの従業員はよく気がつく人だ。
    저 종업원은 센스가 있는 사람이다.
  - ▶ 気がついたら朝だった。　정신이 들자 아침 이었다.
- 気が早い　성급하다
- 気が短い　성미가 급하다
- 気が向く　할 마음이 들다. 기분이 내키다
- 気に入る　마음에 들다
- 気にかかる　마음에 걸리다
- 気にする　마음에 두다. 걱정하다
- 気になる　마음에 걸리다. 걱정이 되다
- 気を配る　마음을 쓰다. 배려하다
- 気を使う　신경을 쓰다
- 気を付ける　정신 차리다. 주의하다
- 大目に見る　너그러이 봐 주다
- 目が利く　분별력이 있다. 감식하는 눈이 높다

- 目が覚める　눈을 뜨다(잠을 깨다). 정신 차리다
- 目が高い　눈이 높다. 안목이 높다
- 目が無い　매우 좋아하다. 보는 눈이 없다(감식력이 없다)
  - ▶ 甘い物に目が無い。　단 것이라면 사족을 못 쓴다
  - ▶ 人を見る目が無い。　사람을 보는 눈이 없다
- 目が離せない　잠시도 눈을 뗄 수가 없다. 한눈을 팔 수 없다
- 目が回る　눈이 핑핑 돌다. 몹시 바쁘다
- 目にする　보다
- 目に立つ　두드러지게 돋보이다
- 目につく　눈에 띄다. 돋보이다
- 目に入る　눈에 들어오다. 알아차리다
- ひどい目に会う　혼이 나다
- 目にも留まらぬ　알아볼
- 目を皿にする　눈을 크게 뜨다(잃어버린 것을 찾을 때). 눈이 커지다(놀랐을 때)
- 目をつぶる　잠들다. 죽다. 묵인하다(눈감아 주다). 참다(단념하다)
- 目を通す　대충 보다
- 目を引く　눈을 끌다
- 目を向ける　눈을 돌리다. 시선을 주다
- 耳が痛い　남이 하는 말이 자신의 약점이나 결점을 찌르고 있기 때문에 듣기가 거북하다
- 耳が遠い　귀가 어둡다. 잘 알아듣지 못하다
- 耳が早い　귀가 밝다. 정보나 소식 등을 빨리 얻어 듣다
- 耳にする　우연히 듣다
- 耳に入る　(소리, 이야기 등이) 귀에 들리다
- 耳を貸す　상대방의 이야기를 들어 주다
- 耳を傾ける　귀를 기울이다

□ 耳を欹てる[耳を立てる] 잘 들으려고 애를 쓰다. 귀를 기울여 듣다

□ 口が重い 입이 무겁다. 과묵하다

□ 口が堅い 해서는 안 될 말은 절대 하지 않는다.

□ 口が軽い 입이 가볍다

□ 口が酸っぱくなる 같은 말을 여러 번 되풀이해서 입에서 신물이 나다

□ 口に合う 입에 맞다. 입맛에 맞다

□ 口にする 입에 담다. 말하다. 먹다

□ 口に出す 입 밖에 내다. 말하다

□ 口に乗る 입에 오르다. 감언이설에 넘어가다. 속다

□ 口を出す 말참견을 하다

□ 鼻が高い 콧대가 높다. 우쭐하다

□ 鼻にかける 자랑하다. 내세우다

□ 頭が下がる 머리가 수그러지다

□ 頭が高い 건방지다. 거만하다

□ 頭が低い 누구에게나 겸손하다. 고분고분하다

□ 頭に来る 화가 나다. 화가 울컥 치밀다

□ 顔がいい 얼굴이 예쁘다. 평판이 좋다

□ 顔が売れる 유명해지다

□ 顔が広い 발이 넓다. 아는 사람이 많다

□ 顔から火が出る 부끄러워서 얼굴이 화끈 달아오르다

□ 顔に泥を塗る 얼굴에 똥칠을 하다

□ 顔を出す (모임 등에) 나타나다. 참석하다

□ 手が空く 일이 끝나 손이 비다

□ 手が足りない 일손이 부족하다

□ 手が届く 세세한 데까지 손길이 미치다. 자기 것으로 할 수 있다

□ 手がない 일손이 없다. 방법이 없다

□ 手が離せない 몹시 바쁘다

□ 手取り足取り 여럿이 한 사람을 억누르거나 연행하여 붙들다. 친절히 가르치려고 이끌어 주며 돌보다

□ 手に汗を握る (매우 위험하거나 격렬한 관경을 보고 애가 타서) 손에 땀을 쥐다

□ 手に乗る 상대방의 술수에 넘어가다

□ 手の切れるような 손이 베일 듯한[빳빳한] 새 지폐의 형용

□ 手も足も出ない 해 볼 도리가 없다. 손을 쓸 엄두도 못 내다

□ 手を上げる 항복하다. 때리려고 손을 올리다. 숙달[향상]되다

□ 手を合わせる 합장하다. 진심으로 부탁하다. 솜씨를 겨루다

□ 手を打つ (교섭 등에) 동의하다. 타결(매듭)짓다. (필요한) 조치를 취하다. (미리) 손을 쓰다

□ 手を貸す 거들다. 도와주다

□ 手を借りる 손을 빌다. 도움을 받다

□ 手を切る 관계를 끊다

□ 手を組む 팔짱을 끼다. 서로 협력하다

□ 手を延ばす 손을 뻗치다. 거래처나 일의 범위를 넓히다
　㊐「手を広げる」

□ 手を広げる 일을 확대하다. 규모를 넓히다 ⇒「手を延ばす」

□ 手を回す 빈틈없이 손을 쓰다. 수단을 다하여 찾다

□ 猫の手も借りたい 몹시 바쁘다

□ 喉から手が出る 몹시 갖고 싶다

□ 腕が上がる 실력이 늘다

□ 腕がいい 솜씨가 좋다

□ 足が出る (예산) 지출의 부족액이 생기다. 적자가 나다 ⇒「足を出す」

□ 足が棒になる (오래 걷거나 서 있어) 다리가 뻣뻣해지다. 다리가 매우 피곤하다

□ 足を洗う 못된 구렁(일)에서 발을 빼다. 빠져나오다

□ 足を出す (예산) 지출의 부족액이 생기다. 적자가 나다 ⇒「足が出る」

□ 足を運ぶ 실지로 그곳에 가 보다. 찾아가 보다

□ 足を引っ張る 남의 진보나 성공을 방해하다. 또, 전체의 진행을 방해하다

□ 首が回らない 빚에 몰려 옴짝달싹 못하다

□ 首にする 해고시키다. 인형극이 끝나 인형의 목을 떼다

□ 首になる 해고되다

□ 首を傾げる　고개를 갸웃거리다. 미심쩍게 여기다

□ 首を切る　목을 자르다. 해고하다

□ 首を長くする　(몹시 기다려지는 모양) 목이 빠지게(애타게) 기다리다

□ 胸を打たれる　몹시 감격하다. 충격을 받다

□ 胸を打つ　진한(깊은) 감동을 주다. 감격시키다

□ 腹が立つ　화가 나다

□ 腹が減る　배가 고프다 (주로 남성이 사용)
　參「お腹が空く」주로 여성이 사용

□ 尻が重い　엉덩이가 무겁다. 동작이 굼뜨다

□ 尻が軽い　동작이 경솔하다. 여자가 바람기가 있다. 무엇이든 쉽게 하다

□ 尻が長い　남의 집에 가서 좀처럼 돌아가려고 하지 않는다

□ 尻を叩く　격려하다. 독촉하다

□ 肩の荷が下りる　어깨가 가벼워지다. 책임이나 부담으로부터 해방되어 마음 편한 기분이 되다

□ 肩を入れる　거들다. 편들다

□ 肩を貸す　거들다. 원조하다

□ 肩を並べる　어깨를 나란히 하다. 대등한 위치에 서서 경쟁하다

□ 肩を持つ　편들다. 두둔하다

□ 腰が重い　게으르며 좀처럼 행동으로 옮기지 않다

□ 腰が高い　고자세이다. 남을 오만불손한 태도로 대하다

□ 腰が低い　(남에게) 겸손하다. 저자세이다

□ 身を以て　몸으로(써). 몸소. 직접

□ 心を動かす　마음이 끌리다. 마음이 동요되다. 감동하다

□ 心を打つ　마음에 와 닿다. 감동시키다

□ 息が合う　호흡이 맞다

□ 骨が折れる　힘들다. 성가시다

□ 骨を折る　수고하다. 애쓰다

□ あごで使う　거만한 태도로 사람을 부리다

□ あごを出す　몹시 지치다. 기진맥진하다

□ 汗をかく　땀이 나다. 식은땀이 나다. 음식물이 오래되어 축축해지다. 물방울이 맺히다

□ 汗を流す　땀 흘려 일하다. 열심히 일하다. 목욕, 샤워 따위로 땀을 씻다

□ 汗を握る　손에 땀을 쥐다 ⇒「手に汗を握る」

□ 歯が立たない　단단해서 씹을 수가 없다. 상대가 강해서 대항할 수가 없다. 어려워서 감당 못하다

□ 舌が滑る　말하는 기세에 말해서는 안 되는 것을 무심코 말하다
　參「口がすべる」

□ 舌を出す　혀를 내밀다. 비웃다, 헐뜯다(몰래 비방하거나 업신여기는 모양). 멋적어하다(자기의 실수를 부끄러워하거나 쑥스러움을 숨기는 모양)

□ 舌を二枚に使う　앞뒤[조리]가 맞지 않는 말을 하다

□ 指を差す　손가락으로 가리키다. 뒤에서 손가락질을 하다[욕하다]

□ 血も涙もない　피도 눈물도 없다

제4부

언어지식(문법) 출제 경향 및 기출 문제

★★★ 13문항 출제 예상

과거 시험과 동일한 형식으로, 문장의 내용에 맞는 문법 형식에 대하여 판단할 수 있는지 묻는다.

출제 경향(예제)

問題1　つぎの文の（　　　　　）に入れるのに最もよいものを、1・2・3・4から一つ選びなさい。

1.　父が短気なの（　　　　　）、母の方は気が長い。

①　において　　　　　②　に対して　　　　　③　について　　　　　④　によって

2.　A　「時間ありますか。」

　　B　「ええ、1時間（　　　　　）ありますよ。」

①　ごろなら　　　　　②　ごろでも　　　　　③　ぐらいでも　　　　　④　ぐらいなら

정답　1②　2④

기출문제

2009년 3급 기출문제

問題I　　　______　のところに何をいれますか。1・2・3・4からいちばんいいものを一つえらびなさい。

1.　駅______近くに　いい　ホテルが　あります。

①　が　　　　　　　　②　で　　　　　　　　③　の　　　　　　　　④　に

2.　あしたの　朝は　9時______ここへ　来て　ください。

①　までで　　　　　②　まで　　　　　③　までも　　　　　④　までに

3.　この　アパートは　古くて　せまい______、学校から　近くて　便利だ。

①　と　　　　　　　　②　が　　　　　　　　③　し　　　　　　　　④　か

4. 母の　たんじょう日の　プレゼントは　セーター＿＿＿＿　しました。

① に　　　　　　　② を　　　　　　　③ で　　　　　　　④ が

5. その　本を　どこで　買った＿＿＿＿　おぼえて　いますか。

① の　　　　　　　② を　　　　　　　③ は　　　　　　　④ か

6. わたしは　何＿＿＿＿　手伝ったら　いい　ですか。

① と　　　　　　　② を　　　　　　　③ に　　　　　　　④ が

7. かさが　いっぱい　ありますね。どれが　あなた＿＿＿＿ですか。

① も　　　　　　　② が　　　　　　　③ に　　　　　　　④ の

8. あの　先生の　話は　留学生＿＿＿＿は　むずかしすぎる。

① と　　　　　　　② に　　　　　　　③ から　　　　　　④ より

9. 父は　声＿＿＿＿　大きい。

① に　　　　　　　② の　　　　　　　③ が　　　　　　　④ で

10. 友だちと＿＿＿＿　やくそくを　わすれては　いけません。

① に　　　　　　　② で　　　　　　　③ や　　　　　　　④ の

11. となりの　家で　ピアノの　音＿＿＿＿　して　いる。

① が　　　　　　　② を　　　　　　　③ と　　　　　　　④ に

12. わたしは　1週間＿＿＿＿　1回　柔道を　習って　いる。

① に　　　　　　　② は　　　　　　　③ も　　　　　　　④ で

13. 大学を　そつぎょうしたら、銀行＿＿＿＿　ぼうえき会社で　働きたい。

① に　　　　　　　② も　　　　　　　③ で　　　　　　　④ か

14. 野菜は　よく　洗って＿＿＿＿＿　切って　ください。

① と　　　　　　　② で　　　　　　　③ から　　　　　　④ でも

15. では、お元気で。ごりょうしん＿＿＿＿＿　どうぞ　よろしく　おつたえください。

① でも　　　　　　② にも　　　　　　③ では　　　　　　④ とは

問題II　＿＿＿＿＿のところに何をいれますか。1・2・3・4からいちばんいいものを一つえらびなさい。

16. きのうは　＿＿＿＿＿。

① あたたかくないでした　　　　　　② あたたかくありませんでした

③ あたたかいじゃなかったです　　　④ あたたかいじゃないでした

17. あの　レストランは　いつ　＿＿＿＿＿も　こんで　いる。

① 行った　　　　　② 行こう　　　　　③ 行って　　　　　④ 行く

18. ＿＿＿＿＿　かまわないので　電話して　ください。

① おそいは　　　　② おそいも　　　　③ おそくても　　　④ おそくては

19. 1時間ぐらい　＿＿＿＿＿つづけたので、のどが　かわいた。

① 話し　　　　　　② 話す　　　　　　③ 話さ　　　　　　④ 話せ

20. きのうは　いそがしくて、夜　10時まで　何も　＿＿＿＿＿に　働いた。

① 食べなかった　　② 食べなく　　　　③ 食べない　　　　④ 食べず

21. 「ここに　ごみを　＿＿＿＿＿な!」と　書いて　ある。

① すてろ　　　　　② すてる　　　　　③ すてます　　　　④ すてない

22. 会社を　やめて　どう＿＿＿＿＿＿　つもりですか。
① する　　　　　　② した　　　　　　③ したい　　　　　　④ しよう

23. 今まで　ねて　いた　赤ちゃんが　急に＿＿＿＿＿＿だした。
① ないて　　　　　② なく　　　　　　③ なき　　　　　　④ なけ

24. 先週は　図書館が　休み＿＿＿＿＿＿ようだ。
① だった　　　　　② でした　　　　　③ だ　　　　　　④ な

25. きょうは　きのうほど　風が　＿＿＿＿＿＿。
① 強いだろう　　　② 強くない　　　　③ 強かった　　　④ 強い

26. この　漢字は　＿＿＿＿＿＿方が　むずかしいです。
① 読めて　　　　　② 読んで　　　　　③ 読む　　　　　④ 読み

27. けいたい電話を　＿＿＿＿＿＿ために、れんらくできませんでした。
① わすれた　　　　② わすれる　　　　③ わすれて　　　④ わすれ

28. かれは　来月　＿＿＿＿＿＿という　ことを、まだ　だれにも　知らせて　いない。
① けっこんしろ　　② けっこんして　　③ けっこんする　　④ けっこんしよう

29. この　メールを　だれかに　＿＿＿＿＿＿と　こまる。
① 見れれる　　　　② 見られる　　　　③ 見れる　　　　④ 見る

30. チケットは　あとで　お＿＿＿＿＿＿いたします。
① わたして　　　　② わたす　　　　　③ わたせ　　　　④ わたし

問題III ＿＿＿＿＿のところに何をいれますか。1・2・3・4からいちばんいいものを一つえらびなさい。

31. あの　鳥は　＿＿＿＿＿　声で　なくのかなあ。
① どこ　　　　　　② どう　　　　　　③ どれ　　　　　　④ どんな

32. この　薬を　飲めば　病気は　なおる　＿＿＿＿＿です。
① はず　　　　　　② ため　　　　　　③ こと　　　　　　④ ばかり

33. わたしは　旅行に　＿＿＿＿＿が、行けなかった。
① 行きにくかった　　② 行きたかった　　③ 行きそうだった　　④ 行くらしかった

34. 先月から　テニスを　＿＿＿＿＿。
① 始まりました　　② 始まります　　③ 始めました　　④ 始めます

35. 道で　近所の　人に　＿＿＿＿＿、あいさつしましょう。
① 会うのに　　　　② 会うと　　　　③ 会ったり　　　　④ 会ったら

36. その　仕事は　ぜひ　わたしに　＿＿＿＿＿。
① やりましょう　　② やりませんか　　③ やらせてください　　④ やってください

37. てんきよほう＿＿＿＿＿　今夜は　ゆきが　ふるそうです。
① になると　　　　② によると　　　　③ だったら　　　　④ だから

38. 先生、わたしが　その　にもつを　＿＿＿＿＿。
① お持ち　します　　　　　　　　② お持ちに　なります
③ お持ち　いただきます　　　　　④ お持ち　くださいます

정답

문제Ⅰ　1 ③　2 ④　3 ②　4 ①　5 ④　6 ②　7 ④　8 ②　9 ③　10 ④　11 ①
　　　　12 ①　13 ④　14 ③　15 ②
문제Ⅱ　16 ②　17 ③　18 ③　19 ①　20 ④　21 ②　22　①　23 ③　24 ①
　　　　25 ②　26 ④　27 ①　28 ③　29 ②　30 ④
문제Ⅲ　31 ④　32 ①　33 ②　34 ③　35 ④　36 ③　37 ②　38 ①

2008년 3급 기출문제

問題Ⅰ　________のところに何をいれますか。1・2・3・4からいちばんいいものを一つえらびなさい。

1. これは　あね________　もらった　本です。

　①　で　　　　　　②　や　　　　　　③　に　　　　　　④　を

2. この　バスは　大きな　はし________　わたって、駅へ　行きます。

　①　を　　　　　　②　に　　　　　　③　で　　　　　　④　が

3. クラスで　新しい　友だち________　できた。

　①　と　　　　　　②　が　　　　　　③　を　　　　　　④　へ

4. 来年　高校________　そつぎょうします。

　①　に　　　　　　②　を　　　　　　③　が　　　　　　④　から

5. 中村さんから　借りた　本は　1さつ________　です。

　①　も　　　　　　②　と　　　　　　③　だけ　　　　　④　しか

6. あの　人は　同じ　歌を　10回________　歌いました。

　①　で　　　　　　②　を　　　　　　③　に　　　　　　④　も

7. ひまだから　ゲーム＿＿＿＿＿＿＿　しましょう。

① でも　　　　　　② しか　　　　　　③ まで　　　　　　④ ながら

8. あと　10分＿＿＿＿＿＿＿　7時ですよ。

① に　　　　　　　② と　　　　　　　③ を　　　　　　　④ で

9. 田中さんは　ちこくを　しないと　言った＿＿＿＿＿＿＿、また　ちこく　した。

① から　　　　　　② でも　　　　　　③ ので　　　　　　④ のに

10. あの　レストランは　よやくした　人＿＿＿＿＿＿＿　入れません。

① しか　　　　　　② から　　　　　　③ より　　　　　　④ ぐらい

11. かばんを　買いに　行ったが、どれ＿＿＿＿＿＿＿　高くて　買えなかった。

① が　　　　　　　② も　　　　　　　③ でも　　　　　　④ ばかり

12. お金も　ない＿＿＿＿＿＿＿、時間も　ないから、　あそびに　行けない。

① や　　　　　　　② で　　　　　　　③ し　　　　　　　④ とか

13. スポーツを　するの＿＿＿＿＿＿＿、見るの＿＿＿＿＿＿＿　どちらが　好きですか。

① が/が　　　　　② と/と　　　　　③ や/や　　　　　④ も/も

14. わたしは　子ども＿＿＿＿＿＿＿　しゅくだいを　させた。

① を　　　　　　　② が　　　　　　　③ で　　　　　　　④ に

15. 先生は　山下さんの　住所＿＿＿＿＿＿＿　ごぞんじですか。

① が　　　　　　　② に　　　　　　　③ を　　　　　　　④ と

問題II ＿＿＿＿＿のところに何をいれますか。1・2・3・4からいちばんいいものを一つえらびなさい。

16. はを　みがいてから ＿＿＿＿＿なさい。
① ね　　　　　　② ねる　　　　　　③ ねれ　　　　　　④ ねろ

17. かみのけを ＿＿＿＿＿ 切った。
① みじかい　　　② みじかく　　　　③ みじかいに　　　④ みじかくに

18. もう　少し ＿＿＿＿＿ ほうが　いいですよ。
① 待つの　　　　② 待ちの　　　　　③ 待って　　　　　④ 待った

19. あしたは　家で　ゆっくり ＿＿＿＿＿と　思う。
① 休もう　　　　② 休みよう　　　　③ 休むよう　　　　④ 休むろう

20. この　じしょで　漢字の　読みかたが ＿＿＿＿＿ます。
① しらべ　　　　② しらばれ　　　　③ しらべられ　　　④ しらばられ

21. 先週　かぜを　ひきましたが、もう ＿＿＿＿＿ なりました。
① 元気　　　　　② 元気に　　　　　③ 元気く　　　　　④ 元気で

22. あぶないですから、子どもを　一人で ＿＿＿＿＿ないで　ください。
① あそばし　　　② あそばせ　　　　③ あそびさせ　　　④ あそばさせ

23. 日本で ＿＿＿＿＿ために　日本語を　勉強して　いる。
① 働く　　　　　② 働き　　　　　　③ 働いて　　　　　④ 働こう

24. テレビを ＿＿＿＿＿まま　ねて　しまいました。
① つけ　　　　　② つけて　　　　　③ つける　　　　　④ つけた

25. あの　店は　あまり　＿＿＿＿、店員も　親切です。
① 高くて　　　　　② 高いで　　　　　③ 高くなくて　　　　④ 高くないで

26. この　仕事は　日本語が　＿＿＿＿なくても　かまいません。
① じょうず　　　　② じょうずに　　　③ じょうずだ　　　　④ じょうずで

27. 赤ちゃんが　＿＿＿＿　あいだに、　せんたくを　しました。
① ねて　　　　　　② ねた　　　　　　③ ねます　　　　　　④ ねている

28. まだ　この　マンガを　＿＿＿＿　ことが　ありません。
① 読むの　　　　　② 読んで　　　　　③ 読んだ　　　　　　④ 読みます

29. わたしが　ビデオを　先生に　＿＿＿＿ます。
① おかえし　　　　② おかえしし　　　③ おかえしられ　　　④ おかえしになり

30. この　ケーキは　＿＿＿＿ば、おいしくありません。
① つめたくなけれ　　② つめたくなく　　　③ つめたくじゃない　　④ つめたくなかった

問題Ⅲ　＿＿＿＿のところに何をいれますか。1・2・3・4からいちばんいいものを一つえらびなさい。

31. 母は　はじめて　ひこうきに　乗って、子どもの　＿＿＿＿　よろこんだ。
① ぐらい　　　　　② ように　　　　　③ らしい　　　　　　④ そうに

32. シャツが　よごれて　＿＿＿＿　から、洗います。
① いる　　　　　　② ある　　　　　　③ みる　　　　　　　④ おく

33. あしたから　たばこを　＿＿＿＿です。
① やめる　　　　　② やめるつもり　　③ やめるだろう　　　④ やめましょう

34. 風が　とても　強いので、外に　出ない ＿＿＿＿＿ あんぜんだ。

　① ほうが　　　　　② までに　　　　　③ ながら　　　　　④ だから

35. ひまが ＿＿＿＿＿、あそびに　来て　くださいね。

　① あると　　　　　② あって　　　　　③ あったら　　　　　④ あったため

36. さっき　起きた ＿＿＿＿＿で、まだ　さむいです。

　① とき　　　　　② ほう　　　　　③ こと　　　　　④ ばかり

37. 夜は　あまり　ものを ＿＿＿＿＿に　して　います。

　① 食べない　　　　　② 食べよう　　　　　③ 食べるそう　　　　　④ 食べないよう

38. そちらの　方が　わたしの　にもつを ＿＿＿＿＿。

　① お持ち　しました　　　　　　　　② お持ち　なりました

　③ 持って　くださいました　　　　　④ 持って　いただきました

정답

문제Ⅰ　1 ③　2 ①　3 ②　4 ②　5 ③　6 ④　7 ①　8 ④　9 ④　10 ①　11 ②
　　　 12 ③　13 ②　14 ④　15 ③

문제Ⅱ　16 ①　17 ②　18 ④　19 ①　20 ③　21 ②　22 ②　23 ①　24 ④
　　　 25 ③　26 ④　27 ④　28 ③　29 ②　30 ①

문제Ⅲ　31 ②　32 ①　33 ②　34 ①　35 ③　36 ④　37 ④　38 ③

2007년 3급 기출문제

問題I ＿＿＿＿＿のところに何をいれますか。1・2・3・4からいちばんいいものを一つえらびなさい。

1. わたしは　友だち＿＿＿＿＿　山の　写真を　見せた。

① が　　　　　　② で　　　　　　③ に　　　　　　④ から

2. 田中さん＿＿＿＿＿　来る　日は　火曜日です。

① へ　　　　　　② を　　　　　　③ で　　　　　　④ の

3. 台所から　いい　におい＿＿＿＿＿　します。

① と　　　　　　② を　　　　　　③ に　　　　　　④ が

4. この　しゅくだいは　10日＿＿＿＿＿　出して　ください。

① まで　　　　　② までに　　　　③ までは　　　　④ までも

5. 山下さんは　「また　電話します。」＿＿＿＿＿　言って　いました。

① で　　　　　　② に　　　　　　③ と　　　　　　④ か

6. A「何を　食べますか。」

B「わたしは　てんぷらそば＿＿＿＿＿　します。」

① を　　　　　　② に　　　　　　③ は　　　　　　④ が

7. むすこは　毎日　あそんで＿＿＿＿＿で　勉強を　しない。

① ばかり　　　　② ぐらい　　　　③ しか　　　　　④ ながら

8. やんさんは　いつ　国へ　帰る＿＿＿＿＿？

① な　　　　　　② の　　　　　　③ し　　　　　　④ わ

9. さいきんは　日本の　まんが＿＿＿＿＿＿　いろいろな　国で　読まれて　います。

① が　　　　　　　② へ　　　　　　　③ に　　　　　　　④ を

10. 兄＿＿＿＿＿＿　弟のほうが　せが　高い。

① から　　　　　　② まで　　　　　　③ より　　　　　　④ ほど

11. この　料理は　ぎゅうにく＿＿＿＿＿＿　ぶたにくを　つかいます。

① で　　　　　　　② も　　　　　　　③ が　　　　　　　④ か

12. 田中と　もうします＿＿＿＿＿＿、山下さんを　おねがいします。

① と　　　　　　　② が　　　　　　　③ から　　　　　　④ のに

13. その　アパートは　駅＿＿＿＿＿＿　近い。

① を　　　　　　　② の　　　　　　　③ で　　　　　　　④ に

14. ひこうきが　空＿＿＿＿＿＿　東から　西へ　とんで　行きました。

① を　　　　　　　② は　　　　　　　③ で　　　　　　　④ と

15. だれが　この　本を　書いた＿＿＿＿＿＿　知って　いますか。

① は　　　　　　　② を　　　　　　　③ か　　　　　　　④ で

問題II　＿＿＿＿＿＿のところに何をいれますか。1・2・3・4からいちばんいいものを一つえらびなさい。

16. ねつが　高い　ときは、むりを　＿＿＿＿＿＿　ほうが　いい。

① しない　　　　　② しなくて　　　　③ しないで　　　　④ せず

17. じゅぎょうで　手紙の　＿＿＿＿＿＿方を　習いました。

① 書か　　　　　　② 書き　　　　　　③ 書く　　　　　　④ 書いた

18. うちの　子どもは　こわい　話を　＿＿＿＿＿たがる。

① 聞く　　　　　　② 聞き　　　　　　③ 聞いた　　　　　　④ 聞け

19. 二人は　来年　けっこん　＿＿＿＿＿らしいです。

① する　　　　　　② した　　　　　　③ しょう　　　　　　④ します

20. あの　びじゅつかんは　いつ　＿＿＿＿＿も　人が　たくさん　います。

① 行く　　　　　　② 行け　　　　　　③ 行こう　　　　　　④ 行って

21. しょうらい　先生に　＿＿＿＿＿　ために　勉強して　います。

① なる　　　　　　② なろう　　　　　　③ なった　　　　　　④ なれる

22. どなたか　質問の　ある　方は　＿＿＿＿＿か。

① いらっしゃるです　　　　　　　　② いらっしゃいです

③ いらっしゃいません　　　　　　　④ いらっしゃるではありませんか

23. あの　花は　5月に　＿＿＿＿＿と　さきません。

① ならず　　　　　　② ならなけれ　　　　　　③ ならなく　　　　　　④ ならない

24. おなかが　いたくて　病院へ　行ったら、1時間も　＿＿＿＿＿。

① 待たれさせた　　　② 待たせさせた　　　③ 待たされた　　　④ 待たされられた。

25. あした　＿＿＿＿＿なら　せんたくを　しません。

① 雨　　　　　　② 雨だ　　　　　　③ 雨の　　　　　　④ 雨に

26. 外は　＿＿＿＿＿　ようですね。

① 寒　　　　　　② 寒い　　　　　　③ 寒く　　　　　　④ 寒いの

27. 来月　富士山に ＿＿＿＿＿と　思って　います。

　① のぼり　　　　　　② のぼろう　　　　　　③ のぼった　　　　　　④ のぼります

28. じしょを ＿＿＿＿＿に　日本語の　新聞を　読む　ことが　できますか。

　① 使わず　　　　　　② 使わない　　　　　　③ 使わなく　　　　　　④ 使わなくて

29. 上手に ＿＿＿＿＿　ように　何度も　れんしゅうします。

　① 話し　　　　　　② 話せる　　　　　　③ 話そう　　　　　　④ 話される

30. ＿＿＿＿＿　ので、その　きかいに　さわっては　いけません。

　① きけん　　　　　　② きけんに　　　　　　③ きけんな　　　　　　④ きけんだ

問題Ⅲ　＿＿＿＿＿のところに何をいれますか。1・2・3・4からいちばんいいものを一つえらびなさい。

31. ここを　おすと　ドアが ＿＿＿＿＿。

　① 開きます　　　　　　② 開けます　　　　　　③ 開いて　います　　　　④ 開けて　います。

32. この　ゲームは ＿＿＿＿＿　やって　あそびます。

　① これ　　　　　　② こちら　　　　　　③ こう　　　　　　④ こんな

33. きゃく「すみません、この　ぼうし、かぶって ＿＿＿＿＿　いいですか。」
　　店員 「はい、どうぞ。」

　① しても　　　　　　② みても　　　　　　③ くれても　　　　　　④ あっても

34. くつを　はいた ＿＿＿＿＿　へやに　入って　しまった。

　① ばかり　　　　　　② ながら　　　　　　③ ほど　　　　　　④ まま

35. 病気が　早く　＿＿＿＿と　いいですね。

① よく　する　　　　② いいに　する　　　　③ よく　なる　　　　④ いいに　なる

36. 先生は　もう　＿＿＿＿。

① お帰りになりました　　　　　　　② お帰りなさいました

③ お帰りございました　　　　　　　④ お帰りいたしました

37. メニューの　中から　＿＿＿＿　好きな　ものを　一つ　えらんで　ください。

① どれ　　　　　　② どれも　　　　　③ どれで　　　　　④ どれでも

38. その　仕事に　ついては　わたしから　＿＿＿＿。

① ご説明なさいます　　　　　　　　② ご説明になります

③ ご説明いたします　　　　　　　　④ ご説明ございます

정답

문제 I	1 ③　2 ④　3 ④　4 ②　5 ③　6 ②　7 ①　8 ②　9 ①　10 ③　11 ④
	12 ②　13 ④　14 ①　15 ③
문제 II	16 ①　17 ②　18 ②　19 ①　20 ④　21 ①　22 ③　23 ④　24 ③
	25 ①　26 ②　27 ②　28 ①　29 ②　30 ③
문제 III	31 ①　32 ③　33 ②　34 ④　35 ③　36 ①　37 ④　38 ③

2009년 12월 2급 기출문제

問題IV　次の文の＿＿にどんな言葉を入れたらよいか。1・2・3・4から最も適当なものを一つ選びなさい。

1. 皆様の＿＿＿＿＿＿無事に閉会式を迎えることができました。
① せいで　　② わけで　　③ おかげで　　④ きっかけで

2. きのう私が調べた＿＿＿＿＿＿、工場の機械に問題はなかった。
① 限りでは　　② 次第では　　③ うえでは　　④ ようでは

3. テーブルの上に＿＿＿＿＿＿ケーキがおいてある。
① 食べぬいた　　② 食べかけの　　③ 食べきった　　④ 食べはじめの

4. 彼は何でもよく知っている＿＿＿＿＿＿、友だちに「博士」と呼ばれている。
① ことに　　② ことから　　③ ことなく　　④ ことだから

5. 最初は怖くてプールに入ること＿＿＿＿＿＿できなかったが、今では50メートルも泳げるようになった。
① ばかり　　② だけ　　③ こそ　　④ さえ

6. 日本＿＿＿＿＿＿、私は桜を連想します。
① にとって　　② にしては　　③ といえば　　④ とみえて

7. これから私が＿＿＿＿＿＿パソコンを操作してください。
① 言うとおりに　　② 言いつつも　　③ 言って以来　　④ 言うなら

8. 一年間の休暇がとれた＿＿＿＿＿＿、どんなことがしたいですか。
① とともに　　② としても　　③ としたら　　④ というより

9. 図書館のご利用＿＿＿＿＿は、以下の点にご注意ください。

① にそって   ② に際して   ③ に基づいて   ④ にしたがって

10. 出席＿＿＿＿＿欠席＿＿＿＿＿、招待状の返事は早く出したほうがいい。

① しては／しては   ② したり／したり

③ するやら／するやら   ④ するにしろ／するにしろ

11. その島は、森林の減少＿＿＿＿＿、鳥や動物の数が減ってきている。

① にともなって   ② をたよりに   ③ をめぐり   ④ に対し

12. しばらく連絡がない＿＿＿＿＿、そんなに心配することないよ。

① と思うと   ② からには   ③ とならんで   ④ からといって

13. 妹は、体操の選手＿＿＿＿＿体がやわらかい。

① ぎみに   ② がちに   ③ みたいに   ④ ばかりに

14. ひざに痛みがある＿＿＿＿＿、まだ運動をしないでください。

① うえに   ② からは   ③ うちは   ④ ところを

15. 新しい携帯電話は、写真がとれるだけじゃなくて、テレビ＿＿＿＿＿見られるんだよ。

① にまで   ② だって   ③ よりか   ④ のくせに

16. この人形は、「こんにちは」「さようなら」＿＿＿＿＿簡単な言葉を話します。

① ほどの   ② ばかりの   ③ にのぼる   ④ といった

17. アルバイト料は、昼は一時間＿＿＿＿＿800円ですが、深夜は1000円です。

① につけ   ② につき   ③ にとり   ④ により

18. パスポートを申請する＿＿＿＿いろいろな書類や写真を用意する必要がある。

① のに　　　　　　② のため　　　　　　③ だから　　　　　　④ だったら

19. ある経営者は、不良品と＿＿＿＿ながら製品を販売していた。

① 知っている　　　② 知らない　　　③ 知ろう　　　④ 知り

20. この時間について＿＿＿＿考えるほど、頭の中が混乱してきた。

① 考えれば　　　② 考えて　　　③ 考えた　　　④ 考え

問題Ⅴ 次の文の＿＿＿にどんな言葉を入れたらよいか。1・2・3・4から最も適当なものを一つ選びなさい。

21. このマンガは若い人の間ですごくはやっているので、高校生が＿＿＿＿よ。

① 知っているわけにはいかない　　　　　② 知っているわけではない

③ 知らないわけがない　　　　　　④ 知らないわけだ

22. 賞をもらったのは弟だというのに、彼女の喜ぶようすは自分が賞をもらった＿＿＿＿。

① のも当然だ　　　② かのようだ　　　③ というものだ　　　④ にちがいない

23. 書類のミスがあまり多かったので、担当者に文句を＿＿＿＿。

① 言わないのも無理はなかった　　　　　② 言わずにはいられなかった

③ 言わないにちがいなかった　　　　　④ 言わずにすんだ

24. こんなに難しい曲はひけませんよ。ギターは20年前に習った＿＿＿＿。

① きりですから　　　② ほどですから　　　③ までですから　　　④ ばかりですから

25. 海外旅行には行きたいけれど、お金がないから、あきらめる＿＿＿＿。

① かぎりだ　　　② ことはない　　　③ おそれがある　　　④ よりしかたがない

26. このイベントが成功したのは、周囲の支援とメンバー全員の努力の結果_______。

① になくてはならない　　　　　② にほかならない

③ にあたらない　　　　　　　　④ にすぎない

27. 自分がこんなに早く結婚するとは_______。

① 思ってもみなかった　　　　　② 思ってはいられない

③ 思ってばかりいる　　　　　　④ 思ってよかった

28. 上手になりたければ、毎日短い時間でもいいから練習を続ける_______。

① ものか　　　　② ものがある　　　　③ ことだ　　　　④ ことになっている

29. こちらは山本先生の奥様で_______。

① います　　　　② おります　　　　③ いられます　　　　④ いらっしゃいます

30. パーティーはあまり好きではないが、今回は_______ねばならない。

① 行か　　　　② 行き　　　　③ 行く　　　　④ 行け

問題Ⅵ 次の文の____にどんな言葉を入れたらよいか。1・2・3・4から最も適当なものを一つ選びなさい。

31. 勝負は勝てばよい_______。どんな勝ち方をしたのかが重要である。

① のであろう　　　　② のではないか　　　　③ ということだ　　　　④ というもうではない

32. A「あの映画、すごく人気があって込んでいるみたいだから、早く行こうよ。」

　　B「そうはいっても、_______。」

① 映画館には早く行ったほうがいいよ

② あの映画はとても評判がいいらしいよ

③ まだ仕事があるから、すぐには行けないよ

④ 用事が済んだから、映画を見る時間ならあるよ

33. ちゃんと前を見て運転してよ。今、となりの車に________よ。本当にあぶなかったんだから。

① ぶつかるところだった　　　　　② ぶつかったところだ

③ ぶつかってしまった　　　　　　④ ぶつかろうとした

34. 彼女は若いけれどもとても優秀です。次の仕事はわが社にとって重要ですので、________。

① 彼女に任せるはずがないでしょう　　② 彼女に任せても仕方ありません

③ 彼女に任せてやってください　　　　④ 彼女に任せようがありません

35. 今年の夏休みは旅行どころではなかった。というのは、________からだ。

① みんなが家でのんびりしていた　　② 父が病気で入院してしまった

③ 夏休みに旅行に行けなかった　　　④ 私が海で泳ぎたくなかった

정답

문제Ⅳ	1 ③　2 ①　3 ②　4 ②　5 ④　6 ③　7 ①　8 ③　9 ②　10 ④　11 ①
	12 ④　13 ③　14 ③　15 ②　16 ④　17 ②　18 ①　19 ④　20 ①
문제Ⅴ	21 ③　22 ②　23 ②　24 ①　25 ④　26 ②　27 ①　28 ③　29 ④　30 ①
문제Ⅵ	31 ④　32 ③　33 ①　34 ③　35 ②

2009년 7월 2급 기출문제

問題IV 次の文の____にどんな言葉を入れたらよいか。1・2・3・4から最も適当なものを一つ選びなさい。

1. 会議での決定に________、来月から新製品の生産を開始することになった。
① かけては　　　② かぎって　　　③ したがい　　　④ したら

2. 私たちのサークルは、ゴルフの経験の有無を________、だれでも入れます。
① ぬいて　　　② めぐって　　　③ かまわず　　　④ とわず

3. 締め切り直前になってテーマを変える________、いい論文が書けないだろう。
① ならでは　　　② ままでは　　　③ ようでは　　　④ ものでは

4. 来月の演奏会________、毎日バイオリンの練習を続けている。
① にとって　　　② に向けて　　　③ のあげく　　　④ の末に

5. 平凡な私________、彼女はあらゆる才能に恵まれているように思える。
① からみると　　　② からには　　　③ につけても　　　④ について

6. 旅行のプランは、お客様のご希望________変更できます。
① のことで　　　② といって　　　③ を前にして　　　④ に応じて

7. あいさつする予定の市長がまだ到着して________、閉会式が遅れそうだ。
① いるわりに　　　② いないわりに　　　③ おらず　　　④ おり

8. この仕事は楽だし、給料もいいし、通勤時間が長いこと________文句ない。
① をのぞいては　　　② にしては　　　③ からいって　　　④ のくせに

9. 壁の汚れが気になって、上からペンキを________、かえって汚くなってしまった。

① 塗っただけあって　② 塗ったら　　　　③ 塗るところ　　　　④ 塗るうえで

10. 娘があまりに楽しみにしていた________、遊園地に行けなくなったことをすぐには言い出せなかった。

① ものの　　　　② ものなら　　　　③ ものでも　　　　④ ものだから

11. 三時間待った________、雨がやみ、美しい景色を見ることができた。

① かいがあって　　　② ほどでなくても　　③ ばかりに　　　　④ かぎりでは

12. たとえ不合格________、君の今までの努力はむだではないよ。

① だったら　　　　② だとしても　　　　③ であるなら　　　　④ でないことには

13. 農業技術が発達する________、人々の暮らしは豊かになっていった。

① からといって　　　② にあたって　　　③ であるなら　　　　④ でないことには

14. エネルギーの問題がこれほど深刻になった________、世界各国が協力して、ただちに対策を立てるべきだ。

① からして　　　　② だけあって　　　③ 以上　　　　④ 一方

15. 資料をコピーしたいんですが、コピー機を________よろしいですか。

① 使わせてくださっても　　　　　　② 使わせていただいても

③ 使ってあげても　　　　　　　　　④ 使ってくれても

16. 大企業の社長という地位を________、私にはやりたいことがある。

① 捨ててでも　　　② 捨ててばかり　　③ 捨てるって　　　④ 捨てるまでも

17. 駅から家までバスに乗らずに歩くのは、節約________健康のためだ。

① だけで　　　　② という　　　　③ にもかかわらず　　　④ どころか

18. 外国での生活を＿＿＿＿はじめて自分の国の良さがわかった。

① して   ② する   ③ した   ④ しない

19. 事務所のかぎを＿＿＿＿とたんに、中で電話が鳴りはじめた。

① しめて   ② しめる   ③ しめた   ④ しめよう

20. 地方では人口が＿＿＿＿に対して、都市部では人口が急激に増えている。

① 減った   ② 減る   ③ 減ってる   ④ 減っている

問題V 次の文の＿＿＿＿にどんな言葉を入れたらよいか。1・2・3・4から最も適当なものを一つ選びなさい。

21. 合計がこんなに大きい数字になるなんて、だれかが計算を＿＿＿＿。

① 間違えるにかぎる   ② 間違えるわけにはいかない

③ 間違えたものがある   ④ 間違えたにちがいない

22. 環境問題への関心が高くなり、車ではなく電車を利用する人が＿＿＿＿。

① 増えつつある   ② 増えてばかりいる   ③ 増えかねる   ④ 増えようと思う

23. 幸い友人が冷蔵庫をくれたので、新しいのを＿＿＿＿。

① 買うばかりだった   ② 買わなくてすんだ

③ 買うどころではなかった   ④ 買いようもなかった

24. 今晩、大型の台風がこの地方へ＿＿＿＿。

① 近づかざるを得ません   ② 近づいてたまりません

③ 近づくおそれがあります   ④ 近づくままになっています

25. あしたハイキングに行くかどうかは、お天気＿＿＿＿。

① 次第だ   ② 向きだ   ③ のみだ   ④ ほどだ

26. あの学生は体が弱くて、授業を＿＿＿＿。

① 休んでもみない   ② 休むわけがない   ③ 休みかけだ   ④ 休みがちだ

27. 怖くて怖くて、大声で叫びたい＿＿＿＿。

① べきだった   ② くらいだった   ③ とおりだった   ④ つもりだった

28. 常識のある大人なら、目上の人に対して失礼なことを言う＿＿＿＿。

① ほどではない   ② ことではない   ③ ものではない   ④ までではない

29. そんなに体の具合が悪いなら、無理をしないで＿＿＿＿。

① 休まないほうがいいよ   ② 休まなければいいよ

③ 休んだらいいじゃないか   ④ 休んだじゃないか

30. お世話になった先生が突然入院されたと聞いて、私は心配で病院に＿＿＿＿。

① 行きそうもなかった   ② 行かずにはいられなかった

③ 行くかのようだった   ④ 行くというものだった

問題Ⅵ 次の文の＿＿＿＿にどんな言葉を入れたらよいか。1・2・3・4から最も適当なものを一つ選びなさい。

31. A「この展覧会、人気があるんだね。これじゃ、入るまでに1時間は並ぶよ。」
    B「そうだね。私たち、もっと早く＿＿＿＿。」

① 来ればよかったね   ② 来たらいいのにね

③ 来たってことだね   ④ 来るほどじゃないね

32. A「あんなに大きなけがをしたんだから、危険なことはもう二度とやらないでしょうね。」

B「いや、彼だったら＿＿＿＿＿＿。」

① やらないのも無理はないだろう　　　② どんどんやればいいのに

③ やるのはもっともだ　　　④ またやりかねないよ

33. 実力のあるチームがいつも勝つ＿＿＿＿＿＿。試合はやってみなければわからないのだ。

① ということだ　　② に決まっている　　③ とは限らない　　④ のではないか

34. 残念ですが、あしたのパーティーには参加できません。＿＿＿＿＿＿、急に出張することになったんです。

① といっても　　② というのは　　③ そのために　　④ それならば

35. 君が一人で責任を感じる＿＿＿＿＿＿。そんなに悩んでいたら体をこわしてしまうよ。

① ことはない　　② わけではない　　③ はずがない　　④ にちがいない

<table>
<tr><td colspan="2">정답</td></tr>
<tr><td>문제IV</td><td>1 ③　2 ④　3 ③　4 ②　5 ①　6 ④　7 ③　8 ①　9 ②　10 ④　11 ①
12 ②　13 ②　14 ③　15 ②　16 ①　17 ④　18 ①　19 ③　20 ④</td></tr>
<tr><td>문제V</td><td>21 ④　22 ①　23 ②　24 ③　25 ①　26 ④　27 ②　28 ③　29 ③　30 ②</td></tr>
<tr><td>문제VI</td><td>31 ①　32 ④　33 ③　34 ②　35 ①</td></tr>
</table>

★★★ 5문항 출제 예상

신 일본어능력시험에 새롭게 등장한 형식으로 통상적으로 올바르고, 의미가 통하는 문장을 구성할 수 있는지 묻는다.

출제 경향(예제)

問題2　つぎの文の＿★＿に入る最もよいものを、1・2・3・4から一つ選びなさい。

1.　先週 ＿＿＿＿ ＿＿＿＿ ＿★＿ ＿＿＿＿ から、行ってみませんか。

　　① ばかりの　　　　② レストランが　　　③ オープンした　　　④ ある

2.　A 「田中さんはダンスが上手ですよね。」

　　B 「そうですね。どうやったら ＿＿＿＿ ＿＿＿＿ ＿★＿ ＿＿＿＿ 不思議に思います。」

　　① できるのか　　　　② 動きが　　　　③ とても　　　　④ あんな

정답　1 ②　　2 ①

★★★ 5문항 출제 예상

새로운 형식으로 문단의 흐름에 맞는 문장인지를 판단할 수 있는지 묻는다.

출제 경향(예제)

問題3　つぎの文章を読んで、　1　から　5　の中に入る最もよいものを、1・2・3・4から一つ選びなさい。

富士山の思い出

ヒエン

　今年の夏休みに、初めて富士山に登りました。富士山は日本でいちばん高い山で、3776メートルもあります。　1　はわたしの国にはありません。それで、留学したら、ぜひ登ってみたいと思っていました。

　富士山の途中までバスで行って、夜10時ごろから登り始めました。山の上で朝日を見るために夜中も歩かなければなりませんでした。登山の途中で、　2　と思いました。なぜかというと、夏でも富士山の上のほうは本当に寒かったし、予想よりも山の道を歩くのは大変で、足も痛かったからです。　3　、山の上に着いて朝日を見たら、それまでの疲れが消えてしまいました。突然、目の前に広がる雲の間から朝日が　4　。今まで見た中でいちばん美しい朝日でした。一生忘れないだろうと思います。とてもすばらしい　5　。

1

① このいちばん高い富士山
② こんな富士山
③ こんなに高い山
④ このいちばん高い山

2

① いつか行こう
② とうとう来なかった
③ やっと帰った
④ もう帰りたい

3

① そのうえ
② しかし
③ 実は
④ それに

4

① 現れたのです
② 現れるはずです
③ 現れたのでしょう
④ 現れるはずでした

5

① 思い出を作りたいです
② 思い出もあります
③ 思い出になりました
④ 思い出がほしいです

정답 (1) ③ (2) ④ (3) ② (4) ① (5) ③

제5부

언어지식(문법) 종합 대책

[동사·형용사 활용] 총정리

동사·형용사 활용표

	1그룹동사	2그룹동사	3그룹동사		い형용사	な형용사
기본형	書く (쓰다)	見る (보다)	来る (오다)	する (하다)	安い (싸다)	元気だ (건강하다)
ます형	書きます (씁니다)	見ます (봅니다)	きます (옵니다)	します (합니다)	安いです (쌉니다)	元気です (건강합니다)
부정형	書かない (쓰지 않다)	見ない (보지 않다)	こない (오지 않다)	しない (하지 않다)	安くない (싸지 않다)	元気ではない (건강하지 않다)
명령형	書け (써, 써라)	見ろ (봐, 봐라)	こい (와, 와라)	しろ (해, 해라)	*	*
가정형	書けば (쓰면)	見れば (보면)	くれば (오면)	すれば (하면)	安ければ (싸면)	元気であれば (건강하면)
가능형	書ける (쓸 수 있다)	見られる (볼 수 있다)	こられる (올 수 있다)	できる (할 수 있다)	*	*
의지형 (의도형)	書こう (쓰자, 써야지)	見よう (보자, 봐야지)	こよう (오자, 와야지)	しよう (하자, 해야지)	*	*
사역형	書かせる (쓰게 하다)	見させる (보게 하다)	こさせる (오게 하다)	させる (하게 하다)	*	*
수동형	書かれる (쓰게 되다)	見られる (보게 되다)	こられる (오게 되다)	される (하게 되다)	*	*
사역 수동형	書かせられる (억지로 쓰다, 어쩔 수 없이 쓰다)	見させられる (억지로 보다, 어쩔 수 없이 보다)	こさせられる (억지로 오다, 어쩔 수 없이 오다)	させられる (억지로 하다, 어쩔 수 없이 하다)	*	*

직접 수동

능동문의 を격(格)과 に격(格)의 명사구를 수동문의 주어로 하는 형태

(능동) 父が　子供を　しかる。 아버지가 아이를 꾸짖다.

(수동) 子供が　父に　しかられる。 아이가 아버지에게 야단맞다.

(능동) 兄が　弟を　殴った。 형이 동생을 때렸다.

(수동) 弟が　兄に　殴られた。 동생이 형에게 맞았다.

간접 수동(피해 수동)

간접 수동은 직접 수동과는 달리 문법적으로 대응하는 능동문이 존재하지 않으며, 주어에 대한 동작주나 원인의 관여가 간접적이라는 특징을 가진다.
자동사문에서 파생된 '제 3자 수동'과 타동사문에서 파생된 '소유 수동'이 있다.

1. 제 3자 수동(자동사문 수동)

능동문에 없는 명사구가 수동문의 주어가 되는 형태.

(능동) 隣の人が　騒ぐ。 옆집 사람이 떠들다.

(수동) (私は)　隣の人に　騒がれる。 (나는) 옆집 사람이 떠들다(피해를 입다).

(능동) 雨が　降った。 비가 내렸다.

(수동) (私は)　雨に　降られた。 (나는) 비를 맞았다.

2. 소유 수동

수동문에서 주어의 신체 부위와 소유물 또는 관계자인 경우.

(능동) 泥棒が　私の財布を　取った。 도둑이 내 지갑을 가져갔다.

(수동) 私は　泥棒に　財布を　取られた。 나는 도둑에게 지갑을 도둑맞았다.

(능동) 犬が　私の手を　噛んだ。 개가 내 손을 물었다.

(수동) 私は　犬に　手を　噛まれた。 나는 개에게 손을 물렸다.

※ '소유 수동'은 대부분 '피해 수동'을 나타내는데, 상황에 따라서는 동작주로부터 어떤 은혜나 이익을 받았다는 의미를 나타내는 경우도 있다.

(능동) 先生が　私の息子を　ほめた。 선생님이 내 아들을 칭찬했다.

(수동) 私は　先生に　息子を　ほめられた。 나는 선생님에게 아들을 칭찬받았다.

(능동) 文壇は　彼の作品を　認めた。 문단은 그의 작품을 인정했다.

(수동) 彼の作品は　文壇に　認められた。 그의 작품은 문단에 인정받았다.

직접 수동과 간접 수동 

동일한 동사를 사용한 타동사문 「Xが Yを ～する」에서 목적어(Y)의 구조에 따라 직접 수동이 되기도 하고 간접 수동이 되기도 한다.

※같은 동사의 능동문에서 파생된 직접 수동과 간접 수동의 예문

[직접] 台風で家が倒された。 태풍으로 집이 쓰러졌다.

(간접) 台風に家を倒された。 태풍에 집이 쓰러지고 말았다.

[직접] 多くの家が土砂崩れでつぶされた。 많은 집이 산사태로 무너졌다.

(간접) (私は)家を地震でつぶされた。 (나는) 지진으로 집이 무너지고 말았다.

[직접] 花壇が誰かに壊された。 화단이 누군가에 의해 파괴되었다.

(간접) きれいな花壇を誰かに壊されてしまった。 누군가 예쁜 화단을 망쳐버렸다.

[직접] 引越しで家具が傷つけられた。 이사로 가구가 손상되었다.

(간접) 引越しセンターに大事な家具を傷つけられた。 이삿짐센터가 내 소중한 가구를 손상 입혔다.

[직접] 関税の引き下げが強く主張された。 관세 인하가 강력하게 주장되었다.

(간접) 韓国はアメリカに関税の引き下げを強く主張された。
한국은 미국으로부터 관세 인하를 강력하게 요구받았다.

[직접] 隣には大きな犬が飼われている。 옆집에는 큰 개가 사육되고 있다.

(간접) アパートで犬を飼われると、近所迷惑だ。 아파트에서 개를 키우면 이웃집에 폐가 된다.

직접 수동문의 동작주를 나타내는 격(格)

수동문에서 동작주는 일반적으로 「に」격(格)으로 나타내지만, 그 밖에 「から」격(格)과 「によって」격(格)으로 나타낼 수 있다.

1. 「から」격(格)으로 나타내는 경우

무엇인가를 받는 사람을 「に」격(格)으로 나타내는 동사의 경우, 수동문의 동작주를 「に」격(格)으로 나타내면 혼란이 생기기 때문에 동작주는 「から」격(格)으로 나타낸다. 주로 쓰이는 동사는 다음과 같다.

> 渡す(건네다) ・ 送る(보내다) ・ 与える(주다, 제공하다)

権利は国 (○ から / × に) 与えられるものではなく獲得するものだ。
권리는 나라로부터 주어지는 것이 아니라 획득하는 것이다.

大学生 (○ から / × に) メールで送られたアンケートに怒る。
대학생으로부터 메일로 보내온 앙케트에 화나다.

大会委員長 (○ から / × に) 参加者全員に記念品が渡された。
대회위원장으로부터 참가자 전원에게 기념품이 건네졌다.

2. 「によって」격(格)으로 나타내는 경우

창조행위를 나타내는 동사가 술어로 쓰인 수동문은 동작주가 막연하거나 불분명한 경우가 많아서 행위자를 표면에 나타내지 않는 경우가 많지만, 굳이 동작주나 원인 등을 명시하고자 할 경우, 「によって」격(格)으로 나타낸다. 주로 쓰이는 동사는 다음과 같다.

> 編む(뜨다, 짜다) ・ 書く(쓰다) ・ 確認する(확인하다) ・ 設計する(설계하다)
> 建てる(세우다) ・ 作る(만들다) ・ 伝える(전하다) ・ 発明する(발명하다)

この建物は有名な建築家 (○ によって / × に) 設計された。
이 건물은 유명한 건축가에 의해 설계되었다.

フランス人 (○ によって / × に) 書かれた原作小説。 프랑스인에 의해 쓰인 원작 소설

要するに現在の最高裁は小泉内閣人事 (○ によって / × に) 作られたのである。
결국 현재의 최고재판소는 고이즈미 내각 인사에 의해 만들어진 것이다.

眼鏡は13世紀の中頃イタリア人 (○ によって / × に) 発明されたと言われている。
안경은 13세기 중엽 이탈리아인에 의해 발명되었다고 일컬어지고 있다.

[격조사] 종합 대책

주로 체언(명사, 대명사, 수사)에 붙어 문장 안에서 다른 말에 대해 어떤 관계에 있는 것인지를 나타냄.

が 

1. 주어를 나타냄(동작, 상태의 주체)

- 花が咲く。꽃이 피다.
- 子供が遊んでいる。어린이가 놀고 있다.

2. 대상어를 나타냄(감정의 대상)

- バナナが好きだ。바나나를 좋아한다.

※ 희망, 좋고 싫음, 가능, 능력 등을 나타내는 표현에는 조사「が」를 사용한다.

- ~が好きだ。~을(를) 좋아하다.
- ~が~たい。~을(를) ~하고 싶다.
- ~が下手だ。~을(를) 못하다.
- ~がわかる。~을(를) 알다.
- ~がほしい。~을(를) 원하다, 갖고 싶다. ☞ 3인칭의 경우는「~をほしがる」

- ~が嫌いだ。~을(를) 싫어하다.
- ~が上手だ。~을(를) 잘하다.
- ~ができる。~을(를) 할 줄 알다.
- *~が + 가능동사 ~을(를) ~할 수 있다.

※ ~がする

- 味がする。맛이 나다.
- 香がする。향기가 나다.
- 寒気がする。오한이 나다, 한기가 들다.
- 目眩がする。현기증이 나다.
- 感じがする。느낌이 들다.

- においがする。냄새가 나다.
- 音がする。소리가 나다.
- 吐気がする。구역질이 나다.
- 気がする。기분이 들다.
- 傷がする。상처가 나다.

の 

1. 연체수식어(명사와 명사를 연결)

- 来年の夏。내년 여름.
- 革のかばん。가죽 가방.

2. 주어

- 雨の降る日。비가 오는 날.　• ぼくの読んだ本はこれだ。내가 읽은 책은 이것이다.

3. 병립(열거)

- 行くの行かないのと悩んでいる。가느니 안 가느니 하며 고민하고 있다.
- 死ぬの生きるのと騒いでいる。죽느니 사느니 하며 소란을 피우고 있다.
- 狭いの汚いのと文句ばかり言う。좁다느니 더럽다느니 투정만 한다.

4. 체언화(~것)

- 来るのが遅い。오는 것이 느리다.　　　　　• 安いのがいい。싼 것이 좋다.
- 出るのはまだ早い。나가는 것은 아직 이르다.

5. 동격(~인)

- 社長の山田です。사장인 야마다입니다.
- 友達の星野から連絡があった。친구인 호시노에게서 연락이 있었다.

を 

1. 대상(목적)

- 本を読む。책을 읽다.　　　　　　　• 手紙を書く。편지를 쓰다.

2. 출발점, 기점

- 家を出る。집을 나서다.　　　　　　• バスを降りる。버스를 내리다.

3. 통과하는 장소, 경과점

- 橋を渡る。다리를 건너다.　　　　　• 角を曲がる。모퉁이를 돌다.

※ 「~が~たい」와 「~を~たい」

- A : 山田さんは何が食べたいですか。야마다씨는 무엇이 먹고 싶습니까?

  B : 私はりんごが食べたいです。나는 사과가 먹고 싶습니다.

  ☞ 사과의 목적어에만 주목해서 '먹고 싶은 것이 무엇인가, 사과다'라는 의미.

- A : 山田さんは何をしたいんですか。야마다씨는 무엇을 하고 싶습니까?

  B : 私はりんごを食べたいです。나는 사과를 먹고 싶습니다.

  ☞ 동작 전체에 주목해서, '무엇을 하고 싶은가, 사과를 먹는 것'이라는 의미.

※「～を～たい」표현을 사용해야만 되는 경우

①「を」격(格) 의미가 행위의 대상이 아닌 경우

- 空 (× が / ○ を) 飛びたい。하늘을 날고 싶다. ☞ 空(하늘)는 통과하는 장소를 나타냄.

②「を」격(格)과 동사 사이에 다른 요소가 들어가 있는 경우

- 美味しいコーヒー (× が / ○ を) たくさん飲みたい。맛있는 커피를 많이 마시고 싶다.

③ 동사에「～ている」형식이 있는 경우

- もっと話 (× が / ○ を) していたい。좀 더 이야기를 하고 싶다.

※「を」를 취하는 자동사에 대해서

일반적으로 동사는 목적어(조사「を」)를 취하지 않는 자동사와 목적어(조사「を」)를 취하는 타동사로 크게 구분되지만, 자동사가 이동 동사인 경우는 조사「を」를 취한다.

「を」를 취하는 자동사 (＝장소의 이동을 나타내는 자동사)

① (대상이 되는 장소를 '외부에서 안으로' 이동) : 조사는「に」

　예 入る(들어가다, 들어오다), 乗る(타다), 登る(오르다), 着く(도착하다)

② (대상이 되는 장소를 '안에서 외부로' 이동) : 조사는「を」

　예 出る(나오다), 降りる(탈 것 등에서 내리다), 下りる(내리다), 離れる(떨어지다, 멀어지다), 発つ(출발하다, 떠나다)

③ (대상이 되는 장소의 '안에서만' 이동) : 조사는「を」

　예 歩く(걷다), 走る(달리다), 飛ぶ(날다), 流れる(흐르다), はう(붙어서 뻗어가다),
　　 転がる(구르다), 橋を渡る(다리를 건너다)

④ (대상이 되는 장소를 '외부에서 안을 통해서 외부로' 이동) : 조사는「を」

　예 川を渡る(강을 건너다), 山を越える(산을 넘다), トンネルを抜ける(터널을 빠져나가다)

⑤ (대상이 되는 장소를 '스쳐서' 이동) : 조사는 「を」

　예 曲がる(돌다), 巡る(순회하다)

요점 정리

「出る」는 「私は部屋を出る」로, 주어가 이동을 하는 것이고, 「出す」는 「私は子供を部屋から出す」이며, 목적어가 이동을 하는 것이다. 결국, '타동사'는 원칙적으로 목적어가 동사의 행위를 받는다.

'장소의 이동을 나타내는 자동사'라는 개념으로서, 위에 예를 든 동사를 한데 묶어서, '자동사'로서 취급한다.

'장소의 이동을 나타내는 자동사'는 그 대상이 되는 장소 뒤에 「を」를 사용한다. 다만, '외부에서 안으로'를 의미하는 동사의 경우에만 「に」를 사용한다(위 예(1)).

に

1. 존재 · 소유의 장소, 위치

- 庭に池がある。정원에 못이 있다.
- 私には弟が二人いる。나에게는 남동생이 두 명 있다.

2. 시간

- ６時に起きる。6시에 일어난다.
- ゆうべ１１時に寝た。어젯밤 11시에 잤다.

3. 이동의 도착점

- タクシーに乗りましょう。택시를 탑시다.
- ここに座ってもいいですか。여기에 앉아도 됩니까?

4. 동작 · 작용의 대상, 상대

- 先生に会う。선생님을 만나다.
- 友達にプレゼントをあげた。친구에게 선물을 주었다.

5. 수동 · 사역의 동작 대상, 주체

- 親に叱られる。부모에게 야단맞다.
- 子供に勉強させる。아이에게 공부하게 하다(공부시키다).

6. 이동의 목적

- 買物に行く。물건 사러 가다.
- 遊びに出掛ける。놀러 나가다.

7. 기준

- 私のアパートは駅に近いんです。나의 아파트는 역에 가깝습니다.
- 1ヶ月に一回出張がある。1개월에 한 번 출장이 있다.

8. 원인 · 변화의 결과

- お金に困っているんです。돈에 궁핍합니다.
- 信号が赤に変わる。신호가 적색으로 바뀌다

9. 열거

- パンにミルクに卵。빵에 밀크에 달걀.
- 国語に数学に英語の試験がある。국어에 수학에 영어 시험이 있다.

で

1. 동작 · 작용의 장소

- 図書館で勉強する。도서관에서 공부하다.
- あの店でラーメンを食べた。저 가게에서 라면을 먹었다.

2. 수단, 방법, 도구, 재료

- 電車で行く。전차로 가다.
- ペンで書く。펜으로 쓰다.
- ラジオで聞いた話。라디오에서 들은 이야기.
- 紙で人形を作る。종이로 인형을 만들다.

3. 범위

- 二時間で仕事を終える。2시간에 일을 끝내다.
- 私の国では農業が盛んです。우리 고장에서는 농업이 성행합니다.

4. 한도, 기한

- 一日でできる。하루에 할 수 있다.
- これは百円で買いました。이것은 백 엔에 샀습니다.

5. 이유, 원인

- 病気で学校を休む。병으로 학교를 쉬다.
- 地震で電車が止まった。지진으로 전차가 멈췄다.

へ

1. 동작의 방향

- 北へ向かう。 북으로 향하다.
- 前へ進んでいく。 앞으로 나아가다.

2. 상대 · 대상으로의 방향

- 母へ手紙を出す。 어머니에게 편지를 보내다.
- 医者へ行く。 의사에게 가다.

3. 동작의 귀착점(회화체에 한해서 사용 = に)

- 東京駅へ着く。 도쿄 역에 도착하다.
- ここへ置いてはいけない。 여기에 놓아서는 안 된다.

と

1. 상대(≠ と一緒に)

- 野村さんは山田さんと結婚した。 노무라씨는 야마다씨와 결혼했다.
- 野村さんは山田さんと離婚した。 노무라씨는 야마다씨와 이혼했다.
- 野村さんは山田さんと喧嘩した。 노무라씨는 야마다씨와 싸웠다.
- 反対党と戦う。 반대당과 싸우다.

2. 공동의 상대(= と一緒に)

- 今晩家族と食事をします。 오늘밤 가족과 식사를 합니다.
- 母と買物に出掛ける。 어머니와 물건 사러 나가다.

3. 비교

- 昔と違う。 옛날과 다르다.
- 私のはあなたのと同じだ。 내 것은 당신 것과 같다.

4. 열거

- 本とノートをもらう。 책과 노트를 받다.
- 君と僕が選ばれた。 너와 내가 뽑혔다.

5. 변화의 결과

- 社長となった。사장이 되었다. • 発言が問題となる。발언이 문제가 되다.

6. 인용

- いいと思う。좋다고 생각하다. • 禁煙と書いてある。금연이라고 써 있다.

から

1. 출발점, 기점

- 会議は午後1時から始まります。회의는 오후 1시부터 시작합니다.
- 家から駅まで歩く。집에서 역까지 걷는다.

2. 받는 동작의 상대, 출처

- 田中さんから辞書を借りた。다나카씨로부터 사전을 빌렸다.
- 友達から聞いた話。친구로부터 들은 이야기.

3. 원인, 발단

- ちょっとした油断から失敗することが多い。약간의 방심으로 실패하는 경우가 많다.
- たばこの不始末から火事になる。담배의 부주의로 화재가 되다.

4. 판단의 근거

- 調査の結果から見て、次のようなことが言える。조사 결과로 봐서, 다음과 같은 것을 말할 수 있다.
- 日頃の言動から考えれば当然のことだ。평소의 언동으로 생각하건대 당연한 것이다.

5. 원료, 재료

- 酒は米から作る。술은 쌀로 만든다.
- 醤油は大豆から作る。간장은 콩으로 만든다.

6. 기준치 이상

- 五千円からする。5천 엔이나 한다.
- 一万人からの人が集まっている。만 명 이상의 사람이 모여 있다.

まで

시간, 장소, 등의 한도

- 家から学校まで1時間かかる。집에서 학교까지 1시간 걸린다.
- 授業は朝9時から午後4時までです。수업은 아침 9시부터 오후 4시까지입니다.
- 東京から大阪までの距離。도쿄에서 오사카까지의 거리
- この映画は、子供からお年寄までご家族みんなで楽しんで頂けます。
  이 영화는 어린이부터 노인까지 가족 모두가 즐기실 수 있습니다.

より

1. 기점, 출처

- 東京駅より出発。도쿄 역에서 출발.
- ソウルより愛をこめて。서울에서 사랑을 담아.

2. 비교의 기준

- 日本より大きな国。일본보다 큰 나라.
- 去年より寒い。작년보다 춥다.

3. 한정

- 黙っているよりなかった。잠자고 있을 수밖에 없었다.
- そうするよりほかにない。그렇게 하는 수밖에 없다.

に와 で

妹はあの部屋(○ に / × で)います。 여동생은 저 방에 있습니다.

妹はあの部屋(× に / ○ で)勉強をしています。 여동생은 저 방에서 공부하고 있습니다.

☞ 「に」: 존재 장소를 나타냄. '~에'로 번역.

　「で」: 동작의 장소를 나타냄. '에서'로 번역.

　* ~に住む (~에 살다) / ~で暮らす (~에서 지내다)

　* ~に勤める (~에 근무하다) / ~で働く (~에서 일하다)

会議は3時(× に / ○ で)終わった。 회의는 3시에 끝났다.

試験は今日(× に / ○ で)終わった。 시험은 오늘로 끝났다.

時計は2時(× に / ○ で)止まっている。 시계는 2시에 멈추어 있다.

仕事は4時(× に / ○ で)止めましょう。 일은 4시에 그만둡시다.

☞ 종료점이나 귀착점을 나타내는 경우에는 「で」를 사용.

朝9時(○ に / × で)始まる。 아침 9시에 시작된다.

5時(○ に / × で)余震があった。 5시에 여진이 있었다.

弟は6時(○ に / × で)生まれた。 남동생은 6시에 태어났다.

日曜日(○ に / × で)行く。 일요일에 간다.

☞ 개시점을 나타내는 경우에는 「に」를 사용.

※ あとにと あとで

後に : 시간의 어느 한 점에 주목, 일반적으로 상태 표현이 이어짐. 지금 하던 일을 나중으로 미루는 의미.

後で : 어느 한 점의 시간 후에 일어나는 동사까지 영향을 미치고, 일반적으로 동작 표현이 이어짐. 순서적으로 '나중에'라는 의미.

食事のあとに、コーヒーを飲みます。 식사 후에 커피를 마십니다. ☞ 「食事のあと」에 중점이 있음.

食事のあとで、コーヒーを飲みます。 식사 후에 커피를 마십니다. ☞ 「コーヒーを飲む」에 중점이 있음

(× あとに ／ ○ あとで) 行_いきます。

☞ 「あとに」는 두 가지 일에 대한 전후관계를 나타냄.
　「あとで」는 말하는 시점과 그 이후의 시점과의 관계를 나타냄.

食事_{しょくじ}を済_すませたあとに一時間_{いちじかん}ほど昼寝_{ひるね}をした。 식사를 끝낸 후에 한 시간 정도 낮잠을 잤다.

今_{いま}忙_{いそが}しいから、あとでお電話_{でんわ}ください。 지금 바쁘니까 나중에 전화해 주십시오.

映画_{えいが}を見_みたあとでイタリア料理_{りょうり}を食_たべに行_いきましょう。 영화를 본 후에 이탈리아 요리를 먹으러 갑시다.

に와 を 

富士山_{ふじさん} (× に ／ ○ を) 頂上_{ちょうじょう}まで登_{のぼ}る。 후지산을 정상까지 오르다.

☞ 「に」: 이동의 도착점을 나타냄.
　「を」: 통과점을 나타냄.

「富士山を」는 이동 행위가 이루어지는 장소를 나타내고 있지만, 「富士山に」는 이미 목적지를 나타내고 있기 때문에 「頂上

まで」를 쓰게 되면, 목적지를 겹쳐서 나타내게 되므로 잘못된 표현이 된다.

を와 から 

煙突_{えんとつ} (× を ／ ○ から) 煙_{けむり}が出_でる。 굴뚝에서 연기가 나다.

☞ 주체가 의지를 갖지 않는 경우(무생물 주어의 경우), 「から」만 사용된다.

部屋_{へや} (× を ／ ○ から) 廊下_{ろうか}に出_でる。 방에서 복도로 나오다.

☞ 이동하는 곳을 포함에서 말할 때, 「から」만 사용된다.

大学_{だいがく}を出_でる。 대학을 나오다.

☞ 대학을 졸업하다, 대학(건물)에서 나오다.

大学_{だいがく}から出_でる。 대학에서 나오다

☞ 대학(건물)에서 나오다.

1番線_{いちばんせん} (○ を ／ ○ から) 「中央線_{ちゅうおうせん}」が発車_{はっしゃ}した。 1번 선(을/에서) '중앙선'이 발차했다

☞ 이동하는 장소, 기점을 나타낸다.

何番線（ × を ／ ○ から）「中央線」が発車するんですか？ 몇 번 선에서 '중앙선'이 발차합니까?

☞ 이동의 기점을 강하게 제시하는 경우, 「から」만 사용된다.

に와 へ

東京（ ○ に ／ ○ へ）行きます。 도쿄에 갑니다.

☞ 「に」: 이동의 도착점을 나타냄.
　「へ」: 이동의 방향을 나타냄.

お風呂（ ○ に ／ × へ）入る。 목욕을 하다.
電車（ ○ に ／ × へ）乗る。 전차를 타다

☞ 관용적으로 사용되는 경우.

に와 と

に : 일방적 방향성

〜に相談する : 조언을 얻고 싶을 때 사용.
友達に会った : 친구를 만났다.(약속은 없었지만 우연히 만났을 경우에 사용)
私は父に似ています : 나는 아버지를 닮았다.(내가 부모를 닮은 것이지 서로 닮은 것이 아니다)

と : 양방향성

〜と相談する : 대등한 입장에서 서로의 의견을 내는 경우에 사용.
友達と会った : 만나기로 약속한 후에 만났을 경우에 사용.
私は田中さんと似ています : 서로 닮았다.

まで와 に와 へ

時間がなかったので、駅 (○ まで ／ ○ に ／ ○ へ) バスで行った。
시간이 없기 때문에, 역(까지/에/으로)버스로 갔다.

☞ 「行く、来る、着く」 등의 동사는 이동이 끝나는 장소를 「まで」, 「に」, 「へ」로 나타낸다.

公園 (○ まで ／ × に ／ × へ) 走りましょう。 공원까지 달립시다.

毎日学校 (○ まで ／ × に ／ × へ) 歩きます。 매일 학교까지 걷습니다.

向こう岸 (○ まで ／ × に ／ × へ) 泳いだ。 건너편 물가까지 헤엄쳤다.

☞ 「歩く、走る、泳ぐ」 등의 동사는 「まで」와 함께 사용할 수 있지만, 「に」, 「へ」와 함께 사용할 수 없다.

日本では東京と横浜 (× まで ／ ○ に ／ ○ へ) 行った。 일본에서는 도쿄와 요코하마에 갔다.

☞ 「まで」는 계속되고 있는 동작이 종료된 장소를 나타내기 때문에, 동시에 두 가지 이상의 장소를 취할 수 없다.

と와 に와 や

병렬조사로서 나열하는 데 사용되는데, 다음과 같은 차이점이 있다.

テーブルの上にはリンゴとみかんがある。 테이블 위에는 사과와 귤이 있다.

☞ 테이블 위에 있는 것은 사과와 귤뿐이고 그 밖의 것은 없다는 암시.

テーブルの上にはリンゴやみかんがある。 테이블 위에는 사과랑 귤이 있다.

☞ 테이블 위에 대표적으로 있는 것은 사과와 귤이고 그 밖의 것도 있다는 암시.
　 보통 「〜や〜など」 문형으로 사용.

明日は英語と数学のテストがある。 내일은 영어와 수학 테스트가 있다.

☞ 단순히 영어와 수학의 테스트가 있다는 의미.

明日は英語に数学のテストがある。 내일은 영어에 수학 테스트가 있다.

☞ 생각이 나면서 추가하는 뉘앙스가 있다.

[가능 표현] 정리

가능형 의미

1. 능력 가능

- 私はフランス語が話せる。 나는 프랑스어를 말할 수 있다.
- 私はまったく泳げません。 나는 전혀 헤엄치지 못합니다.

2. 상황 가능

- 상황이 허가되는가 안 되는가
- 会議中は中に入れません。 회의 중에는 안에 들어갈 수 없습니다.

- 그 자체가 지니고 있는 상태·성질에 의해 행위가 가능한가 가능하지 않은가
- この水は汚くて飲めない。 이 물은 더러워서 마실 수 없다.
- 今プールが改修中なので泳げません。 지금 수영장이 보수 중이어서 수영할 수 없습니다.

가능형과 조사

'할 수 있다'의 목적(대상)으로 「が」나 「を」 중에서 어느 것을 사용해야 하는가?
일반적으로 양쪽 모두 사용할 수 있지만, 「食べる」, 「飲む」, 「書く」 등 일상적으로 자주 사용되는 동사는 「を」보다도 「が」를 많이 사용하는 경향이 있다.

※ 「が」보다 「を」를 사용하는 경우

1. 대상이 누군지 혼란이 생길 때

兄は妹が引き止められない。(?)

☞ 兄は妹を引き止められない。(◯) 형은 여동생을 말릴 수가 없다.

2. 타동성의 동사이고, 그 자체가 긴 음절을 갖는 동사

あの柱にこの犬が結び付けられない。(?)

☞ あの柱にこの犬を結び付けられない。(◯) 저 기둥에 이 개를 묶을 수가 없다.

3. 종속절(명사 수식절, 부사절) 중에

きれいな字を書き込める装置を開発した。예쁜 글자를 써 넣을 수 있는 장치를 개발했다.

りんごがたべたい & りんごをたべたい

＊ りんごが食べたい。사과가 먹고 싶다

'사과'라는 목적어에만 주목해서 '먹고 싶은 것이 무엇인가, 사과다'라는 의미.

A : 山田さんは何が食べたいですか。야마다씨는 무엇을 먹고 싶습니까?

B : 私はりんごが食べたいです。나는 사과가 먹고 싶습니다.

＊ りんごを食べたい。사과를 먹고 싶다

동작 전체에 주목해서, '무엇을 하고 싶은가, 사과를 먹는 것'이라는 의미.

A : 山田さんは何がしたいですか。야마다씨는 무엇을 하고 싶습니까?

B : 私はりんごを食べたいです。나는 사과를 먹고 싶습니다.

* 大^{おお}きい 크다, 小^{ちい}さい 작다

형용사이므로 활용을 한다. 주로 구체적인 사물에 사용하는 경우가 많다.

大^{おお}きい + [家^{いえ} 집, 人^{ひと} 사람, 町^{まち} 마을, 方^{ほう} 쪽]

* 大^{おお}きな 큰, 小^{ちい}さな 작은

연체사(체언을 수식)이므로 활용을 할 수 없다. 주로 추상명사를 수식하는 경우가 많다.

大^{おお}きな + [事件^{じけん} 사건, 恩恵^{おんけい} 은혜, 感銘^{かんめい} 감명, 成功^{せいこう} 성공, 失敗^{しっぱい} 실패, 責任^{せきにん} 책임]

* 관용적 용법

大^{おお}きなお世話^{せわ} 쓸데없는 참견[간섭]

大^{おお}きな顔^{かお}をする 젠체하다. 잘난 체 하다.

* 뉘앙스 차이

大^{おお}きな希望^{きぼう}の雲^{くも}が湧^わく。 큰 희망의 구름이 피어오르다.

⇒ '희망'이 크다는 것을 나타냄.

大^{おお}きい希望^{きぼう}の雲^{くも}が湧^わく。 큰 희망의 구름이 피어오르다.

⇒ '희망의 구름'이 크다는 것을 나타냄.

青少年^{せいしょうねん}に与^{あた}える影響^{えいきょう}の大^{おお}きい事件^{じけん}。 청소년에게 주는 영향이 큰 사건.

⇒ 주어를 받아 전체로서 추상명사에 관계되는 경우에는 「大^{おお}きい」를 사용.

小^{ちい}さな話^{はなし}であった。 (○) 사소한 이야기였다.

小^{ちい}さい話^{はなし}であった。 (×)

경어 3분류법

존경어

주어(2,3인칭)를 높여서 경의를 나타내는 표현

◆ **일반 형식**

お/ご〜になる	お/ご〜ください	〜（ら）れる
〜ていらっしゃる	〜てください	〜（さ）せてください、〜なさる

- お招きになる。초대(초빙)하시다.

- ご研究になる。연구하시다.

- お貸しくださる。빌려 주시다.

- ご指導ください。지도해 주시다.

- 招かれる。초대(초빙)하시다.

- 尋ねられる。물으시다.

- 研究される。연구하시다.

- 歴史を研究していらっしゃる。역사를 연구하고 계시다.

- 貸してくださる。빌려 주시다.

- 貸してください（ませんか）。빌려 주십시오(빌려 주시지 않겠습니까?).

- 先生は私にその本を使わせてくださった。선생님은 나에게 그 책을 사용하게 해 주셨다.

- 明日休ませてください。내일 쉬게 하여 주십시오.

- 研究なさる。연구하시다.

- ドライブなさる。드라이브하시다.

* **いらっしゃる ≒ おいでになる** 가시다, 오시다, 계시다

明日はどこかへ (いらっしゃい/おいでになり) ますか。〈行く 가다〉 내일 어딘가에 가십니까?

どちらから (いらっしゃった/おいでになった) のですか。〈来る 오다〉 어디서 오신 것입니까?

先生は今日はずっと研究室に (いらっしゃる/おいでになる) 。〈いる 있다〉 선생님은 오늘은 쭉 연구실에 계신다.

* **おいでください** 가 주시다, 와 주시다, 계셔 주시다

お忙しいところおいでくださってありがとうございました。 바쁘신 중에 와 주셔서 감사했습니다.

〈いてくれる 있어 주다、 行ってくれる 가 주다、 来てくれる 와 주다〉

* **おっしゃる** 말씀하시다

先生はそうおっしゃった。〈言う 말하다〉 선생님은 그렇게 말씀하셨다.

* **くださる／ください** 주시다, 주십시오

先生は私にこの本をくださった。 선생님은 나에게 이 책을 주셨다.

あれをください (ませんか) 。〈くれる 주다〉 저것을 주십시오(주시지 않겠습니까?)

* **ごぞんじ** 아심

来週パーティーがあることをごぞんじですか。〈知っている 알고 있다〉 다음 주 파티가 있는 것을 아십니까?

* **ごらんになる** 보시다

先生の奥様はいつもこの番組をごらんになるそうです。〈見る 보다〉 선생님의 사모님은 늘 이 프로그램을 보신다고 합니다.

* **ごらんください** 봐 주십시오

先生は私のレポートを丁寧にごらんくださった。〈見てくれる 봐 주다〉 선생님은 저의 리포트를 정성스럽게 봐 주셨다.

* **なさる** 하시다

先生は授業以外にもいろいろな仕事をなさっている。〈する 하다〉 선생님은 수업 이외에도 여러 가지 일을 하시고 있다.

* **みえる** 오시다

A : どなたか私を訪ねて見えましたか。　　B : いえ、どなたも見えませんでした。〈来る 오다〉
A : 누군가 저를 방문해(찾아) 오시지 않았습니까?　　B : 아니오, 아무도 오시지 않았습니다.

* **めしあがる** 드시다

ご飯をめしあがる。〈食べる 먹다〉 진지를 드시다.

お酒をめしあがる。〈飲む 마시다〉 술을 드시다.

겸양어

주어(1인칭)를 낮추어 경의를 나타내는 표현

◆ 일반 형식

お/ご〜する、お/ご〜いたす、〜いたす、〜ていただく、〜ておる、〜て(さし)あげる

- お招きする。(제가) 초대(초빙)하다.

- ご案内する。(제가) 안내하다.

- お招きいたします。(제가) 초대(초빙)합니다. 초대(초빙)해 드리겠습니다.

- ご案内いたします。(제가) 안내합니다. 안내해 드리겠습니다.

- 研究いたします。(제가) 연구합니다.

- ドライブいたします。(제가) 드라이브합니다.

- 招いていただく。(제가) 초대해 받다. 초대해 주시다.

- 説明していただく。(제가) 설명해 받다. 설명해 주시다.

- 明日は一日家で仕事をしております。내일은 하루종일 집에서 집에서 (저는) 일을 하고 있습니다.

- 私がかわりに行って (さし) あげましょう。제가 대신 가 드리지요.

◆ 특정 형식

＊ いたす (제가) 하다

この仕事は私どもがいたします。〈する 하다〉 이 일은 저희가 하겠습니다.

＊ いただく (제가) 받다, 먹다

私は先生からこの本をいただきました。〈もらう 받다〉

저는 선생님으로부터 이 책을 받았습니다.

毎朝ジョギングをしているおかげで何でもおいしくいただけます。〈飲食する 음식을 먹다〉
매일 아침 조깅을 하고 있는 덕분에 무엇이든지 맛있게 먹을 수 있습니다.

＊ うかがう 삼가듣다, 여쭙다, 찾아뵙다

お話を伺う。〈聞く 듣다〉 말을 삼가듣다.

ちょっと伺いますが。〈尋ねる 묻다〉 좀 여쭙겠습니다만.

先生のお宅に伺う。〈訪ねる 방문하다〉 선생님 댁을 찾아뵙다.

* **おる** (제가) 있다

明日は一日家におります。〈いる 있다〉
내일은 하루종일 집에 (제가) 있습니다.

* **(さし)あげる** 드리다

ぜひ奥様にその絵を (さし) あげたいと思いましてね。〈やる 주다〉
꼭 사모님에게 그 그림을 드리고 싶다고 생각해서요.

* **拝見(する、いたす)** 삼가보다

先生のお宅のお庭を拝見させていただきました。〈見(み)る 보다〉
선생님 댁의 정원을 삼가보았습니다.

* **まいる** 가다. 오다

私がまいります。〈行く 가다、来る 오다〉
제가 갑니다(옵니다).

電車がまいります。〈丁重語 정중어〉
전차가 갑니다(옵니다).

* **もうす** (제가) 말하다

父はそう申しました。〈言う 말하다〉
아버지는 그렇게 말했습니다.

* **もうしあげる** (제가) 말씀드리다

私がそのことを社長に申し上げましょう。〈言う 말하다〉
제가 그 일을 사장님에게 말씀드리지요.

정중어(공손어)

정중하게(공손하게) 경의를 나타내는 표현

* **〜ます** 〜입니다

私は毎日学校へ行きます。
나는 매일 학교에 갑니다.

* **〜です** 〜입니다

これは本です。 이것은 책입니다.

* **ございます**(존재, 소유)

あちらに申込書がございます。〈존재〉
저쪽에 신청서가 있습니다.

私には兄弟がございません。〈소유〉
나에게는 형제가 없습니다.

* **〜でございます** 〜입니다

こちらが会場でございます。〈〜であります 〜입니다〉
이쪽이 회장입니다.

* **형용사(음편형) + ございます**

(お)高うございます。 비쌉니다.

大きゅうございます。 큽니다.

(お)寒うございます。 춥습니다.

細うございます。 가늡니다.

일본어를 공부할 때 가장 어려운 부분 중에 하나라고 할 수 있습니다.

우선, 아래 문장의 차이점을 정확하게 구분할 수 있는지 생각해 봅시다.

- 私が案内します。
- 私が案内いたします。
- 私がご案内します。
- 私がご案内いたします。

위의 네 문장의 차이점이 무엇인지, 알고 있다면 경어에 대한 공부는 따로 하실 필요는 없습니다.

지금까지 여러분이 알고 있는 경어는 크게 3가지로 나눠서 존경어, 겸양어, 정중어(공손어)입니다. 이런 식의 경어는 N4까지이고, 앞으로 N3, N2, N1, 비즈니스 일본어를 준비하시는 분들이라면, 지금까지의 경어 지식은 깨끗이 잊고 다음과 같은 방법으로 알아 두시기 바랍니다.

1. 尊敬語(존경어)

주어를 높이는 표현방식.

〈일반 형식〉

お/ご〜になる	お/ご〜ください (る)	お/ご〜だ (です)
〜てください	〜なさる	〜 (ら) れる

〈특정 형식〉

ご覧になる (보시다)	召し上がる (드시다)	お召しになる (입으시다)
お亡くなりになる (돌아가시다)	ご存じ (알고 계심)	おっしゃる (말씀하시다)
見える (오시다)	お見えになる (오시다)	お越しになる (오시다, 가시다)

いらっしゃる≒おいでになる (오시다, 가시다, 계시다)

명사의 예로는 「(先生の)ご住所」「(先生からの)お手紙」 등으로, 「の」를 이용해서 관계된 대상을 높인다.

- お使いになりますか。 사용하시겠습니까?
- 社長がスピーチをなさった。 사장님이 스피치를 하셨다.

□ **あがる** 드시다

ご飯をあがる。진지를 드시다('먹다' 의미).

お酒をあがる。술을 드시다('마시다' 의미).

□ **～いらっしゃる** 가시다, 오시다, 계시다

明日はどこかへいらっしゃいますか。
내일은 어디 가십니까?('가다' 의미)

どちらからいらっしゃったのですか。
어디서 오셨습니까?('오다' 의미)

先生は今日はずっと研究室にいらっしゃる。
선생님은 오늘은 계속 연구실에 계십니다('있다' 의미).

□ **～ていらっしゃる** ～고[며] 계시다

歴史を研究していらっしゃる。역사를 연구하고 계신다.

□ **～でいらっしゃる** ～이시다

(お)きれいでいらっしゃる。예쁘시다.

会長でいらっしゃる。회장님이시다.

(お)忙しくていらっしゃる。바쁘시다.

□ **～おいでになる** 가시다, 오시다, 계시다

明日はどこかへおいでになりますか。
내일은 어디 가십니까?('가다' 의미)

どちらからおいでになったのですか。
어디서 오셨습니까?('오다' 의미)

先生は今日はずっと研究室においでになる。
선생님은 오늘은 계속 연구실에 계십니다.('있다' 의미)

□ **～ておいでになる** ～고[며] 계시다

歴史を研究しておいでになる。역사를 연구하고 계시다.

□ **おいでくださる/ください** 와 주시다, 와 주십시오

お忙しいところおいでくださって有難うございました。
바쁘신 중에 와 주셔서 고맙습니다.

□ **おこしになる/おこしくださる(い)** 오시다, 왕림하시다
(와 주시다)

山田様、正面玄関までおこしください。
야마다씨, 정면 현관으로 와 주시기 바랍니다.

□ **お/ご～だ/です** ～이시다, ～이십니다

社長がお呼びです。사장님이 부르십니다.

先生は最近どんな問題をご研究ですか。
선생님은 최근에 어떤 문제를 연구하십니까?

□ **お/ご～になる** ～하시다

お招きになる。초대(초청)를 하시다.

ご研究になる。연구를 하시다.

□ **お/ご～になれる(「お/ご～になる」가능표현)**
～하실 수 있다

あのレストランならゆっくりお話しになれますよ。
저 레스토랑이라면 천천히 말씀을 하실 수 있습니다.

□ **おっしゃる** 말씀하시다

先生はそうおっしゃった。선생님은 그렇게 말씀하셨다.

□ **くださる/ください** 주시다, 주십시오

先生は私にこの本をくださった。선생님은 나에게 이 책을 주셨다.

あれをください(ませんか)。저것을 주세요.(주지 않겠습니까?)

□ **～てくださる/ください** ～해 주시다, 주십시오

貸してくださる。빌려주시다.

貸してください(ませんか)。빌려주세요.(주시지 않겠습니까?)

□ **～(さ)せてくださる/ください** ～시켜 주시다, 주십시오

先生は私にその本を使わせてくださった。
선생님은 나에게 그 책을 사용하게 해 주셨다

明日休ませてください。내일 쉬고 싶습니다.

□ **お/ご～くださる/ください** ～주시다, 주십시오

お貸しくださる。빌려주시다.

ご指導ください。지도해 주십시오.

□ **ごぞんじ** 아심

来週パーティーがあることをごぞんじですか。
다음 주에 파티가 있는 것을 아십니까?

□ **ご覧になる** 보시다

先生の奥様はいつもこの番組をごらんになるそうです。선생님의 사모님은 늘 이 프로를 보신다고 합니다.

□ **ごらんくださる/ください** 봐 주시다, 봐 주십시오

先生は私のレポートを丁寧にごらんくださった。
선생님은 저의 보고서(리포트)를 주의 깊게 봐 주셨다.

□ **なさる** 하시다

先生は授業以外にもいろいろな仕事をなさっている。
선생님은 수업 이외에도 여러 가지 일을 하신다.

□ **～なさる** ～하시다

研究なさる。연구하시다.

ドライブなさる。드라이브하시다.

□ **お/ご～なさる** ～하시다

お招きなさる。초청(초빙)하시다.

ご研究なさる。연구하시다.

□ みえる　오시다

　A : どなたか私を訪ねて見えましたか。
　　　누군가가 저를 찾으러 오시지 않으셨나요?

　B : いえ、どなたも見えませんでした。
　　　아니오, 아무도 오시지 않았습니다.

□ 召し上がる　드시다

　ご飯をめしあがる。진지를 드시다.('먹다' 의미)

　お酒をめしあがる。술을 드시다.('마시다' 의미)

□ 召す

　おきれいなお着物をお召しになっている。
　어여쁜 옷을 입고 계시다.

お風邪を召す。감기에 걸리시다. ☞ 風邪を引く。감기 걸리다.

お風呂を召す。목욕을 하시다. ☞ お風呂に入る。목욕을 하다.

お年を召す。연세를 드시다. ☞ 年を取る。나이를 먹다.

お気に召す。마음에 드시다. ☞ 気に入る。마음에 들다.

着物を召す。옷을 입으시다. 기모노를 입으시다.

☞ 着物を着る。옷을 입다. 기모노를 입다.

□ ～(ら)れる　～하시다

招かれる。초대(초빙)하시다.

尋ねられる。찾으시다. 물으시다.

研究される。연구하시다.

2. 謙譲語A (겸양어A)

보어를 높임으로 해서 주어를 보어보다도 상대적으로 낮게 하는 표현방식.

〈일반 형식〉

お/ご～する　　　　お/ご～申し上げる　　　　お/ご～いただく
～ていただく　　　　～(さ)せていただく

〈특정 형식〉

伺う(듣다. 여쭙다. 찾아뵙다)　　申し上げる(말씀드리다)　　存じ上げる(알다. 생각하다)

さしあげる(드리다)　　いただく(받다)　　拝見する(배견하다)

お目にかかる≒お会いする(만나 뵙다)　　お目にかける≒ご覧に入れる≒お見せする(보여드리다)

＊ 어형적으로 お/ご가 붙는 경우가 많다.

＊ いただく : 음식의 뜻이 아니고 물건이나 은혜를 받는다는 뜻.

• 私が皆さんを {お招き/ご招待} しましょう。제가 여러분들을 {초대(초빙)/초대}하겠습니다.

• 先日(私の) 父が (あなたの) お父様に {お知らせした/ご報告した/お知らせ申し上げた/ご報告申し上げた/申し上げた} かと思いますが……。
　요전에 (저의) 아버지가 (당신의) 아버님께 {알려드렸던/보고드렸던/알려드렸던/보고해 드렸던/말씀드렸던} 것으로 압니다만…….

• これは、私が先生から {お借りしたもの/いただいたもの} です。　이것은 제가 선생님한테 {빌린 것/받은 것}입니다.
　☞ (의역)이것은 선생님이 제게 주신 것입니다.

• 私は駅で先生とお別れしました。저는 역에서 선생님과 헤어졌습니다.

□ **あがる** 찾아뵙다
先生のお宅へあがる。선생님의 댁을 찾아뵙다.

□ **いただく** (삼가) 받다
私は先生からこの本をいただきました。
저는 선생님한테서 이 책을 받았습니다.(받다 의미)

□ **～ていただく** ～해 (삼가) 받다
招いていただく。초대해 받다.(주시다)
説明していただく。설명해 받다.(주시다)

□ **～(さ)せていただく** ～시켜 (삼가) 받다
先生の辞書を利用させていただいた。
선생님의 사전을 사용하게 해 주셨다.
明日休ませていただけないでしょうか。
내일 쉬어도 되겠습니까?

□ **お/ご～いただく** ～(삼가) 받다
お招きいただく。초대해 받다(주시다).
ご説明いただく。설명해 받다(주시다).
☞ おいでいただく(와 주시다), ごらんいただく(봐 주시다)도 포함.

□ **お/ご～願う** ～해 주시기를 바라다
お調べ願いたいのですが。조사해 주셨으면 합니다만.
ご検討願えませんか。검토해 주시지 않겠습니까?
☞ おいで願う(오셨으면 하다), ごらん願う(봐 주셨으면 하다)도 포함.

□ **伺う** (삼가) 듣다, 여쭙다, 찾아뵙다
お話を伺う。말씀을 듣다(듣다 의미).
ちょっと伺いますが。잠깐 여쭙니다만(묻다 의미).
先生のお宅に伺う。선생님의 댁으로 찾아뵙다(방문하다 의미).

□ **承る** (삼가) 듣다
ご意見をうけたまわる。의견을 삼가 듣다.
ご注文をうけたまわる。주문을 삼가 듣다.

□ **お/ご～する** ～(제가) 하다, ～(제가) 해 드리다
お招きする。초대(초빙)하다.
ご案内する。안내해 드리다.

□ **お/ご～できる** ～(제가) 할 수 있다, ～(제가) 해 드릴 수 있다
「お/ご～する ～해 드리다」의 가능표현.
明日お届けできます。내일 배달해 드릴 수 있습니다.
私が先生をご案内できます。
제가 선생님을 안내해 드릴 수 있습니다.

□ **お目にかかる** 만나 뵙다
社長にお目にかかりたいのですが。
사장님을 만나 뵙고 싶습니다만.

□ **お目にかける** 보여 드리다
実物をお目にかけましょう。실물을 보여 드리지요.

□ **ご覧に入れる** 보여 드리다
実物をごらんにいれましょう。실물을 보여 드리죠.

□ **(さし)あげる** 드리다
ぜひ奥様にその絵を(さし)あげたいと思いましてね。
꼭 사모님께 그 그림을 드리고 싶어서요.

□ **～て(さし)あげる** ～해 드리다
私がかわりに行って(さし)あげましょう。
제가 대신 가 드리지요.

□ **存じ上げる** (제가) 알다
お父様のことは以前からよく存じ上げております。
아버님은 이전부터 잘 알고 있습니다.

□ **頂戴(する/いたす)** (제가) 받다
先生からおみやげを頂戴した。
선생님한테 선물을 받았다.

□ **拝見(する/いたす)** (삼가) 보다
先生のお宅のお庭を拝見させていただきました。
선생님 댁의 정원을 삼가 뵈었습니다.

□ **拝借(する/いたす)** (제가) 빌리다
明日まで拝借してもよろしいでしょうか。
내일까지 빌려도 되겠습니까?

□ **申し上げる** 말씀드리다
私がそのことを社長に申し上げましょう。
제가 그 일을 사장님께 말씀드리지요.

□ **お/ご～申し上げる** ～말씀드리다
お願い申し上げます。부탁 말씀드립니다.
ご案内申し上げます。안내해 말씀드립니다.

주어를 낮춤으로써 듣는 사람에게 정중하게 하는 표현 방식.

〈일반 형식〉

サ変動詞인「する」를「いたす」로 바꾼「~いたす」(「出席いたす」「案内いたす」등, 「お/ご」가 붙지 않는 것)가 있을 뿐이다. 겸양어B에는「お/ご」와「上げる」가 붙는 경우는 없다.

〈특정 형식〉

いたす(하다)　　まいる(가다, 오다)　　申す(아뢰다)　　存じる(알다, 생각하다)　　おる(있다)

私が出席いたしました。제가 출석했습니다.

父は今日アメリカにまいります。아버지는 오늘 미국에 갑니다.

家内がそう申しますので、私もそうしようと存じまして……。아내가 그렇게 말하기 때문에, 저도 그렇게 하려고 생각해서…….

□ 致す (제가) 하다
この仕事は私がいたします。
이 일은 제가 하겠습니다(하다 의미).

□ ~致す ~(제가) 하다
来週中国へ出張いたします。
다음 주에 중국으로 출장입니다(하다 의미).

□ いただく (제가) 먹다
毎朝ジョギングをしているおかげで何でもおいしくいただけます。
매일 아침 조깅을 하기 때문에 무엇이든지 맛있게 먹을 수 있습니다.(음식을 먹다 의미)

□ おる 있다
明日は一日家におります。내일은 하루 종일 집에 있습니다.

□ ~ておる ~고(며) 있다
明日は一日家で仕事をしております。
내일은 하루 종일 집에서 일을 합니다.

□ 存じる/存ずる (제가) 생각하다, (제가) 알다
そのことなら存じております。
그것이라면 알고 있습니다.(알다 의미)

誠にうれしく存じます。
참으로 기쁘게 생각합니다.(생각하다 의미)

□ 参る (제가) 가다, 오다
私がまいります。제가 가겠습니다.

□ ~てまいる ~해 가다(오다), ~게 되다
私も次第にわかってまいりました。
저도 차츰 알게 되었습니다.

□ 申す 말하다
父がそう申しました。아버지가 그렇게 말했습니다.(말하다 의미)

보어를 높이고 주어를 상대적으로 낮추어, 듣는 사람에게 정중하게 하는 표현 방식.
「お/ご ~いたす」는 A, B의 양쪽 성질을 갖는 겸양어AB이다.

お招きいたします。초대(초빙)합니다(해 드리겠습니다).

ご案内いたします。안내합니다(해 드리겠습니다).

5. 丁重語(정중어)

겸양어B를, 특별하게 주어를 낮추는 것이 아니고, 단지 듣는 사람에게 정중함을 나타내기 위해서 사용하는 표현 방식.
단, 주어는 높일 필요가 없는 3인칭이어야만 한다.

向うから中学生がまいりました。 저쪽에서 중학생이 왔습니다.

まもなく電車がまいります。 잠시 후 전철이 (들어)옵니다.

寒くなってまいりました。 추워졌습니다.

6. 丁寧語(공손어)

듣는 사람에게 공손하게 하는 표현 방식.
☞ 「です・ます」「ございます」「お暑い」

これは本です。 이것은 책입니다.

私も行きます。 나도 갑니다.

終点でございます。 종점입니다.

お暑いですね。 덥지요.

※ 그 밖에「お菓子, ご飯」과 같이 화자가 품위 있게 표현하고자 하는 美化語(미화어)나「本日、先程」와 같이 화자가
격식을 차려서 표현하는 改まり語(격식어)도 경어에 준한다.

□ ～ます ~입니다
　私は毎日学校へ行きます。 저는 매일 학교에 갑니다.

□ ～です ~입니다
　これは本です。 이것은 책입니다.

□ ございます 있습니다(존재, 소유)
　あちらに申込書がございます。 저쪽에 신청서가 있습니다.
　私には兄弟がございません。 저에게는 형제가 없습니다.

□ ～でございます ~입니다
　こちらが会議場でございます。 이쪽이 회의장입니다.

□ 보조동사 용법의「ございます」
　こちらに整えてございます。 이쪽에 정돈되어 있습니다.
　いまだに完成せずにございます。
　아직까지도 완성되지 않았습니다.

□ 형용사(음편형) + ございます·存じます
　형용사가「ございます・存じます」에 이어질 때 다음
　과 같은 방법으로 변환된다.

1. ---aい → ---ooございます
　高い(takai) → たこう(takoo)ございます
　浅い(asai) → あそう(asoo)ございます
　ありがたい(arigatai) → ありがとう(arigatoo)ござい
　ます

2. ---iい → ---yuuございます
　大きい(ookii) → 大きゅう(ookyuu)ございます
　正しい(tadasii) → 正しゅう(tadasyuu)ございます
　美しい(utukusii) → 美しゅう(utukusyuu)ございま
　す

3. ---uい → ---uuございます
安い(yasui) → 安う(yasuu)ございます
寒い(samui) → 寒う(samuu)ございます
暑い(atui) → 暑う(atuu)ございます

4. ---oい → ---ooございます
細い(hosoi) → 細う(hosoo)ございます
青い(aoi) → 青う(aoo)ございます
遠い(tooi) → 遠う(tooo)ございます

●●● 謙譲語A(겸양어A) & 謙譲語AB(겸양어B) 비교 설명

다음의 두 문장을 비교해 봅시다.

① 私はそのやくざに、早く足を洗うように申し上げました。

② 私はそのやくざに、早く足を洗うように申しました。

①번 문장은 겸양어A로, 'やくざ'에 대한 경어가 되기 때문에 잘못된 표현이고, ②번 문장은 겸양어B로, 'やくざ'에 대한 경어가 아니고 이 문장을 듣고 있는 사람에 대한 경어이기 때문에 알맞은 표현이다

겸양어A는 화제의 대상(인물)에 대한 경어이고, 겸양어B는 듣는 사람에 대한 경어이다.

〈語形〉적으로 겸양어A는 「お/ご」와 「拝」가 붙거나 「～上げる」형이 많은 것에 반하여(이 이외의 대표적인 겸양어A로는 「伺う」「いただく」), 겸양어B에는 이러한 형태의 것이 없다.

〈機能〉의 가장 큰 차이점은, 겸양어A는 「～を, ～に」 등의 인물(보어)을 높이는 역할이 있는 것에 반하여, 겸양어B에는 그러한 작용이 없다.

「お/ご ～ いたす」는 A, B의 양쪽 성질을 갖는 겸양어AB이다.

경어 동사 정리

	존경어	겸양어A	겸양어B	공손어/정중어
会う (만나다)	お会いになる 会われる (만나시다)	お目にかかる お会いする (만나 뵙다)		会います (만납니다)
上げる[*1] (주다)	お上げになる[*1] (드리다)	差し上げる (해 드리다)		上げます (줍니다)
言う (말하다)	おっしゃる 言われる (말씀하시다)	申し上げる (말씀드리다)	申す (말하다)	申す[*7] (말합니다)
行く (가다)	いらっしゃる おいでになる お越しになる (가시다)	伺う[*2] お伺いする[*3] (찾아뵙다)	参る (가다)	行きます (갑니다)
いる (있다)	いらっしゃる おいでになる (계시다)		おる[*11] (있다)	おる[*12] (있다)
思う (생각하다)	お思いになる 思われる (생각하시다)		存じる (생각하다)	思います (생각합니다)
借りる (빌리다)	お借りになる 借りられる (빌리시다)	拝借 お借りする (빌리다)		借ります (빌립니다)
買う (사다)	お求めになる 求められる お買になる 買われる(사시다)			買います (삽니다)
聞く (묻다, 듣다)	お聞きになる 聞かれる (물으시다, 들으시다)	伺う/承る (삼가 듣다) お伺いする[*3] お聞きする (묻다, 듣다)		聞きます (듣습니다)
気に入る (마음에 들다)	お気に召す (마음에 드시다)			気に入ります (마음에 듭니다)

着る (입다)	召す お召しになる 着られる (입으시다)			着ます (입습니다)
来る (오다)	いらっしゃる おいでになる 見える (가벼운 경어) お見えになる お越しになる 来られる (오시다)	伺う(*2) お伺いする(*3) (찾아뵙다)	参る (오다)	来ます 参る(*10) (옵니다)
くれる (주다)	下さる たまわる (주로 문어체에서 사용) (주시다)			くれます (줍니다)
死ぬ (죽다)	お亡くなりになる 亡くなられる (돌아가시다)			亡くなる 死にます (죽었습니다)
知る (알다)	ご存じ(알고 계심) 知られる (아시다)	存じ上げる(알다)	存じる (알다)	知ります (압니다)
住む (살다)	お住まいになる (お住みになる) 住まれる (사시다)			住みます (삽니다)
する (하다)	なさる (하시다)		いたす (하다)	します いたす(*13) (합니다)
尋ねる (묻다)	お尋ねになる 尋ねられる (물으시다)	伺う お伺いする(*3) お尋ねする (여쭙다)		尋ねます (묻습니다)
訪ねる (방문하다)	お訪ねになる 訪ねられる (방문하시다)	伺う お伺いする お訪ねする (찾아뵙다)		訪ねます (방문합니다)

食べる (먹다)	上がる/召し上がる お召し上がりになる[*4] 食べられる (드시다)		いただく (먹다)	いただく[*8] 食べます (먹습니다)
飲む (마시다)	お飲みになる 召し上がる お召し上がりになる[*4] 飲まれる (드시다)		いただく (먹다)	いただく[*9] 飲みます (마십니다)
(風を)ひく (감기 들다)	お召しになる おひきになる (감기 걸리시다)			ひきます (걸립니다)
見せる (보이다)	お見せになる 見せられる (보이시다)	ご覧に入れる お目にかける お見せする (보여 드리다)		見せます (보입니다)
見る (보다)	ご覧になる 見られる (보시다)	拝見する(보다)		見ます (봅니다)
もらう (받다)	おもらいになる[*5] もらわれる (받으시다)	いただく (받다)		もらいます (받습니다)
やる (하다)	なさる (하시다)		致す (하다)	やります (합니다)
やる (주다)	下さる おやりになる[*6] (주시다)	差し上げる (드리다)		やります (줍니다)
読む (읽다)	お読みになる 読まれる (읽으시다)	拝読する (읽다)		読みます (읽습니다)
ある (있다)	おありになる (있으시다)			あります ございます (있습니다)

亡くなる ⇒「死ぬ(죽다)」의 완곡한 표현 혹은 미화어로 준(準)경어에 해당됨.

(*1)   「あげる」자체가 본래는 겸양어A이지만, 근래에는 미화어의 경향을 나타냄.

(*2)   엄밀하게 말해서「伺う」는「行く」,「来る」의 겸양어A라기보다「訪ねる」의 겸양어A라고 해야 할 것이다.

(*3)   「伺う」자체가 겸양어A이기 때문에 이중 경어이지만, 일반적으로 사용되고 있으므로 틀린 표현이라고 하기
        어렵다. 더욱 더 높은 경의를 나타낸다.

(*4)   「召し上がる」자체가 존경어이기 때문에 이중 경어이지만, 일반적으로 사용되고 있으므로 틀린 표현이라고
        하기 어렵다. 더욱 더 높은 경의를 나타낸다.

(*5)   先生は女子学生から花束をおもらいになった。
        선생님은 여학생으로부터 꽃다발을 받으셨다.

(*6)   奥様は毎朝花に水をおやりになる。 사모님은 매일 아침 꽃에 물을 주신다.

(*7)   論より証拠と申します。 말보다 증거입니다.

(*8)   冷めないうちにいただきましょう。 식기 전에 먹읍시다.

(*9)   ご一緒にコーヒーでもいただきましょう。 같이 커피라도 마십시다.

(*10)   郵便が参りました。 우편이 왔습니다.

(*11)   孫がおります。 손자가 있습니다.

(*12)   あそこに犬がおります。 저쪽에 개가 있습니다.

(*13)   波の音が致します。 파도 소리가 납니다.

[자주 출제되는 용법] 비교 설명

は・が 비교

1. 의문문에서의 위치

문형 「〜 は 〜 Q ?」

- 帰ったのは誰ですか。 돌아 간 것은 누구입니까?

문형 「Q が 〜 ?」

- 誰が帰りましたか。 누가 돌아갔습니까?

2. 총칭(종류)을 나타내는 주어, 개별을 나타내는 주어

*총칭(종류) : は

- 桜の花はきれいですね。 (꽃 중에서) 벚꽃은 예쁘네요.

- せみはいい声で鳴きます。 (곤충 중에서) 매미는 듣기 좋은 소리로 웁니다.

*개별 : が

- 桜の花がきれいですね。 (한 그루의 나무를 보고) 벚꽃이 예쁘네요.

- せみがいい声で鳴いています。 (나무에 붙어서 울고 있는 매미를 보고) 매미가 듣기 좋은 소리로 울고 있습니다.

3. 특정 주어, 불특정 주어

*특정 : は

- 山田さんは首からカメラを下げている。 야마다씨는 목에 카메라를 걸고 있다.

*불특정 : が

- 見知らぬ人が近づいてきた。 낯선 사람이 다가왔다.
- 大勢の日本人が夏休みに海外へ行く。 많은 일본인이 여름휴가로 해외에 간다.

4. 現象文(무엇인가에 번뜩 정신이 들거나 놀라움을 나타냄) : が

- あっ、雨が降ってきた！ 앗, 비가 온다!
- あれっ、子供が泣いている。 저런, 애가 울고 있다.

5. 부정문 : は (부정문에서는 일반적으로 「は」를 사용한다)

- ● Q : つくえのうえに財布がありますか。 책상 위에 지갑이 있습니까?

- ● A : いいえ、財布はありません。 아니오, 지갑은 없습니다.

6. 대조 : は

- ● 母は日本茶は飲みますが、コーヒーは飲みません。 어머니는 일본차는 마시지만, 커피는 마시지 않습니다.

- ● 息子は犬が好きですが、娘は嫌いなので困っています。
  아들은 개를 좋아하지만, 딸은 싫어해서 난처합니다.

7. 종속절이나 명사 수식절의 경우 : が

→ 기본적으로 「が」를 사용하지만, 대비적·병렬적인 의미를 나타내는 종속절에서는 「は」를 사용한다.

- ● 明日雨 (× は / ○ が) 降ったら、遠足は中止になります。 내일 비가 오면 소풍은 중지됩니다.

- ● 山田さん (× は / ○ が) 書いた小説は面白い。 야마다씨가 쓴 소설은 재미있다.

- ● 彼女 (× は / ○ が) 来たので、パーティーは面白かった。 그녀가 왔기 때문에 파티는 재미있었다.

- ● 彼の小説 (○ は / × が) 面白いから、きっと売れるよ。〈주절·종속절의 주어 동일〉
  그의 소설은 재미있으니까 반드시 팔려요.

- ● 山田さん (○ は / × が) 韓国語が得意だが、田中さんは中国語が得意だ。〈대비〉
  야마다씨는 한국어를 잘하지만, 다나카씨는 중국어를 잘한다.

●●●　〜する의 관용 표현

- ● 味がする。 맛이 나다.

- ● 音がする。 소리가 나다.

- ● 声がする。 목소리가 나다.

- ● 匂いがする。 냄새가 나다.

- ● 香りがする。 향기가 나다.

- ● 寒気がする。 오한이 나다.

- ● 頭痛がする。 두통이 나다.

- ● 吐き気がする。 구역질이 나다.

- ● 故障をする。 고장이 나다.

- ● 怪我をする。 부상을 입다.

- ● 火傷をする。 화상을 입다.

- ● 感じがする。 느낌이 들다.

- ● 気がする。 기분이 들다

- ● 長持ちする。 오래 가다.

いる・ある(존재와 장소) 비교

문형1

[장소] に [사물] がある/ない

[장소] に [사람/동물] がいる/いない

문형2

[사물] は [장소] にある/ない

[사물/동물] は [장소] にいる/いない

※주의

ある ⇒ 소유 의식, 수동적

いる ⇒ 의인화한 것을 포함하여 의지가 있는 것의 존재를 나타내기 때문에 임시적의 뉘앙스를 나타냄, 구체적인 인물(사람 이름), 능동적

父母(부모), 兄弟姉妹(형제자매), 配偶者(배우자), 子供(아이) 등은 「ある・ない」를 사용하는 편이 유무(有無), 생사(生死)가 명확해진다.

- 母はいません。 어머니는 없습니다.
  - ☞ 원래 없는 것인지, 죽은 것인지, 부재 중인지는 문맥으로 파악할 수밖에 없다.

- この意見に反対する人がある。 이 의견에 반대하는 사람이 있다.
  - ☞ 틀림없이 그와 같은 사람은 반드시 있다고 하는 화자(話者)의 판단이나 평가를 나타낸다.

- この意見に反対する人がいる。 이 의견에 반대하는 사람이 있다.
  - ☞ '요즈음, 때마침'이라고 하는 느낌이다.

- 彼女には、太郎と花子がいるから、再婚は難しい。 그녀에게는 타로와 하나코가 있기 때문에, 재혼은 어렵다.
- 彼女は子供があるから、なかなか再婚できない。 그녀는 아이가 있기 때문에, 좀처럼 재혼할 수 없다.

【동작의 진행】

1. 「〜を + 타동사 + ている」 〜을(를) 〜하고 있다

- 本を読んでいる。책을 읽고 있다.

- 字を書いている。글자를 쓰고 있다

2. 「〜が + 자동사 + ている」 〜이(가) 〜하고 있다

- 妹が泣いている。여동생이 울고 있다.

- 水が流れている。물이 흐르고 있다.

【상태 표현】

1. 「〜が + 자동사 + ている」 〜이(가) 〜하여져 있다

⇒ 자연현상, 움직일 수 없는 대상, 사람의 힘이 가해져 있지 않은 경우

① 雪が積もっている。눈이 쌓여 있다.

② 雨で服が濡れている。비로 옷이 젖었다.

③ 店が並んでいる。가게가 늘어서 있다.

④ あのドアの開いている家は誰も住んでいない。저 문이 열려 있는 집은 아무도 살고 있지 않다.

⑤ さっき冷蔵庫に入れたから冷えている。아까 냉장고에 넣었으니까 차갑다.

2. 「〜が + 타동사 + てある」 〜이(가) 〜하여져 있다 ⇒ 의지가 강하게 작용, 사람의 행위가 가해진 경우

① 荷物が積んである。짐이 쌓여져 있다.

② 濡らしてある服をアイロンする。적신 옷을 다리다.

③ アクセサリーが並べてある。액세서리가 늘어져 있다.

④ 先、閉めてあるドアが開けてある。아까, 닫아 둔 문이 열려져 있다.

⑤ お客さんが来ると聞いたから冷やしてある。손님이 온다고 들었기 때문에 차갑게 해 놨다.

⑥ 空気をきれいにするために、窓が (○ 開けてあります / × 開いています)。

공기를 깨끗하게 하기 위해 창문이 열려져 있습니다. ⇒ 공기를 깨끗하게 하기 위해 의도적으로(일부러) 창문을 열어 놓은 것.

⑦ 寒いので、窓が (○ 閉めてあります / × 閉まっています)。춥기 때문에 창문이 닫혀져 있습니다.

⇒ 춥기 때문에 의도적(일부러) 창문을 닫아 놓은 것.

⑧ 机の上に花が (○ 飾られている / ○ 飾)。책상 위에 꽃이 장식되어 있다.

⇒ 「자동사 수동형 + ている」 ≒ 「타동사 + てある」

⑨ その金庫には誰かによって鍵が (○ かけられています / × かけてあります)。

그 금고에는 누군가에 의해 자물쇠가 채워져 있습니다. ⇒ 행위자가 명시되어 있는 경우의 상태 표현은 「자동사 수동형 + ている」

연습문제 각 문장의 괄호 속 표현 중에서 바른 것을 고르시오.

1. 私はいつも財布に2万円 (いれてある / はいっている)。

2. 彼の財布を開けたら2万円 (いれてあった / はいっていた)。

3. 教室の壁に地図が (はってある / はっている)。

4. このコンピュータは (こわれている / こわしてある)。

5. 彼女は部屋のかぎを (かかっていた / かけてあった) ので泥棒に入られなかった。

6. 火が (つけてある / ついている) たばこが落ちていた。

7. まだ寝たくないよ。もうちょっとテレビ、見て(いたい / ありたい)よ。

8. 今、会議をして(います / あります)から、静かにしてください。

9. 普段は6時ごろ起きて(います / あります)が、少し遅くなることもあります。

10. 月は地球の周りを回って(いる / ある)。

정답

1. いれてある ⇒ 나는 언제나 지갑에 2만 엔 넣어져 있다.

2. はいっていた ⇒ 그의 지갑을 열었더니 2만 엔 들어 있었다.

3. はってある ⇒ 교실 벽에 지도가 붙여져 있다.

4. こわれている ⇒ 이 컴퓨터는 망가져 있다.

5. かけてあった ⇒ 그녀는 방에 자물쇠를 걸어 놓았기 때문에 도둑을 맞지 않았다.

6. ついている ⇒ 불이 붙어 있는 담배가 떨어져 있었다.

7. いたい ⇒ 아직 자고 싶지 않아. 좀 더 TV 보고 싶어.

8. います ⇒ 지금 회의를 하고 있으니, 조용히 하여 주십시오.

9. います ⇒ 보통은 6시경에 일어납니다만, 약간 늦는 경우도 있습니다.

10. いる ⇒ 달은 지구 둘레를 돌고 있다.

「명사 + 받다」　→　　される
　　　　　　　　　　うける
　　　　　　　　　　もらう

◆ される

1. 피해를 받거나 일방적인 경우 ≒ うける

→ 받는 사람의 의지가 들어가지 않는다

影響(영향), 攻撃(공격), 尊敬(존경), 抗議(항의), 侮辱(모욕), 差別(차별), 歓迎(환영), 注意(주의)

• 尊敬を受ける (尊敬される) 人になりたい。 존경받는 사람이 되고 싶다.

2. 수동적인 경우(나는 싫은데)

→ (나는 싫은데) 일방적으로 남이 시키다

検査(검사), 調査(조사), 教育(교육), 命令(명령), 手術(수술), 治療(치료), 試験(시험)

来週手術を受ける (× される) ことにした。 다음 주에 수술을 받기로 했다.

※ うける : 주어의 의지로 '받다'의 의미를 지님

検査をされる (검사를 받다 → 받기 싫은데)

検査をうける (검사를 받다 → "받기 싫은데"의 뉘앙스 의미는 없다)

3. 동사화가 안 되는 경우

→「～する(～하다)」의 형태로 만들 수 없는 단어는 사용할 수 없다

年金(연금), お金(돈), 補助金(보조금), 葉書(엽서), 賞(상), 報酬(보수), 学位(학위), 資格(자격)

• 日本で学位を (○ もらう / ○ 受ける / × される) まで頑張ります。
일본에서 학위를 받을 때까지 열심히 하겠습니다.

• 大学で賞を (○ もらった / ○ 受けた / × された) ことがあります。
대학에서 상을 받은 적이 있습니다.

◆ うける

1. 피해를 받거나 일방적인 경우 ≒ される

→ 받는 사람의 의지가 들어가지 않는다.

影響(영향), 攻擊(공격), 尊敬(존경), 抗議(항의), 侮辱(모욕), 差別(차별)

• アメリカが攻擊を受けた (された)。미국이 공격을 받았다.

2. 추상적인 경우

抗議(항의), 批判(비판), 注意(주의), 説明(설명), 招待(초대), 支援(지원), 提供(제공), 歓迎(환영)

• 抗議を (受けて / されて) 発言を取り消した。항의를 받고 발언을 취소했다.

◆ もらう

1. 대체로 자신에게 이익이 되는 구체적인 물건을 건네받을 경우

手紙(편지), お金(돈), プレゼント(선물), 電話(전화), 学位(학위), 補助金(보조금), 年金(연금),

報酬(보수), 注文(주문), 賞(상), 許可(허가)

• 日本で学位をもらう (○ 受ける / × される) まで頑張ります。
일본에서 학위를 받을 때까지 열심히 하겠습니다.

• 大学で賞をもらった (○ 受けた / × された) ことがあります。
대학에서 상을 받은 적이 있습니다.

2. 은혜를 입거나 고마움을 나타낼 경우

문형 :「～をもらう」(×)「～してもらう」(O)

説明(설명), 注意(주의), 歓迎(환영), 招待(초대), 支援(지원), 提供(제공)

• 先生に説明してもらった。선생님이 설명해 주셨다.

※ 앞에서 される, 受ける, もらう의 구분을 설명하였는데, 실제로는 엄격하게 단어가 구분이 되어 사용되는 것은 아니다. 예를 들어 '선생님에게 주의를 받았다'를 일본어로 옮길 경우 다음과 같다.

• 先生に注意を受けた。 → 단순한 사실적 표현

• 先生に注意をされた。 → 위의 문장과 거의 같은 의미인데, 굳이 뉘앙스의 차이를 들자면 '지적을 당했다'는 의식이 내포되어 있다.

• 先生に注意してもらった。 → 위의 두 문장과 거의 같은 의미인데, 경어적 의미가 내포되어 있다.

◆ と

1. 접속

(동사)	기본형 + と(行くと)
(イ형용사)	기본형 + と(高いと)
(ナ형용사)	기본형 + だと(元気だと)
(명사)	명사 + だと(先生だと)

2. 의미 前件이 성립되면 後件도 필연적으로(100%) 성립

① 자연현상, 진리(일반적, 보편적인 사실) ≒ ば, たら 허용

- 春が (来ると / 来れば / 来たら)、桜の花が咲く。봄이 오면 벚꽃이 핀다.

- 2に3を(足すと / 足せば / 足したら)、5になる。2에 3을 더하면 5가 된다.

② 반복적인 습관(개별적 ≒ たら, 과거의 습관 ≒ ば 허용)

- 朝起きると (起きたら)、歯を磨きます。아침에 일어나면 이를 닦습니다.

- あのころは暇があると (あれば) 映画を見に行った。그 무렵에는 여가가 생기면 영화를 보러 갔다.

③ 기계조작과 결과 ≒ ば

- このボタンを押すと、回数券が買えます。이 버튼을 누르면 회수권을 살 수 있습니다.

  ☞ 기계 사용법에 대한 일반적인 설명

- このボタンを押せば、回数券が買えます。이 버튼을 누르면 회수권을 살 수 있습니다.

  ☞ 회수권 사는 방법에 대한 질문을 받았을 경우

④ 사실적 조건 ≒ たら 허용

- 窓を開けると (開けたら)、冷たい風が入ってきた。창문을 열자(열었더니), 차가운 바람이 들어왔다.

⑤ 발견(의외, 놀람) ≒ たら 허용

- うちへ帰ると (帰ったら) 友達が私を待っていた。집에 돌아오자(돌아왔더니) 친구가 나를 기다리고 있었다.

⑥ **동일한 주체의 연속된 동작 ≠ たら를 사용하지 않도록 주의!**

- 先生は教室に入ってくると、早速授業を始められました。
  선생님은 교실에 들어오자, 즉시 수업을 시작하셨습니다.

- 彼は従業員を呼ぶと、コーヒーを注文した。 그는 종업원을 부르자, 커피를 주문했다.

- その女性は電車に乗ると、窓のそばに腰掛けました。 그 여성은 전차를 타자, 창문 옆에 걸터앉았습니다.

- ドングリはころころと転がると池に落ちた。 도토리는 데굴데굴 굴러가서 못에 떨어졌다.

※ 주어가 1인칭인 경우는 「て」를 사용.

- 昨日私は家に (？帰ると ／ × 帰ったら ／ ○ 帰って)すぐ寝た。
  어제 나는 집에 돌아가서 바로 잤다.

⑦ **길 설명**

- あの角を右に曲がると駅の前に出ます。 저 모퉁이를 오른쪽으로 돌면 역 앞이 나옵니다.

3. 특징

① **문장 끝에 명령, 의지, 권유, 희망 등은 사용할 수 없다.**

- 桜が咲くと花見に行きたい。(×)
- 株が下がると買おう。(×)
- 天気が悪いと、中止しなさい。(×)
- お酒を飲むと、車の運転をしてはいけません。(×)
- 機会があると、一度日本に行きたいと思います。(×)

② **1회 한정의 내용에는 사용할 수 없다.**

- 毎年夏休みになると北海道へ行きます。(○) 매년 여름방학이 되면 홋카이도에 갑니다.
  → 今年は夏休みになると北海道へ行きます。(×) – 올해 1회에 한정되므로 사용 불가

③ **기타 용법**

~といいですが : ~면 좋은데

- 交通が便利だといいですが。 교통이 편리하면 좋겠습니다만.

◆ ば

1. 접속

> (동사)　　　1Group　行く → 行けば
>
> 　　　　　　2Group　見る / 食べる → 見れば / 食べれば
>
> 　　　　　　3Group　する / くる → すれば / くれば
>
> (イ형용사)　よい → よければ
>
> (ナ형용사)　静か → 静かならば
>
> (명사)　　　学生 → 学生ならば

2. 의미　전형적인 조건표현으로 後件보다 前件을 중요시

① 가정 ≒ たら 허용

- 明日晴れれば (晴れたら)、出掛けましょう。 내일 개면 외출합시다.

② 필연적인 결과, 자연현상(일반적, 보편적인 사실) ≒ と, たら 허용

- 春になれば花が咲きます。 봄이 되면 꽃이 핍니다.

③ 과거의 습관 ≒ と 허용

- 先生は銀座に行けば (行くと)いつもあの喫茶店に寄る。 선생님은 긴자에 가면 늘 저 커피숍에 들른다.

④ 속담 ≠ と, たら, なら

- 噂をすれば影がさす。 호랑이도 제 말하면 온다.

3. 특징

① 원칙적으로 後件에 의지, 희망, 명령, 의뢰 등의 표현이 올 수가 없다. 단, 前件의 술어가 상태성인 경우(形容詞、
いる、ある、可能動詞) 前件과 後件의 주체가 다르면 동작성인 경우에서도 사용 가능.

- 日本に行けば、CDを買ってきてください。 (×) 일본에 가면 CD를 사 와 주세요.
- 帰宅すれば、必ずうがいをしなさい。 (×) 귀가하면 반드시 양치질을 하세요.
- 安ければ、たくさん買いましょう。 (○) 싸면 많이 삽시다.
- 暇があれば、うちに遊びに来てください。 (○) 시간이 있으면 집에 놀러 와 주십시오.
- もし来られれば早く来て手伝ってください。 (○) 만약 올 수 있으면 일찍 와서 도와주십시오.

- わからないことがあれば、いつでも聞いてください。(○) 모르는 것이 있으면 언제든지 물어 주십시오.
- 父が許してくれれば、彼と結婚するつもりです。(○) 아버지가 허락해 주면 그와 결혼할 작정입니다.
- もし切符が買えれば、ぜひ行ってみたいです。(○) 만약 표를 살 수 있으면 꼭 가 보고 싶습니다.
- あなたが行けば、私も行きたい。(○) 당신이 가면 나도 가고 싶다.

  ※ 私が行けばあなたも行きなさい。(×)

② 前件, 後件 이미 일어난 사실적 조건을 나타낼 수 없다.

- 注射を (× 打ってもらえば / ○ 打ってもらうと)、すぐ直りました。 주사를 맞자 곧 나았습니다.

③ 後件에 바람직한 것이 오는 경우가 많고, 바람직하지 않은 것은 잘 사용하지 않음.

- 徹夜 (? すれば / ○ すると / ○ したら)、体調が悪くなります。 철야를 하면 컨디션이 나빠집니다.

④ 기타 용법

~ばいいのに : ~하면 좋은데

- 飲めばいいのに。 마시면 좋은데.

~ばすむ : ~하면 그만이다

- お金を払えばすむ。 돈을 지불하면 그만이다.

~ばこそ : ~이기 때문이다 ≒ ~からこそ

- 愛すればこそ別れるんだ。 사랑하기 때문에 헤어지는 것이다.

~さえ~ば : ~만 ~하면

- 働きさえすればいいわけだ。 일하기만 하면 되는 것이다.

~ばそれにこしたことはない : ~하면 그것보다 나은 것은 없다

- 安ければそれにこしたことはない。 싸면 그것보다 나은 것은 없다.

~ば~ほど : ~하면 ~할수록

- 見れば見るほどいい。 보면 볼수록 좋다.

~も~ば~も : ~도 ~하거니와 ~도

- 金子さんは韓国語もできれば英語もできる。 가네코씨는 한국어도 할 수 있거니와 영어도 할 수 있다.

◆ たら

1. 접속

(동사)	1Group	「う、つ、る」 → 「ったら」
		「ぬ、ぶ、む」 → 「んだら」
		「く、ぐ」 → 「いたら、いだら」
	2Group	見る / 食べる → 見たら / 食べたら
	3Group	する / くる → したら / きたら
(イ형용사)		よい → よかったら
(ナ형용사)		静か → 静かだったら
(명사)		学生 → 学生だったら

2. 의미 개별적, 우연적, 1회 한정의 내용, 시간이 경과되면 실현

① 어떤 동작이 완료 후 다음 동작이 이어지는 상황 ≒ と 허용

- 家の前まで来たら (来ると)、雨が降り出した。 집 앞까지 왔더니(오자), 비가 내리기 시작했다.

② 이유, 계기 ≒ と 허용

- 風が吹いたら (吹くと)、木が倒れた。 바람이 불었더니(불자), 나무가 쓰러졌다

③ 우연적인 경우 ≠ と, ば, なら 허용 불가

- デパートに行ったら、むかしの友達に偶然会った。 백화점에 갔더니, 옛날 친구를 우연히 만났다.

④ 100% 확실한 확정조건 ≠ と, ば, なら 허용 불가

- 午後になったら、散歩に行きましょう。 오후가 되면, 산책하러 갑시다.

⑤ 동시성인 경우 ≒ と

- 本を読んでいたら (いると)、眠くなった。 책을 읽고 있었더니(있자), 졸리게 되었다.
- 服を着たら (着ると)、何かがポケットから落ちた。 옷을 입었더니(입자), 무엇인가가 주머니에서 떨어졌다.
- ※ 服を (× 着たら / ○ 着る と)、外へ飛び出していった。
  옷을 입자, 밖으로 뛰쳐나갔다. (동일한 주체의 연속된 동작)

⑥ 後件에 의지, 희망, 명령, 의뢰 등의 표현이 가능 ≠ と, ば, なら

- 佐藤さんに会ったら、よろしく伝えてください。 사토씨를 만나면 안부 전해 주십시오.

- 授業が終わったら、映画を見に行きましょう。 수업이 끝나면 영화를 보러 갑시다.
- 給料をもらったら、新しい服を買ってくれる。 월급을 받으면 새 옷을 사 줄래?
- 取引先に着いたら、お電話します。 거래처에 도착하면 전화 드리겠습니다.

3. 특징

① 前件의 내용을 가정하여 後件에 화자의 판단, 명령, 희망, 의지 등을 사용할 때 주의

- 区役所へ行くなら、バスが便利です。(○) 구청에 가는 거라면 버스가 편리합니다.
  - → 区役所へ行ったら、バスが便利です。(×)

② 前件의 동작의 결과 後件이 일어난 경우 ≠ と 허용 불가

- セーターを洗濯 (× すると / ○ したら) 縮んでしまった。 세터를 세탁했더니 줄어들어 버렸다.
- 指導教官に仲人をお願い (○ したら / ? すると) 快く引き受けてくださった。
  지도교관에게 중매를 부탁했더니 흔쾌히 받아들여 주셨다.

③ 기타 용법

～たらいい : ～하는 것이 좋다, ～하면 좋다

→ 상대방에게 제안 · 권유, 말하는 사람의 희망 · 바람

- ゆっくり休んだらいい。後のことは任せなさい。〈제안 · 권유〉
  천천히 쉬는 것이 좋다. 나중 일은 맡기시오.
- もう遅いから残りの仕事は明日にしたらいい。〈제안 · 권유〉
  이제 늦었으니까 나머지 일은 내일 하는 것이 좋다
- もう少し給料がよかったらいいのだが。〈희망 · 바람〉
  조금 더 월급이 좋았으면 좋겠는데.
- 生まれてくる子が男の子だったらいいのだが。〈희망 · 바람〉
  태어나는 아이가 남자 아이면 좋겠는데.

～たらよかった : ～였으면 좋았다

→ 실제로 일어나지 않았던 것, 현실에서는 그렇지 못했던 것을 유감스럽게 생각하는 표현

- 昨日会社の上司とはじめて飲みに行った。彼がもうちょっと話好きだったらよかったのだが、会話が続かなくて困った。 어제 회사 상사와 처음으로 마시러 갔다. 그가 조금 더 말하는 것을 좋아했으면 좋았겠지만, 회화가 이어지지 않아서 난처했다.

～たらどうか : ～하면 어떨까?

→ 제안과 권유를 나타냄

- 遊んでばかりいないで、たまには勉強したらどう?　놀고만 있지 말고, 가끔은 공부하는 것이 어때?

- アメリカに留学してみたらどうかと先生に勧められた。
  미국으로 유학을 해 보는 것이 어떻겠느냐고 선생에게 권유를 받았다.

◆ **なら**

1. 접속

(동사)	기본형 + なら(いくなら)
(イ형용사)	기본형 + なら(たかいなら)
(ナ형용사)	기본형 + なら(元気なら)
(명사)	명사 + なら(先生なら)

2. 의미　前件을 알고, 자신이 그것에 어떻게 대응할 것인지를 後件에서 표명할 때

① **상태의 가정조건 ≒ なら, ば 허용**

- 暑いなら (暑かったら / 暑ければ)、上着を脱いでもいいですよ。
  더우면 윗옷을 벗어도 괜찮아요.

- そんなに暇なら (暇だったら)、ちょっと手伝ってくれませんか。
  그렇게 한가하면 좀 도와주지 않겠습니까?

- こんなに安いなら (安かったら)、たくさん買えるね。이렇게 싸면 많이 살 수 있겠네.

- あなたが言わないなら (言わなければ)、わたしも言いません。
  당신이 말하지 않으면 나도 말하지 않겠습니다.

② **상대방의 말이나 일어날 사건에 대한 화자의 판단(의지), 의견(조언, 요구) ≠ と、ば、たら**
前件의 내용을 가정하여 後件에 화자의 판단, 명령, 희망, 의지 등을 사용 ≠ と、ば、たら

[後件 → 前件] ≠ と, ば, たら

- 市役所へ行くなら、地下鉄が便利です。시청에 가는 거라면 지하철이 편리합니다.
- カメラを買うなら、いい店を教えてあげますよ。카메라를 살 거라면 좋은 가계를 가르쳐 주겠습니다.
- 大会に参加するなら、前日までに申し込んでください。대회에 참가하려면 전날까지 신청해 주십시오.
- 本を読んでいるのなら、電気をつけなさい。책을 읽고 있는 거라면, 전기를 켜시오.

- もし新しいのを買ってくれるなら、赤いのがいいなあ。 만약 새 것을 사 줄 거라면 빨간 것이 좋은데.

- スーパーへ行くのなら、醤油を買って来て。 슈퍼에 가는 거라면 간장을 사 와.

- 飲んだら、乗るな。乗るなら、飲むな。 마셨으면 타지마라. 타려면 마시지 마라.(음주운전 계몽 표어)

- 明日試験があるなら今晩勉強しなさい。 내일 시험이 있다면 오늘밤 공부하거라.

③ 화제 제시, 화제 한정 ≠ と、ば、たら

- ガムならロッテ。 껌이라면 롯데.

- ビールなら、「キリン」だ。 맥주라면 '기린'이다.

3. 특징

① 前件 → 後件

- 旅行に行ったのなら、写真を見せてください。 여행 간 것이라면 사진을 보여 주십시오.

② 後件 → 前件

- 旅行にいくのなら、カメラを持っていくといいですよ。
  여행 가는 거라면 카메라를 갖고 가면 좋아요. (카메라 갖고 → 여행)

- 大学院に進むなら、この本を読みなさい。 대학원에 진학하려면 이 책을 읽으세요. (책 읽고 → 대학원)

※ 大学院に進んだら、この本を読みなさい。[前件 → 後件]
  대학원에 진학하면 이 책을 읽으세요. (대학원 → 책 읽기)

③ 용법

〜なら 〜がいい : 〜라면 〜이 좋다

- 車を買うならドイツ製がいい。 차를 사려면 독일제가 좋다.
- 食事をするなら、このレストランがいいよ。 식사를 하려면, 이 레스토랑이 좋아.

◆ ようだ

접 속

「동사나・형용사・ナ형용사의 연체형, 명사＋の」로 접속한다.

문어체 표현으로 ごとし와 동일하다 → ごとく＝ように、ごとき＝ような、ごとし＝ようだ

구어체 표현으로 みたいだ와 동일하다 → 체언 또는 종지형에 연결

(명사)	夢のようだ（夢みたいだ）꿈 같다
(い형용사)	安いようだ（安いみたいだ）싼 것 같다
(な형용사)	静かなようだ（静かみたいだ）조용한 것 같다
(동사)	風邪を引いたようだ（風邪を引いたみたいだ）감기 걸린 것 같다

※ 고양이 같은 개

ねこのようないぬ。〈회화체, 문어체〉

ねこのごときいぬ。〈문어체〉

ねこみたいないぬ。〈회화체〉

용 례

- 明日は雨が降るようだね。내일은 비가 올 것 같구나.(일기예보 프로를 보면서)
- 私の留守に誰か来たようです。내가 부재 때 누군가 왔던 것 같습니다.
- 新幹線は到着が遅れるようです。신칸센은 도착이 늦을 것 같습니다.
- この料理はちょっと味が濃すぎるようです。이 요리는 맛이 좀 너무 진한 것 같습니다.(간을 보고)
- 彼はずいぶん忙しいようですね。いつも席にいません。그는 상당히 바쁜 것 같습니다. 늘 자리에 없습니다.
- その人は彼の恋人ではなかったようです。그 사람은 그의 애인이 아니었던 것 같습니다.
- 皆さんお集まりのようですから、始めよう。여러분들이 모이신 것 같으니, 시작하죠.

용법

말하는 사람의 판단, 의견을 말할 때 등에 사용한다.
오감, 감촉을 판단 재료로 직감적인 판단을 할 때도 사용한다.

- (손을 대 보고) このお風呂、ぬるいようです。이 목욕물 미지근한 것 같습니다.

- (살짝 간 보고) 少し味が濃すぎるようです。약간 맛이 너무 진한 것 같습니다.

- (냄새 맡고) これ、腐っているようですよ。이것 썩은 것 같습니다.

- (발소리를 듣고) 誰か来たようですから、ちょっと見てきます。누군가 온 것 같으니 잠깐 보고 오겠습니다.

- (신체 내의 감각) 少し寒気がします。風邪をひいたようです。약간 한기가 납니다. 감기 걸린 것 같습니다.

- この薬は確かに効くようだ。이 약은 확실히 듣는 것 같다.(화자 자신의 체험 결과)

- 僕が思った通り、彼は来ないようだ。내가 생각한대로 그는 오지 않을 것 같다.(자기 자신의 추론임을 강조)

★ 정보 출처 : 말하는 사람 자신이 본 것, 체험한 것.

★ 신뢰도 : 중간정도.

★ 특징 : 부정 · 의문형이 없다.

- 彼は来ないようだ。그는 안 올 것 같다.

- 彼は来るようではない。(×)

- 彼女は来なかったようだ。그녀는 안 온 것 같다.

- 彼女は来たようではない。(×)

★ 기타용법

① 비유

まるで / あたかも / いかにも / ちょうど / さながら~ようだ (마치 ~같다)

≒ まるで / ちょうど~みたいだ (마치 ~같다)

→「あたかも」「いかにも」「さながら」 등은 문장체적인 딱딱한 표현에 사용하기 때문에, 회화체 표현에 사용하는 「みたいだ」와 같이 사용할 수 없다.

- 君の瞳はまるで真珠のようだ。너의 눈동자는 마치 진주와 같다.

- あたかも風に吹かれる木の葉のようだった。마치 바람에 날리는 나뭇잎 같았다.

どうも~ようだ (≒~らしい) (아무래도 ~같다)

- 彼の言うことはどうも嘘らしい (≒のようだ)。그가 말하는 것은 아무래도 거짓말 같다.

② 예시

- 上記のような条件。상기와 같은 조건.

- このような事件。이와 같은 사건.

③ 방법

- このテレビは直しようがない。이 텔레비전은 고칠 방법이 없다.

- 作りようがない。만들 수가 없다.

④ 목적

- 忘れないようにノートにメモしておこう。잊지 않도록 노트에 메모해 두자.

- 後ろの席の人にも聞こえるように大きな声で話した。뒷자리의 사람에게도 들리도록 큰 소리로 말했다.

⑤ 권고 · 충고

- 集合時間は守るように。집합 시간은 지키도록!

- 風邪をひかないようにご注意ください。감기에 걸리지 않도록 주의해 주십시오.

⑥ 기원 · 희망

- どうか合格できますように。부디 합격할 수 있기를.

- 現状がさらに改善されるように期待している。현재 상황이 더욱 개선되기를 기대하고 있다.

⑦ 관용적 표현

- 雲をつかむような話。뜬구름 잡는 것 같은 이야기(허황된 이야기).

- 竹を割ったような性格。대쪽 같이 곧은 성격(시원스러운 성격).

- 血のにじむような努力。피나는 노력.

- 手の切れるような新札。빳빳한 새 지폐.

- 飛ぶように売れる。날개 돋친 듯이 팔리다.

- 目を皿のようにして探す。눈을 크게 뜨고 찾다.

- 手の裏を返すよう。손바닥 뒤집듯.

◆ そうだ

접 속

동사 ます형, い형용사 · な형용사의 어간에 연결. 명사에는 붙지 않는다.

(い형용사)	悲^{かな}しそうだ。 슬픈 것 같다.
(な형용사)	元気^{げん き}そうだ。 건강한 것 같다.
(동사)	降^ふりそうだ。 내릴 것 같다.
(조동사)	行^いきたそうだ。 가고 싶은 것 같다.
	行^いかなそうだ。 가지 않는 것 같다.
	安^{やす}くなさそうだ。 싸지 않은 것 같다.
	元気^{げん き}でなさそうだ。 건강하지 않은 것 같다.

용 례

- (하늘이 먹구름으로 어두워진 것을 보고) 今^{いま}にも雨^{あめ}が降^ふりそうだ。 곧 비가 내릴 것 같다.

- (차갑게 식어버린 카레를 보고) まずそうだな。 맛없을 것 같아.

- このりんごはおいしそうですね。 이 사과는 맛있어 보이네요.

- 重^{おも}そうなかばんだ。 무거워 보이는 가방이다.

- 彼女^{かのじょ}はとても楽^{たの}しそうに働^{はたら}いている。 그녀는 아주 즐거운 듯이 일하고 있다.

용 법

1. 동사

어떤 상황이 지금 당장이라도 일어날 것 같을 때 사용.

- 強風^{きょうふう}で木^きが倒^{たお}れそうだ。 강풍으로 나무가 쓰러질 것 같다.
- 棚^{たな}の上^{うえ}の物^{もの}が落^おちそうだ。 선반 위의 물건이 떨어질 것 같다.
- 雨^{あめ}が降^ふり出^だしそうな天気^{てん き}です。 비가 내릴 것 같은 날씨입니다.
- こんな生活^{せいかつ}では、すぐ病気^{びょう き}になりそうだ。 이런 생활에서는 곧 병이 날 것 같다.
- 何^{なに}かいやなことが起^おこりそうだ。 무엇인가 찜찜한 일이 일어날 것 같다.

2. い형용사 · な형용사

보는 순간에 「いかにも ～だ(정말이지/과연 ～이다)」일 경우에 사용.
동사 「いる, ある, できる」 등은 상태를 나타내기 때문에 형용사와 동일한 취급을 받는다.

- このりんごはおいしそうです。 이 사과는 맛있어 보입니다.

- 彼は元気そうです。 그는 건강한 것 같습니다.

- いかにもお金がありそうな家ですね。 정말이지 돈이 있을 법한 집이네요.

- この事件は十年前の事件と関係がありそうだ。 이 사건은 10년 전의 사건과 관계가 있어 보인다.

- これはやさしそうだから、私にもできそうです。
  이것은 쉬워보이기 때문에, 나도 할 수 있을 것 같습니다.

- まだ使えそうなものまで捨ててある。 아직 사용할 수 있어 보이는 것까지 버려져 있다.

3. 미래에 대한 예측 · 가능성 판단

- 今度は試験に受かりそうだ。 이번에는 시험에 붙을 것 같다.

- (경마장의 말 상태를 보고) 速く走りそうですね。 빨리 달릴 것 같아요.

- (사과가 빛깔이 든 것을 보고) きれいな赤になりそうですね。 예쁜 빨간색이 될 것 같아요.

- どうやら今日中に終りそうだ。 아무래도 오늘 중에 끝날 것 같다.

- 今日中に原稿が書けそうだ。 오늘 중으로 원고를 쓸 수 있을 것 같다.

- 今夜は涼しいからぐっすり眠れそうだ。 오늘밤은 서늘해서 푹 잠들 수 있을 것 같다.

★ **정보출처** 말하는 사람 자신이 본 것.

★ **신뢰도** 높다.
주로 미래의 가능성이나 예상을 나타내고, 과거의 상태나 사건에 대해서는 사용할 수 없다.

★ **특징**

① 2가지의 부정형

- 降りそうにない。 내릴 것 같지 않다.

- 降りそうもない。 降りそうにもない。 내릴 것 같지도 않다.

  ☞ 누군가 말한 내용에 대하여, 그것을 부정.

- 降らな (さ) そうだ。 내리지 않을 것 같다.

  ☞ 외관이나 상태를 보고 직감적으로 판단.

- おいしそうではない。おいしそうじゃない。 맛있을 것 같지 않다.

  ☞ 누군가 말한 내용에 대하여 그것을 부정.

- おいしくなさそうだ。 맛있지 않을 것 같다.

  ☞ 외관을 보고서 직감적으로 판단.

- 元気(げんき)そうではない。元気(げんき)そうじゃない。 건강할 것 같지 않다.

  ☞ 누군가 말한 내용에 대하여 그것을 부정.

- 元気(げんき)ではなさそうだ。 건강하지 않을 것 같다.

  ☞ 외관을 보고서 직감적으로 판단.

② 품사에 따라 부정형이 다르다

【동사】
降(ふ)りそうもない(○) / 降(ふ)りそうに(は)ない(○) / 降(ふ)らな(さ)そうだ(○) / 降(ふ)りそうではない(×)

【い형용사】
辛(から)くなさそうだ(○) / 辛(から)そうではない(○) / 辛(から)そうもない(×) / 辛(から)そうに(は)ない(×)

【な형용사】
元気(げんき)ではなさそうだ(○) / 元気(げんき)そうではない(○) / 元気(げんき)そうもない(×) / 元気(げんき)そうに(は)ない(×)

③ 「いい・ない」→「よさそう / なさそう」

※ ない → なさそうだ。

汚(きたな)い(더럽다, 불결하다)	→	汚(きたな)そうだ (더러운 것 같다)
もったいない(아깝다)	→	もったいなさそうだ (아까운 것 같다)
★ つまらない(시시하다)	→	つまらなさそうだ(×)
		つまらなそうだ(○) (시시한 것 같다)

※ よい → よさそうだ。

| 快(こころよ)い(상쾌하다, 기분 좋다) | → | 快(こころよ)さそうだ (상쾌한 것 같다) |
| 心地好(ここちよ)い(기분 좋다, 속이 시원하다) | → | 心地好(ここちよ)さそうだ (기분 좋은 것 같다) |

④ 관용표현

- いいことが起^おこりそうな気^き (感^{かん}じ・予感^{よかん}) がする。 좋은 일이 일어날 것 같은 기분(느낌 · 예감)이 나다.

⑤ 양태 표현을 나타내는 「そうだ」를 잘 사용하지 않는 경우

① 한 눈에 알 수 있는 성질의 것

赤^{あか}い 빨갛다 → 赤^{あか}そうだ (?)

青^{あお}い 파랗다 → 青^{あお}そうだ (?)

美^{うつく}しい 아름답다 → 美^{うつく}しそうだ (?)

醜^{みにく}い 추악하다, 못생기다 → 醜^{みにく}そうだ (?)

かわいい 귀엽다 → かわいそうだ (?)

汚^{きたな}い 지저분하다 → 汚^{きたな}そうだ (?)

背^せが高^{たか}い 키가 크다 → 背^せが高^{たか}そうだ (?)

静^{しず}かだ 조용하다 → 静^{しず}かそうだ (?)

② 외래어

モダンだ 현대적이다 → モダンそうだ (?)

③ 「～的」가 붙는 것

近代的^{きんだいてき}だ 근대적이다 → 近代的^{きんだいてき}そうだ (?)

国際的^{こくさいてき}だ 국제적이다 → 国際的^{こくさいてき}そうだ (?)

④ 기타

有名^{ゆうめい}だ 유명하다 → 有名^{ゆうめい}そうだ (?)

公平^{こうへい}だ 공평하다 → 公平^{こうへい}そうだ (?)

★ 기타 용법

① 전문 형태(～라고 한다) : 동사, 형용사의 보통형(기본형, 과거형)에 연결

- 山本^{やまもと}さんは来年定年^{らいねんていねん}だそうだ。 야마모토씨는 내년에 정년이라고 한다.

- あのレストランはおいしいそうです。 저 레스토랑은 맛있다고 합니다.

- あのレストランはおいしいそうですか。 → 전문 형태에 의문문은 없으므로, 이런 문장은 사용 안 함.

- あのレストランはおいしかったそうです。 저 레스토랑은 맛있었다고 합니다.

- 彼は元気だそうです。 그는 건강하다고 합니다.

- 彼は元気ではないそうです。 그는 건강하지 않다고 합니다.

- 雨が降るそうです。 비가 내린다고 합니다.

- 雨が降らないそうです。 비가 내리지 않는다고 합니다.

- 雨が降るそうではないです。(×) → 전문 형태에 부정형은 없다.

- 雨が降ったそうです。 비가 내렸다고 합니다.

- 雨が降らなかったそうです。 비가 내리지 않았다고 합니다.

- 雨が降るそうではなかったです。(×) → 전문 형태에 부정 과거형은 없다.

② 정보 제공의 형식 : 〜によると・〜によれば・〜話では・〜噂では」

- この本によると、今後もオゾンは減って行くそうです。

  이 책에 의하면 앞으로도 오존은 줄어간다고 합니다.

- 辞書によれば、この言い方は間違いだそうです。 사전에 의하면 이 말하는 법은 잘못이라고 합니다.

- 彼の話では、問題はないそうです。(≒ 彼の話によると)

  그의 이야기로는, 문제는 없다고 합니다. (≒ 그의 이야기에 의하면)

- 新聞によると、景気は上向きだそうです。(×新聞では)

  신문에 의하면, 경기는 좋아지고 있다고 합니다.

◆ らしい

> 동사 · い형용사 기본형, な형용사의 어간, 명사, 조사에 연결.
>
> (동사)　　　降るらしい。 내리는 것 같다.
>
> (い형용사)　美味しいらしい。 맛있는 것 같다.
>
> (な형용사)　静からしい。 조용한 것 같다.
>
> (명사)　　　夢らしい。 꿈인 것 같다.
>
> (조사)　　　〜までらしい。 〜까지인 것 같다.

- 明日は雨が降るらしいね。 내일은 비가 온다는 것 같아.(다른 사람에게서 들은 얘기)

- 傘をさしていないところをみると、雨はもう止んだらしい。
  우산을 쓰고 있지 않을 것을 보니, 비는 이제 그친 것 같다.

- 気象庁によると、今年の冬は、例年より暖かいらしい。 기상청에 의하면, 올 겨울은 예년보다 따뜻하다고 한다.

용 법

① 출처(정보 제공)가 명시되어 있는 경우

「명사 + によると・によれば」/「명사 + では」~らしい ≒ ~そうだ(전문)

新聞によると、今年の夏はひどく暑いらしい。 신문에 의하면, 올 여름은 몹시 더운 듯하다(덥다고 한다).

参加者の話では、会はあまり盛り上がらなかったらしい。
참가자 이야기로는, 모임은 별로 고조되지 않았다고 한다.

彼は今日暇らしいから、言ってみよう。
(어제의 얘기로는) 그는 오늘 한가한 것 같으니까(한가하다고 하니까), 얘기해 보자.

② 자신의 추량인 경우

어떤 증거·근거로부터 판단하여 추정을 한다.

남에게 듣거나 비교적 확실한 객관적인 근거나 이유를 토대로 판단되는 것을 추측하여 단정한다.

- 木村さんは、今日、顔色が悪いです。 (판단의 근거) 기무라씨는 오늘 안색이 안 좋습니다.

  ☞ 木村さんは病気らしいです。 기무라씨는 병인 것 같습니다.

- あの子供たちは顔がよく似ています。 (판단의 근거) 저 아이들은 얼굴이 꼭 닮았습니다.

  ☞ あの子供たちは兄弟らしいです。 저 아이들은 형제인 것 같습니다.

- 斎藤さんはあくびをしています。 (판단의 근거) 사이토씨는 하품을 하고 있습니다.

  ☞ 斎藤さんは眠いらしいです。 사이토씨는 졸린 것 같습니다.

- このコードはここにつなぐらしい。 (설명서를 보면서) 이 코드는 여기에 연결하는 것 같다.

- 何か音がする。 (판단의 근거) 무슨 소리가 난다.

  ☞ 中に何か入っているらしい。 안에 무엇인가 들어있는 것 같다.

- 客がたくさん入っている。 (판단의 근거) 손님이 많이 들어가 있다.

  ☞ この店はおいしいらしい。 이 가게는 맛있는 것 같다.

※ 자신의 눈으로 보고 직관적으로 추측할 수 있는 경우에는 「らしい」를 사용할 수 없다 → そうだ

- (옷을 보고) 大きいらしい。(×)

- (옷을 보고) 大きそうだ。큰 것 같다.

- (옷을 입어 보고) ちょっと大きいようですね。좀 큰 것 같네요.

- あっ、もう少しでがけが崩れそうだ。앗, 곧 절벽이 무너질 것 같다.

★ **정보 출처** 말하는 사람이 다른 사람에게 들은 것, 책 등에서 읽은 것 등, 간접적으로 얻은 정보.

★ **신뢰도** 낮다. 확정적으로 단정하는 것을 피할 때나 책임 있는 발언을 하기 꺼려할 때 사용한다.

★ **특징**

① **부정 · 의문형이 없다.**

- 彼は日本に留学するらしくない。(×)
- 彼は日本に留学しないらしい。(○) 그는 일본에 유학하지 않을 것 같다.
- 行くらしいですか。(×)

② **음편 현상**

東京は大雨らしくございます。

→ 東京は大雨らしゅうございます。도쿄는 큰 비인 것 같습니다.

※ **형용사 + 「ございます」의 연결 형태**

형용사가 だございます에 이어질 때 다음과 같은 방법으로 변환된다.

1. ---aい   →   ---ooございます

   高い(takai)   →   たこう(takoo)ございます

   浅い(asai)   →   あそう(asoo)ございます

   ありがたい(arigatai) →   ありがとう(arigatoo)ございます

2. ---iい   →   ---yuuございます

   大きい(ookii)   →   大きゅう(ookyuu)ございます

   正しい(tadasii)   →   正しゅう(tadasyuu)ございます

   美しい(utukusii)   →   美しゅう(utukusyuu)ございます

3. ---uい　　　　　　→　　　　---uuございます

　　安い(yasui)　　　→　　　安う(yasuu)ございます
　　寒い(samui)　　　→　　　寒う(samuu)ございます
　　暑い(atui)　　　　→　　　暑う(atuu)ございます

4. ---oい　　　　　　→　　　　---ooございます

　　細い(hosoi)　　　→　　　細う(hosoo)ございます
　　青い(aoi)　　　　→　　　青う(aoo)ございます
　　遠い(tooi)　　　　→　　　遠う(tooo)ございます

★ 기타용법

→ 형용사의 접미어(˜답다)

● 学生らしい格好。학생다운 모습

● 女らしい人。여자다운 사람

● 金さんらしいやり方。김씨다운 행동 방식

「らしい」와「ようだ」의 차이점

추측(추량)의 조동사「らしい」와「ようだ」는 불확실한 단정을 나타내는 의미로 거의 같은 뜻으로 사용되지만, 다음과 같은 경우는 바꾸어 쓸 수 없다.

1.「らしい」만 사용되는 경우

→ 외부에 의한 확신적인 추측(추량), 외부로부터 들어온 정보에 근거해서 말할 때.

● 天気予報によると、あしたは雨が降るらしい。일기예보에 의하면, 내일은 비가 내리는 것 같다(내린다고 한다).

● あの人の話を聞くと、仕事はなかなかつらいらしいですよ。
저 사람 얘기를 들으면, 일은 몹시 힘든 것 같아요(힘이 든다고 해요).

● 医者の話では、薬を飲んでも治らないらしい。의사의 얘기로는 약을 먹어도 낫지 않는 것 같다(낫지 않는다고 한다).

● 噂では、彼は会社をやめるらしいよ。소문으로는 그는 회사를 그만두는 것 같아(그만둔다고 해).

● ニュースでは台風が近づいているらしいです。뉴스에서는 태풍이 다가오고 있는 것 같습니다(있다고 합니다).

● よく知らないけど、みんなの話ではあの会社倒産するらしいよ。
잘 모르겠지만, 모두의 얘기로는 그 회사 도산하는 것 같아(도산한다고 해).

2. 「ようだ」만 사용되는 경우

→ 자기 자신의 그 때의 감각에 따른 직감적인 판단을 말할 때.

- わたし、風邪を引いたようだよ。 나. 감기 걸린 것 같아.

- 今日は疲れているようです。 오늘은 피곤한 것 같습니다.

- これは皮のようです。 이것은 가죽인 것 같습니다.(가방을 만져 보고)

- 私にはちょっと難しいようです。 저에게는 좀 어려운 것 같습니다.(문제를 약간 풀어 보고)

- 前にどこかで会ったようだ。 전에 어딘가에서 만났던 것 같다.(그의 얼굴을 보고)

- 中に何か入っているようだね。 안에 무엇인가 들어 있는 것 같군.(상자를 흔들어 보고)

3. 「ようだ」≒「らしい」인 경우

① 화자의 관찰에 의한 표현

- 昨日雨が降った (よう / らしい) ですね。 어제 비가 내린 것 같네요.(젖은 길을 보고)

- この店は流行っている (ようだ / らしい)。 이 가게는 번창하고 있는 것 같다.(가게의 상태를 보고)

② 어떤 정보로부터 추측한 표현

- 今日は雨が降る(よう / らしい)です。 (일기예보를 보고) 오늘은 비가 올 것 같습니다.

- 誰か来た (よう / らしい) です。 누군가 온 것 같습니다. (무슨 소리를 듣고)

4. 「そうだ」「ようだ」「らしい」의 뉘앙스 차이

- 彼女は何となく、元気なような気がしますね。 그녀는 왠지, 건강한 것 같은 기분이 드는군요.
- 彼女はどうも、元気らしく、いろんな所で教えている。 그녀는 아무래도 건강한 듯, 여러 곳에서 가르치고 있다.
- 彼女は元気そうな顔をしていました。 그녀는 건강한 것 같은 얼굴을 하고 있었습니다.
- 彼は疲れていそうだ。 그는 피곤한 듯이 보인다. (직접 얼굴을 보고)
- 彼は疲れているようだ。 그는 피곤한 것 같다. (얼굴을 보거나, 다른 사람에게 듣거나 해서 자신이 판단)
- 彼は疲れているらしい。 그는 피곤한 것 같다. (다른 사람에게 듣고서 추측)
- あなたは熱がありそうですね。 당신은 열이 있어 보이네요. (직접 얼굴을 보고)
- あなたは熱があるようですね。 당신은 열이 있는 것 같아요. (손으로 만져 보고)
- あなたは熱があるらしいですね。 당신은 열이 있는 것 같아요. (다른 사람에게 얘기를 듣고)
- 生徒達がパクパク美味しそうに食べているから、この学校の給食は美味しいようだ。
  학생들이 덥석덥석 맛있게 먹고 있으니, 이 학교의 급식은 맛있는 것 같다.

「そうだ」 → 외관상으로 봐서 그와 같은 상태   「ようだ」 → 맛있게 먹고 있는 것을 보고 판단(추측)

※ **기타 추량 표현**

- 彼は一体何を食べたんだろう。 그는 도대체 뭘 먹었을까.

→ 의문사 「誰, 何, 何故, どのように」＋ ～だろう。～일까.

- 僕は、彼が多分、来るだろうと思う。 (나는 그가 아마도 올 거라고 생각한다)

→ ～だろうと思う。～것이라고 생각한다.

※ **な형용사의 연결 형태에 주의할 것.**

선생님의 연구실은 조용한 것 같다.

- 先生の研究室は静かそうだ。

- 先生の研究室は静からしい。

- 先生の研究室は静かなようだ。

～らしい ・ ～っぽい 비교

◆ ～らしい

① 그 자체가 지닌 전형적인 성질을 갖고 있음을 나타냄

- あの人は本当に先生らしい先生ですね。 저 사람은 정말로 선생님다운 선생님이네요.

- 今日は春らしい天気だ。 오늘은 봄다운 날씨다.

② 가능성이 높다고 여겨지는, 근거가 있는 추량을 나타냄

- 新しく出たデジカメはとても便利らしい。 새롭게 나온 디지털카메라는 아주 편리한 듯하다.

- 彼はどうやら今の会社を辞めて、自分で会社を作るらしい。

  그는 아무래도 지금의 회사를 그만두고, 자신이 회사를 만드는 것 같다.

◆ ～っぽい

본래 그와 같은 성질을 가져서는 안 되는 것이 그와 같은 성질을 띠고, 마이너스 이미지를 갖고 있음을 나타냄

- 30になって、そんなことで怒るなんて子供っぽいね。 30이 되어, 그런 일로 화를 내다니 애 같군.

- 山田さんは忘れっぽくて困る。 야마다씨는 잘 잊어서 난처하다.

- この牛乳は水っぽくてまずい。 이 우유는 묽어서 맛이 없다.

- 彼は白っぽい服を着ていた。 그는 희어 보이는 옷을 입고 있었다.

から・ので 비교

~から、~ → 화자의 주관적인 판단

~ので、~ → 객관적인 귀결

◆ から

1. 이유(원인)

AからB : A(원인, 이유)이니까 B(결과)이다

- 暇だったから、本を読んでいた。 한가했기 때문에, 책을 읽고 있었다.

- 本を読んでいたのは、暇だったからだ。 책을 읽고 있었던 것은, 한가했기 때문이다.

- A: どうして会社をやめたの？ 왜 회사를 그만두었어?

  B: つまんないからよ。 시시해서.

  A: 帰りますか。 돌아갑니까?

  B: ええ、もう 6 時ですから（帰ります）。 네, 벌써 6시니까요 (돌아가겠습니다).

  A: どうして見ないんですか。 왜 안 보는 것입니까?

  B: 見たことがありますから。 본 적이 있어서요.

- ちょっと心配だったから、見に来ました（見に来たんです）。

  좀 걱정이 되어서, 보러왔습니다(보러 온 것입니다).

- 嫌だから行かないのではありません。行く必要がないから行かないのです。

  싫어서 가지 않는 것은 아닙니다. 갈 필요가 없기 때문에 가지 않는 것입니다.

2. 판단의 근거

AからB : A(판단의 근거)이니까 B(화자의 판단)이다

- だんだん空が暗くなって来たから、もうすぐ降り出すでしょう。

  점점 하늘이 어둑해졌으니까, 곧 내리기 시작하겠지요.

- A: 田中さんはもう帰りましたか。 타나카씨는 벌써 돌아갔습니까?

  B: （机を見て）まだかばんがあるから、その辺にいるでしょう。

  (책상을 보고) 아직 가방이 있으니까, 그 근처에 있겠지요.

- 彼女は、「興味ない」って言ってたから、来ないよ。 그녀는, "흥미 없어"라고 했으니까 안 와.

- A: 今何時かなあ。 지금 몇 시지.

  B: さっき、鐘が鳴っていたから、12時半ぐらいじゃないか。

  조금 전, 종이 울렸으니까, 12시 반 쯤 아냐?

- 今はお歳暮の季節ですから、デパートは混んでいるでしょう。 지금은 연말선물의 계절이니까, 백화점은 붐비겠지요.
  → 「今はお歳暮の季節(지금은 연말선물의 계절)」은 말하는 사람이 「デパートは混んでいるだろう(백화점은 붐비겠지요)」라고 판단한 근거.

- 雨が降ったから、道がぬれているのです。 비가 내렸기 때문에, 길이 젖어 있는 것입니다.
  → 「雨が降った(비가 내렸다)」는 「道がぬれている(길이 젖어 있다)」라는 사실에 대한 원인.

3. 기타

→ 문말(文末)에 의뢰, 명령, 권유 등의 표현이 오는 것이 특징

- ビールが冷やしてあるから、お風呂のあと飲んでね。 맥주가 차가워져 있으니까, 목욕 후에 마셔.
- 隣の部屋にいますから、何かあったら呼んで下さいね。 옆방에 있을 테니까, 무슨 일 있으면 불러주세요.
- 以下の部品が入っていますから、まず確認して下さい。 이하의 부품이 들어있으므로, 우선 확인하여 주십시오.
- バスがあるそうだから、それに乗りましょう。 버스가 있다고 하니까, 그것을 탑시다.
- 9時に迎えに行くから、いっしょにレストランへ行こう。 9시에 마중하러 갈 테니, 함께 레스토랑에 가자.
- 必ず明日返すから、一万円貸してくれ。 반드시 내일 갚을 테니까, 만 원 빌려줘.
- 嘘でもいいから、許すと言って。 거짓말이라도 좋으니까, 용서한다고 말해.
- 頼むから、泣かないでくれよ。 부탁이니, 울지 말아줘.
- 名前を呼びますから、呼ばれた人は返事をして下さい。 이름을 부르겠으니, 부른 사람은 대답을 해 주십시오.
- 昼休みになったから、何か食べに行こう。 점심시간이 되었으니, 뭐 좀 먹으러 가자.

※ 〜のだから (〜んだから)

- ここまで頑張ったんだから、あと少しやろう。 여기까지 열심히 했으니까, 앞으로 조금만 하자.
- がんばってもできなかったんだから、仕方ないじゃないか。 열심히 해도 할 수 없었으니까, 어쩔 수 없잖아.
- せっかく来たんだから、ゆっくりして行きなさいよ。 모처럼 왔으니까, 천천히 있다가 가.
- あんな失敗をしたのだから、顔を出せるはずがなかった。 저런 실패를 한 것이니까, 얼굴을 내밀 수가 없었다.
- はっきりそう言ったのだから、彼を信じてやりたかった。 확실하게 그렇게 말한 것이므로, 그를 믿어 주고 싶었다.
- 彼女が来たのだから、私は帰ることができた。しかし帰らなかった。
  그녀가 왔기 때문에 나는 돌아갈 수 있었다. 하지만 돌아가지 않았다.

※ 말하는 사람의 기분을 그 장면에서 나타내는 표현에는 「～のだから」를 사용할 수 없다.

- じゃあ、私もやりますから、あなたも少しはやって下さい。 그럼, 나도 할 테니까, 당신도 조금은 해 주세요.

- じゃあ、私もやるんですから、あなたも少しはやって下さい。(×)

- 彼がやっているんだから、お前も少しはやれよ。 그가 하고 있으니까, 너도 조금은 해라.

◆ ので

- 雨が降った (から・ので) 、涼しくなりました。 비가 내렸기 때문에, 시원해졌습니다.

- 雨が降りました (から・ので) 、涼しくなりました。 비가 내렸기 때문에, 시원해졌습니다.

- ここはうるさい (から・ので) 、あちらへ行きましょう。 여기는 시끄러우니까, 저쪽으로 갑시다.

- ここはうるさいです (から・ので) 、あちらへ行きましょう。 여기는 시끄러우니까, 저쪽으로 갑시다.
  → 「～です・ます＋ので」는 너무 공손한 느낌을 준다.

※ 문장 전체가 경어적인 표현일 경우에는 「です・ます＋ので」 표현을 사용한다.

- すぐ車が参りますので、ここで少々お待ち下さい。 곧 차가 올 테니, 여기서 잠시 기다려 주십시오.

- こちらにございますので、どうぞご自由にお使い下さい。 이쪽에 있으니, 자유롭게 사용해 주십시오.

- あしたは暇です (ので、から) あした行くことにしようと思います。 내일은 한가하기 때문에, 내일 가려고 생각합니다.

- この部分が木材です (ので、から) とても軽くなっています。 이 부분이 목재여서, 대단히 가볍게 되어 있습니다.

※ 연결 형태에 주의(명사, 형용동사)

- とても元気なので、安心しています。 아주 건강해서, 안심하고 있습니다.

- まだ子供なので、速く走れません。 아직 어린이라서, 빨리 달릴 수 없습니다.

★ 절대로 틀리지 말 것(연결 형태에 주의)

おいしいだから (×)

おいしいから (ので) 맛있으니까, 맛있기 때문에

きれいだので (×)

きれいなので (○) 예쁘니까, 예쁘기 때문에

※ 문말에 명령, 의지, 권유 등의 표현이 있을 경우 주의

たくさんあるので、どんどん使おう！ (?)

たくさんあるので、どんどん使ってしまいましょう！ (○) 많이 있으니까, 팍팍 사용해 버립시다.

たくさんあるから、どんどん使おう！ (○) 많이 있으니까, 팍팍 사용해야지(사용하자)!

ここにあるので、これを使え / 使いなさい。 (?)

ここにあるから、これを使え / 使いなさい。 (○) 여기에 있으니까, 이것을 사용해. / 사용하시오.

ここにたくさんあるので、これを使ってください。 (?)

ここにございますので、これを使ってください。 (○) 여기에 있으니까, 이것을 사용해 주십시오.

→ 보통체의 의지형과 명령형은 から＞ので
　 경어를 사용한 공손한 형태는 ので＞から

から와 ので의 차이점

1. 접속되는 단어에 주의(명사, 형용동사)

木だから　　　きれいだから
木なので　　　きれいなので

※일반적으로 공손한 형태에는 「から」, 보통체에는 「ので」

きれいですから(○)　　　　木ですから(○)

きれいですので(?)　　　　木ですので(?)

2. 「ので」 앞에는 주관적인 요소를 사용할 수 없다

[× だろう　 / 　× でしょう　 / 　× まい　 / 　× のだ] ＋ ので、〜　〜
- 道路が混んでいるだろうから(ので(×))、早めに出発しよう。
  도로가 붐비고 있을 테니까, 빨리 출발하자.

- 明日の朝は早く起きなければならない（から、ので、し）、今夜は早く寝ましょう。
  내일 아침은 일찍 일어나야 하니까, 오늘밤은 일찍 잡시다.

3. 「〜だ・です」의 형태로 끝나는 경우

- 遅れたのは、電車が止まったからです(のでです(×))。늦은 것은, 전철이 멈추었기 때문입니다)

4. 「から」는 종조사처럼 문장 끝에 사용 가능, 「ので」는 잘 사용하지 않음

- すみません、今行きますから(ので(×))。 죄송합니다. 지금 가니까.

5. 문장 끝에 명령·금지·의지·추량이 올 경우 「から」 쪽이 더 자연스럽다

- 危ない(から > ので)ここで遊んではいけません。 위험하니까 여기서 놀아서는 안 됩니다.

6. 「ので」는 공손하게 말할 경우(특히, 허가·의뢰·권유)에 자연스럽다

- 用がある(ので > から)お先に失礼します。 용무가 있어서 먼저 실례합니다.
- * 자신의 판단으로 그렇게 결단을 내렸다는 것을 내세우지 않으며, 어쩔 수 없는 이유로 인해 그렇게 되었다는 느낌을 준다.
- ※ 「て」는 「ので」·「から」와 같이 사용되지만, 이유를 나타내는 표현 뒤에 감정표현, 가능형 등이 올 경우에 많이 사용된다.

- おなかがすいて死にそうです。 배고파서 죽을 것 같아요.
- 忙しくて行けません。 바빠서 갈 수가 없습니다.
- 遅くなってすみません。 늦어서 미안해요.

◆ から 문형

• ～からこそ ～하기 때문에(야말로)

ハンサムだからこそ、人気があるのだ。 핸섬하기에(핸섬하기 때문애), 인기가 있는 것이다.

• ～からには ～[기본형] ～할 바에는, ～からには ～[과거형] ～인 이상에는

やるからには、立派にやれ。 할 바에는 훌륭하게 해라.
言ったからには、しなければならない。 말한 이상에는, 하지 않으면 안 된다.

• ～からといって ～하다고 해서

愛するからといって、結婚するとは言えない。 사랑한다고 해서, 결혼한다고는 말할 수 없다.

• ～のは～からだ (강조 구문) ～것은 ～때문이다

図書館が混んでいるのは、試験が近いからだ。 도서관이 붐비고 있는 것은, 시험이 가깝기 때문이다.

• ～からすると ～으로 보아, ～입장으로 생각해 보면

佐藤さんの成績からすると大学受験は難しいだろう。 사토씨의 성적으로 보아 대학수험은 어렵겠지.

- ~からみると ~으로 보아, ~로 판단하면

写真から見ると癌の疑いがあります。 사진으로 보아 암일 우려가 있습니다.

- ~からして ~부터가

小泉君は言い方からして気に入らない。 고이즈미군은 말투부터가 마음에 안 든다.

- ~からと ~이라고 해서

易しいからと、油断すると間違えますよ。 쉽다고 해서 방심하면 틀립니다.

- ~からに ~만 해도

見るからにうまそうだ。 보기만 해도 맛있을 것 같다.

◆ 이유를 나타내는 ので & から & て

- から

종지형에 연결되며 화자의 주관적인 판단을 나타낸다.

- ので

동사 보통형에 연결되며 자연스런 과정이나 객관적인 결과·귀결을 나타낸다.

〈사용 제한〉

① 「ので」는 주관적인 요소가 앞에 오지 않는다.
 → 「だろう」/「でしょう」/「まい」/「のだ」 뒤에는 사용 불가.

② 문말(文末)이 명령·금지·의사(意思)·추량일 때는 「から」가 자연스럽다.

③ 「ので」는 공손한 표현(특히 허가·의뢰·권유)에 자연스럽다.
　자신의 판단으로 결단을 내렸다는 것을 적극적으로 나타내지 않고, '어쩔 수 없는 이유로 이렇게 되었다'는 뉘앙스를 나타내고자 하는 경우에 「ので」의 객관성을 이용한다. 「ので」는 변명과 사정을 설명하는 장면에서 사용하면 좋다.

　A: どうしたんですか? 무슨 일입니까?

　B: すみません。~ので~。 죄송합니다. ~ 때문에 ~.

- て(で)

원래 전후(前後)의 절을 접속하는 역할을 갖고 있지만, 전후(前後)의 절 관계에서 다양한 의미가 나온다. 원인이나 이유, 자연적인 과정을 나타내고, 객관적인 서술을 나타낸다.

風邪をひいて会社を休んだ。 감기 걸려서 회사를 쉬었다.

病気で死んでしまいました。 병으로 죽고 말았습니다.

台風で飛行機が出発できません。 태풍으로 비행기가 출발할 수 없습니다.

연습문제

가장 알맞은 것을 고르시오.

1. 今日は (暑くて・暑いから・暑いので) 嫌ですね。

2. (恥ずかしくて・恥ずかしいから・恥ずかしいので) 赤くなってしまった。

3. この水は (汚くて・汚いから・汚いので) 飲んではいけません。

4. そろそろお父さんが帰って (来て・来るだろうから・来るだろうので) 片付けましょう。

5. 軽い (貧血で・貧血だから・貧血なので) 2、3時間休めば治るでしょう。

6. (危険で・危険ですから・危険なので) 無理なご乗車はおやめください。

7. テーブルの上が (汚れていて・汚れているから・汚れているので) 拭いてくれませんか。

8. 時間が (無くて・無いから・無いので) 早くしろ。

9. もう日が (沈んで・沈んだから・沈んだので) みな仕事をやめて家に帰った。

10. せっかくですが、ほかに約束も (あって・あるから・あるので) 伺えません。

11. 急用が (できて・できたから・できたので) お先に失礼します。

정답

1. 오늘은 더워서 싫어지네요.　暑くて

2. 창피해서 빨개지고 말았다.　恥ずかしくて

3. 이 물은 더러우니까 마시면 안 됩니다.　汚いから

4. 슬슬 아버지가 돌아올 테니까 정리합시다.　来るだろうから

5. 가벼운 빈혈이니까 2, 3시간 쉬면 낫겠지요.　貧血だから

6. 위험하니까 무리한 승차는 그만둬 주십시오.　危険ですから

7. 테이블 위가 더러워져 있으니 닦아 주지 않겠습니까?　汚れているから

8. 시간이 없으니 빨리 해라.　無いから

9. 이제 해가 져서 모두 일을 그만두고 집에 돌아갔다.　沈んだので

10. 모처럼입니다만, 다른 약속도 있어서 찾아뵐 수 없습니다.　あるので

11. 급한 일이 생겨서 먼저 실례하겠습니다.　できたので

◆ 동사 + なくて : 원인, 이유

• 彼が（ × 来ないで / ○ 来なくて）心配した。 그가 오지 않아서 걱정했다.

• 行かなくて、しかられた。 가지 않아서 혼났다.

• どこにトイレがあるのか、(× わからないで / ○ わからなくて)、困りました。
  어디에 화장실이 있는 것인지 몰라서 난처했습니다.

◆ イ・ナ형용사 + なくて : 상태, 원인, 이유

• 高くなくて、安い。 비싸지 않고 싸다(상태).

• 高くなくて、もう一つ買った。 비싸지 않아서, 하나 더 샀다(원인).

• 料理が（ × おいしくないで / ○ おいしくなくて ）、半分残した。 요리가 맛이 없어서 반 남겼다.(이유)

◆ 동사 + ないで : 상태, (부정의) 소망, 금지

→ ～ずに로 대치 가능. 동사의 상태를 나타냄.

• 行かないで、やめた。 가지 않고 그만두었다.

• 一人で行かないで、いっしょに行こう。 혼자서 가지 말고 같이 가자(소망).

• 行かないで。 가지마(소망, 금지)

• 窓を（ ○ 閉めないで ○ 閉めずに / × 閉めなくて ）寝ました。 창문을 닫지 않고 잤습니다.

• 包丁を（ ○ 使わないで ○ 使わずに / × 使わなくて ）料理した。 칼을 사용 않고 요리했다.

知る・分かる 비교

◆ 知る

① 경험, 지식에 대해 말할 때 → know

- 彼女は世間知らずの娘です。그녀는 세상 물정을 잘 모르는 여자입니다.
- 私は日本の歴史についてよく知りません。저는 일본 역사에 대해 잘 모릅니다.

② 머리 속에 없는 새로운 사실을 외부로부터 획득하는 것

- あなたが何を考えているのか知りたいです。당신이 무엇을 생각하고 있는지 알고 싶어요.

③ 단순히 그 사람에 대하여 인지(認知) 여부를 묻는 것

- あの人、だれだか知っていますか。저 사람이 누군지 아시겠어요?

④ 시제

- 知っていますか。(○) 知りますか。(×) (아시겠습니까?)
- はい、知っています。(○) 知ります。(×) (네, 압니다)
- いいえ、知りません。(○) 知っていません。(×) (아니오, 모릅니다)

◆ 分かる

① 어떤 사실을 이해하는 것, 사물의 구체적인 내용 · 의미 · 실태를 파악하는 것 → understand

- 先生の説明がよく分かりました。선생님의 설명을 잘 이해했습니다.
- この問題の意味が全然分かりません。이 문제의 의미를 전혀 모르겠습니다.

② 이미 머릿속에 들어있는 사실, 대상을 구체적으로 이해 · 파악하는 것

- しばらく考えれば分かるでしょう。한동안 생각해 보면 알 수 있겠지요.

③ 그 사람에 대한 구체적인 사항, 예를 들어 그 사람의 주소, 인물 등의 질문에 중점을 둔다

- あの人、だれだか分かりますか。저 사람이 누군지 아시겠어요?

④ 시제

- わかりますか。알겠습니까?
- はい、わかります。네, 알겠습니다.
- いいえ、わかりません。아니오, 모르겠습니다.
- わかりましたか。알겠습니까(알았습니까)?
- はい、わかりました。네, 알겠습니다(알았습니다)

① お母さんは子供に「（分からない・知らない）人と話してはいけませんよ」と言う。

② この問題はいくら考えても（分かりません・知りません）。

③ A: 市川保子という人を知っていますか。

B: ええ、（分かっていますが・知っていますが）、何を考えているんだか、さっぱり（分からない・知らない）人ですね。

④ A: どうして英語を勉強しているんですか。
B: 実は自分でもよく（分からないんです・知らないんです）。

정답

① 知らない　어머니는 아이에게 "모르는 사람과 이야기해서는 안 된다"고 말한다.

② 分かりません　이 문제는 아무리 생각해도 모르겠습니다.

③ 知っていますが、分からない

A: 이치카와 야스코라는 사람을 알고 있습니까?

B: 예, 압니다만, 무슨 생각을 하고 있는 건지 전혀 모를 사람이죠.

④ 分からないんです

A: 왜 영어를 공부하는 겁니까?

B: 실은 저 자신도 잘 모릅니다.

まで・までに 비교

◆ まで

상태가 계속되는 최종시점을 나타낸다.

일정 기간의 선(線)적인 관점

- 先生が来るまでおしゃべりしていました。 선생님이 올 때까지 수다를 떨고 있었습니다.
- 暗くなるまで働きます。 어두워질 때까지 일합니다.
- その番組が始まるまで、ひとねむりしよう。 그 프로가 시작되기까지 한 숨 자야지.
- 2時までこの本を読みます。 2시까지 이 책을 읽습니다.
- 5時までここにいたら、間に合いません。 5시까지 여기에 있으면 시간에 대지 못합니다.
- 金曜日の昼まで、頑張ってレポートを書いてください。 금요일 낮까지 열심히 해서 리포트를 써 주십시오.

◆ までに

동작이 행하여지거나 일이 일어나거나 하는 기한[마감]을 나타낸다.

어느 한 시점의 점(点)적인 관점

- 先生が来るまでに、黒板を消しておきます。 선생님이 올 때까지 칠판을 지워 두겠습니다.
- 暗くなるまでに、帰りましょう。 어두워지기까지, 돌아갑시다.
- その番組が始まるまでに、この仕事を済ませます。 그 프로가 시작되기까지 이 일을 끝내겠습니다.
- 2時までにこの本を読まなければなりません。 2시까지 이 책을 읽지 않으면 안 됩니다.
- 5時までにここを出ないと、間に合いません。 5시까지 여기를 나가지 않으면, 시간에 대지 못합니다.
- 金曜日の昼までに、レポートを提出してください。 금요일 낮까지 리포트를 제출해 주십시오.

기한을 나타내는 것과는 별도로 편지 등에 관용적으로 사용한다.

＊参考までに 참고로

ご参考までに資料をお送りします。 참고로 자료를 보내드립니다.

まで : 최종시점까지 상태가 지속

までに : 기한, 마감

1時までに宿題をした。しかし、宿題は終わらなかった。（×）
1시까지 숙제를 했다. (× 그러나, 숙제는 끝나지 않았다)

→「までに」를 사용하면 그 동작이나 일이 완결된 것을 나타낸다.

1時まで宿題をした。しかし、宿題は終わらなかった。（○）
1시까지 숙제를 했다. (○ 그러나, 숙제는 끝나지 않았다)

→「まで」를 사용하면 그 동작이나 일이 미완결을 나타낸다.

연습문제

まで와 までに 중에서 알맞은 것을 고르시오.

1. 卒業（まで、までに）論文を書かなければなりません。 졸업까지 논문을 쓰지 않으면 안 됩니다.

2. 明日（まで、までに）この仕事を終えるつもりです。 내일까지 이 일을 끝낼 작정입니다.

3. 7時（まで、までに）ここで待っています。 7시까지 여기에서 기다리고 있겠습니다.

4. 7時（まで、までに）電話してください。 7시까지 전화해 주십시오.

5. 2時（まで、までに）プールで泳ぎました。 2시까지 풀에서 헤엄쳤습니다.

6. 友達が来る（まで、までに）、アイスクリームは溶けた。 친구가 올 때까지 아이스크림은 녹았다.

7. 昨日（まで、までに）レポートを書き終わった。 어제까지 리포트를 다 썼다.

8. 銀行は何時（まで、までに）開いていますか。 은행은 몇 시까지 열려 있습니까?

9. 金曜日の1時（まで、までに）事務室へ持ってきて下さい。 금요일 1시까지 사무실로 갖고 와 주십시오.

10. 彼女の顔を見る（まで、までに）心配していました。 그녀의 얼굴을 볼 때까지 걱정하고 있었습니다.

정답

1.までに 2.までに 3.まで 4.までに 5.まで 6.までに 7.までに 8.まで 9.までに 10.まで

あいだ・あいだに 비교 

◆ **A＋あいだ＋B** A 사이(동안) B. ☞ A라고 하는 시간 범위에서 계속 B라고 하는 것이 성립.

- 母が洗濯をしている（ ○ あいだ / × あいだに ）、部屋の中に誰もいなかった。

  어머니가 빨래를 하고 있는 동안, 방 안에 아무도 없었다.

◆ **A＋あいだに＋B** A 사이에(동안에) B. ☞ A라고 하는 시간 범위에서 B라고 하는 일회적인 것이 일어남.

- 母が洗濯をしている（ × あいだ / ○ あいだに ）、電話がかかってきた。

  어머니가 빨래를 하고 있는 동안에, 전화가 걸려 왔다.

あいだに・うちに 비교 

◆ **A＋あいだに＋B**

A 사이에(동안에) B. ☞ A가 나타내는 시간 안에서, 시간의 점(点)을 나타내는 B가 행하여진다.

A가 시간의 선(線)을 B가 시간의 점(点)을 나타내는데, 선(線)의 개시부터 종료까지의 어딘가에서 B가 실현되는 것을 나타냄.

- 3時から5時までの（ ○ あいだに / × うちに ）、お越しいただけないでしょうか。

  3시부터 5시까지 사이에 와 주실 수 없겠는지요?

- 母が夕飯を支度する（ ○ あいだに / × うちに ）、宿題をすませてしまった。

  어머니가 저녁밥을 준비하는 사이에(동안에) 숙제를 끝내 버렸다.

- 運が悪く、家に帰るまでの（ ○ あいだに / × うちに ）、雨につかまってしまった。

  재수 없게, 집에 돌아오는 사이에(동안에) 비에 붙들리고 말았다.

- こうしておけば、会議の（ ○ あいだに / × うちに ）、電話がかかってきても、あとでメッセージが聞けるから。 이렇게 해 두면, 회의 사이에(동안에) 전화가 걸려 와도, 나중에 메시지를 들을 수 있으니까.

◆ **A＋うちに＋B**

A 동안에(사이에) B. ☞ A가 종료시점 이전에, 시간의 점(点)을 나타내는 B가 행하여진다.

A가 시간의 선(線)을 B가 시간의 점(点)을 나타내는데, 선(線)의 종료까지 B가 실현되는 것을 나타냄.

- お酒を飲む（ ○ うちに / × あいだに ）、また顔が真っ赤になっていた。

  술을 마시는 동안에(사이에), 또 얼굴이 새빨갛게 되어 있었다.

- 山のなかを歩きまわる（ ○ うちに / × あいだに ）、道に迷ってしまったようだ。

  산 속을 돌아다니는 동안에(사이에), 길을 잃어버린 것 같다.

- 奥へ奥へと行く（○ うちに ／ × あいだに）、洞穴の反対側に出てしまった。
  안으로 안으로 가는 동안에(사이에), 동굴의 반대쪽으로 나오고 말았다.

- これ、子供に見つからない（○ うちに ／ × あいだに）、隠しておかなきゃね。
  이것, 아이에게 들키기 전에, 숨겨놓지 않으면.

- 怪我をしない（○ うちに ／ × あいだに）、危険なものは処分しておいてくれよ。
  부상을 입지 않도록, 위험한 것은 처분해 둬 줘요.

- 母さんの留守の（あいだに ／ うちに）、さっきのゲームの続き、してしまおうよ。
  엄마가 부재인 동안에(사이에), 조금 전 게임의 계속(다음), 해 버리자.

- 朝の涼しい（あいだに ／ うちに）、散歩に出かけて、ちょっと公園で体操してくるよ。
  선선한 아침에, 산책하러 나가서, 잠시 공원에서 체조하고 올게.

- メールを書く（あいだに ／ うちに）、友達の来るのを思い出したんですよ。
  메일을 쓰는 사이에(동안에), 친구가 오는 것이 생각이 난 것이에요.

- 母が夕飯を支度している（あいだに ／ うちに）、宿題をすませてしまった。
  어머니가 저녁밥을 준비하고 있는 사이에(동안에), 숙제를 끝내 버렸다.

- ルームメートが帰ってこない（あいだに ／ うちに）、部屋を片付けた。룸메이트가 돌아오기 전에, 방을 정리했다.

●●● 「うちに & あいだに」 뉘앙스

- 妻が出掛けているあいだに、花子に電話をかけた。 아내가 외출하고 있는 사이에(동안에), 하나코에게 전화를 걸었다.
- 妻が出掛けているうちに、花子に電話をかけた。 아내가 외출하고 있는 동안에(사이에), 하나코에게 전화를 걸었다.
  ☞ A ＋うちに ＋ B(의지동사) : A가 아니면 B를 할 수 없다는 뉘앙스.

多い・多くの 비교

형용사는 명사를 수식할 경우, 연체형 「多い」가 사용되어야 하지만, 「多い」가 사용되는 경우는 〜が (の)多い〜인 경우에 한정된다 (「近い」「遠い」도 마찬가지이다).

- 誤字が (の) 多い本は、なんとなく信用できません。 오타가 많은 책은 왠지 믿을 수가 없습니다.
- 中国は世界でいちばん人口が (の) 多い国です。 중국은 세계에서 가장 인구가 많은 나라입니다.

위와 같은 예를 제외하고, 일반적으로 「多い」가 명사를 수식할 경우, 「多くの」의 형태를 취한다.

(×) 多い学生たちがデモに参加しました。
(○) 多くの学生たちがデモに参加しました。 많은 학생들이 데모에 참가했습니다.

こと・の 비교

◆ 「こと」만이 사용되는 경우

① 뒤에 「話す(말하다), 伝える(전하다), 約束する(약속하다), 命じる(명하다), 祈る(빌다), 希望する(희망하다), (話を) 聞く(듣다), 考える(고려하다), 大切だ(중요하다), 必要だ(필요하다)」 등의 표현이 이어질 때

- 会議に出られない (○ こと / × の) を課長に伝えてください。 회의에 참석할 수 없는 것을 과장님께 전해 주십시오.
- ご病気が早くよくなる (○ こと / × の) を祈っています。 병이 빨리 좋아지기를 기원합니다.
- 大学院の試験を受ける (○ こと / × の) を考える。 대학원 시험을 치르는 것을 고려하다.
- 友達を裏切らない (○ こと / × の) が大切だ。 친구를 배신하지 않는 것이 중요하다.

② 관용적인 표현일 때

「～ことができる」 ～할 수 있다

「～ことがある」 ～한 적이 있다

「～ことにする」 ～하기로 하다

「～ことになる」 ～하게 되다

- 鈴木さんはイタリア語を話す (○ こと / × の) ができます。 스즈키씨는 이탈리아어를 말할 수 있습니다.
- 私はアメリカへ行った (○ こと / × の) があります。 나는 미국에 간 적이 있습니다.
- 明日からジョギングする (○ こと / × の) にしました。 내일부터 조깅하기로 했습니다.
- 今度千葉支社に行く (○ こと / × の) になりました。 이번에 치바 지사로 가게 되었습니다.

③ 「～は ～ことだ・です」 ～은/는 ～이다/입니다

'～은/는' 다음에 명사절이 올 경우

- 私の趣味は映画を見る (○ こと / × の) です。 나의 취미는 영화를 보는 것입니다.
- 嫌いなことは掃除をする (○ こと / × の) です。 싫어하는 것은 청소를 하는 것입니다.

◆ 「の」만이 사용되는 경우

① 뒤에 「待つ(기다리다), 手伝う(거들다〈돕다〉), 邪魔する(방해하다), 写す(베끼다), やめる(그만두다), とめる(막다)」 등의 표현이 이어질 때

- 赤ちゃんが寝る (× こと / ○ の) を待って、電話をかけた。 아기가 자는 것을 기다려서, 전화를 걸었다.
- この荷物を運ぶ (× こと / ○ の) を手伝ってください。 이 짐을 옮기는 것을 도와 주세요.
- 彼女が帰る (× こと / ○ の) をとめました。 그녀가 돌아가는 것을 막았습니다.

② 뒤에 「見る(보다), 見える(보이다), 聞く(듣다), 聞こえる(들리다)」 등 지각을 나타내는 표현이 이어질 때

- 昨日木村さんがデパートに入る (× こと / ○ の) を見ました。어제 기무라씨가 백화점에 들어가는 것을 봤습니다.
- 公園で佐藤さんが走っている (× こと / ○ の) が見えます。공원에서 사토씨가 달리고 있는 것이 보입니다.
- カラスが鳴いている (× こと / ○ の) が聞こえます。까마귀가 울고 있는 것이 들립니다.

③ 「〜のは 〜のだ」 강조 구문일 때

- 斎藤さんは昨日来なかった。사이토씨는 어제 오지 않았다.
- 昨日来なかった (× こと / ○ の) は斎藤さんだ。어제 오지 않은 것은 사이토씨다.
- 斎藤さんが来なかった (× こと / ○ の) は昨日だ。사이토씨가 오지 않은 것은 어제다.

ことにする ・ ことになる 비교 

◆ **기본형, ない형 + ことにする** 〜하기로 하다

① 결정[결의]

- 明日からダイエットすることにしよう。내일부터 다이어트하기로 해야지(하자).
- 今日はどこへも行かないで勉強することにしたよ。오늘은 어디에도 가지 않고 공부를 하기로 했어.

② 취급

- その話は聞かなかったということにしましょう。그 이야기는 듣지 않은 것으로 합시다.
- その件は検討中ということにして、少し成り行きを見守ろう。
  그 건은 검토 중인 것으로 하고, 잠시 되어가는 형세를 지켜보자.

◆ **기본형, ない형 + ことになる** 〜하게 되다

① 결정[결론, 결과]

- 今度千葉支社に行くことになりました。이번에 치바 지사로 가게 되었습니다.
- よく話し合った結果、やはり離婚するということになりました。
  잘 서로 이야기한 결과, 역시나 이혼이라고 하는 것이 되었습니다.

② 환언(換言;다른 말로 바꿔 말함)

- 大学院へ進学するの？　じゃあ、就職しないことになるの？
  대학원에 진학하는 거야? 그럼, 취직 안 하는 것이 되는 거야?

- これまで6年前と3年前に開いているので、これでアメリカでの開催は3回目ということになる。
  지금까지 6년 전과 3년 전에 열었기 때문에, 이것으로 미국에서의 개최는 3회째가 되는 것이다.

③ 말하는 사람의 의지 표현을 피하고자 하는 심리표현

- ☞ 실제로는 자신이 의지적으로 결정한 것 ⇒「ことにする」용법

- 今度、山田さんと結婚することになりました。이번에, 야마다씨와 결혼하게 되었습니다.

ようにする ・ ようになる 比較

◆ 기본형, ない형 + ようにする ~하도록 하다

① 말하는 사람 자신이 '노력하다, 명심하다, 배려하다'의 의미를 나타냄

⇒ 의지동사를 사용

- これからは何でも先生に相談するようにします。앞으로는 무엇이든지 선생님께 상담하기로 했습니다.
- 毎日野菜をとるようにしています。매일 야채를 섭취하려고 합니다.

② 다른 것에 작용시켜 실현하도록 하는 것을 나타냄

⇒ 무의지동사를 사용

- 私は肉を小さく切って、子供にも食べられるようにした。나는 고기를 작게 잘라서, 아이도 먹을 수 있게 했다.
- 庭に餌をまいて、小鳥たちがいつでも飛んでくるようにした。
  정원에 먹이를 뿌려서, 작은새들이 언제든지 날아오도록 했다.

◆ 기본형, ない형 + ようになる ~하도록 되다

불가능한 상태에서 가능한 상태로, 실행되지 않던 상태에서 실행되는 상태로 변화하는 것을 나타냄

- 日本語が話せるようになりました。일본어를 말할 수 있게 되었습니다.
- 最近は多くの女性が外で働くようになった。최근에는 많은 여성이 밖에서 일하게 되었다.
- 注意したら文句を言わないようになった。주의를 했더니 불평을 하지 않게 되었다.

ほうがいい 용법 정리

◆ **기본형 ＋ ほうがいい**　〜하는 편이 좋다(낫다)

⇒ 일반론을 서술할 때 사용. 단순한 비교를 나타냄.

- 熱があるときは、厚着をするほうがいい。열이 날 때는 옷을 많이 껴입는 편이 좋다.
- A : 今休むのとあとで休むのとどちらがいいですか。지금 쉬는 것과 나중에 쉬는 것 어느 쪽이 좋습니까?

  B : 今休むほうがいいです。지금 쉬는 편이 좋습니다.

◆ **과거형 ＋ ほうがいい**　〜하는 편이 좋다(낫다)

⇒ 구체적•개별적 장면에 사용. 조언, 충고를 나타냄.

- (熱がある人に)厚着をしたほうがいいですよ。옷(열이 있는 사람에게) 옷을 많이 껴입는 편이 좋아요.
- 顔色が悪いですね。少し休んだほうがいいですよ。안색이 좋지 않네요. 좀 쉬는 편이 좋겠어요.

◆ **〜ほうがよかった**　〜하는 편이 좋았다

⇒ 그 행위를 하지 않고 다른 행위를 한 것에 대한 후회와 불만을 나타냄.

- 人に頼まないで自分でやったほうがよかった。남에게 부탁하지 말고 자신이 하는 편이 좋았다.
- せっかくの連休だからと思って、ドライブに出たが、車が渋滞していてまったく動かない。こんなことなら、来ないほうがよかった。모처럼의 연휴이기 때문에, 드라이브 하러 나왔지만, 차가 정체되고 말아 전혀 움직이지를 못한다. 이런 것이라면, 오지 않는 편이 좋았다.

ところ 용법 정리

명사로 사용되는 경우 所라는 한자로 표기하지만, 형식명사로 사용되는 경우 ひらがな로 표기한다.

1. 기본 문형

① **형용사 • 형용동사 • 동사형 ＋ ところ**　⇒ [때 · 상태 · 성질] 〜인 점, 〜인 면, 〜인 바

- 学ぶべきところが多い。배울만한 점이 많다.
- 悪いところばかり見る。나쁜 점만 본다.
- 何も変わったところがない。아무것도 변한 점이 없다.

② **동사(의지형, 의도형) + としていたところ** ⇒ [의지·예정] ~하려던 참(중)

- 私が発表しようとしていたところで、時間になってしまいました。 내가 발표하려고 하던 참에, 시간이 되어 버렸습니다.

③ **동사(의지형, 의도형) + としているところ** ⇒ [의지·예정] ~하려던 참(중)

- ちょうど今、ご飯を食べようとしているところでした。 때마침 지금 밥을 먹으려던 참이었습니다.

④ **동사 기본형 + ところ** ⇒ [어떤 동작의 직전] ~하려던 참(중)

- 今、ご飯を食べるところです。 지금 밥을 먹으려던 참입니다.

⑤ **동사(~ている) + ところ** ⇒ [현재 진행] ~하고 있는 참

- 今、ご飯を食べているところです。 지금 밥을 먹고 있는 참입니다.

⑥ **동사(~ていた) + ところ** ⇒ [과거 상태] ~하고 있던 참

- ちょうどあなたのうわさをしていたところです。 때마침 당신의 소문 이야기를 하고 있던 참입니다.

⑦ **동사(~た) + ところ** ⇒ [완료] 막 ~한 참

- たった今、ご飯を食べたところです。 바로 방금 막 밥을 먹었습니다.

⑧ **ところで(접속사)** ⇒ [화제의 전환] 그런데, 다름이 아니라

- 毎日暑いですね。ところで、今度の日曜日はお暇ですか。 매일 덥네요. 그런데, 이번 일요일은 한가합니까?

⑨ **ところが(접속사)** ⇒ [의외의 사실(반대의 예측, 발견)] 그런데, 그와는 달리

〈반대의 예측〉 買い物に行ってズボンを買ってきた。 ところが、サイズが間違っていた。
쇼핑하러 가서 바지를 사 왔다. 그런데 사이즈가 틀려 있었다.

〈발견〉 友人の家に電話した。ところが、1週間前から海外旅行に行って留守だという。
친구 집에 전화했다. 그런데, 일주일 전부터 해외여행 가서 부재라고 한다.

⑩ **명사+の+ところを, 형용사 + ところを** ⇒ ~와중에, ~인데도 불구하고

- お休みのところをお邪魔してすみません。 휴식 중에 방해를 해서 죄송합니다.

2. 기타 文型

① **동사(た型)+ ところ(조건)** ⇒ ~했더니, ~한 즉, ~한 바

- 多角経営に乗り出したところ、会社の業績が上がった。 다각 경영에 착수했더니, 회사 업적이 올랐다.

② **동사 기본형 + ところでは (정보·경험) ～바로는** ⇒ 동사(기본형 / た型) + ところによると ～바에 의하면

- 私の知るところでは、あれは真実ではありません。 내가 아는 바로는, 그것은 진실이 아닙니다.
- 僕の聞いたところによると、彼は転勤だそうだ。 내가 들은 바에 의하면, 그는 전근이라고 합니다.

③ **동사(た型) + ところで** ⇒ ～(해)봤자, ～(해)본들

- 今になって後悔したところで、後の祭りだよ。 이제 와서 후회해봤자, 소 잃고 외양간 고치기다.

④ **동사(た型) + ところ** ⇒ ～했지만, ～했는데

- 先生のお宅を訪ねてみたところ、先生は留守でした。 선생님 댁을 방문해 봤지만, 선생님은 부재였습니다.

⑤ **명사 / 형용사 / 형용동사 / 동사 + どころか** ⇒ ～는커녕, ～는 고사하고

- 明日が試験なのに、勉強どころか遊んでばかりいる。 내일이 시험인데도, 공부는 고사하고 놀고만 있다.

⑥ **もうすこしで(すんでのところで) + 동사 기본형 + ところだった** ⇒ 하마터면 ～할 뻔했다.

- もう少しで交通事故に遭うところだった。 하마터면 교통사고를 당할 뻔했다.

⑦ **동사 기본형 + ところまでは行っていない** ⇒ ～할 단계까지는 가 있지 않다.

- 日常会話はなんとかなるが、まだ日本人と自由に話せるところまでは行っていません。
  일상회화는 어떻게든 되지만, 아직 일본 사람과 자유롭게 말할 수 있는 단계까지는 가 있지 않습니다.

⑧ **명사 / 형용동사(기본형) + どころではない** ⇒ ～할 바가 못 된다. ～할 처지가 못 된다. ～할 때가 아니다.

- 夕べいきなり友人に来られて勉強どころじゃなかったよ。 어젯밤 갑자기 친구가 오게 되어 공부할 처지가 아니었어.

「って」 용법 정리

1. という ~라고 하는, ~라고 한다

- これ、藤井って作家の書いた本です。 이것, '후지이'라고 하는 작가가 쓴 책입니다.
- 留守中に山田さんって人が来たよ。 부재중에 야마다씨라고 하는 사람이 왔어.

2. とは ~는/은

- WHOって、何のとこですか。 WHO는, 무엇하는 곳입니까?
- 斎藤課長って、本当にやさしい人ですね。 사이토 과장은, 정말로 친절한 사람이네요.

3. と ~라고

- 小林さん、パーティーには来ないって言ってたよ。 고바야시씨, 파티에는 오지 않는다고 말했어.
- 彼はすぐ来るって言ってますよ。 그는 곧 온다고 말했어요.

4. というのは ~라고 하는 것은

- デジカメって面白い。 디지털 카메라라고 하는 것은 재미있다.
- JALって何ですか。 JAL이라고 하는 것은 무엇입니까?

5. と言って ~라고 해서

- 落第するかもしれないって先生に注意された。 낙제할지도 모른다고 해서 선생님께 주의를 받았다.
- 先生をカラオケに誘おうとしたら、忙しいって断れた。 선생님을 노래방에 부르려고 했더니, 바쁘다고 해서 거절당했다.

6. と言っている・と言っていた ~라고 한다

- 星野さんは少し遅れるって。 호시노씨는 조금 늦는대.
- 川口さん、来年結婚するって。 가와구찌 씨, 내년에 결혼한대.

1. 대략의 정도 '〜정도 · 〜쯤 · 〜가량'

→「ほど / ばかり / くらい」 셋 모두 사용 가능

- 歩いて2時間 (ほど・ばかり・ぐらい) かかります。 걸어서 2시간 (정도 · 쯤 · 가량) 걸립니다.

2. 동작과 상태의 정도를 나타내기 위한 비교의 대상 또는 기준을 예시하거나, 그에 비유되는 동작과 상태의 정도를 나타내는 의미

① 최고의 정도를 예시하거나 비유 →「ほど・くらい」로 표현 가능

- 見違える (ほど / ぐらい) 変わった。 ☞ 최고
  몰라 볼 정도로 변했다.

  ☞ 단, 긍정 표현에 한하여 くらい가 가능하며, 부정 표현에 있어서는 ほどではない만을 사용한다.

- 病院へ行くほどではない。 병원에 갈 정도는 아니다.

② 최저, 경시 정도 →「くらい」만으로 표현 가능

- 一人でも持ち上げられるくらいの重さだ。 ☞ 최저. 경시
  혼자서도 들어 올릴 수 있을 정도의 무게다.

3. 한정된 정도 '〜만 · 〜뿐'

→ だけ・ばかり로 표현 가능

- これ (だけ・ばかり) あれば問題ない。 이것만 있으면 문제없다.

4. 한정된 정도 '〜만큼'

→ ほど・だけ로 표현 가능

- 書き物はすればする (ほど・だけ) うまくなる。 글은 쓰면 (쓸수록 · 쓰는 만큼) 는다.

◆ ほど

1. 〜정도 · 〜쯤 · 〜가량 대략적인 수량 · 분량의 정도 ≒「くらい/ばかり」

- ここから5キロほど (ばかり / くらい) あります。 여기에서 5킬로 가량 됩니다.

2. ~정도 · ~하는 만큼 동작과 상태의 정도가 최고임을 나타내기 위한 예시 ≒ 「くらい」

- その場にいられないほど（くらい）恥ずかしかった。 그 자리에 있을 수 없을 만큼 부끄러웠다.

- 持てないほど（くらい）重すぎる。 들 수 없을 정도로 너무 무겁다.

※ 부정 표현에는 「くらいではない」는 잘 쓰이지 않고, 「ほどではない」를 주로 사용

- 泣いているほどではない。 울고 있을 정도는 아니다.

- バスに乗って行くほどではない。 버스를 타고 갈 정도는 아니다.

●●● 반드시 알아두어야 할 문형

① **~ほど/くらい…ない** : ~만큼/정도로 …한 것은 없다 〈최고의 정도〉

- 自分の家（ほど / ぐらい）いいところはない。 자기 집만큼 좋은 곳은 없다.

- あの人（ほど / ぐらい）自分勝手な人はいない。 저 사람만큼 제멋대로인 사람은 없다.

★ **「~ほど…ない」** ~만큼 …않다 〈단순 비교〉

☞ 최고의 정도가 아니고 단순 비교 의미로 사용될 경우 ≠ 「くらい」

- 今年は去年（ほど / ぐらい ×）寒くない。 올해는 작년만큼 춥지 않다.

② **~ば ~ほど** : ~하면 ~할수록

→ 정도의 변화에 의한 상태의 변화를 나타내는 의미.

- 上へ行けば行くほど道が急になる。 위로 올라가면 올라갈수록 길이 경사진다.

- 見れば見るほどかわいい動物だ。 보면 볼수록 귀여운 동물이다.

◆ くらい（ぐらい）

1. ~정도 · ~쯤 · ~가량 대략적인 수량 · 분량의 정도 ≒ 「ほど/ばかり」

- 一杯ぐらいはいいです。 한 잔 정도는 괜찮습니다.

2. ~정도 · ~만큼 동작과 상태의 정도를 나타내기 위한 기준의 예시 ≒ 「ほど」

- お腹抱えて笑うくらいだ。 배를 끌어안고 웃을 정도다.

※ 최저 정도를 나타내거나, 정도를 경시할 때는 「くらい」만으로 표현 가능

- 挨拶くらいはするべきだ。 인사 정도는 해야만 한다.

- お金がないくらいで自分を卑下する必要はない。 돈이 없는 정도로 자신을 비하할 필요는 없다.

① **～くらいなら** : ～할 바에는 · ～하느니

☞ 극단적인 예를 들어 강조한다.

- 途中でやめるくらいならやらない方がましだ。 도중에 그만둘 바에는 하지 않는 편이 낫다.

- あんな人と結婚するくらいなら、一人で暮らした方がましだ。 그런 사람과 결혼할 바에는, 혼자서 사는 편이 낫다.

② **～ほど/くらい…ない** : ～만큼 · 정도로 …한 것은 없다 〈최고의 정도〉

- 自分の家 （ ほど / ぐらい ） いいところはない。 자기 집만큼 좋은 곳은 없다.

- あの人 （ ほど / ぐらい ） 自分勝手な人はいない。 저 사람만큼 제멋대로인 사람은 없다.

★ **～ほど…ない** : ～만큼 …않다 〈단순 비교〉

☞ 최고의 정도가 아니고 단순 비교 의미로 사용될 경우 ≠「くらい」

- 今年は去年 （ ほど / ぐらい × ） 寒くない。 올해는 작년만큼 춥지 않다.

◆ ばかり

1. ～가량 · ～쯤 · ～정도 대략적인 수량 · 분량의 정도 ≒「ほど/くらい」

- 一時間ばかり残っている。 한 시간 가량 남아 있다.

2. ～만 · ～뿐 오직 그것 뿐, 그 외의 것은 없다는 한정을 나타냄 ≒「だけ」

- 自分のことばかり考えている。 자신의 일만 생각하고 있다.

① **～ばかりでなく**　～뿐만 아니라 ≒ **だけでなく**

- 今日ばかりでなく、明日も同じだ。 오늘뿐만 아니라, 내일도 마찬가지다.

★ **A ばかりか B**　A뿐만 아니라 B

→ A에 의외성이 더 강한 B를 추가시킴으로써 정도가 심하다는 것을 나타냄.
- 月曜日 （ ○ だけでなく / × ばかりか） 金曜日にも出勤している。 월요일뿐만 아니라 금요일에도 출근하고 있다

② **～たばかり**　～한 지 얼마 안 됨

- 十分前、生まれたばかりだ。 10분 전에 지금 막 태어났다.

③ **〜ばかりに**　〜하는 탓에, 〜하는 바람에

うそをついたばかりにしかられた。 거짓말을 한 바람에 야단맞았다.

④ **〜んばかり**　〜하기라도 할 듯이

雨が降り出さんばかりの空。 비가 내리기라도 할 듯한 하늘.

⑤ **〜てばがりいる**　〜하고만 있다

泣いてばかりいる。 울고만 있다.

⑥ **〜とばかり言う**　〜한다고만 한다

努力はしないで、難しいとばかり言っている。 노력은 하지 않고, 어렵다고만 하고 있다.

◆ だけ

1. 〜만큼　비유에 의한 그에 준하는 만큼의 한정된 정도

- 困らないだけのお金をもらっている。 곤란하지 않을 만큼의 돈을 받고 있다.

2. 〜만·〜뿐　그것 이외에는 없다고 하는 최저한도　≒「ばかり」

- 毎日駅まで歩くだけでも、いい運動になる。 매일 역까지 걷는 것만으로도 좋은 운동이 된다.

●●● 반드시 알아두어야 할 문형

① **〜だけあって**：〜하는 만큼 있어서

ほめるだけあって、頭がいい。 칭찬하는 만큼 있어서, 머리가 좋다.

時間をかけただけあって、よくできている。 시간을 들인 만큼에 있어서, 잘 되어 있다.

② **〜たばでなく**：〜할 뿐만 아니라　≒ **ばかりでなく**

お金がかかるだけでなく、時間もかかる。 돈이 들 뿐만 아니라, 시간도 걸린다.

おいしいだけでなく、値段も安い。 맛있을 뿐만 아니라, 값도 싸다.

③ **〜ば 〜だけ**：〜하면 〜하는 만큼

注意すればするだけ反発する。 충고하면 할수록 반발한다.

歩けば歩くだけ疲れるばかりだ。 걸으면 걷는 만큼 피곤해질 뿐이다.

※ ～ば ～ほど・だけ : ～하면 ~할수록

- 練習すればする （ ほど / だけ ） 上手になる。〈인과 관계가 있다〉
  연습하면 할수록(하는 만큼) 능숙해진다.

- 見れば見る （ ほど / だけ × ） いい女だなあ。〈인과 관계가 없다〉
  보면 볼수록 놓은 여자군.

- 考えれば考える （ ほど / だけ × ）、わけがわからなくなる。〈인과 관계가 없다〉
  생각하면 할수록 영문을 모르게 된다.

> ※ ほど, ぐらい, ばかり의 뉘앙스 차이
>
> 10人ほど ☞ 많아야 9~10명
>
> 10人ぐらい ☞ 9~11명
>
> 10人ばかり ☞ 10~11명

づらい・がたい・かねる・にくい 비교 

◆ ～づらい ～하기 어렵다, ～하기 힘들다

형용사 辛い(괴롭다, 고통스럽다)에서 만들어진 말로, 동작주에게 불가능한 것은 아니지만, 그것으로 인해 곤란하다.

1. 신체적인 이유에 의한 경우

- 足にまめができて歩きづらい。발에 물집이 생겨서 걷기 힘들다(어렵다).
- 虫歯が痛くて食べづらい。충치가 아파서 먹기 힘들다(어렵다).
- 砂利が多くて歩きづらい。자갈이 많아서 걷기 힘들다(어렵다).
- 雑音が入って聞きづらい。잡음이 들어가서 듣기 힘들다(어렵다).
- 老眼なので文字が見づらい。노안이기 때문에 글자가 보기 힘들다(어렵다).

2. 정신적인 이유에 의한 경우

- 対戦相手が先輩なので、どうも攻めづらい。대전 상대가 선배이기 때문에, 아무래도 공격하기 힘들다(어렵다).
- 先日、彼を怒らせてしまったから、会いに行きづらい。요전에 그를 화나게 했기 때문에, 만나러 가기 힘들다(어렵다).

◆ **～がたい** (좀처럼) ～할 수 없다

형용사 難い(어렵다)에서 만들어진 말로, 마음으로는 그렇게 하고 싶지만 그렇게 하기 어렵다. 거의 불가능한 상황이다. 의지동사에만 사용 가능하다.

- 得がたい人材。구할 수 없는(구하기 어려운) 인재.

- そのような要求はとても受け入れがたい。그와 같은 요구는 도저히 받아들일 수 없다(받아들이기 어렵다).

- あまりにも高度な専門の話なので、私ごときには理解しがたい。
  너무나도 고도의 전문적인 이야기이기 때문에 나 같은 사람에게는 이해할 수 없다(이해하기 어렵다).

- まじめな彼が嘘をついているとは信じがたい。진지한 그가 거짓말을 했다고는 믿을 수 없다(믿기 어렵다).

- 女性の社会進出が進んだとは言え、まだまだ職場での差別がなくなったとは言いがたい。
  여성의 사회 진출이 나아졌다고는 하지만, 아직 직장에서의 차별이 없어졌다고는 말할 수 없다(말하기 어렵다).

◆ **～かねる** ～할 수 없다

정신적, 심리적으로는 그렇게 하고 싶지만, 외적인 상황으로 인해 도저히 불가능하다.

- 申し訳ございませんが、できかねます。죄송합니다만, 불가능합니다.

- 私ではわかりかねますので、担当者に代わります。저로서는 알 수 없기 때문에, 담당자를 바꾸겠습니다.

- その件に関して私からは何とも言いかねます。그 건에 관해서 저로서는 뭐라고 말할 수 없습니다.

- 必要ないとは言わないが、反対という意味を理解しかねています。
  필요 없다고는 말하지 않지만 반대, 라고 하는 의미를 이해할 수 없습니다.

- やっぱり自分の目で確認するまでは、納得しかねる話だ。역시 자신의 눈으로 확인하기까지는, 납득할 수 없는 이야기이다.

- 見るに見かねて手伝う。차마 두고 볼 수 없어서 도와주다.

◆ **～にくい** ～하기 어렵다. (좀처럼) ～않다

순조롭게 할 수가 없다. 보통 때보다 힘들다.

1. 「의지동사 + にくい」 ～하기 어렵다 ↔ 「의지동사 + やすい」 ～하기 쉽다

- 歩きにくい靴。걷기 어려운 구두. ↔ 歩きやすい靴。걷기 용이한 구두.

- 飲みにくい薬。먹기 어려운 약. ↔ 飲みやすい薬。먹기 쉬운 약.

- 覚えにくい言葉。외우기 어려운 말. ↔ 覚えやすい言葉。외우기 쉬운 말.

- 読みにくい。읽기 어렵다. ↔ 読みやすい。읽기 쉽다.

2. 「무의지동사 + にくい」: (좀처럼) ~않다

- 汚水が流れにくい。 오수가 잘 흐르지 않는다.

- はずれにくいねじ。 잘 빠지지 않는 나사.

- 割れにくい板。 잘 갈라지지 않는 널빤지.

- 見えにくい方向。 잘 보이지 않는 방향.

- 消防士の服は燃えにくい材質で作られている。 소방사의 옷은 잘 타지 않는 재질로 만들어져 있다.

●●● ~やすい

1. 「의지동사 + やすい」 ~하기 쉽다 ≠ 「의지동사 + にくい」 ~하기 어렵다

- この本は読みやすい。 이 책은 읽기 쉽다.

2. 「무의지동사 + やすい」 자주 ~한다 ≒ 「~がちだ」와 바꾸어 쓸 수 있는 경우가 많다.

- 急いでいると、忘れ物をしやすい (しがちだ)。 서두르면, 자주 물건을 잃어버린다.

~について & ~に関して & ~に対して 비교

- その提案について、意見を言う。 그 제안에 대해서, 의견을 말하다
  - ☞ 문장이나 강연 등에 사용.

- その提案に関して、意見を言う。 그 제안에 대해서, 의견을 말하다
  - ☞ 「について」보다 약간 넓고, 막연한 느낌(격식을 차린 딱딱한 표현)

- その提案に対して、意見を言う。 그 제안에 대해서, 의견을 말하다
  - ☞ 반대의 의견이라고 하는 것이 암시됨.

- 子供について話す。 아이에 대해서 말하다 〈주제 · 내용〉
- 子供に関して話す。 아이에 대해서 말하다 〈주제 · 내용〉
- 子供に対して話す。 아이에게 말하다 〈대상 · 상대〉

◆ ～について

① 어떤 주제나 내용 '～에 관해서, ～에 대해서'의 의미로 사용

- 日本の経済について話をしました。 일본 경제에 대해서 이야기를 했습니다.

② 한정된 범위를 집약시킨 내용으로 상세하고 치밀하게 전개하는 경우

- 試験問題3番に (ついて○／関して×) も、説明してほしいですが。 시험 문제 3번에 대해서도 설명해 줬으면 합니다만.

③ '각각, ～당'의 의미로 사용되는 경우 ☞ ～につき

- 社員一人に (ついて○／関して×) 二万円ずつ支給された。 사원 한 사람당 2만 엔씩 지급되었다.

◆ ～に関して

① 어떤 주제나 내용 '～에 관해서, ～에 대해서'의 의미로 사용. 단, 「～に関して」는 약간 딱딱한 느낌을 준다.

- この点に関して、何か質問はありませんか。 이 점에 관해서, 무엇인가 질문은 없습니까?

② 「～に関して」는 대부분 「～について」로 대체할 수 있지만, 다양한 것이 포함되고 다각적으로 폭넓게 전개하는 경우에는 「～に関して」가 자연스럽다.

 * 다양한 것이 포함되고 다각적으로 폭넓게 전개하는 경우
- 日本文化に (関して○／ついて△) 興味があります。 일본 문화에 대해서 흥미가 있습니다.

◆ ～に対して

① 대조의 의미를 나타냄

- 日本人が他人に無関心なのに対して、韓国人は人情があります。
  일본 사람이 타인에게 무관심한 데 비해, 한국 사람은 인정이 있습니다.

② 동작이 향하는 대상, 방향, 상대 등을 나타냄

- 私の質問に対して何も答えてくれなかった。 내 질문에 대해서 아무것도 대답해 주지 않았다.
- 彼は女性に対しては親切に指導してくれる。 그는 여성에게는 친절하게 지도해 준다.

◆ **さえ** 조차. ☞ 극단적인 것을 나타냄으로서, 그것을 포함한 전제를 유추시킨다.

◆ **すら** 조차. ☞ '극단적인 ～이기 때문에 당연히 ～이겠지'라고 하는 예상을 부정함으로써, 주체의 특수성을 강조한다.

- 十円さえない。 10엔조차 없다. ☞ '하물며 백 엔, 천 엔이 있을 리가 없다'라는 의미를 포함한 표현.

- 十円すらない。 10엔조차 없다. ☞ "돈이 전혀 없다"라는 것을 강조

  ★ 財布の中には、十円すらない。 지갑 안에는 10엔조차 없다.

- 韓国語さえわかっていない子どもに、英語を教えるのはおかしい。

  한국어조차 모르고 있는 아이에게, 영어를 가르치는 것은 이상하다.

- 韓国語すらわかっていない子どもに、英語を教えるのはおかしい。

  ☞ 최소한의 조건에도 충족되지 않는다고 하는 부정적인 문맥에서는, 「さえ」와 「すら」는 거의 같은 의미로 사용된다.

◆ **～さえ ～ば** ～만 ～하면. ☞ '충족되어야 할 최소한의 조건'으로서 사용할 수 있는 것은 「さえ」뿐이고, 「すら」는 사용할 수 없다.

- 英語さえできれば、たいていの国で困らない。 (○) 영어만 할 수 있으면, 대부분의 나라에서 곤란을 겪지 않는다.

- 英語すらできれば、たいていの国で困らない。 (×)

◆ **だに**

「だに」에 위와 같은 사용법은 없다.

「××だに～ない」의 형태로, 최소한의 극단적인 예를 들어, '전혀 ～않다'라고 하는 것을 말할 경우에는, 같은 의미로 「さえ」, 「すら」를 사용할 수도 있지만, 「だに」는 고어적인 표현이기 때문에, 「××」에 사용할 수 있는 단어가 한정되어, 관용적으로 정해진 표현이 된다.

「微動だにしない 미동조차 없다」, 「一顧だにしない 한 번 슬쩍 보기조차 않다」 등이 그 예로, 「さえ」, 「すら」로도 의미는 통하고, 틀린 것은 아니지만, 「だに」 이외의 단어를 쓰면, 관용적인 표현에서 벗어난 느낌이다.

～わけだ ・ ～はずだ ・ 　～ことになる 비교

공통적으로 논리적인 귀결(歸結)인 것을 나타냄.

* **～わけだ** 귀결의 필연성을 주관적으로 단정하는 표현. 논리의 귀결이 논리적인 이치를 거쳐서 나온 것이라는 점에 역점을 두고 있다. ☞ 논리적인 귀결을 논리상으로는 기정의 사실로서 단정.

* **～はずだ** 귀결의 필연성을 추론하는 주관적인 표현. 논리의 귀결이 사실일 것이라는 말하는 사람의 높은 확신을 서술하는 것에 역점을 두고 있다. ☞ 논리적인 귀결을 높은 확신을 갖고 추론하고 있을 뿐이고 사실로서는 받아들이고 있지 않음.

* **～ことになる** 귀결의 필연성을 객관적으로 서술하는 표현. ☞ 논리적인 귀결을 논리상으로는 기정의 사실로서 단정.

◆ **결과를 나타내는 귀결 용법**

① 미지(未知)

- 時差が３時間あるから、日本時間のちょうど正午につくわけだ。(○)

  시차가 3시간 있으니까, 일본 시간의 딱 정오에 도착하겠다. ☞ 말하는 사람이 논리적으로 생각한 귀결임을 주장.

- 時差が３時間あるから、日本時間のちょうど正午につくはずだ。(○)

  시차가 3시간 있으니까, 일본 시간의 딱 정오에 도착할 것이다. ☞ 확신도가 높은 논리적인 추량임을 함축.

- 時差が３時間あるから、日本時間のちょうど正午につくことになる。(○)

  시차가 3시간 있으니까, 일본 시간의 딱 정오에 도착하게 된다. ☞ 논리의 결과를 객관적으로 서술하는 표현.

② 기지(既知)

- 体重をはかったら６０キロになっていた。先週は５６キロだったから、１週間で４キロも太ってしまったわけだ。(○)

  체중을 측정하니 60킬로가 되어 있었다. 지난주에는 56킬로이었으니까, 일주일에 4킬로나 살이 찌고 만 것이다. ☞ 기지(既知)의 사실

- 体重をはかったら６０キロになっていた。先週は５６キロだったから、１週間で４キロも太ってしまったはずだ。(×) ☞ 말하는 사람이 사실로서 이미 확인되어 있는 내용에 대해서는 추량의 여지가 없기 때문에 사용할 수 없다.

- 体重をはかったら６０キロになっていた。先週は５６キロだったから、１週間で４キロも太ってしまったことになる。(○) 체중을 측정하니 60킬로가 되어 있었다. 지난주에는 56킬로이었으니까, 일주일에 4킬로나 살이 찌고 만 것이 된다.

  ☞ 결과를 나타내는 귀결 용법이 아니라, 체중이 이번 주에는 60킬로가 되어 있었다고 하는 사실을, 60-56이라고 하는 계산을 해서 4킬로 살이 쪘다고 하는 재인식으로 표현.

③ 미확인 과거

- 時差が３時間あるから、日本時間のちょうど正午についたわけだ。(○)

  시차가 3시간 있으니까, 일본 시간의 딱 정오에 도착한 것이다. ☞ 도착한 사람이 본인, 다른 사람

- 時差が３時間あるから、日本時間のちょうど正午についたはずだ。(○)

  시차가 3시간 있으니까, 일본 시간의 딱 정오에 도착한 것이다. ☞ 도착한 사람이 다른 사람

- 時差が３時間あるから、日本時間のちょうど正午についたことになる。(×)

  ☞「ことになる」는 결과를 나타내는 귀결용법의 과거 사실에는 사용할 수 없다.

◆ 원인, 이유를 나타내는 귀결 용법

사실이 이미 확인되어 있는 경우, 추량은 성립되지 않기 때문에 「はずだ」를 사용할 수 없지만, 원인·이유로서가 아닌 관련 사항으로서 미확인·불확실한 과거 사실을 추량할 수는 있다.

- 今年の米の出来がよくなかった。冷夏だったわけだ。(○)

  금년 쌀의 작황이 좋지 않았다. 냉하(예년처럼 날씨가 덥지 않음)였던 것이다.
  ☞ 금년 쌀의 작황이 좋지 않았다는 사실을 냉하(예년처럼 날씨가 덥지 않음)의 원인·이유로, 논리적인 귀결로서 그것을 주장.

- 今年の米の出来がよくなかった。冷夏だったはずだ。(○)

  금년 쌀의 작황이 좋지 않았다. 냉하(예년처럼 날씨가 덥지 않음)였을 것이다.
  ☞ 금년 쌀의 작황이 좋지 않았다는 것과 관련해서 불확실한 사실인 냉하(예년처럼 날씨가 덥지 않음)를 단순히 추량.

- 今年の米の出来がよくなかった。冷夏だったことになる。(×)

  ☞ 내용의 객관적인 흐름의 방향을 나타내며, 원인·이유를 나타내는 귀결 용법에는 사용할 수 없다.

◆ 납득 용법

「ことになる」에는 납득 용법이 없다.

① 「わけだ」＝「はずだ」 ☞ 원인, 이유를 알고 다시 한 번 내용에 납득.

- あ、鍵が違うじゃないか。なんだ。これじゃ、いくら頑張っても開かない (わけだ、はずだ)。

  아, 열쇠가 다르잖아. 뭐야. 이래선 아무리 힘써도 열리지 않을 것이다.

- 田中さん、１ヶ月で4キロやせようと思ってるんだって。なるほど、毎日昼ごはんを抜いている (わけだわ、はずだわ)。다나카 씨, 한 달에 4킬로 살을 빼려고 한대. 그렇군, 매일 점심을 거르고 있는 것이네.

② 「わけだ」만 사용 가능 ☞ 추량의 가능성이 없는 기정(既定)의 사실 표현.

A : 隣の山本さん、退職したらしいよ。옆집의 야마모토 씨, 퇴직한 것 같아

B : そうか。だから平日の昼間でも家にいるわけだ。그래. 그래서 평일 낮에도 집에 있는 것이네.

A : そんなに飲んだんですか。그렇게까지 마셨습니까?

B : それでさっさと寝てしまったわけですね。그래서 바로 자버린 것이네요.

◆ 재인식 용법

「はずだ」에는 재인식 용법이 없다.

- 一人前の大人になって、いまさら昆虫採集などという役にも立たないことに熱中できるのは、それ自体がすでに精神の欠陥を示す証拠だという (わけだ、ことになる)。
  어엿한 어른이 되어서, 새삼스럽게 곤충 채집 등의 도움도 되지 않는 일에 열중할 수 있는 것은, 그것 자체가 이미 정신의 결함을 보이는 (증거인 셈이다, 증거라고 하는 것이 된다).

◆ 파생용법

「わけだ」만 사용할 수 있다.

말하는 사람에게는 상식이나 이미 이루어진 사실로 생각되는 것으로, 종조사처럼 회화체에서 자주 사용되며, 말하는 사람 자신이 무의식적으로 사용하는 경우도 많다.

- 私は国史を専門にしているわけですが、私のような文献を扱う者の立場からすれば、もっと史料を大切にすべきではないかと思うんです。 저는 국사를 전문으로 하고 있습니다만, 저처럼 문헌을 취급하는 사람의 입장에서 보면, 좀 더 사료를 소중하게 해야만 하는 것은 아닌지 생각을 합니다.

◆ 의문형

「はずだ」에는 의문형이 없다.

- 波がずいぶん荒いですね。今日は船が出せないわけですか。（○）
  파도가 제법 거칠군요. 오늘은 배를 낼 수 없는 것입니까?

- 波がずいぶん荒いですね。今日は船が出せないことになりますか。（○）
  파도가 제법 거칠군요. 오늘은 배를 낼 수 없게 되는 것입니까?

- 波がずいぶん荒いですね。今日は船が出せないはずですか。（×）

★ 寒冷前線が南下しているので、来週には気温が低くなるはずです。
한랭전선이 남하하고 있기 때문에, 다음 주에는 기온이 내려갈 것입니다.

☞ 날씨와 같이 불확정적인 요소가 많은 것에 대해서 서술하는 경우에는 「はずだ」를 사용. 단정적으로 말할 수 없기 때문에 「わけだ」는 사용할 수 없다.

～がち ・ ～気味 비교 

◆ ～がち ～하기 쉬움

⇒ ～한 경향/상태가 많음을 나타냄.

- ありがちなことだ。흔히 있는 일이다.
- 病気がちだ。자주 병에 걸리다(병들기 일쑤다).
- 曇りがちの天気。자주 흐린 날씨.
- 不注意による事故が起こりがちだ。부주의로 인한 사고가 자주 일어난다.
- 忘れがちだ。잊기 쉽다, 자주 잊는다.
- 遠慮がちに。조심스럽게, 주춤거리며.

◆ ～気味 ～경향, ～기색

⇒ 불만이나 좋지 않다고 하는 평가를 나타내는 기분이 포함되어 사용되는 경우가 많음.

- 風邪気味で休む。감기 기운으로 쉬다.
- 焦り気味。초조해하는 기색.

- 物価が上がり気味だ。물가가 오를 기미가 있다.

- 仕事が多すぎて疲れ気味だ。일이 너무 많아서 피곤한 것 같다.

⇒ 지금, 현재 실제로 피곤하다.

※毎日仕事が多すぎて疲れがちだ。매일 일이 많아서 자주 피곤하다.

  ⇒ 피곤한 때가 많다. 빈도를 나타내는 어구와 같이 호응됨.

～向き・～向け 비교

◆ ～向き　～에 어울리는

⇒ ～에 적합하다, ～에 적당하다

- 南向きの部屋。남향의 방.

- 幼児向きのおもちゃ。유아에게 어울리는 장난감.

- 僕、朝（ ○ 向き / × 向け ）の体じゃないみたい。夜はいくら遅くても平気だけど。
  나, 아침에 적합한 몸이 아닌 것 같아. 밤에는 아무리 늦어도 아무렇지도 않은데.

◆ ～向け　～용

⇒ ～를 특정으로 하는 대상・목적으로 한다

- 輸出向けの商品。수출용의 상품.

- 外国向けの放送。외국용의 방송.

- 当社は、欧米への輸出（ × 向き / ○ 向け ）に、商品開発に力を入れています。
  당사는 구미로의 수출용으로, 상품 개발에 힘을 쓰고 있습니다.

てはいけない ・ てはならない ・ てはだめだ 비교

◆ **동사 + てはいけない** ～해서는 안 된다

말하는 사람이 각각의 상황에서 자기 책임으로 판단을 하여 내리는 것으로, 상대방의 행동을 직접 금지하는 문형

- 遊んでいたらおじいさんがきて、「芝生に入ってはいけないよ。」と言った。
  놀고 있는데, 할아버지가 와서 "잔디에 들어가서는 안 된다"라고 말했다.

- この薬は、一日に三錠以上飲んではいけないそうだ。 이 약은 하루에 세 알 이상 먹으면 안 된다고 한다.

- この場所に駐車してはいけないらしい。 이 장소에 주차해서는 안 되는 것 같다.

◆ **동사 + てはならない** ～해서는 안 된다

사회 상식・규칙・습관 등에 비추어 판단을 하는 것으로, 대부분의 경우 특정한 개인에게 향하여지는 직접적인 금지가 아니라, 불특정 다수를 향해서 설명을 할 때에 많이 사용되는 문형. 주로 문어체에 사용.

- 一度や二度の失敗であきらめてはならない。 한 번이나 두 번의 실패로 포기해서는 안 된다.

- 警察が来るまで、だれもここに入ってはならないそうだ。 경찰이 올 때까지 아무도 여기에 들어가서는 안 된다고 한다.

◆ **동사 + てはだめだ** ～해서는 안 된다

명사・な형용사 + ではだめだ

い형용사 + くてはだめだ

① 금지를 나타냄. 교사・부모・관리인 등, 감독하는 입장에 있는 사람이 감독을 받고 있는 입장에 있는 사람에게 사용하는 경우가 많다

- 駐車場で遊んではだめだ。出て行きなさい。 주차장에서 놀면 안 돼! 나가거라!

- 「その花をとってはだめよ。」と姉が弟に言った。 "그 꽃을 따면 안돼." 하고 누나가 동생에게 말했다.

- そんな高いところから、飛び込んではだめだ。 그렇게 높은 곳에서 뛰어들어서는 안 돼.

② 그 조건에서는 목적을 달성할 수 없다고 하는 판단을 나타낸다.

- 写真をとるのに、こんなに暗くてはだめだ。 사진을 찍는데, 이렇게 어두워서는 안 된다.

- 秘書になりたいそうだが、言葉がそんなにぞんざいではだめだ。
  비서가 되고 싶은 모양이지만, 말이 그렇게 막되어서는 안 된다.

제6부

예제 · 기출문제 해석

예제 · 기출문제 해석
언어지식(문자 · 어휘)

(1) 한자 읽기 (8문항 출제 예상)

문제1 ____의 단어의 읽는 법으로서 가장 알맞은 것을,
1 · 2 · 3 · 4에서 하나를 고르시오.

1. 야마모토 씨는 반의 대표로 선발되었다.
2. 3일 전부터 비가 계속되고 있다.

JLPT3급 2009년 기출문제

문1 이 연못의 주변에는 예쁜 색의 꽃이 많습니다.

문2 사토 씨와 헤어진 후, 혼자서 음악을 들으러 갔습니다.

문3 작년의 여행은 정말로 좋았다.

문4 이 물건은 전 세계(온 세계)에서 여기밖에 없다.

문5 저 공장은 넓게 할 계획이 있다.

문6 봄인데 더운 날이 있습니다.

문7 가방이 무거워서, 역까지 걸어가는 것은 힘듭니다.

문8 저 분은 머리가 좋네요.

문9 나는 이 기계가 어떻게 움직이는지 그에게 질문했다.

문10 저 영어 책은 빨리 돌려주십시오.

JLPT3급 2008년 기출문제

문1 그 검은 카메라로 찍어 주십시오.

문2 어제 약을 먹었습니다.

문3 여기는 겨울에 강한 바람이 붑니다.

문4 부상은 목 이외에는 없습니다.

문5 이번 시합은 꼭 보고 싶습니다.

문6 불편한 동네(도회)입니다만, 또 놀러 와 주십시오.

문7 여기는 밤에 어둡기 때문에, 지날 때 주의합시다.

문8 나는 더위에 약합니다.

문9 지금부터 설명하는 것을 주의해서 들어 주십시오.

문10 나는 서양의 문화를 공부하고 있습니다.

JLPT3급 2007년 기출문제

문1 짐은 가볍기 때문에 혼자서 들 수 있습니다.

문2 서둘러 출발하지 않으면 늦어요.

문3 저 사람은 목소리가 좋아서 노래를 잘합니다.

문4 야채는 맛이 좋습니다.

문5 컨디션이 나빠지면 운동을 중지하여 주십시오.

문6 산업은 지리와 깊은 관계가 있다.

문7 이 벌레는 빛 쪽으로 나아갑니다.

문8 짧은 시간이었지만 즐거웠습니다.

문9 다나카 씨는 내일 낮 도착합니다.

JLPT2급 2009년 12월 기출문제

문1 저 담은 기울어져 있기 때문에 가까이 다가가지 않는 편
이 좋아요. 위험합니다.

문2 일전에 숙박한 호텔은 설비가 좋고 쾌적했다.

문3 이 책을 읽으면, 정치 전반에 대한 지식을 얻을 수 있다.

문4 어제는 담당자가 없었기 때문에, 재차 내일 방문하기로
했다.

문5 저 남자는 돈을 훔친 혐의로 조사받고 있다고 한다.

문6 다나카 씨는 정보를 처리하는 능력이 우수하다.

문7 돌연, 화산이 분화하여, 용암이 흐르기 시작했다.

문8 그녀는 새로운 직장에서 의욕에 넘쳐 일하고 있다.

JLPT2급 2009년 7월 기출문제

문1 이 배는 오랜 세월 화물의 수송에 사용되어 왔지만, 금년
에 그 역할을 끝내게 되었다.

문2 지진에 대비해, 식료(식량)를 저장해 두지 않으면 안 된다.

문3 인쇄 회사에 정사원으로서 고용되게 되었다.

문4 어린 딸과 함께, 정원수(분재)에 물을 주는 것을 일과로
하고 있다.

문5 최근 출판된 이 저자의 책은 모두 읽었습니다.

문6 주민들은 협력해서, 우물을 파기로 했다.

문7 순조롭게 회복하고 있기 때문에, 곧 있으면 퇴원할 수 있겠지요.

문8 어릴 적에는, 하늘을 올려보고, 우주에 관해 여러 가지 상상하곤 했습니다.

JLPT2급 2008년 12월 기출문제

문1 지구 온난화는 우리에게 다양한 영향을 주고 있다.

문2 인류의 미래를 위해서, 자원의 재이용을 진행시켜야만 한다.

문3 그 사람은 시간에는 아주 까다로워서, 1초라도 지각하면 심기가 불편해진다고 한다.

문4 이 공해를 둘러싼 재판에서는, 회사의 방침이 문초되고 있다.

문5 피부가 건조하지 않게, 이 크림을 발라 주세요.

문6 이 옷의 디자인은, 구미의 유행을 참고로 하고 있다고 해요.

문7 사장으로부터의 지시이기 때문에 고민했지만, 이 일은 역시 거절하기로 했다.

(2) 표기 (6문항 출제 예상)

문제2 ____의 단어를 한자로 쓸 때, 가장 알맞은 것을, 1 · 2 · 3 · 4에서 하나를 고르시오.

1. 아르바이트 면접은 다음 주 토요일이다.

2. 곤란할 때에 선생님이 도와주셨습니다(선생님에게 도움을 받았습니다).

JLPT3급 2009년 기출문제

문1. 이 연구는 아주 좋다고 생각합니다.

문2. 그들은 콘서트가 시작되는 것을 기다리고 있었다.

문3. 저 작은 새의 이름을 알고 있는 사람은 대답해 주십시오.

문4. 돈이 없어서 난처해 있자, 누이가 빌려 주었습니다.

문5. 저 가게에서 팔고 있는 소고기는 비싸다.

문6. 이것은 집을 짓는 데에 사용하는 도구입니다.

문7. 그 용무가 끝나면, 부엌으로 와 주십시오.

JLPT3급 2008년 기출문제

문1. 남동생은 학교 가까이에 살고 있습니다.

문2. 선생님에게 유명한 역사책을 빌렸다.

문3. 옷이 지저분하기 때문에 빨았습니다.

문4. 나는 자전거를 탈 수 있습니다.

문5. 이 숲은 일본에서 가장 넓습니다.

문6. 그 문은 당기면 열립니다.

문7. 나는 안 되니까, 대신에 갈 사람을 생각하겠습니다.

JLPT3급 2007년 기출문제

문1. 옛날 사람은 달을 좋아해서 다양한 이야기를 만들었다.

문2. 이 병원은 의사가 친절합니다.

문3. 나의 가족은 먼저 집에 돌아갔습니다.

문4. 여기에는 잘 일하는 사람이 모여 있습니다.

문5. 개가 달려 왔다.

문6. 나는 누이와 같은 선생님에게 영어를 배웠다.

JLPT2급 2009년 12월 기출문제

문1. 신청할 때에는 이하의 조건을 잘 읽어 주세요.

문2. 졸업을 앞두고 자신의 장래에 관해 생각했다.

문3. 그는 나의 뻔뻔스러운 부탁을 들어주었다.

문4. 날이 저물어 주변은 깜깜하게 되었다.

문5. 물가가 올라, 소비에 영향이 나타났다.

문6. 그는 재주가 있어서 뭐든지 할 수 있기 때문에 믿음직한 존재다.

문7. 야생의 동물은 감각이 예민하다.

문8. 도로를 횡단할 때는 조심하자.

문9. 이 기계는 지금까지의 것보다 복잡한 구조로 되어 있다.

문10. 오늘은 내가 사회를 맡도록 하겠습니다.

문1. 길에서 지갑을 주웠다.

문2. 이 프린트에 오류가 없는지, 사무소에 가서 직접 물어 보았다.

문3. 식욕이 없는 것 같네요. 무슨 일입니까(어찌된 일입니까)?

문4. 심야에 계단에서 떨어져 골절하고 말았다.

문5. 오늘은 시원하지만 햇살이 강했기 때문에, 모자를 쓰고 갔다.

문6. 이 장치는 증기의 힘이 강해지면 멈춥니다.

문7. 저 샘물에는, 몸에 좋은 성분이 많이 포함되어 있다.

문8. 법률로 금지되어 있는 것은, 나라에 따라 다릅니다.

문9. 지금, 그는 무역 관계의 일을 하고 있다.

문1. 그저께의 위원회에서 내년도의 활동 안(案)이 승인되었다.

문2. 어젯밤은 이가 아파서 전혀 잠들 수가 없었다.

문3. 국제 경쟁에 이기기 위해서는 가격을 내릴 수밖에 없을 것이다.

문4. 선생님은 바쁜 분이기 때문에, 전화로 형편을 묻는 편이 좋아요.

문5. 그의 험악한 행동에 주위의 사람은 곤란해 하고 있다.

문6. 그는 어제의 시합에서 상대를 쓰러뜨려, 세계의 정상에 섰다.

문7. 이번 연수를 위해서 해외로부터 선생님을 초빙하기로 했다.

문8. 이 부분은 생략하는 편이, 생각보다 명확하게 표현할 수 있을 것이다.

문9. 이 방의 습도는 항상 일정하다.

문10. 식후에 진한 커피를 마셨다.

(3) 문맥 규정 (11문항 출제 예상)

문제3 (   )에 들어갈 가장 알맞은 것을, 1 · 2 · 3 · 4 에서 하나를 고르시오.

1. (   ) 잤기 때문에, 기분이 좋다.
① 온통　　② 푹　　③ 확실히　　④ 딱

2. 여기의 PC는 누구나 사용할 수 있습니다만, 복사는 (   )입니다.
① 회비　　비용　　③ 유료　　④ 요금

1. 누가 제일 먼저 할 수 있는지, 모두 경쟁하지 않겠습니까?
① 급행　　② 초대　　③ 습관　　④ 경쟁

2. 나의 차는 일본제입니다.

3. 야채는 잘게 잘라 주십시오.
① 잘게　　　　　　② 미지근하게
③ 좁게　　　　　　④ 엄하게

4. 버스가 천천히 언덕을 올라왔다.
① 벽　　② 돌　　③ 가지　　④ 언덕

5. 이 빌딩의 옥상에서 바다가 보입니다.
① 해안　　② 옥상　　③ 주소　　④ 공항

6. 즐거웠던 휴일이 내일로 드디어 끝납니다.
① 점점　　　　　　② 드디어
③ 척척(자꾸자꾸)　　④ 여러 가지

7. 말은 문화와 깊은 관계가 있다고 일컬어지고 있습니다.
① 배관　　② 경험　　③ 관계　　④ 존경

8. 산에 나무를 심었습니다.
① 붙였습니다　　　　② 세웠습니다
③ 내렸습니다　　　　④ 심었습니다

9. 딸은 밖에서 노는 것보다, 혼자서 게임을 하는 것을 좋아합니다.
① 풀(수영장)　　　　② 게임
③ 슈트　　　　　　④ 룰(규칙)

10. 오늘의 축제는 태풍으로 인해 중지합니다.
① 중지　　② 소개　　③ 주차　　④ 승낙

JLPT3급 2008년 기출문제

1. 우체국에 들러서 돌아갑니다.
① 그쳐　　② 불러　　③ 들러서　　④ 주어

2. 감기로 목이 아프다.
① 목　　② 목소리　　③ 수염　　④ 머리카락

3. 쉬는 사람은 전화로 저에게 연락하여 주십시오.
① 안내　　② 연락　　③ 소개　　④ 예습

4. 이 고기는 질겨서 잘 잘리지 않는다.
① 드물다　　　　② 아름답다
③ 질기다(단단하다)　　④ 달다

5. 저는 일본 문화에 흥미가 있습니다.
① 경제　　② 흥미　　③ 열심　　④ 정치

6. 어려운 문제였습니다만, 간신히 답을 알 수 있었습니다.
① 곧　　② 꽤　　③ 조금도　　④ 간신히

7. 이 주변은 안전하고 살기 편해요.
① 안전　　② 복잡　　③ 걱정　　④ 필요

8. 공부하고 있는 사람의 방해가 되오니, 조용히 하여 주십시오.
① 싸움　　② 방해　　③ 소용없음　　④ 싫음

9. 영화 티켓을 두 장 샀습니다.
① 이벤트　　② 서비스　　③ 스테레오　　④ 티켓

10. 여기에 두었을 것입니다만, 열쇠가 발견되지 않습니다.
① 떨어지지 않습니다　　② 떨어뜨리지 않습니다
③ 찾아내지 못합니다　　④ 발견되지 않습니다

JLPT3급 2007년 기출문제

1. 일본에서는 거의 하루 종일 TV 방송이 있다.
① 계절　　② 법률　　③ 방송　　④ 규칙

2. 사고로 머리를 부딪쳤기 때문에, 병원으로 옮겨졌습니다.
① 쌌다(감쌌다)　　② 부딪쳤다
③ 일으켰다　　　　④ 그만두었다

3. 아이가 장난감을 부숴 버렸다.
① 형편(상태)　　② 약속
③ 장난감　　　　④ 포도

4. 추워졌으므로 슬슬 난방이 있으면 좋겠네요.
① 수출　　② 냉방　　③ 수입　　④ 난방

5. 나는 야마모토 씨에게 여행 선물을 받았습니다.
① (여행)선물　　② 병문안
③ 축제　　　　　④ (축하)선물

6. 이 마을에서는 주로 쌀을 생산하고 있습니다.
① 생산　　② 구경　　③ 퇴원　　④ 발음

7. 그는 오늘은 오지 않는다고 말했습니다만, 역시 오지 않았군요.
① 온통(완전히)　　② 역시
③ 확실히　　　　　④ 천천히

8. 일본 문화에 대해서 리포트를 썼습니다.
① 워드프로세서　　② 체크
③ PC　　　　　　④ 리포트

9. 2에 3을 더하면 5가 된다.
① 더하다　　② 빼다　　③ 지우다　　④ 태우다

10. 이 도서관은 7시까지 이용할 수가 있습니다.
① 준비　　② 이용　　③ 승낙　　④ 생활

JLPT2급 2009년 12월 기출문제

1. 신발의 끈을 꽉 묶고 나서, 조깅을 시작했다.
① 밧줄　　② 새끼줄　　③ 실　　④ 끈

2. 그 차는 제한 속도를 크게 초과해서 달리고 있었다.
① 초과　　② 과잉　　③ 통과　　④ 과실

3. 그는 이 나라를 만든 위대한 왕이다.
① 호화　　② 고급　　③ 위대　　④ 상등(고급)

4. 친구가 피아노의 콩쿠르에서 우승했다.
① 콘서트　　　　② 콩쿠르(경연대회)
③ 콘크리트　　　④ 콘센트

5. 오랫동안 주저앉아 있었기 때문에, 다리가 저려서 설 수 없게 되었다.
① 깨져서　　　② 저려서
③ 부서져서　　④ 무너져서

6. 여기는 세계적으로 유명한 관광지이기 때문에, 외국인을 접할 기회가 많다.
① 달하다　　　② 관하다
③ 적합하다　　④ 접하다

7. 아침부터 대화를 계속하고 있지만, 좀처럼 결론이 나오지 않는다.
① 결국　　② 완성　　③ 완료　　④ 결론

8. A : 어느 쪽이든 좋아하는 쪽을 드리지요.
　　 B : 모두 멋지기 때문에, 망설여져서 결정할 수 없습니다.
　① 망설여서　　　　　② 선택하여
　③ 물어서　　　　　　④ 비교하여

9. 이 신문은 1부에 120 엔으로 팔리고 있다.
　① 통　　② 권　　③ 부　　④ 권

10. 아주 약간 설탕을 넣으면, 더 맛있어져요.
　① 대략(대체로)　　　　② 단지
　③ 아주(약간)　　　　　④ 현저히(부쩍)

1. 연습에서 잘 할 수 있어도, 시합에서 실력을 발휘하는 것은 어렵기 마련이다.
　① 발행　　② 발차　　③ 발표　　④ 발휘

2. 일본식 방에 이불을 깔고 잔다.
　① 씌어서　　　　　　② 끌어당겨서
　③ 깔고　　　　　　　④ 펴서

3. 아버지는 어렸을 적에 가난해서, 먹는 것에 곤란을 겪었다고 한다.
　① 험해서　　　　　　② 이상해서
　③ 가난해서(궁핍해서)　④ 그리워서

4. 이 유리병의 용량은 2리터입니다.
　① 농도　　　　　　　② 용적(용량)
　③ 수압　　　　　　　④ 중량

5. 바닷길을 통해서 집에 돌아갔다.
　① 연변(~에 따라서)　② 세움
　③ 향함　　　　　　　④ 부속(달려 있음)

6. A : 부장님, 늦어져 죄송합니다. 일전의 회의 리포트가 완성되었습니다.
　　 B : 정말로 수고 많았어.
　① 수고 했어요　　　　② 사양 않고
　③ 오래 기다리셨습니다　④ 가엾게도

7. 긴장을 하고 있어서, 부드럽게 말할 수 없었다.
　① 에티켓　　　　　　② 스타일
　③ 악센트　　　　　　④ 스무드(부드럽게)

8. 여름이 되면, 이 산에는 잇달아 등산객이 찾아온다.
　① 따로따로　　　　　② 속속(잇달아)
　③ 점점(똑똑)　　　　④ 착착(한걸음 한걸음)

9. 아침까지 잠을 자지 않고 공부하고 있었기 때문에, 수업 중에 졸려서 몇 번이나 하품이 나왔다.
　① 하품　　　　　　　② 기침
　③ 딸꾹질　　　　　　④ 재채기

10. 장기간에 걸쳐서 대립해 온 두 나라 간에, 지난 주 첫 TOP 회담이 행해졌다.
　① 대조　　② 대책　　③ 대면　　④ 대립

1. 아침에는 시간이 없기 때문에, 신문의 표제(헤드라인)를 바라볼 뿐이고, 기사는 읽지 않는다.
　① 표제　　② 외관　　③ 견본　　④ 견해

2. 오늘 아침에는 새의 울음소리로 잠이 깼다.
　① 쉬었다　　　　　　② 짖었다
　③ 깊어졌다　　　　　④ (잠이) 깼다

3. 전력 등의 에너지 공급은, 5년 후에는 이 나라에 있어서 큰 문제가 되겠지.
　① 알코올　② 에너지　③ 칼로리　④ 비타민

4. 장황할지도 모르겠습니다만, 중요한 것이므로 다시 한 번 반복합니다.
　① 느리다　　　　　　② 둔하다
　③ 장황하다　　　　　④ 느슨하다

5. 이 공예품은 깨지기 쉽기 때문에, 신중하게 다뤄 주세요.
　① 중요　　② 중대　　③ 신중　　④ 귀중

6. 어떻게 해서라도 가고 싶다면, 혼자서 가세요.
　① 어떻게 해서라도　　② 부디
　③ 반드시　　　　　　④ 적어도

7. 내일의 시합에서는 이 두 팀이 처음으로 싸우게 되어 있다.
　① 시리즈　② 팀　　③ 게임　　④ 멤버

8. 저 가게는 산 것을 자택까지 배달해 줍니다.
　① 통지　　② 배달　　③ 전달　　④ 발달

9. 축구 선수를 동경하는 아이들은 많다.
　① 동경하다　　　　　② 뒤쫓아 가다
　③ 부딪치다　　　　　④ 축복받다

10. 이번 리포트는 시간이 부족했기 때문에, 불완전한 것밖에 쓸 수 없었다.
　① 무　　② 비　　③ 미　　④ 불

(4) 유의어(대체) (5문항 출제 예상)

문제4 ___의 단어와 의미가 가장 가까운 것을, 1 · 2 · 3 · 4에서 하나를 고르시오.

1. 잇달아 새로운 게임이 만들어지다.
① 점점　　　　　② 앞으로
③ 언제든지　　　④ 척척(자꾸자꾸)

2. 내일의 비행기 예약을 확인하여 주십시오.
① 변경하여　② 조사하여　③ 행하여　④ 부탁하여

JLPT3급 2009년 기출문제

1. 아버지는 부재중입니다.
① 아버지는 외출했습니다.
② 아버지는 바쁩니다.
③ 아버지는 집에 있습니다.
④ 아버지는 자고 있습니다.

2. 저 레스토랑은 언제나 비어 있습니다.
① 저 레스토랑은 언제나 음식이 맛있습니다.
② 저 레스토랑은 언제나 점원이 친절합니다.
③ 저 레스토랑은 언제나 값이 비쌉니다.
④ 저 레스토랑은 언제나 손님이 적습니다.

3. 저는 과장님 대신에 회의하러 갔습니다.
① 저와 과장님은 회의에 갔습니다.
② 저와 과장님은 회의에 가지 않았습니다.
③ 저는 회의에 갔습니다만, 과장님은 가지 않았습니다.
④ 저는 회의에 가지 않았습니다만, 과장님은 갔습니다.

4. 전철 안에서 떠들지 말아 주십시오.
① 전철 안에서 음식을 먹지 말아 주십시오.
② 전철 안에서 시끄럽게 하지 말아 주십시오.
③ 전철 안에서 담배를 피우지 말아 주십시오.
④ 전철 안에서 지저분하게 하지 말아 주십시오.

5. 도쿄는 교통이 편리합니다.
① 도쿄는 슈퍼와 백화점이 많이 있습니다.
② 도쿄는 많은 나라의 사람이 생활하고 있습니다.
③ 도쿄는 버스와 지하철이 많이 달리고 있습니다.
④ 도쿄는 역 옆에 많은 아파트가 있습니다.

JLPT3급 2008년 기출문제

1. 약속 시간에 맞추지 못했습니다.
① 약속 시간을 잊었습니다.
② 약속 시간을 바꾸었습니다.
③ 약속 시간에 돌아왔습니다.
④ 약속 시간에 늦었습니다.

2. 우선 이 일을 하여 주십시오.
① 열심히 이 일을 하여 주십시오.
② 처음에 이 일을 하여 주십시오.
③ 가능한 한 이 일을 하여 주십시오.
④ 확실히 이 일을 하여 주십시오.

3. 슬슬 식사를 합시다.
① 슬슬 밥을 먹읍시다.
② 슬슬 실례합시다.
③ 슬슬 목욕을 합시다.
④ 슬슬 잡시다.

4. 나는 그 사람에게 인사했습니다.
① 나는 그 사람에게 "그것은 잘됐네요."라고 말했습니다.
② 나는 그 사람에게 "어서 앉아 주십시오."라고 말했습니다.
③ 나는 그 사람에게 "안녕하세요."라고 말했습니다.
④ 나는 그 사람에게 "한 잔 더 어떻습니까?"라고 말했습니다.

5. 1번의 방, 또는 2번의 방으로 가 주십시오.
① 1번의 방으로 가서, 2번의 방으로 가 주십시오.
② 1번의 방으로 가기 전에, 2번의 방으로 가 주십시오.
③ 1번의 방이나 2번의 방으로 가 주십시오.
④ 1번의 방과 2번의 방으로 가 주십시오.

JLPT3급 2007년 기출문제

1. 스즈키 씨는 반드시 올 것으로 생각합니다.
① 스즈키 씨는 꼭 옵니다.
② 스즈키 씨는 가끔 옵니다.
③ 스즈키 씨는 곧바로 옵니다.
④ 스즈키 씨는 천천히 옵니다.

2. 장래의 계획을 모두 이야기했습니다.
① 지금까지의 계획을 모두 이야기했습니다.
② 마지막 계획을 모두 이야기했습니다.
③ 최초의 계획을 모두 이야기했습니다.
④ 앞으로의 계획을 모두 이야기했습니다.

3. 어제 야마모토 씨를 방문했습니다.
① 어제 야마모토 씨의 질문에 대답했습니다.
② 어제 야마모토 씨의 집에 갔습니다.
③ 어제 야마모토 씨의 일을 도와주었습니다.
④ 어제 야마모토 씨의 형편을 들었습니다.

4. 나는 오가와 씨에게 사과했습니다.
① 나는 오가와 씨에게 "축하합니다."라고 말했습니다.
② 나는 오가와 씨에게 "그것 안됐군요."라고 말했습니다.
③ 나는 오가와 씨에게 "덕분에."라고 말했습니다.
④ 나는 오가와 씨에게 "미안해요."라고 말했습니다.

5. 내일 5시에 오는 것은 무리입니다.
① 내일 5시에 오기로 하겠습니다.
② 내일 5시에 오지 않으면 안 됩니다.
③ 내일 5시에 올 수 없습니다.
④ 내일 5시에 오도록 하겠습니다.

1. 이 도구에는 다양한 용도가 있다.
① 용도　② 종류　③ 형식　④ 효과

2. 이 지방에 태풍이 오는 것은 보기 드문 일입니다.
① 자주 있다　② 거의 없다
③ 가끔 있다　④ 전혀 없다

3. 그것은 재미있는 아이디어군요.
① 안(案)　② 형태　③ 그림　④ 설

4. 이 계획의 실현에는 상호의 이해가 중요하다.
① 우리　② 여러분　③ 상대방　④ 서로

5. 그로부터의 편지를 읽고 실망했다.
① 만족　② 걱정　③ 실망　④ 안심

1. 아버지는 아주 화가 나 있는 것 같다.
① 놀라고 있다　② 원통해하고 있다
③ 화나 있다　④ 슬퍼하고 있다

2. 그 이야기는 단순한 소문이기 때문에, 믿어서는 안 됩니다.
① 쓸데없는　② 단순한
③ 거짓말의　④ 어리석은

3. 이 내용으로 괜찮으시면, 사인을 받을 수 있습니까?
① 허가　② 서명　③ 승인　④ 주문

4. 지난주의 출장을 중지한 것은 어쩔 수 없는 일이었다.
① 어쩔 수 없다　② 꼴불견이다
③ 아깝다　④ 터무니없다

5. 올림픽이 계기가 되어, 스포츠가 번창하게 되었다.
① 지주(버팀)　② 구조(구원)
③ 연결　④ 계기

1. 그렇게 자기 마음대로인 말만 하면, 주위 사람에게 미움을 받아.
① 제멋대로임　② 변변치 않음
③ 쓸데없음　④ 못씀(안 됨)

2. 이 마을의 사람은 비교적 오래 산다.
① 특별히　② 비교적
③ 매우　④ 의외로

3. 밖에서 소란스러운 소리가 들린다.
① 예쁜(깨끗한)　② 시끄럽다
③ 이상한　④ 약하다

4. 오토바이 오일을 사 왔습니다.
① 부품　② 공기　③ 좌석　④ 기름

5. 지장이 없으면, 전화번호를 가르쳐 주세요.
① 방법　② 변경　③ 문제　④ 불평

(5) 용법 (5문항 출제 예상) 

문제5 다음 단어의 사용법으로서 가장 알맞은 것을, 1 · 2 · 3 · 4에서 하나를 고르시오.

1. 지금쯤(이맘때)
① 그럼, 今ごろ 테스트를 시작합니다.
② 지금쯤 도쿄에서는 벚꽃이 피어 있겠지요.
③ 今ごろ 현금으로 지불하는 일이 적어졌다.
④ 今ごろ 비가 올 것 같은 날씨다.

2. 귀여워하다
① 야마다 씨는 아이를 매우 귀여워하고 있습니다.
② 저 사람은 부모를 매우 かわいがって 있습니다.
③ 다나카 씨는 받은 시계를 매우 かわいがって 있습니다.
④ 저 사람은 자신의 집을 매우 かわいがって 있습니다.

1. 꾸짖다, 야단치다
① "이제 괜찮습니까?"라며 しかられました.
② "아주 열심히 했어요."라며 しかられました.
③ "좀 더 진지하게 하시오."라며 야단맞았습니다.
④ "함께 조사합시다."라며 しかられました.

2. 부끄럽다, 창피하다
① 간단한 문제를 틀려서, 창피합니다.
② 가족을 만날 수 없어서, はずかしいです.
③ 피아노를 칠 수 있게 되어서, はずかしいです.
④ 보고 싶은 프로가 없어서, はずかしいです.

3. 기회
① 유감입니다만, 그 날은 다른 きかい가 있습니다.
② 나는 일본의 역사에 きかい가 있습니다.
③ 부모님은 외국에 간 きかい가 없습니다.
④ 근처에 올 기회가 있으면, 꼭 놀러 와 주십시오.

4. 대개, 대부분
① 일요일은 대부분 스포츠를 하고 있습니다.
② 오늘은 たいてい 날씨가 좋았습니다.
③ 요즈음 사토 씨하고는 たいてい 만나지 않았습니다.
④ 일본어가 たいてい 능숙하게 되었네요.

5. 사례의 말, 사례의 선물
① 선생님이 입원하셨기 때문에, おれい를 갖고 갔습니다.
② 선물을 받았기 때문에, 사례의 말을 했습니다.
③ 친구가 왔기 때문에, 저녁밥으로 おれい를 만들었습니다.
④ 스즈키 씨에게 졸업 おれい를 주었습니다.

1. 버리다
① 손님이 오니까, 방을 깨끗이 すてて 주십시오.
② 여기에 필요 없는 것을 버려 주십시오.
③ 수업에서 사용하는 책을 가방에 すてて 주십시오.
④ 심한 말을 하는 것은 すてて 주십시오.

2. 열
① 열이 있기 때문에, 학교를 쉬었습니다.
② 이 방의 ねつ은 어느 정도입니까?
③ 이 차는 ねつ이 너무 높아서 마실 수 없습니다.
④ 역 근처는 사람이 많이 있어서, ねつ가 가득합니다.

3. 의견
① 사용 방법을 잘 알 수 있도록, いけん을 하여 주십시오.
② 저 사람에게 "고마워요."라고 いけん을 들었습니다.
③ 이 말의 いけん를 조사했습니다.
④ 모두의 앞에서 나의 의견을 말했습니다.

4. 고장
① 나의 차는 고장입니다(고장나 있습니다).
② 다나카 씨는 기침이 나와서 こしょう하고 있습니다.

③ 오늘 그 가게는 こしょう하고 있습니다.
④ 이 이불은 こしょう하고 있습니다.

5. 착실, 성실, 진지
① 오늘은 まじめ 날씨로 하늘이 예쁩니다.
② 설탕을 넣지 않고, まじめ 커피를 마셨습니다.
③ 아이들은 선생님의 이야기를 진지하게 듣고 있습니다.
④ 역은 이 길을 まじめ 간 곳에 있습니다.

1. 그러자, 그러면
① 어제는 날씨가 좋지 않았습니다. すると, 나는 테니스를 하지 않았습니다.
② 몇 번이나 물었습니다. すると, 알 수가 없었습니다.
③ 버튼을 눌렀습니다. 그러자, 문이 열렸습니다.
④ 내일 시험을 치릅니다. すると, 잘 공부하여 주십시오.

2. 원인
① 12살 이상의 아이가 이 클래스의 げんいん이 될 수 있습니다.
② 새로운 회사에서 일의 げんいん을 가르쳐 받았습니다.
③ 경찰은 사고의 원인을 조사하고 있습니다.
④ 이 나무를 げんいん으로 해서 의자를 만듭시다.

3. 키우다
① 소중하게 키우고 있던 꽃이 피었습니다.
② 이 요리는 맛있어질 때까지, 잘 そだてました.
③ 몇 번이나 고쳐서 작문을 そだてました.
④ 글자가 작아서 안보이니까, 좀 더 そだてて 주십시오.

4. 엄하다, 혹독하다
① 이 빵은 きびしくて 먹을 수 없습니다.
② 나는 きびしい 펜을 사용하고 있습니다.
③ 이 차는 きびしくて 맛있습니다.
④ 사장님은 엄격한 사람입니다.

5. 예약
① 달에 가는 것은 나의 よやく의 꿈입니다.
② 모두가 밥을 먹기 때문에, 레스토랑을 예약했습니다.
③ 매일 1시간 공부한다고 어머니에게 よやく 했습니다.
④ 월요일은 쇼핑하러 갈 よやく 입니다.

1. (목적지를) 지나치다
① 멍하니 하고 있다가, 역을 하나 지나쳐 버렸다.
② 서두르고 있었기 때문에, 스피드를 올려서 앞의 차를

乗り越した.

③ 종점에서 내려, 거기에서 다른 버스로 乗り越した.

④ 공항까지의 길이 붐비고 있기 때문에, 비행기로 乗り越して 해버렸다.

2. 절약

① 아버지에게 "시끄럽다"라고 했기 때문에, 스테레오의 소리를 節約했다.

② '슈퍼'라고 하는 것은, '슈퍼마켓'을 節約한 말입니다.

③ 언젠가 자신의 집을 가질 수 있도록, 매월 얼마씩 은행에 節約하고 있다.

④ 사용하지 않은 방의 에어컨은 끄도록 해서, 전기세를 절약합시다.

3. 드라이브

① 비가 내리고 있기 때문에, 역까지 아들을 ドライブ해 주었다.

② 가족과 바다 근처를 드라이브 하는 것이 휴일의 즐거움이다.

③ 오토바이를 ドライブ하려면, 특별한 면허가 필요하다.

④ 어렸을 적에, 비행기를 ドライブ 하는 것이 꿈이었다.

4. 예의

① 그는 말씨도 정중하고, 매우 礼儀한 사람이다.

② 체육관은 입학식의 회장으로 사용되기 때문에, 완전히 礼儀로 장식되어 있다.

③ 부끄러운 마음을 갖지 않게, 제대로 된 예의를 몸에 익히고 싶다.

④ 선생님과 이야기할 때는 더욱 礼儀하면 어떻습니까?

5. 와, 우르르, 덜컥 확

① 의사가 올 때까지, 움직이지 말고 どっと하고 있으세요.

② 어제부터 どっと 기다리고 있지만, 아직 답장이 오지 않는다.

③ 울고 있는 아이의 눈물을 어머니는 どっと 닦아 주었다.

④ 테스트가 끝나자, 누적되어 있던 피로가 확 몰려왔다.

1. 정직, 솔직

① 숨기지 말고, 솔직한 기분을 이야기하면 좋겠다.

② 저 모퉁이를 돌아서, 10분 정도 正直하게 가 주세요.

③ 이 문제는 어렵기 때문에, 正直한 답을 모릅니다.

④ 시장이 아니고, 농가로부터 正直 야채를 사고 싶다.

2. 분명히

① 다음 전철에 시간이 맞을지 어떨지 たしか를 해 주세요.

② 맡은 일은 たしか 열심히 노력하고 싶다.

③ 다나카 씨와 처음으로 만난 것은 분명히 3년 전의 일이었다.

④ 남에게 들은 이야기이기 때문에, たしか는 모른다.

3. 전개

① 친구에게 고민을 展開해서, 기분이 편해졌다.

② 저 가게의 빵은 展開해서 2시간 후에 매진되어 버린다.

③ 미술관에 오래된 회화의 展開를 보러 갔다.

④ 이 드라마는 이야기의 전개가 단순해서 재미있지 않다.

4. 흩어지다, 어질러지다

① 방이 어질러져 있었기 때문에, 아이에게 정돈시켰다.

② 이 꽃은 피고 나서 4, 5일에 散らかる.

③ 무심코 컵을 넘어뜨려 버려, 물이 散らかった.

④ 이제 밤도 늦었으니까, 散らって 내일 다시 모이자.

5. 분해

① 케이크를 사왔으니까, 모두 分解해서 먹읍시다.

② 라디오를 분해해서, 소리가 나지 않게 된 원인을 조사해 보았다.

③ 도서관의 책은 분야별로 分解해서 나열되어 있습니다.

④ 이 벌레는 동부부터 남부에 걸쳐서 넓게 分解되어 있다.

1. 감탄

① 이 클래스 학생들의 능력이 높음에 감탄했다.

② 저 사람의 능숙한 영어를 感心했다.

③ 아이들의 훌륭한 댄스에 感心이 되었다.

④ 훌륭한 절을 感心이 되었다.

2. 타당

① 결혼한다면, 가능한 한 기분의 妥当한 사람이 좋습니다.

② 별로 색다른 것이 아니고, 妥当한 것을 먹고 싶네요.

③ 이것은 妥当한 모임이기 때문에, 슈트로 출석해 주세요.

④ 이 일에 대해서 1만원은 타당한 금액이라고 생각해요.

3. 곧, 조만간, 이제 와서

① 내일로는 늦기 때문에, いまに 청소해서 치워 주세요.

② 이미 승부는 시작되었기 때문에, いまに 그만두고 싶다고 해도 너무 늦다.

③ 마지막 테스트가 끝나자, いまに 기억하고 있던 것을 전부 잊었다.

④ 매일 쉬지 않고 연습을 하고 있으면, 곧 능숙해져요.

4. 되돌아오다[가다], 되돌리다

① 친구와 10년 만에 만나서, 옛날 일을 引き返した.

② 지인에게 빌려주었던 돈이 결국 引き返した.
③ 강풍으로 인해, 배가 항구로 되돌아왔다.
④ 아침에 올린 기를 저녁에 引き返した.

5. 재촉
① 외국에의 흥미는 말을 배우는 催促의 하나가 됩니다.
② 상품이 좀처럼 도착하지 않아서, 재촉 전화를 걸었다.
③ 야마시타 선생님에게 파티에의 催促 편지를 썼습니다.
④ 다음 회의의 催促의 날을 좀 더 빨리 합시다.

예제 · 기출문제 해석
언어지식(문법)

(1) 문장 형식의 판단 (13문항 출제 예상)

문제1 다음 문장의 (   )에 들어갈 가장 알맞은 것을, 1 · 2 · 3 · 4에서 하나를 고르시오.

1. 아버지가 성미가 급한 것 (   ), 어머니 쪽은 성미가 느긋하다.
   ① 에서　　② 에 비해　③ 에 대해　④ 에 의해
2. A : 시간 있습니까?
   B : 네, 1시간 (   ) 있어요.
   ① 경(무렵)이면　　　　② 경(무렵)이라도
   ③ 정도라도　　　　　④ 정도라면

JLPT3급 2009년 기출문제

문제 I ＿＿의 부분에 무엇을 넣습니까? 1 · 2 · 3 · 4에서 가장 알맞은 것을 하나 고르시오.

1. 역 가까이에 좋은 호텔이 있습니다.
2. 내일 아침은 9시까지 여기로 와 주십시오.
3. 이 아파트는 낡고 좁지만, 학교에서 가까워서 편리하다.
4. 어머니의 생일 선물은 스웨터로 했습니다.
5. 그 책을 어디에서 샀는지 기억하고 있습니까?
6. 저는 무엇을 도우면 좋겠습니까?
7. 우산이 많이 있네요. 어느 것이 당신의 것입니까?

8. 저 선생님의 이야기는 유학생에게는 너무 어렵다.
9. 아버지는 목소리가 크다.
10. 친구와의 약속을 잊어서는 안 됩니다.
11. 이웃집에서 피아노 소리가 나고 있다.
12. 나는 일주일에 1회 유도를 배우고 있다.
13. 대학을 졸업하면, 은행이나 무역회사에서 일하고 싶다.
14. 야채는 잘 씻은 후에 잘라 주십시오.
15. 그럼, 안녕히. 부모님한테도 아무쪼록 잘 안부 전해 주십시오.

문제II ＿＿의 부분에 무엇을 넣습니까? 1 · 2 · 3 · 4에서 가장 알맞은 것을 하나 고르시오.

16. 어제는 따뜻하지 않았습니다.
17. 그 레스토랑은 언제 가도 붐빈다.
18. 늦더라도 상관없으니까 전화해 주십시오.
19. 1시간 정도 계속해서 말을 했기 때문에, 목이 말랐다.
20. 어제는 바빠서, 밤 10시까지 아무것도 먹지 못하고 일했다.
21. '여기에 쓰레기를 버리지 마라!'라고 쓰여 있다.
22. 회사를 그만두고 어떻게 할 작정입니까?
23. 이제까지 자고 있었던 아기가 갑자기 울기 시작했다.
24. 지난주는 도서관이 쉬었던 것 같다.
25. 오늘은 어제만큼 바람이 세지 않다.
26. 이 한자는 읽는 법이 어렵습니다.
27. 휴대폰을 잊어버렸기 때문에, 연락을 할 수 없었습니다.
28. 그는 다음 달 결혼한다고 하는 것을 아무에게도 알리지 않았다.
29. 이 메일을 누군가가 보게 되면 곤란하다.
30. 티켓은 나중에 건네 드리겠습니다.

문제III ＿＿의 부분에 무엇을 넣습니까? 1 · 2 · 3 · 4에서 가장 알맞은 것을 하나 고르시오.

31. 저 새는 어떤 소리로 울까.
32. 이 약을 먹으면 병은 나을 것입니다.

33. 나는 여행 가고 싶었지만, 갈 수 없었다.

34. 지난달부터 테니스를 시작했습니다.

35. 길에서 이웃 사람을 만나면, 인사합시다.

36. 그 일은 꼭 저에게 시켜주십시오.

37. 일기예보에 의하면 오늘밤은 눈이 온다고 합니다.

38. 선생님, 제가 그 짐을 들겠습니다.

JLPT3급 2008년 기출문제

문제 I ___의 부분에 무엇을 넣습니까? 1 · 2 · 3 · 4 에서 가장 알맞은 것을 하나 고르시오.

1. 이것은 누이한테서 받은 책입니다.

2. 이 버스는 큰 다리를 건너서 역으로 갑니다.

3. 클래스에서 새로운 친구가 생겼다.

4. 내년에 고등학교를 졸업합니다.

5. 나카무라 씨에게 빌린 책은 1권뿐입니다.

6. 저 사람은 같은 노래를 10회나 불렀습니다.

7. 한가하니까 게임이라도 합시다.

8. 앞으로 10분이면 7시예요.

9. 다나카 씨는 지각을 하지 않겠다고 말했는데, 또 지각했다.

10. 저 레스토랑은 예약한 사람밖에 들어갈 수 없습니다(사람만 들어갈 수 있습니다).

11. 가방을 사러 갔지만, 모두가 비싸서 살 수 없었다.

12. 돈도 없고 시간도 없기 때문에, 놀러 갈 수 없다.

13. 스포츠를 하는 것과 보는 것과 어느 쪽을 좋아합니까?

14. 나는 아이에게 숙제를 시켰다.

15. 선생님은 야마시타 씨의 주소를 아십니까?

문제 II ___의 부분에 무엇을 넣습니까? 1 · 2 · 3 · 4 에서 가장 알맞은 것을 하나 고르시오.

16. 이를 닦고 나서 자거라.

17. 머리카락을 짧게 잘랐다.

18. 조금 더 기다리는 편이 좋아요.

19. 내일은 집에서 천천히 쉬려고 합니다.

20. 이 사전으로 한자의 읽는 법을 조사할 수 있습니다.

21. 지난 주 감기에 걸렸습니다만, 이제 건강해졌습니다.

22. 위험하기 때문에, 아이를 혼자서 놀게 하지 말아 주십시오.

23. 일본에서 일하기 위해서 일본어를 공부하고 있다.

24. TV를 켠 채 자고 말았습니다.

25. 저 가게는 별로 비싸지 않고, 점원도 친절합니다.

26. 이 일은 일본어가 능숙하지 않아도 상관없습니다.

27. 아기가 자고 있는 동안에, 빨래를 했습니다.

28. 아직 이 만화를 읽은 적이 없습니다.

29. 제가 비디오를 선생님께 빌려드리겠습니다.

30. 이 케이크는 차갑지 않으면, 맛이 없습니다.

문제 III ___의 부분에 무엇을 넣습니까? 1 · 2 · 3 · 4 에서 가장 알맞은 것을 하나 고르시오.

31. 어머니는 처음으로 비행기를 타고, 어린애처럼 기뻐했다.

32. 셔츠가 더러워졌기 때문에, 빨았습니다.

33. 내일부터 담배를 끊을 작정입니다.

34. 바람이 매우 강하니까, 밖에 나가지 않는 편이 안전하다.

35. 한가하면, 놀러 와 주세요.

36. 방금 막 일어나서, 아직 춥습니다.

37. 밤에는 그다지 음식을 먹지 않도록 하고 있습니다.

38. 그쪽 분이 저의 짐을 들어주셨습니다.

JLPT3급 2007년 기출문제

문제 I ___의 부분에 무엇을 넣습니까? 1 · 2 · 3 · 4 에서 가장 알맞은 것을 하나 고르시오.

1. 나는 친구에게 산의 사진을 보여 주었다.

2. 다나카 씨가 오는 날은 화요일입니다.

3. 부엌에서 좋은 냄새가 납니다.

4. 이 숙제는 10일까지 제출해 주십시오.

5. 야마시타 씨는 "다시 전화하겠습니다."라고 말했습니다.

6. A : 무엇을 먹겠습니까?
B : 나는 튀김 메밀국수로 하겠습니다.

7. 아들은 매일 놀기만 하고 공부를 하지 않는다.

8. 양 씨는 언제 고국에 돌아가는 거야?

9. 최근에는 일본의 만화가 여러 나라에서 읽혀지고 있습니다.

10. 형보다 동생 쪽이 키가 크다.

11. 이 요리는 소고기나 돼지고기를 사용합니다.

12. 다나카라고 합니다만, 야마시타 씨를 부탁합니다.

13. 그 아파트는 역과 가깝다.

14. 비행기가 하늘을 동쪽에서 서쪽으로 날아갔습니다.

15. 누가 이 책을 썼는지 압니까?

문제II ____의 부분에 무엇을 넣습니까? 1 · 2 · 3 · 4
에서 가장 알맞은 것을 하나 고르시오.

16. 열이 높을 때는 무리를 하지 않는 편이 좋다.

17. 수업에서 편지 쓰는 법을 배웠습니다.

18. 우리 아이는 무서운 이야기를 듣고 싶어한다.

19. 두 사람은 내년에 결혼하는 것 같습니다.

20. 저 미술관은 언제 가도 사람이 많이 있습니다.

21. 장래에 선생님이 되기 위해서 공부하고 있습니다.

22. 어느 분이든 질문이 있는 분은 안 계십니까?

23. 저 꽃은 5월이 되지 않으면 피지 않습니다.

24. 배가 아파서 병원에 갔더니, 1시간이나 기다리게 되었다.

25. 내일 비이면 빨래를 하지 않습니다.

26. 밖은 추운 것 같네요.

27. 다음 달 후지산을 오르려고 합니다.

28. 사전을 사용하지 않고 일본어 신문을 읽을 수 있습니까?

29. 능숙하게 말할 수 있도록 몇 번이나 연습합니다.

30. 위험하기 때문에, 그 기계에 손대서는 안 됩니다.

문제III ____의 부분에 무엇을 넣습니까? 1 · 2 · 3 · 4
에서 가장 알맞은 것을 하나 고르시오.

31. 여기를 누르면 문이 열립니다.

32. 이 게임은 이렇게 해서 놉니다.

33. 손님 : 저기요, 이 모자, 써 봐도 됩니까?
점원 : 예, 그러세요.

34. 신발을 신은 채 방에 들어가고 말았다.

35. 병이 빨리 좋아지면 좋겠네요.

36. 선생님은 벌써 돌아가셨습니다.

37. 메뉴 중에서 아무거나 좋아하는 것을 한 가지 골라 주십
시오.

38. 그 일에 대해서는 제가 설명해 드리겠습니다.

문제IV 다음 문장의 ____에 어떤 단어를 넣으면 좋을 것
인가. 1 · 2 · 3 · 4에서 가장 알맞은 것을 하나
고르시오.

1. 여러분 덕분에 무사히 폐회식을 맞이할 수 있었습니다.
① 탓으로　　② 이유로　　③ 덕분에　　④ 계기로

2. 어제 내가 조사한 바로는, 공장 기계에 문제는 없었다.
① 한해서는　② 따라서는　③ 한 후에는　④ 같아서는

3. 테이블 위에 먹다 만 케이크가 놓여 있다.
① 다 먹은　　　　　　② 먹다 만
③ 다 먹은　　　　　　④ 먹기 시작한

4. 그는 뭐든지 잘 알고 있기 때문에, 친구들에게 '박사'라고
불리고 있다.
① 하게도　　　　　　② 이유에서
③ 필요 없이　　　　　④ 이기 때문에

5. 처음에는 무서워서 수영장에 들어가는 것조차 할 수 없었
지만, 지금은 50미터나 헤엄칠 수 있게 되었다.
① 만　　　　② 뿐　　　③ 이야말로　　④ 조차

6. 일본이라고 하면, 나는 벚꽃을 연상합니다.
① 에 있어서　　　　　② 으로서는
③ 라고 하면　　　　　④ 로 보여서

7. 앞으로 제가 말하는 대로 PC를 조작해 주세요.
① 말하는 대로　　　　② 말하면서도
③ 말한 이후　　　　　④ 말한다면

8. 1년 간의 휴가를 얻을 수 있다고 하면, 어떤 일을 하고
싶습니까?
① 와 함께　　　　　　② 라고 해도
③ 라고 하면　　　　　④ 라고 하기보다

9. 도서관 이용 시에는 이하의 점에 주의해 주십시오.

① 에 따라　　　　　② 에 즈음하여
③ 를 토대로　　　　④ 에 따라서

10. 출석하든지 결석하든지, 초대장의 답장은 빨리 내는 편이 좋다.

① 해서는/해서는　　　② 하기도 하고/하기도 하고
③ 하며/하며　　　　　④ 하든지/하든지

11. 그 섬은 삼림의 감소에 따라, 새와 동물의 수가 줄어들고 있다.

① 에 따라　　　　　② 를 의지하여
③ 를 둘러싸고　　　④ 에 대해

12. 잠시 연락이 없다고 해서, 그렇게 걱정할 필요 없어.

① 라고 생각하면　　② 이상에는
③ 와 나란히　　　　④ 라고 해서

13. 여동생은 체조 선수처럼 몸이 부드럽다.

① 기색(경향)　　　② 하기 쉬운
③ 처럼　　　　　　④ 탓으로

14. 무릎에 통증이 있는 동안에는 아직 운동을 하지 말아 주세요.

① 한 데다가　　　② 이상에는
③ 동안에는　　　④ 인 것을

15. 새로운 휴대 전화는 사진을 찍을 수 있을 뿐만 아니라, 텔레비전도 볼 수 있어.

① 까지　　　　　　② 이라도
③ 보다도(밖에)　　④ 인 주제에

16. 이 인형은, "안녕하세요." "안녕히 가세요."라고 하는 간단한 말을 합니다.

① 정도의　　　　　② 뿐인
③ 에 달하다(이르다)　④ 라고 하는

17. 아르바이트 임금은 낮에는 1시간에 대해 800엔입니다만, 심야에는 1000엔입니다.

① 에 관련하여　　　② 에 대해
③ 에 있어　　　　　④ 에 의해

18. 패스포트(여권)를 신청하는 데에 여러 가지 서류와 사진을 준비할 필요가 있다.

① 데에(것에)　　　② 때문에(위해)
③ 때문에　　　　　④ 한다면

19. 어떤 경영자는 불량품이라고 알면서 제품을 판매하고 있었다.

① 알고 있다　　　　② 모르다
③ 알겠지(알 것이다)　④ 알면서

20. 이 시간에 대해서 생각하면 생각할수록, 머릿속이 혼란되어졌다.

① 생각하면　② 생각해　③ 생각했다　④ 생각

문제Ⅴ 다음 문장의 ＿＿＿에 어떤 단어를 넣으면 좋을 것인가. 1 · 2 · 3 · 4에서 가장 알맞은 것을 하나 고르시오.

21. 이 만화는 젊은 사람들 사이에서 아주 유행하고 있기 때문에, 고교생이 모를 리가 없어.

① 알고 있을 수는 없다　② 알고 있는 것은 아니다
③ 모를 리가 없다　　　④ 모를 것이다

22. 상을 받은 것은 동생이라고 하는데, 그녀가 기뻐하는 모습은 자신이 상을 받은 것 같다.

① 것도 당연하다　　② 것 같다
③ 라고 하는 것이다　④ 임에 틀림없다

23. 서류의 미스가 너무 많았기 때문에, 담당자에게 불평을 말하지 않고서는 견딜 수 없었다.

① 말하지 않는 것도 무리는 아니었다
② 말하지 않고서는 견딜 수 없었다
③ 말하지 않음에 틀림없었다
④ 말하지 않고 해결되었다

24. 이렇게 어려운 곡은 연주할 수 없어요. 기타는 20년 전에 배웠을 뿐이기 때문에.

① 뿐이기 때문에　　② 정도이기 때문에
③ 까지이기 때문에　④ 만이기 때문에

25. 해외여행에는 가고 싶지만, 돈이 없기 때문에 단념하는 수밖에 없다.

① 한이다　　　　② 필요는 없다
③ 우려가 있다　④ 수밖에 없다

26. 이 이벤트가 성공한 것은, 주위의 지원과 멤버 전원의 노력의 결과임에 틀림없다.

① 에 없어서는 안 된다
② 와 다름없다(임에 틀림없다)
③ 할 것까지는 없다
④ 에 지나지 않는다

27. 자신이 이렇게 빨리 결혼하리라고는 생각도 해 보지 않았다.

① 생각도 해 보지 않았다　② 생각하고 있을 수 없다
③ 생각만 하고 있다　④ 생각해서 좋았다

28. 능숙해지고 싶으면, 매일 짧은 시간이라도 좋으니까 연습을 계속하는 것이다.
① 할까 보냐　② 한 것이 있다
③ 것이다　④ 하기도 되어 있다

29. 이쪽은 야마모토 선생님의 사모님이십니다.
① 있습니다　② 입니다
③ 계십니다　④ 이십니다

30. 파티는 별로 좋아하지 않지만, 이번에는 가지 않으면 안 된다.

문제VI 다음 문장의 ____에 어떤 단어를 넣으면 좋을 것인가. 1 · 2 · 3 · 4에서 가장 알맞은 것을 하나 고르시오.

31. 승부는 이기면 되는 것은 아니다. 어떤 이기는 방법을 했는지가 중요하다.
① 것이겠지　② 것은 아닐까
③ 라고 하는 것이다　④ 라고 하는 것은 아니다

32. A : 그 영화, 아주 인기가 있어서 붐비고 있는 것 같으니까, 빨리 가자.」
　　B : 그렇기는 해도, 아직 일이 있기 때문에, 곧바로는 갈 수 없어.」
① 영화관에 빨리 가는 편이 좋아
② 그 영화는 아주 평판이 좋은 것 같아
③ 아직 일이 있기 때문에, 곧바로는 갈 수 없어
④ 용무가 끝났기 때문에, 영화를 볼 시간이라면 있어

33. 제대로 앞을 보고 운전해. 지금 옆 차에 부딪칠 뻔했어. 정말로 위험했어.
① 부딪칠 뻔했다　② 막 부딪쳤다
③ 부딪치고 말았다　④ 부딪치려고 했다

34. 그녀는 젊지만 대단히 우수합니다. 다음 일은 우리 회사에 있어서 중요하므로, 그녀에게 맡겨 주십시오.
① 그녀에게 맡길 리가 없겠지요
② 그녀에게 맡겨도 어쩔 수 없습니다
③ 그녀에게 맡겨 주십시오
④ 그녀에게 맡길 방법이 없습니다

35. 올해의 여름휴가에는 여행할 상황이 아니었다. 그런 것은, 아버지가 병으로 입원하고 말았기 때문이다.
① 모두가 집에서 느긋하게 지내고 있었다
② 아버지가 병으로 입원하고 말았다
③ 여름휴가에 여행 갈 수 없었다
④ 내가 바다에서 헤엄치고 싶지 않았다.

JLPT2급 2009년 7월 기출문제

문제IV 다음 문장의 ____에 어떤 단어를 넣으면 좋을 것인가. 1 · 2 · 3 · 4에서 가장 알맞은 것을 하나 고르시오.

1. 회의에서의 결정에 따라, 다음 달부터 신제품의 생산을 개시하게 되었다.
① 있어서는　② 한해서
③ 따라　④ 하면

2. 우리의 서클은 골프 경험의 유무를 불문하고, 누구든지 들어올 수 있습니다.
① 제외하고　② 둘러싸고
③ 상관하지 않고　④ 묻지 않고

3. 마감 직전이 되어서 테마를 바꿔서는, 좋은 논문을 쓸 수 없을 것이다.
① 하면은　② 상태로는
③ 해서는　④ 것으로는

4. 다음 달의 연주회를 향해서, 매일 바이올린 연습을 계속하고 있다.
① 에 있어서　② 를 향해서
③ 의 끝에　④ 의 끝에

5. 평범한 내 입장에서 보면, 그녀는 모든 재능을 타고 난 것처럼 생각된다.
① 입장에서 보면　② 이상에는
③ 에 관해서도　④ 에 대해서

6. 여행 플랜은 고객의 희망에 따라서 변경할 수 있습니다.
① 의 것으로　② 라고 해서
③ 을 앞두고　④ 에 따라서

7. 인사할 예정인 시장이 아직 도착하지 않아, 폐회식이 늦어질 것 같다.
① 있는 것에 비해서　② 없는 것에 비해서
③ 있지 않아서　④ 있고

8. 이 일은 편하고, 급료도 좋고, 통근시간이 긴 것을 제외하고는 불만 없다.
① 을 제외하고는　② 치고는
③ 부터 봐서　④ 인 주제에

9. 벽의 더러움이 신경이 쓰여서, 위에서부터 페인트를 칠했더니, 오히려 지저분해져 버렸다.
① 칠한 만큼 있어 　　② 칠했더니
③ 칠하는데 　　④ 칠한 후에

10. 딸이 너무나 기대하고 있기 때문에, 유원지에 갈 수 없게 된 것을 곧바로는 말을 꺼낼 수가 없었다.
① 이지만 　　② 한다면
③ 한다 해도 　　④ 때문에

11. 3시간 기다린 보람이 있어서, 비가 그쳐, 아름다운 경치를 볼 수 있었다.
① 보람이 있어서 　　② 정도가 아니라도
③ 바람에 　　④ 한해서는

12. 비록 불합격이라고 해도, 너의 지금까지의 노력은 헛수고는 아니야.
① 이었다면 　　② 라고 해도
③ 이라면 　　④ 아닌 것에는

13. 농업 기술이 발달함에 즈음하여, 사람들의 생활은 풍요로워져 갔다.
① 라고 해서 　　② 에 즈음하여
③ 이라면 　　④ 아닌 것에는

14. 에너지 문제가 이 정도로 심각하게 된 이상, 세계 각국이 협력해서, 즉시 대책을 세워야만 한다.
① 로 미루어 보아 　　② 만큼 있어서
③ 이상 　　④ 한편

15. 자료를 복사하고 싶습니다만, 복사기를 사용해도 되겠습니까?
① 사용하게 해 주셔도 　　② 사용해 받아도
③ 사용해 줘도 　　④ 사용해 줘도

16. 대기업의 사장이라고 하는 지위를 버려서라도, 나에게는 하고 싶은 것이 있다.
① 버려서라도 　　② 버리기만
③ 버린다고 　　④ 버릴 때까지도

17. 역에서 집까지 버스를 타지 않고 걷는 것은, 절약은 고사하고 건강을 위해서다.
① 뿐이고 　　② 라고 하는
③ 에도 불구하고 　　④ 은커녕(은 고사하고)

18. 외국에서의 생활을 하고서 비로소 자기 나라의 좋은 점을 알 수 있었다.
① 하고서 　　② 하다
③ 했다 　　④ 하지 않다

19. 사무실의 자물쇠를 채우자마자, 안에서 전화가 울리기 시작했다.
① 채워서 　　② 잠그다 　　③ 채웠다 　　④ 채우려고

20. 지방에서는 인구가 줄어들고 있음에 비해, 도시부에서는 인구가 급격하게 늘고 있다.
① 줄어들었다 　　② 줄어들다
③ 줄어들고 있다(회화체) 　　④ 줄어들고 있다

문제Ⅴ 다음 문장의 ＿＿＿에 어떤 단어를 넣으면 좋을 것인가. 1 · 2 · 3 · 4에서 가장 알맞은 것을 하나 고르시오.

21. 합계가 이렇게 큰 숫자가 되다니, 누군가가 계산을 잘못한 것이 틀림없다.
① 잘못하는 것에 한한다 　　② 잘못할 수는 없다
③ 잘못한 것이 있다 　　④ 잘못한 것이 틀림없다

22. 환경문제에의 관심이 높아져, 차가 아니라 전철을 이용하는 사람이 증가하고 있다.
① 증가하고 있다 　　② 증가하기만 한다
③ 증가하기 어렵다 　　④ 증가하려고 한다

23. 다행히 친구가 냉장고를 주었기 때문에, 새로운 것을 사지 않아도 되었다.
① 살 뿐이었다 　　② 사지 않아도 되었다
③ 사는 것은 아니었다 　　④ 살 수도 없었다

24. 오늘 밤, 대형 태풍이 이 지방에 접근할 우려가 있습니다.
① 접근하지 않을 수 없습니다
② 접근해서 참을 수 없습니다
③ 접근할 우려가 있습니다
④ 접근한 채로 되어 있습니다

25. 내일 하이킹에 갈지 어떨지는, 날씨에 달려 있다.
① 나름이다(달려 있다) 　　② 방향이다
③ 뿐이다 　　④ 정도이다

26. 저 학생은 몸이 약해서, 수업을 자주 쉰다.
① 쉬어도 보지 않다 　　② 쉴 리가 없다
③ 쉬려다 말았다 　　④ 쉬기 십상이다

27. 너무나 무서워서, 큰 소리로 외치고 싶을 정도였다.
① 해야만 했다 　　② 정도였다
③ 대로였다 　　④ 작정이었다

28. 상식이 있는 어른이라면, 손윗사람에 대해서 실례인 것을 말해서는 안 된다.

① 정도는 아니다   ② 것은 아니다

③ 해서는 안 된다   ④ 까지는 아니다

29. 그렇게 컨디션이 좋지 않으면, 무리를 하지 말고 쉬면 되지 않겠는가.

① 쉬지 않는 편이 좋아   ② 쉬지 않으면 돼

③ 쉬면 되지 않겠는가   ④ 쉬었지 않은가

30. 신세를 졌던 선생님이 돌연 입원하셨다고 들어서, 나는 걱정스러워 병원에 가지 않고서는 견딜 수 없었다.

① 갈 것 같지도 않았다

② 가지 않고서는 견딜 수 없었다

③ 가는 것 같았다

④ 간다고 하는 것이었다

문제Ⅵ 다음 문장의 ____에 어떤 단어를 넣으면 좋을 것인가. 1 · 2 · 3 · 4에서 가장 알맞은 것을 하나 고르시오.

31. A : 이 전람회, 인기가 있군. 이래서야, 들어가기까지 1시간은 줄서.

B : 그렇지. 우리, 좀 더 일찍 오면 좋았을 텐데.

① 오면 좋았을 텐데   ② 오면 좋은데

③ 왔다고 하는 것이군   ④ 올 정도는 아니었군

32. A : 그렇게 큰 상처를 입었으니까, 위험한 짓은 두 번 다시 하지 않겠지요.

B : 아니, 그러면 또 할지도 몰라.

① 하지 않는 것도 무리는 아니겠지

② 자꾸자꾸 하면 좋은데

③ 하는 것은 지당하다(사리에 맞다)

④ 또 할지도 몰라

33. 실력이 있는 팀이 항상 이긴다고는 할 수 없다. 시합은 해 보지 않으면 모르는 것이다.

① 라고 하는 것이다   ② 에 정해져 있다

③ 이라고는 할 수 없다   ④ 것은 아닌가

34. 유감입니다만, 내일의 파티에는 참가할 수 없습니다. 그런 것은, 갑자기 출장하게 되었습니다.

① 그렇다고 해도   ② 그렇다고 하는 것은

③ 그 때문에   ④ 그러면

35. 자네가 혼자서 책임을 느낄 필요는 없다. 그렇게 고민하고 있으면 병나고 말아.

① 필요는 없다   ② 것은 아니다

③ 일 리가 없다   ④ 임에 틀림없다

(2) 문장의 구성 (5문항 출제 예상)

문제2. 다음 문장의 __★__에 들어갈 가장 알맞은 것을, 1 · 2 · 3 · 4에서 하나를 고르시오.

1. 지난주에 막 오픈한 레스토랑이 있으니까, 가 보지 않겠습니까?

2. A : 다나카 씨는 춤을 잘 추네요.

B : 그러네요. 어떻게 하면 저런 움직임이 될 수 있는지 매우 불가사의하게 생각합니다.

(3) 문장의 문법 (5문항 출제 예상)

문제3 다음 문장을 읽고, (1)부터 (5)의 안에 들어갈 가장 알맞은 것을, 1 · 2 · 3 · 4에서 하나를 고르시오.

후지산의 추억

금년 여름방학에 처음으로 후지산을 올랐습니다. 후지산은 일본에서 가장 높은 산으로, 3776미터나 됩니다. 이렇게 높은 산은 저의 나라에는 없습니다. 그래서 유학하면, 꼭 오르고 싶다고 생각하고 있었습니다.

후지산의 중도까지 버스로 가서, 밤 10시경부터 오르기 시작했습니다. 산 위에서 아침 해를 보기 위해서 한밤중에도 걷지 않으면 안 되었습니다. 등산 도중에, 이제 돌아가고 싶다고 생각했었습니다. 왜냐하면, 여름에도 후지산의 위쪽은 정말로 추웠고, 예상보다도 산길을 걷는 것은 힘들고, 다리도 아팠기 때문입니다. 그러나 산 위에 도착해서 아침 해를 봤더니, 지금까지의 피곤함이 사라져 버렸습니다. 갑자기 눈앞에 펼쳐지는 구름 사이에서 아침 해가 나타난 것입니다. 지금까지 본 중에서 가장 아름다운 아침 해였습니다. 평생 잊지 않을 것이라고 생각합니다. 너무나 멋진 추억이 되었습니다.

제7부

실전대비
모의테스트
해설 및 해답

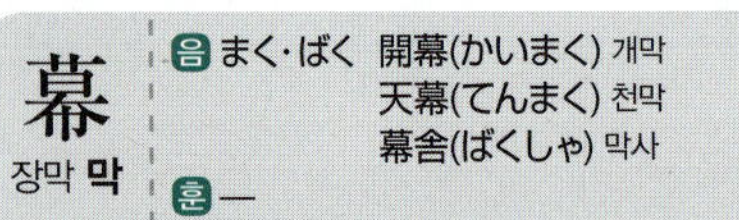

실전대비 모의테스트 해설
제 1 회

問題 1

1 시간을 헛되이 사용하고 있다.

해설 **無駄(むだ)** 쓸데없음, 효과나 효력이 없음, 보람 없음, 헛됨

2 바다를 건너서 왔습니다.

3 개인이 자신이 사용하기 위해 수입하다.

해설 **輸入(ゆにゅう)** 수입
渡(わた)る 건너다, 건너오다, 지나가다, 통과하다

4 부엌에서 요리를 하고 있는 것은 누구입니까?

해설 **台所(だいどころ)** 부엌

5 무역사무의 경험이 적은 분도 OK입니다.

해설 **浅(あさ)い** 얕다, 깊지 않다. 엷다, 옅다. (정도가) 덜하다, 오래지 않다

6 도쿄에서 택시를 잡아타서 오사카까지 갔다.

해설 **タクシーを拾(ひろ)う** 택시를 잡아타다

7 신장이 큰 여성에는 우수한 사람이 많다고 한다.

해설 **優秀(ゆうしゅう)** 우수

8 나의 인생에서 가장 노력했던 1년이라고 생각하고 있다.

해설 **努力(どりょく)** 노력

問題 2

9 현대 일본어와 현대 한국어의 대조 연구에 대하여 조사했다.

해설 **対象(たいしょう)** 대상 **対照(たいしょう)** 대조
大小(だいしょう) 대소

10 멀리 떨어져, 홀로 살아가고 있는 고령인 어머니가 걱정입니다.

해설

幕	음 まく・ばく	開幕(かいまく) 개막
		天幕(てんまく) 천막
장막 **막**		幕舎(ばくしゃ) 막사
	훈 ─	

募	음 ぼ	募金(ぼきん) 모금
		募集(ぼしゅう) 모집
모을 **모** 뽑을 **모**		応募(おうぼ) 응모
	훈 つのる	募(つの)る 더해지다, 심해지다, 모집하다

墓	음 ぼ	墓地(ぼち) 묘지 墓碑(ぼひ) 묘비
무덤 **묘**	훈 はか	墓(はか) 묘, 무덤
		墓参(はかまい)り 성묘

暮	음 ぼ	歳暮(せいぼ) 세모
	훈 くれる/くらす	暮(く)れる 해가 지다, (계절, 한 해가)저물다, 끝나다, 지새다, 어찌할 바를 모르다
저물 **모**		暮(く)らす 생활하다, 살아가다, ~하며 지내다 夕暮(ゆうぐ)れ 황혼 朝令暮改(ちょうれいぼかい) 조령모개

11 사진으로 보는 일본의 축제.

해설

祭	음 さい	祝祭日(しゅくさいじつ) 축제일
		雪祭(ゆきまつ)り 눈 축제
제사 **제**	훈 まつり/まつる	祭(まつ)り 기념, 축하, 선전 등을 위하여 베푸는 집단적인 행사, 축제, 잔치 祭(まつ)る 제사지내다, 신으로 받들어 모시다

際	음 さい	際(さい) 때, 즈음, 기회
즈음 **제**/가 **제**	훈 きわ	際(きわ) 가장자리, 옆, 곁, 때, 경우 際(ぎわ) ~옆, ~곁, ~하려고 할 무렵

察	음 さつ	視察(しさつ) 시찰
		洞察(どうさつ) 통찰
살필 **찰**	훈 ─	察知(さっち) 찰지, 헤아려서 앎

擦	음 さつ	摩擦(まさつ) 마찰
		擦過傷(さっかしょう) 찰과상
문지를 **찰**	훈 する/すれる	擦(す)る 문지르다, 비비다, 갈다, 으깨다, 짓이기다, 빻다 擦(す)り剥(む)く 찰과상을 입다 擦(す)れる 마주 스치다, 맞닿다, 스쳐서 닳다, 교활하다

12 하차 역을 지나치거나 운임이 부족했을 때는 이하의 방법으로 정산하여 주십시오.

해설 **乗(の)り越(こ)し** 타고 가다가 하차 역을 지나침, 하차 역보다 더 멀리 타고 감
精算(せいさん) 정산

13 도로 상황을 예측해서 스피드를 컨트롤한다.

해설

了	음 りょう	終了(しゅうりょう) 종료
		完了(かんりょう) 완료
마칠 료(요)/밝을 료(요)		了解(りょうかい) 양해, 납득
	훈 ─	

予	음 よ	予想(よそう) 예상
		予定(よてい) 예정
미리 **예**		予防(よぼう) 예방
	훈 あらかじめ	予(あらかじ)め 미리, 사전에, 앞서서

則
법 칙, 곧 즉

| 음 そく | 規則(きそく) 규칙
反則(はんそく) 반칙 |
| 훈 ― | |

測
헤아릴 측

| 음 そく | 観測(かんそく) 관측
予測(よそく) 예측
測量(そくりょう) 측량 |
| 훈 はかる | 測(はか)る (무게, 길이, 양을) 재다, 어림잡다, 예측하다, 짐작하다 |

14 기무라 씨는 굳은(딱딱한) 표정으로 대답해 주었다.

[해설] **固(かた)い** 굳다 ⇔ ゆるい 느슨하다, 헐겁다

• 固い信念 굳은 신념

堅(かた)い 견고하다 ⇔ もろい 부서지기 쉽다

• 口が堅い 입이 무겁다

硬(かた)い 딱딱하다 ⇔ やわらかい 연하다

• 硬い文章 딱딱한 문장

問題 3

15 사진을 보면 그 때를 생각(회상)합니다.

[해설] **思(おも)う** 생각하다, 예상하다
思(おも)い出(だ)す 생각해 내다, 상기하다, 회상하다

16 몸에 나쁘기 때문에 단 것은 가능한 한 먹지 않으려고 합니다.

[해설] **少(すこ)し** 조금, 좀, 약간
なるべく 가능한 한, 될 수 있는 한
少(すこ)しだけ 조금만, 약간만
必(かなら)ず 반드시, 꼭

17 남성이 스커트를 입어도 문제없습니까?

[해설] **靴(くつ)** 신발(구두), **靴下(くつした)** 양말, **ズボン** 바지 **スカート** 스커트 ＋ **を はく**
⇒ 하반신에 해당되는 부분을 입는 경우에 사용

下着(したぎ) 속옷, **上着(うわぎ)** 상의, **着物(きもの)** 기모노, **シャツ** 셔츠 등 ＋ **を 着(き)る**
⇒ 몸 전체를 덮거나 상반신에 해당되는 부분을 입는 경우에 사용

• 帽子を被る 모자를 쓰다

• ネクタイを締める 넥타이를 매다

18 누이는 여동생보다 키가 작습니다.

[해설] **辛(から)い** 맵다
多(おお)い 많다
低(ひく)い 낮다, (키가) 작다
少(すく)ない 적다

19 몸 상태가 좋지 않아서 병원에 갔습니다.

[해설] **具合(ぐあい)が悪(わる)い** 상태가 좋지 않다

20 자신의 나라에 대해서 여러 가지로 설명해 주십시오.

[해설] **簡単(かんたん)** 간단
大切(たいせつ) 중요함, 귀중함, 소중함
きれい 예쁨, 아름다움, 깨끗함
色々(いろいろ) 여러 가지, 갖가지, 가지각색

21 어제 전철 안에서 영업부의 야마모토 씨를 딱 만났다.

[해설] **ぐっすり** 깊이 잠든 모양. 푹

• 疲れてぐっすり眠る。 피곤해서 푹 잠들다.

すっかり 완전히, 온통

• すっかり読む。 죄다 읽다.

• すっかり春になった。 완전히 봄이 되었다.

ぴったり
① 문 등이 어긋나거나 틈이 없이 잘 맞는 모양. 꼭, 꽉, 딱
• 窓はぴったりと閉ざされていた。
창문은 꼭 닫혀 있었다.

② 빈틈없이 달라붙는 모양. 착, 딱, 바짝
• 恋人同士はぴったりと寄り添って座っていた。 연인들은 딱 붙어 앉아 있었다.

③ 썩 잘 어울리는 모양. 꼭 맞음, 딱 맞음
• ぴったりとした表現。 딱 들어맞는 표현
• 君にぴったりな洋服だ。
자네에게 썩 잘 어울리는 양복이다.

④ 계속되던 것이 갑자기 멈추는 모양. 딱, 뚝
• にわか雨がぴったりとやんだ。
소나기가 뚝 그쳤다.
• 酒も煙草もぴったりやめた。
술도 담배도 딱 끊었다.

ばったり
① 갑자기 쓰러지는 모양. 픽, 털썩
• ばったりと倒れた。 픽 쓰러지다.

② 뜻밖에 마주치는 모양. 딱
• 駅で彼とばったり出会った。
역에서 그와 딱 마주쳤다.

③ 갑자기 끊기는 모양. 뚝
- 人通(ひとどお)りがばったりと途絶(とだ)える。
  사람의 왕래가 뚝 끊어지다.
- 便(たよ)りがばったり来(こ)ない。 소식이 뚝 끊어지다.

22 나는 일본 문화에 흥미가 있습니다.

해설 趣味(しゅみ) 취미
興味(きょうみ) 흥미
研究(けんきゅう) 연구
見物(けんぶつ) 구경, 구경꾼, 구경할 만한 곳

23 올바른 다이어트 방법으로 순조롭게 살 빼자!

해설 スマート 영리한
スムーズ 원활함, 순조로움
スタイル 스타일
スピード 스피드

24 그녀가 오는 것을 기다리고 있지만 좀처럼 오지 않는다.

해설 そろそろ 슬슬, 이제 슬슬
のんびり 유유히, 한가로이, 태평스럽게
なかなか 상당히, 꽤, 어지간히, 좀처럼 ~않다
ぶつぶつ 낮은 소리로 무엇인가 중얼거리는 모양(중얼중얼),
　　　　 불평이나 불만을 늘어놓는 모양(투덜투덜)

25 내일 회의에는 꼭 갈 수 있다고 생각합니다[가도록 하겠습니다].

해설 ぜひ (희망) 반드시, 꼭
普通(ふつう) 보통
きっと 반드시, 꼭 ☞ 말하는 사람의 주관적인 추량적 판단
やっと 겨우, 간신히

問題(もんだい) 4

26 슬슬 실례하겠습니다.

해설 おる 「いる(있다)」의 겸양어(謙譲語)
帰(かえ)る 돌아가다, 돌아오다 ☞ 1그룹 활용
誤(あやま)る 실수하다, 틀리다, 도리에 어긋나다, 잘못되다
謝(あやま)る 사죄하다, 사과하다, 손들다, 사절하다

27 너무 바빠서 손이 열 개라도 모자랄 지경이다.

해설 目(め)が回(まわ)る 눈이 핑핑 돌다. 몹시 바쁘다
目(め)が無(な)い 매우 좋아하다. 보는 눈이 없다(감식력이
　　　　　　　　 없다)
目(め)が覚(さ)める 눈 뜨다(잠을 깨다). 정신 차리다
目(め)を皿(さら)にする 눈을 크게 뜨다(잃어버린 것을 찾
　　　　　　　　　　　을 때). 눈이 커지다(놀랐을 때)

28 오늘은 새벽녘까지 리포트를 쓰지 않으면 안 됩니다.

해설 朝(あさ) 아침　夕方(ゆうがた) 저녁때(해질녘)　夜中(よなか) 한밤중　深夜(しんや) 심야

29 친구는 많이 먹고 있는데 살이 빠졌다.

해설 痩(や)せる 여위다, 마르다, 살이 빠지다, (땅이) 메마르다
太(ふと)る 살찌다, 굵어지다
細(ほそ)い 가늘다, (폭이) 좁다, (양이) 적다

30 결혼하고부터 아침 준비는 매우 시간이 걸린다.

해설 仕事(しごと) 일　用意(ようい) 준비　連絡(れんらく) 연락　労働(ろうどう) 노동

問題(もんだい) 5

31 시원하다, 서늘하다, 산뜻하다, (잘못했으면서도) 태연하게 모르는 체하다

1. 그녀는 시치미를 떼고 있다.
2. 등골이 오싹해지는 듯한 사건. すずしく → 寒(さむ)く
3. 손이 차가운 사람은 마음이 따뜻하다고 말하여지고 있다. すずしい → 冷(つめ)たい
4. 더운 날에는 차가운 음료를 마시고 싶어진다. すずしい → 冷(つめ)たい

해설 涼(すず)しい 시원하다, 서늘하다, 산뜻하다, (잘못했으면서
　　　　　　　도) 태연하게 모르는 체하다
寒(さむ)い 춥다, 오싹하자, 서늘하다, 가난하다, 부족하다,
　　　　　　(お~ 형태로 사용) 한심하다, 빈약하다
冷(つめ)たい 차다, 냉정하다, 매몰차다

32 열차 운행시간표
1. 통화료 무료인 프리 다이얼을 이용하여 주십시오. ダイヤ → フリーダイヤル
2. 전철의 운행시간표가 바뀌었습니다.
3. 중고 타이어는 취급하지 않습니다. ダイヤ → タイヤ
4. 회사를 그만두는 타이밍에 대해서 가르쳐 주십시오. ダイヤ → タイミング

해설 フリーダイヤル 프리 다이얼, 전화 요금을 수신자가 지불하는 방식의 전화　ダイヤ 열차 운행시간표, 다이아몬드　タイヤ 타이어　タイミング 타이밍

33 '듣다, 묻다, 방문하다'의 겸양어
1. 야마다 선생님 댁을 찾아뵙고 왔습니다.
2. 돈의 이야기는 저에게 물어도[말씀하셔도] 소용없습니다. うかがって → 聞(き)いて、おっしゃって

3. 역시 사장님이 말씀하신 것처럼 좋아졌습니다.
うかがう → おっしゃる

4. 출석해 주실 것을 안내 말씀 드립니다. うかがい
ます → 申し上げます

해설 **伺(うかが)う** '듣다, 묻다, 방문하다'의 겸양어

① '방문하다'의 겸사말
- **お宅に伺う。** 댁을 찾아뵙다

② '묻다'의 겸사말
- **先生に伺う。** 선생님께 여쭙다

③ '듣다'의 겸사말
- **先生から伺う。** 선생님께 삼가듣다

おっしゃる 말씀하시다, **言う**의 높임말

申(もう)し上(あ)げる **言う**의 겸양어A
- **皆様にご案内申し上げます。** 여러분께 안내 말씀 드
립니다
※겸양어A : 보어를 높임으로써 주어를 보어보다도 상대적으로
낮게 하는 표현 방식.

34 드디어, 마침내, 결국

1. 겨우 세 사람 들어갈 수 있는 넓이다. とうとう
→ やっと、ようやく

2. 1시간 기다렸으나 결국 그는 오지 않았다.

3. 당신은 결국 무엇을 말하고 싶은 것입니까? とう
とう → 結局

4. 다나카 선생님의 설명을 듣고서 겨우 알 수 있었
다. とうとう → やっと、ようやく

해설 **やっと** 겨우, 가까스로, 간신히, 고작
とうとう 드디어, 마침내, 결국
結局(けっきょく) 결국
ようやく 겨우, 간신히, 차차, 점점

35 알아들음, (소망이나 요구를) 들어 줌[동의・승낙], 용서

1. 알고서 한 일이다.

2. 그 보도는 아직 확인되지 않았다. 承知 → 確認

3. 새로운 지식을 흡수하다. 承知 → 知識

4. 병원에서 지인을 만나고 말았다. 承知 → 知人

해설 **承知(しょうち)** 알아들음, (소망이나 요구를) 들어 줌[동의・
승낙], 용서
確認(かくにん) 확인
知識(ちしき) 지식
知人(ちじん) 지인

【문법】

問題 1

1 처음에는 어려웠지만, 해 보니 의외로 간단한 일이
었다.

해설 **～てみる** ～해 보다

2 일본은 한국에 비해서 자전거가 많다.

해설 **명사 + ～に比(くら)べて** ～에 비해서
- **金子さんに比べて恵子さんがもっと背が高
い。** 카네코상과 비교해서 케이코상이 훨씬 키가 크다.
- **以前に比べて、最近の女性の言葉は、男性化
しており、一方で、男性の言葉の女性化も進
み、言葉の差異はますます縮まってきてい
る。** 이전에 비해서, 최근의 여성의 말은 남성화되어 있고, 한
편으로, 남성 말의 여성화도 진행되어, 말의 차이는 점점 줄어들
고 있다.
- **去年に比べて今年の夏がもっと暑い。**
작년 여름에 비해서 올 여름이 더욱 덥다.

3 선 채 음식을 먹고 있다.

해설 과거형 + まま ～한 채, 변하지 않고 같은 상태가 계속된다고
하는 의미를 나타냄

4 A : 하와이 다녀왔습니다.

B : 거기는 바다가 깨끗하지요.

해설 말하는 사람과 듣는 사람 양쪽이 알고 있는 것을 가리키는
경우에는 「あそこは」를 사용

5 마루에 떨어진 접시가 깨졌습니다.

해설 **割(わ)る** 〈타동사〉 깨뜨리다, 깨다
割(わ)れる 〈자동사〉 깨지다

6 신칸센(고속열차)을 타려면 표를 사 두지 않으면 안
됩니다.

해설 **<なる 용법>**
前件의 내용을 가정하여 後件에 화자의 판단, 명령, 희망, 의지
등을 사용
≠ と, ば, たら
[後件 → 前件] ≠ と, ば, たら
- **旅行にいくのなら、カメラを持っていくとい
いですよ。** 여행 가는 거라면 카메라를 갖고 가면 좋아요.
(카메라 갖고 → 여행)

• 大学院に進むなら、この本を読みなさい。대
학원에 진학하려면 이 책을 읽으세요. (책 읽고 → 대학원)

7 너무 커서, 수박이 냉장고에 안 들어간다.

해설 무생물이 주어일 경우에는 가능형 「入 (はい) れない」는
사용할 수 없다

8 방의 불이 꺼져 있으니까 그녀는 없는 것이겠지.

해설 **ため (に)** 부터, ので보다 문어체적인 표현으로, 내용의 이유
를 나타내지만, 판단의 근거를 나타낼 수 없다.

9 요코하마에 가면, 항구를 보러 가면 좋아요.

해설 행위를 단순히 권하는 경우에는 「~といい」로 나타내는 것이
좋다.

기본형 + といい ~하면 좋다.
⇒ 남에게 권장할 때 사용.

기본형 + ほうがいい ~하는 편이 좋다(낫다)
⇒ 일반론을 서술할 때 사용. 단순한 비교를 나타냄.
• 熱があるときは、厚着をするほうがいい。
  열이 날 때는 옷을 많이 껴입는 편이 좋다.

• A：今休むのとあとで休むのとどちらがいい
    ですか。
    지금 쉬는 것과 나중에 쉬는 것 어느 쪽이 좋습니까?
  B：今休むほうがいいです。 지금 쉬는 편이 좋습니다.

과거형 + ほうがいい ~하는 편이 좋다(낫다)
⇒ 구체적•개별적 장면에 사용. 조언, 충고를 나타냄.
• (熱がある人に)厚着をしたほうがいいです
  よ。 (열이 있는 사람에게) 옷을 많이 껴입는 편이 좋아요.

10 내일은 기다리고 기다리던 겨울방학이다.

해설 **待(ま)ちに待(ま)った** 기다리고 기다리던, 오랫동안 기다리던

11 1시에 우체국으로 와 주십시오.

해설 **〈장소 명사〉**
「行く(가다), 来る(오다)」와 같은 이동에 관계되는 동사는,
「장소 명사＋に/へ　行く·来る」
  * 장소 명사 : 장소를 나타내는 고유 명사, 건물(학교, 역 등), 방,
              교실, 출구 등
• 6時に駅（○ に／× のところに）来てくだ
  さい。 6시에 역으로 와 주십시오.

「장소 성질을 갖지 않는 명사＋のところ＋に/へ　行く ·
来る」
  * 장소 성질을 갖지 않는 명사 : 물건, 생물, 사람 등

• 6時に私（× に／○ のところに）来てくだ
  さい。 6시에 나에게 와 주십시오.

12 어머니가 방에 들어갔을 때 여동생은 TV를 보고 있
었다.

해설 **~とき(に)** ~할 때(에)
⇒ 앞에 계속적으로 생긴 일과 순간적으로 생긴 일의 양쪽에
    사용할 수 있다.

~うち(に)/~あいだ(に) ~동안(에)/~사이(에)
⇒ 앞에 오는 것이 계속적으로 생긴 일에는 사용 가능하지만,
    순간적으로 생긴 일에는 사용할 수 없다.

• 母が洗濯をしている（とき／あいだ）妹は
  テレビを見ていた。 어머니가 세탁을 (하고 있을 때/
  하는 사이) 여동생은 TV를 보고 있었다.

13 과장님, 어제 사장님께 프로젝트 이야기를 말씀드렸
습니다.

해설 **〈겸양어A〉**
보어를 높임으로 해서 주어를 보어보다도 상대적으로 낮게
하는 표현방식.
⇒ 화제의 대상(인물)에 대한 경어
伺う, 申し上げる, 存じ上げる, 差し上げる 등

〈겸양어B〉
주어를 낮추고 듣는 사람에게 정중하게 하는 표현 방식.
⇒ 듣는 사람에 대한 경어
いたす, 参る, 申す, 存じる, おる 등

問題 2

14 日本酒はあたためて飲む人が多いが、私は冷た
いままで飲むのが好きだ。 일본 술(청주)은 따뜻하게 해
서 마시는 사람이 많지만, 나는 차가운 대로 마시는 것을 좋아한다.

15 電車で東京駅まで行って、新幹線に乗る のが
一番早いと思いますよ。 전철로 도쿄 역까지 가서, 신
칸센을 타는 것이 가장 빠르다고 생각해요.

16 大学を卒業する前に一度ゆっくり友達と旅行で
もしてみたい。 대학을 졸업하기 전에 한 번 여유 있게 친구
와 여행이라도 해 보고 싶다.

17 ちゃんとかばんに入れたはずなのに、家に帰ってみると財布がない。 제대로 가방에 넣었을 텐데, 집에 돌아와 보니 지갑이 없다.

18 彼は、さすがによく勉強しているだけあって、この前のテストでもいい成績だった。 그는, 역시나 잘 공부하고 있는 만큼, 이 전의 테스트에서도 좋은 성적이었다.

問題 3

집 근처에 있던 슈퍼나 가게가 폐점하는 (**19-a**) 등으로 해서, 쇼핑에 고생하는 사람이 늘고 있다. 최근에는, 이러한 쇼핑이 어려운 사람을 「쇼핑 난민」(19-b)이라고 한다.

'쇼핑 난민'이 생겨난 장소에는 몇 가지의 패턴이 있다.

하나는, 산간의 마을.

이러한 마을은 젊은 사람이 도시로 나오는 것으로 인구가 줄어 버리는 일이 자주 있다. 그러면 마을의 상점에는, 물건을 **20** 사 주는 손님이 줄어들기 때문에 돈벌이가 되지 않는다. 가게는 망해버린다. 그 결과, **21** 남겨진 차를 가지고 있지 않은 노인이 쇼핑 난민이 되어 버린다는 것.

다른 하나는, 역전 등 마을의 중심부.

교외에 대형 슈퍼나 쇼핑 몰 등이 생겨서 역전의 상점가가 폐점한다, 라고 하는 것이 각지에서 일어나고 있다. 역전은 편리할 **22** 것이라고 생각하며 살고 있었던 사람이 쇼핑 난민이 되어 버리고 있는 것이다.

또 최근에는 매상이 좋지 않은 슈퍼 등은 폐점시켜 버리는 일도 종종 있다.

22 결국(요컨대) 언제 누가 쇼핑 난민이 될지도 모른다. 남의 일이 아닌 문제다.

19 1. a 등 / b 이라고 한다
2. a 와 / b 이라고 불리어지다
3. a 등 / b 이라고 불려지고 있다
4. a 등 / b 이라고 말하지 않으면 안 된다

20 1. 사고 싶다 2. 사고 싶어하다
3. 사 주다 4. 사 받다

21 1. 남았다 2. 남겼다
3. 남기게 했다 4. 남겨지다

22 1. 해야 2. 할
3. 하도록 4. 셈

23 1. 그러니까 2. 그러나
3. 결국(요컨대) 4. 그런데

실전대비 모의테스트 해설
제 2 회

問題 1

1 냉방이라는 것은 실내의 공기를 차게 하는 것.

해설 **冷房(れいぼう)** 냉방

2 어떻게 하면 아기가 잠들게 되는 것인가?

해설 **眠(ねむ)る** 잠자다, 죽다, (능력·가치 등이)활용되지 않고 있다

- ぐっすり眠る。 푹 잠들다.
- 地下に眠る友。 지하에 잠든 친구.
- 銀行に眠っている金。 은행에 잠자고 있는 돈.

寝(ね)る 잠자다, 드러눕다, 숙박하다, 몸져눕다, (자본·상품 따위가) 놀다, 묵다

- 5時間寝る。 5시간 자다.
- 寝ながら雑誌を読む。 드러누워서 잡지를 읽다.
- 今夜はここに寝る。 오늘밤은 여기서 묵는다.
- 金が寝ているとはもったいない。
  돈이 묵고 있다니 아깝다.

3 안녕하세요 일의 건(사항, 내용)으로 상담이 있습니다.

해설 **件(けん)** 건, 사항, 사건, 같은 사항·사건 등의 수를 세는 말(~건)
- 学費値上げに関する件。 학비 인상에 관한 건.
- 例の件については。 예의 사항에 대해서는.

事故(じこ)三件(さんけん) 사고 세 건
- 一件書類。 일건 서류

4 일본은 화산이 많은 나라라고 말하여지고 있다.

해설 **火山(かざん)** 화산

5 경어라는 것은 듣는 사람이나 화제의 인물에 대한 경의를 나타내는 표현이다.

해설 **表(あらわ)す** 나타내다, 증명하다, 발휘하다
- 敬意を表す。 경의를 표하다.
- 悲しみを表す。 슬픔을 나타내다.
- 腕前を表す。 수완을 발휘하다.

6 이것은 자택에서 할 수 있는 가벼운 운동입니다.

해설 **軽(かる)い** 무게가 적다, 경쾌하다, (언행 등이) 경솔하다, 대단하지 않다, 대수롭지 않다, 수월하다, 손쉽다, 맛이 담백하다
- 荷物が軽い。 짐이 가볍다.
- 身も軽く、心も軽い。 몸도 가볍고 마음도 가볍다.
- 口が軽い。 입이 가볍다.
- 責任が軽い。 책임이 가볍다.
- 軽く勝つ。 손쉽게 이기다.
- 味が軽い。 맛이 산뜻하다.

7 직업 능력 개발에 관한 이용자의 소리가 추가되었습니다.

해설 **能力(のうりょく)** 능력
努力(どりょく) 노력

8 정사원인데 통근수당이 나오지 않습니다.

해설 **手当(てあて)** 수당, 준비, 치료

問題 2

9 성적이 오르는 공부법을 가르쳐 주십시오.

해설

績 길쌈할 적	음 せき	成績(せいせき) 성적 実績(じっせき) 실적 業績(ぎょうせき) 업적
	훈 ―	

積 쌓을 적	음 せき	面積(めんせき) 면적 堆積(たいせき) 퇴적 積極的(せっきょくてき) 적극적
	훈 つむ/つもる	積(つ)む 물건을 쌓다, 거듭하다, 싣다 積(つ)もる 쌓이다, 많아지다, 세월이 지나다, 어림잡다, 추측하다, 헤아리다

10 이 소설은 열정적인 남자들의 이야기다.

해설 **暑(あつ)い** 덥다
- 暑い天気。 더운 날씨.
- 今日は大変暑い。 오늘은 매우 덥다.

熱(あつ)い 뜨겁다, 열정적이다, 열렬하다
- 湯が熱い。 목욕[물]이 뜨겁다.

• 熱い涙。 뜨거운 눈물.

• 文学に熱い思い。 문학에의 뜨거운 애정.

厚(あつ)い 두껍다, 두텁다, 독실하다

• 厚い本。 두꺼운 책

• 厚い情け。 두터운 정

• 厚くお礼申し上げる。 진심으로 감사말씀 드리다

• 信仰が厚い。 신앙이 두텁다

• 厚すぎて二つに折れない。
  너무 두꺼워서 둘로 접히지 않다.

• 木の枝が折れる。 나뭇가지가 꺾이다.

• 我が折れる。 고집이 꺾이다.

• 川が左に折れて流れる。
  강이 왼쪽으로 구부려져 흐르다.

• 相手が折れて出る。 상대편이 양보하여 나오다.

• 骨が折れる仕事。 힘든 일.

---

11 방문판매의 된장, 반강제로 샀다.

[해설]

放 놓을 **방**
- **[음]** ほう — 放棄(ほうき) 포기 / 放漫(ほうまん) 방만 / 放牧(ほうぼく) 방목
- **[훈]** はなす/はなつ/はなれる — 放(はな)す 놓아주다. (잡고 있던 것을) 놓다 放(はな)つ (내)던지다. 집어치우다. 내버려 두다 放(はな)れる (매여 있거나 잡혀 있던 것이) 놓이다. 풀리다

訪 찾을 **방**
- **[음]** ほう — 訪問(ほうもん) 방문 / 探訪(たんぼう) 탐방 / 訪客(ほうきゃく) 방문객
- **[훈]** おとずれる/たずねる — 訪(おとず)れる 방문하다, 찾아오다, 닥쳐오다 訪(たず)ねる 묻다, 찾다

---

12 자신의 미래를 구체적으로 상상해 봅시다.

[해설]

象 코끼리 **상**
- **[음]** しょう・ぞう — 現象(げんしょう) 현상 / 象徴(しょうちょう) 상징 / 象牙(ぞうげ) 상아
- **[훈]** かたどる — 象(かたど)る 모방하다. 닮게 하다

像 모양 **상**
- **[음]** ぞう — 現像(げんぞう) (필름을) 현상 / 想像(そうぞう) 상상 / 仏像(ぶつぞう) 불상
- **[훈]** ―

---

13 만원 지폐를 잔돈으로 바꿔줄 수 있습니까?

[해설] **崩(くず)す** 무너뜨리다, (글씨를) 흘리다, 잔돈으로 바꾸다

• 山を崩す。 산을 무너뜨리다

• ひざを崩す。 정좌하지 않고 편히 앉다

• 字を崩して書く。 글씨를 흘려서 쓰다

• 千円札を崩す。 천 엔짜리 지폐를 헐다

---

14 뼈는 한 번 부러져도, 부러지기 전보다 강해지는 경우는 없습니다.

[해설] **折(お)れる** 접히다, 꺾이다, 부러지다, 구부러지다, 힘들다, 애먹다

---

15 지저분하니까, 이 방에 들어가지 말아주십시오.

[해설] **軽(かる)い** 가볍다
黒(くろ)い 검다
安(やす)い 싸다
汚(きたな)い 더럽다

16 야마모토 씨는 야마다 씨와 결혼한다고 하는 소문이 나 있다.

[해설] **噂(うわさ)が立(た)つ** 소문이 나다
≒ **噂(うわさ)になる**

17 도서관을 이용할 때는 이 카드를 사용해 주십시오.

[해설] **勉強(べんきょう)** 공부
利用(りよう) 이용
連絡(れんらく) 연락
お願(ねが)いする 부탁하다

18 해외여행 때, 여권이 필요합니다.

[해설] **パスポート** 여권
ステージ 무대
システム 시스템
クーラー 에어컨

19 친구에게 빌렸던 책을 가지고 왔다.

[해설] **借(か)りる** 빌리다
貸(か)す 빌려 주다
渡(わた)す 건네다
返(かえ)す (빌린 것을) 돌려주다

20 딸은 최근에 겨우 혼자서 걸을 수 있게 되었다.

[해설] **ぜひ** 아무쪼록, 제발, 꼭
きっと 꼭, 틀림없이
やっと 겨우, 가까스로, 간신히, 고작

ずっと 훨씬, 매우 아주, 쭉

21 기무라 씨는 항상 공손한 말을 사용합니다.

해설 **熱心(ねっしん)** 열심
不便(ふべん) 불편
残念(ざんねん) 분함, 억울함. 유감스러움, 아쉬운 모양
丁寧(ていねい) 친절함, 정중함, 공손함, 주의 깊고 신중함

22 12살에 프로가 되겠다고 결의한 이후, 남보다 갑절이나 노력해 왔다.

해설 **人一倍(ひといちばい)** 남보다 배내[갑절이나]

23 일본은 야구가 유행(한창)입니다.

해설 **盛(さか)ん** 성함, 한창임
丈夫(じょうぶ) 건강, 견고, 튼튼함
十分(じゅうぶん) 충분, 십분
立派(りっぱ) 훌륭함, 더 말할 나위 없음

24 이 대학에는 중국으로부터 8명 정도의 교환 유학생이 와 있습니다.

해설 **交流(こうりゅう)** 교류 **交際(こうさい)** 교제 **交換(こうかん)** 교환 **交替(こうたい)** 교체

25 오늘은 토요일이다. 그러니까, 백화점은 붐비겠지.

해설 **だから** : 후건(後件)에 사실·말하는 사람의 판단·명령·의뢰·의지 등의 표현 가능.
それで : 후건(後件)에 사람의 판단·명령·의뢰·의지 등의 표현을 사용할 수 없다.

問題 4

26 도서관의 입구는 어디입니까?

해설 **入口(いりぐち)** 입구
玄関(げんかん) 현관
建物(たてもの) 건물
階段(かいだん) 계단
廊下(ろうか) 복도

27 어렸을 적에 자주 여동생과 다투었습니다.

해설 **争(あらそ)う** 다투다, 경쟁하다
遊(あそ)ぶ 놀이를 하다, 놀아나다
嘘(うそ)をつく 거짓말을 하다
話(はな)し合(あ)う 서로 이야기하다
喧嘩(けんか)をする 싸움을 하다

28 일주일에 4일 도서관에서 아르바이트를 합니다.

해설 **バイト** 「アルバイト(아르바이트)」의 준말
仕事(しごと) 일, 직업, 업무
練習(れんしゅう) 연습
勉強(べんきょう) 공부
掃除(そうじ) 청소

29 호시노 씨는 입이 무겁습니다.

해설 **交際(こうさい)が広(ひろ)い** 교제가 넓다 **よくしゃべる** 수다를 잘 떨다 **口数(くちかず)が少(すく)ない** 말수가 적다 **話(はな)してはいけないことは話(はな)さない** 말해서는 안 되는 것은 말하지 않다

30 금년 처음으로 뵈었습니다.

해설 **お目(め)にかかる** 만나 뵙다 **お会(あ)いする** 만나 뵙다 **ご覧(らん)になる** 보시다 **ご覧(らん)に入(い)れる** 보여드리다

問題 5

31 유카타(목욕을 한 뒤 또는 여름철에 입는 무명 홑옷)

1. 부유한 집안에 태어났다. ゆかた → **豊**か

2. 상상력이 풍부한 어린이. ゆかた → **豊**か

3. 내일 저녁 때 전화해도 괜찮겠습니까? ゆかた → **夕方**

4. 최근에는 외출에 유카타를 입는 젊은이가 늘어났다.

해설 **浴衣(ゆかた)** 목욕을 한 뒤 또는 여름철에 입는 무명 홑옷
豊(ゆた)か 풍족함, 풍부함
夕方(ゆうがた) 저녁 때, 해질녘

32 분하다, 억울하다. 유감스럽다, 후회스럽다

1. 기무라 씨는 요코하마의 지리에 환하다. くやしい → **詳**しい

2. 어려운 가운데서 아이를 셋씩이나 대학에 보내다. くやしい → **苦**しい

3. 친구에게 얻어맞고 분한 생각이 들다.

4. 금년 더위는 심해질 것 같다. くやしく → **厳**しく

해설 **詳(くわ)しい** 상세하다, 자세하다, 자세히 알고 있다, 정통하다
苦(くる)しい 고통스럽다, 답답하다, 괴롭다, 난처하다, 난감하다, 힘겹다, 고되다, 곤란하다, 궁색하다, 거북하다, 구차하다, ~하기 싫다, ~하기 어렵다, ~하기 거북하다

悔(くや)しい 분하다, 억울하다, 유감스럽다, 후회스럽다
厳(きび)しい 엄하다, 험준하다, 냉엄하다, 심하다, 호되다, 혹독하다, 힘겹다

33 따라서, 그러므로

1. 늦어졌다. 그래서 혼났다. したがって → それで
2. 그는 깊게 연구했다. 그리고 성과가 올랐다. したがって → そして
3. 매일 놀고만 있다. 따라서 학교의 성적도 나쁘다.
4. 그는 장학금을 받을 수 없었다. 그래서 미국으로 유학하는 것을 그만두었다. したがって → それで

해설 **したがって** 따라서, 그러므로
⇒ 문장체(서면체)적인 딱딱한 표현.
당연한 귀결이라고 하는 표현에 사용.
・本人は何も言わなかった。したがって僕も黙っていたんだ。 본인은 아무 말도 하지 않았다. 그런 까닭으로 나도 잠자코 있었던 거야.
・戦争に敗れた。したがって青年は再建のために大いに努力しなければならない。 전쟁에 패하였다. 따라서 청년은 재건을 위하여 크게 노력하지 않으면 안 된다.

それで 그러므로, 그래서, 그렇기 때문에
⇒ 회화체(구어체)적인 표현.
어떤 사태에 대한 개별적인 사태가 야기된 경우에 사용.
・金がなかった。それで仕方なく。 돈이 없었다. 그래서 하는 수 없이.
・それで彼は来られなかった。 그래서 그는 오지 못했다.

34 두근두근, 울렁울렁

1 실패도 때로는 합니다. どきどき → 時々
2 계단을 오르기만 해도 울렁울렁합니다.
3 그때그때(제철)의 꽃을 장식하다. どきどき → 時々
4 가끔 훗카이도에 갑니다. どきどき → 時々

해설 **時々(ときどき)** 가끔, 때때로, 그때그때

35 아무래도, 어딘가, 어쩐지, 도무지

1. 아무리 해도 도무지 잘 안 된다.
2. 몇 번이나 실험을 했지만, 아무리 해도 결과가 나오지 않았다. どうも → どうしても
3. 오늘 중에는 무슨 일이 있어도 친구를 만나고 싶다. どうも → どうしても

4. 여러 가지 약을 먹어봤지만, 아무리 해도 병은 낫지 않는다. どうも → どうしても

해설 **どうも**

1. 아무래도, 어딘가, 어쩐지
・どうもよくわからない。 아무리 생각해도 잘 모르겠다.
・どうも様子が変だ。 어딘가 상태가 이상하다.
・彼の言うことはどうもうそらしい。 그가 말하는 것은 아무래도 거짓말 같다.

2. 도무지
・どうもうまくいかない。 도무지 잘 안 된다.

どうしても
1. (부정어와 함께 사용) 아무리 하여도
・どうしてもわからない。 아무리 해도 알 수 없다.

2. 무슨 일이 있어도, 꼭
・どうしてもやりとげる。 꼭 해내다.

【문법】

問題 1

1 지금부터 일하러 가려는 참입니다.

해설 **기본형 + ところ** ~하려는 참이다

2 벽에 사진이 붙여 있습니다.

해설 〈상태를 나타내는 표현〉
① **~が + 자동사 + ている**
~가(이) ~하여져 있다〈자연적인 상태〉
・窓が開いている。 창문이 열려 있다.
・パンが残っている。 빵이 남아 있다.
・花が咲いている。 꽃이 피어 있다.

② **~が/を + 타동사 + てある**
~가(이) ~하여져 있다〈인위적인 상태〉
・窓が開けてある。
창문이 열려져 있다.〈누군가에 의해서 이루어진 상태〉
・パンを残してある。
빵을 남겨 두었다.〈이미 준비되어 있는 상태〉
・本がおいてある。
책이 놓여져 있다.〈누군가에 의해서 이루어진 상태〉
* はってあります ＝ はられています

3 오늘 아침에는 8시까지 잤습니다.

해설 「まで」계속되는 동작과 작용의 종점을 나타냄.
「までに」기한을 나타냄.

4 중요한 것을 가르쳐줘서 고맙습니다.

해설 감사표현이 뒤에 이어지는 경우에는 ~てくれる, ~ていただいて를 사용할 수 있고 일반적으로 ~てもらう를 사용할 수 없다.

5 난처했을 때에는 언제든지 연락해 주십시오.

해설 「~とき」계속되는 사태에 관한 때의 설정을 행한다.
• 子供のとき、私はよく熱を出した。
  어렸을 때, 나는 자주 열이 났다.

「~ときに」일회적인 것에 관계되는 때의 설정에 사용된다.
• 子供のときに、私は日本に移住した。
  어렸을 때에, 나는 일본에 이주했다.

「~ときは・ときには」
"~가 일어난 경우는/경우에는" 의 뉘앙스를 갖고 있다. 일종의 조건 표현으로서 "만약에 ~이 일어나면 ~한다" 고 하는 관계를 나타내기도 한다.

6 내 친구가 차마 두고 볼 수 없어서 충고하러 왔다.

해설 見(み)るに見(み)かねて 보다 못해, 차마 두고 볼 수 없어서

7 하겠다고 말한 이상에는, 마지막까지 할 작정이다.

해설 ~からには ~[기본형]할 바에는, ~[과거형]인 이상에는
• やるからには、立派にやれ。
  할 바에는 훌륭하게 해라.
• 言ったからには、しなければならない。
  말한 이상에는, 하지 않으면 안 된다.

8 지금부터 백화점에 가려고 합니다만, 함께 가지 않겠습니까?

해설 행동에 옮기기 직전의 의지표현에는 「ようと思う ~하려고 하다」표현이 자연스럽다.

9 일류 호텔이라서 외국인의 숙박 손님도 많고, 마치 외국에 숙박하고 있는 것 같다.

해설 まるで / あたかも / いかにも / ちょうど / さながら~ようだ (마치~같다)
≒ まるで / ちょうど~みたいだ (마치~같다)
⇒ 「あたかも」「いかにも」「さながら」 등은 문장체적인 딱딱한 표현에 사용하기 때문에, 회화체 표현에 사용하는

「みたいだ」와 같이 사용할 수 없다.

10 도쿄에는 많은 사람이 살고 있습니다.

해설 「多(おお)くの + 명사」용법
형용사는 명사를 수식할 경우, 연체형 「多(おお)い」가 사용되어야 하지만, 「多(おお)い」가 사용되는 경우는 ~ が (の)多(おお)い~인 경우에 한정된다.(「近(ちか)い」「遠(とお)い」도 마찬가지이다)

• 誤字(ごじ)が (の)多(おお)い本(ほん)は、なんとなく信用(しんよう)できません。 오타가 많은 책은 왠지 믿을 수가 없습니다.

• 中国(ちゅうごく)は世界(せかい)でいちばん人口(じんこう)が (の)多(おお)い国(くに)です。 중국은 세계에서 가장 인구가 많은 나라입니다.

위와 같은 예를 제외하고, 일반적으로 「多(おお)い」가 명사를 수식할 경우, 「多(おお)くの」의 형태를 취한다.

多(おお)い学生(がくせい)たちがデモに参加(さんか)しました。 （×）
多(おお)くの学生(がくせい)たちがデモに参加(さんか)しました。 （○）
많은 학생들이 데모에 참가했습니다.

11 선생님 댁을 찾아뵈었습니다.

해설 「伺(うかが)う」'묻다, 듣다, 방문하다'의 겸양어.
☞ 주어를 낮추고 화제의 대상을 높이는 겸양어.
「사람 + お目(め)にかかる」~를 만나 뵙다.

12 보기만 해도 실 것 같은 레몬이다.

해설 ~からに ~만 해도
• 見(み)るからに強(つよ)そうだ。 보기만 해도 힘셀 것 같다.
• 見(み)るからにうまそうだ。 보기만 해도 맛있을 것 같다.

13 화요일뿐만 아니라 금요일도 일을 하고 있다.

해설 「~にとどまらず」~뿐만 아니라, ~에 그치지 않고
⇒ 단순히 추가시키는 것이 아니라 범위를 초과해 버렸다고 하는 의외인 기분을 나타내는 경우에 사용.
• その流行(りゅうこう)は大都市(だいとし)にとどまらず地方(ちほう)にも広(ひろ)がっていった。
  그 유행은 대도시뿐만 아니라 지방에도 퍼져갔다.
• 平日(へいじつ)にとどまらず週末(しゅうまつ)にも仕事(しごと)をすることになってしまった。
  평일에 그치지 않고 주말에도 일을 하게 되고 말았다.

「~だけでなく」~뿐만 아니라
⇒ 추가적으로 열거하는 경우에 사용.

問題 2

14 とにかく、行けるところまで行ってみよう。
하여튼(어쨌든), 갈 수 있는 데까지 가 보자.

15 昨日はいい天気だったのに今日は雨だ。
어제는 좋은 날씨였는데 오늘은 비다.

16 どうしたらいいのか、考えれば考えるほどわからなくなってしまった。 어떻게 하면 좋을 것인지, 생각하면 생각할수록 알 수 없게 되어 버렸다.

17 その映画がおもしろいかどうかは見てみなければ分からない。 그 영화가 재미있을지 어떨지는 봐보지 않으면 알 수 없다.

18 先生がお元気だったら、今日のような日にはいっしょに中華料理でも食べているところでしょう。 선생님이 건강하셨으면, 오늘 같은 날에는 함께 중국요리라도 먹고 있었겠지요.

問題 3

지금 일본에서는 아이의 수가 계속 줄고 있다. 14세까지의 수는 28년 연속으로 계속 줄어들어, 올해는 과거 최소. 이번에는 아이를 늘리는 대처에 대해서 생각했다. 아이의 태어나는 수가 줄고 있는 것을 '소자화'라고 한다. 아이를 낳을지 낳지 않을지는 물론 개인이 선택하는 것이지만, 실제로 아이가 줄어들면 난처한 일도 일어난다. 예를 들면, 모두가 살고 있는 마을. 아이가 줄어들면, 점점 인구가 줄기 때문에, 관공서에 지불하게 되는 세금이 적어지게 된다. 그러면 관공서에서는 돈이 없기 때문에 길이 망가져 있어도 고칠 수 없게 되거나, 학교가 오래되어도 재건하거나 할 수 없게 되거나 할지도 모른다. 또한, 쇼핑을 하는 사람이 줄어들어 버리기 때문에, 가게도 망하게 되어 버릴지도……. 이런 식으로 아이가 줄어들면 여러 가지 영향이 나온다고 생각되고 있다.

> **해설** 減(へ)り続(つづ)ける 계속해서 줄다 取(と)り組(く)み 맞붙음, 대처 生(う)む 낳다, 출산하다 役所(やくしょ) 관청, 관공서 壊(こわ)れる 깨지다, 부서지다, 파손되다, 고장나다 つぶれる 찌부러지다, 부서지다, 닳아서 무디어지다

19
1. a 에서 / b 을 토대로
2. a 에 대해서(대상으로) / b 은 물론
3. a 에 관해서 / b 을 중심으로
4. a 에 대해서 / b 은 물론

20
1. 지불하다
2. 받다
3. 지불하게 되다
4. 받게 되다

21
1. 생겨도
2. 고쳐도
3. 오래되어도
4. 새롭게 되어도

22
1. 또한
2. 한편
3. 그러나
4. 그런데도

23
1. 인 것은 아니다
2. 생각되고 있다
3. 은 말할 필요도 없다
4. 여겨질지도 모른다

실전대비 모의테스트 해설
제 3 회

もんだい
問題 1

1 남편과 헤어지고 싶은 기분이 커지게 되어 버렸습니다.

해설 **母(はは)** 어머니　**父(ちち)** 아버지　**音(おと)** 소리
夫(おっと) 남편

2 여러분, 품위 없는 말을 사용하지 않도록 주의합시다.

해설 **下品(げひん)** 하품, 인품이 천함

3 야마다 씨는 미용사 자격(증)을 갖고 있다.

해설 **持(も)つ** 쥐다, 들다. 몸에 지니다, 휴대하다. 소유하다

4 여러분께 민폐를 끼쳐드렸습니다만, 덕분에 공사가
완료되었습니다.

해설 **完了(かんりょう)** 완료

5 태풍의 영향으로 파도가 높다.

해설 **波(なみ)** 파도, 물결, 굴곡

6 이제까지 여러 가지 일을 했지만, 일이 괴롭다고 생
각한 적은 한 번도 없다.

해설 **辛(つら)い** 괴롭다, 고통스럽다. 모질다, 냉혹하다, 혹독하다
辛(から)い 맵다, 얼얼하다. 짜다. (술맛 등이) 독하다, 쓰다

7 그는 외국으로 달아난 모양이다.

해설 **走(はし)る** 달리다, 달아나다, 세차게 흐르다, (하천, 길, 산맥
따위가) 뻗다, 미끄러지듯 움직이다, (감정 등이) 순간적으로 스쳐
지나가다, 치우치다 ☞ 1그룹 활용

8 의식주란, 입는 것과 먹는 것과 사는 것.

해설 **衣食住(いしょくじゅう)** 의식주

もんだい
問題 2

9 기무라 씨는 어느 계절을 가장 좋아합니까?

해설

| 季
계절 계 | 음 き | 季節(きせつ) 계절
四季(しき) 사계절
雨季(うき) 우기, 우계 |
| | 훈 ― | |

| 委
맡길 위 | 음 い | 委託(いたく) 위탁
委任(いにん) 위임
委員(いいん) 위원 |
| | 훈 ゆだねる | 委(ゆだ)ねる 맡기다, 바치다 |

10 여성에게 연령(나이)을 묻는 것은 실례입니다.

해설

| 札
편지 찰 | 음 さつ | 改札口(かいさつぐち) 개찰구
札束(さつたば) 지폐 다발, 돈 뭉치 |
| | 훈 ふだ | 札(ふだ) 표찰, 표, 푯말, 입장권, 부적,
(화투 등의)패 名札(なふだ) 명찰 |

| 礼
예도 례 | 음 れい・
らい | 失礼(しつれい) 실례
無礼(ぶれい) 무례
礼儀(れいぎ) 예의 |
| | 훈 ― | |

11 친구에게 돈을 빌려 주었지만 돌려주지 않는다.

해설

| 貸
빌릴 대 | 음 たい | 賃貸(ちんたい) 임대 |
| | 훈 かす | 貸(か)す 빌려 주다, 도와주다, 조력하다
貸(か)し切(き)り 대절, 전세
貸(かし)ビル 임대 빌딩 |

| 資
재물 자 | 음 し | 資格(しかく) 자격
資源(しげん) 자원
資(し)する 이바지하다, 도움이 되다 |
| | 훈 ― | |

| 貨
재물 화 | 음 か | 通貨(つうか) 통화
貨幣(かへい) 화폐
貨物(かもつ) 화물 |
| | 훈 ― | |

| 賃
품삯 임 | 음 ちん | 賃金(ちんぎん) 임금
運賃(うんちん) 운임
賃上(ちんあ)げ 임금 인상 |
| | 훈 ― | |

12 새 집은 아주 쾌적하고, 넓이도 두 사람이 있어도 딱
좋은 크기.

해설

| 的
과녁 적 | 음 てき | 目的(もくてき) 목적
的確(てきかく) 적확, 정확 |
| | 훈 まと | 的(まと) 과녁, 표적, 대상, 목표
的外(まとはず)れ 요점에서 벗어남 |

| 適
맞을 적 | 음 てき | 快適(かいてき) 쾌적
適応(てきおう) 적응
悠々自適(ゆうゆうじてき) 유유자적 |
| | 훈 ― | |

13 우에노역에서 갈아탈 때, 10분 정도 시간이 있었기 때문에 메밀국수를 먹었습니다.

해설 **乗(の)り換(か)える** 갈아타다, 바꿔 타다

14 시험은 어려웠음에 틀림이 없다.

해설

| 遠
멀 원 | 음 えん | 遠足(えんそく) 소풍
遠征(えんせい) 원정
遠心力(えんしんりょく) 원심력 |
| | 훈 とおい | 遠(とお)い 멀다 |

| 緯
씨 위 | 음 い | 緯度(いど) 위도 経緯(けいい) 경위
緯線(いせん) 위선, 위도선 |
| | 훈 ― | |

| 偉
클 위 | 음 い | 偉大(いだい) 위대
偉業(いぎょう) 위업
偉物(えらぶつ) 훌륭한 사람, 수완가 |
| | 훈 えらい | 偉(えら)い 훌륭하다, 장하다, 지위가 높다, 큰일이다, 심하다, 대단하다, 엉뚱하다, 난처하다 |

| 違
어긋날 위 | 음 い | 相違(そうい) 상위(다름, 틀림)
違反(いはん) 위반
違和感(いわかん) 위화감 |
| | 훈 ちがう
ちがえる | 違(ちが)いない 틀림없다, 확실하다, 정말이다, 바로 그렇다
違(ちが)う 다르다, 틀리다, 교차하다, 엇갈리다
違(ちが)える 달리하다, 틀리게 하다, (이해, 판단, 행동을) 잘못~하다, 틀리다, 교차시키다, 엇갈리게 하다, (뼈, 근육 등을) 삐다 |

もんだい
問題 3

15 어젯밤은 기침이 심해서 잠들 수가 없었다.

해설 **軽(かる)い** 무게가 적다, 경쾌하다, (언행 등이) 경솔하다, 대단하지 않다, 대수롭지 않다, 수월하다, 손쉽다, 맛이 담백하다
遅(おそ)い 느리다, 더디다(↔速(はや)い), 늦다, (시기나 기간이) 늦어지다(↔早(はや)い)
痛(いた)い 아프다, 뼈아프다, 뜨끔하다
ひどい 잔인하다, 참혹하다, 지독하다, 심하다, 형편없다

16 내일은 대체로 몇 시경에 오면 됩니까?

해설 **大体(だいたい)** 완전, 사실, 기준에 가까운 80%의 상태. 부정 표현에는 잘 사용하지 않음. 거의(정도), 대략, 대강, 대체로
じけん　だいたいかたづ
• **事件は大体片付いた。** 사건은 대강 처리되었다.
だいたい お
• **レポートは大体終わった。** 리포트는 대략 끝났다.

大抵(たいてい) 상태, 행위 전체를 차지하는, 일어나는 경우의 수나 확률이 높음. 거의(빈도), 대략, 거의 대부분, 대개
たいてい　ひと　なに　しゅみ　も
• **大抵の人は何か趣味を持っている。**
대개의 사람은 무언가 취미를 갖고 있다.

ひる　たいていそと　た
• **昼は大抵外で食べる。** 점심은 대개 밖에서 먹는다.

17 대학 강의라고 하면 출석을 부르지 않을 것 같은 이미지가 있다.

해설 **出席(しゅっせき)を取(と)る** 출석을 부르다

18 일본에서 생활하게 된다면, 역시 교토에 살고 싶습니다.

해설 **장소 + に 住(す)む** ~에 살다
장소 + で 暮(く)らす ~에서 살다
장소 + に 勤(つと)める ~에 근무하다
장소 + で 働(はたら)く ~에서 일하다

19 오늘 테스트가 있는 것을 까맣게 잊고 있었습니다.

해설 **是非(ぜひ)** 꼭, 반드시
全部(ぜんぶ) 전부, 모두, 전체
なかなか 꽤, 상당히, 매우, (부정어와 함께) 좀처럼 ~않다
すっかり 완전히, 아주, 남김없이, 몽땅

20 갑자기 그녀가 올 수 없게 되어서, 유감이다.

해설 **無理(むり)** 무리, 억지　　**危険(きけん)** 위험
残念(ざんねん) 유감스러움, 아쉬움, 분함, 억울함
簡単(かんたん) 간단

21 최선을 다해주기를 바란다.

해설 **メーカー** 메이커　　**ベスト** 베스트, 최선
コンサート 콘서트　　**コンセント** 콘센트

22 이 TV는 이상한 소리가 난다.

해설 **「~がする」**
おと
• **音がする。** 소리가 나다.
あじ
• **味がする。** 맛이 나다.
• **においがする。** 냄새가 나다.
かおり
• **香がする。** 향기가 나다.
さむけ
• **寒気がする。** 오한이 나다, 한기가 들다.
はきけ
• **吐気がする。** 구역질이 나다.
めまい
• **目眩がする。** 현기증이 나다.
き
• **気がする。** 기분이 들다.
かん
• **感じがする。** 느낌이 들다.
きず
• **傷がする。** 상처가 나다.

23 금일은 예정을 변경해서, 눈의 정보를 알려드립니다.

해설 **延期(えんき)** 연기　　**中止(ちゅうし)** 중지
変更(へんこう) 변경　　**変化(へんか)** 변화

24 승차하실 분은 2열로 줄서 기다려 주십시오.

해설 **台(だい)** ~대. 기계류 등을 셀 때 쓰는 단위　**列(れつ)** ~열, 행렬　**本(ほん)** 형태가 긴 물건의 셈 단위, ~자루, ~병 등　**回(かい)** ~회, ~번

25 오늘은 왠지 모르게 가고 싶지 않다.

해설 **何(なん)とも**
① (부정어와 함께) 대수롭지 않다는 뜻을 나타냄. 아무렇지도, 어떻게도
- 悪口(わるくち)を言(い)われても何(なん)ともない。
　욕을 먹어도 아무렇지도 않다.

② (부정어와 함께) 불확실한 기분을 나타냄. 뭐라고도, 무엇인지, 어떻다고
- 何(なん)とも手(て)の施(ほど)しようがない。
　어떻게도 손을 쓸 도리가 없다.

③ (감동사적으로) 정말로, 참으로
- この度(たび)は何(なん)とも気(き)の毒(どく)でした。
　이번에는 참으로 안 되었습니다.

何(なん)でも
① 무엇이든지, 어떤 것이든지, 모두
- 何(なん)でも売(う)っている。무엇이든 팔고 있다.

② 어떻든지, 어쨌든, 기어이
- 何(なん)でも私(わたし)は行(い)く。어쨌든 나는 가겠다.

③ 확실히는 모르나, 듣건대, 아마, 어쩌면
- 何(なん)でも東京(とうきょう)に住(す)んでいるそうだ。
　확실히는 모르나 도쿄에 살고 있다고 한다.

何(なん)とか
① 확실치 않은 것을 나타냄. 뭐라던가
- 何(なん)とかという会社(かいしゃ)の社員(しゃいん)。뭐라든가하는 회사의 사원.

② 어떻게 좀, 어떻게든
- 何(なん)とかやってみましょう。어떻게든 해 봅시다.

③ 이럭저럭, 어떻게
- 何(なん)とかなるさ。어떻게 되겠지.

④ 이것저것, 이러니저러니, 여러 가지
- 何(なん)とか口実(こうじつ)を付(つ)けて金(かね)を払(はら)わなかった。
　이러니저러니 핑계를 대고 돈을 치르지 않았다.

何(なん)となく
① 어쩐지, 어딘지 모르게, 왠지
- 何(なん)となく気(き)に入(い)らない。어쩐지 마음에 안 들다.
- 何(なん)となく悲(かな)しくなる。왠지 슬퍼지다.

② 아무 생각 없이, 무심코
- 何(なん)となく空(そら)を見(み)上(あ)げた。무심코 하늘을 쳐다보다.
- 何(なん)となく散歩(さんぽ)に出(で)る。아무 생각 없이 산책하러 나가다.

もんだい
問題 4

26 이 방, 덥군요. 창문이라도 열까요?

해설 **暑(あつ)い** 덥다　**寒(さむ)い** 춥다　**冷(つめ)たい** 차갑다, 냉담하다, 매정하다　**涼(すず)しい** 시원하다, 선선하다

27 그 영화는 그저께 봤습니다.

해설 **一昨日(おととい)** 그저께　**昨日(きのう)** 어제　**夕(ゆう)べ** 어젯밤, 어제 저녁, 간밤　**明後日(あさって)** 모레

28 사장님은 고개를 끄덕였습니다.

해설 **首(くび)を縦(たて)に振(ふ)る** 상대방에게 동의하다. 찬성의 뜻을 나타내다. 수긍하다　**オーケー** 오케이　**オープン** 오픈, 공개　**オーバー** 오버, 초과함　**アップ** 업, 올림

29 여러분, 위험하니까 손을 대지 말아 주십시오.

해설 **触(さわ)る** 손을 대다, 관계를 갖다
触(ふ)れる 접촉하다, 닿다. 대다, 만지다

30 이 약을 사용할 때에는 주의해 주십시오.

해설 **利用(りよう)する** 이용하다　**使用(しよう)する** 사용하다　**練習(れんしゅう)する** 연습하다　**担当(たんとう)する** 담당하다

もんだい
問題 5

31 예정, 작정

1. 일기예보에 의하면 내일은 비가 온다고 합니다.
　つもり → そう

2. 저는 금년 봄, 대학을 졸업할 예정입니다. つもり → 予定(よてい)

3. 야마다 씨는 미국에 유학 갈 예정인 것 같습니다.

4. 신주쿠의 도서관이 인터넷으로 예약할 수 있게 되었습니다. つもり → 予約(よやく)

해설 「~つもりだ」 본인의 의지와 관계없이 결정된 일, 또는 최종적인 결정을 내린 것이 본인이 아닐 경우에는 사용할 수 없다.

32 온순하다, 얌전하다, 수수하다, 고분고분하다

1. 기무라 씨의 고양이는 정말로 얌전하다.
2. 상냥한 말들을 모아봤습니다. 優しい
3. 선생님 다시 한 번 쉽게 설명해 주십시오. 易しく
4 그녀는 수줍은 듯이 앉아 있었습니다. 恥ずかし

해설 **大人(おとな)しい** 온순하다, 얌전하다, 수수하다, 고분고분하다 **優(やさ)しい** 우아하다, 온화하다, 부드럽다, 상냥하다, 친절하고 다정하다 **易(やさ)しい** 쉽다, 용이하다 **恥(は)ずかしい** 부끄럽다, 창피하다, 수줍다, 겸연쩍다

33 익숙해지다, 길들다, 습관이 되다

1. 바람에 나뭇가지가 흔들리다. 揺れる
2. 야마다 선생님에게 영어를 배웠다. 習った
3. 그 개는 나를 잘 따르고 있다.
4. 두 사람을 나란히 앉혀 놓고 보니 전혀 크기가 다르다. 並べて

해설 **揺(ゆ)れる** 흔들리다 **習(なら)う** 배우다 **慣(な)れる** 익숙해지다, 길들다, 습관이 되다 **並(なら)べる** 늘어놓다, 나란히 하다, 열거하다

34 그래서, 그러니까

1. 과음을 했다. 그래서 머리가 아프다. それで
2. 비가 왔다. 그래서 가지 않았다. そこで
3. 시간이 없다. 그러니까 서두르자.
4. 버스로 갈까, 그렇지 않으면 전차로 갈까? 그 것도

해설 **それで** 그래서, 그러므로, 그렇기 때문에 ⇒ 앞의 내용이 그다지 구체적이지 않은 경우에도 사용하며, 가장 폭넓게 사용할 수 있음.

そこで 그래서, 그런 까닭으로 ⇒ 앞에 구체적이고 특정적인 조건이 쓰여 있어서, 뒤의 내용을 하는 이유를 상세하게 알 수 있는 경우에 사용. 꼭 논리적인 관계를 나타내는 것은 아님.

だから 그래서, 그러니까 ⇒ 앞의 내용과 뒤의 내용 사이에 명확한 인과관계가 있는 경우에 사용.

• ここは危(あぶ)ないです。だから入(はい)ってはいけません。 여기는 위험합니다. 그래서 들어가면 안 됩니다.

それとも 그렇지 않으면, 혹은, 또는 ⇒ 둘 중에 하나를 선택하는 회화체적인 표현

35 무심코, 멍청하게, 깜박하고

1. 분해서, 순간적으로 눈물이 나왔다. 思わず
2. 갑자기 사람이 뛰어 나왔기 때문에 엉겁결에 소리를 질렀다. 思わず
3. 답안지에 깜박하고 이름 쓰는 것을 잊고 말았다.
4. 너무나 기뻤기 때문에 순간적으로 펄쩍 뛰고 말았다. 思わず

해설 **つい** 무심결에, 그만
⇒ 무의식중에 하는 행위. 단, 본능적·습관적인 것에도 사용.

• ダイエット中(ちゅう)なのに、ついケーキに手(て)が出(で)てしまった。 다이어트 중인데, 무심결에 케이크에 손이 나가고 말았다.

• 財布(さいふ)にたくさんお金(かね)があるとつい買(か)いすぎてしまう。 지갑에 많은 돈이 있으면 그만 과소비해 버린다.

• 言(い)うつもりはなかったのに、つい言(い)ってしまった。 말할 생각은 아니었는데, 무심결에 말하고 말았다.

うっかり 무심코, 멍청하게, 깜박하고 ⇒ 부주의로 실수했을 때 사용.

• うっかりコップを落(お)として割(わ)ってしまった。 무심코 컵을 떨어뜨려 깨고 말았다.

• うっかり財布(さいふ)を忘(わす)れて買(か)い物(もの)ができなかった。 깜박하고 지갑을 잊어버려서 쇼핑을 할 수 없었다.

思(おも)わず 엉겁결에, 뜻지 않게, 순간적으로 ⇒ 그 순간에 자연적으로 느끼는 감정이나 조건반사적인 일회 한정적인 행위.

• 悔(くや)しくて、思(おも)わず涙(なみだ)が出(で)た。 분해서, 순간적으로 눈물이 나왔다.

• あまりうれしかったので思(おも)わず飛(と)び上(あ)がってしまった。 너무나 기뻤기 때문에 순간적으로 펄쩍 뛰고 말았다.

【문법】

問題(もんだい) 1

1 곧 도쿄빌딩은 쓰러질 것이라고 생각한다.

해설 무의지 동사(出来(でき)る 할 수 있다, 分(わ)かる 알다, 倒(たお)れる 쓰러지다 등)는 의지·의향(의도)형을 나타낼 수 없다.

2 생활은 어렵기만 하다. 즐거운 일은 아무것도 없다.

해설 **동사 기본형 + 一方(いっぽう)だ** (오직) ~하기만 하다
- 日本では、子供が減る一方で、幼稚園の経営が難しくなってきている。 일본에서는 어린이가 줄기만 해서, 유치원의 경영이 어려워졌다.
- 事故は増える一方だ。 사고는 늘어나기만 한다.

3 시점에 따라서 해석은 바뀌는 것이다.

해설 **명사 + によって** ~에 의해서, 따라서
판단이나 동작의 기준, 수단과 방법, 원인 등을 나타냄.
- あそこのビルは外国人により建てられた。 저 곳의 빌딩은 외국인에 의해 세워졌다.
- 努力によって克服する。 노력에 의해 극복하다.

4 해서 안 되는 일은 없다, 하지 않고서 될 리가 없다.

해설 **やってやれない** 해서 안 되다
~わけがない ~리가 없다

5 나는 좀 더 능숙하게 말할 수 있게 되고 싶다.

해설 가능을 나타내는 표현 「~たい」를 함께 사용할 경우에는 「~ようになりたい」로 표현해야 된다

6 이 문제에 대해서 질문은 없습니까?

해설 **<~について>**
① 어떤 주제나 내용 「~에 관해서, 대해서」의 의미로 사용
- 日本の経済について話をしました。 일본 경제에 대해서 이야기를 했습니다.

② 한정된 범위를 집약시킨 내용으로 상세하고 치밀하게 전개하는 경우
- 試験問題3番に (ついて○/関して×) も、説明してほしいですが。 시험 문제 3번에 대해서도, 설명해줬으면 합니다만.

③ '각각, ~당'의 의미로 사용되는 경우 ⇒ ~につき
- 社員一人に (ついて○/関して×) 二万円ずつ支給された。 사원 한 사람당 2만 엔씩 지급되었다.

7 언젠가 미국을 여행하고 싶습니다.

해설 **「ものだ」** 희망을 나타내는 표현
~たいものだ, ~ほしいものだ ~하고 싶다
- それはぜひ見たいものだ。 그것은 꼭 보고 싶다.

- 政治家には国民の幸福を第一に考えてほしいものだ。 정치인에게는 국민의 행복을 제일로 생각해 주었으면 한다.

8 춥기 때문에 창문이 닫혀져 있습니다.

해설 「寒いので 춥기 때문에」와 같이 명확한 목적과 이유를 나타내는 절이 있는 경우에는 「~が + 타동사 + てある」 표현을 사용한다.

〈동작의 진행〉
「~を + 타동사 + ている」 ~을(를) ~하고 있다
- 本を読んでいる。 책을 읽고 있다.
- 字を書いている。 글자를 쓰고 있다

「~が + 자동사 + ている」 ~이(가) ~하고 있다
- 妹が泣いている。 여동생이 울고 있다.
- 水が流れている。 물이 흐르고 있다.

〈현재의 상태〉
「~が + 타동사 + てある」 ~이(가) ~하여져 있다
☞ 의지가 강하게 작용, 사람의 행위가 가해진 경우
- 窓が閉めてある。 창문이 닫혀져 있다.
- 車が止めてある。 차가 세워져 있다.

「~が + 자동사 + ている」 ~이(가) ~하여져 있다
☞ 자연현상, 움직일 수 없는 대상, 사람의 힘이 가해져 있지 않은 경우
- 窓が閉まっている。 창문이 닫혀 있다.
- 車が止まっている。 차가 세워져 있다.

9 열이 있으면 쉬어도 좋습니다.

해설 **「~てもいいです」** ~해도 좋습니다[괜찮습니다].
☞ 허가를 나타내는 표현

10 지갑을 갖지 않고 백화점에 갔습니다.

해설 **「持(も)たずに」=持(も)たないで**
<イ / ナ형용사 : なくて>
- 高くなくて、安い。 비싸지 않고 싸다(상태).
- 高くなくて、もう一つ買った。 비싸지 않아서, 하나 더 샀다(원인).

<동사 : ないで / なくて>
1. 行(い)かなくて : 원인, 이유
- 行かなくて、しかられた。 가지 않아서 혼났다.

2. 行(い)かないで : 상태

⇒ ～ないで는 부정의 소망과 금지의 의미도 갖는 경우가 있다.

- 行かないで、やめた。 가지 않고 그만두었다.

- 一人で行かないで、いっしょに行こう。
  혼자서 가지 말고 같이 가자(소망).

- 行かないで。 가지마(소망, 금지)

11 과식을 해서 배가 아프게 되었습니다.

해설 **ます형＋すぎる** 너무 ～하다

12 긴급할 때에는 그때의 상황에 따라 안전한 곳으로 피난합시다.

해설 〈명사 수식형태 정리〉

① 「명사＋た」 형태

- 太った人。 살찐 사람

- 年とった鯉。 나이 먹은 잉어

- こまごまとした品もの。 자질구레한 물건

② 「명사＋の」 형태

- 本当の理由。 진짜 이유

- 病気の子供。 병 걸린 아이

- ピンクのワイシャツ。 핑크인 와이셔츠

③ 「명사＋な」 형태

- 元気な子供。 건강한 아이

- 自由な国。 자유의 나라

- 安全なところ。 안전한 곳

- 健康な生活。 건강한 생활

13 헌법의 개정을 둘러싸고 여야당이 대립하고 있다.

해설 「争う 다투다, 対立する 대립하다」 등, 언어에 의한 정보를 포함하지 않는 동작에는 「～をめぐって」가 자연스럽다. 언어에 의한 정보를 취급하는 동사가 이어지는 경우, 바꿔 표현할 수 있다.

- 国会の予算案 （について / に関して / をめぐって） 与野党が議論した。 국회 예산안 (에 대해서 / 에 관해서 / 를 둘러싸고) 여야당이 논의했다.

14 ある国では太っている女性ほど美しいと言われる。 어떤 나라에서는 살이 찐 여성일수록 아름답다고 일컬어진다.

15 このあいだ買ったばかりなのに、テレビが壊れてしまった。 얼마 전에 막 산 것인데, TV가 망가져 버렸다.

16 母が読みかけの雑誌を捨ててしまった。 어머니가 읽다 만 소설을 버려 버렸다.

17 甘いものは食べ過ぎてしまいがちなので、ダイエット中は気をつけましょう。 달콤한 것은 많이 먹어버리기 쉬우므로, 다이어트 중에는 주의합시다.

18 日本から外国へのお土産としては、カメラとか電気製品がいいでしょう。 일본에서 외국으로의 선물 (토산품)로서는 카메라든가 전기제품이 좋지요.

일본에 오고 나서 이제 3개월이 지났습니다. 정말로 빠릅니다. 지금 저는 나카무라 씨라고 하는 사람의 집에서 홈스테이를 하면서, 대학에서 일본어를 공부하고 있습니다. 나카무라 씨의 집은 아버지와 어머니와 아들의 3인 가족입니다.

모두 영어를 조금 알기 때문에 처음에는 영어와 일본어를 사용하고 있었습니다만, 지금은 대부분 일본어만으로 이야기하고 있습니다. 아들인 하지메 군은 대학 2학년으로, 일주일에 3일 가정교사 아르바이트를 하고 있습니다. 아르바이트를 하면서 공부하는 것은 힘들 것이라고 생각했습니다만, '일본의 대학은 미국의 대학보다 숙제가 훨씬 적기 때문에 괜찮다'라고 하지메 군이 말했습니다. 일본의 대학생은 미국의 대학생 정도로(만큼) 잘 공부하지 않습니다. 주말뿐만 아니라 보통인 날에도 자주 술을 마시거나, 콘서트에 가거나 하며 놉니다. 하지메 군의 이야기로는, 일본인은 대학 수험을 위해 잘(열심히) 공부하고, 회사에 들어가면 잘(열심히) 일을 하기 때문에, 대학 4년 간은 잘(열심히) 논다고 합니다. 미국하고는 많이 다르네요.

이번 여름방학에 저의 부모님이 놀러 올지도 모릅니다. 부모님을 다양한 곳에 데리고 가려고 생각하고 있습니다.

해설 **ホームステイ** 홈스테이(외국인 유학생 등이 체재지의 일반 가정에 묵으면서 널리 생활 체험을 하는 제도) **家庭教師(かていきょうし)** 가정교사 **宿題(しゅくだい)** 숙제 **受験(じゅけん)** 수험 **連(つ)れる** 데리고 가다[오다], 동반하다

19 1. a 역시   / b 해도
2. a 대단히 / b 하기 때문에
3. a 정말로 / b 하면서
4. a 역시   / b 하고 나서

20 1. 어떻게든   2. 처음에는
3. 원래   4. 어쩔 수 없이

21 1. 정도(만큼)   2. 정도
3. 정도(만)   4. 하도록

22 1. 에도   2. 라고는 하나
3. 은 물론   4. 뿐만 아니라

23 1. 갑시다   2. 가도록 하겠습니다
3. 가게 되었습니다   4. 가려고 생각하고 있습니다

실전대비 모의테스트 해답

〈1회〉

언어지식(문자 · 어휘)

문제1	1	2	3	4	5	6	7	8
	②	③	②	④	①	③	④	②

문제2	9	10	11	12	13	14
	②	④	①	③	④	③

문제3	15	16	17	18	19	20
	④	②	④	③	②	①
	21	22	23	24	25	
	④	②	②	③	③	

문제4	26	27	28	29	30
	②	①	①	③	②

문제5	31	32	33	34	35
	①	②	①	②	①

언어지식(문법)

문제1	1	2	3	4	5	6	7
	①	②	②	④	①	④	①
	8	9	10	11	12	13	
	①	①	②	①	②	②	

문제2	14	15	16	17	18
	①	③	④	②	②

문제3	19	20	21	22	23
	①	③	④	②	③

〈2회〉

언어지식(문자 · 어휘)

문제1	1	2	3	4	5	6	7	8
	④	③	②	②	④	①	④	①

문제2	9	10	11	12	13	14
	①	②	③	④	①	③

문제3	15	16	17	18	19	20
	④	③	②	①	①	③
	21	22	23	24	25	
	④	①	①	③	②	

문제4	26	27	28	29	30
	①	④	①	③	①

문제5	31	32	33	34	35
	④	③	③	②	①

언어지식(문법)

문제1	1	2	3	4	5	6	7
	①	②	①	③	④	③	③
	8	9	10	11	12	13	
	②	①	③	①	④	③	

문제2	14	15	16	17	18
	①	④	①	④	②

문제3	19	20	21	22	23
	④	③	③	①	②

〈3회〉

언어지식(문자 · 어휘)

문제1	1	2	3	4	5	6	7	8
	④	③	①	②	②	①	③	④

문제2	9	10	11	12	13	14
	④	③	①	②	③	④

문제3	15	16	17	18	19	20
	④	①	③	①	④	③
	21	22	23	24	25	
	②	②	③	②	④	

문제4	26	27	28	29	30
	④	④	①	④	②

문제5	31	32	33	34	35
	③	①	③	③	③

언어지식(문법)

문제1	1	2	3	4	5	6	7
	④	④	③	①	④	③	④
	8	9	10	11	12	13	
	①	③	②	①	②	④	

문제2	14	15	16	17	18
	①	③	②	①	②

문제3	19	20	21	22	23
	③	②	①	④	④

JLPT KING

N3

실전대비용 **모의테스트 3회분** 언어지식

김기범 저 _ 신일본어능력시험연구소 공동개발

第 1 回
模擬テスト

N3

言語知識（文字・語彙・文法）
（60点）

注　意

1. 試験開始の合図があるまで、この問題用紙を開けないで下さい。

2. この問題用紙を持ち帰ることはできません。

3. 受験番号と名前を下の欄に、受験票と同じようにはっきりと書いてください。

4. この問題用紙は全部で11ページあります。

受験番号 Examinee Registration Number	

名前 Name	

問題1 ______のことばの読み方として最もよいものを、1・2・3・4から一つ選びなさい。

1 時間を<u>無駄</u>に使っている。

1 むた 　　　　2 むだ 　　　　3 ぶた 　　　　4 ぶだ

2 海を<u>渡って</u>来ました。

1 たよって 　　　2 はしって 　　　3 わたって 　　　4 ならって

3 個人が自分で使用するために<u>輸入</u>する。

1 ゆにゅ 　　　2 ゆにゅう 　　　3 ゆうにゅ 　　　4 ゆうにゅう

4 <u>台所</u>で料理をしているのは誰ですか。

1 たいところ 　　2 たいどころ 　　3 だいところ 　　4 だいどころ

5 貿易事務の経験の<u>浅い</u>方もOKです。

1 あさい 　　　2 うすい 　　　3 あらい 　　　4 えらい

6 東京でタクシーを<u>拾って</u>大阪まで行った。

1 とって 　　　2 のっで 　　　3 ひろって 　　　4 おこなって

7 身長の高い女性には<u>優秀</u>な人が多いという。

1 ゆしゅ 　　　2 ゆしゅう 　　　3 ゆうしゅ 　　　4 ゆうしゅう

8 私の人生でもっとも<u>努力</u>した１年だと思っている。

1 どりき 　　　2 どりょく 　　　3 のうりき 　　　4 のうりょく

問題2　______のことばを漢字で書くとき、最もよいものを1・2・3・4から一つ選びなさい。

9　現代日本語と現代韓国語の<u>たいしょう</u>研究について調べた。

   1　対象　　　　　2　対照　　　　　3　大小　　　　　4　大少

10　遠く離れ、一人で<u>くらして</u>いる高齢の母が心配です。

   1　幕して　　　　2　募して　　　　3　墓して　　　　4　暮して

11　写真で見る日本の<u>まつり</u>。

   1　祭り　　　　　2　際り　　　　　3　察り　　　　　4　擦り

12　乗り越しまたは運賃が不足してしまったときは以下の方法で<u>せいさん</u>してください。

   1　正算　　　　　2　青算　　　　　3　精算　　　　　4　清算

13　道路状況を<u>よそく</u>してスピードをコントロールする。

   1　了則　　　　　2　了測　　　　　3　予則　　　　　4　予測

14　木村さんは<u>かたい</u>表情で答えてくれた。

   1　固い　　　　　2　堅い　　　　　3　硬い　　　　　4　難い

問題3　（　　　　）に入れるのに最もよいものを、1・2・3・4から一つ選びなさい。

15 写真を見るとその時のことを（　　　）。

　　1 思います　　　　2 忘れます　　　　3 覚えます　　　　4 思い出します

16 体に悪いので、甘いものは（　　　）食べないようにしています。

　　1 少し　　　　2 なるべく　　　　3 少しだけ　　　　4 かならず

17 男性がスカートを（　　　）も問題ないですか。

　　1 着て　　　　2 しめて　　　　3 かぶって　　　　4 はいて

18 姉は妹より背が（　　　）です。

　　1 からい　　　　2 おおい　　　　3 ひくい　　　　4 すくない

19 体の（　　　）が悪いので病院に行きました。

　　1 元気　　　　2 具合　　　　3 意味　　　　4 医者

20 自分の国について（　　　）説明してください。

　　1 簡単に　　　　2 大切に　　　　3 きれいに　　　　4 いろいろに

21 昨日電車の中で、営業部の山本さんに（　　　）会った。

　　1 ぐっすり　　　　2 すっかり　　　　3 ぴったり　　　　4 ばったり

22 私は日本の文化に（　　　）があります。

　　1 趣味　　　　2 興味　　　　3 研究　　　　4 見物

23 正しいダイエット方法で（　　　）にやせよう！

1 スマート　　　　2 スムーズ　　　　3 スタイル　　　　4 スピード

24 彼女が来るのを待っているが、（　　　）来ない。

1 そろそろ　　　　2 のんびり　　　　3 なかなか　　　　4 ぶつぶつ

25 明日の会議には（　　　）行けると思います。

1 ぜひ　　　　2 普通　　　　3 きっと　　　　4 やっと

問題4　　______のことばに意味が最も近いものを、1・2・3・4から一つ選びなさい。

26 そろそろ失礼します。

1 おります　　　2 帰ります　　　3 誤ります　　　4 謝ります

27 忙しくて猫の手も借りたいほどだ。

1 目が回る　　　2 目が無い　　　3 目が覚める　　　4 目を皿にする

28 今日は明け方までレポートを書かなければなりません。

1 朝　　　2 夕方　　　3 夜中　　　4 深夜

29 友達はたくさん食べているのにやせている。

1 太っている　　　2 大変そうだ　　　3 細くなった　　　4 きれいになった

30 結婚してから、朝の支度はとても時間がかかる。

1 仕事　　　2 用意　　　3 連絡　　　4 労働

問題5 つぎのことばの使い方として最もよいものを、1・2・3・4から一つ選びなさい。

31 すずしい

1 彼女はすずしい顔をしている。

2 背筋がすずしくなるような出来事。

3 手のすずしい人は心があたたかいと言われている。

4 暑い日にはすずしい物が飲みたくなる。

32 ダイヤ

1 通話料無料のダイヤをご利用ください。

2 電車の運行ダイヤが変わりました。

3 中古ダイヤは扱っておりません。

4 会社をやめるダイヤについて教えて下さい。

33 うかがう

1 山田先生のお宅にうかがってまいりました。

2 お金の話は、私にうかがっても無駄です。

3 やはり社長がうかがうように、よくなりました。

4 ご出席くださいますようご案内うかがいます。

34 とうとう

1 とうとう3人入れる広さだ。

2 1時間待ったが、彼はとうとう来なかった。

3 あなたはとうとう何が言いたいのですか。

4 田中先生の説明を聞いてとうとうわかった。

35 承知

1 承知の上でやった事だ。　　　　　2 その報道はまだ承知されていない。

3 新しい承知を吸収する。　　　　　4 病院で承知に会ってしまった。

問題1 つぎの文の（　　　）に入れるのに最もよいものを、1・2・3・4から一つ選びなさい。

1 初めは難しかったが、やって（　　　）意外と簡単なことだった。

1 みると　　　　2 おくと　　　　3 いくが　　　　4 いるが

2 日本は韓国（　　　）自転車が多い。

1 ほど　　　　2 に比べて　　　　3 について　　　　4 に対して

3 （　　　）まま食べ物を食べている。

1 立って　　　　2 立った　　　　3 立つの　　　　4 立ちの

4 A「ハワイに行ってきました。」
　 B「（　　　）海がきれいですよね。」

1 ここ　　　　2 そこ　　　　3 どこ　　　　4 あそこは

5 床に落ちたお皿が（　　　）。

1 割れました　　　　2 割りました　　　　3 割られました　　　　4 割ります

6 新幹線に（　　　）切符を買っておかなければなりません。

1 乗ると　　　　2 乗れば　　　　3 乗ったら　　　　4 乗るなら

7 大きすぎて、スイカが冷蔵庫に（　　　）。

1 入らない　　　　2 入れない　　　　3 入られない　　　　4 入れられない

8 部屋の明かりが消えている（　　　）彼女はいないのだろう。

1 から　　　　　2 ため　　　　　3 せいで　　　　　4 おかげで

9 横浜へ行ったら、港を見に（　　　）。

1 行くといいですよ　　　　　2 行くほうがいいですよ

3 行ったほうがいいですよ　　　　　4 行かないほうがいいですよ

10 明日は（　　　）に待った冬休みだ。

1 待つ　　　　　2 待ち　　　　　3 待って　　　　　4 待った

11 1時に郵便局（　　　）来てください。

1 に　　　　　2 で　　　　　3 まで　　　　　4 のところに

12 母が部屋に入った（　　　）妹はテレビを見ていた。

1 うち　　　　　2 とき　　　　　3 のに　　　　　4 あいだ

13 課長、昨日社長にプロジェクトの話を（　　　）。

1 申しました　　　　　2 申し上げました

3 いらっしゃいました　　　　　4 おっしゃいました

問題2　つぎの文の＿★＿に入る最もよいものを、1・2・3・4から一つ選びなさい。

14 日本酒はあたためて飲む人が多いが、私は＿＿＿　＿＿＿　＿★＿　＿＿＿のが好きだ。

　　1　で　　　　　　　　2　まま　　　　　　3　冷たい　　　　　4　飲む

15 電車で東京駅まで行って、新幹線＿＿＿　＿＿＿　＿★＿　＿＿＿一番早いと思いますよ。

　　1　が　　　　　　　　2　に　　　　　　　3　の　　　　　　　4　乗る

16 大学を卒業する＿＿＿　＿★＿　＿＿＿　＿＿＿旅行でもしてみたい。

　　1　友達と　　　　　　2　ゆっくり　　　　3　前に　　　　　　4　一度

17 ちゃんと＿＿＿　＿★＿　＿＿＿　＿＿＿、家に帰ってみると財布がない。

　　1　はず　　　　　　　2　入れた　　　　　3　なのに　　　　　4　かばんに

18 彼は、＿★＿　＿＿＿　＿＿＿　＿＿＿あって、この前のテストででもいい成績だった。

　　1　よく　　　　　　　2　さすがに　　　　3　だけ　　　　　　4　勉強している

問題3　つぎの文章を読んで、 19 から 23 の中に入る最もよいものを、1・2・3・4から
一つ選びなさい。

家の近所にあったスーパーやお店が閉店する 19-a して、買い物に苦労する人が増えて

いる。最近では、こうした買い物がむずかしい人のことを「買い物難民」 19-b 。

「買い物難民」が生まれる場所にはいくつかのパターンがある。

ひとつは、山あいの町。

こういう町は、若い人が都会に出ることで人口が減ってしまうことがよくある。すると町

の商店は、品物を 20 お客さんが減るのでもうからない。お店はつぶれてしまう。その結

果、 21 車を持たないお年寄りが買い物難民になってしまうというわけ。

もう一つは、駅前など町の中心部。

郊外に大型のスーパーやショッピングモールなどができて駅前の商店街が閉店する、なん

ていうことが各地で起きている。駅前は便利な 22 だと思って住んでいた人が買い物難民

になってしまっているんだ。

また最近では、売上の悪いスーパーなどは閉店させてしまうということもよくある。

23 いつ誰が買い物難民になるかわからない。他人事ではない問題だ。

19

1 a など／b と言う　　　　　　2 a と／b と言われる

3 a から／b と言われている　　4 a ように／b と言わなければならない

20

1 買いたい　　　　2 買いたがる　　　　3 買ってくれる　　　4 買ってもらう

21

1 残った　　　　2 残した　　　　3 残せた　　　　4 残された

22

1 べき　　　　2 はず　　　　3 よう　　　　4 わけ

23

1 だから　　　　2 しかし　　　　3 つまり　　　　4 ところで

第２回
模擬テスト

N3

言語知識（文字・語彙・文法）
（60点）

注　意

1. 試験開始の合図があるまで、この問題用紙を開けないで下さい。

2. この問題用紙を持ち帰ることはできません。

3. 受験番号と名前を下の欄に、受験票と同じようにはっきりと書いて
   ください。

4. この問題用紙は全部で11ページあります。

受験番号 Examinee Registration Number	

名前 Name	

問題1 ______ のことばの読み方として最もよいものを、1・2・3・4から一つ選びなさい。

1 冷房とは、室内の空気を冷やすこと。

1 れほう　　　2 れいほう　　　3 れぼう　　　4 れいぼう

2 どのようにすれば赤ちゃんが眠るようになるのか。

1 ねる　　　2 のる　　　3 ねむる　　　4 のびる

3 こんにちは。仕事の件で相談があります。

1 あん　　　2 けん　　　3 よう　　　4 ほう

4 日本は火山の多い国だと言われている。

1 かさん　　　2 かざん　　　3 ひさん　　　4 ひやま

5 敬語とは聞き手や話題の人物に対する敬意を表す表現である。

1 しめす　　　2 のこす　　　3 うごかす　　　4 あらわす

6 これは自宅でできる軽い運動です。

1 かるい　　　2 おもい　　　3 ほそい　　　4 うすい

7 職業能力開発に関する利用者の声が追加されました。

1 どりょく　　　2 どうりょく　　　3 のりょく　　　4 のうりょく

8 正社員なのに通勤手当が出ません。

1 つうきん　　　2 つうしん　　　3 つうがく　　　4 つうやく

問題2 ______のことばを漢字で書くとき、最もよいものを1・2・3・4から一つ選びなさい。

9 <u>せいせき</u>が上がる勉強法を教えてください。

1 成績　　　　2 成積　　　　3 性績　　　　4 性積

10 この小説は<u>あつい</u>男たちの物語だ。

1 暑い　　　　2 熱い　　　　3 厚い　　　　4 勇い

11 <u>ほうもん</u>販売の味噌、買わされちゃった。

1 訪門　　　　2 放門　　　　3 訪問　　　　4 放問

12 自分の未来を具体的に<u>そうぞう</u>してみましょう。

1 相象　　　　2 相像　　　　3 想象　　　　4 想像

13 一万円札を<u>くずし</u>ていただけますか。

1 崩し　　　　2 倒し　　　　3 落し　　　　4 破し

14 骨は一度<u>おれて</u>も、おれる前より強くなることはありません。

1 押れて　　　　2 追れて　　　　3 折れて　　　　4 送れて

問題3 （　　　）に入れるのに最もよいものを、1・2・3・4から一つ選びなさい。

---

15 （　　　）から、この部屋に入らないでください。

1　かるい　　　　2　くろい　　　　3　やすい　　　　4　きたない

16 山本さんは山田さんと結婚するという噂が（　　　）いる。

1　出て　　　　2　話して　　　　3　立って　　　　4　起こって

17 図書館を（　　　）する時はこのカードを使ってください。

1　勉強　　　　2　利用　　　　3　連絡　　　　4　お願い

18 海外旅行の時、（　　　）が必要です。

1　パスポート　　　　2　ステージ　　　　3　システム　　　　4　クーラー

19 友達に（　　　）いた本を持って来た。

1　借りて　　　　2　貸して　　　　3　渡して　　　　4　返して

20 娘は最近（　　　）ひとりで歩けるようになった。

1　ぜひ　　　　2　きっと　　　　3　やっと　　　　4　ずっと

21 木村さんはいつも（　　　）言葉を使います。

1　熱心な　　　　2　不便な　　　　3　残念な　　　　4　丁寧な

22 12歳でプロになると決意して以来、人（　　　）努力してきた。

1　一倍　　　　2　二倍　　　　3　一杯　　　　4　二杯

23 日本は野球が（　　　　）です。

1 さかん　　　　　2 じょうぶ　　　　　3 じゅうぶん　　　　4 りっぱ

24 この大学には、中国から8人ほどの（　　　　）留学生が来ています。

1 交流　　　　　2 交際　　　　　3 交換　　　　　4 交替

25 今日は土曜日だ。（　　　　）、デパートは混んでいるだろう。

1 それで　　　　　2 だから　　　　　3 そして　　　　　4 そのために

問題4 ______のことばに意味が最も近いものを、1・2・3・4から一つ選びなさい。

26 図書館の<u>いりぐち</u>はどちらですか。

1 げんかん　　　　2 たてもの　　　　3 かいだん　　　　4 ろうか

27 子供の頃、よく妹と<u>あらそいました</u>。

1 遊びました　　　　　　　　　2 うそをつきました

3 話し合いました　　　　　　　4 けんかをしました

28 週に4日図書館で<u>バイト</u>をします。

1 仕事　　　　　　2 練習　　　　　　3 勉強　　　　　　4 掃除

29 星野さんは<u>口が重い</u>です。

1 交際が広い　　　　　　　　　2 よくしゃべる

3 口数が少ない　　　　　　　　4 話してはいけないことは話さない

30 今年初めて<u>お目にかかりました</u>。

1 お会いしました。　　　　　　2 お会いになりました。

3 ご覧になりました。　　　　　4 ご覧に入れました。

問題5 つぎのことばの使い方として最もよいものを、1・2・3・4から一つ選びなさい。

31 ゆかた

1 ゆかたな家に生まれました。

2 想像力のゆかたな子供です。

3 明日のゆかたに電話してもよろしいでしょうか。

4 最近では、お出かけにゆかたを着る若い人が増えてきました。

32 くやしい

1 木村さんは横浜の地理にくやしい。

2 くやしい中から子供を3人まで大学にやる。

3 友達からなぐられてくやしい思いをする。

4 今年の暑さはくやしくなりそうだ。

33 したがって

1 遅くなった。したがってしかられた。

2 彼は深く研究した。したがって成果があがった。

3 毎日遊んでばかりいる。したがって学校の成績も悪い。

4 彼は奨学金をもらえなかった。したがってアメリカへ留学することをやめた。

34 どきどき

1 失敗もどきどきはします。　　2 階段を上がるだけでどきどきします。

3 どきどきの花を飾ります。　　4 どきどき北海道へ行きます。

35 どうも

1 いくらやっても、どうもうまくいかない。

2 何度も実験したが、どうも結果が出なかった。

3 今日中にはどうも友人にいたい。

4 いろいろな薬を飲んでみたが、どうも病気は治らない。

問題1　つぎの文の（　　　　）に入れるのに最もよいものを、1・2・3・4から一つ選びなさい。

1　これから仕事に（　　　）ところです。

1 行く　　　　　　2 行って　　　　　　3 行った　　　　　　4 行っている

2　かべに写真が（　　　）。

1 はっています　　　2 はってあります　　3 はっておきます　　4 はっていきます

3　今朝は8時（　　　）寝ていました。

1 まで　　　　　　2 あいだ　　　　　　3 までに　　　　　　4 あいだに

4　大切なことを教えて（　　　）ありがとうございます。

1 やって　　　　　2 あげて　　　　　　3 くれて　　　　　　4 もらって

5　困った（　　　）いつでも連絡してください。

1 とき　　　　　　2 ときに　　　　　　3 ときへ　　　　　　4 ときには

6　私の友人が（　　　）見かねて忠告に来た。

1 見つつ　　　　　2 見ては　　　　　　3 見るに　　　　　　4 見よう

7　やると言った（　　　）、最後までやるつもりだ。

1 から　　　　　　2 ので　　　　　　　3 からには　　　　　4 けれども

8 今からデパートに（　　　　）が、いっしょに行きませんか。

1 行くつもりです　　　　　　　　　2 行こうと思います

3 行ったのです　　　　　　　　　　4 行かなければならない

9 一流のホテルとあって外国人の宿泊客も多く、さながら外国に泊まっている（　　　　）。

1 ようだ　　　　　　2 らしい　　　　　　3 みたいだ　　　　　4 そうだ

10 東京には（　　　　）人が住んでいます。

1 多い　　　　　　　2 多くな　　　　　　3 多くの　　　　　　4 多いの

11 先生のお宅に（　　　　）。

1 伺いました　　　　2 申しました　　　　3 申し上げました　　4 お目にかかりました

12 見る（　　　　）に酸っぱそうなレモンだ。

1 だけ　　　　　　　2 もの　　　　　　　3 まで　　　　　　　4 から

13 火曜日（　　　　）金曜日も仕事をしている。

1 から　　　　　　　2 において　　　　　3 だけでなく　　　　4 にとどまらず

問題2　つぎの文の___★___に入る最もよいものを、1・2・3・4から一つ選びなさい。

14 とにかく、_____ _____ __★__ _____みよう。

　　　1 まで　　　　　　2 ところ　　　　　3 行って　　　　4 行ける

15 昨日は_____ _____ __★__ _____今日は雨だ。

　　　1 のに　　　　　　2 天気　　　　　　3 いい　　　　　4 だった

16 どうしたらいいのか、_____ _____ __★__ _____なってしまった。

　　　1 ほど　　　　　　2 考える　　　　　3 考えれば　　　4 わからなく

17 その映画_____ __★__ _____ _____見てみなければ分からない。

　　　1 は　　　　　　　2 が　　　　　　　3 どうか　　　　4 おもしろいか

18 先生がお元気だったら、今日のような日にはいっしょに_____ __★__ _____ _____
でしょう。

　　　1 ところ　　　　　2 でも　　　　　　3 中華料理　　　4 食べている**

問題3　つぎの文章を読んで、19 から 23 の中に入る最もよいものを、1・2・3・4から一つ選びなさい。

　今、日本では子どもの数が減り続けている。14歳までの子どもの数は、28年連続で減り続け、今年は過去最小。今回は、子どもを増やす取り組み 19-a 考えた。

　子どもの生まれる数が減ってきていることを「少子化」と言う。子どもを生むか生まないか 19-b 個人が選ぶことなんだけど、実際に、子どもが減ると困ることも起きてくる。例えば、みんなが住んでいる町。子どもが減ると、だんだん人口が減るので、役所に 20 税金が少なくなる。すると、役所では、お金がないので道が壊れていても直すことができなくなったり、学校が 21 建て直したりできなくなったりするかもしれない。 22 、買い物をする人が減ってしまうので、お店もつぶれてしまうかも……。

　こんなふうに、子どもが減ると色々な影響が出ると 23 。

19

　1　aにおいて／bをもとに　　　　2　aに対して／bはもとより
　3　aに関して／bを中心に　　　　4　aについて／bはもちろん

20

　1　払う　　　　2　もらう　　　　3　払われる　　　　4　もらわれる

21

　1　できても　　　　2　直しても　　　　3　古くなっても　　　　4　新しくなっても

22

　1　また　　　　2　一方　　　　3　しかし　　　　4　それなのに

23

　1　はかぎらない　　　　　　　　2　考えられている
　3　は言うまでもない　　　　　　4　思われるかもしれない

第3回
模擬テスト

N3

言語知識（文字・語彙・文法）
（60点）

注　意

1. 試験開始の合図があるまで、この問題用紙を開けないで下さい。

2. この問題用紙を持ち帰ることはできません。

3. 受験番号と名前を下の欄に、受験票と同じようにはっきりと書いて
   ください。

4. この問題用紙は全部で11ページあります。

受験番号 Examinee Registration Number	

名前 Name	

問題1 ＿＿＿＿のことばの読み方として最もよいものを、1・2・3・4から一つ選びなさい。

1 夫と別れたいという気持ちが大きくなってしまいました。

1 はは　　　　　2 ちち　　　　　3 おと　　　　　4 おっと

2 皆さん、下品なことばを使わないように注意しましょう。

1 かひん　　　　2 がびん　　　　3 げひん　　　　4 げびん

3 山田さんは美容師の資格を持っている。

1 もって　　　　2 まって　　　　3 たって　　　　4 かって

4 皆様にご迷惑をおかけしましたが、おかげ様で工事が完了いたしました。

1 かんりょ　　　2 かんりょう　　3 がんりょ　　　4 がんりょう

5 台風の影響で波が高い。

1 うみ　　　　　2 なみ　　　　　3 ひとみ　　　　4 みずうみ

6 今までいろいろな仕事をしたけど、仕事が辛いと思ったことは一度もない。

1 つらい　　　　2 からい　　　　3 かるい　　　　4 くるしい

7 彼は外国に走ったらしい。

1 いった　　　　2 とおった　　　3 はしった　　　4 あらそった

8 衣食住とは、着ることと食べることと住むこと。

1 いしきじゅ　　2 いしきじゅう　3 いしょくじゅ　4 いしょくじゅう

問題2　　＿＿＿＿のことばを漢字で書くとき、最もよいものを1・2・3・4から一つ選びなさい。

9　木村さんはどのきせつが一番好きですか？

　1　委即　　　　2　委節　　　　3　季即　　　　4　季節

10　女性に年齢を聞くのはしつれいです。

　1　矢礼　　　　2　矢札　　　　3　失礼　　　　4　失札

11　友人にお金をかしたが返してくれない。

　1　貸した　　　2　資した　　　3　貨した　　　4　賃した

12　新しい家はとてもかいてきで、広さも二人いてもちょうどいい大きさだ。

　1　快的　　　　2　快適　　　　3　解的　　　　4　解適

13　上野駅でののりかえのとき、10分ほど時間があったのでそばを食べました。

　1　乗り変え　　2　乗り代え　　3　乗り換え　　4　乗り替え

14　試験は難しかったにちがいない。

　1　遠いない　　2　緯いない　　3　偉いない　　4　違いない

問題3　（　　　　）に入れるのに最もよいものを、1・2・3・4から一つ選びなさい。

15　ゆうべはせきが（　　　　）眠れなかった。

1　かるくて　　　　2　おそくて　　　　3　いたくて　　　　4　ひどくて

16　明日は（　　　　）何時ごろに来たらいいですか。

1　だいたい　　　　2　たいてい　　　　3　ほとんど　　　　4　いつも

17　大学の講義というと出席を（　　　　）ようなイメージがある。

1　伝えない　　　　2　呼ばない　　　　3　取らない　　　　4　扱わない

18　日本で生活するなら、やはり京都に（　　　　）です。

1　住みたい　　　　2　暮らしたい　　　　3　生きたい　　　　4　働きたい

19　今日テストがあることを（　　　　）忘れていました。

1　ぜひ　　　　2　ぜんぶ　　　　3　なかなか　　　　4　すっかり

20　急に彼女が来られなくなって、（　　　　）だ。

1　無理　　　　2　危険　　　　3　残念　　　　4　簡単

21　（　　　　）を尽していただきたい。

1　メーカー　　　　2　ベスト　　　　3　コンサート　　　　4　コンセント

22　このテレビは変な音が（　　　　）。

1　出す　　　　2　する　　　　3　やる　　　　4　聞く

23 本日は予定を（　　　）して、雪の情報をお知らせします。

  1 延期   2 中止   3 変更   4 変化

24 ご乗車になる方は、2（　　　）に並んでお待ち下さい。

  1 台   2 列   3 本   4 回

25 今日は（　　　）行きたくない。

  1 なんとも   2 なんでも   3 なんとか   4 なんとなく

問題4 ______のことばに意味が最も近いものを、1・2・3・4から一つ選びなさい。

26 この部屋、あついですね。窓でも開けましょうか。

1 よくない 　　　　2 さむくない 　　　　3 つめたくない 　　　　4 すずしくない

27 その映画はおととい見ました。

1 昨日 　　　　2 夕べ 　　　　3 あさって 　　　　4 2日前

28 社長は首をたてに振りました。

1 オーケーしました 　　　　　　　　2 オープンしました
3 オーバーしました 　　　　　　　　4 アップしました

29 皆さん、危ないですから触らないでください。

1 じゃましないで 　　　　　　　　2 静かにして
3 うるさくしないで 　　　　　　　　4 手などでふれないで

30 この薬を扱うときには、注意してください。

1 利用する 　　　　2 使用する 　　　　3 練習する 　　　　4 担当する

問題5　つぎのことばの使い方として最もよいものを、1・2・3・4から一つ選びなさい。

31　つもり

1　天気予報によると明日は雨が降る<u>つもり</u>です。

2　私は今年の春、大学を卒業する<u>つもり</u>です。

3　山田さんは、アメリカに留学する<u>つもり</u>らしいです。

4　新宿の図書館が、インターネットで<u>つもり</u>できるようになりました。

32　おとなしい

1　木村さんの猫は本当に<u>おとなしい</u>です。

2　<u>おとなしい</u>ことばたちを集めてみました。

3　先生もう一度<u>おとなしく</u>説明してください。

4　彼女は<u>おとなしそうに</u>座っていました。

33　なれる

1　風で木の枝が<u>なれる</u>。　　　　　2　山田先生に英語を<u>なれた</u>。

3　その犬は私によく<u>なれて</u>いる。　　4　二人を<u>なれて</u>みると、まるで大きさが違う。

34　だから

1　飲み過ぎた。<u>だから</u>頭が痛い。　　2　雨が降った。<u>だから</u>行かなかった。

3　時間がない。<u>だから</u>急ごう。　　　4　バスでこうか、<u>だから</u>電車で行こうか。

35　うっかり

1　悔しくて、<u>うっかり</u>涙が出た。

2　急に人が飛び出してきたので<u>うっかり</u>声を上げた。

3　答案用紙に<u>うっかり</u>名前を書くのを忘れてしまった。

4　あまりうれしかったので<u>うっかり</u>飛び上がってしまった。

問題1　つぎの文の（　　　）に入れるのに最もよいものを、1・2・3・4から一つ選びなさい。

1　もうすぐ東京ビルは（　　　）と思う。

1　倒れて　　　　　2　倒れた　　　　　3　倒れよう　　　　　4　倒れるだろう

2　生活は苦しくなる（　　　）だ。楽しいことは何もない。

1　せい　　　　　2　ほど　　　　　3　まで　　　　　4　一方

3　視点（　　　）解釈は変わるものだ。

1　とともに　　　　　2　によれば　　　　　3　によって　　　　　4　につれて

4　（　　　）やれないことはない、やらずにできるわけがない。

1　やって　　　　　2　やろう　　　　　3　やられ　　　　　4　やった

5　私はもっと上手に（　　　）。

1　話せたい　　　　　　　　　　　　2　話されたい

3　話すことができたい　　　　　　　4　話せるようになりたい

6　この問題（　　　）質問はありませんか？

1　によって　　　　　2　にとって　　　　　3　について　　　　　4　に比べて

7　いつかアメリカに旅行（　　　）ものです。

1　する　　　　　2　して　　　　　3　しよう　　　　　4　したい

8 寒いので、窓が（　　　　）。

1 閉めてあります　　2 閉まっています　　3 開けてあります　　4 開いています

9 熱があるなら（　　　　）いいです。

1 休む　　　　　　2 休むの　　　　　　3 休んで　　　　　　4 休むも

10 さいふを（　　　　）デパートに行きました。

1 持たない　　　　2 持たずに　　　　　3 持たなく　　　　　4 持たなくて

11 ご飯を（　　　　）すぎてお腹が痛くなりました。

1 食べ　　　　　　2 食べて　　　　　　3 食べる　　　　　　4 食べた

12 緊急時には、その時の状況に応じて、（　　　　）ところへ避難しましょう。

1 安全　　　　　　2 安全な　　　　　　3 安全の　　　　　　4 安全に

13 憲法の改正（　　　　）与野党が対立している。

1 にとって　　　　2 について　　　　　3 に関して　　　　　4 をめぐって

問題2　つぎの文の＿★＿に入る最もよいものを、1・2・3・4から一つ選びなさい。

14　ある国＿＿＿　＿＿＿　＿＿＿　＿★＿美しいと言われる。

　　1　ほど　　　　　　2　女性　　　　　　3　では　　　　　　4　太っている

15　この＿＿＿　＿＿＿　＿★＿　＿＿＿、テレビが壊れてしまった。

　　1　買った　　　　　2　あいだ　　　　　3　ばかり　　　　　4　なのに

16　母が＿＿＿　＿★＿　＿＿＿　＿＿＿を捨ててしまった。

　　1　の　　　　　　　2　かけ　　　　　　3　雑誌　　　　　　4　読み

17　甘いものは＿＿＿　＿★＿　＿＿＿　＿＿＿、　ダイエット中は気をつけましょう。

　　1　しまい　　　　　2　なので　　　　　3　がち　　　　　　4　食べすぎて

18　日本から＿＿＿　＿★＿　＿＿＿　＿＿＿としては、カメラとか電気製品がいいでしょう。

　　1　の　　　　　　　2　へ　　　　　　　3　外国　　　　　　4　お土産

問題3　つぎの文章を読んで、 19 から 23 の中に入る最もよいものを、1・2・3・4から
　　　　一つ選びなさい。

日本に来てからもう３か月たちました。 19-a 早いです。今、私は中村さんという人の家でホームステイを 19-b 、大学で日本語を勉強しています。中村さんの家は、お父さんとお母さんと息子さんの３人家族です。

　皆英語が少し分かるので、 20 英語と日本語を使っていましたが、今はたいてい日本語だけで話しています。息子さんの一君（はじめ）は大学の２年生で、一週間に３日家庭教師のアルバイトをしています。アルバイトをしながら勉強するのは大変だろうと思いましたが、日本の大学はアメリカの大学より宿題がずっと少ないので大丈夫だ、と一君が言っていました。日本の大学生はアメリカの大学生 21 よく勉強しません。週末 22 、普通の日でもよくお酒を飲んだり、コンサートへいったりして遊びます。一君の話では、日本人は大学受験のためによく勉強しますし、会社に入ったらよく仕事をしますから、大学の４年間はよく遊ぶんだそうです。アメリカとずいぶん違いますね。

　今度の夏休みに私の両親が日本に遊びに来るかもしれません。両親をいろいろなところへ連れて 23 。

19

1　a さすが　/ b しても　　　　　2　a とても　/ b するので

3　a 本当に　/ b しながら　　　　4　a やっぱり　/ b してから

20

1　なんとか　　　2　初めは　　　3　もともと　　　4　仕方なく

21

1　ほど　　　2　ぐらい　　　3　ばかり　　　4　ように

22

1　にも　　　2　とはいえ　　　3　はもちろん　　　4　だけでなく

23

1　行きましょう　　　　　　　　2　行くようにします

3　行くことになりました　　　　4　行こうと思っています

N3　言語知識 (文字・語彙・文法)　〈1회〉

受 験 番 号 Examinee Registration Number		氏 名 name	

< ちゅうい Notes >

1. くろいえんぴつ(HB, No2)で かいて ください。
   Use a black medium soft(HB, No2) pencil.

2. かきなおすときは、けしゴムで きれ いにけしてください。
   Erase any unintended marks Enm

3. きたなくしたり、おったりしないでく ださい。
   Do not soil or bend this sheet.

4. マークれい Marking examples

よい Correct	わるい Incorrect
●	⊘ ◌ ◯ ◍ ⊗ ◑ ◖ ◉

[문자·어휘]

問　題　1

1	①	②	③	④
2	①	②	③	④
3	①	②	③	④
4	①	②	③	④
5	①	②	③	④
6	①	②	③	④
7	①	②	③	④
8	①	②	③	④

問　題　2

9	①	②	③	④
10	①	②	③	④
11	①	②	③	④
12	①	②	③	④
13	①	②	③	④
14	①	②	③	④

問　題　3

15	①	②	③	④
16	①	②	③	④
17	①	②	③	④
18	①	②	③	④
19	①	②	③	④
20	①	②	③	④
21	①	②	③	④

22	①	②	③	④
23	①	②	③	④
24	①	②	③	④
25	①	②	③	④

問　題　4

26	①	②	③	④
27	①	②	③	④
28	①	②	③	④
29	①	②	③	④
30	①	②	③	④

問　題　5

31	①	②	③	④
32	①	②	③	④
33	①	②	③	④
34	①	②	③	④
35	①	②	③	④

[문법]

問　題　1

1	①	②	③	④
2	①	②	③	④
3	①	②	③	④
4	①	②	③	④
5	①	②	③	④
6	①	②	③	④
7	①	②	③	④
8	①	②	③	④
9	①	②	③	④
10	①	②	③	④
11	①	②	③	④
12	①	②	③	④
13	①	②	③	④

問　題　2

14	①	②	③	④
15	①	②	③	④
16	①	②	③	④
17	①	②	③	④
18	①	②	③	④

問　題　3

19	①	②	③	④
20	①	②	③	④
21	①	②	③	④
22	①	②	③	④
23	①	②	③	④

N3 言語知識 (文字・語彙・文法) 〈2회〉

受 験 番 号 Examinee Registration Number		氏 名 name	

[문자·어휘]

問 題 1

1	①	②	③	④
2	①	②	③	④
3	①	②	③	④
4	①	②	③	④
5	①	②	③	④
6	①	②	③	④
7	①	②	③	④
8	①	②	③	④

問 題 2

9	①	②	③	④
10	①	②	③	④
11	①	②	③	④
12	①	②	③	④
13	①	②	③	④
14	①	②	③	④

問 題 3

15	①	②	③	④
16	①	②	③	④
17	①	②	③	④
18	①	②	③	④
19	①	②	③	④
20	①	②	③	④
21	①	②	③	④

22	①	②	③	④
23	①	②	③	④
24	①	②	③	④
25	①	②	③	④

問 題 4

26	①	②	③	④
27	①	②	③	④
28	①	②	③	④
29	①	②	③	④
30	①	②	③	④

問 題 5

31	①	②	③	④
32	①	②	③	④
33	①	②	③	④
34	①	②	③	④
35	①	②	③	④

[문법]

問 題 1

1	①	②	③	④
2	①	②	③	④
3	①	②	③	④
4	①	②	③	④
5	①	②	③	④
6	①	②	③	④
7	①	②	③	④
8	①	②	③	④
9	①	②	③	④
10	①	②	③	④
11	①	②	③	④
12	①	②	③	④
13	①	②	③	④

問 題 2

14	①	②	③	④
15	①	②	③	④
16	①	②	③	④
17	①	②	③	④
18	①	②	③	④

問 題 3

19	①	②	③	④
20	①	②	③	④
21	①	②	③	④
22	①	②	③	④
23	①	②	③	④

N3 言語知識 (文字・語彙・文法)　〈3회〉

受 験 番 号 Examinee Registration Number	
氏 名 name	

[문자·어휘]

問　題　1

1	①	②	③	④
2	①	②	③	④
3	①	②	③	④
4	①	②	③	④
5	①	②	③	④
6	①	②	③	④
7	①	②	③	④
8	①	②	③	④

問　題　2

9	①	②	③	④
10	①	②	③	④
11	①	②	③	④
12	①	②	③	④
13	①	②	③	④
14	①	②	③	④

問　題　3

15	①	②	③	④
16	①	②	③	④
17	①	②	③	④
18	①	②	③	④
19	①	②	③	④
20	①	②	③	④
21	①	②	③	④

22	①	②	③	④
23	①	②	③	④
24	①	②	③	④
25	①	②	③	④

問　題　4

26	①	②	③	④
27	①	②	③	④
28	①	②	③	④
29	①	②	③	④
30	①	②	③	④

問　題　5

31	①	②	③	④
32	①	②	③	④
33	①	②	③	④
34	①	②	③	④
35	①	②	③	④

[문법]

問　題　1

1	①	②	③	④
2	①	②	③	④
3	①	②	③	④
4	①	②	③	④
5	①	②	③	④
6	①	②	③	④
7	①	②	③	④
8	①	②	③	④
9	①	②	③	④
10	①	②	③	④
11	①	②	③	④
12	①	②	③	④
13	①	②	③	④

問　題　2

14	①	②	③	④
15	①	②	③	④
16	①	②	③	④
17	①	②	③	④
18	①	②	③	④

問　題　3

19	①	②	③	④
20	①	②	③	④
21	①	②	③	④
22	①	②	③	④
23	①	②	③	④

JLPT KING

N3